国家出版基金项目
NATIONAL PUBLICATION FOUNDATION

欧亚历史文化文库

总策划 张余胜

兰州大学出版社

丝绸之路的起源

丛书主编　余太山

石云涛　著

图书在版编目（ＣＩＰ）数据

丝绸之路的起源 / 石云涛著. -- 兰州 ： 兰州大学
出版社，2014.12
（欧亚历史文化文库 / 余太山主编）
ISBN 978-7-311-04662-0

Ⅰ．①丝… Ⅱ．①石… Ⅲ．①丝绸之路－研究 Ⅳ.
①K928.6

中国版本图书馆CIP数据核字(2014)第299681号

策划编辑　施援平
责任编辑　张雪宁　施援平
装帧设计　张友乾

书　　名　**丝绸之路的起源**
主　　编　余太山
作　　者　石云涛　著
出版发行　兰州大学出版社　（地址:兰州市天水南路222号　730000）
电　　话　0931-8912613(总编办公室)　　0931-8617156(营销中心)
　　　　　0931-8914298(读者服务部)
网　　址　http://www.onbook.com.cn
电子信箱　press@lzu.edu.cn
网上销售　http://lzup.taobao.com
印　　刷　兰州人民印刷厂
开　　本　700 mm×1000 mm　1/16
印　　张　31(插页2)
字　　数　416千
版　　次　2014年12月第1版
印　　次　2014年12月第1次印刷
书　　号　ISBN 978-7-311-04662-0
定　　价　94.00元

出版说明

　　随着 20 世纪以来联系地、整体地看待世界和事物的系统科学理念的深入人心，人文社会学科也出现了整合的趋势，熔东北亚、北亚、中亚和中、东欧历史文化研究于一炉的内陆欧亚学于是应运而生。时至今日，内陆欧亚学研究取得的成果已成为人类不可多得的宝贵财富。

　　当下，日益高涨的全球化和区域化呼声，既要求世界范围内的广泛合作，也强调区域内的协调发展。我国作为内陆欧亚的大国之一，加之 20 世纪末欧亚大陆桥再度开通，深入开展内陆欧亚历史文化的研究已是责无旁贷；而为改革开放的深入和中国特色社会主义建设创造有利周边环境的需要，亦使得内陆欧亚历史文化研究的现实意义更为突出和迫切。因此，将针对古代活动于内陆欧亚这一广泛区域的诸民族的历史文化研究成果呈现给广大的读者，不仅是实现当今该地区各国共赢的历史基础，也是这一地区各族人民共同进步与发展的需求。

　　甘肃作为古代西北丝绸之路的必经之地与重要组

成部分,历史上曾经是草原文明与农耕文明交汇的锋面,是多民族历史文化交融的历史舞台,世界几大文明(希腊—罗马文明、阿拉伯—波斯文明、印度文明和中华文明)在此交汇、碰撞,域内多民族文化在此融合。同时,甘肃也是现代欧亚大陆桥的必经之地与重要组成部分,是现代内陆欧亚商贸流通、文化交流的主要通道。

基于上述考虑,甘肃省新闻出版局将这套《欧亚历史文化文库》确定为2009—2012年重点出版项目,依此展开甘版图书的品牌建设,确实是既有眼光,亦有气魄的。

丛书主编余太山先生出于对自己耕耘了大半辈子的学科的热爱与执著,联络、组织这个领域国内外的知名专家和学者,把他们的研究成果呈现给了各位读者,其兢兢业业、如临如履的工作态度,令人感动。谨在此表示我们的谢意。

出版《欧亚历史文化文库》这样一套书,对于我们这样一个立足学术与教育出版的出版社来说,既是机遇,也是挑战。我们本着重点图书重点做的原则,严格于每一个环节和过程,力争不负作者、对得起读者。

我们更希望通过这套丛书的出版,使我们的学术出版在这个领域里与学界的发展相偕相伴,这是我们的理想,是我们的不懈追求。当然,我们最根本的目的,是向读者提交一份出色的答卷。

我们期待着读者的回声。

总 序

　　本文库所称"欧亚"(Eurasia)是指内陆欧亚,这是一个地理概念。其范围大致东起黑龙江、松花江流域,西抵多瑙河、伏尔加河流域,具体而言除中欧和东欧外,主要包括我国东三省、内蒙古自治区、新疆维吾尔自治区,以及蒙古高原、西伯利亚、哈萨克斯坦、乌兹别克斯坦、吉尔吉斯斯坦、土库曼斯坦、塔吉克斯坦、阿富汗斯坦、巴基斯坦和西北印度。其核心地带即所谓欧亚草原(Eurasian Steppes)。

　　内陆欧亚历史文化研究的对象主要是历史上活动于欧亚草原及其周邻地区(我国甘肃、宁夏、青海、西藏,以及小亚、伊朗、阿拉伯、印度、日本、朝鲜乃至西欧、北非等地)的诸民族本身,及其与世界其他地区在经济、政治、文化各方面的交流和交涉。由于内陆欧亚自然地理环境的特殊性,其历史文化呈现出鲜明的特色。

　　内陆欧亚历史文化研究是世界历史文化研究中不可或缺的组成部分,东亚、西亚、南亚以及欧洲、美洲历史文化上的许多疑难问题,都必须通过加强内陆欧亚历史文化的研究,特别是将内陆欧亚历史文化视做一个整体加以研究，才能获得确解。

中国作为内陆欧亚的大国，其历史进程从一开始就和内陆欧亚有千丝万缕的联系。我们只要注意到历代王朝的创建者中有一半以上有内陆欧亚渊源就不难理解这一点了。可以说，今后中国史研究要有大的突破，在很大程度上有待于内陆欧亚史研究的进展。

古代内陆欧亚对于古代中外关系史的发展具有不同寻常的意义。古代中国与位于它东北、西北和北方，乃至西北次大陆的国家和地区的关系，无疑是古代中外关系史最主要的篇章，而只有通过研究内陆欧亚史，才能真正把握之。

内陆欧亚历史文化研究既饶有学术趣味，也是加深睦邻关系，为改革开放和建设有中国特色的社会主义创造有利周边环境的需要，因而亦具有重要的现实政治意义。由此可见，我国深入开展内陆欧亚历史文化的研究责无旁贷。

为了联合全国内陆欧亚学的研究力量，更好地建设和发展内陆欧亚学这一新学科，繁荣社会主义文化，适应打造学术精品的战略要求，在深思熟虑和广泛征求意见后，我们决定编辑出版这套《欧亚历史文化文库》。

本文库所收大别为三类：一，研究专著；二，译著；三，知识性丛书。其中，研究专著旨在收辑有关诸课题的各种研究成果；译著旨在介绍国外学术界高质量的研究专著；知识性丛书收辑有关的通俗读物。不言而喻，这三类著作对于一个学科的发展都是不可或缺的。

构建和发展中国的内陆欧亚学，任重道远。衷心希望全国各族学者共同努力，一起推进内陆欧亚研究的发展。愿本文库有蓬勃的生命力，拥有越来越多的作者和读者。

最后，甘肃省新闻出版局支持这一文库编辑出版，确实需要眼光和魄力，特此致敬、致谢。

余太山

2010 年 6 月 30 日

目 录

前　言

　　德国地质学家李希霍芬(Richthofen Ferdinand von)曾于 1860 年随德国经济代表团访问包括中国在内的远东地区。1868 年 9 月又到中国进行地质和地理考察,直至 1872 年 5 月。在将近 4 年时间里他走遍了大半个中国,到过 14 个省区。回国之后从 1877 年开始到 1912 年,他又用了 5 年时间写出并先后发表了 5 卷本《中国——亲身旅行的成果和以之为根据的研究》(China)的巨著,并附地图集两卷。这是他 4 年考察和多年研究的结晶,对当时及以后的地学界都产生了重要影响。

　　在这本巨著第 1 卷中,他首次提出"丝绸之路"(die Seidenstrassen)这一概念,而且根据他的论述,这条路线还有东段和西段之分。所谓东段自中国渭水流域至阿富汗,而西段则指马利诺斯(Marinus)所说的从欧洲东来的道路。[1] 此说提出后得到一些欧洲汉学家的支持和阐发。19 世纪末到 20 世纪初,西方以及日本的"探险家"和"旅行者"如瑞典的斯文·赫定、英国的斯坦因、法国的伯希和、日本的大谷光瑞和橘瑞

----

　　[1]李希霍芬说:"我们发现,绝大多数的旅人在穿过沙州、罗布泊边的楼兰和于阗(Khotan)之后,较少会选择通过帕米尔山口的道路。与之相反,穿过特勒克达坂(Terek-dawan)、经拔汗那(Ferghana)到达大宛这条路上的交通却非常活跃。在公元 1 至 5 年时,一条由沙州向西北去的新路被开辟了出来,不过这条路似乎并未作为通往锡尔河(Yaxartes)的交通路线而长久存在。那么现在,我们也再次把注意力集中到南部这条路的交通状况上来。这一时期,这条路东端通常被提到的两个出发点是玉门关和阳关。对于前者,我们有着比较详细的了解,它就是后来的嘉峪关,位于肃州以西 200 里之处,是长城最重要的门户。对于后者人们并不确知它所处的位置,但毋庸置疑的是,它位于沙州以西约 170 里的地方。从这里出发,上述的早期交通干道经过于阗,或许到达了一处是阿姆河、另一处是锡尔河所在的地方。而从玉门关出发的交通道路则是到达了吐鲁番(Turfan)。还有其他的一些穿过塔里木盆地的道路,此处将不再考察。关于早期丝绸之路(Seidenstrasse)西段的更多消息,我们可以从马利诺斯(Marinus)那里获得。他所依据的是马其顿人马埃斯(Maës)的代理人的报告。托勒密(Ptolemaeus)对这份可能是相当详尽的原始报告做了一个简短的评论,现在我们只能从他的评论中得知这份报告的相关情况。"见氏著:《中国——亲身旅行的成果和以之为根据的研究》第 1 卷,柏林,1877 年,第 495－496 页。

·欧·亚·历·史·文·化·文·库·

超、美国的亨廷顿等,陆续到中国西北边疆地区进行考察,发现古代中国与亚洲、非洲和欧洲各国交往的许多遗址和遗物,证实和说明了这条横贯欧亚大陆的商道的存在和发展。

1910年,德国东方学家阿尔巴特·赫尔曼把这条贸易路扩展到更远的叙利亚,他著有《中国与叙利亚间的古代丝绸之路》一书。他说:"我们应把这个名称——丝绸之路的含义进一步一直延长通向遥远的西方叙利亚。虽然在与东方古老的大帝国进行贸易的过程中,叙利亚始终没有与它发生过什么直接关系,叙利亚不是中国生丝的最大市场,但却是较大的市场之一。叙利亚主要是依靠内陆亚洲和伊朗的这条道路获得生丝的。"[1]这些观点符合历史的实际,因此得到欧洲东方学家的支持和肯定,从19世纪末到20世纪初,许多中亚的探险家不断使用丝绸之路或丝绸贸易之路的名称[2]。法国东方学家R.格鲁塞在他的名著《从希腊到中国》一书中有所阐述,并盛赞古代丝绸之路在中西文化交流和古代文明史上的巨大贡献。20世纪30年代中期,瑞典探险家斯文·赫定出版了以"丝绸之路"作为书名的杰作,生动记述了1927年中瑞中国西北科学考察团西域考查和探险的历程,书中专辟一章介绍"丝绸之路"。在他后来的著作《亚洲腹地探险八年》(1927—1935)一书中,也有一章"沿丝绸之路前进"[3],更使丝绸之路"有了立体感,并普遍为学术界、读书界所接受"[4]。此后"丝绸之路"这个概念就为人们普遍认可,并在世界范围内流传开来。

通常意义上的丝绸之路指这条贯通欧亚大陆的古代交通道路,东起渭水流域,具体地说就是作为古都的长安,并且向中国内地延伸。有时随着中国政治形势的变化,特别是都城的迁移,其东端也改变为其他

---

〔1〕〔德〕A. Hermann. *Die alten Seidenstrassen zwischen China und Syrien.* Berlin,1910. p.10.

〔2〕〔日〕长泽和俊:《丝绸之路研究之展望》,氏著《丝绸之路史研究》(代序),钟美珠译,天津古籍出版社1990年版,第2页。

〔3〕〔瑞典〕斯文·赫定:《亚洲腹地探险八年》,徐十周等译,新疆人民出版社1992年版,第727页。

〔4〕杨镰:《丝绸之路的经行者与探索者》(代序),〔瑞典〕斯文·赫定:《丝绸之路》,江红、李佩娟译,新疆人民出版社1996年版,第1页。

地方,比如东汉时的洛阳。从渭水流域向西,出陇西高原,经过河西走廊,进入新疆地区,便进入西城。汉朝设立河西四郡,敦煌为四郡最西端的城市,成为通向西域的咽喉。由此入西域有两条路线,出玉门关为北道,出阳关为南道。北道自玉门关西出,过白龙堆(罗布险滩)至楼兰,沿今新疆境内塔里木河北面的通道,沿天山南麓西行,经车师前王庭、焉耆、龟兹(今库车)、姑墨(今阿克苏),至疏勒(今喀什市),在此通过捐毒(今乌恰西北)越帕米尔高原,经大宛(今费尔干纳盆地)和康居(约在今巴尔喀什湖和咸海之间)南部西行。南道经今新疆境内昆仑山北麓、塔克拉玛干沙漠南缘的通道,经楼兰(后改名鄯善)、且末(今且末南)、于阗、皮山(今皮山南),在莎车(今莎车县)以西经蒲犁(今塔什库尔干)出明铁盖山口,越葱岭,沿兴都库什山北麓喷赤河上游西行。两条路线会于木鹿城(今土库曼斯坦马雷),再向西经和椟城(今里海东南,伊朗达姆甘附近)、阿蛮(今伊朗哈马丹)、斯宾(今伊拉克巴格达东南)等地,抵达今叙利亚地中海东岸。而后西南行至今埃及,那里古代有亚历山大里亚,地属大秦(罗马),成为此线终点。从叙利亚西北行,至今土耳其伊斯坦布尔,便可继续西行至罗马,成为此线终点,从叙利亚至罗马还有地中海水路可通。这条传统意义上的丝绸之路从中国西北地区西行,因此称为西北丝绸之路;因为在中国新疆地区、中亚和西亚都有浩瀚的沙漠,因此又被称为沙漠丝绸之路。沙漠上有许多绿洲,成为行旅的中转站,连接起中西间的交通路线,因此又被称为"绿洲之路"。

南北两道在葱岭东西都有不少支线互相交通,如于阗虽为南道当道之国,而"南与若羌接,北与姑墨接",姑墨为北道之国。皮山"西南至乌秅国千三百四十里,南与天笃接,北至姑墨千四百五十里,南当罽宾、乌弋山离道,西北通莎车三百八十里"[1]。大宛"北与康居、南与大月氏接"[2]。而自康居西北通奄蔡,向南可至大月氏,西南则通安息。

---

〔1〕《汉书》卷96上《西域传》,中华书局1962年版,第3881－3882页。

〔2〕《汉书》卷96上《西域传》,第3894页。

除了上述南北两道之外,在新疆境内还有两条经常为人所利用的交通干线,一条出玉门关后向西南行至伊循,南行至若羌、小宛、戎卢、渠勒至疏勒。另一条则从敦煌向北到伊吾,北越天山,至蒲类,由此西向沿博格多山北麓到车师后王国(今吉木萨尔),经卑陆(今阜康市东)、单桓、乌贪訾离,西出特克斯河至乌孙。从新疆往中亚以及更远地区的国际通道,南道又有一线从皮山西南经乌秅、悬度(特鲁以东)至罽宾(查萨达),出开伯尔隘口后经过喀布尔,西南到达乌弋山离(亚历山大 - 普洛夫达西亚)。据《汉书·西域传》,南道至此而极。继续前行则经伊朗南道可以转北而东到安息国都。北道亦有一线,由温宿西北越过别迭里隘口(勃达岭)到赤谷城,经都赖水(塔拉斯河)通康居,由康居所在的河中地区(锡尔河和阿姆河之间地带)南下,又可至大月氏和安息。这些国际通道通过中亚延伸至西亚、地中海东部利凡特工商城市和欧洲,甚至和埃及的亚历山大里亚城也发生了贸易联系。

通常所说的丝绸之路指的就是从古代长安出发、通向中亚,由中亚辐射欧亚大陆、北非各地的道路。大致的经行路线和走向如此,历史上不同时期都会有若干变化。丝绸之路不是一条线直通东西,而是一个交通网络,绵亘数千里,纵横交错,联结旧大陆各文明地区各个国家和民族,[1]成为中西交通的大动脉。它不仅是贸易路,也是文化交流、文明对话之路,对促进古代世界经济、文化交流起了巨大的作用。随着对古代中外经济文化交流史研究的深入,有的学者把丝绸之路的名称沿用到东西交通的欧亚草原之路和经由中国南海、印度洋、红海、地中海而至欧洲的海道,以及从中国四川、云南出发,经缅甸至印度的道路,分别称为草原丝绸之路、海上丝绸之路和南方丝绸之路。草原丝绸之路

---

　　〔1〕在一般人的观念里,丝绸之路就是贯通欧亚的一条路,如斯文·赫定说:"丝绸之路全程,从西安经安西、喀什噶尔、撒马尔罕和塞琉西亚,直至推罗,直线距离是4200英里。如果加上沿途绕弯的地方,总共约有6000英里,相当于赤道的四分之一。"见氏著:《丝绸之路》,江红、李佩娟译,新疆人民出版社1996年版,第214页。

可能是最早连接东西方的道路。[1] 欧亚大草原是世界上最大的草原，东起中国北方，西至欧洲多瑙河流域，自古便是游牧人的天堂。古代游牧人逐水草而居的生活，最早沟通了中西间的联系，中国丝绸最早西传可能就是经草原民族之手实现的。从"西方史学之父"希罗多德《历史》一书中记载的欧亚草原民族的活动，可以知道至迟在公元前6世纪，欧亚草原之路已经走通。在李希霍芬的《中国地图集》中已经涉及"海上丝绸之路"[2]。法国汉学家沙畹（1865—1918年）在《西突厥史料》一书中提出："丝路有海陆两道。"1967年，日本学者三杉隆敏出版《探索海上丝绸之路》一书，第一次明确使用了这一概念。[3] 香港学者饶宗颐对海上丝绸之路进行了探讨，20世纪70年代，他在广州南越王墓看到波斯银器，跟他在法国看到的一模一样，也肯定了中西方之间"海上丝绸之路"的存在。北京大学陈炎教授多年从事海上丝路的研究，出版有《海上丝绸之路与中外文化交流》论文集，[4] 则将海上丝路进一步扩大，凡经过海上交通与海外各国进行交往交流的路线皆可称为海上丝路。近年来又有人把从四川、云南出发经由缅甸至印度的路线称为"西南丝路"或"南方丝绸之路"。把经由西藏至印度的道路称为"中印藏道"或"吐蕃－尼婆罗道"。无论海路还是陆路，中外交通路线都有一些主线和支线，在这些形成网络的交通干线上，都有中国丝绸外运的记载和遗迹。因此把中外交通的道路称为"丝绸之路"已经成为共识。

中西交通的陆路和海路是以向外传播中国的丝绸而闻名于世的，

---

〔1〕最早提出经过北亚的草原路这两个概念，可能是 Enoki, K. and Matsuca, H. etc. *Research in Japan in History of Eastern and Western Cultural Contacts*. Tokyo. 1957，参前揭长泽和俊：《丝绸之路研究之展望》，第9页。

〔2〕据斯文·赫定研究，"海上丝绸之路"这一概念也是李希霍芬提出来的，他说："'丝绸之路'这一名称不是在中国文献中首先使用的。这个很能说明问题的名称，最早可能是由男爵李希霍芬教授提出的。他在一部关于中国的名著中使用了'丝绸之路'——SILK ROAD——这个名词，并进行了论证；在一张地图上还提到了'海上丝绸之路'。"见氏著《丝绸之路》，江红、李佩娟译，新疆人民出版社1996年版，第212页。

〔3〕〔日〕三杉隆敏：《探索海上丝绸之路》，创文社，昭和四十二年（1967）。

〔4〕陈炎：《海上丝绸之路与中外文化交流》，北京大学出版社2002年版。

在漫长的历史时期内,在经销的数量之大、范围之广、持续时间之久和影响之深远方面,世界上没有任何一种产品能与中国的丝绸相比肩,因而称为丝绸之路确是十分恰当。有人指责丝绸之路一词用得过于宽泛,以为有的路线上并无丝绸输出,所谓"一丝不挂",也称丝绸之路。这是对中国古代丝绸输出的历史不甚了然的表现。实际上根据我们的考察,古代中外交通的每一条商业路线,文献记载和考古发现都能说明丝绸是维系其持续发展的重要纽带。但随着历史的发展,它的意义远远超出了丝绸贸易的范围。文化交流的内容涉及政治、经济、军事、文学艺术等社会生活的各个领域,不仅有物质的,也有精神的。丝绸之路把世界文明的发源地如埃及文明、两河流域文明、印度文明、中国文明、美洲印加文明以及各世界文明古国如希腊、罗马、埃及、波斯、印度、中国等都联结在一起,形成了沟通世界各地的交通网络,使世界上的这些古老文明通过这个交通网络互相传播而放出了异彩,给世界各族人民的文化带来了巨大影响,推动了世界各地人民的互相了解和世界文明的发展与进步。因此,丝绸之路从狭义上讲是物质交换和经济贸易之路;而从广义上讲,则是文化交流之路和文明对话之路。季羡林先生说:"文化交流是推动人类社会前进的重要动力之一。"[1]丝绸之路的开辟和发展则为古代世界文化交流提供了重要的前提条件。

近年来,关于丝绸之路出现了起点之争。南方丝绸之路的起点争论不大,成都是南方丝绸之路的起点基本上为大家所接受。"古代南方丝绸之路0公里"地标碑在广汉三星堆博物馆揭碑,标志着"古代南方丝绸之路"起点最终确定在了成都附近的广汉。争论最激烈的可能是关于洛阳与西安哪个是丝绸之路的起点城市,河南南阳、安阳,山东青州都曾经想夺得"丝绸之路起点城市"的桂冠。海上丝绸之路也是东西方经贸文化交流的重要通道,但何处为始发港也存在不同认识,福建泉州,浙江宁波、杭州,广东广州,广西合浦,香港等港口都拿证据声

---

[1]季羡林:《中外文化交流史丛书》序,见《中外美术交流史》,湖南教育出版社1998年版,第1页。

称,自己是海上丝绸之路的真正始发港。这样的争论在学术上本来没有太大意义,但也引起我们产生某些有意义的思考。丝绸之路的起点有空间上从哪里出发和时间上从什么时候开始之分,我们称之为空间起点和历史起点。空间起点随着时代变迁会有转移,历史起点则只能有一个,任何事情只能有一个开始。当有人提出丝路起点只能有一个的时候,他强调的是历史起点,正像一个人不可能有多个出生时间。但丝绸之路历史起点从何时说起呢?这像是一个简单的问题,但实际上是一个复杂的问题。说简单,因为你如果问道:"丝绸之路从何时开始呢?"许多人会不假思索地回答:张骞出使西域。可是实际上问题并不是这么简单。首先,丝绸之路有沙漠绿洲之路、草原丝绸之路、海上丝绸之路和南方丝绸之路,张骞所代表的只是沙漠绿洲之路。丝绸之路各条主干线都有自己的历史起点,张骞出使西域不能说明其他路线的起点问题。其次,就沙漠绿洲路来说,它的产生和形成也难用某一人物的活动或某一事件的发生说清楚。在张骞之前,中国与西域或更远的地方早就发生文化上的联系,有大量文献记载和考古发现说明,存在沟通相互间联系的人类活动。再次,就张骞的时代而言,实现中西间的交通有多种因素,张骞的活动并不是最重要的。如果没有汉朝对匈奴军事上的胜利,汉朝与西域的联系仍然为匈奴所阻隔;如果没有后来汉朝与其他国家和地区逐利而往的商业贸易活动,也无法造成日益深入的经济文化交流;如果没有汉代发达的丝织业,没有精美的丝绸和优秀的文明吸引异域国家和民族的向往,也很难形成"商胡贩客,日奔塞下"的局面,如果没有……这样的促成因素太多了,总之,把中外交通的开展和文明互动的启动归功于一个人的活动,无法说明复杂的历史问题。

而且,把丝绸之路的开辟归于张骞出使西域,无论从时间上还是空间上都不正确。即便是从中国丝绸和丝织技术的输出这一极其狭义的角度考察,也是如此。根据我们的研究,中国蚕桑丝织技术最早是传向我们的东邻朝鲜半岛,始于箕子入朝鲜,《汉书·地理志》"燕地"条记载:"殷道衰,箕子去之朝鲜,教其民以礼仪田蚕织作。"中国丝绸传至遥远的欧洲,最早是经过欧亚草原之路,大约在公元前五六世纪,相当

·欧·亚·历·史·文·化·文·库·

于中国春秋时期。印度古代文献记载反映,印度获得中国丝绸则大致相当于中国战国时期,最有可能是经过南方丝绸之路。据《汉书·地理志》"粤地"条记载,汉武帝平南越之后,汉使出海至印度和斯里兰卡,携带的是"黄金、杂缯",交换对方的明珠、碧琉璃。而考古资料说明,可能相当于商代时丝绸已经通过海路传至埃及。张骞出使西域之前,汉朝早与匈奴建立和亲关系,那是汉高祖刘邦创立的处理与匈奴外交关系的策略。汉地丝绸已经随着和亲的队伍输入北方草原。相信北方草原民族获得中原地区的丝绸要比这个时间早得多。张骞出使西域在汉武帝时代,据《史记·大宛列传》记载,这时"自大宛以西至安息……其地皆无丝漆",说明丝绸通过丝绸之路绿洲路西传确是张骞通西域之后。在这条最著名的丝绸之路沙漠路上,丝绸的输出却是最晚的,蚕桑丝织技术传入西域更是晚到大约东汉魏晋,传到波斯和罗马则是大约公元五六世纪的事情。

历史研究有一个"源头崇拜",无论研究什么问题,历史学家总想探讨或揭示最早期的状况。然而,越往前追溯就越渺茫,就越难以说清。也正因为如此,历史研究才更具有吸引人的魅力,它考验着人们的认知和研究能力。丝绸之路历史的研究也是如此,其发生史包括交通的创辟和交流的发生两个方面。无论是交通和交流,都是从无到有,从近到远,从简单到复杂,从零散地、间接地、自发地到直接地、有规模地和自觉地进行交往和交流。从整个中外文化交流史上来看,这个过程经历了漫长的历史时期。早期中外文化交流的产生和发展充满不少谜一样的问题等待破解,有的问题可能永远成为人类之谜而供猜测。文化具有扩散的功能,文化一产生就会扩散,但立足于今日中国版图而言的中外交流,即中国文化与域外文化的扩散能够影响到对方文化的发展,发生在何时? 是怎样发生的? 实际的情况有时远远超出我们的想象。根据我们的考查,远在数万年前的旧石器时代,可能已经存在中国与域外的文化接触。中国西南地区和印度、东南亚的砍砸器有相似的特征,云南富源大河镇出土具有莫斯特文化特征的石器。如果说那里的信息还不够确切,距今 1 万年左右至 5000 年左右的新石器时代,包括中国在内的欧亚大陆间的文化传播已经有了比较丰富而可靠的迹象。远古人类活动的踪迹,我们了解得太少,其丰富的内容已经消失在历史的风烟中。但在印度我们看到了中国华北细石器文化的踪影。夏代的历史面目已经越来越清晰,商代进入了有文字记载的历史,此后考古学的资料和文字记载的历史互相印证,为我们提供了更多的早期人类文化交互影响的证据。起源于西亚的小麦在相当于夏朝时已经传至今新疆地区,起源于中亚的马的驯化和以马驾车也被夏人所掌握。商代新疆和田的玉和玉器西传至伏尔加河流域,东传至中原地区,甚至在江西商代的墓葬中也看到了新疆和田玉的倩影。鹿石文化广布欧亚大草原从东端中国北方、蒙古至其西端的欧洲德国、保加利亚的广大地区。马来半岛附近海域的大乌龟的甲壳成了殷商甲骨文的材料,商代已经产生远程的丝绸贸易,埃及法老墓葬壁画上的人物可能穿着用中国丝绸制作的衣服。埃及第 18 王朝(前 1580—前 1314 年,相当于中国商代)的绘画中已经表现出丝制衣衫的质感。"艺术家通过对女性华丽衣褶的丝绸衣衫、繁复多变的假发、各式项饰、手镯,以及修长的身材、轻盈透明的衣服透出苗条的肉体的刻划,尽力表现女性美。"[1]由此可以断定 3000 年前的埃及人已经使用丝织品,当时中国是世界上唯一的丝绸生产国。古埃及法老贸易兴盛,中国丝绸在公元前 1500 年左右已在埃及使用。周朝从西北游牧民族那里学到了骑马术,在草原民族的短剑的基础上研制了长剑。周穆王携带大量丝织品西行,与沿途各部落酋长交换,获得其马牛羊和玉石。奥地利科学家在研究一具木乃伊时,发现其头发中有异物,经电子显微镜分析,异物是蚕丝的纤维。这具木乃伊是埃及第 21 王朝时期(前 1085—前 950 年,相当于中国西周时期)的一名 30 ~ 50 岁的妇女。公元前五六世纪,即中国春秋时期,中国丝绸已经成为希腊贵族的服装。埃及人发明的蜻蜓眼琉璃珠在西亚、中国都有发现。在战国和西汉前期南方和东南沿海地区的墓葬中发现波斯银盒,应该是通过海上交通线传入中国的。这些都透露出早

---

〔1〕朱伯雄:《世界美术史》卷2,山东美术出版社 1988 年版,第 225 页。

期中外交通的重要信息,是早期丝绸之路形成和发展过程中外交流的成就,可以看作丝绸之路创辟时期人类文化互动的成果。

如果汉代张骞出使西域之前的中外交通被看作丝绸之路的创辟期的话,张骞出使西域的年代则是丝绸之路的正式形成和开拓时期。张骞出使西域是汉武帝的年代,汉武帝是一位开拓进取的皇帝,反击匈奴的胜利让汉王朝的声威远达异域。汉武帝时期中外交通与交流取得了空前的发展。张骞出使西域之后,汉朝通过河西走廊进入西域,越过葱岭进入中亚、西亚、南亚甚至埃及的道路逐渐走通;汉武帝平南越后,汉朝使节出太平洋,进入印度洋,来到了印度和斯里兰卡,与东来的罗马人共同完成了东西方海上交通的连接;汉朝对匈奴战争的胜利,使东北亚和西域各民族纷纷归附汉朝;汉朝灭卫氏朝鲜后,朝鲜半岛北部直接进入汉王朝统治之下,半岛南部也受到汉文化的强烈辐射;日本感受到汉文化的巨大魅力,开始遣使入贡,踏上有意识地向中国学习的道路。汉武帝努力打通西南夷道,发展了与西南地区各民族的联系。其开疆拓土和对外交往的辉煌功业,开创了中外交通与交流的新局面。从此中外交往不断扩大,造成了周边民族和域外国家的内属和入贡,同时带来了大量异域物产的输入。历来把汉代域外文明的输入归功于汉武帝的开疆拓土。汉宣帝《褒先帝诏》颂扬汉武帝的功业云:"孝武皇帝躬仁谊,厉威武,北征匈奴,单于远遁;南平氏羌、昆明、瓯骆两越;东定薉、貉、朝鲜,廓地斥境,立郡县,百蛮率服,款塞自至,珍贡陈于宗庙。"[1]中外文化交流的发展,至汉武帝的时代才形成规模和政府有组织的行为,为此后的发展奠定了基础。张骞出使西域只是标志性的事件之一。促进中外交通和交流进入这样一个新局面,有各种因素。汉武帝的个人素质是一个重要因素,在汉朝经过 60 多年休养生息、经济发展和国力强盛之时,他及时改变了统治方针,变无为为有为,积极进取,成功地扭转了北方被动挨打的局势;向西、西南、南方和东北方向扩展势力,其气魄之雄伟史无前例。对周边民族和域外国家军事上的胜利是创造这

---

[1]《汉书》卷 75《夏侯胜传》,第 3156 页。

一局面的重要推动力量。"武帝情存远略,志辟四方,南诛百越,北讨强胡,西伐大宛,东并朝鲜。"[1]一个强大的汉朝屹立于世界东方,吸引了众多的国家与民族乐于与之交往和交流。国际贸易活动是中外交流的重要途径,也是推动中外经济文化交流不断发展的内在动因。贸易是互惠互利的,不同国家和地区、民族都从中获得利益,这种贸易一旦形成就会造成一种内驱力,推动其开展下去。这是一只无形的手,它推动人类不同民族和地区间的交流必然发展下去。宗教是文化传播的媒介,产生于南亚的佛教初步证明了宗教的这一功能。随着丝绸之路的开拓,中国与中亚、南亚的文化关系得以建立,为佛教的传播提供了必要条件。两汉之际佛教沿丝绸之路而来,给中国人带来了新的信仰,同时也带来了印度和中亚地区的文化。从汉武帝时代开始,中国与世界上其他国家和民族的官方交往也大规模地开展起来。由此来看,丝绸之路在汉代的形成有着各种主客观方面的机缘。

通过本研究,我们想说明一个问题:中外交通从无到有,丝绸之路的起源、形成和发展,绝不是某一个人或某一件事造成的,它经历了漫长的时间,经过许多国家和民族的共同努力,有许多推动它发展和深化的复杂动因。我们把丝绸之路从无到有,从简单到复杂,从零散到成规模的过程称为"丝绸之路的起源",它经历了从创辟到开拓两个阶段,丝绸之路的起源具有自发性、长期性和多元性,经历了从远古开始的漫长时期,汉武帝时代的开拓标志着丝绸之路的形成。因此本书分为上下两编,上编讲汉代以前丝绸之路的创辟,下编讲汉代丝绸之路的开拓和形成。对这一过程的探讨让我们认识到丝绸之路起源之复杂性和艰苦性。本书阐释的乃是从先秦时丝路创辟到汉代中外文化交流出现第一个高潮时期,希望通过对这一时期中外交通和交流的发展的研究,使读者既了解到丝绸之路是怎样形成的,也为了解今后中外文化交流与发展提供一个坐标和参照系。我们认为,交通与交流都是"人"的活动和"人"的历史,在这种交通和交流中,世界各国各民族都做出了贡献。

---

[1]〔东汉〕蔡邕:《遣兵击鲜卑议》,见《后汉书》卷90《鲜卑传》,第2990页。

在我们的研究中,始终把中外交通的开辟和文化交流的开展与"人"的活动紧密联系起来,离开"人"的研究,单纯描述路线和叙述器物产品的传播没有太大意义。研究中外交通和交流,归根结底是要说明人类的历史,说明人类文明是怎样通过交流实现跃升和共同进步的。

上编

汉代以前丝绸之路的创辟

中外交通与文化交流所谓『中』指中国，然而历史上中国的疆域变化很大；相应的『外』指国外，不同的时代范围也不同。我们只能立足当下，以今日中国的疆域为坐标区别古代中外的界限。中外交通与文化交流从什么时候开始？追溯最早的源头是困难的。世界上不同地域、民族和国家之间的交流是在没有文字的时候就已经发生了，而神话传说和考古发现又往往存在仁者见仁，智者见智的情况。正是这种难以说清的迷茫使中外交流起点的探讨具有独特的魅力。

1 渺茫远古
——史前文化互传的信息和迹象

史前文化指没有文字记录之前的人类社会所产生的文化。考古学上的中国史前社会是从发现古人类开始，到发现甲骨文的殷墟年代，也就是商代盘庚迁殷之前的历史时期。这时期时间跨度很大，从中国有人类生存到公元前 14 世纪。[1] 文化一产生便会有传播，只是人类早期的交往和文化传播范围、速度有限罢了。

1.1 旧石器时代有交流吗？

古代世界上不同国家、不同地区和不同民族间的文化传播早于文字记载，而流传下来的远古神话传说和考古发现的资料往往能提供有价值的信息。但是神话传说不同于真实的历史记录，没有文献记载对照的文物，其结论的准确性和真实性也不好确定。所以人类早期的文化传播和交流情况，总的看是不清楚的，越往前越模糊不清。

1.1.1 相似的砍砸器

古代中外文化交流是从无到有又由近及远逐步展开和不断扩大的。季羡林先生在《中印智慧的汇流》一文中说："有一件事情是非常清楚的：国家民族间的文化传播早于文字记载。在普遍使用文字之前，尽管有无数天然的艰难险阻，比如说大海和大山，但是人民间还是有

---

〔1〕甲骨文是中国商朝后期（前 14 世纪—前 11 世纪）王室用于占卜记事而在龟甲或兽骨上契刻的文字。甲骨文是中国已知最早的成体系的文字形式，却不一定是最早的文字。我们说到商代中国历史进入了有文字记载的历史，实际上这种历史应该更早。

·欧·亚·历·史·文·化·文·库·

往来的。"[1]因此追溯中外文化交流的源头,难以用有文字记载的历史做出准确的论断。

中国文化源远流长,随着考古事业的发达,中国人类和文化起源的历史已经追溯到极其遥远的过去。世界人类不是起源于一地,而是在具备一定条件下,在多个地方发生的。考古成果充分说明,中国是人类发祥地之一。人类起源于一种古猿,人和猿同属高等灵长类动物。迄今为止,人类所知的最早的高等灵长类动物是曙猿,人类是由曙猿经后来的古猿、类人猿、猿人、古人、新人进化而来的。在中国山西垣曲发现的曙猿化石距今 4500 万年,比北非同类化石还早 500 万年。

1998 年,考古学家在安徽省繁昌县孙村镇发现了大量早更新世早期高等灵长类化石、少量石制品和大量哺乳动物化石,其中原黄狒是在长江下游地区首次发现的早更新世早期的高等灵长类。在上半年调查、试掘的基础上,下半年的正式发掘又获重大成果,出土了大量的200 万年前的骨制品和石制品,说明早在 200 万年前,这里已有人类生活。科学家在对繁昌县人字洞旧石器遗址进行发掘的同时,在该遗址西北约 200 米处的山顶发现了一处距今 1000 万年的中新世裂隙堆积,其中埋藏有大量的古猿牙齿化石。大家已经熟知,西侯度人生活在180 万年前,元谋人生活在 170 万年前,蓝田人生活在约 80 万年前,北京人生活在 69 万年前。考古证明,中国各地都有原始人生活的遗迹,直到公元前 21 世纪,夏朝建立,中国原始社会经历了漫长的旧石器时代和新石器时代,并在传说中的黄帝时代,跨入文明社会的门槛。

劳动创造了人,人则通过劳动创造了文化。文化具有扩散的功能,在生产力极其低下,人类居住极其分散的旧石器时代,虽然人群间接触的机会、文化传播的范围和速度极其有限,但是彼此间文化交流的现象似乎已经存在。考古学上发现印度北部、中国、东南亚的旧石器具有某些共同的特征,即所谓砍砸器之盛行。这种文化上的类似,有人认

---

[1]周一良主编:《中外文化交流史》,河南人民出版社 1987 年版,第 140 页。

为意味着当时人群集团之间存在交往。[1] 但也有人认为南亚、东南亚和中国华南地区的热带、亚热带的湿热气候、自然环境和生态系统基本相似，中国华南地区旧石器时代的打制石器并不是"南来"的域外文化，而是独立发展起来的。[2]

近年来西藏高原的旧石器时代考古成为学术界关注的焦点，有学者以阿里日土县夏达错东北岸地点的考古材料为依据，对比印度、尼泊尔的考古发现，夏达错东北岸地点包含了手斧、薄刃斧和砍砸器等阿舍利工业的典型器物，很可能与南亚次大陆北部混杂有砍砸器传统的阿舍利传统相关，它与南亚旧石器时代晚期出现的石叶、预制石核的传统不同，可能是一种较早期的工业传统。[3] 从后来的文献记载来看，中印两个文明古国之间很早就存在着交往和交流。汉武帝时张骞出使西域，在大夏见蜀地所产邛竹杖、蜀布，问之当地人，大夏人曰："吾贾人往市之身毒。身毒在大夏东南可数千里。其俗土著，大与大夏同，而卑湿暑热云。其人民乘象以战，其国临大水焉。"身毒即印度，张骞因此推断，"大夏去汉万二千里，居汉西南。今身毒国又居大夏东南数千里，有蜀物，此其去蜀不远矣"。这件事说明张骞出使西域之前，蜀地与印度、阿富汗之间已有文化上的联系。

汉武帝接受了张骞的建议，派遣使者往四川、云南，试图探索一条经印度至大夏的道路。这一计划由于氏、筰、嶲、昆明等所谓西南夷的阻拦而落空，但汉朝确实打听到在云南以西"可千余里，有乘象国，名曰滇越，而蜀贾奸出物者或至焉"[4]。滇越即古迦摩缕波国（Kamaru-

〔1〕Movius, H. L. "Early Man and Pleistocene Stratigraphy in Southern and Eastern Asia", *Paper of Peabody Museum of Archaeology and Ethnology*, vol. 19. Cambridge, 1944.〔英〕莫维士：《南亚和东亚的早期人类和旧石器》，剑桥；童恩正：《古代中国南方与印度交通的考古学研究》，载《考古》1999年第4期，第80页。

〔2〕安志敏：《关于华南早期新石器的几个问题》，载《文物集刊》（3）1981年版，第10页；王民同：《东南亚史前文化述略》，载《昆明师范学院学报》1983年第1期，第24页。

〔3〕吕红亮：《西藏旧石器时代的再认识》，载《考古》2011年第3期，第59—65页。

〔4〕〔西汉〕司马迁：《史记·大宛列传》，中华书局1982年版，第3166页。

pa),在今东印度阿萨姆地方。[1] 如果把张骞在大夏所见蜀货和此所谓"蜀贾"联系起来,可以推断当时在中国西南与印度东北部之间可能有一条商路存在,此道之走通又必然是建立在久已存在的两地人群和居民间的长期往来的基础上。张骞以后这条道路交通的状况还难以说清,蜀地与印度之间的交通十分困难,张骞在大夏看到的蜀物,有学者推测可能是通过其他路线辗转传递至印度的,例如海路传播,不一定是直接交往。同样是旧石器,各地打制的方法也可能发生相同的巧合现象,不一定是相互传播的结果。

1.1.2 中国的"莫斯特"文化?

早在 20 世纪 30 年代,德国地质学家郝音(A. Heim)就在四川藏区的甘孜州鲜水河谷发现了具有莫斯特风格的旧石器,这是青藏高原上首次出土旧石器的报道。[2] 著名地质学家特瑞(H. D. Terra)发表的书评认为,郝音的发现说明在青藏高原完全隆起之前,这一地区已经有人类活动。[3] 但直到今天青藏高原尚无经过发掘并有年代测定数据的旧石器时代遗址。前几年,云南富源县大河镇考古声称发现了新的具有莫斯特文化特征的文化遗址,莫斯特是法国地名,因发现大量旧石器中期精美石制品而得名。云南省富源县大河镇发现旧石器时代洞穴遗址,位居"2006 年度中国十大考古新发现"之首。2001 年和 2002 年,云南省文物考古研究所进行了两次清理和正式发掘。2002 年的发掘确认了该遗址是一个具有莫斯特文化特点的遗址,出土一批具有莫斯特文化特征的石制品。2006 年 3 月至 5 月,云南省文物考古研究所组织了第三次发掘,共获得石制品 1400 余件,动物化石 150 余件,发现人牙化石 1 枚,这是一颗古人类的牙齿,一颗臼齿。洞内有 30 多平方米左右的石铺地面,是用有一定圆度的石灰石碎块铺成,地面呈灰白色,现在看来虽凹凸不平,但也能阻隔潮湿。极少见的火塘遗迹非

---

〔1〕汶江:《滇越考——早期中印关系的探索》,载《中华文史论丛》1980 年第 2 辑,第 61－66 页。

〔2〕A. Heim. Minya Gong Rar. Berlin:Verlag Hans Huber,1933. pp.175－176.

〔3〕H. D. Terra. "Traves in Chinese Tibet", *Geological Review*. Vol. 23, 1982. pp.493－499.

常珍贵。[1] 大河遗址文化层的年代为 4.4 万年至 3.6 万年。云南省文物考古研究所占人类研究部的研究员、领队吉学平说,用石灰石铺成的地板,是旧石器时期古人类(智人)生活形态进步发展的反映。他说:"在我们的考古发掘中,已经发现旧石器中晚期文明的大量遗迹和遗物。这表明,20 世纪 40 年代美国哈佛大学教授莫维斯提出的'两个文化圈'理论太过绝对,并不完整。"他指出大河遗址的石制品加工以锤击法为主,偶有锐棱砸击法;有指垫法和压制法的修理技术,有勒瓦娄哇连续剥片技术,常见预制石核和修理台面的标本。这些石制品既有本地区文化的传统特点,又有典型的欧洲莫斯特文化和勒瓦娄哇技术特点,是莫斯特文化在我国南方的首次集中出现。[2] 大河莫斯特文化的来源目前有较大争议,是交流的结果,还是文化上的趋同?多学科的室内研究正在开展。吉学平说:"大河旧石器遗址究竟是东方古人类自身产生的文明还是东西方交流的结果,还有待进一步研究。"[3]

1.1.3 中国与日本旧石器文化的联系

根据现代地质学研究成果,在第四纪(约距今 300 万年前)的大部分时间内,日本列岛的南端和北端与欧亚大陆连在一起,彼此之间没有像现在这样被大海隔开。从地质学上看,从距今数十万年前到一万年前的"更新世"为地球冰河时期,海平面比现在低得多,今朝鲜半岛南端和日本九州岛是连在一起的。有些哺乳动物曾通过陆地由华北进入日本,也有欧亚大陆东北部的原始人群为追逐旧石器时代主要的食物大型野兽长毛象、野牛等来到日本列岛,并在该地定居下来。[4] 后来冰川融化,海平面上升,大陆桥消失,把日本列岛及其原居民与大

〔1〕吉学平等:《大河洞穴之魅——富源大河旧石器遗址揭秘》,载《中国文化遗产》2008 年第 6 期,第 79 - 83 页。

〔2〕李丹丹:《富源"大河遗址"出土文物面面观》,云南信息港:www. yninfo. com,2007 年 4 月 9 日。

〔3〕刘敏:《东亚南部有旧石器中期文化"两个文化圈"遭质疑》,中国网:http://www. china. com. cn/culture/txt/2007 - 04/28/content_8185427. htm,2007 年 4 月 28 日。

〔4〕王秀文:《日本绳文文化源于红山文化之假说——兼论中日史前文化交流》,载《东北亚论坛》2006 年第 5 期,第 125 页。

陆隔离开来。

日本学者如铃木靖民、大山柏、曼罗、直良信夫、永泽让次等对日本旧石器文化做过考察和研究。20世纪80年代,铃木靖民在《日本历史——原始、古代》一书中对宫城县的座散乱木遗迹——"明石原人"、爱知县牛川町的"牛川人"、静冈县三个ケ町的"三ケ日人"、冲绳县具志头村的"港川人"、大分县的"圣岳人"等进行考察,认为日本最古人类是经陆桥从亚洲大陆迁徙来的,日本列岛的旧石器文化与亚洲大陆存在十分密切的关系。[1]

加藤晋平、古谷尊彦在考察过中国东北部与日本列岛的文化后指出:"我们考察在南北长东西窄的日本列岛产生的基层文化系列时,总会考虑到其人口在南北两端。"在日本仅分布于北海道东部的属于绳文时代早期(7000年前)石器文化的石镞石器群,与黑龙江省新开流、昂昂溪遗迹,沈阳新乐遗迹,辽宁富河沟门遗迹有文化上的联系。在对两地石器文化进行比较分析后,他们得出如下结论:"我们以为这种石器文化的发展与渔捞活动有很大关系,它越过津轻海峡出现于日本东部是13000年以来的事,越过白令海峡出现于阿留申群岛和阿拉斯加半岛,则是1万年以来的事。我们以为在这旧石器时代末期东北亚的巨大文化潮流便是蒙古利亚种的扩散,据人类学研究成果表明,这种扩散与蒙古利亚种遗传因子的扩散情况完全一致。"[2]

中国考古学家和古生物学家裴文中指出:"在旧石器文化的研究工作中,发现华北与日本的旧石器文化具有许多共同特征。"又说:"据目前已知的材料来看,在日本发现的时代较早的旧石器时代文化,毫无疑问地与东亚大陆的旧石器时代文化有密切的关系。因此,毫不犹

〔1〕〔日〕铃木靖民:《日本历史——原始、古代》,东京大学出版社1986年版。日本旧石器时代考古曾发生藤村新一造假事件。2000年日本新闻界报道藤村旧石器时代考古造假丑闻,2001年,日本考古学会特别调查委员会宣布:"经藤村参与的遗址考古全是假的。此类假造遗迹多达42处,遍及东北、关东和北海道地区的一道6个县。"日本旧石器时代前期、中期的考古成果遭到否定,后期考古成果也遭怀疑,但可信程度很高。

〔2〕加藤晋平等:《中国东北部与日本列岛的文化交流》,李东原译,见《北方文化研究》(第一集),哈尔滨:黑龙江人民出版社1987年版。

豫地断定,在中更新世之末和晚更新世之初,在日本和华北之间没有古代人类不可逾越的天然障碍。"日本九州东北部的早水台遗址发现的文化遗物,很多石器用石英和石英岩制成,代表性的石器有砍砸器、尖状器和刮削器,其石器类型和加工技术与中国周口店第 15 地点的文化遗物具有许多共同之处。"华北与日本的旧石器时代文化的相似不是偶然的、个别的现象。从旧石器时代文化的发展顺序上,在石器的类型和加工技术上,都可以找到许多证据,说明中、日之间的旧石器时代文化,有很多的共同性和一致性。"[1]

中国山西省阳高县许家窑旧石器时代晚期遗址的石器中,含有大量"石球",这个类型的石球也发现于日本旧石器时代晚期的遗址中。日本鹿儿岛发现的石球与许家窑遗址的石球属于相同的类型。许家窑遗址中的许多类状器和刮削器,与日本栃木县星野遗址七八层的同类石器非常相近。日本北海道地区的黑曜石文化传入俄罗斯沿海州与中国黑龙江地区,影响这一地区的文化发展。中、日学者经过研究,充分论证了中国与日本的古文化交流,尤其论证了东亚大陆对日本古文化的交流与影响。[2] 裴文中综合日本旧石器遗址的时代与分布,发现一个值得注意的现象,即日本列岛的南部地区(九州和本州南部)的旧石器时代遗址,在时代上较老。日本北部的旧石器时代遗址在时代上则比较晚,例如北海道时代最早的"白泷文化"。"根据目前已知的材料,应该认为,日本列岛与东亚大陆之间旧石器时代的文化联系,最初是通在南路的,即华北与九州之间首先直接相通。后来,在更新世的末期,华北与日本的北部地区之间又开辟了一条文化交流的道路。"[3]

1.1.4　环南中国海早期文化

南中国海指北至中国广东、广西、福建和台湾海峡,东至菲律宾群

---

[1]裴文中:《从古文化及古生物上看中日的古交通》,载《科学通报》1978 年第 12 期,第 705 – 707 页。

[2]张碧波:《日本民族与文化渊源考略》,载《黑龙江民族丛刊》2005 年第 4 期,第 118 页。

[3]裴文中:《从古文化及古生物上看中日的古交通》,载《科学通报》1978 年第 12 期,第 707 页。

岛,西南至越南与马来半岛的狭长海域,连接着中国南部、中南半岛、东南亚群岛三大区域,并通过巴士海峡、苏禄海峡和马六甲海峡将太平洋和印度洋连接起来。环南中国海区域则包括南中国海的周边区域以及与南中国海发生经济、政治、军事等重要关系的国家和地区。通过南中国海,中国华南地区与东南亚国家在文化上很早就产生了紧密联系。

1950年,凌纯声发表《中国古代海洋与亚洲地中海》一文,把这个大的史前海洋文化共同体表述为环南中国海的"亚洲地中海文化圈",并将其定性为以"珠贝、舟楫、文身"为标志的史前海洋文化,其地域范围包括东亚大陆南部,中南半岛与西南太平洋群岛之间的大片海域。[1] 从考古资料来看,在东亚地区旧石器文化体系中,在华南大陆及相邻的东南亚地区广泛分布并占据文化主体地位的砾石石器文化,构成了一个环南中国海的早期的文化共同体的特征。菲律宾群岛的利万、塔邦两支旧石器文化的内涵在这个文化共同体范围之内,成为从华南到东南亚以砾石石器为特征的远古土著文化共同体雏形的重要组成部分。在闽、粤沿海地区广泛发现地域特色深厚的小石器文化,使用燧石、石英等材料,生产各种形态的小型刮削器、尖状器、镞、雕刻器、石钻等。在菲律宾的莱泽－布坎文化以及苏禄、苏拉威西、东帝汶等岛屿上发现的燧石小石器在技术和内涵上与闽、粤沿海的上层文化非常接近。有学者认为这一文化联系的确立在环南中国海史前史的研究上具有重要意义,为中石器时代前后华南沿海与菲律宾、东南亚群岛地带的土著文化接触史的研究提供了重要的线索。[2]

东南亚各地发现的新石器时代磨制石器及其形态、凹形石器和树皮布石拍、珠贝文化和装饰器具、几何印纹陶、有段或有肩石器、树皮打布、玉石珠贝、铜铁器的源流都可追溯自中国南方沿海的百越文化。分布于西自非洲马达加斯加岛、东至复活节岛,北自台湾岛和夏威夷岛、

〔1〕凌纯声:《中国古代海洋与亚洲地中海》,载《中国边疆民族与环太平洋文化》,台北联经图书1979年版。

〔2〕吴春明:《菲律宾史前文化与华南的关系》,载《考古》2008年第9期,第36－40页。

南至新西兰岛的广阔地带的马来－波利尼西亚语系的族群集团被称为"南岛语族",成为国际人类学界在跨界民族研究上的重要课题,其起源是学术界争论较多的问题。过去,多数学者认为"原南岛语族"可能居住于印度尼西亚或印支半岛的东岸,北部不会超过北回归线。[1]最近十多年来,越来越多的考古学者、民族语言学者在华南大陆的考古学文化和语言学材料中"发现"了"原南岛语族"的祖先或底层文化。认为从考古学文化上的华南大陆到民族学上"今南岛语族"聚居的西南太平洋的三大群岛,才真正构成了民族考古学上"原南岛语族文化圈"的基本框架。菲律宾地处这一文化圈的中间环节,其史前文化中源远流长的与华南大陆的联系和大陆因素就是这一文化史地位的真实反映。[2]

1.2　新石器时代的迹象

旧石器时代各地间文化交流的信息毕竟十分微弱。到了新石器时代,情况便大不相同了。随着人群的增多及其生产能力的提高和活动范围的扩大,不同地区的人群接触和交流的机会增多了。更重要的是,这一时期人类文化创造的丰富成果为彼此间的交流提供了必要的物质基础。虽然当时的交流活动并没有文字记载可凭,但不同地域间人群的交往交流活动还是给我们留下了明显的迹象,使我们感受到文化扩散和交流的强烈信息。

1.2.1　细石器文化传播

细石器,考古学名词,指细小的打制石器,原料有石髓、玛瑙和燧石等。细石器是出现于旧石器晚期的一种特殊的石制品,种类有刮削器、尖状器、石钻、石镞和石核、小石叶等。长方形小石叶常是嵌在骨刀上

〔1〕李壬癸:《台湾南岛语族的来源——从语言的证据推论》,载《台湾南岛民族的族群与迁徙》,台北常民文化,1997 年;张光直:《中国东南海岸考古与南岛语族的起源》,载《南方民族考古》第一辑,四川大学出版社,1987 年。

〔2〕吴春明:《菲律宾史前文化与华南的关系》,载《考古》2008 年第 9 期,第 48 页。

使用的。细石器代表着一种新兴的石器技术,以细小的打制石器为特征的各种文化称为细石器文化。其基本特征是石材硬度高,韧性强,石制品细小化。[1] 中国的细石器传统形成于旧石器时代晚期和中石器时代,最早起源于华北地区,如山西省朔县峙峪遗址。到新石器时代,则以此为中心,向周围扩散,分布于东北、内蒙古、宁夏、甘肃、青海、新疆、西藏等广大地区。

黄河流域中原地区进入以农业经济为主的发展时期后,细石器传统很快退居次要地位,甚至消失,而在上述各地区它却成为主要的文化因素。细石器的传播说明黄河流域中原地区很早就是中国文化的发祥地,中原文化诞生以后,就呈现出向周围扩散的趋势。考古学成果也透露出源于黄河流域中原地区的细石器文化传至中国境外的信息,产生于中国中原地区的细石器文化,与北亚、东北亚、南西伯利亚等地区的细石器文化属于同一系统。这是中国细石器文化向周边地区扩散的结果。李有骞指出:"日本海西北岸地区细石叶技术的来源不是单一的,其中有谢列姆贾文化以西的贝加尔湖地区及以北的雅库特地区、中国华北东部的最早期细石叶技术的影响。"[2]

世界上细石器文化有两种类型,一种是几何形细石器,分布于南亚地区。起源于中国华北地区的细石器为非几何形细石器。在两种类型细石器文化区连接处的印度东北部,如恒河流域的乔塔纳格普尔高原和西孟加拉邦一带,也发现类似起源于我国华北地区的细石器。这种细石器文化的联系可能是通过西藏的阿里地区和日喀则地区而产生的。在这两个地区都有细石器的考古发现,印度东北部细石器文化应该经由这一通道,受到中国中原地区细石器文化的影响。早在旧石器时代西藏地区已经有人类活动,西藏发现的旧石器时代遗址主要分布在唐古拉山脉以南到喜马拉雅山以北地区。其中藏南定日县的苏

---

〔1〕朱之勇:《我国北方细石器工业分区与分期问题初探》,载《北方文物》2011 年第 2 期,第 17 – 20 页。

〔2〕李有骞:《日本海西北岸旧石器时代的细石叶技术及其与相邻地区的关系》,载《北方文物》2011 年第 2 期,第 27 页。

热旧石器类型及加工技术与华北旧石器中晚期相近,出土于藏北申扎县的多格则和阿里日土县的扎布两处的石器则起源干华北的"船底形石核",申扎县珠洛勒石器则与宁夏水洞沟的类同。这些都说明旧石器时代中原文化与现在的西藏地区存在密切联系。到了新石器时代,活动在这一地区的居民在世界上两个文明古国之间从事了早期的交流活动。[1]

中印之间滇缅通道在新石器时代文化交流的信息更加丰富。印度东北地区如阿萨姆、梅加拉亚、那加兰、曼尼普尔、孟加拉、比哈尔、奥里萨、和乔达·那格浦尔等地,出土有肩石斧、石锛、长方形石斧、石锛,八字形石斧,长方形有孔石刀等,都是中国云南常见的器形。在阿萨姆曾发现一种刃部磨在两窄边的圭形石凿,在中国四川西南部则甚常见。特别应该注意的是,阿萨姆地区制作石器的原料中有翡翠,在萨地亚边区,翡翠甚至是制作石器的主要原料之一。[2] 在印度东北部的阿萨姆(Assam)、那加兰(Nāgāland)、曼尼普尔(Manipur)、梅加拉雅(Meghalaya)诸邦,分布着讲藏缅语族语言的迪马萨·卡查里、米基尔、泽米·那加、加洛等民族。这些民族在印度被统称为东喜马拉雅民族,他们与中国的藏缅语族民族有同祖、同根、同俗的历史渊源关系。[3]

印度本土不出产翡翠,距其最近的产地在缅甸。缅甸最有名的翡翠产地在其北部密支那勐拱地区的度冒和缅冒等地,离现在中国的云南边境仅 150 公里。《华阳国志·南中志》记载,在今天云南境内的永昌郡产翡翠,可见古时永昌一带是翡翠产地。阿萨姆一带新石器时代的房屋是中国南方常见的干栏式建筑,除了两地之间直接的文化交流之外,很难有其他的解释。据莫维士的研究,在缅甸吻外(今称马圭)县德马多河发现的石斧、石楔、石凿,在东彬发现的小圆石器,与北京周

〔1〕安志敏等:《藏北申札、双湖的旧石器和新细石器》,载《考古》1979 年第 6 期,第 481 – 491 页。

〔2〕Dani,Ahmad Hasan, *Prehistory and Protohistory of Eastern India.* Calcutta:Firma K. L. Mukhopadhyay,1960. p.44.

〔3〕何耀华、何大勇:《印度东喜马拉雅民族与中国西南藏缅语民族的历史渊源》,载《西南民族大学学报》2007 年第 5 期,第 18 页。

口店的石器很相似。在缅甸上下墩县和瑞波县境内出土的环石,也同中国仰韶文化新石器相近[1]。由此可以推知,中国西南地区、缅甸和印度东北部之间在新石器时代存在着多方面的交换往来活动。印度学者巴普贾里说:"阿萨姆新石器时代后期文化的发展是与东亚紧密相联的。"[2]这种文化交流活动应该是通过今天的缅甸和西藏两条通道进行的。

1.2.2 史前彩陶之路

中国大地幅员辽阔,不同地区间很早就存在着不同的文化类型和互相交流。彩陶文化的产生和扩散是当时重要的文化传播现象。中国彩陶文化出现于新石器时代晚期,是黄河流域仰韶文化的代表。1921年在河南省渑池县仰韶村发现了新石器时代晚期遗址,出土物有石器、骨器和陶器。日用陶器以细泥红陶和夹砂红褐陶为主,细泥红陶表面红色,表里磨光,器表常有几何形纹、绳纹或动物形花纹等各种彩绘,故称彩陶。据碳-14法测定,整个中原地区的仰韶文化,包括不同时代的各种类型,约为公元前5000年至前3000年。后来仰韶文化遗址在中国东北的辽宁、西北的甘肃、青海、新疆等地继续有所发现。考古学研究成果表明,黄河中下游的中原地区是仰韶文化的故乡。甘肃仰韶文化遗址马家窑文化的年代约为公元前3300年至前2050年,齐家文化为公元前2000年,都是继承仰韶文化而向西发展的。在新疆各地如哈密、巴里坤、鄯善、吐鲁番、乌鲁木齐、轮台、库车等地,后来也发现不少彩陶,而其年代都未超过公元前2000年,时间更晚于甘、青一带。新疆西部的和阗、皮山、沙雅、伊犁河流域是现在所知道的中原彩陶文化西传的终端。

彩陶文化的传播在西北方向上应该说没有走出国门,而在西南方向上却有传至印度东北部的迹象。印度阿萨姆北加贾尔山出土了素

---

[1]前揭莫维士(H. L. Movius)文;童恩正:《古代中国南方与印度交通的考古学研究》,载《考古》1999年第4期,第80-81页。

[2]Barpujari, H. K.. *The Comprehensive History of Assam. vol.* 1, *Ancient Period*. Guwahati:Publication Board Assam,1990. p. 35.

面红陶和绳纹陶,季羡林认为是受了中国西南文化的影响。在印度中央邦的纳夫达托里和南部邦格纳伯莱邦的帕特帕德等地所发现的彩陶带流钵,器形同于云南宾川白羊村出土之陶钵。在印度河流域考古发现的古城哈拉巴(Harappa)和摩亨佐巴鲁(Mohenjodaro)遗址出土有古陶,与中国甘肃省史前的彩陶有相似之处,其中可能有某种渊源关系[1]沈福伟说:"黄河中下游的中原地区是中国古代文化的发祥地,中原文化在它诞生以后,呈现出向周围扩散的趋势,在西部地区,表现出由东向西的传播方向。"[2]

彩陶文化非中国所独有,在今土库曼斯坦的安诺有彩陶的考古发现。安诺文化属公元前4000年至前3000年铜石并用时代的文化。东欧的特里波列文化也有彩陶的考古发现,特里波列文化主要分布于罗马尼亚东喀尔巴阡山至乌克兰第聂伯河中游。特里波列村在基辅城附近,其遗址年代在公元前5000年至前3000年。有人提出中国彩陶文化来自安诺文化和特里波里文化。过去曾有"中国彩陶西来说"。瑞典学者安特生参与发掘河南仰韶文化遗址,注意到这些彩陶与东南欧的特里波里、中亚安诺等遗址发现的彩陶存在相似之处。受当时欧洲学界流行的"中国文化西来说"影响,他说:"诚知河南距安诺道里极远,然两地之间实不乏交通孔道",他设想东西间存在一条由西向东传播的彩陶之路。1923年至1924年,安特生一行在甘肃进行了大规模的考古调查,探寻彩陶的传播路线。他把甘青地区的陶器归入仰韶文化,是由西方传入。对此本来就有人表示怀疑。1945年,夏鼐在甘肃宁定县(今广河县)齐家文化墓葬的填土中,发现仰韶文化半山时期的彩陶片。虽然仅是数块残陶片的发现,但它从考古层位学上指出了安氏颠倒甘肃彩陶文化发展序列的关键性错误,指出齐家文化晚于仰韶文化[3]李济、张忠培、陈戈等人的研究都说明,中国境内彩陶的出

〔1〕季羡林:《中印智慧的汇流》,见周一良主编《中外文化交流史》,河南人民出版社1987年版,第138页。

〔2〕沈福伟:《中西文化交流史》(第2版),上海人民出版社2006年版,第5页。

〔3〕夏鼐:《齐家期墓葬的新发现及其年代的改订》,收于氏著《考古学论文集》,河北教育出版社2000年版,第3－19页。

现,西部晚于东部。"史前彩陶之路"是黄河流域起源的彩陶文化传入甘肃、青海和新疆地区的道路。

直到20世纪70年代,苏联学者列·谢·瓦西里耶夫仍认为,公元前4000年,一些古代居民从伊朗高原向中亚迁移,公元前3000年初到达新疆,带来了彩陶文化。这些居民继续东进,抵达甘肃河西走廊,创造了"仰韶文化",并最终影响到了河南地区,出现了河南的仰韶文化。1979年,日本学者长泽和俊说:"具有精巧的技术才能制成的精美的彩陶,突然出现在中国,不能不令人感到有些唐突。细细比较研究中国与西亚两地的编年、器形和纹样,我们认为这种彩陶是从土库曼传至东方的塔里木盆地,然后又波及甘肃、河南。"考古学研究的结果已经说明,中亚、东欧的彩陶文化与中国彩陶文化虽然都曾向周围扩散,却没有发生接触和联系。在公元前5000年至公元前3000年间中亚地区制造彩陶的部落,在向四周散布并传播其文化时,到卡拉库姆沙漠(在今土库曼斯坦境内)南部边缘便停顿下来。两种彩陶文化来自不同的艺术母题,某些相似之处只能看作是自然形成的巧合性质。认为中国彩陶文化受到特里波列文化和安诺文化的影响,缺乏科学论据。

关于中国彩陶传播路线的形成和走向,刘学堂说:"史前彩陶之路最早可以上溯至黄河流域新石器时代初期,至少在距今8000年前,黄河流域彩陶文化开始向四周扩张,距今7000年以降,进入到六盘山东西两侧;距今5500~5000年,扩展到青海东部;距今5000年以降,西进至祁连山北麓的酒泉地区;距今4000年前后,现身于新疆哈密地区。这支东来的彩陶文化沿着天山山脉西进,终点到达巴尔喀什湖东岸一线,持续的时间长达5000年。在西渐过程中,沿途不断与当地文化交流、融合,逐渐形成新的地方性的考古文化。沿着史前彩陶之路,黄河流域的居民携带着独特的彩陶艺术和其他农业文化要素,艰难跋涉,最终将中原远古文化与古老的西域文化融汇为一体,展示出深邃和波澜壮阔的历史画面。"[1]

1.2.3　卐形纹饰

新石器时代文化传播有域外文化自西东来的痕迹。内蒙古翁牛特旗石棚山的红山文化晚期遗址中出土的陶器上有中国最早的卐形纹饰,此种纹饰在青海乐都县柳湾马家窑文化马厂类型的墓葬中出土的陶壶上大量出现。中国出土的带有此种纹饰的陶器最早的年代在公元前 2000 多年。同样的纹饰在亚洲其他地区和非洲、欧洲等地也大量发现,而最早的卐纹饰则见于公元前 3000 年的埃及第十二王朝时期的塞浦路斯和卡里亚陶器残片上。在巴基斯坦公元前 3000 年到前 2000 年的莫享朱达罗(Mohenjo Daro)遗址中出土的印章上也见有此种纹饰,其卐形符号笔画有左折的,也有右折的。从年代早晚和地域上看,中国西北地区发现的卐形符号极有可能是从西域传入的。根据研究,卐形符号代表着某种抽象的意义。据说有的表示太阳的光芒四射,有的则是女性的标志,有的代表雷电或其他自然现象,其中都表达着先民们某种心理和观念。卐形符号在世界各地的出现,说明当时各地之间人们心灵的某种相通。在西藏昌都所发现的卡诺文化遗址中,曾发现采用勒瓦娄哇技术制作的器形。这一技术在旧石器时代已经广泛流行于北欧、北非和西亚地区,在中亚、南亚地区也被广泛使用。卡诺文化可能接受了来自域外的影响。在卡诺文化遗址中,还发现如同伊朗西部克尔曼沙区甘吉·达维新石器早期遗址中的骨片[2]。

1.2.4　早期维纳斯像

包括中国在内,广大欧亚地区发现不少新石器时代的陶塑裸体女像,被称为"早期维纳斯像",使人们感受到各地女神文化的某种联系,说明表示生殖崇拜观念的裸体女神像曾在新石器时代广大地区传播。这种史前裸体女像,在西到比利牛斯山,东至贝加尔湖的广大欧亚地区有不少发现,人们通常称之为"早期维纳斯像"。最早的"早期维纳

---

　〔1〕刘学堂:《史前彩陶之路终结"中国文化西来说"》,载《中国社会科学报》,2012 年 11 月第 382 期。

　〔2〕芮传明、余太山:《中西纹饰比较》,上海古籍出版社 1995 年版,第 51 - 71 页。

斯像"出现于旧石器时代。在小亚细亚特洛伊城第三城,考古学家发现一尊铅质女神像,属于公元前2300—前1900年的产品,很像古代女神娜娜(大夏和粟特火祆教徒崇祀的女神,相当于美索不达米亚万神殿的丰育女神阿纳希塔Anahita),故有此称。其阴户以一巨大三角表示,在三角的正中,饰有一个卍字,具有强烈的生殖崇拜意味。维伦多夫(Willendorf)维纳斯女神像以出土于奥地利维也纳附近的维伦多夫洞穴而得名,用一高约11厘米的石灰石质的卵形石雕成,于1909年发现,属旧石器时代晚期的作品。在法国洛塞尔(Laussel)岩窟中发现一个"持角杯的维纳斯"旧石器时代晚期女神像,以浮雕形式刻在洞壁上,后被敲下移到博物馆内陈列。高46厘米,正面,乳大臀肥,头部转向左方,右手持一牛角;左手下垂,置于腹部;五官不清,可能原来就未刻口鼻,头发披在左肩,被称为"持角杯的维纳斯"。裸体女神像也见于小亚细亚,这里出土的小型雕塑主要是泥土烧制的人像,多为女性人体,丰满肥大,威严稳重,与欧洲早期维纳斯雕像一脉相承,属公元前25世纪的作品。中国新石器时代内蒙古红山文化遗址出土的女神裸像,可能是欧洲旧石器时代晚期那种维纳斯雕像东传的结果。这种裸体女像大多强调女性生殖器官,如乳房、臀部、腹部等。1982年,在辽宁喀左县东山嘴红山文化遗址中,出土有陶塑裸体女像残块20多件,大多为人的肢体部分,未见头部。其中有两件可以辨认的小型女性形体,身体肥硕圆润,有明显的阴部符号,左臂曲于胸前,下肢弯曲,小腹圆鼓,臀部肥大凸起,分明是一位孕妇的塑像。红山文化得名于内蒙古赤峰市红山后遗址,其延续时间与中原仰韶文化大略对应,时间在公元前50至公元前30世纪。其遗址牛梁河女神庙中发现的裸体女神像至少有6个,线条优美,属蒙古人种。[1]旧石器时代的"维纳斯像"大多是以木、牙、骨、石等材料雕刻而成,新石器时代的女体裸像则以泥塑为主,各地女神像造型式样不同。西欧地区的不少裸像强调胸部、臀部

---

[1]郭大顺、张克举:《辽宁喀左县东山嘴红山文化建筑群址发掘简报》,载《文物》1984年第11期,第1—11页。

和腹部,呈现肥大状。东西伯利亚地区的裸像相应的部位皆呈自然隆起状。从早期维纳斯神像的发现可以看出,女性裸体陶塑的造型艺术和所表示的生殖崇拜的文化观念曾在远古时期广大地区互相传播和交流。

1.2.5 中国新石器时代文化对日本的影响

1.2.5.1 中国新石器文化与日本古文化的关系

从考古文化学探察东亚大陆与日本文化的关系,考察日本古文化及其渊源,可以认为中国新石器时代文化对日本产生了重要影响。中国东北、西伯利亚和日本北部绳纹式陶器、石斧、石矛、石镞等石器在选材和制法上大致相同。[1] 山东地区的大汶口文化,江浙地区的河姆渡、良渚文化以及江南和中南半岛的古越文化中拔牙、染齿、文身、绳纹陶、漆器、干栏式建筑和稻作农业文化等在日本古文化中表现出重要影响。[2]

首先,中国新石器时代的绳纹陶与日本绳文文化存在渊源关系。现已发现的日本列岛新石器时代最早的文化是绳纹文化。日本学者井上清在《日本历史》一书中说:"迄今所知的最早在列岛社会出现的新石器时代文化,因为陶器上有绳子痕迹或与此类似的花纹而称其为绳文式陶器文化,本书将其简称为绳文文化,并称该时代为绳文时代。绳文文化延续数千年,直到公元前3—前2世纪,其遗址与遗物,从北海道到冲绳本岛,遍及日本各地。"[3]日本绳文文化上限距今约5000年,下限在前3世纪左右。这种绳纹陶器文化长期发展,构成了日本古史的绳文文化时代。日本绳纹式陶器的源头,学术界有不同认识,一种观点认为中国河姆渡文化中盛行的绳纹陶,[4]应是日本绳文陶的母型。[5] 另有学者认为,同一时期或者更早的时期,这种带绳纹的陶器

〔1〕王健群:《古代日本海北方海路的形成和发展》,载《博物馆研究》1996年第3期,第52页。

〔2〕张碧波:《日本民族与文化渊源考略》,载《黑龙江民族丛刊》2005年第4期,第118页。

〔3〕〔日〕井上清:《日本历史》,闫伯玮译,陕西人民出版社2011年版,第3页。

〔4〕夏鼐主编:《中国大百科全书·考古学》,中国大百科全书出版社1986年版,第189页。

〔5〕张碧波:《日本民族与文化渊源考略》,载《黑龙江民族丛刊》2005年第4期,第118页。

在中国东北地区、西伯利亚地区都有,日本的绳文陶器和大陆的绳纹陶器有着文化渊源。[1] 继绳文式陶器之后产生的弥生式陶器的文化渊源,在日本史学界颇有争论,有人认为弥生式陶器以绳文式陶器为母体而产生,有人认为"弥生式陶器不是以绳文式为母体,而是受到了(东亚)大陆上的某种陶器的影响才产生的"[2]。日本贝壳文系中的某一部分手法同亚洲东北部有些关系。

其次,中国新石器时代拔牙、染齿、文身习俗与日本古文化的关系。日本古代民族的拔牙、染齿与文身习俗是中国大汶口文化、河姆渡文化与古越文化东传影响的结果。大汶口文化、河姆渡文化盛行拔除上侧门齿与染齿的族团习俗,这些族团因而被称为"凿齿民""黑齿民";"断发文身"是古越族的一种习俗。拔牙、染齿与文身均是氏族成人礼仪的古老仪式,传入日本之后,黥面文身则成了"区别尊卑"的一种标志。

第三,中国新石器文化中的干栏式建筑与日本古代建筑的关系。在我国目前发现的最早的干栏式建筑实例见于河姆渡文化,遗留大批前5000年左右的干栏长屋遗物。日本古建筑亦为干栏式,这种建筑形式在8世纪时还保存在奈良正仓院御宝库的"校仓造"上,系用40根大木柱做桩,并以同样横放的原木垒成屋壁的建筑物。古代日本的干栏式建筑亦渊源于中国的河姆渡文化。

第四,中国稻作农业文化传入日本。河姆渡发现稻谷遗存,主要属于栽培稻籼亚种晚稻型水稻。它与马家浜文化桐乡罗家角遗址出土的水稻,年代都在前5000年,是世界上目前最古老的人工栽培稻。日本绳纹时代就有农耕,弥生时代已发现大米、米糠遗迹。"由弥生式时代的遗址中发现的大米是圆型水稻,一般认为它是属于华北型(大米可分为华北型与印度型)的。但植物学家认为南方也有华北型的圆型

---

〔1〕王健群:《古代日本海北方海路的形成和发展》,载《博物馆研究》1996年第3期,第51页。
〔2〕〔日〕杉原:《历史学绪论》(昭和二十七年),转引自:〔日〕远山茂树等:《日本史研究入门》,吕永清译,三联书店1959年版,第48页。

大米,而且大米还容易变型,因此很难断定它是属于中国大陆系统的"[1]。日本考古学界基本上承认日本稻作农业文化源自中国大陆,尽管还有争论。

位于中国东北南部的辽宁地区和朝鲜半岛是连接日本与中国内地文化的中间站,辽宁地区与日本的文化交流始于史前时期。日本绳纹时代北九州的福冈、佐贺、大分等地出土的石斧,和朝鲜半岛出土的相似,和中国东北地区的同形同类。在这些地区发现的支石墓(用一些较小石块支起一大块石板构成的墓),在辽东半岛广泛分布。日本列岛上的支石墓源自辽东一带,通过朝鲜半岛传至日本九州。[2]

1.2.5.2 新石器时代中日间的海上交通

中国新石器时代文化早在距今 7000 多年前已对日本列岛发生影响。其路线有从中国东北地区经俄罗斯沿海地区到日本北海道和本州东北地区的路线;还有经朝鲜半岛、朝鲜海峡、对马海峡至日本九州和本州的路线。日本海有左旋回流乃中日最古的自然航路,亦为中华文化东渡之最古途径。《三国志·魏志·东夷传》记载:"从(带方)郡至倭,循海岸水行,历韩国,乍南乍东,到其北岸狗邪韩国。七千余里……至对马国……皆统属女王国。"这是中日海上交通路线最早的记录,当是对上古以来人们所悉知的海上交通线在汉末时的实录。可知中日之间确有一条"循海岸水行"的海上交通路线。[3]

日本海流原有间宫海峡寒流与对马海峡暖流由间宫海峡之寒流,沿俄罗斯之沿海州东岸及朝鲜半岛东岸南下,与由南而北之暖流相遇于对马海峡,则温度低、比重大之寒流潜伏于温度高、比重小之暖流之下,并沿其周围陆地而成左旋回流。此向左旋对马海流,乃沿山阴、北陆海岸东北行,至津轻海峡与宗谷海峡,遂分为大小支流,渐次微弱,直至库页岛西岸而消失。阿伊奴(Ainu)人及通古斯系民族多由西伯利亚趁由北而南之寒流南下,经由间宫海峡而至日本北部;长江以南及

――――――――

〔1〕〔日〕远山茂树等:《日本史研究入门》,吕永清译,三联书店 1959 年版。

〔2〕〔日〕木宫彦泰:《日中文化交流史》,胡锡年译,商务印书馆 1980 年版,第 13 - 14 页。

〔3〕张碧波:《日本民族与文化渊源考略》,载《黑龙江民族丛刊》2005 年第 4 期,第 119 页。

南洋系民族则趁由南而北之暖流至日本九州地区。[1]

考古资料透露出中国东南地区的海洋文化向日本传播的迹象。1982年在渤海湾口庙岛群岛的大竹山岛附近的海域内,打捞起一件属于河姆渡遗址1层或崧泽文化类型的绳纹陶釜,可知河姆渡的绳纹陶早在5000~6000年前已由海上东传了。河姆渡遗址第4层发现木桨,陶船模型;长岛大浩发现龙山时代的船尾和石锚。这说明古代中国东部沿海早已有发达的造船业和航海业。在日本越前国坂井郡发现流水纹式铜铎,铎上画一人乘独木舟,舟两旁有十余附木。日学者梅原末治认为此铜铎颇类先秦时代之古钟,其制造术受中国文化影响,由辰韩传入日本。[2]

朝鲜半岛南端与日本九州岛之间,只有180公里左右的朝鲜海峡相隔,中间有对马岛将海峡分隔,对马岛以北的海峡宽为50公里,以南百余公里,很易航渡。与日本列岛仅一水之隔的亚洲大陆,正是利用海上交通,密切了两地之间的迁徙与历史文化交流,影响着中日之间关系的发展。

1.2.6 中国新石器时代文化与东南亚

东南亚地区的新石器时代文化中,有段石锛、有肩石斧源于中国。在新石器时代的考古中发现,有段石锛和有肩石斧文化广泛分布于中国东南部江苏、安徽、江西、浙江、福建、广州直至香港、台湾地区;而在广西、贵州、四川直到云南的广大地区,此文化主要分布在古代百越族生活和活动的地区。从其器型来看,从粗糙的原始型到最精致的各种类型都非常齐全。长方石斧在中国的分布尤为广泛,从黄河流域到长江流域均有分布,和其他石器一起出土,是极普通和常见的一种石器类型。圆筒石斧在中国南方和西南各省的新石器时代文化遗址,往往和有肩石斧一起出土。

考古学的资料说明有段石锛、有肩石斧和长方石斧都起源于中

---

〔1〕王辑武:《中国日本交通史》,上海书店1984年版,第2页。
〔2〕王辑武:《中国日本交通史》,上海书店1984年版,第6页。

国。有段石锛最早发现于河姆渡新石器时代遗址,台湾地区、菲律宾、太平洋群岛都有发现,皆晚于中国大陆。在菲律宾分布地区很广,数量极大,20世纪前半期发现的近万件石锛中,有段石锛占40%。在靠近菲律宾的印度尼西亚的苏拉威西和加里曼丹岛北部,也发现有段石锛,并与菲律宾的相似。20世纪30年代,奥地利考古学家海涅·戈鲁德伦(R. Heine Geldern)曾对有肩石斧文化、长方石斧文化和圆筒石斧文化的族属问题提出假说,他根据现在东南亚这三种文化分布地区的民族所属语系认为,印度尼西亚的圆筒石斧文化属于巴布亚(Papua)语族;主要分布在半岛地区的有肩石斧文化属于澳斯特洛亚细亚(Auctro-Asia)语族;从北方经过中国云南、进入老挝,通过暹罗、马来亚,在公元前2500年至公元前1500年之间进入印度尼西亚的长方形石斧文化属于澳斯特洛尼西亚(Auctronesia)语族(即南岛语系),发源于中国的仰韶文化。从戈鲁德伦提出这种假说以来,东南亚地区和中国考古方面几十年的成果说明其观点至今仍有值得借鉴之处[1]

在东南亚地区发现新石器时代原始人的岩画,例如缅甸掸邦的巴达林洞穴岩画、泰国东北部发现的好几处岩画。而在中国云南靠近中缅边境的沧源佤族自治县也发现多处山岩上的岩画,彼此间的关系值得研究[2]

1.3 夏文化的扩散与吸收

中国第一个奴隶制政权夏朝,共历四五百年的时间,在公元前21世纪至前17世纪之间。我国上古文明自夏朝起有了迅猛的发展,从世界范围看,可以与夏商匹敌的文明古国为数很少,仅有尼罗河流域的埃及、两河流域的巴比伦、印度河流域和克里特岛的一些城邦国家。但

---

〔1〕〔奥地利〕海涅·戈鲁德伦(R. Heine Geldern):《澳斯特洛尼西亚语系的故乡和最早的迁徙》,参〔日〕《世界考古事典》,东京:平凡社1979年版,第1425、1426页;王民同:《东南亚史前文化述略》,载《昆明师范学院学报》1983年第1期,第26页。

〔2〕王民同:《东南亚史前文化述略》,载《昆明师范学院学报》1983年第1期,第26页。

夏代没有文字,或者说至今没有发现夏代的文字。因此一般认为夏代仍属于史前时期,但夏代的历史已有比较可靠的文献记载和日益丰富的考古资料。

1.3.1 声教被于四海

据《尚书·禹贡》记载,大禹治水成功,夏之声教所被,达于四海:

> 黑水、西河惟雍州。弱水既西,泾属渭汭,漆沮既从,沣水攸同。荆、岐既旅,终南惇物,至于鸟鼠。原隰底绩,至于猪野。三危既宅,三苗丕叙,厥土惟黄壤,厥田惟上上,厥赋中下,厥贡惟球、琳、琅玕。浮于积石,至于龙门、西河,会于渭汭。织皮、昆仑、析支、渠搜,西戎即叙……导弱水至于合黎,馀波入于流沙。导黑水至于三危,入于南海……东渐于海,西被于流沙,朔南暨声教,讫于四海。禹锡玄圭,告厥成功。[1]

顾炎武曾对先秦文献中所谓"四海"的概念进行考证,指出"所谓四海者,亦概万国而言之尔"。他引《尔雅》云:"九夷八蛮六戎五狄,谓之四海。"关于《禹贡》所谓"四海",其《日知录》卷22云:

> 《禹贡》之言海有二:"东渐于海",实言之海也;"声教讫于四海",概言之海也。宋洪迈谓海一而已。地势西北高,东南下,所谓东北南三海,其实一也。北至于青、沧,则曰北海;南至于交、广,则曰南海;东渐吴、越,则曰东海。无由有所谓西海者。《诗》《书》《礼经》之称四海,盖引类而言之。至于《庄子》所谓"穷发之北有冥海",及屈原所谓"指西海以为期",皆寓言尔。程大昌谓条支之西有海,先汉使固尝见之,而载诸史。(原注:《史记·大宛传》:"于填之西则水皆西流,注西海。"又曰:"奄蔡在康居西北可二千里,临大泽,无崖,盖乃北海云。"《汉书·西域传》:"条支国临西海。")后汉班超又遣甘英辈亲至其地,而西海之西又有大秦,夷人与海商皆常往来。霍去病封狼居胥山,其山实临瀚海。苏武、郭吉皆为匈奴所幽,置诸北海之上。而《唐史》又言:"突厥部北海之北

---

[1]《尚书正义》卷6《禹贡》,收于《十三经注疏》,中华书局1980年版,第38-41页。

有骨利干国,在海北岸。然则《诗》《书》所称四海,实环华裔而四之,非寓言也。[1]

夏朝是一个历时长久的王朝,"声教讫于四海"的夏王朝与周边民族联系密切,夏文化曾向四方扩散。《尚书·大禹谟》云:"文命敷于四海";"皇天眷命,奄有四海"[2];"无怠无荒,四夷来王"[3]。说明夏朝与周围的夷人部落保持着密切联系。夏朝与今天中国以外的国家和地区也有交往和交流,何秋涛《王会篇笺释》卷下引《禹四海异物》,论证"夏成五服,外薄四海",九夷八蛮六戎五狄"咸会于中国"[4]。在北方与夏族为邻的有禺氏(后来的月氏)、狄历(后来称为丁零、敕勒、高车)、荤粥,西方的羌等皆宾服于夏。《后汉书·西羌传》叙述西羌之始末云:"西羌之本,出自三苗,姜姓之别也。其国近南岳。及舜流四凶,徙之三危,河关之西南羌地是也。滨于赐支,至乎河首,绵地千里。赐支者,《禹贡》所谓析支者也……昔夏后氏太康失国,四夷皆叛。及后相即位,乃征畎夷,七年然后来宾。至于后泄,始加爵命,由是服从。后桀之乱,畎夷入居邠、岐之间。"[5]

夏与北方和西方民族有千丝万缕的联系。后来称雄北方草原的匈奴族乃夏之苗裔,《史记·匈奴列传》记载:"匈奴,其先祖夏后氏之苗裔也,曰淳维。唐虞以上有山戎、猃狁、荤粥,居于北蛮,随畜牧而转移。"裴骃《史记集解》引《汉书音义》曰,淳维是"匈奴始祖名"。司马贞《史记索隐》引张晏云:"淳维以殷时奔北边。"又引乐产《括地谱》云:"夏桀无道,汤放之鸣条,三年而死。其子獯粥妻桀之众妾,避居北野,随畜移徙,中国谓之匈奴。"司马贞说:"其言夏后苗裔,或当然也。故应劭《风俗通》云'殷时曰獯粥,改曰匈奴'。又服虔云:'尧时曰荤粥,周曰猃狁,秦曰匈奴。'韦昭云'汉曰匈奴,荤粥其别名'。则淳维是

〔1〕〔清〕顾炎武著,黄汝成集释:《日知录集释》卷22,岳麓书社1994年版,第768-769页。

〔2〕《尚书正义》卷4《大禹谟》,收于《十三经注疏》,第22页。

〔3〕《尚书正义》卷4《大禹谟》,收于《十三经注疏》,第23页。

〔4〕〔清〕何秋涛:《王会篇笺释》卷下,见《续四库全书》第301册,上海古籍出版社2002年版,第306页。

〔5〕〔南朝·宋〕范晔:《后汉书》卷87《西羌传》,中华书局1965年版,第2869-2870页。

其始祖,盖与獯粥是一也。"[1]《荀子·大略》记载:"禹学于西王国。"[2]唐杨倞注云:"西王国,未详所说。或曰大禹生于西羌。西王国,西羌之贤人也。"西王国即西王母国。《新序》卷5《杂事》记载:"子夏对哀公曰:'禹学于西王国'。"《淮南子》卷6《览冥训》记载:"羿请不死之药于西王母。"[3]

中国古代北方早就形成农耕与游牧两种文化圈,文化圈是特定文化比较稳定的存在区域,其内部具有相对统一的历史传统、价值观念、生活方式及社会组织形态。大体说来,中国最早发源于黄河流域的中原农耕文化在夏朝即具雏形,《论语·宪问》中南宫适云:"禹稷躬稼而有天下。"[4]《汉书·食货志》云:"禹平洪水,定九州,制土田,各因所生远近,赋入贡棐,楙迁有无,万国作乂。"[5]后经商周的继续发展,至公元前11世纪,周以农耕强盛,灭商,并将农耕文化的影响扩大到长江中游,形成以黄河流域为中心,向南波及吴楚的农耕文化圈。北方游牧文化圈的出现年代,现在没有确切的资料加以说明。但在直至中国新疆地区辽阔的欧亚草原上,早就有草原民族游牧其间。人类学资料表明,早在公元前2000年左右,游牧的印欧人分布已达中国新疆东部的罗布泊和哈密盆地。

新疆天山以南地区、甘肃、宁夏、内蒙古长期成为中原农耕与西北游牧两大文化圈之间的交叉地带,而后来的长城一线被视为农耕与游牧两大文化圈的分界线。夏代中原地区与西北地区的文化传播表现为农耕与游牧两大文化间的交流。夏文化在向周边扩展的同时,也不断吸收外来的文明因子,考古发现夏文化中一些新的因素,如青铜、黄牛、家马、山羊、绵羊、小麦、砖、金崇拜、火葬、天帝崇拜等,来自西亚、中亚的游牧文化。

〔1〕《史记》卷110《匈奴列传》,第2880页。

〔2〕《荀子》卷19《大略》,收于《二十二子》,上海古籍出版社1986年版,第353页。

〔3〕〔西汉〕刘安:《淮南子》卷6《览冥训》,收于《二十二子》,第1233页。

〔4〕杨伯峻译注:《论语译注》,中华书局1980年版,第146页。

〔5〕〔汉〕班固:《汉书》卷24上《食货志》,中华书局1962年版,第1117页。

1.3.2　小麦传入新疆

麦类作物不是起源于中国。中国学者竺可桢、美国芝加哥大学何炳棣都指出,中国不是小麦的故乡。考古新发现和新的研究成果显示,小麦和大麦的起源地应在近东,其年代最早可上溯到公元前 8000 年至公元前 9000 年。[1] 从新疆小河－古墓沟考古发现可知,原产于近东的小麦传入中国新疆地区,时间相当于夏代。

1934 年,瑞典考古学家伯格曼应斯文·赫定之邀,参加了由当时中国国民政府委托的"中瑞西北科学考察团",在新疆地区进行公路勘察。伯格曼(Folke Bergmann)在新疆罗布泊地区发现小河五号墓地。小河墓地位于一座沙山上,与周围平坦的沙漠相比,小山成了沙漠中很明显的标志物。小山高出地面 7 米,山的底面积为 70.35 平方米。沙山上密密麻麻矗立着多棱形、圆形、桨形的胡杨木柱,这些木柱大约有 140 多根,高出地表 2~4 米,直径多为 20 厘米以上,多棱柱从 6 棱体到 20 棱,尤以 9 棱居多。小山的表面到处是弯曲的厚木板、人骨、被肢解了的木乃伊和厚毛织物碎片。密密的立柱几乎插满了方圆 2500 平方米、呈沙丘状的小河五号墓地。所有这些立柱都显然是用一根完整的胡杨木加工而成。此外,墓地中还有众多的人骨和木乃伊。一些木乃伊有黑色的长发和保存完好的脸。其中一具女性木乃伊面带笑容,神情端庄而安详。她身着高贵的衣着,中间分缝的黑色长发上面冠以一具有红色帽带的黄色尖顶毡帽,双目微合,好似刚刚入睡。漂亮的鹰钩鼻、微张的薄嘴唇与微露的牙齿,为后人留下了一个永恒的微笑。木棺中沉睡的逝者只带着简单的随葬品。除随身的衣帽、项饰、腕饰外,每个墓里必有一个草编的小篓,小篓内通常都有麦粒、粟粒等干结的食物。

1979 年,新疆考古研究所考古队在孔雀河下游北岸沙丘上发现古墓沟墓地。小河－古墓沟墓地属于早期青铜时代文化。小河墓地与

---

〔1〕参看李水城:《中国境内考古所见早期麦类作物》,见黄盛璋主编《中亚文明》第四集,三秦出版社 2008 年版,第 63－64 页。

27

1979 年在孔雀河北岸发掘的古墓沟第一类型墓葬、1980 年在罗布泊北发掘的铁板河墓葬有不少共性。考虑到小河墓地采集的毛织物（最上层遗物）大多数较古墓沟织物精细、致密，并出现了缂织花纹的技术，出土的草编篓花纹亦比古墓沟草编篓花纹繁缛，专家初步推断小河墓地年代的下限晚于古墓沟第一类型墓葬的年代，而上限有可能与之相当或更早。古墓沟墓地位于小河墓地正北偏东方向约 50 公里的孔雀河北岸山谷，1979 年由新疆文物考古研究所王炳华研究员担任领队并发掘。据碳－14 测定，古墓沟第一类型墓葬的绝对年代在距今 3800 年左右。1980 年，新疆文物考古研究所穆舜英研究员在古墓沟以东约 100 公里的罗布泊北侧（小河墓地东北约 200 公里）发现铁板河墓地，著名的"楼兰美女"在此出土，被认为是中国最古老的白种女性干尸，据测定也在距今 3800 年左右。墓中出土的有毛毯毛布，尖顶毡帽，毡帽上插禽鸟翎羽，足穿皮鞋，左胸部有麻黄碎枝一小包，同时还有一草编小篓，内盛小麦粒，自 10 粒至 100 粒不等，是我国所见最早的小麦实物标本，说明当时罗布人在由单一的食鱼民族向农业民族跨越。[1]

在新疆哈密市以西约 70 公里的戈壁荒漠中发现五堡墓地，新疆文物考古研究所于 1978、1986、1991 年进行了 3 次发掘，清理古墓葬 114 座。有些墓葬开口部位发现带有成熟大麦穗的植株，有的麦穗上大麦籽粒保存完好，颗粒饱满。还发现青稞（大麦）的穗壳，有的盖木上铺有大麦草。经碳 14 检测，五堡墓地的绝对年代为距今 2960～3200 年。在新疆巴里坤哈萨克自治县兰州湾子村西南约 5 公里处，发现一处古代遗址。1984 年，新疆社会科学院考古研究所东疆考古队进行发掘，清理出一处巨石结构的大型房屋建筑，总面积近 200 平方米。遗址内出土了若干炭化小麦粒，其形态及种属不详。兰州湾遗址属于青铜时

---

〔1〕王炳华：《孔雀河古墓沟发掘及初步研究》，载《新疆社会科学》1983 年第 1 期，第 121 页；王鹏辉：《史前时期新疆的环境与考古学研究》，载《西域研究》2005 年第 1 期，第 47 页。李水城：《中国境内考古所见早期麦类作物》，见黄盛璋主编《中亚文明》第四集，三秦出版社 2008 年版，第 51－52 页。王炳华：《一种考古研究现象的文化哲学思考——透视所谓"吐火罗"与孔雀河青铜时代考古文化研究》，载《西域研究》2014 年第 1 期，第 86－99 页。

代,经对遗址地层出土的木炭进行碳 14 检测,年代为 3285 ± 75 年。[1]

小河 – 古墓沟墓地、五堡墓地普遍随葬小麦,是中国境内发现的年代最早的小麦标本。有人认为,这种西亚作物传入中国应该归功于吐火罗人。[2] 吐火罗人是最早定居天山南北的古代民族之一,其起源和何时进入新疆地区在学术界争议很大。有一种观点认为其起源于近东。1978 年,英国语言学家亨宁(W. B. Henning)提出塔里木盆地的吐火罗人,就是公元前 2300 年左右出现在波斯西部扎伽罗斯山区的游牧民族古提人,阿卡德人称其为"古提姆"(Gutium),亚述人谓之"古提"(Guti)。公元前 2180 年灭亡阿卡德王朝,后来推翻巴比伦王朝,主宰巴比伦达百年之久。《苏美尔王表》记载的古提王名,具有吐火罗语特征。公元前 2082 年古提王朝被苏美尔人推翻,从此在近东历史舞台上消失。古提人可能就在此时离开巴比伦,向东迁徙到塔里木盆地。俄国学者加姆克列利茨(T. V. Gamkrelidze)和伊凡诺夫(V. V. Ivanov)受亨宁观点启发,将印欧人的故乡定在近东,并从语言学角度描述了吐火罗人的迁徙。但孔雀河流域小河 – 古墓沟人是否吐火罗人,尚有争议。发现并发掘了古墓沟墓地的考古学家王炳华指出,体质人类学家分析说他们是具有古典欧洲人体质特征的一支白种人,但没有任何资料可以捕捉、了解他们曾经讲什么语言,从考古资料角度无法说明他们是操什么语言的白种人,自然也少了判定他们民族身份的语言学根据。[3]

1.3.3 新疆青铜文化的外来因素

考古发现的材料说明,在相当于夏代的时期,新疆地区与北方欧亚草原民族存在青铜文化联系。2006 至 2008 年,为配合乌鲁木齐市大西沟水库枢纽工程建设,新疆文物考古研究所与乌鲁木齐市文物管

---

〔1〕李水城:《中国境内考古所见早期麦类作物》,黄盛璋主编《中亚文明》第四集,三秦出版社 2008 年版,第 52 页。

〔2〕林梅村:《吐火罗人的起源与迁徙》,载《西域研究》2003 年第 3 期,第 18 页。

〔3〕王炳华:《一种考古研究现象的文化哲学思考——透视所谓"吐火罗"与孔雀河青铜时代考古文化研究》,载《西域研究》2014 年第 1 期,第 96 页。

欧·亚·历·史·文·化·文·库·

理所联合对当地萨恩萨依墓地古墓进行抢救性发掘,清理墓葬 180 座,出土各类器物 300 多件。萨恩萨依墓地位于乌鲁木齐市南郊板房沟乡东白杨村三队萨恩萨依沟口的二级台地上。根据考古工作者研究,墓地年代自青铜时代至汉唐时期,可分为早期、中期和晚期。早期墓葬中出土有铜牌饰(红铜质,圆形,素面,直径 8.5 厘米,厚 0.15 厘米)。经碳 14 测定,萨恩萨依墓地早期墓葬年代距今约 3890 年。其早期墓葬体现出的文化特征与新疆地区目前已发现的早期青铜文化有较大的区别,与阿勒泰地区的克尔木齐遗存有明显的联系,与南西伯利亚的青铜文化有许多共性,南西伯利亚青铜文化是此类遗存文化因素的主要来源,而且很可能来源于奥库涅夫文化。[1] 按照易华"夷夏先后论"说,夏朝建立之前,东亚尚未有游牧与农耕之分,那时东亚为蛮夷之地,是夷创造了东亚新石器时代定居农业文化,夏或戎狄引进了青铜时代游牧文化。[2]

1.3.4 马的驯化与以马驾车

夏朝已经进入青铜文化时代,青铜时代最重要的发明之一是双轮马车。《周礼·考工记》云:"攻木之工,轮、舆、弓、匠、车、梓……周人上舆,故一器而工聚焉者,车为多。"[3] 意谓造车集中体现了各种古代制作技术。传说中国造车始于夏代,《世本·作篇》将车的发明归功于夏朝车正奚仲。[4]《管子·形势解》云:"奚仲之为车器也,方圜曲直,皆中规矩钩绳。故机旋相得,用之牢利,成器坚固。"[5] 而且奚仲造车不久,车就被夏启用于战争。《夏书·甘誓》记载启与有扈氏作战,云:"御非其马之正"[6],就是一场以马驾车的战争。《竹书纪年》将这场

---

〔1〕新疆文物考古研究所、乌鲁木齐市文物管理所:《新疆乌鲁木齐萨恩萨依墓地发掘简报》,载《文物》2012 年第 5 期,第 4 - 12 页。

〔2〕易华:《青铜时代世界体系中的中国》,载《全球史评论》第五辑,中国社会科学出版社 2012 年版,第 68 页。

〔3〕《周礼注疏》卷 39《冬官·考工记》,收于《十三经注疏》,第 906 - 907 页。

〔4〕《山海经》卷 18《海内经》,郭璞注引,收于《二十二子》,第 1387 页。

〔5〕《管子》卷 20《形势解》,收于《二十二子》,第 167 页。

〔6〕《尚书正义》卷 7《夏书·甘誓》,收于《十三经注疏》,第 115 页。

战事系于夏启二年:王帅师伐有扈氏大战于甘。[1] 中国夏代已有战车,也有考古学方面的资料加以说明。一般都认为,以二里头遗址第1至第4期文化为代表的中原早期青铜器文化和夏文化有着千丝万缕的联系。夏代铜器中不仅有古代文献所说的车战五兵"矛、戟、钺、盾、弓矢",而且有整套造车工具,如空首铜斧、铜斤、铜剀、铜凿、铜锥等。考古未见夏朝的任何车迹,但这些兵器和造车工具足以说明夏代已有车和战车。现在所见最早的车迹是殷墟的车马坑,之所以没有更早的车迹,可能有这样两方面的原因,一是中国"始以木为车",《山海经·海内经》云:"番禺生奚仲,奚仲生吉光,吉光是始以木为车。"[2] 殷代以前的战车不带任何青铜饰物,而木车遗迹难以保存到今。二是车马殉葬是造车手工业发达阶段的产物。据《夏书·舜典》记载,车马是夏天子赏赐功臣的名贵之物,所以殷代以前中原可能不用车马殉葬。

根据20世纪70年代以来甘肃、新疆和内蒙古等地的考古发现指出,先秦文献所言造车工具的完整组合在公元前2000至前1800年左右已在中国北方草原初步形成,这套工具很快传入夏王朝统治中心地区。[3] 战车用马牵引,中亚草原是现代驯化马的故乡之一。2009年,来自英、美、哈萨克斯坦等国的联合考古小组进行的研究表明,迄今最早的驯马人群来自中亚地区,这些草原牧民早在5500年前就开始了马匹的驯养。考古小组对比了采自哈萨克斯坦北部村庄博泰的马骨和同时期的来自游牧地区的马骨,以及具有明确驯养特征的青铜时代的马骨,结果显示,博泰的马匹更接近于驯养的马匹。更值得注意的是,博泰马低矮的腿骨十分强健,具有负重的迹象,而它们特定的牙齿形状也从侧面证明了其曾经佩戴过嚼子等器具。公元前2500至前2100年,中亚草原的阿凡纳羡人最早用家马殉葬,说明他们是中亚最早驯化马的民族之一。博泰马的考古发现被美国《考古学》杂志评为2009

〔1〕〔清〕徐文靖:《竹书纪年统笺》卷5,收于《二十二子》,第1056页。
〔2〕《山海经》卷18《海内经》,收于《二十二子》,第1387页。
〔3〕林梅村:《青铜时代的造车工具与中国战车的起源》,见氏著《古道西风——考古新发现所见中西文化交流》,三联书店2000年版,第65页。

年世界十大考古发现。[1] 阿凡纳羡文化不仅到达天山东部山脉,而且越过天山,向南一直分布到塔里木盆地的叶尔羌河下游地区。塔里木盆地分布有阿凡纳羡文化类型的陶器和石器。中亚草原的驯化马可能在公元前 2500 至前 2100 年就随阿凡纳羡文化的传入而出现在天山南北了。中国西北草原也是驯化马的故乡之一,公元前 2300 至前 1800 年,河西走廊的古代居民也已经驯出家马。

古代岩画和考古发现的实物资料表明,中国北方草原的古代居民使用马车的历史相当悠久。1978 年,在嘉峪关市西北 20 公里黑山山谷崖壁上发现一批古代岩画,在岩画分布中心地区四道鼓心沟发现一幅单辕双轮车图画。据研究,黑山岩画的年代很早。岩画上描绘的这种整木轮单辕双轮车即文献中说的"椎车",这是中国最古老的车种之一。汉桓宽《盐铁论·非鞅》中说:"椎车之蝉攫,相土之教也。"《世本·作篇》也提到"相土作乘马"。相土是商开国之君成汤的第 11 代祖先,乃夏代人物。他所造椎车以马牵引,说明中原地区使用马车的历史可以追溯到夏代。黑山岩画上那辆椎车后面所拖一物就像是一匹马。20 世纪 80 年代在内蒙古乌拉特中旗阴山巴音乌拉山谷古代岩画上也发现了马拉椎车。据介绍,这辆马车为双轮,车轮无辐条,但是有对轴的刻画。两轮之间有一车厢,车厢前为单辕双马,右边还有一小马随行。鄂尔多斯草原是中国最早流行造车工具的地区之一,阴山椎车岩画和甘肃黑山岩画应当属于同一时期。新疆哈密市五堡墓地出土青铜时代的椎车车轮实物,据介绍,车轮直径 79 厘米,轮宽 12 厘米左右;用胡杨木相叠并以榫卯连接而成;中有轴孔,孔径 9.4～10.2 厘米,孔内残留有轴;单轮表面有明显使用痕迹,并有沙粒嵌入其中。有学者指出,哈密五堡墓地出土椎车车轮,似属焉不拉克早期文化,年代在公元前 1750 至前 1300 年之间。[2] 这些都说明,中国战车发源地要在西北草原追寻。

---

〔1〕《东方早报》2009 年 12 月 14 日。
〔2〕林梅村:《青铜时代的造车工具与中国战车的起源》,见氏著《古道西风——考古新发现所见中西文化交流》,三联书店 2000 年版,第 71 页。

据文献记载,夏代的车有余车、钩车[1],余车又叫"子车",是辎重车,牛车。钩车是战车。《礼记·明堂位》云:"钩车,夏后氏之路也。"据郑玄注,"钩,有曲舆者也"。孔颖达疏曰:"曲舆,谓曲前栏也。"[2]林梅村说夏代的钩车是一种车厢前栏呈弯曲状的战车。[3] 中国北方和蒙古草原的古代岩画上屡次发现车厢前栏呈弯曲状的钩车。20世纪60年代初,蒙古国考古学家道尔吉苏荣在戈壁阿尔泰省查干河沿岸阿尔泰山一个狭窄的山谷中发现一组表现钩车的古代岩画,三辆车的车厢前栏均呈弯曲状。林梅村认为,就是夏代流行的钩车,其重要价值在于揭示了东方古战车如何从整木轮椎车向多轮辐钩车演变的具体过程,第一辆钩车使用整木车轮,也即钩车最古老的形式之一;第二和第三辆6～8轮辐钩车则生动反映了钩车从整木轮向多轮辐的历史演变。20世纪80年代初,新疆阿勒泰市乌吐不拉克和多兰特山谷发现4幅古代椎车岩画,椎车两轮之间车厢前栏皆呈弯曲形。从年代看,阿勒泰钩车岩画可能比蒙古查干河谷钩车岩画还要早。总之,蒙古和中国新疆、甘肃、内蒙古等地古代岩画都可以和《司马法·天子之义》等有关夏代战车的记载相印证,说明中国使用战车的历史至少要追溯到夏代。

先秦文献把车的发明归功于夏车正奚仲。林梅村考证,奚仲出身奚族,本非中原人士,奚仲的故乡奚族部落在宁夏泾源鸡山。殷墟出土的《小臣墙刻辞》中提到奚部落,刻辞中"奚"字偏旁从阜,可推知殷代奚部落得名于奚山,而奚山就是《史记·五帝本纪》中所谓"黄帝鸡山"。据宁夏史地研究者近年调查资料,黄帝鸡山系宁夏泾源县六盘山一支脉,奚仲的故乡可能就在鸡山附近奚族部落。《山海经·海内经》所谓吉光之吉,即古代谱牒之"姞"字,是中国最古老的十二姓氏之一。《诗·小雅·都人士》郑玄笺曰:"吉读为姞,尹氏姞氏,周室之旧婚姻之旧姓也。"既然姞姓和姬周互为婚娅,那么奚族部落应该距周人

〔1〕李零:《司马法译注》,河北人民出版社1995年版,第74页。

〔2〕孔颖达:《礼记正义》卷31,收于《十三经注疏》,第1490页。

〔3〕林梅村:《古道西风——考古新发现所见中西文化交流》,第72页。

·欧·亚·历·史·文·化·文·库·

的原始故乡古豳国不远。古豳国可能在今陕西长武县,县之西就是六备山地区,所以奚部落就在六盘山支脉古鸡山附近。1972 年,在距离泾源古鸡山不远的甘肃灵台白草坡发现西周初年奚部落酋长奚伯墓,灵台一带本来就是姞姓密须国所在地。[1]

甘肃灵台和宁夏泾源都在中国最早流行造车工具的考古文化齐家文化分布区,既然中原造车手工业最初兴起于和齐家文化密切相关的姞姓奚族部落,而夏车正奚仲很可能出自这个部落,则夏代中原战车和造车技术应当来自西北草原游牧文化。[2]

1.4　远古神话传说透露的信息

文化交流是由人的活动实现的,在没有文字记载的漫长的史前历史中,人类的活动除了凭考古资料进行科学说明之外,就是凭先民口耳相传而由后人记录下来的神话传说和零散的文字追忆。神话传说经过数千年乃至更长时间的流传过程,不断被加工和改造,不能作为信史来凭依,但它却曲折地反映了人类早年历史的某些遗痕,或者说明古人乃至原始人对人类历史的某些看法,对认识史前人类的历史活动有重要的参考价值。

旧石器时代文化传播的热点地区之一是中国西南、缅甸和印度东北部。从缅甸各民族的起源来看,根据出土文物、古代文献和各民族语言等方面的研究,中外学者都认为,现在定居的缅甸境内各民族,并不是本地的土著民族。他们大都在史前就从我国青藏和云贵高原先后迁入缅甸境内。从其语族上可将其归为三大类,即孟 - 高棉语族、藏缅语族和侗泰语族。其中孟 - 高棉语族主要为孟族(缅甸称楞族)、崩龙

---

〔1〕林梅村:《青铜时代的造车工具与中国战车的起源》,见氏著《古道西风——考古新发现所见中西文化交流》,三联书店 2000 年版,第 75 页。

〔2〕20 世纪 70 年代以来,有关欧亚大陆古战车的考古发现甚多,探讨战车起源问题成为世界考古学的研究热点。这方面积累的成果很多,林梅村进行了疏理。相关成果和本节论述,主要参考了林梅村《青铜时代的造车工具与中国战车的起源》,收于氏著:《古道西风——考古新发现所见中西文化交流》,三联书店 2000 年版,第 33 - 76 页。

族(中国境内称得昂族)等族,他们在史前就自中国云贵高原迁入缅甸,是最先移居缅甸的民族。陈炎在《中缅两国历史上的陆海交通和文化交流》一文中讲到,缅甸民间流传着《三个龙蛋》的民族起源故事。远古时期,有一龙公主与太阳神相爱,生下三只龙蛋。一个破裂后变成了一块宝石;一个孵成了女孩,由许多神仙把她送到中国,后来成为中国的皇后;另一个孵成了男孩,后来成为缅甸有名的国王骠苴低。缅甸人自古以来就称中国皇帝为"乌底巴",意思是同为蛋生、同母所生。直到现在缅甸人还称中国人为"胞波",意思是一母所生的同胞;有时称"瑞苗",意思是亲戚。[1]

新石器时代中国的中原地区与西北地区甘肃、青海、新疆等地保持着文化上的密切联系,并与亚洲其他地区、非洲、欧洲等存在着某种文化交流的信息。考古发现,今青海地区早就有人类的活动,湟水流域出土大量新石器时代遗物。据此推测,古羌族早就活动在青海东部和新疆若羌之间的交通线上。《史记·大宛列传》记载,汉武帝时张骞第一次出使西域,"欲从羌中归"[2],断此"羌中"可能就在柴达木盆地北沿。说明当时已存在自中亚至新疆,再由新疆经青海向东进入关中地区的道路。这条路线就是古羌人活动的地域,它的起源应该可以追溯至新石器时代晚期。中国社会科学院考古研究所丝绸之路河南道考察小分队在白龙江上游流域的迭部、阴平、南坪等地相继发现大量属于马家窑文化和齐家文化等新石器时代晚期文化遗存,青海省文物考古研究所在湟水流域和隆务河流域同样发现大量马家窑文化和齐家文化的遗迹。这些说明至迟在公元前3000至前2000年以前,由湟水流域经隆务河流域而往白龙江上游,原有一条新石器晚期居民南北相互从事经济文化交往的通道。这种交往活动在许多滇黔地区少数民族的民族起源传说和民族迁移传说中有所反映。如羌彝等族的口头传说中就有一则故事说他们的先民是从北方迁来的。[3] 从上述彩陶

〔1〕陈炎:《海上丝绸之路与中外文化交流》,北京大学出版社1996年版,第265页。
〔2〕《史记》卷123《大宛列传》,第3159页。
〔3〕陈良伟:《丝绸之路河南道》,中国社会科学出版社2002年版,第36页。

文化的扩散来看,古羌族和青海地区都曾在这种传播中发挥了作用。

古代传说中有关于西域和中原民族交通的内容,昆仑是传说中西域的大山。昆仑之名,最早见于《尚书·禹贡》,云:"织皮、昆仑、析支、渠搜,西戎即叙。"郑玄注谓昆仑、析支、渠搜为三山名。[1] 古籍中之"昆仑",有的作民族名,有的作古国名,有的作西北山名。民族名、国名当皆从山名而来,而古之昆仑之山在何处?学者历来有二说,一说在今甘肃酒泉之南、祁连山主峰一带。《山海经·西山经》"昆仑"条毕沅注云:"在今甘肃肃州南八十里。"[2] 一说在今新疆境内之于阗古国,《史记·大宛列传》云:"汉使穷河源,河源出于阗。其山多玉石,采来。天子案古图书,名河所出山曰昆仑云。"[3] 中国古代载籍中有黄帝西游昆仑的行踪。《山海经·西山经》云,西王母所居之"西四百八十里,曰轩辕之丘"[4] 又云:"昆仑之丘,实惟帝之下都。"[5] 同书之《海内西经》云:"海内昆仑之墟,在西北,帝之下都。"[6]《庄子·天地篇》云:"黄帝游乎赤水之北,登乎昆仑之丘而南望,还归,遗其玄珠。"[7] 同书《至乐篇》云:"支离叔与滑介叔观于冥伯之丘、昆仑之墟,黄帝之所休。"[8] 汲冢古书《穆天子传》卷2记载,周穆王西征,"升于昆仑之丘,以观黄帝之宫"[9]《列子·周穆王》云:"别日升昆仑之丘,以观黄帝之宫。"张湛注引陆贾《新语》云:"黄帝巡游四海,登昆仑山,起宫望于其上。"[10] 贾谊《新书·修政语》上云,黄帝"济东海,入江内,取绿图,

〔1〕《尚书正义》卷6《禹贡》,收于《十三经注疏》,第150页。

〔2〕《山海经》卷2《西山经》收于《二十二子》,上海古籍出版社1986年版,第1345页。《山海经》18篇是古代地理著作,近代学者大都认为不是出于一时一人之手,其中14篇是战国时作品,《海内经》4篇则为西汉时作品,内容主要为民间传说中的地理知识。

〔3〕《史记》卷123《大宛列传》,第3173页。

〔4〕袁珂校译:《山海经校译》卷2,上海古籍出版社1985年版,第31页。

〔5〕袁珂校译:《山海经校译》卷2,第30页。

〔6〕袁珂校译:《山海经校译》卷11,第225页。

〔7〕〔战国〕庄子:《庄子》卷5《天地》,收于《二十二子》,上海古籍出版社1986年版,第40页。

〔8〕《庄子》卷6《至乐》,第53页。

〔9〕《穆天子传》卷2,收于《汉魏丛书》,吉林大学出版社1992年版,第295页。

〔10〕《列子》卷3"周穆王",〔晋〕张湛注,收于《二十二子》,上海古籍出版社1986年版,第203页。

西济积石,涉流沙,登于昆仑,于是还归中国,以平天下"[1]。后世文献上还有黄帝使伶伦西之昆仑的传说。《吕氏春秋·古乐》云:"昔黄帝令伶伦作为律。伶伦自大夏之西,乃之阮瑜之阴,取竹于嶰溪之谷,以生空窍厚均者,断两节间,其长三寸九分而吹之,以为黄钟之宫,吹曰含少。次制十二筒,以之阮瑜之下,听凤皇之鸣,以别十二律,其雄鸣为六,雌鸣亦六,以比黄钟之宫。"[2]阮瑜,昆仑之误。《汉书·律历志》《说苑·修文篇》《风俗通义·声音篇》《〈左传·成公九年〉正义》亦记此事,"阮瑜"皆作昆仑,《世说新语·德行篇》引《吕氏春秋》,亦作昆仑。此大夏在今甘肃东南部一带,因此伶伦西行的尽头仍是昆仑,而非中亚古国大夏。

古代文献还有黄帝西行至崆峒山的传说。《庄子·在宥篇》记载:"黄帝立为天子十九年,令行天下,闻广成子在于空同之山,故往见之。"[3]《史记·五帝本纪》记载,黄帝平天下,"西至于空桐,登鸡头"。空桐,《史记集解》引应劭语:"山名。"又引韦昭曰:"在陇右。"鸡头,《史记索引》云:"山名也,后汉王孟塞鸡头道,在陇西。一曰崆峒山之别名。"[4]文献中还有远古时其他中原人西行的传说。《史记·五帝本纪》记载,黄帝之孙颛顼"北至于幽陵,南至于交趾,西至于流沙,东至于蟠木"。《史记集解》引《地理志》云:"流沙在张掖居延县"。《史记正义》引《括地志》云:"流沙在居延海南,甘州张掖县东北千六十四里是。"[5]《太平御览》卷797引《玄中记》记载:"扶伏民者,黄帝轩辕之臣曰茄丰,有罪,刑而放之,扶伏而去,是后为扶伏民。去玉门关二万五千里。"[6]

古代传说中也有关于西域和其人来华的记载。《山海经·海外西

---

〔1〕〔西汉〕贾谊:《新书》卷9《修政语》上,收于《二十二子》,第758页。

〔2〕〔秦〕吕不韦:《吕氏春秋》卷5《古乐》,收于《二十二子》,第643-644页。

〔3〕《庄子》卷4《在宥》,收于《二十二子》,第38页。

〔4〕《史记》卷1《五帝本纪》,第6页。

〔5〕《史记》卷1《五帝本纪》,第11-12页。

〔6〕《太平御览》卷797,上海古籍出版社2008年版,第八册,第140页。

经》记载:"长股之国,在雒棠北,被发,一曰长脚。"〔1〕张星烺据《穆天子传》"长股在黑水之西阿",判断"亦中央亚细亚民族也"〔2〕。晋王嘉《拾遗记》记载,颛顼时,"溟海之北,有勃鞮之国,人皆衣羽毛,无翼而飞,日中无影,寿千岁。食以黑河水藻,饮以阴山桂脂。凭风而翔,乘波而至。中国气暄,羽毛之衣稍稍自落,帝乃更以文豹为饰。献黑玉之环,色如淳漆;贡玄驹千匹,帝以驾铁轮,骋劳殊乡绝域。其人依风泛黑河以旋其国也"。同书还记载,帝喾时,"有丹丘之国,献玛瑙瓮,以盛甘露。帝德所洽,被于殊方,以露充于厨也","丹丘之地,有夜叉驹跋之鬼,能以赤马脑为瓶盂及乐器,皆精妙轻丽。中国人有用者,则魑魅不能逢之"〔3〕。

尧时有关中国与西域交通的传说很多。《竹书纪年》记载,帝尧陶唐氏"十六年,渠搜氏来宾"〔4〕。渠搜,古族名,西戎之一,分布于今甘肃酒泉迤西至鄯善一带。其东徙者居于今内蒙古鄂托克旗南,故朔方城附近;其西迁者曾建国于葱岭之西。《隋书》卷83《西域传》云:"钹汗国都葱岭之西,五百余里,古渠搜国也。"《新唐书》卷221下《西域传》云:"宁远者,本拔汗那,或曰钹汗。元魏时曰破洛那。"《魏书》卷102《西域传》云:"洛那国,故大宛国也。"今中亚费尔干纳一带。张星烺说:"渠搜即大宛也。……渠搜在唐尧时已通中国。"〔5〕钹汗即"今俄领中央亚细亚之费尔干那省也。"〔6〕《凉土异物志》谓"古渠搜国,当大宛北界"〔7〕。宋膺《异物志》云:"大头痛、小头痛山皆[在]渠搜之东,疏勒之西。经之者身热头痛,夏不可行,行则致死。唯冬可行,尚呕吐,山有毒药,气之所为。冬乃枯歇,故可行也。"〔8〕余太山《渠搜考》

〔1〕袁珂校译:《山海经校译》卷7,第193页。

〔2〕张星烺:《中西交通史料汇编》第一册《上古时代中外交通》,辅仁大学图书馆1930年版,第17页。

〔3〕[东晋]王嘉:《拾遗记》卷1《颛顼》,收于《汉魏丛书》,第710页。

〔4〕佚名:《竹书纪年》卷2,收于《二十二子》,第1051页。

〔5〕张星烺:《中西交通史料汇编》第五册《古代中国与西部土耳其斯坦之交通》,第21页。

〔6〕张星烺:《中西交通史料汇编》第五册《古代中国与西部土耳其斯坦之交通》,第26页。

〔7〕《太平御览》卷165引,上海古籍出版社2008年版,第二册,第607页。

〔8〕《太平御览》卷793引,第八册,第105页。

据此认为,钹汗即费尔干那地区有渠搜人。[1] 杜佑《通典》卷193《渴槃陀记》谓"头痛山在国西南,向罽宾历大头痛、小头痛山,赤土身热之阪。"据此,渠搜亦在葱岭之西。《竹书纪年》卷2又记载:"二十九年春,僬侥氏来朝,贡没羽。"僬侥,古代西南少数民族。《国语·鲁语下》记载:"仲尼曰:'僬侥氏长三尺,短之至也。'"韦昭注云:"僬侥,西南蛮之别也。"《后汉书·明帝纪》云:"西南夷哀牢、儋耳、僬侥、槃木、白狼、动黏诸种,前后慕义贡献。"《述异记》卷上记载:"陶唐之世,越裳国献千岁神龟,方三尺余。背上有文,科斗书,记开辟以来。帝命录之,谓之龟历,伏滔述帝功德,铭曰,胡书龟历之文。"越裳国所在,争论很大,有说在今越南中部,[2]有说在今老挝,[3]有说在赤道非洲。[4] 迄无定论,大约当以今越南中部之说为较可靠。

古代传说中,尧时中原与西域有密切联系。《庄子·在宥》记载,尧"投三苗于三危"[5]。三危,山名,地处西北,张星烺说:"三危山在今甘肃敦煌县境。"西汉焦延寿卜筮书《焦氏易林》卜辞云:"稷为尧使,西见王母,拜请百福,赐我嘉子。"又云:"弱水之西,有西王母,生不知老,与天相保。"又云:"戴尧扶禹,从(当作松)乔彭祖,西遇王母,道路夷易,无敢难者。"[6]《墨子·节用》云:"古者尧治天下,南抚交趾,北降幽都,东西至日所出入,莫不宾服。"[7]《淮南子·修务训》记载尧曾"西教沃民","窜三苗于三危"[8]。贾谊《新书·修政语》云:"尧教化及雕题、蜀越,抚交趾,身涉流沙,地封独山,西见王母,训及大夏、搜渠,

〔1〕余太山:《古族新考》,中华书局2000年版,第115页。

〔2〕黄盛璋:《道明国考》,原载《中外关系史论丛》第二辑,收入氏著:《中外交通与交流史研究》,安徽教育出版社2002年,第427-447页。

〔3〕参黄现璠:《回忆中国历史学会及越裳、象郡位置的讨论》,载《顾颉刚先生学行录》,中华书局2006年。

〔4〕张星烺:《中西交通史料汇编》第一册《上古时代中外交通》,收入《民国丛书》,上海书店据辅仁大学图书馆1930年版影印,1990年,第27、64页。

〔5〕《庄子》卷4《在宥》,收于《二十二子》,第38页。

〔6〕[西汉]焦延寿:《易林》卷1,中国国家图书馆编:《国立原北平图书馆甲库善本丛书》第512册,国家图书馆出版社据明末刻本影印版,2013年,第953、961、964页。

〔7〕《墨子》卷6《节用》中,收于《二十二子》,第242页。

〔8〕《淮南子》卷19《修务训》,收于《二十二子》,第1296页。

北中幽都,及狗国与人身鸟面及焦侥。"〔1〕张星烺说:"沃民何在不可考,有谓即今波斯者,然亦难信也……大夏、渠搜并称,可见其壤地相接。大夏在今阿母河南,则渠搜在今费尔加拿省,益可信矣。"〔2〕

舜时也有不少有关中西间交通的传说。《竹书纪年》记载,帝舜有虞氏"九年,西王母来朝,献白环玉玦"〔3〕。徐干《中论·爵禄》云:"故舜为匹夫,犹民也。及其受终于文祖,传称曰予一人,则西王母来献白环。"〔4〕《宋书·符瑞志》亦记舜时西王母献白环玉玦事。《风俗通义·声音》云:"舜之时,西王母来献其白玉琯。"〔5〕白玉琯为乐器,古以玉为之。《大戴礼记·少间》云:"昔虞舜以天德嗣尧,布功散德,制礼朔方。幽都来服,南抚交趾,出入日月,莫不率俾。西王母来献其琯。……海外肃慎、北发、渠搜、氐羌来服。"〔6〕《晋书·律历志》《尚书大传》《宋书·乐志》等书皆记西王母献白玉琯事。刘向《新序·杂事》记载,舜"立为天子,天下化之,蛮夷率服。北发渠搜,南抚交趾,莫不慕义"〔7〕。《说苑·修文》记载,舜时"禹陂九泽,通九道,定九州,各以其职来贡。不失厥宜,方五千里,至于荒服,南抚交趾、大发,西析支、渠搜、氐羌,北至山戎、肃慎,东至长夷、岛夷,四海之内,皆戴帝舜之功"〔8〕。王嘉《拾遗记》记载:"冀州之西二万里,有孝养之国,其俗人年三百岁,而织茅为衣,即《尚书》'岛夷卉服'之类也。……昔黄帝伐蚩尤,除诸凶害,独表此处为孝养之乡,万国莫不钦仰,故舜封为孝让之国。舜受尧禅,其国执玉帛来朝,特加宾礼,异于余戎狄也。"〔9〕

中国山东、辽宁一带与朝鲜半岛同为环黄海、渤海文化区,属东夷文化区,远古时便有文化上的联系。他们共有一种氏族始祖"卵生"的

〔1〕〔西汉〕贾谊:《新书》卷9《修政语》上,收于《汉魏丛书》,第494页。

〔2〕张星烺:《中西交通史料汇编》第一册《上古时代中外交通》,第28页。

〔3〕〔清〕徐文靖:《竹书纪年统笺》卷2,收于《二十二子》,第1053页。

〔4〕〔东汉〕徐干:《中论》卷上,收于《二十二子》,第573页。

〔5〕〔东汉〕应劭:《风俗通义》卷6《声音》,收于《汉魏丛书》,第654页。

〔6〕《大戴礼记》卷11《少间》,收于《汉魏丛书》,第98页。

〔7〕〔汉〕刘向:《新序》卷1《杂事》,收于《汉魏丛书》,第355页。

〔8〕〔汉〕刘向:《说苑》卷19《修文》,收于《汉魏丛书》,第458页。

〔9〕〔晋〕王嘉:《拾遗记》卷1,收于《汉魏丛书》,第711页。

神话。中国有玄鸟生商的神话,《诗经·商颂·玄鸟》曰:"天命玄鸟,降而生商。"[1]《史记·殷本纪》云:"三人行浴,见玄鸟坠其卵,简狄取吞之,生契。"[2]商是黄河下游夷人部落,帝喾高辛氏后裔。相传有娀氏女简狄与二女行浴,有玄鸟(燕子)飞过堕其卵,简狄取而吞之,因而怀孕生契,契为商人始祖,是商族由母系氏族社会向父系氏族社会过渡的第一位男性首领。高朱蒙神话是朝鲜族古代卵生神话之一,中国古代文献《后汉书·东夷传》《魏书·高句丽传》《论衡·吉验篇》和清阿桂撰《满州源流考》皆有记载。公元5世纪高句丽广开土王的陵墓碑文以及高丽时期所编成的史书《三国史记》《三国遗事》中也有记载。13世纪高丽诗人李奎报根据这一题材写成长篇叙事诗《东明王篇》,描绘了朱蒙祖先的身世和他创建高句丽王国的艰难过程。

---

〔1〕〔南宋〕朱熹集注:《诗集传》卷20,中华书局1958年版,第244页。

〔2〕《史记》卷3《殷本纪》,第91页。

2　商代中外交通与交流

公元前 16 世纪,成汤在众多方国部落的支持下灭掉夏朝,建立了商朝。古云:"汤灭夏以至于受,二十九王,用岁四百九十六年也。"[1]实际上商朝共传 17 世,31 王。商朝分为两个阶段,从成汤灭夏至盘庚迁殷以前为早商时期,盘庚迁殷之后至商朝灭亡为晚商时期。商朝与它西部民族之间的交往和交流则不仅有地下考古的资料,而且也有文字方面的记载。由于商代青铜器铭文和甲骨文字的发现,商朝已经进入有文字记载的信史时期。

2.1　商与西北方国部族的联系和交流

2.1.1　商与西北方国部族的联系

成汤灭夏以后,商朝正式建立。早商的中心都邑在今郑州商城,而其西土在开国之初已达河西走廊氐、羌地区。《诗经·商颂·殷武》云:"昔有成汤,自彼氐羌,莫敢不来王,莫敢不来享,曰商是常。"[2]商王朝注意加强对西部地区的控制,它在西部设立有别都以加强其影响,偃师商城便是成汤时兴建的主要用于军事目的之城邑。张光直根据对甲骨卜辞的研究,认为商王朝与它西北的各方国保持着密切联系。

吅方位于商朝遥远的西北部,这是一个可能在陕西北部,或者更偏北部的鄂尔多斯地区的牧人部落,一次最多能召集 6000 名战士。它常常对商朝进行突然的袭击,给商人造成某种程度的损失。双方也有

---

〔1〕〔南朝·宋〕裴骃:《史记·殷本纪集解》引《汲冢纪年》,《史记》卷3《殷本纪》,第109页。
〔2〕〔唐〕孔颖达:《毛诗正义》,收于《十三经注疏》本,中华书局影印本1980年版,第359页。

友好相处的时候,甲骨文中有材料说明商王曾要求吅方派差使为商王办事。

商之西北还有一个鬼方,《世本》记载,鬼方聂姓,又称鬼戎。《竹书纪年》作西落鬼戎。鬼方是羌族,后世称先零羌,世居河西走廊,《山海经·西次三经》云在三危山之西、天山之东有隗山,是鬼方发祥地。古代的隗山在今玉门西南的巴颜达山,商代时天山以东都是鬼方游牧之地。殷王武丁时商曾与鬼方发生多次大规模的军事冲突,最长的一次长达三年,才打败鬼方。《周易·既济》九三云:"高宗伐鬼方,三年克之。"[1]此事为近年考古证实。殷墟妇好墓出土玉戈上刻文有卢方进贡"戈五"的记载。日本甲骨学家岛邦男考证,殷墟卜辞中之卢方在殷之西土。《国语·周语》中记戎狄氏族曰:"卢由荆妫。"韦昭注:"卢,妫姓之国。"可知卢方与鬼方同族,妫姓。向高宗妃子妇好纳贡的卢方就是高宗所伐鬼方。商代后期,鬼方东侵,越过黄河,成为商代西患。鬼方在商的西北地区青铜文化传播方面曾发挥重要作用。荤粥当在鬼方东北,后来北移,可能与鬼方东侵有关。荤粥的北移造成商文化向外贝加尔湖地区扩散。

羌方也是位于商朝西方的国家,它的位置可能在陕西北部,北与吅方相邻。羌与商保持着长期的联系,羌的名字在甲骨卜辞第一、三、四和五期中都有出现。商人与羌发生过大规模的战争,商征伐羌有时一次征发了 13000 名士兵。商人祭祀祖先时把羌作为牺牲使用,后来羌还参加了武王灭商的战争。

召方也位于商的西部,与羌为邻,可能在今陕西中部。商王武乙时商对召方的军事活动规模也比较大,商王亲自指挥,王族成员都充当战士。

商朝西部的周方和周从太王时起就活动在岐山附近的渭水中下游地区,后来成为商的敌手和征服者。"在商代甲骨文所记载的诸方中,周是唯一一个具有自己历史记载的国家。先周的活动中心通常被

---

〔1〕〔唐〕孔颖达:《周易正义》卷6,收于《十三经注疏》,第60页。

认为是陕西的渭水流域,但是钱穆认为在太王和王季之前,周人居住在山西省南部的汾河流域。不同的意见还不可能被解决,但是在太王统治以来周的政治中心位于岐山附近的渭水中下游地区是毫无疑问的。"[1]

商与西部这些方国之间既有军事冲突,也有友好交往。《商书·伊尹朝献》记载,成汤时四方民族都来朝献,带来各自和远方交换所得的异物。当时,西方、北方有十几个民族,其中也有鬼亲(即鬼方)。这种冲突和交往都会导致彼此文化上的接触和交流,商文化又通过它们与更远的西部、北部的国家、地区和民族进行间接的接触和交流。在中亚和西亚发现一种类似中国黄河流域常见的三足陶鬲,根据调查可知,这种陶器是公元前二千纪末期突然出现在东迄巴基斯坦北部,西经伊朗北部的里海南岸,迄伊拉克北部的广大的游牧地带。在伊朗北部一直存在到前一千纪的晚期。这种富于黄河流域文化特征的陶鬲,有可能经过畜牧、游牧民族的介绍,经过间接的传播而影响到中亚乃至西亚。[2]

2.1.2 商代手工业和商业的发展

随着农业、畜牧业和手工业的分工,尤其是手工业内部分工的扩大,商代的商品生产和交换得到迅速的发展。商代手工业各部门彼此间的专业分工越来越细致,诸如冶铸、制陶、玉石雕刻和镶嵌工艺,以及纺织、皮革、建筑等行业,在当时都有很大的发展。这种发展促进了商品交换和交通运输水平的提高。

在早商墓葬中已发现用贝随葬的现象,殷墟晚期墓葬以贝随葬的现象更为普遍,妇好墓中随葬海贝竟达6800多枚。[3] 甲骨文、金文中也有以"贝"作为对臣下赏赐的材料,并以朋为单位。甲骨文"贮""宝""买""贷"等皆为从"贝"之字。晚商墓葬中甚至还发现了不少铜贝。这种贝和铜贝已具有货币的机能,已经起着货币的作用,已经是真

〔1〕〔美〕张光直:《商代文明》,毛小雨译,北京工艺美术出版社1999年版,第235页。

〔2〕宿白:《考古发现与中西文化交流》,文物出版社2012年版,第8页。

〔3〕中国社会科学院考古研究所编:《殷墟妇好墓》,文物出版社1980年版。

正的货币。

甲骨文中有"舟""车"等字,在商代虽然没有发现舟的实物,而甲骨文中有一个字,像人手执竹竿立于舟上。现藏上海博物馆的一个饕餮纹青铜鼎,腹内铭刻为人荷贝立于舟中,被认为是商人去远方贸易的形象。在殷墟的考古发掘中,车马坑则多次被发现。1935年殷墟第11次发掘发现不规则的长方形车坑,南北约3公尺,东西长约6公尺,底深2.5公尺。车木已朽,而有马络头饰和车饰数百件。此后的发掘又发现车马坑多处。《管子·轻重篇》记载:"殷人之王立帛牢,服牛马,以为民利,而天下化之。"[1]古时一车驾四马,中间二匹叫服。根据甲骨文、金文和地下出土的实物资料以及古籍记载,可以知道,商代的确有了车马、舟等交通工具并用于商业运输。

此外,殷墟遗址出土不少来自远方的物品,如南方的象、海中的鲸、来自新疆和阗玉制造的玉器。有的龟甲经鉴定来自东南亚,还有的甲骨上粘有土卢布,可能来自域外。这些都说明殷都已经和我国边远地区以及域外存在相当规模的交通和交往。

2.1.3 青铜文化的传播

在与西北方国接触交往和商业交通发展的基础上,商与西北民族、地区和国家有着直接的或间接的交通和交流。我们首先注意到青铜文化的传播。冶铸青铜是商代重要的手工业之一,商代出土的青铜器有礼器、兵器、工具和生活用具等。世界上其他文明古国各自发展了自己的青铜文化,公元前4000年,古埃及人发明了冶铜技术。公元前2500年,印度人已在印度河和恒河流域使用铜和青铜工具。巴比伦进入青铜时代也比商代要早。和殷商青铜文化同时,北亚也有两个青铜文化中心。一个是西伯利亚南部叶尼塞河上游的米努辛斯克盆地发展起来的阿凡纳西沃文化,继起的安德罗诺沃文化和卡拉苏克文化;另一个是以南土尔克曼为中心的纳马兹加文化。

考古学研究说明,河南二里头文化晚期已经进入商初,在这个时

---

〔1〕《管子》卷24《轻重戊》,收于《二十二子》,第191页。

期的青铜器中,人们曾发现北方系特色的环首柄刀、器身类似北方系战斧而以扁平的"内"代替管銎方的奇特武器。这种北方系兵器最早起源于伊朗,而在中国北方,蒙古国境内,俄罗斯联邦的外贝加尔湖地区、土瓦地区、米努辛斯克盆地、克拉斯诺亚尔斯克地区、阿尔泰地区、更西的吉尔斯草原、鄂毕河中游地区,直到黑海沿岸一带,都有发现。说明出土这种青铜兵器的中国北方地区当时与西伯利亚地区和中亚、西亚地区都存在着直接的或间接的青铜文化联系,商人引进了北方系青铜器的某些因素来改进自己的工具和兵器。易华指出:"大约5000年前西亚和中亚部分地区已进入青铜时代,逐渐形成世界体系,大约4000年前东亚开始进入青铜时代世界体系,和欧洲一样,东亚也是这个体系的边缘地区";在三代文化中,"新出现的青铜器、金器、牛、羊、马等表明受到了中亚青铜游牧文化的明显影响"[1]。

作为古代最常用也是最普通的兵器之一,剑在中国的出现是从制作青铜剑开始的。关于中国古代青铜剑的起源,过去一直认为是在西周时期。1956—1957年,陕西长安张家坡西周墓中出土的一把柳叶形青铜短剑曾被认为是中国古代最早出现的剑。后来,北京昌平白浮村西周墓出土的青铜剑,形制源于山西保德县林遮峪,[2]剑型与长安张家坡西周墓出土的柳叶形青铜剑有所不同,有人认为这两种短剑是殷周时期一些少数民族的兵器,前一种具有西南地区文化的特征,后一种则具有北方草原文化的特征。[3]柳叶形青铜剑在中国出现的最初年代在商代,学术界基本形成共识。但这种柳叶形青铜剑在中国的最初发源地,却存在争议,有人认为起源于陕西,有人认为起源于中原,有人认为起源于四川。

---

〔1〕易华:《青铜时代世界体系中的中国》,载《全球史评论》第五辑,中国社会科学出版社2012年版,第68页。

〔2〕北京市文物管理处:《北京地区的又一重要考古收获——昌平白浮西周木椁墓的新启示》,载《考古》,1976年第4期;吴振禄:《保德县发现的殷代青铜器》,载《文物》1972年第4期。

〔3〕杨泓:《中国古兵器论丛》,中国社会科学出版社2007年版,第162页;童恩正:《我国西南地区青铜剑的研究》,载《考古学报》1977年第2期;乌恩:《关于我国北方的青铜剑》,载《考古》1978年第5期。

段渝从考古资料分析,认为柳叶形青铜剑发现最多、最集中的,也是早于上述出土西周早、中期柳叶形青铜剑的中国西南的古蜀文化区,这里早在商代中、晚期就有了这种剑型。他认为柳叶形青铜剑发源于安那托利亚文明,时代为公元前 3000 年左右,稍后在近东文明,继而在中亚文明中大量出现柳叶形青铜剑,到公元前三千纪中期,柳叶形青铜剑出现在印度河文明中,这种剑型在印度地区一直流行到公元前 1500 年左右。中国西南地区出现这种剑型,时当商代晚期,大约在公元前 1300 年左右。从柳叶形青铜剑的发生、发展、分布及其年代等情况来看,中国西南地区这种剑型,应是从古代印度地区传入。商代晚期,柳叶形青铜剑主要集中分布在成都平原,商周之际和西周时代向北发展到陕西南部,春秋战国至西汉早期陆续而且呈连续性地向四川盆地东部地区以及四川西南地区和云南、贵州等西南夷地区辐射。柳叶形青铜剑起源于公元前三千纪的近东文明区,这种剑型由西亚、中亚,从伊朗通过厄尔布士山脉与苏莱曼山脉之间的地带进入南亚印度地区,再从印度地区辗转传入中国西南。[1]

　　我们也看到殷商青铜文化西传和北传的迹象。卡拉苏克文化是分布于南西伯利亚、鄂毕河上游以及哈萨克斯坦的青铜时代晚期文化,卡拉苏克文化晚期墓葬中发现的短剑、折背刀和弓形器等青铜器与中国北方草原地带的某些器物具有相似性,因此有人认为卡拉苏克文化主要受到中国北方草原地带青铜文化的影响。从发现的这些青铜文物多为兵器这一点来看,其传播的动因和媒介不能不说与商代和西北各方国间频繁的战争有关。战争必然造成双方的互相了解和借鉴,要改进自己的盾,就要研究对方的矛;要改进自己的矛,就要研究对方的盾。要补自己的武器之短,就要取对方武器之长。这就必然造成兵器形制性能的互相传播和借鉴。

2.1.4　玉石之路

　　商与西北各方国之间密切的联系促进了中西之间玉石文化的传

---

〔1〕段渝:《商代中国西南青铜剑的来源》,载《社会科学研究》2009 年第 2 期,第 175 - 181 页。

播。考古工作者发掘河南安阳殷墟商王武丁的配偶妇好墓,出土玉石雕刻品 755 件,数量多,造型多样,品种齐全。经过对三百件标本的玉料进行鉴定,发现有青玉、白玉(内有极少量籽玉)、青白玉、墨玉、黄玉、糖玉等,其中大部分属青玉、白玉,青白玉很少,黄玉、墨玉、糖玉更少。这几种玉料基本上都属于新疆玉,按照现代科学分类,均属软玉。[1] 据不完全统计,新中国建立以来,在安阳殷墟出土玉器已达 1200 件以上。这些玉石应该是通过西北地区游牧民族转贩和西北各方国朝献而来。

殷商玉石文化又通过北方草原传播到西伯利亚地区。在贝加尔湖沿岸青铜时代早期文化的格拉兹科沃文化的墓葬中,曾出土有白玉环,其形制与纹饰与中国商代的玉器完全相同。玉器上的几圈同心圆刻线和外大里小的"马蹄眼"穿孔也显示了商代的艺术工艺。在俄罗斯联邦下诺言夫哥罗德市附近的塞伊玛墓地,也发现这种白玉环。塞伊玛文化出现于公元前 1600 年到公元前 1300 年之间。苏联考古学家 C. B. 吉列谢夫说:"商代的白玉西传完全证实,在塞伊玛时期,伏尔加河和卡马河沿岸、西伯利亚贝加尔湖沿岸和中国北方之间曾有联系。塞伊玛、图尔宾诺、贝加尔湖沿岸和绥远等地相似铜戈的形制,很可能是沿玉器之路传播的。经由此路传播的还有塞伊玛出土的其他器物:锛和菱形铤的矛。"[2]

在中国境内,殷墟妇好墓曾出土一种龙首刀,而在新疆哈密盆地也曾发现与之形制完全相同的刀。同样的龙首刀在山西保德晚商墓葬也有出土,说明从新疆哈密经山西保德至殷都大邑商有一条古老的通道。玉石和龙首刀之类就是通过这条道路传播的。在哈密五堡发掘的青铜时代的墓葬中,出土相当数量的海贝,主要是货贝、环纹货贝,明显是产于东海、黄海、渤海、南海,或者是来自西南方向的印度洋、波斯湾。这种海贝"在公元前 1200 年前后出现在新疆东部的哈密绿洲,显

---

[1]中国社会科学院考古研究所:《殷墟妇好墓》,文物出版社 1980 年版,第 114 页。

[2]〔苏联〕C. B. 吉列谢夫:《南西伯利亚古代史》,转引自张广达等《天涯若比邻——中外文化交流史略》,中华书局香港有限公司 1988 年版,第 10 页。

示了当年新疆与周围地区实际联系的存在"[1]。而从上述当地与中原地区的联系来看,来自中国东南海域的可能性更大。

2.1.5 西域胡舞初传中原及宫廷

《史记·殷本纪》记载,纣王荒淫奢侈,"好酒淫乐……使师涓作新淫声,北里之舞,靡靡之乐","大聚乐戏于沙丘,以酒为池,悬肉为林,使男女倮(裸),相逐其间,为长夜之饮"[2]。林梅村认为,这里描写的可能是殷臣师涓为纣王编排的舞蹈"北里之舞",实际是一种裸体舞蹈。据殷墟卜辞,此类裸体舞蹈可能由男女奴隶来表演。如:"贞:今庚辰夕用献小臣卅,小妾卅于帚。九月"(《甲骨文合集》629);"癸酉卜,贞:多姘献小臣卅,小妾卅于帚"(同上630)。小臣指男仆,小妾指女奴。中国传统观念是男女授受不亲,殷王这项活动同时使用男仆和女奴各30人,疑与《史记》中所说"男女裸,相逐其间"的北里之舞有关。[3]纣王年间出现于宫廷的男女相逐的裸体舞蹈似非中原固有文化。[4]

北周时传入中原的乞寒胡戏是西域胡人的一种裸体宗教舞蹈,据韩儒林研究,这种舞蹈的起源地在波斯。[5]法国伊朗学家华尔详考这种裸体宗教舞蹈的起源。他说:"俾路斯在位25年,他的统治是很不幸的。为了战胜长期干旱之后的饥馑,下令向外国购买粮食,减轻赋税,强迫富户分其储粮给予贫民。所谓泼水节即为纪念甘雨解除了灾难性的干旱而创立的。""他在位时大旱无雨,波斯遭受干旱的苦难。国王免除国人多年赋税,打开国家粮仓,卖掉祆神庙的财产筹措银钱。最后亲到法尔斯的阿达尔忽拉山顶,祈祷神祇结束这场灾难。他的祈祷

〔1〕王炳华:《丝绸之路新疆段考古研究》,见氏著《丝绸之路考古研究》,新疆人民出版社2009年版,第2页。

〔2〕《史记》卷3《殷本纪》,第105页。

〔3〕林梅村:《帝辛甲骨所见殷宫秘史》,见氏著《汉唐西域与中国文明》,文物出版社1998年版,第27-28页。

〔4〕林梅村:《帝辛甲骨所见殷宫秘史》,见氏著《汉唐西域与中国文明》,文物出版社1998年版,第27-28页。

〔5〕韩儒林:《泼寒胡戏与泼水节的起源》,见阎文儒、陈玉龙编:《向达先生纪念论文集》,新疆人民出版社1986年版,第100-103页。

被神接受了。他刚刚到达这个地区的旷野,天际升起乌云,倾盆大雨下起来了。为了感谢神恩,俾路斯在这个地方建起一个村庄,名其村曰KāmPērōz,意即'俾路斯的祈祷'。由于狂喜,人们用水互相泼洒。这个高兴的轻率活动成了泼水节节日具有特征的仪式。"[1] 林梅村认为,殷末帝宫突然流行的裸体舞蹈和波斯祆教舞蹈不会有什么联系,但有可能与古代印欧人用于祈雨的原始宗教舞蹈有关。新疆考古工作者在呼图壁县康家石门子深山一处崖壁上发现表现裸体舞蹈的大幅古代岩画,其中一幅有祭祀双马神的图案,双马神是雅利安人崇祀的重要神祇,类似的双马神还见于商代铜器铭文。这种裸体舞蹈的内容可能与古代印欧人祈雨的宗教活动有关,商代印欧人包含有裸体舞蹈内容的宗教活动随东迁的雅利安人传入了新疆地区。[2] 但有人认为,纣王宫中出现的裸体舞蹈也未必是外来文化,乐舞奴隶必需按照奴隶主的要求去进行创作和表演,与"靡靡之音"并提的"北里之舞",可能是在某地的民间情舞基础上加工的。[3]

先秦时中原地区可能已经流行四夷乐舞,但有的学者的论证却值得商榷。《春秋公羊传·昭公二十五年》有云:"以舞大夏。"[4] 王国维据《新唐书·西域传》"挹怛"条云:"大夏即吐火罗也。"推断先秦文献中的大夏,即隋唐文献中的吐火罗。[5] 林梅村据《白虎通·礼乐》曰:"东夷之舞曰朝离",《周礼·春官》郑玄注云:"西方之舞曰株离",进而认为"株离之舞"应如郑玄所说乃西域胡舞,"朝那"一词可能来自吐火罗语,其所在地即今宁夏固原及其附近地区,曾是先秦时期吐火罗人的一个活动中心。株离之舞是先秦时期即已流行于中原的西域胡

〔1〕〔法〕华尔:《古代波斯及伊朗文明》(1925),转引自前揭韩儒林文,第100 - 103 页。

〔2〕林梅村:《帝辛甲骨所见殷宫秘史》,见氏著:《汉唐西域与中国文明》,第27 - 28 页。

〔3〕王克芬:《中国舞蹈发展史》,上海人民出版社1989 年版,第28 页。

〔4〕《春秋公羊传注疏》卷24《昭公二十五年》,见《十三经注疏》,中华书局影印本1980 年版,第2328 页。

〔5〕王国维:《西胡考下》,见《观堂集林附别集》二,中华书局1962 年重印本,第613 - 614 页。

舞.〔1〕这种论证是有问题的。《春秋公羊传》所谓"以舞大夏",本来就有解释:"夏乐也",即禹夏之乐,先王之乐。而且书中子家驹明言:"设两观、乘大路,朱干、玉戚,以舞大夏、大武,此皆天子之礼也。"天子之礼怎么能解释成西域胡舞呢?但我们又不能否定先秦中原地区已有四夷之乐舞流行,因为《周礼·春官》云:"是娄氏掌四夷之乐与其声歌。"郑玄注云:"四夷之乐,东方曰昧,南方曰任,西方曰株离,北方曰禁。"〔2〕四夷之乐传入先秦时宫廷,宫中自然设有掌管四夷之乐的官职。

2.1.6 古史传说中商与西北方国部族的交通

古代传说中也有不少商与西域交通的材料。《竹书纪年》记载:"汤有七名而九征,放桀于南巢而还。诸侯八译而来者千八百国。奇肱氏以车至,乃同尊天乙履为天子。"〔3〕据《山海经·海外西经》,奇肱之国在一臂国之北。〔4〕《述异记》云:"奇肱国其国人机巧,能为飞车,从风远行。汤时,西风吹奇肱人乘车东至豫州界。后十年,因风复至,使遣归国,去玉门四万里。"《大戴礼记·少间》记载,商汤时"民明教,通于四海。海之外肃慎、北发、渠搜、氐羌来服"〔5〕。《竹书纪年》记载,成汤十九年,"氐羌来贡"〔6〕。"太戊二十六年,西戎来宾。王使王孟聘西戎。""六十一年,东九夷来宾。""太戊遇祥桑,侧身修行。三年之后,远方慕明德,重译而至者七十六国,商道复兴,庙为中宗。"〔7〕传说中还有彭祖流离西域的故事。葛洪《神仙传》记载,彭祖"年七百六十七岁而不衰老","三岁而失母,遇犬戎之乱,流离西域百有余年。……殷王传彭祖之术,屡欲秘之,乃下令国中,有传祖之道者诛之。又

---

〔1〕林梅村:《帝辛甲骨所见殷宫秘史》,见氏著《汉唐西域与中国文明》,文物出版社1998年版,第27-28页。

〔2〕《周礼注疏》卷24,《十三经注疏》,中华书局影印本1980年版,第802页。

〔3〕〔清〕徐文靖:《竹书纪年统笺》卷5,收于《二十二子》,第1062页。

〔4〕《山海经》卷7,〔晋〕郭璞注,收于《二十二子》,第1370页。

〔5〕《大戴礼记》卷11《少间》,收于《汉魏丛书》,第98页。

〔6〕〔清〕徐文靖:《竹书纪年统笺》卷5,收于《二十二子》,第1062页。

〔7〕〔清〕徐文靖:《竹书纪年统笺》卷5,收于《二十二子》,第1064页。

欲害祖以绝之。祖知乃去,不知所之。其后七十余年,闻人于流沙之国西见之"[1]。葛洪《抱朴子·释滞》云:"彭祖为才(大之误)夫八百年,然后西适流沙。"[2]

商与西北方国的军事冲突也见于古史和传说中的记载。《竹书纪年》记载,阳甲三年,"西征丹山戎"[3]。武丁"三十二年,伐鬼方次于荆"。"三十四年,王师克鬼方,氐羌来宾。"[4]商对西北方国部族的战争,造成西北方国部族对商的臣服,加强了内地与西北地区的联系。《后汉书·西羌传》叙述西羌之始末云:"后桀之乱,畎夷入居邠岐之间。成汤既兴,伐而攘之。及殷室中衰,诸夷皆叛。至于武丁,征西羌、鬼方,三年乃克。故其诗曰:'自彼羌氐,莫敢不来王。'"[5]《竹书纪年》记载,祖甲"十二年,征西戎。冬,王返自西戎";"十三年,西戎来宾"[6]。

商汤曾令伊尹作"四方献令",规定前来朝贡诸国进贡方物。据《汲冢周书·王会解》记载,伊尹受命,为四方令,曰:"正东符娄、仇州、伊虑、沤深九夷八蛮,越沤、剪发文身,请令以鱼支之鞞、□鲗之酱、鲛盾利剑为献;正南瓯、邓、桂国、损子、产里、百濮、九菌,请令以珠玑、玳瑁、象齿、文犀、翠羽、菌鹤、短狗为献;正西昆仑、狗国、鬼亲、枳己、阔耳、贯胸、雕题、离邱、漆齿,请令以丹书、白旄、纰罽、江历、龙角、神龟为献;正北空同、大夏、莎车、姑他、旦略、貌胡、戎翟、匈奴、楼烦、月氏、奸犁、其龙、东胡,请令以橐驼、白玉、野马、騊駼、駃騠、良弓为献。"[7]这个记载反映了商时所得周边和域外民族的物产。

2.2 周部族与西北各族的关系

代商而起的是周朝,传说周人的祖先后稷与尧舜和夏禹同时,姬

〔1〕〔东晋〕葛洪撰,胡守为校释:《神仙传校释》卷1,中华书局2010年版,第1页。

〔2〕〔东晋〕葛洪:《抱朴子·内篇》卷7《释滞》,上海古籍出版社1990年版,第55页。

〔3〕〔清〕徐文靖:《竹书纪年统笺》卷5,收于《二十二子》,第1065页。

〔4〕〔清〕徐文靖:《竹书纪年统笺》卷6,收于《二十二子》,第1066页。

〔5〕《后汉书》卷87《西羌传》,第2860页。

〔6〕〔清〕徐文靖:《竹书纪年统笺》卷6,收于《二十二子》,第1067页。

〔7〕《逸周书》卷7《王会解》,收于《汉魏丛书》,第286页。

姓的周人本来就与西北游牧部落有密切关系。周人的历史从姜嫄生后稷开始,周人以姜嫄为女性始祖,将姬姜二姓联结为人类学上的两合氏族。姜、羌为一词二形,从姬姓周人的起源上看,周人便与羌人有密切关系。古代羌人活动的地域在陕西西北、陇右、山西南部。据《史记》记载,在夏后氏政治衰微时,周族的祖先奔于戎狄之间,他们放弃了原有的农业,改采戎狄的生活方式。后来在部落首领公刘的率领下,迁徙到豳,"复修后稷之业,务耕种"。公刘以后九传至古公亶父,此时周人仍居于与戎狄相接的区域。《孟子》记载:"太王居邠,狄人侵之。事之以皮币,不得免焉;事之以犬马,不得免焉;事之以珠玉,不得免焉。乃属其耆老而告之曰:'狄人之所欲者,吾土地也。吾闻之也,君子不以其所以养人者害人。二三子何患乎无君,我将去之。'去邠,逾梁山,邑于岐山之下。"[1]

周人大约在商王武丁时臣服于商,进入商人的文化圈和势力范围,周人也有奉商人之命与戎狄交战的活动。《竹书纪年》记载,商王武乙"二十四年,周师伐程,战于毕,克之""三十年,周师伐义渠,乃获其君以归""三十四年,周公季历来朝。王赐地千里,玉十毂,马四匹""三十五年,周公季历伐西落鬼戎"[2]。武乙暴虐,犬戎寇边,周人为戎狄所攻,古公亶父又率众从豳(同邠)迁至岐山下的周原。此后周族迅速发展,《竹书纪年》记载,帝辛"二十一年春正月,诸侯朝周。伯夷、叔齐自孤竹归于周"[3]。周与周围方国部族保持着密切关系。随着周部族势力的逐渐强大,西北各方国部族也越来越多地成为其联盟或附庸。

作为殷商之附庸,周人则向商纳贡,有时进献征伐西北各方国部族所得。据《史记·周本纪》记载,由于文王积善累德,赢得诸侯的拥护,纣王恐不利于己,"乃囚西伯于羑里"。为了换取文王的获释,周人进行了多方努力,"闳夭之徒患之,乃求有莘氏美女,骊戎之文马,有熊九驷,他奇怪物,因殷嬖臣费仲而献之纣。纣大悦,曰:'此一物足以释

〔1〕杨伯峻译注:《孟子译注》卷2《梁惠王章句》,中华书局1960年版,第51页。

〔2〕〔清〕徐文靖:《竹书纪年统笺》卷6,收于《二十二子》,第1067页。

〔3〕〔清〕徐文靖:《竹书纪年统笺》卷6,收于《二十二子》,第1069页。

西伯,况其多乎!'乃赦西伯,赐之弓矢斧钺,使西伯得征伐"[1]。据林梅村对殷墟甲骨刻辞《小臣墙刻辞》的释译,周人为了获得纣王好感,释放文王,向西北芮国、奚国和辛国发动了进攻,将战利品进献纣王,其中有辛国美人 24 名,芮国人 570 名,奚国女子 160 名,车 2 辆,甲衣 83 副,箭囊 50 个,箭头 60 枚。[2] 帝辛"三十年春三月,西伯率诸侯入贡"[3],后来周伐密,取耆及邘,伐崇,力量越来越强大,"三十六年春正月,诸侯朝于周,遂伐昆夷。"[4]在翦除了商之羽翼之后,武王率诸侯伐商,一些戎狄部落参加了他东征的行动。

周朝建立之前,周人活动的地域自古是中原农耕文化和北方草原文化接壤的边缘地区。因此先周文化既受到商人青铜文化具有优势文明的冲击,同时由于与戎狄的接触的频繁,草原文化的因素也不能排除。西北游牧部落的马文化东渐首先见于商朝的周部落。《诗经·大雅》中有一篇《绵》,其中有云:"古公亶父,来朝走马。率西水浒,至于岐下。"[5]古公亶父是周文王的祖父,他在世时周族是附属于商朝的一个诸侯国。关于诗中反映的周人对马的使用,顾炎武《日知录》云:"古者马以驾车,不可言走。曰走者,单骑之称。古公之国,邻于戎翟,其习尚有相同者。然则骑之法不始于赵武灵王也。"他引程大昌《雍录》云:"古皆驾车,今曰走马。恐此时或已变乘为骑。盖避翟之遽,不暇驾车。"周部族开始单骑用马,是与西北游牧落接触中向戎翟学习而来的,也是与戎翟的冲突中逃避敌人追赶的快捷方式。据顾炎武考证,中原地区骑马的普遍风气是战国时形成的。《左传·昭公二十五年》云:"左师展将以公乘马而归。"杜预注云:"古者服牛乘马,马以驾车,不单骑也。"[6]隋代刘炫说:"此骑马之渐也。"顾炎武说:"至六国时,

〔1〕《史记》卷 4《周本纪》,第 116 页。

〔2〕林梅村:《帝辛甲骨所见殷宫秘史》,见氏著《汉唐西域与中国文明》,文物出版社 1998 年版,第 7 页。

〔3〕〔清〕徐文靖:《竹书纪年统笺》卷 6,收于《二十二子》,第 1069 页

〔4〕〔清〕徐文靖:《竹书纪年统笺》卷 6,收于《二十二子》,第 1070 页

〔5〕〔宋〕朱熹集注:《诗集传》卷 16,上海古籍出版社 1980 年版,第 179 页。

〔6〕《春秋左传正义》卷 51,收于《十三经注疏》,第 2110 页。

始有单骑,苏秦所云:'车千乘,骑万匹'是也。"不过,"骑射之法必有先武灵而用之矣"[1]。实际上早在商代周部族已经向西北游牧民族学会骑马术了。

《诗经·大雅》中有一篇《皇矣》,写到周人"是类是祃"[2]。郑玄笺云:"师祭也",意谓军队祭典。关于这种宗教活动,林梅村引《周礼·夏官》"庾人"条云:"乃祭马祖,祭闲之,先牧,及执驹散马耳,圉马。马八尺以上为龙,七尺以上为騋,六尺以上为马。"认为这种身高近两米的大马应该来自中亚,祭祀八尺以上中亚马的宗教活动当即胡人的龙神崇拜,周人的"是祃"活动是胡俗。这是一种刑马祭天的宗教活动,周国地近戎狄,故周人有刑马歃血之胡俗[3]。《汉书·匈奴传》记载:"(韩)昌、(张)猛与单于及大臣俱登匈奴诺水东山,刑白马。单于以径路刀、金留犁挠酒,以老上单于所破月氏王头为饮器者共饮血盟。"[4]这种歃血为盟的习俗,在希罗多德《历史》一书中的斯基泰人那里也可以看到:

> 斯基泰人是用这样的办法来同别人举行誓约的。他们把酒倾倒在一个陶制的大碗里面,然后用锥子或小刀在缔结誓约的人们的身上刺一下或是割一下,把流出的血混到里面,然后他们把刀、箭、斧、枪浸到里面。在这样做了之后,缔结誓约的人们自身和他们的随行人员当中最受尊重的人们便在一些庄严的乞求之后饮这里面的酒。[5]

匈奴和斯基泰人举行这种仪式时都用佩径路刀,这种"以径路刀、金留犁挠酒"的习俗可能来自斯基泰人。[6]

考古学家考察先周文化,均以鬲的形制为线索。先周文化的鬲有

---

〔1〕〔清〕顾炎武著,黄汝成集释:《日知录集释》卷29,岳麓书社1994年版,第1007–1008页。

〔2〕〔唐〕孔颖达:《毛诗正义》卷16《皇矣》,收于《十三经注疏》,第254页。

〔3〕林梅村:《吐火罗人与龙部落》,原载《西域研究》1997年第1期,收于氏著《汉唐西域与中国文明》,第70–83页。

〔4〕《汉书》卷94《匈奴传》下,第3801页。

〔5〕〔希腊〕希罗多德:《历史》,王以铸译,商务印书馆1985年版,第292页。

〔6〕林梅村:《商周青铜剑渊源考》,前揭氏著《汉唐西域与中国文明》,第39–58页。

联裆与分裆两类,一般认为联裆鬲来自东方的山西地区,而分裆鬲来自西方的甘肃地区。分裆鬲中高领有双耳而有细绳纹的一型,老家在甘肃洮河、大夏河一带,是先周文化分裆鬲的祖先。周人克商之后,这种形制的鬲渐趋消失。在陕西绥德、清涧一带,出土的铜器除了有与中原同类器物基本相同的之外,同出的马头铜刀和蛇形铜匕,则具有浓重的草原文物特色。先周文化斗鸡台的圆肩罐与辛店文化的双耳花边罐形制基本相似。

在武器方面,周人的武器有戈、矛、剑、戟及弓矢。比之殷商,周人新添的武器是剑。林梅村《商周青铜剑渊源考》考证了商末周初时出现的青铜短剑和中原佩剑之风的起源,认为中国考古新发现以及中亚古代语言研究的最新进展,为探讨商周青铜短剑渊源问题提供了重要线索。大量证据表明,商末周初突然出现于中原的青铜剑是中外文化交流的产物。剑是游牧人发明的,对于游牧人来说,剑既用于防身,更重要的是作为吃饭时割取肉食的餐具。[1] 卢连成指出,中国北方系青铜短剑和周初流行的柳叶形青铜剑,可能受到西亚杰姆代特·奈斯文化以及后来苏美尔-阿卡德时代青铜文化的影响,并经伊朗高原传播到中亚、南西伯利亚和蒙古高原。青铜短剑在杰姆代特·奈斯文化出现的时间大约在公元前 3100 年至公元前 2900 年,是当时普遍使用的短兵器。[2] 林梅村认为,尽管柳叶剑最早产生于近东杰姆代特·奈斯文化,但它在欧亚大陆的传播却和古代印欧人文化密切相关。丝绸之路上流行的 17 种古代东方语言或方言中的"剑"字无一例外地都源于古印欧语。古代印欧人最初是游牧人,他们曾在欧亚草原放牧,附带从事一些农耕生产。古代印欧人很早就有迁徙至中国西部的,天山以南的龟兹人、焉耆人、高昌人、楼兰人和天山东麓的月氏人属古代印欧人。印欧人在公元前 2000 年左右便东迁至新疆东部的罗布泊和哈密盆地,学术界称之为"吐火罗人"。草原游牧民族的剑可能就是通过吐火罗

〔1〕林梅村:《商周青铜剑渊源考》,见氏著:《汉唐西域与中国文明》,第 44 页。
〔2〕卢连成:《草原丝绸之路——中国与域外青铜文化的交流》,收于上官鸿南等主编:《史念海先生八十寿辰学术文集》,陕西师范大学出版社 1996 年版,第 719 页。

人最早传入中国西部的,汉语"剑"字很可能来自吐火罗语月氏方言。[1]

目前中国发现最早的青铜剑,除了上述古蜀地区,主要流行于商代中国北方草原和农牧交界一带,如陕西绥德县;山西保德、石楼、柳林三县,河北青龙县、张家口市和北京市等地的商代遗存中,发现不少早商至周初的青铜剑。山西保德出土的铃首剑,年代大约为商代后期。保德地处晋北,出土文物血缘近于先周。出土铜器中有好几件铜铃和带铜丸的镂空装置,还有两件赤金弓形饰,都反映出草原文化的特色。《逸周书·克殷解》记载,武王"先入适王所,乃克。射之三发而后下车,而击之以轻吕"[2]。轻吕,注谓剑名,《史记》便作"轻剑",与匈奴语中的"径路"可能都是源于吐火罗语,是对"剑"的称谓。铜剑在西周早期已普遍出现,陕西长安张家坡、岐山贺家村,甘肃灵台白草坡,河北北平琉璃河各处西周早期墓中都发现一种柳叶状无首无腊的铜剑。草原文化中剑的历史很久,可能因为骑马作战时,剑可刺可削,比斧钺、手戈为便利。步卒用剑接敌,也为利器。周人用剑代替了商人的短兵,是受了草原文化的影响。

在西亚和中亚的青铜兵器中,柳叶剑是和管銎战斧配合使用的短兵器。中国境内甘肃灵台百草坡、陕西宝鸡渔国墓地和北京昌平白浮等周初墓葬中的柳叶剑也和管銎战斧共存。早在1961年,苏联考古学家契列诺娃已经指出,商周青铜兵器中的管銎战斧和管銎戈源于近东。[3] 西北地区有此类兵器的不少新发现。中国考古学家通过对西北地区出土的商周青铜兵器进行检验,认为它们确实和近东青铜兵器有联系。乌恩在《殷至周初的北方青铜器》一文中说:"据目前的发现,公元前第3千年至第2千年前半叶在近东已有管銎斧。年代早于我国北方管銎斧。值得注意的是,有些近东管銎斧的形制与我国北方的标

〔1〕林梅村:《商周青铜剑渊源考》,氏著:《汉唐西域与中国文明》,第55-56页。

〔2〕佚名:《逸周书》卷4,收于《汉魏丛书》,第276页。

〔3〕〔苏联〕契列诺娃(N. L. Chlenova):《塔加尔文化部落的起源与早期历史》,莫斯科,1967年。

本非常相像，如石楼曹家垣斧和伊朗尼哈温德斧，均有很长的管銎。这种长管銎斧在安阳殷墟和岐山王家嘴各出过一件。"他还说："管銎戈和斧一样，最早出现于近东，后为我国北方的青铜文化所借鉴，并同短剑、管銎斧一样，经蒙古和外贝加尔传入米奴辛斯克盆地。"[1]甘肃、陕西地区周初墓中既随葬青铜礼器，又随葬富于西域文化特征的异形兵器，可能是华化戎人墓葬。据《尚书·牧誓》和《史记·周本纪》记载，武王伐纣时曾有西土八国军队参加。《史记·匈奴列传》记载："武王伐纣而营雒邑，复居于丰镐，放逐戎夷泾、洛之北，以时入贡，命曰荒服。"[2]可知周初西土戎人入居中原者甚众。上述含有柳叶剑和管銎战斧的周初墓葬正是这些入居泾、洛之间的戎人墓葬。柳叶剑和管銎战斧最初当以这些入居中原华化戎人为媒介而传入中原。

先周文化也有西渐的迹象。《孟子》记载，古公亶父为了缓和狄人的进攻，曾事之以皮币、犬马、珠玉。[3]周人亦有西行至西域定居者。《穆天子传》卷2记载："赤乌氏先出自周宗。大王亶父之始作西土……封丌璧臣长季绰于舂山之虱，妻以元女，诏以玉石之刑，以为周室主。"[4]舂山，丁谦、顾实、张星烺都认为即葱岭。赤乌氏国，在舂山西三百里，丁谦、张星烺认为即《唐书》中之护蜜，又作护蜜多。[5]张星烺还认为大王亶父以元女妻季绰，即古代波剌斯国王娶妇汉土事。据玄奘据《大唐西域记》记载，揭盘陀国"建国以来，多历年所。其自称云，是至那提婆瞿怛罗（唐言'汉日天种'）。此国之先，葱岭中荒川也。昔波剌斯国王娶妇汉土，迎归至此，时属兵乱，东西路绝，遂以王女，置于孤峰。"而日轮中来之"一丈夫"与其女相通，致其女怀孕，波剌斯国迎婚使臣不能奉女归国，于是"立女为主，建宫垂宪，至期产男。容貌妍丽，母摄政事，子称尊号"。揭盘陀国人"以其先祖之世，母则汉土之人，父乃日天之种，故其自称'汉日天种'，然其王族，貌同中国，首饰方

---

〔1〕乌恩：《殷至周初的北方青铜器》，载《考古学报》1985年第2期，第135－156页。

〔2〕《史记》卷110《匈奴列传》，第2881页。

〔3〕杨伯峻译注：《孟子译注》，中华书局1960年版，第50－51页。

〔4〕佚名：《穆天子传》卷2，收于《汉魏丛书》，第295页。

〔5〕张星烺：《中西交通史料汇编》第一册《上古时代中外交通》，第83页。

冠,身衣胡服"。玄奘还记载:"无忧王命世,即其宫中建卒堵波。"[1]因此张星烺说:"无忧王与秦始皇同时,中国公主下嫁波剌斯,为周初之事可无疑也。"[2]周文王时,周边部族受到周部族文仕的影响。《大戴礼记》云:"文王卒受天命,作物配天,制典用,行三明。亲亲尚贤,民明教,通于四海。海之外肃慎、北发、渠搜、氐羌来服。"[3]

2.3 殷人东渡美洲问题

殷人东渡美洲是中外学术界关注的一个问题,围绕这个问题过去有人提出过不少假说和推断。最早提出殷人东渡美洲假说的是英国学者梅德赫斯特(W. H. Medhurst),他曾翻译《尚书》,提出周武王伐灭商纣王时可能发生殷人渡海逃亡,途中遇到暴风,被吹到美洲。[4] 美国学者迈克周(Michael D. Coe)先后发表《圣洛兰佐与奥尔梅克文明》(1967)、《美洲的第一个文明》(1988),提出奥尔梅克文明有很强烈的殷商影响,奥尔梅克文明出现的时间接近中国文献中记载的大风暴发生时间,奥尔梅克文明可能来自殷商。后来日本学者白鸟库吉、桑原隲藏等人介绍了西方学者的观点,白鸟库吉又推断殷人可能是经朝鲜东渡美洲的。[5] 国外这种观点受到中国学者罗振玉、王国维的重视,他们曾委托清政府派往墨西哥索赔特使欧阳庚调查有无殷人东渡的遗迹。[6]

后来,陈南良、朱谦之、卫聚贤、张树柏、张虎生、徐松石、罗荣渠、房仲甫、王大有、宋宝忠、许辉等人都对这一问题发表过各种看法。这些

---

〔1〕〔唐〕玄奘、辩机原著,季羡林等校注:《大唐西域记校注》卷 12,中华书局 2000 年版,第984－985 页。

〔2〕张星烺:《中西交通史料汇编》第一册《上古时代中外交通》,第 84－85 页。

〔3〕〔汉〕戴德:《大戴礼记》卷 11《少间》,收于《汉魏丛书》,第 98 页。

〔4〕刘坤一:《欧美学者对古代中国人到美洲问题的研究》,载《中国史研究动态》1981 年第 1期。

〔5〕〔日〕白鸟库吉:《扶桑に就いて》,见《地学杂志》卷 19 第 225 期,明治四十年(1907)9月;桑原隲藏:《テイニグの＜无名のコロンブズ＞——亚细亚人の亚美利加发现说の绍介》,见《三宅博士古稀纪念论文集》,1929 年。

〔6〕王大有、宋宝忠:《图说美洲图腾》,人民美术出版社 1998 年版。

假说和推断大多都将发现于墨西哥东海岸的美洲最早的文明——奥尔梅克文明的出现与商代末年武王伐纣后原属商朝的殷人渡海远逃联系起来。但这些假说和推断是否属实,目前尚无人提出比较切实可靠的依据。南京大学历史系范毓周研究中国早期文明,关注这一问题的研究。1999 年 9 月,在河南安阳召开的"纪念甲骨文发现一百周年学术研讨会"上,来自美国的许辉带来美洲大陆上发现的各种文字摹本,范毓周认为其中墨西哥东海岸奥尔梅克文化遗址中发现的玉器上刻写的文字,应当和中国商代后期的甲骨文是同一体系的文字。随后他们向美国文明起源探索与研究基金会申请到"商朝与奥尔梅克文化间的跨太平洋联系研究"的项目奖助金,2001 年范毓周赴墨西哥专程进行考古调查。

在墨西哥城的国家人类学博物馆和塔巴斯科的毕尔霍摩萨的拉文达公园,范毓周先后仔细观察了在拉文达的 4 号遗址中发现的一组由 16 位小玉人和 6 根玉圭组成的奥尔梅克文化祭祀中心的文物原件和还原为原来摆放位置的复制品,发现在玉人身后左边的两根玉圭上刻有明晰的文字,靠近里边的一根竖行刻写着七处以直线和稍弯的斜线构成的文字。他认为其形体结构与殷墟出土的甲骨文正相一致,可以断句释读为"十示二,入三,一报"。奥尔梅克文化遗存中有带有明显非洲黑人面貌特征、带有头盔的武士头像,皆无身体;而具有中国人面貌特征的神人和儿童雕像皆身躯完整。根据这些文字的释读,和对这些人像的分析,范毓周推断:"他们可能是被殷人征服的原来从非洲进入墨西哥的非洲黑人,可能在与奥尔梅克文明的主体即从中国来的殷人争夺奥尔梅克文明所在的地区时被殷人及其后裔斩杀后以其头颅祭奠刀人先祖的象征。"[1]他认为殷人是怎样到达中美洲的,还可以进一步探讨,但他们确实到达了墨西哥并促成了美洲最早文明——奥尔梅克文明的崛起和繁荣。在当时的条件下,殷人能否渡海远航,在美

---

[1]范毓周:《殷人东渡美洲新证——从甲骨文东传墨西哥看商代文化对新大陆的影响》,载《中华文化遗产》2008 年第 6 期,第 70 - 74 页。

洲发现的各种类似殷商文明的遗物是否与所谓东渡殷人存在关联,还
需学术界的进一步研究。

3 穆王西征

——西周中外交往和交流的扩大

西周与域外交通和交流有了进一步发展。周部族本来就生活在中国西北地区,因此很早就与西北游牧民族发生密切联系。西周时穆王西征可以称得上中外交通史上第一个重大事件,中原地区与西域的关系和交流进入了新时期。箕子入朝鲜,成为历史记载上中国与朝鲜之间的交往和交流的开端。

3.1 箕子入朝鲜

朝鲜是中国的近邻,中国与朝鲜的交通和交往早于其他方向的国家和民族。实际上自远古旧石器时代以来,朝鲜半岛与大陆就有密切的联系。朝鲜半岛出现的新石器时代巨石文化与大陆辽东、山东等地同类文化基本一致。支石墓作为史前文明的一个典型在世界各地都有,主要的特征是几块大石头做墙并向一方倾斜,另一块巨石做顶盖于其上,中空的部分为墓室,也就是在地上架了一个石棺材。在支石墓分布地区中,东北亚最为集中,而其中心地区就是朝鲜半岛。支石墓是朝鲜半岛史前时代的墓葬形式。支石墓由厚重的扁平石块做支架和上托面,下面安葬死者遗骸和石器、陶器等随葬品。有些支石墓还是古人祭祀时所用的祭台。平壤市发掘出的支石墓中,最大的扁平石块长3.6米,宽2.5米,厚0.65米。据测定,这些支石墓是公元前2700年至公元前2300年间的墓葬。朝鲜半岛支石墓的起源有北方说、南方说和自生说。北方说认为受到西伯利亚·卡拉苏克(Siberia Karasuk)巨石墓文化的影响,南方说认为是从东亚细亚的洗骨葬传过来的,自生说在朝鲜半岛独立发生。

朝鲜半岛的青铜器时代是从公元前1000年至铁器文化流入的公元前300年。其青铜文化源于中国大陆,公元前1000年左右随着不同的居民从西伯利亚、中国的辽宁、满洲等地移到朝鲜半岛,与新石器时代的栉文陶器不同的无文陶器文化开始展开。

但史书记载却是直到西周建立,双方才发生关系,那就是殷商王室的箕子走朝鲜。箕子名胥余,商朝末年大臣,因封国在箕地,所以称箕子。箕子与比干、微子并称为商纣王时期的"三贤",孔子称赞他们为"三仁"[1]。史载纣王残暴无道,不听劝谏,微子出走。比干劝谏,被剖心而死。箕子装疯卖傻以求自保,但还是遭到囚禁。周武王灭商,箕子去了朝鲜。箕子是如何移居朝鲜的,一种说法出于汉初伏生所传《尚书大传》的记载,箕子是因为不愿意周朝来释放他,自己前往朝鲜。周武王得知消息后,便将朝鲜封给了他。箕子接受周朝分封,并朝见过武王。武王还向箕子请教人伦规范,箕子便作《洪范》,向武王讲述定国安民的道理。另一种说法出于司马迁《史记·宋微子世家》的记载,与《尚书大传》不同,该记载认为周武王灭商,向箕子请教,箕子告以《洪范》,然后武王封他于朝鲜,表示不以箕子为臣。还有一种说法出于班固《汉书·地理志》记载,箕子在商朝末年来到古朝鲜,可能是箕子看到商朝大势已去,便率领一部分商民迁居朝鲜。后来周武王封箕子于朝鲜,只是承认一种既成事实。也有的朝鲜史书记载:"武王克殷,箕子耻臣周,走之朝鲜,今平壤也。"[2]以上古代文献的记载,虽然有所不同,但都肯定箕子入朝鲜这个基本事实。朝鲜早期历史文献《三国史记》《三国遗事》等都肯定箕子王朝是朝鲜半岛历史上第一个王朝。朝鲜史书也记载:"周虎(避武字之讳)王即位己卯,封箕子于朝鲜。"[3]

箕子入朝鲜,建立箕氏王朝,促进了朝鲜半岛的文明开化。朝鲜史

---

[1]杨伯峻译注:《论语译注》,中华书局1980年版,第192页。
[2]《鲜于氏奇氏谱牒》,转引自吕思勉《中国民族史》,东方出版中心1987年版,第121页。
[3][韩]一然:《三国遗事》卷1"古朝鲜",首尔:明知大学校出版部1984年版,第244页。

书记载,箕子走之朝鲜:"殷民从之者五千人,诗书礼乐及百工之具皆备。"《汉书·地理志》记载,箕子把殷商文化带到朝鲜。他以礼义教化人民,又教给耕织技术,朝鲜半岛社会有了迅速的进步,产生了最早的成文法——《乐浪朝鲜民犯禁八条》,规定:"相杀,以当时偿杀;相伤,以谷偿;相盗者,男没入为其家奴,女子为婢,欲自赎者人五十万,虽免为民,俗犹羞之。嫁娶无所雠,是以其民终不相盗,无门户之闭,妇人贞信不淫辟。"[1]"乐浪朝鲜民"指汉武帝时期设置的乐浪郡及其治所朝鲜县的过去箕氏王朝统治时期的百姓。"犯禁八条"这一成文法是商、周之际来自中国的流民集团制定的。成文法的制定是一个社会具有较高文明的标志,"犯禁八条"虽然史书记载不全,却反映了古朝鲜文明的提升。

箕子把先进的农业技术带入朝鲜。在朝鲜平壤城南发现的箕田,可以看出殷商农业文明对古朝鲜的影响。据朝鲜李朝学者韩百谦《箕田考》,箕田方正有规则,与中国商朝甲骨文中的"田"字相吻合;每田分四区,每区七十亩,与中国"殷人七十而助"的文献记载相一致。箕田的出现显然受到商朝耕作制度的影响。中国商、周之际,大致相当于朝鲜考古学上新石器时代中期。在这一时期的考古发掘中,出土了大量的石器,有石斧、石镞、石刀等。特别是大量的半月形石刀,这正是中国龙山文化的典型特征。中朝学者都认为这与商朝的灭亡有关系。箕子率领进入朝鲜的商民把中国东部地区的制作技术带入了朝鲜。

箕氏王朝与周朝保持着政治上的联系。《史记·宋微子世家》记载,箕子在朝鲜立国后,曾经回到周朝国都朝见周王。当经过殷都故址,看到过去华丽的宫殿成为废墟,禾黍丛生,十分伤感,作《麦秀之诗》:"麦秀渐渐兮,禾黍油油。彼狡僮兮,不与我好兮!""狡僮"就是商纣王。商朝遗民听到这首诗,都感伤不已[2] 朝鲜史书记载,箕子并没有受封于周朝,至其子时才受封为朝鲜侯:"周人因而封之,箕子不

〔1〕《汉书》卷28《地理志》下,第1658页。
〔2〕《史记》卷38《宋微子世家》,第1620–1621页。

受。子松,始受周命为朝鲜侯,亦曰韩侯。"[1]箕氏王朝时期,朝鲜半岛与中国之间的经济联系更加紧密,从考古发现来看,半岛北部各地出土了大量中国战国时期燕国的货币——明刀钱,多者一次竟达千余枚,充分说明燕国与古朝鲜经济往来的密切程度。

箕氏王朝的建立,改变了中国人的"东夷"观念。中国古代以中原为统治中心,认为中原是文明发达地区,周围四方的地域皆为未开化之地,故有"四夷"之说。按照方位称其为"北狄、西戎、南蛮、东夷",东夷本指今地近东海的山东一带。随着华夏集团的融合统一,随着朝鲜进入中国人视野,最后称包括朝鲜在内的东北亚民族为"东夷",基本上即现在的朝鲜半岛,在这之前的东夷之说都是属于华夏部落集团范畴。

3.2 四夷入贡

3.2.1 "以其职来王"

据《国语·周语》记载,周王朝建立后,那些处于边远荒服的戎狄"以其职来王"[2],即携带其方物朝见周王,其中包括中亚地区的渠搜、康民等游牧部落。《史记·匈奴列传》记载:"武王伐纣而营洛邑,复居于丰鄗,放逐戎夷泾、洛之北,以时入贡,命曰荒服。"[3]周成王时平定殷代奴隶主的叛乱,四邻民族都来朝贺,《逸周书》记周成王时朝见诸侯及四方蛮夷之礼,提到西方的有禺氏献騊駼,大夏献兹白牛,犬戎献文马,渠叟献鼩犬,匈戎献狡犬,康民献桴苡。[4]

据先秦文献记载,周代的乐舞中已经融入四方少数民族的节目。《周礼·春官》云:"鞮鞻氏掌四夷之乐与其声歌,祭祀则吹而歌之,燕(宴)亦如之。"[5]除四夷之乐外,四方的民间乐舞即所谓"散乐",也有

[1]《鲜于氏奇谱牒》,转引自吕思勉《中国民族史》,东方出版中心1987年版,第121页。
[2]徐元浩:《国语集解》,王树民、沈长云点校,中华书局2002年版,第8页。
[3]《史记》卷110《匈奴列传》,第2881页。
[4]佚名:《逸周书》卷7《王会解》,收于《汉魏丛书》,第286页。
[5]《周礼注疏》卷24《春官》,收于《十三经注疏》,第802页。

欧·亚·历·史·文·化·文·库

名为旄人的专职人员采集和施教。传说中也有域外乐舞传入。《述异记》卷上云:"周成王元年,贝多国人献雀舞。周公命返之。南海中有轩辕丘,鸾自歌,凤自舞,古云天帝乐也。"[1]

传说中西域之杂技幻术周时已传入中国。据王嘉《拾遗记》卷2记载,伴随有歌舞表演的域外杂技幻术也有输入。"(成王)七年,南陲之南,有扶娄之国,其人善能机巧变化,易形改服。大则兴云起雾,小则入于纤毫之中。缀金玉毛羽为衣裳,吐云喷火,鼓腹则如雷霆之声;或化为群犀、象、师子、龙、蛇、火鸟之状;或变为虎兕,口中生人,备百戏之乐,宛转屈曲于指掌间,人形或长数分,或复数寸,神怪飚忽,玄丽于时,乐府皆传此伎。至末代犹学焉,得粗亡精,代代不绝,故俗谓之婆猴伎,则扶娄之音,讹替至今。"[2]

3.2.2　越裳献白雉

越裳献白雉是西周时一大盛事。传说中尧时曾来朝贡的越裳国,周初又来入贡。《竹书纪年》记载,周成王十年,"越裳氏来朝"[3]。《韩诗外传》云:"成王之时,有三苗贯桑而生,同为一秀,大几满车,长几充箱。成王问周公曰:'此何物也?'周公曰:'三苗同一秀,意者天下殆同一也。'比期三年,果有越裳氏重九译而至。献白雉于周公。道路悠远,山川幽深,恐使人之未达也,故重译而来。"[4]越裳,古代国名、氏族名,又作越常、越尝。把三苗同秀和越裳献白雉联系起来,认为都是天下太平同一的征兆:

周公曰:"吾何以见赐也?"译曰:"吾受命,国之黄发曰:'久矣天之不迅风疾雨也,海不波溢也,三年于兹矣。意者中国殆有圣人,盍往朝之?'于是来也。周公乃敬求其所以来。诗曰:"于万斯年,不遐有佐。"[5]

〔1〕〔梁〕任昉:《述异记》卷上,收于《汉魏丛书》,第698页。

〔2〕〔晋〕王嘉:《拾遗记》卷2,收于《汉魏丛书》,第713页。

〔3〕〔清〕徐文靖:《竹书纪年统笺》卷7,收于《二十二子》,第1075页。

〔4〕〔汉〕韩婴:《韩诗外传》卷5,收入《汉魏丛书》,第47页。

〔5〕〔西汉〕韩婴:《韩诗外传》卷5,《汉魏丛书》本,吉林大学出版社1992年版,第47页。

白雉是白色羽毛的野鸡,古时以为瑞鸟。西周成王时越裳国献白雉,被认为是周公治致太平的结果。中国古籍中关于越裳的记载,最早见于大约成书于战国时期的《竹书纪年》,周成王十年,"越裳氏来朝"[1]。西汉伏生《尚书大传》云:"交趾之南有越裳国。周公居摄六年,制礼作乐,天下和平,越裳以三象重译而献白雉。"[2]《周礼》云:"九夷远极越裳,白雉、象牙,重九译而来。"[3]越裳,古代国名、氏族名,又作越常、越尝,其故地迄无定论,异说纷纭。[4] 汉代以前,古代文献记载的越裳,系指我国南方荒远之国,但具体位置不详。五代马缟《中华古今注》云:

> 大驾指南车……旧说云周公所作也。周公治致太平,越常氏重译来献白雉一、黑雉二、象牙一。使者迷其归路,周公锡以文锦二匹、軿车五乘,皆为司南之制,使越常氏载之以南,缘扶南、林邑海际,期年而至其国,使大夫宴将送至国而还至。[5]

由扶南、林邑沿海行,到越裳须坐船"期年"(即一年)。张星烺认为海行如此之久,似乎不在今越南,应该更加遥远。张星烺从法国鲍梯之说,认为"越裳"不在今之越南,而在迦尔底(乃古巴比伦人的一个王国)。[6] 有人认为越裳在越南,越南学者陶维英《越南古代史》说:"在扬子江(长江)流域以南地区,越族的一个国家越裳国,是可能确实存在过的。因此,今日越族的一些后裔民族,其中包括越南在内,他们仍然还追溯着越裳,并被他们视为自己的祖国。"[7]黄现璠认同张说,以为越裳在赤道非洲。他说:"陶把越裳当作是周代越南的一个国名。又把我国长江流域地区,视作越南古代越裳国的领土,这是缺乏地理

〔1〕〔清〕徐文靖:《竹书纪年统笺》卷7,收于《二十二子》,上海古籍出版社1986年版,第1074页。

〔2〕《后汉书》卷86《南蛮西南夷列传》,第2835页。

〔3〕〔北魏〕郦道元撰,陈桥驿校证:《水经注校证》卷36,中华书局2013年版,第799页。

〔4〕参何平:《越裳的地望与族属》,《东南亚》2003年第3期,第51—58页。

〔5〕〔五代〕马缟:《中华古今注》卷上,李成甲校点,辽宁教育出版社1998年版,第5页。

〔6〕张星烺:《中西交通史料汇编》第一册《上古时代中外交通》,辅仁大学图书馆1930年版,第27、64页。

〔7〕〔越〕陶维英:《越南古代史》第一篇第三章,商务印书馆1976年,第33页。

常识。""陶维英称越裳,是越南人的祖国,恐怕越南人也不承认。他以长江地区,属于越裳领土,可能别有用心。"[1] 有人认为向周成王献白雉的越裳,应该在今老挝或缅甸。韩婴《韩诗外传》云:

> 成王之时,有三苗贯桑而生,同为一秀,大几满车,长几充箱。成王问周公曰:"此何物也?"周公曰:"三苗同一秀,意者天下殆同一也?"比期三年,果有越裳氏,重九译而至,献白雉于周公。道路悠远,山川幽深,恐使人之未达也,故重译而来。周公曰:"吾何以见赐也?"译曰:"吾受命国之黄发曰:久矣天之不迅风疾雨也,海不波溢也,三年于兹矣。意者中国殆有圣人,盍往朝之?于是来也。"周公乃敬求其所以来。诗曰:"于万斯年,不遐有佐。"[2]

清魏源《圣武记》卷7释此条云:"老挝,即古越裳氏。"以为越裳是在老挝与缅甸一带,以为越裳即是今天的缅甸掸人,根据"裳""掸"两字的对音,掸族自称"傣人",和泰国人同源。汉代以后史籍多以今越南中南部为周越裳氏的故地。按照《尚书大传》云"交阯之南有越裳国",交阯之南在今越南南部。东汉扬雄《交州箴》云:"交州荒裔,水与天际;越裳是南,荒国之外。爰自开辟,不羁不绊,周公摄祚,白雉是献。昭王陵迟,周室是乱。越裳绝贡,荆楚逆叛。"[3] 也以为越裳在交州之南。三国以后,九德郡设越裳县,位今越南义静省南部的河静(Ha Tinh)一带。北魏郦道元《水经注》引《林邑记》云:"九德,九夷所极,故以名郡。郡名所置,周越裳氏之夷国。"[4] 三国吴时曾置越裳县,属骠州,骠州州治在今义安地区,越裳在其南。据黄盛璋考证,此越裳县当在今越南德寿附近。[5] 陶维英以长江流域以南皆属越裳国,又以越裳国视为越南人的祖国,固属别有用心。但古越裳国或在今越南境内,符

[1]黄现璠:《回忆中国历史学会及越裳、象郡位置的讨论——悼念中外景仰的史地权威顾颉刚先生》,见王煦华编:《顾颉刚先生学行录》,中华书局2006年版,第77页。
[2][西汉]韩婴:《韩诗外传》卷5,《汉魏丛书》本,吉林大学出版社1992年版,第47页。
[3]《艺文类聚》卷6《州部》,上海古籍出版社1982年版,第116页。
[4][北魏]郦道元撰,陈桥驿校证:《水经注校证》卷36,中华书局2013年版,第799页。
[5]黄盛璋:《道明国考》,见氏著《中外交通与交流史研究》,安徽教育出版社2002年版,第434页。

合中国古代文献的记载。

3.2.3 肃慎贡楛矢

与越裳献白雉并称的盛事是肃慎贡楛矢。

楛矢是以楛木做杆的箭。"楛"是荆之类的植物,楛木材质坚直,且不因燥湿变形,宜做箭杆。把楛木截做箭杆,配上石砮,就是楛矢。这种楛矢以古代东北亚地区肃慎人的产品最为精良,古代肃慎人是用青石做箭头,把这种做镞的尖石头底部撅出个卯,装在用楛木做成的箭杆上,用胶固定,就是历史上著名的"楛矢石砮"[1]。楛矢很早便传入中原地区,绵历千载,楛矢曾一直是东北地方政权向中原王朝入贡的器物产品,甚至成为代表东北地区入贡中原物产的泛称。肃慎后来先后有挹娄、勿吉、靺鞨、黑水靺鞨、女真等称呼,一直以楛矢石砮作为贡物保持与中原地区的联系。

生活在东北亚的肃慎氏,很早便将楛矢进贡中原。《竹书纪年》"帝舜有虞氏"条记载:"二十五年,息慎氏来朝,贡弓矢。"[2]息慎就是肃慎,这是楛矢传入中原的最早记载。据推算,帝舜有虞氏二十五年乃公元前2103年。就是说,早在距今4100多年前的虞舜时代,息慎人就已生活在相对于中原来说的东北地区,并向中原贡献"楛矢"。关于肃慎人的生活区域,《山海经·大荒北经》云:"大荒之中,有山名曰不咸,有肃慎氏之国。"[3]不咸山即长白山,在古代的各种书籍里,长白山称呼极不统一,最早叫不咸山,后来又有"徒太山""徒白山""太白山""太皇山"之称。直到东北的契丹族和女真族定鼎中原,建立起辽和金

---

〔1〕楛矢之形制,《国语·鲁语下》云:"长尺有咫。"《史记·孔子世家》裴骃集解引韦昭曰:"楛,木名;砮,镞也,以石为之。八寸曰咫。"《新唐书》卷219《北狄传》"黑水靺鞨"条记载:"其矢石镞,长二寸,盖楛砮遗法。"

〔2〕〔清〕徐文靖:《竹书纪年统笺》卷2,收于《二十二子》,第1053页。

〔3〕袁珂:《山海经校译》卷17,上海古籍出版社1985年版,第284页。

之后,对于东北的这座高山才统一称呼为长白山[1]。《晋书·肃慎氏传》记载:"肃慎氏一名挹娄,在不咸山北。"[2]这样肃慎氏之国就有了一个大致的定位,其生活的大致区域在今长白山北,东濒大海,即今之东海。北至何处,古时人们一直不甚明了,直到唐杜佑著《通典》,仍云"不知其北所极"[3]。今人判断大致在黑龙江中下游[4]。

然而,长白山有广义和狭义概念之分,广义的长白山将黑龙江省的完达山、老爷岭、张广才岭都包括在内。实际上由此到北直至黑龙江的入海口,东抵日本海,西接松嫩平原,都是肃慎人的活动范围。乌苏里江整个流域及其以东广大地区,应是他们的核心地带。位于黑龙江省饶河县境内的饶河农场有一座山名叫楛矢山,其义当与其地生产楛矢有关。黑龙江省农垦总局史志办编《黑龙江农垦地名录》记录,在黑龙江饶河农场有"楛矢山",云:"古代该山多茶条槭,用以做箭杆,故得名楛矢。位于大班河与蛤蟆河之间,农场场部以西,东西 7 公里,南北10 公里,为一大山群,主峰楛矢山,海拔 264.7 公尺。"[5]这应该是肃慎人制作"楛矢"的一个中心。清代学者曾判断,肃慎国在今宁古塔一带。吴兆骞曾被贬宁古塔,"以为石砮出混同江中"。魏源《圣武记》"古肃慎氏之国"条云:"肃慎国在今辽东吉林宁古塔地,女真为肃慎之转音,楛矢肇骑射之俗。"[6]

宁古塔是清代统治东北边疆地区的重镇,清代宁古塔将军治所和驻地。宁古塔有新旧两城,相距 25 千米。旧城位于松花江左岸支流海

〔1〕〔南宋〕叶隆礼:《契丹国志》卷 27《岁时杂记》云:"长白山在冷山东南千余里。盖白衣观音所居,其山禽兽皆白。"影印文渊阁四库全书本,台湾商务印书馆股份有限公司 2008 年版,第796 页。《辽史》卷 46《百官志》记载,辽置有"长白山女直国大王府"。圣宗统和三十年(1012年)云:"长白山三十部女直乞授爵秩。"《金史》卷 35《礼志》记载:"长白山在兴王之地";金大定十二年(1172 年)十二月,封长白山为"兴国灵应王"。《金史》卷 135《外国》下记载:"黑水靺鞨居古肃慎地,有山曰白山,盖长白山,金国之所起也。"清代沿用长白山名。

〔2〕《晋书》卷 97《四夷传》,中华书局 1974 年版,第 2534 页。

〔3〕〔唐〕杜佑:《通典》卷 186《边防》二,中华书局 1988 年版,第 5021 页。

〔4〕王世选、梅文昭修纂:《民国宁安县志·舆地》"疆域沿革",民国十三年(1924)铅印本。

〔5〕黑龙江省农垦总局史志办编:《黑龙江农垦地名录》,齐长伐主编,人民中国出版社 1997年版,第 116 页。

〔6〕〔清〕魏源:《圣武纪》卷 1,岳麓书社 2011 年版,第 15 页。

浪河南岸,今为黑龙江省海林市长汀镇旧古塔村。康熙五年(公元1666年)迁建新城于今黑龙江省宁安市城地。其地原为渤海故壤、上京龙泉府故址,距今县城35千米(今宁安东京城)。顺治十年(公元1653)设昂邦章京(意为总管)镇守。康熙元年(公元1662年),更昂邦章京为镇守宁古塔等处将军。康熙十五年,将军移驻吉林乌拉城(今吉林市),以副都统镇守此地。魏源判断肃慎国在吉林宁古塔地,从肃慎人后来的发展来看,大致范围不错,但于肃慎人最初的区域来看,可能偏南了一点儿。因为肃慎人起初主要生活在这里以北的地区。

饶河古代文明源远流长,自公元前2200多年的唐虞时代到公元前476年左右的春秋时期,肃慎人就在饶河地域居住,这里从旧石器时代的渔猎到新石器时代的原始农耕孕育了优秀的古代文化。当地出土的文物证明,早在13000年前饶河县就有远古人类活动。饶河县城南的小南山是目前发现的我国最东部的一处旧石器遗物点,出土了一些刮削器、砍砸器、尖状器等古人石制工具,猛犸象化石,夹砂粗口陶器,玉璧玉珠等。20世纪60年代,小南山出土圭叶形石器,专家鉴定为远古时期的"礼器",是部落首领的标志物。在同一区域,20世纪70年代,黑龙江省历史博物馆的专家发掘出直径7米的圆形居住面,内有瓢形烧水坑,地面上有大量的石片、石核、石料等堆积,并有打制而成的石矛、石镞、刮削器、尖状器及磨制的石簇、石斧等,共84件。专家们由此断定这是一个石器作坊,应该是肃慎人制作"石砮"的一个地点。1991年,在小南山顶发掘出一座双人合葬墓,墓中文物散失,追回126件,有石器、玉器、牙坠饰等,仅玉圭、玉环、玉玦、玉簪、玉匕、玉斧、玉璧等就占了66件,数量占到了新中国成立后黑龙江省出土新石器时期玉器的60%以上。两尸骨脚下堆放有整齐的石镞,镞头向东[1] 小南山距离楛矢山不过30公里,这里制造的石砮,可能就用于楛矢的制作。与其

---

[1]参黑龙江省博物馆:《黑龙江饶河小南山遗址试掘简报》,载《考古》1972年第2期,第32-34页;杨大山:《饶河小南山新发现的旧石器地点》,载《黑龙江文物丛刊》1981年第1期,第49-52页;李英魁、高波:《黑龙江饶河县小南山新石器时代墓葬》,载《考古》1996年第2期,第1-8页;鞠桂兰、曹兆奇:《饶河小南山——阿速江江畔的金字塔》,载《黑龙江史志》2010年第12期,第36-37页。

相匹配的箭杆和弯弓,则是在楛矢山里完成的。

制作楛矢石砮的材料并非只东北肃慎地区有。据《尚书·禹贡》记载,荆州贡物有"楛""砮",梁州也有"砮"。《孔传》云:"楛,中矢幹。"北方中原地区也有"楛"。《诗经·大雅·旱麓》云:"瞻彼旱麓,榛楛济济。"孔颖达疏引陆玑云:"楛,其形似荆而赤茎似蓍。上党人织以为牛筥箱器,又屈以为钗。""旱"指今汉中郡南郑旱山,[1]上党则在今山西。《韩非子·十过》:"董子之治晋阳也,公宫之垣,皆以荻蒿楛楚墙之。有楛高至于丈,君发而用之。于是发而试之,其坚虽菌簬之劲弗能过也。"[2]看来,最早制作楛矢石砮的材料未必尽出于肃慎,荆州所贡楛、砮和梁州所贡砮可能也曾用于制作楛矢石砮,卥以北地区的楛木至唐代仍制作箭杆。可是为什么历史上没有记载呢?苏轼《顺济王庙新获石砮记》云:

> 建中靖国元年四月甲午,轼自儋耳北归,舣舟吴城山顺济龙王祠下。既进谒而还,逍遥江上,得古箭镞,槊锋而剑脊,其廉可刿,而其质则石也。曰:异哉!此孔子所谓楛矢、石砮,肃慎氏之物也。何为而至此哉?传观左右,失手坠于江中。乃祷于神,愿复得之,当藏之庙中,为往来者骇心动目诡异之观。既祷,则使没人求之,一探而获。谨按《禹贡》:荆州贡砺、砥、砮、丹及箘、簵、楛,梁州贡璆、铁、银、镂、砮、磬。则楛矢、石砮,自禹以来贡之矣。然至春秋时,隼集于陈廷,楛矢贯之,石砮长尺有咫,时人莫能知,而问于孔子。孔子不近取之荆梁,而远取之肃慎,则荆梁之不贡此久矣。颜师古曰:"楛木堪为笴,今卥以北皆用之。"以此考之,用楛为矢,至唐犹然。而用石为砮,则自春秋以来莫识矣。可不谓异物乎!兑之戈,和之弓,垂之竹矢,陈于路寝,孔子履藏于武库。皆以古见宝。此矢独非宝乎?顺济王之威灵,南放于洞庭,北被于淮泗,乃特为出此宝。轼不敢私有,而留之庙中,与好古博雅君子共

〔1〕《汉书》卷28 上《地理志》"汉中郡"云:"南郑:旱山,池水所出,东北入于汉。"第1596 页。
〔2〕〔战国〕韩非:《韩非子》卷3《十过》,收于《二十二子》,上海古籍出版社1986 年版,第1126 页。

之，以昭示王之神圣英烈不可不敬者如此。[1]

苏轼此文中疏于考证处，洪迈已经指出。[2] 但苏轼根据《国语》中记载，孔子只提到肃慎氏贡楛矢石砮，不提荆梁之贡，断定那是因为孔子之前，荆梁二州之地已经很久不以此作为土产朝贡了，却有道理。荆州所出之楛是否与肃慎之楛为同样的植物，没有见到有人考证。肃慎之楛或许为当地特有的一种植物，与《禹贡》中之楛不同；或许是同样的植物，但作为制作箭杆的材料更优于荆州之楛，因为我们知道荆州与东北肃慎地区的气候风土差别极大，同样的植物其材质性能差别应该是很大的。不然，为什么长期只有东北的楛矢石砮为人津津乐道，却没有人提到荆州的呢？

从虞舜时代起，很长时间里不见肃慎氏再贡楛矢，直到周朝建立。夏商时期为什么不见肃慎氏之贡，《后汉书·东夷列传》云：

> 《王制》云：东方曰夷。夷者，柢也，言仁而好生，万物柢地而出。故天性柔顺，易以道御，至有君子、不死之国焉。夷有九种，曰畎夷、于夷、方夷、黄夷、白夷、赤夷、玄夷、风夷、阳夷。故孔子欲居九夷也。昔尧命羲仲宅嵎夷，曰旸谷，盖日之所出也。夏后氏太康失德，夷人始畔。自少康已后，世服王化，遂宾于王门，献其乐舞。桀为暴虐，诸夷内侵，殷汤革命，伐而定之。至于仲丁，蓝夷作寇。自是或服或畔，三百余年。[3]

由此看来，应该从东夷与中原地区关系来分析问题，那时东夷与夏、商的关系都出现过紧张和对立。古代的入贡往往有表示臣服和敬德之义，东夷人对夏商一直是"或服或叛"，故不以楛矢石砮入贡。肃慎在周武王灭商后，向周进贡楛矢，周武王、成王时，肃慎人都曾以楛矢

---

〔1〕〔北宋〕苏轼：《苏轼文集》卷122，收于《三苏全书》第14册，语文出版社2001年版，第525页。

〔2〕〔南宋〕洪迈云："东坡作《石砮记》……按《晋书挹娄传》：'有石砮、楛矢，国有山出石，其利入铁；周武王时献其矢、砮'；魏景元末亦来贡；晋元帝中兴，又贡石砮；后通贡于石虎，虎以与李寿者也。《唐书·黑水靺鞨传》：'其矢，石镞长二寸，盖楛矢遗法。'然则东坡所谓春秋以来莫识，恐不考耳。予家有一砮，正长二寸，岂黑水物乎？"《容斋随笔》卷8，上海古籍出版社1978年版，第102页。

〔3〕《后汉书》卷85《东夷列传》，第2807页。

石砮来贡。"周武王克商,西旅献獒,太保作《旅獒》以诫王。自是通道九夷百蛮,使各以其方贿来贡,使无忘职业。于是肃慎贡楛矢石弩,长尺有咫。"[1]所以,《后汉书·东夷列传》记载:"武乙衰敝,东夷浸盛,遂分迁淮、岱,渐居中土。及武王灭纣,肃慎来献石弩、楛矢。"《竹书纪年》"周武王"条记载:"十五年,肃慎氏来宾。"[2]"周成王"条记载,九年,"肃慎氏来朝,王使荣伯锡肃慎氏命"[3]。《尚书·周书》记载:"成王既伐东夷,肃慎来贺。王俾荣伯作《贿肃慎之命》。"[4]此后或服或叛,康王时曾来进贡,其贡物当然也少不了楛矢。

3.2.4　倭人贡鬯草

西周时倭人曾进贡鬯草,见于东汉时王充《论衡》的记载,书中多次记述了倭人向周朝进贡的事:"周时天下太平,越裳献白雉,倭人贡鬯草。食白雉,服鬯草,不能除凶。"[5]"白雉贡于越,畅草献于倭。"[6]"成王之时,越常献雉,倭人贡畅。"[7]越常即越裳,越裳为海南古国;倭人即日本。畅草即鬯草,鬯通畅;鬯,许慎《说文解字》云:"以秬酿郁草,芬芳攸服,以降神也。"[8]"一曰郁鬯,百草之华,远方郁人所贡芳草,合酿之以降神。"《诗·大雅·江汉》云:"厘尔圭瓒,秬鬯一卣。"毛氏注:"秬,黑黍也;鬯,香草也,筑煮合而郁之曰鬯。"[9]《周礼·春官宗伯》有"郁人"即"鬯人":"郁人掌祼器,凡祭祀、宾客之祼事,合郁鬯以实彝而陈之。"[10]"鬯人掌共秬鬯而饰之。"[11]则鬯是用米谷与郁草酿成香酒,用以祭神,是周礼的一种祭神仪式。倭人向周成王贡鬯草,

〔1〕《册府元龟》卷968《外臣部》朝贡一,中华书局1960年版,第11376页。

〔2〕〔清〕徐文靖:《竹书纪年统笺》卷7,收于《二十二子》,第1073页。

〔3〕〔清〕徐文靖:《竹书纪年统笺》卷7,收于《二十二子》,第1075页。

〔4〕《尚书正义》,卷18《周官》,收于《十三经注疏》,第236页。

〔5〕〔东汉〕王充:《论衡》卷8《儒增》,上海古籍出版社1990年版,第84页。

〔6〕〔东汉〕王充:《论衡》卷13《超奇》,第138页。

〔7〕〔东汉〕王充:《论衡》卷19《恢国》,第190页。

〔8〕〔东汉〕许慎:《说文解字》卷5,中华书局1963年版,第106页。

〔9〕〔唐〕孔颖达疏:《毛诗正义》卷18,收于《十三经注疏》,第574页。

〔10〕《周礼注疏》卷19,收于《十三经注疏》,第770页。

〔11〕《周礼注疏》卷19,收于《十三经注疏》,第771页。

供周人与黑黍合二者以成鬯酒。

3.3　西周与西北方国部族的联系

　　周与西北民族也时而发生战争。周初铭器有大盂鼎、小盂鼎两件，根据其形制、文字内容考订，确定是周康王时器物。大盂鼎铭文记载了盂受赐车服，受命视察疆土，并"敏谏罚讼"。小盂鼎铭文的内容是一项康王二十五年献礼的记载，大致意思是盂两次征伐鬼方归来，献俘于王，告捷于宗庙，王廷大小官员都参加这一隆重的仪式。盂所献第一战役的战果中有俘虏 13081 人，另有车、马、牛、羊各若干。铭文反映康王时周曾与西北鬼方羌人发生很大的战事。2003 年 1 月 19 日，陕西省眉县杨家村几位农民在村子附近的砖厂挖坑取土，意外打开一个古窖，窖中出土鼎、壶、盘、鬲等青铜器 27 件。[1] 这些青铜器都制作于距今 2700 多年的西周时代。尤为珍贵的是这些青铜器上铸刻的铭文多达 4000 余字，其中记录了西周 12 位王的名号和一些重要史实。青铜器中的 12 件鼎有两件铸造于周宣王四十二年，有 10 件铸造于周宣王四十三年。鼎上的铭文主要是纪念周宣王对一位叫作"逨"的多次赏赐。周宣王四十二年鼎的铭文记载"逨"因为征伐戎族打了胜仗，并缴获了很多车马，俘虏了很多敌兵，宣王赏赐给他美酒和土地，而"逨"则对宣王的赏赐表示感激。周宣王四十三年的 10 件鼎记录的内容大致相同，其中讲到宣王为了赏赐"逨"，给他换了一个官职，从过去主管山林变成负责祭祀和法律行政。还记载宣王赏赐他车马、马具、礼服和头盔之事。[2] 鼎铭记录的这些内容反映了周与西北戎族的战争的频繁。

　　西周与西北民族的战争促进了青铜兵器的传播。欧洲哈尔希塔特时代丹麦出土的双环兽角把头青铜双刃剑，俄罗斯出土的环状把头青铜剑都和中国出土的同类青铜柳叶剑相似。哈尔希塔特文化约产生于公元前 10 世纪，延续至前 5 世纪。剑带有北方草原文化色彩，中

〔1〕刘怀军、刘军社：《陕西眉县杨家村西周青铜器窖藏》，载《考古与文物》2003 年第 3 期。
〔2〕赵婷、范涛：《眉县国宝青铜器在京首展》，载《北京日报》2003 年 3 月 10 日。

·欧·亚·历·史·文·化·文·库·

国出土的此类青铜柳叶剑出于鄂尔多斯和临近地区,北京房山琉璃河53号墓出土的一件属西周早期,剑身和柄间有向两侧凸起的护手,护手有长方、椭圆、半月、兽首、鸟首且两端翘起。柄首有环形、双环形、椭圆形、长方形或兽面形。茎上有沟槽和透、孔,有的饰动物纹。哈尔希塔特文化的此类青铜剑有环形或双环柄首、半月形或椭圆形护手,形制与中国近似。目前不好推定哪里出现得最早,哪里是它们的发源地,但估计应该是有联系的。

吐鲁番盆地鄯善县洋海青铜时代古墓区,与彩陶器共存,发现过两件銎形戈,是米努辛斯克盆地塔加尔文化中的典型文物,[1]说明新疆南部地区在公元前1000年前后,与西北邻境地区存在密切往来。陕西长安县张家坡一座西周早期墓葬中,发现一柄柳叶形短剑;山西翼城西周墓葬中发现了类似的短剑。这种剑在中亚、西亚的编年都早得多。大约在公元前一千纪之初,中亚和西亚出现了带柄的短剑。中国出土的这种短剑时间和中亚、西亚相近但略晚。西方短剑的发展可能一直是中国短剑发展的借鉴。中国在公元前一千纪初期较晚一点还出现了一种"脊柱式"剑,有长型和短型,多分布在北方长城沿线。这种脊柱剑也是西方出现得较早,黑海沿岸长型有柄的脊柱剑出现在前二千纪的中期;短型有柄的脊柱剑出现在伏尔加河中下游和南西伯利亚的时间是前二千纪末到前一千纪初。

北京昌平白浮西周墓、辽宁宁城南山根石椁墓中出土兽形柄首青铜剑,早于塔加尔文化第一期(前8世纪至前4世纪)出土的形制相似的短剑;河北怀来北辛堡、内蒙古和林格尔范家窑子等出土的柳叶剑早于塔加尔文化第二期(前4世纪至前2世纪)中形制相近的T字形柄顶短剑。塔加尔文化属西伯利亚早期铁器文化,最初发现于米努辛斯克附近的塔加尔岛,分布于叶尼塞河上中游。说明塔加尔文化是中国文化西传的一个媒介。在西从里海北的卡马河流域(安德罗诺沃文

---

[1]王炳华:《丝绸之路新疆段考古研究》,见氏著《丝绸之路考古研究》,新疆人民出版社2009年版,第5页。

化),东经贝加尔湖南(克拉索克文化)一直南到中国长城沿线、甘肃东部、陕西北部、山西中部和河南北部,考古发现一种柄端饰以兽首或环首的青铜刀子。从时间上看,大约都在前二千纪的后期到前一千纪之初。这种剑的起源和发展可能还需要进一步研究,但它揭示出当时中国与西方的联系确实存在。

西周的青铜剑是来自西北游牧民族的。中国古代有西胡或西域出刀、剑和献刀或剑的传说,相传东方朔撰《海内十洲记》记载:"流洲在西海中,地方三千里,去东岸十九万里,上多山川积石,名为昆吾,冶其石成铁,作剑,光明洞照如水精状,割玉物如割泥"〔1〕。又说:"周穆王时,西胡献昆吾割玉刀及夜光常满杯,刀长一尺,杯受三升。刀切玉如切泥。"又说:"剑之所出,必从流洲来,并是西海中所有也。"〔2〕西晋张华《博物志》云:"《周书》曰西域献火浣布,昆吾氏献切玉刀。火浣布污则烧之则洁,刀切玉如葛。布,汉世有献者,刀则未闻。"〔3〕他未闻之刀是那种切玉如葛的刀,并不是否定刀从西域传入的说法。

考古资料也说明剑通过战争从西北方民族传入。1981 年陕西扶风下务子村西周晚期窖穴出土的青铜器中,有一条与剑有关的铭文。其中的师同鼎铭文中明确提到"剑"字,被专家们认为是目前所知古文字中最早的"剑"字,为研究周代青铜剑提供了重要的古文字学依据。鼎铭大意是:戎敌首领出现,师氏同就跟踪追击。一部分敌人被斩首,另一部分被俘虏。缴获战车 5 辆,牛车 20 辆,羊肉 100 捆,在黾地献给周王,作为御膳。还缴获戎人的铜头盔 30 个,戎人的铜鼎 20 个,铜腹 50 个,青铜短剑 20 把,用来铸造此尊鼎,让子子孙孙永久地珍惜留用〔4〕。此篇铭文明确说明剑是周初戎人的重要军事装备。但这些铜

〔1〕〔汉〕东方朔:《海内十洲记》,收于《文渊阁四库全书》第 1042 册《子部·小说家类》,台湾商务印书馆 1986 年版,第 275 页。

〔2〕〔汉〕东方朔:《海内十洲记》,收于《文渊阁四库全书》第 1042 册《子部·小说家类》,台湾商务印书馆 1986 年版,第 276 页。

〔3〕〔西晋〕张华撰,范宁校证:《博物志校证》卷 2,中华书局 1980 年版,第 26 页。

〔4〕李零:《"车马"与"大车"——跋〈师同鼎〉》,载《考古与文物》1992 年第 2 期,第 72－74页;《古文字杂识》,载《国学研究》卷 3,北京大学出版社 1995 年版,第 267－274 页。

剑被师同销毁铸造青铜礼器,并不被作为武器使用。

周代也发展了自己的铸剑业,中原造剑始于周初,有的剑铸有铭文,如西周东都附近(今洛阳东郊)出土的丰伯剑。丰伯是周初分封的姬姓丰国国君,此剑必为周人所自铸。林梅村指出,自20世纪60年代中科院考古所在西安张家坡发掘出周初柳叶剑以来,中原和周边地区墓葬中已出土富有周文化特征的青铜剑10余把,如果加上传世品和近年盗掘品,至少积累了近30个标本。经西周工匠改造过的柳叶剑,其鲜明的周文化特征是:剑身装饰周人青铜礼器上特有的夔龙纹,并装配工艺极其精美的铜剑鞘。戎人以剑为餐具,周人佩剑作为兵器,或表明士大夫身份,所以周人逐渐将剑身加长。西周中期中原出现的脊柱剑和后来吴越流行的青铜剑都显示出这一特点。[1]

铸剑工艺在当时的东西传播和互相借鉴,可能跟说伊兰语的雅利安人的活动有关。剑在骑马技术出现以后成为马上使用的重要武器。骑马技术是在公元前一千纪之初在中亚和西亚开始发展起来的,说伊兰语的雅利安人的北方语支和一部分东方语支,开始了马上游牧生活。骑马游牧,东西奔驰,更加促进了东西方的相互影响。青铜剑在东方突然发展且类型急剧复杂化,青铜剑制造工艺的东西方互相影响,大约就是在这种情况下发生的。

3.4　西周与西域的关系

西周建立之后,其西北居住着鬼侯,禺氏(月氏)。鬼侯即鬼方羌族,甘肃祁连山南北是其游牧地区。禺氏则在祁连山北。周之北方有猃狁,亦即荤粥或狄族。周与这些羌、狄之国保持着密切联系,并通过他们与葱岭以西民族有所交往。《尚书·周书·旅獒》记载:"惟克商,遂通道于九夷八蛮。西旅底贡厥獒,太保乃作《旅獒》,用训于王曰:呜呼! 明王慎德,四夷咸宾,无有远迩,毕献方物,惟服食器用。"意思说,

---

〔1〕林梅村:《商周青铜剑渊源考》,氏著《汉唐西域与中国文明》,第39-63页。

武王克商以后,开辟了通往四周各个民族国家的道路,西方旅国来献大犬。于是太保召公奭便写了《旅獒》来开导、劝谏武王。太保劝告武王:"王乃昭德之致于异姓之邦,无替厥服;分宝玉于伯叔之国,时庸展亲。"即把四夷贡物分赐给同姓和异姓诸侯,而不独自享用。所谓西旅,即西方蛮夷国。

古代传说中有不少周初西域之国进献方物的记载。《拾遗记》记载:"成王即政三年,有泥离之国来朝。其人称自发其国,常从云里而行,闻雷霆之声在下。或入潜穴,又闻波澜之声在上。视日月以知方国所向,计寒暑以知年月。考国之正朔,则序历与中国相符。王接以外宾礼也。"[1]法国鲍梯氏(Pauthier)以为,泥离国即埃及尼罗河之转音;久良(Stan. Julien)认为泥离为印度拿拉镇(Nala)之转音。张星烺认为皆不能成立。拉克伯里(Terrien de Lacouperie)以为泥离为缅甸伊洛瓦底江(Irawadi)西岸之奴莱(Norai),古国名[2]。同书同卷又记载:"(成王)四年,旃涂国献凤雏,载以瑶华之车,饰以五色之玉,驾以赤象。至于京师,育于灵禽之苑,饮以琼浆,饴以云实。"凤至被视为成王时天下太平的象征。"五年,有因祇之国,去王都九万里,献女工一人,体貌轻洁,被纤罗杂绣之衣,长袖修裾。风至则结其衿带,恐飘摇不能自止也。其人善织,以五色丝纳于口中,手引而结之,则成文锦。其国人来献,有云昆锦,文似云从山岳中出;有列堞锦,文似云霞覆城雉楼堞;杂珠锦,文似贯珠佩也;有篆文锦,文似大篆之文也;有列明锦,文似列灯烛也。幅皆广三尺,其国丈夫勤于耕稼,一日锄十顷之地。又贡嘉禾,一茎盈车,故时俗四言诗曰:'力勤十顷,能致嘉颖。'""六年,燃邱之国献比翼鸟,雌雄各一。以玉为樊。其国使者,皆豢头尖鼻,衣云霞之布,如今朝霞也。经历百有余国,方至京师,其中路山川,不可记……经途十五余年,乃至洛邑。"[3]昭王"二十四年,涂修国献青凤丹鹊,各一雌一雄"。张星烺说:"豢头尖鼻,或者即欧洲之白人也。""涂修音与途思相近。

〔1〕〔东晋〕王嘉:《拾遗记》卷2,收于《汉魏丛书》,第712页。
〔2〕张星烺:《中西交通史料汇编》第一册《上古时代中外交通》,第59页。
〔3〕〔东晋〕王嘉:《拾遗记》卷2,收于《汉魏丛书》,第712－713页。

途思名见《元史·地理志》，其城甚古。据云，为波斯国神话时代国王哲姆锡特（Djamshid）所建筑。"[1]

由中国传入南俄罗斯和欧洲的还有剑鞘带所附形状对称和图案花纹繁复的铜制或玉制饰品、祭祀用的青铜斧钺和器身细长的带扣项圈。由欧洲或西北草原游牧民族传入中国的器物有兽形壶把、兽形金饰物、金银高脚杯，还有某种形式的青铜矛头、鞍饰扣。还有一种仅见于南俄、哈尔希塔特和中国的三棱箭镞。三棱箭镞可能产于中亚的纳马兹加文化。[2]

3.5　穆王西征与中西交通的开展

在公元前 10 世纪以前，中原和西北地区的联系始终被戎狄部落所牵制，阻碍着周和西北方国部落之间的来往。西周中期，周穆王（公元前 1001 至前 947 年）西征犬戎，打开了通往大西北的道路。而后穆王向西巡狩，直到西王母居住的地方。穆王西征和西巡故事，《竹书纪年》《穆天子传》和《史记》中之《秦本纪》《赵世家》皆有记载。

周穆王，名满，昭王之子。穆王西征的原因，据说与西极之国化人入周有关。所谓化人即幻人，据《列子》卷 3 记载："周穆王时，西极之国，有化人来。入水火，贯金石，反山川，移城邑。乘虚不坠，触石不碍，千变万化，不可穷极。既已变物之形，又且易人之虑。穆王敬之。"[3] 由于化人的诱导，穆王越来越奢侈贪玩，"不恤国事，不乐臣妾，肆意远游"，于是才有西行至王母国之举。这个故事说明西域之杂技魔术周时传入中国，但不能正确解释穆王西征的原因。

根据诸书记载，穆王西征起源于犬戎的扩张，阻断了周与西北各游牧部落的联系。因此穆王西征的目的一方面是征服犬戎，另一方面

---

〔1〕张星烺：《中西交通史料汇编》第一册《上古时代中外交通》，第 66 页。

〔2〕林梅村：《商周青铜剑渊源考》，见氏著《汉唐西域与中国文明》，文物出版社 1998 年版，第 39 - 63 页。

〔3〕《列子》卷 3，收于《二十二子》，第 202 - 203 页。

是加强与西北各族的联系和交往。现代学者的著作皆把穆王即位后第十二年西征犬戎与西至昆仑丘见西王母当作同一事件,疏于考证。实际上汲冢古书《穆天子传》由于"多毁落残缺",第一次西征犬戎失载。而据《竹书纪年》《史记》记载,穆王西征有前后两次。第一次是穆王即位的第十二年,由于犬戎不肯臣服,决心西征犬戎。祭公谋父谏阻,他的理由是"自大毕、伯士之终也,犬戎氏以其职来王",意思就是犬戎从来不失职贡之礼,出师无名。但穆王说:"予必以不享征之,且观之兵。"[1]《竹书纪年》记载:

> 十二年,毛公班、共公利、逢公固帅师从王伐犬戎。冬十月,王北巡狩,遂征犬戎。十三年春,祭公帅师从王西征。次于阳纡。秋七月,西戎来宾。徐戎侵洛。冬十月,造父御王入于宗周[2]

据《列子·汤问篇》:"周穆王大征西戎,西戎献昆吾之剑、火浣之布。其剑长尺有咫,炼钢赤刃。用之切玉,如切泥焉。火浣之布,浣之必投于火,布则火色,垢则布色。出火而振之,皓然疑乎雪。"[3]《史记·周本纪》记载,此次西征,仅"得四白狼四白鹿以归",却造成了"自是荒服者不至"的后果,[4]周朝失去了远方国家和民族的支持。第二次西征却是一次有征无战的行动,大概是穆王接受了上次的教训,采取的是修好态度,目的是恢复和发展与西北各族的友好关系。据《竹书纪年》"周穆王"条:"十七年王西征昆仑丘,见西王母。其年西王母来朝,宾于昭宫。"[5]此事在他即位的第十七年,即公元前993年。

《穆天子传》记载的就是穆王第二次西征的过程。穆王以伯夭为向导,乘造父驾的八骏马车,从王都宗周出发,率六师西行。这次他带有大量金银朱帛,作为馈赠之礼。他先入河南向北至滹沱之阳(今山西北部),又一次来到犬戎地区。"犬戎□胡觞天子于当水之阳,天子

---

〔1〕《史记》卷4《周本纪》,第136页。

〔2〕〔清〕徐文靖:《竹书纪年统笺》卷8"穆王",收于《二十二子》,上海古籍出版社1986年版,第1078页。

〔3〕《列子》卷5《汤问》,收于《二十二子》,第212页。

〔4〕《史记》卷4《周本纪》,第136页。

〔5〕〔清〕徐文靖:《竹书纪年统笺》卷8,收于《二十二子》,第1079页。

乃乐"，说明穆王受到犬戎的热情接待。此后穆王继续西行，到达"焉居、禺知之平"。又西行至鄦人居地，首领柏絮派人迎接，先送上豹皮、良马。穆王于此逗留数日后西行，至阳纡之山，河宗伯夭迎穆王于燕然之山，穆王以"束帛加璧"劳之，伯夭使人先送上白□为礼。伯夭亲乘渠黄马做穆王向导，以极西土。于是西济黄河，经河西走廊登昆仑，"以观黄帝之宫，而丰隆之葬"。而后过珠泽，上春山，穆王"升于春山之上，以望四野"，云："春山，是唯天下之高山也"，"先王所谓悬圃"。穆王继续西行，到了昆仑山北麓的赤乌人居地，赤乌人献酒千斛，食马九百，羊牛三千，穆麦百载。赤乌人居地即今新疆和田、叶城和莎车一带，盛产美玉。所以穆王说："赤乌氏，美人之地也，宝玉之所在也。"穆王由此北行，至曹奴人部落，曹奴人献食马牛羊穆米。穆王赐以黄金之鹿、银□贝带四十、朱四百裹。由此北征东还，至黑水，遇雨。又前行至群玉之山。穆王于此"取玉三乘，玉器服物，于是载玉万只"。当地之人献良马牛羊，穆王以其邦攻玉，辞而不受。又西行至剖闲氏部落，祭铁山西行。至鄯韩氏部落，鄯韩人献良马百匹、用牛三百、良犬七千、彷牛二百、野马三百、牛羊三千、穆麦三百车。穆王则赐之以黄金银罂四七、贝带五十、朱三百裹。从鄯韩人居地继续西行，过玄池，树竹；至苦山，休猎。最后到西王母之邦。穆王赠以丝绸，并与西王母会宴于瑶池之上。宴会上西王母举声高歌："白云在天，山陵自出；道里悠远，山川间之；将子无死，尚能复来？"穆王亦以歌相和。穆王从西王母处东归，取道伊犁河谷，经天山北路，绝大漠，返宗周。一路上仍与沿途各国各族互赠礼品，建立了极其友好的关系[1]。

穆王西巡归途中，还得到西域"献工人"偃师进献的类似木偶戏表演的"能倡者"，即人造歌舞演员。据《列子·汤问篇》记载："周穆王西巡狩，越昆仑，不（一作下）至弇山，反还，未及中国，道有献工人（注：中道有国献此工考之人也），名偃师。穆王荐（注：荐当作进）之，问曰：'若有何能？'偃师曰：'臣唯命所试，然臣已有所造，愿王先观之。'穆王

---

〔1〕《穆天子传》卷4，收于《汉魏丛书》，第294－298页。

曰:'日与俱来(注:日谓别日),吾与若俱观之。'翌日,偃师谒见王,王
荐之曰:'若与偕来者何人邪?'对曰:'臣之所造能倡者。'(注:倡,俳优
也)穆王惊视之,趋步俯仰,信人也。巧夫领(注:犹摇头也)其颐,则歌
合律;捧其手,则舞应节。千变万化,惟意所适。王以为实人也,与盛姬
内御并观之。技将终,倡者瞬其目而招王之左右侍妾。王大怒,立欲诛
偃师。偃师大慑,立剖散倡者以示王,皆傅会革、木、胶、漆、白黑、丹青
之所为。王谛料之,内则肝胆、心肺、脾胃、肠胃,外则筋骨支节,皮毛齿
发,皆假物也,而无不毕具者。合会复如初见。王试废其心,则口不能
言;废其肝,则目不能视;废其肾,则足不能步。穆王始悦而叹曰:'人
之巧乃可与造化者同功乎!'诏贰车载之以归。"[1]

　　周穆王西征是中西交通和文化交流史上具有重大意义的事件。
这是中西之间一次前所未有的大规模远距离的交往和交流活动。穆
王足迹所至,极西至昆仑丘和西王母之邦。余太山认为先秦文献中的
昆仑丘,或昆仑山,即现在的阿尔泰山,尤指其东端。[2] 西王母之邦是
中亚地区的一个部落,所谓西王母瑶池在今哈萨克斯坦境内。穆王往
返经行各地和道里途程,《穆天子传》有专门统计:

　　　自宗周、瀍水以西,至于河宗之邦、阳纡之山,三千有四百里;
　　自阳纡西至于西夏氏,二千又五百里;自西夏至于珠余氏及河首,
　　千又五百里;自河首襄山以西,南至于舂山、珠泽、昆仑之丘,七百
　　里;自舂山以西,至于赤乌氏,舂山三百里;东北还至于群玉之山,
　　截舂山以北,自群玉之山以西,至于西王母之邦,三千里。□自西
　　王母之邦,北至于旷原之野,飞鸟之所解其羽,千有九百里。□宗
　　周至于西北大旷原,一万四千里,乃还。东南复至于阳纡七千里,
　　还归于周三千里。各行兼数三万有五千里。[3]

　　穆王两次西征,打通了中国中原地区与西北地区和葱岭以西的中

　　〔1〕《列子》卷5《汤问》,收于《二十二子》,第211－212页。
　　〔2〕余太山:《〈穆天子传〉所见东西交通路线》,见氏著《早期丝绸之路文献研究》,上海人
民出版社2009年版,第4页。
　　〔3〕《穆天子传》卷4,郭璞注,《汉魏丛书》,吉林大学出版社1992年影印版,第298页。

亚地区的通道,与沿途各国各族建立了友好关系,促进了彼此间的互相了解。从有关黄帝的传说中,我们知道,中原地区很早便与西域有密切的直接的联系。这种联系一度由于犬戎的强盛受到阻碍,穆王西征反映了公元前10世纪以后,黄河流域和我国的西北新疆地区重新有了比较牢固的联系。由关中向西北的道路,一经祁连山北的河西走廊,一经祁连山南的柴达木盆地,都和新疆建立了联系。在新疆境内,天山北路的草原路和天山南路的绿洲路,成了中西交通的大道。再往西去,越过葱岭,便是塞人(西王母就是塞人部落)、月氏人、羌人和中亚细亚各民族。他们本来和我国西北地区各民族就有较密切的联系,通过穆王的西征,不仅加强了内地和新疆地区的联系,同时也大大加强了内地、西北地区和中亚细亚各民族的联系。

特别是穆王第二次西征,穆王与沿途各地各族进行了大规模的物质文化交流,《穆天子传》记载,周穆王每到一处,就以丝绸、铜器、贝币和朱砂馈赠各部落酋长,各部落酋长也向他赠送大量马、牛、羊、酒和穈麦。穆王还运回大量玉石。除了彼此间进行各种礼品的互赠之外,这次西征也是中国丝绸进入西域的最早记载,这对古代以丝绸贸易为代表的中西文化交流的开展具有重要意义。西域的马、玉石东运和内地丝绸、铜器的西传,成了此后中西交流的重要内容。穆王以后,周朝重视引进西域的马,《竹书纪年》记载,孝王“五年,西戎来献马;八年,初牧予汧渭”,开始置牧场养马。夷王“七年,虢公帅师伐太原之戎,至于俞泉,获马千匹”[1] 中原货物西运的终端远远越过了葱岭,一直伸向乌拉尔地区(在今俄罗斯西部)和伊朗高原。对于穆王西征,传统的认识多批评其“肆行游乐,辙迹遍于天下”。其实穆王西行是相当艰苦的行程,在大沙漠,缺水,属下刺马血供穆王饮用。看来对穆王西行的意义应该做重新评价。张星烺说:“西周初年,兵威之盛,交通之繁,不亚于后世汉唐二代也。东封箕子于朝鲜,肃慎来贡楛矢;西封季绰于春山(即葱岭),渠搜献其猎犬。汉唐盛时,东西最远所达之国,亦不过若

---

[1] [清]徐文靖:《竹书纪年统笺》卷8,收于《二十二子》,第1081页。

是。越裳氏航海期年而至,唐宋二代,海道通商之业,周初已启之矣。周穆王以天子之尊,乘兴为万里壮游,尤为秦汉以后,二千年所未有也。"[1]强调虽不免过分,但对西周中西间交通的开展,确有相当深刻的认识。

3.6 三星堆文化之谜

三星堆位于四川广汉南兴镇,从 1933 年至 1980、1981 年的若干次考古调查和发掘所获资料,以及在 1980 年以后的多次发掘中,三星堆遗址考古获得了更加丰富的资料,极大地丰富了三星堆文化的内涵。考古学界把三星堆遗址第一至第四期文化通称为三星堆文化。

中外古文献里多有先秦两汉时期中国西南对外交通的记载。古希腊罗马文献中关于东方的"赛里斯""长寿者"等貌似怪诞现象的记述,并不完全是无稽之谈,而有着几分中国古史传说的真实素地,在上古时代的中国西南有迹可循,应是古希腊罗马作家根据他们在中亚和印度时的耳闻所做的记述,表明当时已有从中国西南至印度和中亚的交通线。先秦两汉中国古文献的有关记载,可以证实中国西南早期对外交通的实际情况。成都平原三星堆文化和金沙遗址考古中不少印度和近东文化因素的发现与研究,则从考古学上证明了商周时期中国西南对外交通的存在。[2]

三星堆文化面貌的神奇和文化渊源扑朔迷离,通过三星堆文化研究巴蜀文化与西亚、南亚和东南亚文明的关系,是古代中外经济文化交流研究新方向,具有国际意义。当前的研究成果,是根据考古资料和文化形态,文化因素集结、功能及其空间分布等方面的研究,初步对巴蜀文化与古印度和中、西亚文化进行了比较研究,认为早在商周时代就存在某种形式的文化交流。

---

[1]张星烺:《中西交通史料汇编》第一册《上古时代中外交通》,第 74 页。

[2]段渝:《中国西南早期对外交通》,载《历史研究》2009 年第 1 期,第 4 - 23 页。

3.7　周文化西渐与收缩

考古学材料证明,西周穆王以前,周文化圈明显向西北扩大。在今日甘肃境内,与西周同时代的土著文化有湟水、洮河的辛店文化及洮河、陇山一带的寺洼-安国文化。两者都有长远的新石器文化传统,其主人当是羌氏。西周文化侵入陇右的考古学证据很多,其中最重要的是陇西的西周居住遗址、灵台与平凉两县的数十座西周墓葬。灵台遗址有不少西周青铜礼器出土。车马坑似为燎祭,然后埋入车马。出土的兵器,构造奇特,不见于别处。青铜短剑有形状奇特的剑鞘、缕孔、饰牛、蛇和缠藤。铸虎纹的戈也为西周时代所少见。灵台墓葬的时代是西周早期和中期,即康王至穆王时期。灵台居泾水流域,应是周人可以到达的地区。

西周遗址的礼器均为常见之物,而虎纹、燎祭和纹饰奇特的剑鞘则都带有异文化的色彩。墓中出土的玉石人形,一件裸身站立,发髻如盘蛇,饰虎头。另一件发上有带歧角的高冠,二者都不是周人发式和头饰。这些异族色彩的存在,说明灵台是周文化的边陲,是周人与异族的接触点。虎是羌人文化的重要内容,灵台器物多虎饰,可能就是接触最多的是羌人之故。西南夷的古剑也与灵台出土的铜剑有不少相似处,剑身有动物或几何纹饰,鞘作三角形,一边是带漆木板。说明西南夷的铜剑在发展过程中也接受了羌文化的影响。

西周从懿王开始,外患日益严重,尤其西北方面与戎狄之间,连年交战。《汉书·匈奴传》云:"懿王时王室遂衰,戎狄交侵,暴虐中国,中国被其苦。"《竹书纪年》记载:周懿王"七年,西戎侵镐"[1],"周孝王元年,辛卯,春正月,王即位。命申侯伐西戎","周孝王五年,西戎来献马"[2],"周厉王十一年,西戎入于犬丘"[3],"周宣王三年,王命大夫仲

---

〔1〕〔清〕徐文靖:《竹书纪年统笺》卷8,收于《二十二子》,第1080页。

〔2〕〔清〕徐文靖:《竹书纪年统笺》卷8,收于《二十二子》,第1081页。

〔3〕〔清〕徐文靖:《竹书纪年统笺》卷8,收于《二十二子》,第1082页。

伐西戎"[1]。虽然史书上也见到周人北伐取得了一些胜利,如懿王时虢公帅师北伐,犬戎败遁;夷王七年虢公伐太原之戎,获马千匹。但终于不能摆脱西北戎狄的侵扰。宣王时号称中兴,西北方面也只是互有胜负。

据《国语·周语》《史记·周本纪》和《后汉书·西羌传》诸书记载,秦人的祖先秦仲,曾受命伐西戎,西戎为之少却。又先后伐太原戎及条戎、奔戎,王师都以败绩闻。晋人伐北戎于汾水流域,戎人则灭了周厉姜侯之邑。宣王曾征申戎,取得胜利。千亩之役,姜戎又败周师。宣王时周与西北两方面的戎狄战事非常频繁。《诗经·小雅》中的《六月》《出车》等诗,咏叹尹吉甫和南仲的功劳。猃狁入侵,经过镐及方,直侵畿辅附近的泾阳。尹吉甫"薄伐猃狁,至于太原",筑城朔方。南仲也讨伐了西戎。

至幽王之世,外患日益严重。周朝为了安定边境,其戍边的诸侯或将领,如申侯、秦等都与戎狄互通婚姻。但这挽救不了西周亡于夷狄的命运。幽王曾命伯士伐六济之戎,军败而伯士战死。同时戎围犬丘,俘获了戍守西垂的秦世父。幽王自己最后在"保西垂"的申侯与西夷犬戎联合进攻之下,死于骊山之下。"烽火戏诸侯"的故事宣告了西周的灭亡。

---

〔1〕〔清〕徐文靖:《竹书纪年统笺》卷8,收于《二十二子》,第1083页。

·欧·亚·历·史·文·化·文·库·

4　欧亚草原

——春秋战国时期中外交通的发展

周幽王被犬戎杀死于骊山之下,西周灭亡。鉴于镐京残破,又处于犬戎威胁之下,周平王于公元前 770 年东迁,建都洛邑,是为东周。东周分为"春秋"和"战国"两个阶段。夏、商和西周时期中原文化对周围地区有很大影响,向西向北侵润扩展。到了东周时期,这种影响业已减弱。值得注意的是西部的秦和北方的晋由于地处与戎狄接壤之地,与西北各族保持着密切联系,并在文化上互受影响,中原文化因与西北草原游牧文化的接触而与更远的西域发生联系。在早期东西方文化交往中,介于东西之间的畜牧和游牧民族起了重要的中介作用。

4.1　尊王攘夷运动与北方草原民族的西迁

春秋时期,面对四方夷狄强盛,周王室衰弱的局面,中原各诸侯国掀起了"尊王攘夷"运动,先后崛起的齐、晋、秦等大国担当起号召和组织中原各国共同抵御周边各族侵扰的任务,有效地制止了游牧族的进攻,在某种程度上恢复了商周时中原文化的优势进取态势。《史记·齐太公世家》记载,燕国屡遭北方游牧民族的侵犯,齐桓公曾伐戎救燕。《管子·小匡》记载齐桓公的霸业:"中救晋公,擒狄王,败胡貉,破屠何(屠何,东胡之先也),而骑寇始服(北狄以骑为寇);北伐山戎,制泠支,斩孤竹,而九夷始听;海滨诸侯,莫不来服。西征攘白狄之地,遂至于西河(谓龙门之西河),方舟投柎,乘浮济河,至于石沈(地名),悬车束马,逾太行,舆卑耳(山名)之貉,拘秦(一作泰)夏,西服流沙西虞(国名),而秦戎始从。故兵一出而大功十二,故东夷、西戎、南蛮、北狄、中诸侯国，莫不宾服。"[1]《史记·齐太公世家》记载："桓公称曰：'寡人南伐至召陵，望熊山；北伐山戎、离枝、孤竹；西伐大夏，涉流沙；束马悬车登太行，至卑耳山而还。"[2]可见桓公的霸业包含着对周边四夷的征服。

晋国所在地汾水流域，原是戎狄游牧地区。西周初成王封同母弟叔虞为唐侯，在唐国内"疆以戎索"[3]。即按照戎狄惯例，分配牧地，而不是像中原地区诸侯国那样采用周法分配耕地。叔虞子燮父改国号为晋。由于与戎狄杂处，晋所代表的周文化在那一带只成点状的分布。春秋时晋献公执政，积极开疆拓土，先后灭霍、耿、魏、虞、虢等国，征服骊戎，击败北狄，领土发展到黄河西岸和南岸。至晋文公重耳即位，尊王攘夷，取威定霸。成为春秋时最强盛的国家。在晋一步步走向强盛时，境内戎狄国先后被消灭，扩大了华夏文化的灌溉面。

嬴秦在西周后期仅是一个"西陲大夫"。周平王东迁，秦襄公以兵护送平王有功，平王封襄公为诸侯，赐之岐以西之地，并许以若秦攻取戎之地，则为秦有。以后秦不断蚕食戎的土地，扩大了地盘，成为西部强国。《史记》卷5《秦本纪》记载，秦穆公用谋臣百里奚，战胜晋国，扩地至黄河边上。又用谋臣由余，灭戎国十二，开地千里，遂霸西戎。秦向西部的扩张，又一次打通了秦与河西走廊的交通。秦国接受了中原地区强势文化的浸润，也受到西部戎狄文化的某种影响。公元前753年，秦文公开始设史官记事。前746年，采用西戎野蛮法律，实行"灭三族法"。前678年，秦武公死，用人殉葬。前677年，秦德公建都雍，用三百牢祭天求福。西周故地，戎狄杂居。商亡后西周曾将其遗民迁至此地，西周灭亡，商人后裔建立亳国，自称亳王。西周文化为戎狄风习和商文化所摧毁，秦采用不少落后制度与文化，虽然成为大国，却被华夏诸侯看作戎狄之国，不得参与中原诸侯的会盟。

秦不仅受到戎狄文化的影响，也对落后的西北戎狄文化产生了推

〔1〕《管子》卷8《小匡》，收于《二十二子》，上海古籍出版社1986年版，第123页。

〔2〕《史记》卷32《齐太公世家》，第1491页。

〔3〕《左传》卷54"定公四年"，收于《十三经注疏》，中华书局1980年影印版，第433页。

进作用。秦与戎狄保持有密切的往来,秦地女乐曾通过这种往来输入戎地。《韩诗外传》记载:"昔戎将由余使秦,秦缪公问以得失之要,对曰:'古有国者未尝不以恭俭也,失国者未尝不以骄奢也。'由余因论五帝三王之所以衰,及至布衣之所以亡,缪公然之。于是告内史王缪曰:'邻国有圣人,敌国之忧也。由余,圣人也,将奈之何?'王缪曰:'夫戎王居僻陋之地,未尝见中国之声色也。君其遗之女乐,以淫其志,乱其政,其臣下必疏,因为由余请缓期,使其君臣有间,然后可图。'缪公曰:'善。'乃使王缪以女乐二列遗戎王,为由余请期。戎王大悦,许之。于是张酒听乐,日夜不休,终岁淫纵,卒马多死。由余归,数谏不听。去之秦,秦公子迎,拜之上卿。遂并国十二,辟地千里。"[1]

秦厉公时,西戎的一族羌人爱剑被俘为奴隶,在秦学得农业知识,后又逃回羌地,教人耕种、牧畜,诸羌敬服,推为大酋。原来射猎为生的羌族,从此逐渐发展为西方强族。《后汉书·西羌传》记载:"羌无弋爱剑者,秦厉公时为秦所拘执,以为奴隶。不知爱剑何戎之别也。后得亡归,而秦人追之急,藏于岩穴中得免。羌人传说爱剑初藏穴中,秦人焚之,有景象如虎,为其蔽火,得以不死。既出,又与劓女遇于野,遂成夫妇。女耻其状,被发覆面,羌人因以为俗。遂俱亡入三河间。诸羌见爱剑被焚不死,怪其神,共畏事之,推以为豪。河湟间,少五谷,多禽兽,以射猎为事。爱剑教之田畜,遂见敬信。庐落种人依之者日益众。羌人谓奴为无弋,以爱剑尝为奴隶,故因名之。"[2]

随着秦国对西北羌狄的用兵,迫使羌人西迁。爱剑时羌人崛起,"其后世世为豪,至爱剑曾孙忍,秦献公初立,欲复穆公之迹,兵临渭首,灭狄獠戎。忍季父印畏秦之威,将其种人附落而南,出赐支河曲西数千里,与众羌绝远,不复交通。其后子孙分别,各自为种,任随所之。或为牦牛种,越嶲羌是也;或为白马种,广汉羌是也;或为参狼种,武都羌是也。忍及弟舞独留湟中,并多娶妻妇。忍生九子为九种。舞生十

---

〔1〕〔西汉〕韩婴:《韩诗外传》卷9,《汉魏丛书》本,吉林大学出版社1992年版,第63页。
〔2〕《后汉书》卷87《西羌传》,第2875页。

七子,为十七种。羌之兴盛,从此起矣。及忍子研立,秦孝公雄强,威服羌戎,孝公使太子驷率戎狄九十二国朝周显王。研至豪健,故羌中号其后为研种。"[1]

据《左传》记载,春秋时共有诸侯国140多个。经过长期的兼并,至战国时形成齐、楚、燕、韩、赵、魏、秦七雄割据。地处北方和西北的燕、赵、秦诸国与戎狄接壤,他们有效地抵抗了北方和西北方游牧民族的侵掠。当然,在彼此间存在着争夺和战争的同时,也存在着文化上的互相影响。那时北方草原一度出现"东胡强而月支盛"的局面[2],赵武灵王"胡服骑射"是学习草原游牧文化而进行的改革。后来秦逐一吞灭关东六国,统一了中国。在秦国逐渐崛起并最后建立秦朝的过程中,秦一边东向发展,一边征服了西北诸戎,促进了西北民族与华夏文化的融合。秦的强盛和西进不仅打通了与河西走廊的交通,而且迫使原来居住在它西部的戎狄各族西迁,从而与当时欧亚草原游牧民族的大迁徙活动联系起来,因而推动了中西之间文化的交流。

4.2　欧亚草原游牧民族的迁徙与斯基泰贸易之路

从世界范围看,商周以来欧亚大草原上形成了一波又一波大规模的民族迁徙。许倬云据草原文化考古学资料指出,欧亚大陆间游牧的草原文化,在公元前2000年开始有扩散的现象。其原因一是由于以畜牧为生的牧群人口增加,二是牧人们知道了骑马,三是草原上气候干燥,生活环境恶劣。同时牧人们知道了饮乳和制作乳制品,比单纯食肉增加了新的生存条件。中亚游牧民族的大迁徙有三个阶段,第一阶段始于公元前2000年,第二个阶段在公元前1500年至前1200年,第三个阶段始于公元前700年左右。商周时期中国北部和西北部都承受了来自草原游牧民族扩散的压力,那时在北部和西北部与戎狄的长期战

---

〔1〕《后汉书》卷87《西羌传》,第2875－2876页。
〔2〕《史记》卷110《匈奴列传》,第2887页。

事就是这种压力的表现。中亚游牧民族扩散的第三次浪潮应当与草原气候有关系。据竺可桢研究,公元前1000年左右,中国地区曾有一段寒冷时期,至春秋时逐渐变暖,严寒迫使游牧民迁移,温暖的气候适宜草原民族的生活和繁衍,草原人口畜群的增加必然造成对水草的争夺,同时也不可避免地发生向周之领地的侵扰。[1] 当周王朝衰落,不能有效抵制其进犯时,西北地区不免受其蚕食,幽王之死与平王东迁皆与此相关。

春秋时兴起的强大的"尊王攘夷"运动,特别是齐、晋、秦等国向北和西北两方面的进攻,阻止了北方游牧民族的南下,迫使居住在河西地区的戎人和部分大夏人西迁至伊犁河流域与楚河流域。齐桓公称霸中原时,曾"逾太行与卑身之貉,拘泰夏,西服流沙西虞"[2],所谓"泰夏",一般认为即大夏。秦穆公时征服了西戎八国,向西北开疆拓土,迫使活动在河西走廊的允姓之戎和部分大夏人西迁。有人考证,河西地区西迁的允姓之戎即塞人。当时在中国北方草原还崛起了一个强大的游牧民族,即月氏。当月氏扩张时,也驱迫允姓之戎和大夏人向西迁徙,史载:"塞种,本允姓之戎,世居敦煌,为月氏迫逐,遂往葱岭南奔。"[3]由于他们的西迁,造成欧亚草原民族迁徙的连锁反应。居住在伊犁河流域与楚河流域的斯基泰人被迫离开西迁,斯基泰人向西挺进,又迫使黑海之滨的西米里安人西迁。斯基泰人至黑海北岸,又南下入侵西亚,促使西亚的亚述帝国迅速衰亡。在公元前2000年以来欧亚草原民族迁徙的背景下,随着斯基泰人西迁,一条沟通欧亚大陆之间的草原之路形成了。

关于欧亚大陆间草原游牧民族活动的情况,公元前7世纪后期希

---

〔1〕〔美〕许倬云:《西周史》,三联书店1995年版,第68页。

〔2〕《管子》卷8《小匡》,收于《二十二子》,第123页。

〔3〕〔南朝·梁〕荀济《论佛教表》引《汉书·西域传》,见《广弘明集》卷7《辨惑篇》,影印文渊阁《四库全书》第1048册《子部·释家类》,台湾商务印书馆2008年版,第306页。按:今本《汉书·西域传》无此语,《汉书》卷96上《西域传》"罽宾"条记载:"昔匈奴破大月氏,大月氏西君大夏,而塞王南君罽宾。塞种分散,往往为数国,自疏勒以西北,休循、捐毒之属,皆故塞种也。"可能为荀济所据。

腊诗人阿里斯提士在他的长诗《阿里麻斯比》中有所记载。阿里斯提士曾旅行至中亚地区,他所谓"阿里麻斯比"意谓"独目人",是居住在里海与中亚草原间的游牧的塞人部落。据他的记载,阿里麻斯比以东还居住着希帕波里亚人。曾有人以为希帕波里亚人是黄河流域的汉人,其实是月氏人。记述更为丰富的是古希腊历史学家希罗多德(前484?—前425)的名著《历史》。在公元前450年至前440年间,希罗多德游历了黑海北岸的奥勒比亚(今克尔赤),访问了当地的斯基泰人和希腊人。根据其《历史》卷4关于早期欧亚草原民族迁徙及其分布的记载和后世学者的研究,当时欧亚草原存在一条东西方交通路线。不少学者根据其记载描述了这条路线的大致走向。公元前7世纪至公元前5世纪时,欧亚草原上的游牧民族,从西向东首先是斯基泰人(Scythians),他们居住在黑海以北,西邻多瑙河(伊斯特河),东迄顿河(塔娜伊斯河);顿河向东有撒乌罗玛泰伊人(Sauromathae),其上方是布迪诺伊人(Budinoi);布迪诺伊人往北是一片荒漠,从这片荒漠折东是图萨格泰人(Tyssagetae)。邻近有玉尔凯人(Iurkai,有人认为即中国文献中的奄蔡人),他们在里海东北,分布在吉尔吉斯草原锡尔河下游之间。图萨格泰人以东是背叛了王族的斯基泰人别部。再向东是粗糙的多岩石地带,居住着阿尔吉帕人(Argippaei,意谓"秃头人"),阿尔吉帕人东边有高不可越的山脉,山脉以东居住着伊赛顿人(Issedon),这就到了天山北麓,准噶尔盆地以东。有人认为伊塞顿人就是允姓之戎,有人则以为伊塞顿人就是塞人。据伊塞顿人说,以北有阿里玛斯庇亚人(Arimaspea),即阿里斯提士诗中说到的阿里麻斯比人,还有看守黄金的格律芬斯(Griffins)。在这些人里有希帕波利亚人(Hyperboreans),希帕波里亚人居地直至大海。[1] 欧亚大草原是游牧人的天堂。上述活跃在欧亚大草原上的游牧民族,被希腊人统称为斯基泰人,现

---

〔1〕〔古希腊〕希罗多德:《历史:希腊波斯战争史》卷4,王嘉隽译,商务印书馆1959年版,第431-510页;参黄时鉴:《希罗多德笔下的欧亚草原居民与草原之路的开辟》,见氏著《东西交流史论稿》,上海古籍出版社1998年版,第2页;又参余太山:《希罗多德〈历史〉关于草原之路的记载》,见氏著《早期丝绸之路文献研究》,上海人民出版社2009年版,第105-123页。

代学者则称之为广义斯基泰人,波斯人称其为塞迦人(Saka),中国古代文献称之为"塞人""塞种"。斯基泰人过的是"逐水草而居"的生活,其生活特点就是流动性,他们的迁徙和游牧造成了欧亚大陆间的交通和交流。当时斯基泰人习惯于使用马和车,或驾车,或单骑,凭借这种交通工具进行商品交换。

狭义的斯基泰人(Scythians)是公元前7至前3世纪生活在北高加索、黑海北岸草原地区的游牧民族,中文中亦译作西徐亚人、斯奇提亚人。公元前3世纪,受新兴的萨尔马泰人的逼迫而西移,至公元3世纪后半叶被哥特人灭亡,斯基泰文化被认为是欧亚草原游牧文化的代表。根据最新的研究,西迁的斯基泰人原先分布于中国新疆乌鲁木齐以西至锡尔河以东地区,公元前8世纪以前应当生活在锡尔河以东至伊犁地区,主要是哈萨克斯坦草原的某个区域。西迁的可能主要是统治集团和上层阶级,一些下层的人可能留下来并同新来的马萨革泰人和伊塞顿人融为一体。斯基泰人西迁后,欧亚草原进入以游牧为主要经济方式的时代。由于游牧经济的普及,东西方草原地区的交流更为频繁,欧亚草原文化逐渐趋同。[1]

在公元前6至前3世纪,中国和希腊两个文明国家之间的交流,就是靠中国农耕文化首先与西北游牧文化进行接触和交流,然后又通过草原游牧民族继续向西传递而实现的。欧亚草原上的游牧民族充当了中国丝绸和西域文明的中介商及丝绸的贩运者。因此这条由游牧民族的活动形成的欧亚草原之路被称为"斯基泰贸易之路"。希罗多德笔下的斯基泰人即中国文献通常所谓塞人。德国语言学家吕德斯认为,塞人是雅利安人的一支,他们使用的语言属于中古伊朗语东部方言。这支讲塞语的雅利安游牧民后来分化,入居塔里木盆地的塞人逐渐走向定居,并产生出若干支系。中国文献中只把天山北麓保持游牧传统的雅利安人称为塞人。

---

〔1〕郭物:《欧亚草原东部的考古发现与斯基泰的早期历史文化》,载《考古》2012年第4期,第56-66页。

中国古代文献中有有关西北草原民族"秃头人""独目人"和塞人的记载。《山海经·海外北经》记载"海外自西北陬至东北陬"之国,有"一目国",在钟山东,其国人"一目中其面而居"。[1]《庄子·逍遥游》提到遥远的北方有一个"穷发"国。[2] 穷发意即秃头。塞人就是西王母之邦。《汉书·西域传》则称天山北麓的伊塞顿人为塞人、塞种,[3]即中国传说中西王母的部族。这个民族在公元前2世纪以前,本分布在今伊犁河流域及伊塞克湖附近一带。前2世纪前期,由于中国北部的匈奴强盛,势力向西扩展,原来居住在敦煌一带的大月氏人西迁,侵入其地,导致了塞族的分散。一部分南下征服罽宾等地,一部分留居故地。后来由于匈奴的逼迫,乌孙人西迁,又侵入这一地区,大月氏人则继续西迁。留下的这一部分塞人则与新侵入的乌孙人混合。我国史籍中所称的塞人,大约与西方和印度记载中所称塞西安人、萨尔马西安人、释迦人同族。周穆王西征,见西王母,并赠之以丝绸。那时中国中原地区生产的丝绸已经传至欧亚草原上活动的斯基泰人中,这种质地精美而又轻便易于长途转运的丝绸便自然地向更为遥远的地方传送。

4.3　中国蚕桑丝织技术的早期发展和丝绸西运

4.3.1　西方世界中国丝绸的考古发现

自夏、商、西周以来,中国中原文化与西北各族文化就发生接触、交流和影响,并通过这些民族与中亚、北亚、西亚甚至更加遥远的地区发生间接地接触和交流。周人是背靠大西北的,而西北的民族又与域外诸方国部族有所交通。当时亚欧大陆如何构成联系的链环,中外学者曾做过不少探索,还有待今后更多的考古研究来证明。我们注意到在夏、商、西周中西交通和文化交流的基础上,随着欧亚草原之路的形成,

---

〔1〕袁轲校译:《山海经校译》卷8《海外北经》,上海古籍出版社1985年版,第200页。
〔2〕《庄子》卷1《逍遥游》,收于《二十二子》,第13页。
〔3〕《汉书》卷96《西域传》上,第3884页。

春秋、战国时代中西之间的文化交流有了更进一步的开展。一个特别引人注目的现象，是中国精美的丝绸至迟在这一时期已经传至遥远的另一个文明古国希腊。

以中国和西欧为中西两端的文化交流何时发生？史学界有不少争论。可以肯定的是中国春秋战国时期双方已有间接的交流，而最早交流的内容则是中国丝绸的西传。考古资料和文献资料都说明，那时希腊和中国两个文明国家之间在文化上已经有了间接的接触。公元前6世纪至公元前3世纪的希腊雕刻和陶器彩绘人像中，发现人物所穿衣服细薄透明，因而推测那时中国丝绸已经成为希腊上层人物喜爱的服装。这方面有几个典型的事例。

（1）雅可波利斯的科莱（Kore）女神大理石像，胸部披有薄绢，是公元前530至前510年的作品。雅典卫城巴特侬神庙的"命运女神"像（公元前438至前431年），希腊雕刻家埃里契西翁的加里亚狄（Karyatid）像等公元前5世纪的雕刻杰作，人物都穿着透明的长袍（Chiton），衣褶雅丽，质料柔软，都是丝织衣料。[1]

（2）希腊绘画中也有类似的丝质衣料。公元前5世纪雅典成批生产的红花陶壶上有彩绘的人像，穿着非常细薄的衣料。[2] 公元前4世纪中叶的陶壶狄奥希索斯（Diohysos）和彭贝（Pompe），更是显著的例子。[3]

（3）克里米亚半岛库尔·奥巴（Kul Oba）出土公元前3世纪希腊制作的象牙版，上有绘画"波利斯的裁判"，将希腊女神身上穿着的纤细衣料表现得十分逼真，透明的丝质罗纱将女神的乳房和脐眼完全显

〔1〕〔德〕里希特（G. M. A. Richter）：《希腊的丝绸》（Silk in Greece），载《美国考古学报》（AJA），1929年，第27－33页；沈福伟：《中西文化交流史》（修订版），上海人民出版社2006年版，第19页。

〔2〕日本《世界美术全集》（战后版），卷5，色版十一；沈福伟：《中西文化交流史》（第2版），第19页。

〔3〕〔德〕里希特：《希腊艺术指南》（Handbook of Greek Art），伦敦，1959年，图460；沈福伟：《中西文化交流史》，第19页。

露出来。[1]

（4）在克里米亚半岛克特齐附近,古希腊人殖民地遗迹中,曾有丝被发现。

（5）在德国西南部的巴登－符腾堡(Baden-Wurttemburg)的荷米歇尔(Hohmichele)发掘的 6 号墓中,发现了当地制作的羊毛衫,羊毛和装饰图案中都杂有中国蚕丝,属公元前 6 世纪的贵族墓葬。这是考古所见欧洲出土的最早的中国丝绸。[2]

（6）德国考古学家在斯图加特市西北的霍克杜夫村发掘了一座公元前五百多年的凯尔特人墓葬,发现有用中国蚕丝绣制的绣品。[3]

（7）在雅典西北陶工区的墓葬内,有雅典富豪阿尔西比亚斯(Alcibiades)家族墓葬,属于公元前 430 至前 400 年,出土六件丝织物和一束可分为三股的丝线,经鉴定是中国家蚕丝所织。[4]

上述那种蚕丝衣料在当时只有中国才能制造。这必须是用人工饲养的家蚕结的茧织成的丝绢,野蚕丝织成的帛达不到这种细薄透明的程度。希腊没有饲养家蚕的技术,在那时世界上只有中国才能生产出这种细绢。这些中国蚕丝和丝织品可能是通过欧亚草原路经黑海地区运入欧洲的。

4.3.2 中国蚕桑丝织技术的早期发展和西运

中国是世界上最早养蚕织丝的国家,蚕桑丝绸生产的源头至少可以定在距今 5000 年之前的新石器时代晚期。在中国很早的时候,种桑养蚕就在广大地区开展起来。古代传说中把蚕桑丝绸的发明权归于黄帝,或其妃西陵氏之女嫘祖。实际上养蚕织丝技术不是某一位圣人的发明,而是劳动人民在长期的生产实践中逐渐掌握的。

〔1〕〔英〕明斯(E. H. Minns):《斯基泰人与希腊人》(Scythians and Greeks),剑桥,1913 年,204 页,图 101;沈福伟《中西文化交流史》(第 2 版),第 20 页。

〔2〕勃里德(J. Briard)《欧洲青铜时代》(The Bronze Age in Europe)伦敦,1979 年,P. 213. 巴贝尔(E. J. W. Barber):《史前织物》(Prehistoric Textiles),普林斯顿,1991. p. 203－204.

〔3〕美国《全国地理》1980 年 3 月号,参杜石然等:《中国科学技术史稿》(上),科学出版社1982 年版,第 229 页。

〔4〕巴贝尔(E. J. W. Barber):《史前织物》(Prehistoric Textiles)普林斯顿,1991. p. 32.

公元前 6 世纪以前,中国是世界上唯一饲养家蚕和织造丝帛的国家。1926 年,山西夏县西阴村出土的仰韶文化遗存,曾发现有半个人工割裂的蚕茧,据发掘者李济和昆虫学家刘崇乐的研究,初步断定为桑蚕茧。茧壳长约 1.36 厘米,幅宽约 1.04 厘米,是用锐利的刀刃切去了茧的一部分。西阴村所代表的时代较早于仰韶期(距今约 5600 ~ 6000 年),因此,它的出现为人们研究丝绸起源提供了实物。[1] 有目睹西阴村半个茧壳的学者发现其茧衣很少,结构紧密,呈椭圆形,并有家蚕茧那样的缩皱,认为是由家养蚕所结成的。[2] 因此过去认为蚕桑丝织技术最早产生于黄河流域。后来考古发现似乎南方更早。1958 年,在浙江吴兴钱山漾新石器时代遗址下层,发现由家蚕丝织成的绢片、丝带和丝线。绢片长 2.4 厘米,宽 1 厘米,丝线为平纹组织。经鉴定,每平方厘米经纬线各有 40 根。[3] 遗址年代距今 4700 多年,约在公元前 2800 年左右。这两处考古文物说明在距今约 5000 年之前,我国的大江南北都已有蚕桑丝绸的生产。

此后,考古中又发现早期丝织品。1981 年至 1987 年,河南考古工作者在荥阳县青台村一处文化遗址,发现了距今 5000 多年的丝麻纺织品。这个文化遗址是中国最早发现新石器时代仰韶文化的遗址之一。"从 4 座婴幼儿瓮棺墓葬内出土一批纤维纺织遗物。"在 W164 与 W486 两口婴幼儿瓮棺中,发现一个蹲坐姿势的婴幼儿头骨与肢骨上黏附有灰白色碳化丝织物。在另一个瓮棺内婴幼儿的腿骨和脚骨上也发现黏附有褐灰色碳化纺织物碎片及块状织物结块。丝织品中除平纹织物外,还有浅绛色罗,是原始制造工艺的重大进步。"经过鉴定,这批织物不仅有用麻织的布,而且还有用蚕丝织的帛和罗,这是我国纺织史上的重大发现。"这是迄今发现最早的罗的实物。根据出土遗物与炭 14 测定数据为 5370±130 ~ 5535±170 年,可以推定青台遗址 W164

---

〔1〕李济:《西阴村史前的遗存》,清华研究院丛书,1927 年,第 22-23 页。

〔2〕〔日〕池田宪司:《一粒茧に魅せられて》,《季刊中国》1987 第 10 期。

〔3〕浙江省文物管理委员会:《吴兴钱山漾遗址第一、二次发掘报告》,载《考古学报》1960 年第 2 期,第 73-91 页;徐辉等:《对钱山漾出土丝织品的检验》,载《丝绸》1981 年第 2 期。

与 W486 均为新石器时代仰韶文化中期的遗存。青台遗址还出土有数百件陶纺轮、石纺轮、陶坠、石坠、骨针、陶刀、石刀、蚌刀、骨匕、骨锥等，结合民俗学与民族史志资料，这些工具大部分应与纺织有关。说明原始纺织技术在新石器时代中期甚至更早阶段已比较发达。其出现时间应该更早，至少可以追溯到新石器时代早期。[1]

这些考古资料说明在此之前，我们的祖先已经先了解到从野蚕茧中抽取丝线进行纺织的知识，这要拿蚕茧放进热水浸泡，才能抽出一根完整的丝来，这一道工序就叫缫丝。进而又知道选取野蚕的良种进行培育，得出家蚕结的茧，织出优良的丝帛。从出土蚕桑丝绸文物分布的广泛性与中国桑蚕资源及古文化的广泛性来看，茧丝的利用很有可能是在多地同时并独立地发展起来的，由此导致的蚕业的起源亦应是多中心的。黄河流域和长江流域则是其发展较快的地区。许多人认为丝绸起源的契机在于吃蛹。西阴村的茧壳之所以被切割，主要是为了取蚕蛹供食用，由于切割不慎，蛹血污染了茧壳，故而引起茧壳腐败变成黑褐色。从民族学的一些材料来看，也可以支持这一观点。人们最初是吃蚕蛹，进而才使用蚕丝。在四川省大凉山有一支藏族自称"布郎米"，意为吃蚕虫的人。他们过去采集蚕蛹为食品，后来开始养蚕抽丝。[2] 而另有些学者则推测娥口茧在自然界中腐败变松露出丝纤维，也是人们发现蚕丝利用的一个途径。

最早的家蚕是由鳞翅目野蚕驯化而来的，古代中原人民发现这种蚕能吐丝结茧，从茧上可以抽取丝用作纺织原料，便开始驯育这种昆虫而成家蚕。关于蚕桑丝织方面的技术，法国汉学家布尔努瓦在所著《丝绸之路》一书中曾做了细致的讲述。她认为真正的养蚕业只有在具备两种条件的时候，才能兴旺发达起来：一方面人们必须学会扼制蚕蛹孵化；另一方面必须摸索出一种最有利于蚕虫生长的喂养饲料。

〔1〕《河南发现五千多年前丝麻织品》，载《新华文摘》1984 年第 9 期，第 80 页；张松林：《荥阳青台遗址出土纺织物的报告》，原载《中原文物》1999 年第 3 期，收入张松林主编：《郑州文物考古与研究》（一）上册，科学出版社 2003 年版，第 132－134 页。

〔2〕宋兆麟等：《中国原始社会史》，文物出版社 1983 年版，第 166－167 页。

为了实现制造高质量的丝绸之理想,肯定要经过数世纪之久的摸索改进过程。中国的先民是如何逐步摸索出养蚕规律和技术的,现在缺乏考古学方面提供的最远古的样品来说明,但在漫长的时期内,这种技术肯定没有多大变化。中国13世纪的一部文献简明扼要地阐述了这种技术,如今还没有发现关于蚕桑丝织技术的更古老的论著,这可能是由于某种偶然的因素,如战争或火灾之类使之失传了,而更有可能是因为另一种原因,即中国古代的养蚕术和蚕茧处理技术都是严格保密的,甚至禁止把蚕卵和蚕茧带到中国之外的地方。她所谓中国13世纪的文献,可能指元代《农桑辑要》,这本书为元朝司农寺撰作,其中讲到栽桑养蚕技术。

战国时代成书的《禹贡》被认为是夏代关于各地物产的记录,九个州中提到养蚕和有丝织产物的有六个州。虽不足以证明确是夏代概况,但在一定程度上反映了史前蚕桑丝织业分布地区之广。《大戴礼记》中的《夏小正》被认为保留了夏代物候情况,书中记载:"三月,……摄桑……妾子始蚕。"[1]说明当时蚕已家养。史前时代是否有栽桑技术,目前一无所知。孢粉分析也只能是证明当时桑树的存在,却无法判断这些桑树是野生还是出于人工栽培。

商代蚕桑丝织技术大有进步,成为一种取得了重大成就的手工业。商代非常重视养蚕业,从甲骨文里可以看到,武丁时呼人省察蚕事,占卜至少有9次之多;商代更有所谓蚕神,即"蚕示",祭蚕示有时用三牛,有时用三羊,有时用羌(俘虏),典礼非常隆重。商代丝织品的织法也有了进步,商代已出现了简单的提花机替代了原始的踞地织和挑织方法。商人已经能够在平纹织地上斜纹起花,从而产生了花纹绢或文绮。商代青铜器上有平纹素织和挑织菱形花纹的文绮的印迹。故宫收藏有商代玉戈及玉戈上留有的花纹丝织物。[2] 瑞典远东古物博物馆收藏的一件出土于安阳的商代铜钺,据瑞典学者维维·西尔凡

〔1〕〔汉〕戴德:《大戴礼记》卷2,收入《汉魏丛书》,第74页。

〔2〕陈娟娟:《两件有丝织品花纹印痕的商代文物》,载《文物》1979年第12期,第70-71页。

（Vivi Sylwan）介绍,发现麻布、绢、缣和雷纹绮的印痕。[1] 20世纪70年代在河北藁城台西村商代墓葬中发现了一些青铜器上有丝织器与铜锈粘连在一起的痕迹。科学工作者用全反射的扫描电子显微镜进行观察,并拍下台西出土铜觚上丝织纤维的纵面和截面的照片,从中可辨认出5种规格的丝织物残片,其中有纨、平纹纱、纱、罗和縠(绉纱)。河南安阳殷墟妇好墓出土粘在铜器上的丝织品有五种,纱、纨类有20余例,用朱砂涂染的有9例,双经双纬的缣有1例,回纹绮有1例。说明商代的丝织技术有较快的发展。据胡厚宣研究,甲骨文中有蚕、桑、丝、帛等字,还有其他一些与丝帛有关的字,如"断""束"等。[2] 这些都说明商代养蚕业和丝纺织业已极为发达。丝织业的发展为贵族统治阶级的奢侈生活提供了物质基础,商纣王"绵绣被堂"[3];"纣多发美女以充倾宫之室,妇人衣绫纨者三百余人"[4]。衣丝织品被看作生活奢侈的表现。西周丝织业继续发展。《周礼·天官冢宰》中记有"典丝"一职,很可能是掌管丝绸出入的官职。提花机斜纹起花技术和手工刺绣技术都表现出丝织技术的新的进步。宝鸡西周早期墓葬中更有地纹和花纹全是斜纹组织的绫、绮残迹。西周丝织品种类更多,《诗经》中有不少歌唱采桑劳动的诗篇。《豳风·七月》《魏风·十亩之间》中奴隶生活的描写就有采桑的内容。

春秋战国时期丝织业更有了长足的进展,各国都重视蚕桑丝织业的发展。据《史记·吴太伯世家》记载,公元前518年,楚国的边邑卑梁氏女子和吴国边邑之女争桑,结果引起两国发生战争,"二女家怒相灭,两国边邑长闻之,怒而相攻,灭吴之边邑。吴王怒,故遂伐楚,取两都而去"[5]。此事说明蚕桑丝织业在各国经济领域都占据重要地位。丝织业遍及黄河流域和江淮地区,官府手工业和个体手工业丝织品品

〔1〕〔瑞典〕维维·西尔凡:《殷代丝织物》,载《远东古物博物馆馆刊》卷9,1937年,第123页。

〔2〕胡厚宣:《殷代的蚕桑和丝织》,载《文物》1972年第11期,第2-7页。

〔3〕〔西汉〕刘向:《说苑》卷20《反质》,收于《汉魏丛书》,第462页。

〔4〕《后汉书》卷7《桓帝纪》,李贤注引《帝王纪》,第321页。

〔5〕《史记》卷31《吴太伯世家》,第1462页。

种繁多。在当时的文献中,如丝、绸、绢、帛、绵、绮、纱、縠、纨、缯、锦、绣、罗、绫、组、纯等,这些字都已经出现。特别是春秋时已经出现了"锦"字,当时文献中多次出现,反映了当时先进的丝织技术。《诗经·小雅·巷伯》中写到"贝锦",郑玄笺云:"女工之集采色以成锦文。"[1] 夏鼐指出:"用不同彩色的丝线以织锦,需要采用先进的织法。锦的花纹五色灿烂,所以出现后便被视为一种贵重的高级织物。从前赠送礼物用'束帛'(普通丝绸),东周时常常改用'束锦'。战国时'锦'、'绣'二字常连称以代表最美丽的织物。"[2] 除了使用平放的或斜卧式的织机,织出各种提花的文绮、纨素和绫罗之外,更有了平放的织锦机,用各种彩色丝线织出五彩缤纷的彩锦。丝织物上又盛行施以彩绣,出现了多种多样的锦衣锦绣。

恩格斯说:"随着生产分为农业和手工业这两大主要部门,便出现了直接以交换为目的的生产,即商品生产;随之而来的是贸易,不仅有部落内部和部落边境的贸易,而且海外贸易也有了。"[3] 随着丝织业从农业中分离出来,丝绸贸易便产生了。由于丝绸绢帛轻便,容易携带,又因为价格昂贵,能够牟取暴利,产品精美,受到欢迎,因此成为商人们乐于进行长途贩运的货物。这些都是当时世界上独一无二的精美衣料,吸引了包括西北游牧民族的其他许多民族,成为重要的商品等价物,在各族人民中间起着货币的作用,那时用绵帛可以和各种商品进行交换,通过西北游牧民族流向欧亚草原各地,辗转传至遥远的希腊。商代以来丝织物已经被成批地向外推销。记载春秋时齐相管仲事迹的著作《管子》云:"殷人之王立帛牢,服牛马,以为民利,而天下化之。"[4] "帛牢"是牲口棚,专门用来养驾车贩运绢帛的牲口的牛棚马厩。古代一车驾四马,中间二匹叫"服",这里引申为动词,驾驭的意思。这条记载说明了丝绸贸易在商代经济生活中所起的重要作用。

〔1〕《毛诗正义》卷12,收于《十三经注疏》,第456页。

〔2〕夏鼐:《我国古代蚕、桑、丝、绸的历史》,载《考古》1972年第2期,第14页。

〔3〕恩格斯:《家庭、私有制和国家的起源》,《马克思恩格斯选集》卷4,人民出版社1995年版,第163页。

〔4〕《管子》卷24《轻重》,收于《二十二子》,上海古籍出版社1986年版,第191页。

《尚书·酒诰》记载周王派人告诫殷民:"肇牵车牛,远服贾,用孝养厥父母。"[1]劝其从事远途商贩,赚钱以养父母。当时丝绸成为抢手货,畅销品,流通非常快。从考古发掘的资料看,春秋、战国时期中原内地丝绸的流通方向就是通过河西走廊进入新疆地区,通过西域各族人民流入中亚和更远的地区。"丝绸输出的路线,除了我们常提到的南海路、西域路外,还有一条欧亚草原路,从文献及考古资料综合分析,远古时期中国丝绸输入西方,其主要途径,应是从这条路上传去的。"[2]

中西交通的这条道路称为欧亚草原之路,或"斯基泰贸易之路"。草原游牧民族逐水草而居,没有长久的定居处,欧亚大陆间草原又是非常宽阔的地带,因而古代通过欧亚草原游牧民族进行的中西之间的交通,其路线难可详考,文献资料也没有留下什么记载。现代学者根据希罗多德笔下草原居民住地的分析,做出如下大致推测:西从多瑙河,东到巴尔喀什湖,是宽广的草原道,中间需要越过第聂伯河、顿河、伏尔加河、乌拉尔河或乌拉尔山。再往东,与蒙古高原相通的大道有三道。第一道在东及巴尔喀什河西缘时,从东南折向楚河谷地,而后进入伊犁河流域。从这里沿着天山北麓一直向东,直到东端的博格达山以北。从博格达山北麓向北,还可以走向蒙古高原的西部。第二道,从伊犁河流域偏向东北,进至准噶尔盆地,直抵阿尔泰山西南山麓;或者从东钦察草原东进至额尔济斯河中游,沿着其支流的河谷和宰桑湖南缘进至阿尔泰山。在绵亘的阿尔泰山脉上,有不止一处可以越过的通道。著名的达坂(突厥语意为"山口",维吾尔语意为"高山峡道")有三个,即乌尔莫盖提、乌兰和达比斯。第三道从东钦察草原东缘向东,渡过额尔济斯河抵达鄂毕河,然后沿着鄂毕河上游卡通河谷地进至蒙古草原。这条道路上有阿尔泰山和唐努乌梁山之间的崎岖山地,相当艰险。相对而言,第一道是最易通行的。[3]

---

[1]《尚书正义》卷14,收于《十三经注疏》,第206页。
[2]戴禾、张英莉:《先汉时期的欧亚草原丝路》,载张志尧主编:《草原丝绸之路与中亚文明》,新疆美术摄影出版社1994年版,第18-19页。
[3]黄时鉴:《希罗多德笔下的欧亚草原居民与草原之路的开辟》,见氏著《东西交流史论稿》,上海古籍出版社1998年版,第10页。

自西周至春秋战国时期,这条道路上已经有中国丝绸、铜器大量地运往中亚,传去的还有中国的天文、历法。丝绸通过那些游牧民族间接地传到更加遥远的地方,甚至西欧。所以我们在公元前 6 世纪至前 3 世纪的希腊文物中,才能见到那种细薄透明的衣料。从 1928 年至 1949 年,在今俄罗斯的戈尔诺阿尔泰地区的乌拉干河畔、卡通河和比亚河上游,发掘了一批时间相当于中国春秋战国时代的古墓,出土了一批中国制造的丝织物,其中巴泽雷克 3 号墓出土一块有花纹的丝织物,5 号墓出土的茧绸特别精致,在一块鞍褥面上用彩色丝线以链环状的线脚绣成图案,刺绣的主题是形态优美的凤凰,凤栖息于树上,凰飞翔于树间的素底间。[1] 这是公元前 5 世纪时的墓葬。在原苏联克里米亚半岛的刻赤附近,也有中国丝绸出土。从同出器物的铭文看,属于公元前 3 世纪的物品。[2] 1976—1978 年,在新疆阿拉沟第 28 号墓出土一件凤鸟纹刺绣,不论是丝绢本身,还是其上的凤鸟纹图案,都明显地说明是出于中原地区的产品。据碳 14 测年结论,为距今 2620 ± 165 年。阿拉沟东口第 30 号竖穴木椁墓可以肯定是战国晚期塞人贵族的墓葬,其中发现了丝织品菱纹罗和漆器。[3] 出土的菱形链式纹罗是战国时内地刚刚才有的丝织珍品。[4] 由于外销,已经沿着丝绸之路传到了天山山麓。1978 年 4 月,在苏州市瑞光寺塔内发现了一批北宋时期的丝织品,其中的几种链式罗特别引人注目,这种链式罗结构特殊,是纱罗织物中的珍品。曾有学者判断,链式罗的生产始自西汉,[5] 阿拉沟链式罗的发现说明这种丝织珍品出现更早,而且生产不久就出现在中国西北地区。在新疆乌鲁木齐鱼儿沟也发现过战国时代中原地区

〔1〕〔苏联〕C. И 鲁金科:《论中国与阿尔泰部落的古代关系》,潘孟陶译,载《考古学报》1957 年第 2 期,第 37 页。

〔2〕戴禾、张英莉:《中国丝绸的输出与西方的"野蚕丝"》,载《西北史地》1986 年第 1 期,第 11 页。

〔3〕王炳华:《丝绸之路新疆段考古研究》,见氏著《丝绸之路考古研究》,新疆人民出版社 2009 年,第 3 页。

〔4〕新疆社会科学院考古研究所:《新疆阿拉沟竖穴木椁墓发掘简报》,载《文物》1981 年第 1 期,第 22 页。

〔5〕吴文宴:《从瑞光寺塔发现的丝织品看古代链式罗》,载《文物》1979 年第 11 期,第 40 页。

的丝织品。

4.4 北方草原文化与西域文化的输入

4.4.1 兵器、马具、动物纹饰

兵器、马具和动物纹饰是草原文化的三大特色。兵器方面中原地区与欧亚草原民族互有影响。在与西北和中亚游牧民族的接触中,中原地区引入了马文化,马具是其重要内容。春秋时秦国最先组织了骑兵,《韩非子·十过》记载,秦穆公曾以"畴骑二千,步卒五万,助重耳归国。"[1]地处西部和北部的秦国和晋国为了对付游牧民族的侵扰,公元前7世纪已经使用单骑作战。北方的赵国在赵武灵王时大力推广胡服骑射,铁铠和铠环代替了笨重的犀兕皮甲。胡服衣冠与黄金装饰的外族带钩也随着进入中原地区。

游牧民族以马为骑乘工具,马具是必备品。草原民族的马具为中原地区所借鉴。新疆鄯善苏贝希古墓出土鞍具一套,属青铜器－早期铁器时代,现藏新疆考古研究所。有皮鞍、马鞭、笼头等。皮鞍用皮革缝成两扇,可折叠,中间用皮革连接。鞍的中间固定肚带,一端有角质的带扣。皮鞍两面用许多铆钉状皮扣结合固定,鞍的两端略隆起,并在每端各大定四枚骨扣和四根皮条。毡制方形鞍垫。马鞭木杆皮梢,短小。笼头革制,带铁马衔和木质马镳,缰绳羊毛制,两端分连在衔的两个外环上[2]非常具有草原文化特色。

新疆文物考古研究所与乌鲁木齐市文物管理所联合对乌鲁木齐市南郊板房沟乡东白杨村三队萨恩萨依沟口古墓进行发掘,清理墓葬180座,出土各类器物300多件。根据考古工作者研究,墓地年代自青铜时代至汉唐时期,可分为早期、中期和晚期。据碳14测定和相关遗物分析,推断其中期墓葬为约公元前7世纪青铜文化晚期的遗存。中期墓葬是萨恩萨依墓地的主体文化墓葬,出土有铜镜、铜刀、铜锥、铜

---

〔1〕〔战国〕韩非:《韩非子》卷4《十过》,收于《二十二子》,第1128页。
〔2〕马自树主编:《中国边疆民族地区文物集萃》,上海辞书出版社1999年版,第282页。

戈、铜马衔、铜马镳等器物,这些器物与欧亚大陆草原早期游牧人使用的同类器相似。管銎形铜器盛行于欧亚大陆草原,在米努辛斯克盆地的卡拉苏克文化和塔加尔文化及我国北方地区的考古学文化中均有发现。出土的陶罐器壁很薄,表面磨光,与北亚叶尼塞河中游米努辛斯克盆地卡拉苏克文化和塔加尔文化的同类器相似。殉牲为马羊牛头或蹄。大量北方文化因素的出现,显然受到欧亚墓文化的强烈影响。[1]

中国的动物纹饰起源很早,自新石器时代就形成有其特有的主题和艺术风格,如饕餮纹起源于龙山文化。动物纹饰是草原地区广泛流行的艺术,在我国北方、蒙古、南西伯利亚、哈萨克斯坦直至黑海沿岸都很盛行。中国北方草原地区动物纹饰起源极早,可以上溯到商代晚期。商代时期的兽头刀和短剑,春秋战国时期的群兽纹饰牌,卷曲成环的虎形饰牌,以及两汉时期流行的长方形饰带等都起源于中国,在中国境内都可以找到其原型。在蒙古、外贝加尔、米努辛斯克盆地都有发现。春秋战国以来丰富多彩的圆雕动物造型及其他多种题材的动物纹,都有中国北方民族所特有的基本题材和艺术风格。

至战国时期,中国北方动物纹造型艺术吸收了斯基泰——西伯利亚野兽纹和阿尔泰艺术的某些因素,在某些题材上表现出对后者的重复和模仿,如屈足鹿、鹰头兽、躯体扭转兽和双兽格斗纹。螺旋形野兽纹(兽背作连续的旋纹)是斯基泰动物纹中最优秀的制作,出土于准格尔旗西沟畔战国晚期墓中的螺旋纹鹰头狮身兽完全仿照斯基泰样式,这种半鹰半狮状幻想动物纹源出于西亚两河流域。陕西神木县出土的圆雕金鹿形鹰头兽,又利用鹿身巨角雕成八个鹰头,卷曲的尾巴也雕成另一鹰喙,周身刻有商周艺术常见的云纹,体现了两种艺术的融合。呼和浩特附近出土的螺旋纹屈足鹿,角贴背作四个连续的环形,四足屈伸,和公元前6世纪克里米亚出土的屈足鹿形制相似,差别只是斯

---

[1]新疆文物考古研究所、乌鲁木齐市文物管理所:《新疆乌鲁木齐萨恩萨依墓地发掘简报》,载《文物》2012年第5期,第11页。

基泰艺术中四支鹿角仅有末支成环状,其余三支在顶端成弧形。

1983年新疆伊犁哈萨克自治州新源县境内巩乃斯河南岸出土战国时期对翼兽铜环和对虎圆铜环各一枚,都是塞人神话传说中的形象,表现出鲜明的塞人文化特征。战国时匈奴联盟崛起以后,北方草原民族对斯基泰艺术的借鉴有所加强。杰特曼指出:"从南俄草原到中国北方草原地区,已开始表现为以动物为主题的相似的艺术风格,它既显示出艺术对草原生态环境的适应,又反映出欧亚草原地区各民族间的早先接触以及各民族间草原流动生活方式所带来的广泛的文化交流。"[1]

4.4.2 有翼兽造型艺术

考古发现的先秦文物中有带翼的兽的形象,这种有翼神兽形象出现得很早,赵宝沟文化中就有带翼猪龙、带翼鸟龙和带翼神鹿等。三星堆晚期出土文物有带翼神狗,而且数量多,翼明显。江西新干商代遗址出土有带翼神鸟,商周时期的不少神兽已有双翼的特征。

春秋战国时期的青铜器中有更多发现。河南新郑李家楼郑国大墓出土的立鹤方壶,原出为一对,一藏故宫博物院,一藏河南省博物馆。它们除有两兽耳,器腹四隅的下方还各饰爬兽。立鹤方壶上的爬兽与一般方壶上的爬兽相似,但不同点是背树双翼,翼尖朝后。日本泉屋博古馆藏青铜器饰,相传是1930年河南新乡附近的古墓出土的,包括装配在一圈状物上的兽形饰四件及散置的鸟形饰和兽形饰各两件。前者类似东周流行的兽纽器盖,后者类似东周流行的铺首衔环,因此梅原末治推测它们是一件硕大圆壶(从复原图推测,高度为70~80厘米)的器饰,并画了复原图。其所谓器盖上的兽形饰是作侧首蹲伏状。其中有狮虎类的兽首,张口露齿,兽口两侧有翼。

战国时期此类翼兽形象有:(1)甘肃泾川出土的"翼兽形提梁盉",现藏甘肃省博物馆。其特点是以兽首为器流,兽身为器身,兽足为器足,并饰双翼于器腹。(2)故宫博物院、广东省博物馆和上海博物馆藏

---

〔1〕杰特曼(K. Jettman):《草原艺术》(*The Art in Prairie*),纽约,1967年。

"翼兽形提梁盉"。它们和上器的不同点是器流作鸟首状,盖纽和提梁也不太一样,但明显属于同一类造型。故宫所藏(见于陈列)是1946年入藏,出土不详,其头部与上博所藏不尽相同,鸟嘴较尖,双目填金(疑是后做)。广博所藏出土亦不详。上博所藏,原在伦敦戴迪野行(Deydier),据云是从山西太原金盛村盗出。由这一线索判断,我们怀疑,上述各器都是三晋制造。台北故宫博物院藏"鸟首兽尊"。这件器物也属于鸟首类,其双翼在身侧,用阴线表示,作平面装饰,翼尖朝后,呈S形;足作鸟爪,爪侧有距。年代估计为战国早期应属三晋系统。其鸟首的装饰与浑源李峪村出土的铜器相近,身上的S形纹则见于下述侯马铸铜遗址出土的"鸟形模"和"虎形模"(此兽双肩和双髋作涡纹装饰,与巴泽雷克出土鞍鞯的图案有相似处)。(3)湖北随州市曾侯乙墓出土编磬承托磬簾的是有翼神兽两件,皆作兽首长颈(长颈是为了承托磬簾)。其身口各有双翼,可与泉屋博古馆所藏相比,是类似特点。四足作鸟爪,后足腿后有距。年代为战国早期。(4)河北平山中山王墓出土的有翼神兽分三种,第一种是错银双翼神兽。错银双翼神兽共4件,可能是镇物,其造型与泉屋博古馆的藏品相似,也有狮虎类张口露齿的兽首,背树双翼,翼尖朝后,羽毛作垂鳞状,足作鸟爪,前后足的掌外侧皆有距。第二种是中山王方壶。其四隅爬兽背树双翼,与上立鹤方壶相似,但头向相反。第三种是错金银四龙四凤铜方案。所谓"四龙"也是背树双翼(头生双角,长颈有鳞,四足为鸟爪,腿后有踞)。中山是与三晋(特别是魏国和赵国)有关的白狄国家(类似十六国时期汉化的外族国家),出土物既有三晋特点,又有草原风格。如该墓出土的虎食鹿器座就有斯基泰风格,而该国遗址出土的虎形金饰也是草原地区所习见。春秋战国时期,三晋境内多戎狄,北部(代地)与草原地区邻近,所出器物或杂草原风格,侯马铸铜遗址出土的陶范是其集中体现。如:(1)1959—1964年的发掘品。典型标本是:Ⅱ号遗址出土的钟钮范。编号:ⅡT13⑤:6,钟钮是由一对龙首翼兽组成。翼的表现极富写实感,三晋花纹多有之。(2)1992年的发掘品。典型标本是:a."鸟形模",编号:T9H79:17,头部残缺,报告称"鸟形模",大概是从其足作鸟爪来判断,其颈部花纹同下"虎形模",翼的装饰也与下"虎形模"有翼者相似,未必就是鸟形模。b."兽擒蛇模",编号:T9H79:18,头部亦残缺,但有翼,从身上的花纹看,似是豹类。c."虎形模",编号:T9H79:19,两件,皆为半模。一件有翼,作垂鳞状叠羽;一件无羽。足为鸟爪,腿后有距。其虎纹作阴线 S 纹,是三晋铜器的特点。[1]

战国时期青铜器纹饰也有表现翼兽形象的。(1)山西浑源李峪村出土铜壶上的麒麟纹。麒麟在汉代图像中极为常见,形象多作带翼鹿,头戴一角,角端有肉(前端起节,如肉瘤状)。孙机先生指出,李峪村出土铜壶上的花纹与之相似,应是较早的实例。此器也是出自三晋系统。(2)山西侯马铸铜遗址出土陶范上的兽面纹,是由变形的鸟首翼兽组成。这类花纹在三晋铜器中极为常见,往往正视可见其耳,侧视可见其冠,而且有如同鹰翼的鸟羽和类似泉屋博古馆藏器的简化羽纹。(3)河南辉县琉璃阁战国魏墓 M57 出土铜鉴上的动物纹,分上下两层,上层是鸟首翼兽和蛇,下层是马、鹿。其鸟首翼兽,皆长颈带冠;翼或上举,或下垂。(4)巴蜀兵器上的纹饰。巴蜀流行虎纹,虎纹多作带翼虎,用以装饰兵器。这种纹饰虽有当地特点,但与其南的滇文化和其北的草原地区文化可能有渊源关系。如:四川广元市文物管理所藏铜戈(20 世纪 60 年代在昭化宝轮院收集),器形属巴蜀式,但纹饰是鄂尔多斯式,上面不但有虎噬羊(或鹿)的场面,还有一兽很像是狮虎类的有翼神兽;四川南部的石棺墓和云南滇文化的墓葬经常出土所谓"三叉格式铜剑",这种铜剑也流行于内蒙古、宁夏一带;翼虎也见于云南晋宁石寨山 7 号墓出土的银带扣。这三点都暗示出,从内蒙古西部到云

---

[1]山西省考古研究所:《侯马铸铜遗址》,文物出版社 1993 年版;谢尧亭:《1992 年侯马铸铜遗址发掘简报》,载《文物》1995 年第 2 期。

贵高原一直有一条南北的传播渠道。[1]

有翼神兽在中国古代文物中是一种使用材料很广、流行时间很长的艺术主题。包括若干不同种类（狮、虎、鹿、羊等），尤以天禄、辟邪最引人注目。后来秦汉时期仍然相当流行。陕西西安北郊秦墓出土的翼兽器座，现藏西安市文物管理委员会。其特点是兽首与猫科不类，而更像是骆驼或马，有尖耳和长尾，背树双翼是分铸而配装。有翼兽形象主要流行于东汉以后，并以南朝陵墓的神道石刻最引人注目，形体巨大，雕刻精美。这种有翼兽的文化渊源在学术界存在争议。20世纪30年代出版的《六朝陵墓调查报告》（中央古物委员会，1935年），学者们曾对天禄、辟邪做专门探讨，为后来的研究提供了基础。关于天禄、辟邪的起源有两种观点：一种见于滕固《六朝陵墓石迹述略》，他认为此类主题于六朝时期虽已"十足的中国化"，但出现当更早，不但可以追溯到汉代，而且可以提早到战国，渊源是古代亚述地区的艺术，类似主题也见于塞种和大夏，以及希腊和印度的艺术，西人或称 winged chimera。[2] 另一种观点比较谨慎，见于朱希祖《天禄辟邪考》。他引中国古书中的"如虎添翼"说，引《山海经》中讲带翼神怪的神话，以为这类形象在中国非常古老，它们究竟"是吾国固有之遗风，抑外国传来之新范，尚未可遽定者也"。[3] 近年顾问、黄俊撰文亦强调中国古代这种有翼神兽的本土因素，以为中国有翼神兽出现的时间很早，从新石器时代至战国时期是一个特殊的发展阶段，其间未发现明确的外力作用，始终有着自己的本土特色。

有翼神兽在欧亚各地艺术中有许多种类，其中与上述问题关系最

〔1〕以上参，霍巍：①《胡人俑、有翼神兽、西王母图像的考察》，见《战国秦汉时期中国西南的对外文化交流》，巴蜀书社2007年版，第156页，②《四川大型石兽与南方丝绸之路》，载《考古》2008年第11期，第71－78页，③《神兽西来：重庆忠县发现石辟邪及其意义初探》，见《长江文明》第一辑，重庆出版社2008年版，第20－26页；李零：①《论中国的有翼神兽》，载《中国学术》2001年第1期，②《再论中国的有翼神兽》，2001年4月1日在国家图书馆（中国学术）演讲稿，收入氏著《入山与出塞》，文物出版社2004年版；顾问、黄俊：《中国早期有翼神兽问题研究四则》，载《殷都学刊》2005年第3期。

〔2〕中央古物保管委员会编辑委员会：《六朝陵墓调查报告》，1935年，第71－90页。

〔3〕中央古物保管委员会编辑委员会：《六朝陵墓调查报告》，1935年，第197页。

大的,恐怕要算格里芬(griffin)。这种艺术主题起源很早,几乎和地中海地区的司芬克斯一样古老。早在公元前三千纪,就出现于两河流域,并向世界各地广泛传播。在北非、南欧、南亚、西亚、中亚和欧亚草原都有发现,是古代世界最有国际性的艺术主题。但它们有很多变种,在早期宗教和神话中的含义并不是很清楚,在不同时期和不同地区有不同表现,彼此的文化关系非常复杂。研究格里芬的传播,有三点值得注意:第一,它是以西亚为中心向四面传播,地中海和近东是南系,中亚和欧亚草原是北系,印度介于两者之间,南系有狮无虎,北系有虎无狮,印度则两者都有,它们代表了动物生态分布的两个区域;第二,西亚艺术向北和向东传播,它进入黑海北岸、南西伯利亚和阿尔泰地区是以中亚为枢纽,进入新疆、蒙古草原和中国腹地也是以中亚为枢纽;第三,中国对格里芬的接受可能有不同渠道,既可能从新疆方向接受中亚和西亚的影响,大致沿所谓"丝路"的走向,也可能从内蒙古和东北接受来自欧亚草原的影响。中国早期有翼兽文化的渊源既有自己的传统,也不能否定外来因素的影响,特别是北方草原文化因素。

4.4.3　欧亚草原的鹿石文化

鹿石是公元前 13 世纪至前 6 世纪广泛分布于欧亚草原上的一种重要的古代文化遗迹,因碑体上雕刻了著名的图案化的鹿纹样而得名,是非常典型的早期古文化遗物。鹿石虽然指刻着鹿的形象的石头,但实际上也有被称鹿石的各类形状石碑并没有鹿纹。一些琢平的四面体的或圆形的石柱或石板上,凿有各种动物图形(多半是鹿形,"鹿石"由此得名)、古代兵器图形和一些其他器物图形。[1]

鹿石文化分布非常广泛,从中国内蒙古呼伦贝尔草原,横跨蒙古高原、俄罗斯图瓦和南西伯利亚、新疆阿勒泰地区,经过吉尔吉斯斯坦、

---

〔1〕有关鹿石文化研究,参Г·п·索斯诺夫斯基:《外贝加尔地区的方型墓》,见《国立爱尔米塔日美术博物馆原始社会文化部著作集》卷1,列宁格勒,1941 年,第 300－307 页;А·п·奥克拉德尼科夫:《伊伏尔加畔的鹿石》,载《苏联考古学》1954 年第 19 期,第 215－216 页;Н·Н·迪科夫:《外贝加尔地区的青铜时代》,乌兰乌德,1958 年,第 43－45 页;н·л·奇列诺娃:《蒙古和西伯利亚的鹿石》,陈弘法译,见《草原丝绸之路与中亚文明》,张志尧主编,新疆美术摄影出版社1994 年版,第 152－161 页;张志尧:《阿尔泰的东方鹿石与西方鹿石》,同上,第 162－174 页。

哈萨克斯坦、黑海,直到欧洲德国和保加利亚,几乎遍及整个欧亚草原。现已发现可称作鹿石的碑状石刻有近 600 通之多,尤以蒙古国最为集中。它历史悠久,最早可以上溯至 3000 年以前,俄罗斯和蒙古的学者认为更早,以为有 3500 ~ 4000 年的历史。

在中国内蒙古和新疆境内考古发现大量鹿石。在新疆主要分布于青河县和富蕴县,阿勒泰市、吉木乃县、伊犁昭苏、博州温泉、昌吉州吉木萨尔县等地有少量遗存。主要有三种类型:一是具图案化鹿形象的,二是具写实性静态动物形象的,三是上部仅刻圆圈及点线纹、下部有兵器图案的。其中第一种通常被认为是青铜时代晚期遗存,另外两类则推断为铁器时代遗存。鹿石的形状可以分为方石柱形、刀形和不规则形等。内蒙古赵宝沟文化遗址刻画动物飞天图案,以鹿纹出现最多,迄今为止发现遗址点数十处。

已发现的数百通鹿石上有很多种神秘图案,并不能用太阳一物以蔽之,其中有一条斜线,两条、三条或五条斜平行线纹,带点双套环纹、大小平行对应或一上一下双环纹、上下左右分列三环纹、四环纹、五环纹、三角形、圆锥形、阴阳双套环纹,以及带三根支架状图案的圆圈纹等等。而很多鹿石上的动物也并非只有鹿和马,其种类可说是五花八门,应有尽有,其中有羚羊、牛、驴、野猪、狼、虎、豹、天鹅和鸨,以及其他种属不明的动物等。鹿石的文化意义有许多不同的解释,有图腾柱、始祖祭祀柱、神人拴马桩、世界山、世界树、男根等不同理解,至今没有定论。

4.4.4 带柄铜镜、铜镊

古代铜镜分为带柄镜和圆板具钮镜两系。中国北部、东部和东南等地区,朝鲜半岛,日本和东南亚等地的铜镜以圆板具钮镜为主。带柄镜的出土地域相对集中于中亚、西亚以及南亚北部的印度河流域。中亚、西亚地区带柄镜和圆板具钮镜皆有。

在中国新疆、云南和西藏考古发现一些带柄铜镜,有的与斯基泰草原文化有关。新疆新源县巩乃斯种羊场第 5 号墓出土一枚带柄铜镜;轮台县群巴克Ⅰ号墓地第 34 号墓出土一枚带柄铜镜,其Ⅱ号墓地第 4 号墓出土一枚带柄铜镜;和静县察吾乎沟口Ⅱ号墓地第 6 号墓出土一件铜牌,推测是一件已残掉柄的铜镜;吐鲁番艾丁湖出土一件带柄镜;新源县铁木里克第 6 号墓出土一枚带柄镜。云南德钦县永芝墓地出土的一件带柄铜器,被发掘者归为饰牌类,有学者判断当为带柄铜镜;祥云县检村出土一枚带柄镜,出自三座墓中的第 1 号墓。四川茂纹羌族自治县文化馆在清理别立、勒石村的石棺墓时采集到一枚带柄铜镜,推测其年代在战国和汉初之间。此外,四川发现一件形似柄镜的铜饰牌,云南宁蒗县大兴镇第 9 号墓出土一件颇似前件的饰牌,发掘者认为其年代属于战国。西藏拉萨曲贡村石室墓出土一件铁西风铜镜。中国境内西部和西南部地区发现的这些铜镜从年代看,最早可至西周,晚亦不过汉代。

从世界范围内看,带柄镜在欧亚大陆有着悠久的发展历史和辽阔的流行地域。早在公元前 6000 年的土耳其达尔弗克新石器时代地层中,就出土有黑曜石带柄镜。考古发现的带柄铜镜,最早的见于西亚。位于美索不达米亚平原的基什遗址(Kish Site)在今伊拉克首都巴格达附近,遗址年代在公元前 2900—前 2340 年之间,这里发现年代最早的带柄铜镜。略晚于此,出土带柄铜镜的其他地方有位于伊朗高原的苏萨遗址(Susa Site)和位于南亚次大陆北部印度河流域的哈拉帕遗址(Harappan Site)、摩亨达罗遗址(Mohen‐Jodaro Site)。这些遗址的年代在公元前 2350—前 1750 年之间。上述几处遗址出土的带柄铜镜型制简单,制作粗率,柄与镜体的连接处多采用一次性浇铸工艺,尚处于带柄铜镜的初始阶段。[1]

在中亚、西亚发现了一定数量的公元前 10 世纪以后近 1000 年左右的时间里的带柄铜镜,一般认为属于斯基泰文化范畴。苏联考古学者在东欧平原最南端的里海北岸德涅伯河和顿河流域发现了相当数量属于斯基泰人的遗址和墓葬,总共出土 120 余枚铜镜,大部分为带柄铜镜。中亚地区也出土有带柄铜镜,出土地点相对分散。哈萨克斯坦的卡拉姆隆遗址出土一枚带柄镜,其墓葬年代为公元前 5 世纪—前 3

---

〔1〕〔日〕樋口隆康:《古镜》,新潮社,昭和五十四年(1979 年)。

世纪。属于卡斯穆林文化晚期遗存的两枚带柄镜,年代与此件相近。阿富汗北部特利耶遗址(Tillye Site)的八座墓葬,其 2 号墓随葬 6 枚铜镜,其中 3 枚属带柄镜,另外三具属典型的中国圆板具钮镜。其年代不会晚于公元前 2 世纪。中国境内早期带柄铜镜的出土地点主要分布于西部的新疆、云南、四川和西藏地区,都具有与中亚、南亚接壤的特点,在形制上与斯基泰文化带柄镜相近。这种带柄镜可能渊源于西亚,经斯基泰人之手从北方草原传入。[1]

铜鍑是古代游牧民族的炊煮器。1981 年,新疆巴里坤县兰州湾子石室遗址出土一件双立耳铜鍑,高 57 厘米、口径 32 厘米。青铜分铸,铸接合成。鍑体敞口,弧腹,圜底。口壁立耳式,耳呈圆形,上端有一乳钉饰。鍑足呈喇叭形,以承受鍑体,起稳定作用。其年代有不同观点,据碳 – 14 测定,结论为距今 3285 ± 75 年,[2] 有人以为在公元前 7 ~ 前 2 世纪之间。这种形式的铜鍑,在新疆出现得比较早,分布也比较广,在奇台、阿勒泰地区及伊犁一带都有发现。在蒙古草原、哈萨克斯坦草原、俄罗斯南西伯利亚地区、乌拉尔地区都曾有发现,反映出新疆与亚洲东部、西部以及东欧之间草原民族的文化联系。

4.5　西亚文化传入的迹象

4.5.1　火祆教圣物

考古材料证明,起源于西亚的祆教先秦时有传入中国的迹象。祆是火祆教所奉之神在古代中国的名称。火祆教是世界五大宗教中最古老的宗教,由阿契美尼德王朝时期的波斯人琐罗亚斯德(Zarathustra,一译苏鲁阿士德,前 628—前 551 年)在波斯帝国东部创

---

〔1〕参赵慧民:《西藏曲贡出土的铁柄铜镜的有关问题》,载《考古》1994 年第 7 期,第 642 – 648 页;霍巍:《西藏曲贡村石室墓出土的带柄铜镜及其相关问题初探》,载《考古》1994 年第 7 期,第 650 – 661 页。

〔2〕王炳华:《巴里坤县兰州湾子三千年前石构建筑遗址》,载《中国考古学年鉴》,文物出版社 1985 版;王炳华:《丝绸之路新疆段考古研究》,见氏著《丝绸之路考古研究》,新疆人民出版社 2009 年版,第 5 页。

立,因此又称琐罗亚斯德教（Zoroastrianism）、波斯教。火祆教奉《阿维斯塔》为经典,基本教义是善恶二元论。它信奉的最高神是马资达（一译胡腊玛达,希腊文作奥尔穆兹德,意即光明神）,故又称马资达教（Mazdaism）。祆教认为,世界有两种对立的本原在斗争,一种是善,化身为光明神马资达;另一种本原是恶,化身为黑暗神安赫腊曼纽（希腊文作阿利曼）。火是善和光明的象征,因而崇拜火,以礼拜圣火为主要仪式,故又称火教、火祆教、拜火教,拜占庭人称其信徒为拜火者。

据说,琐罗亚斯德为传播自己创立的宗教浪迹天涯,后来在大夏找到安身立命之地。在大夏王维斯塔的倡导下,大夏臣民信奉火祆教,使这一宗教得到推广。公元前6世纪末,大流士统治时期,曾被定为波斯帝国的国教。祆教后来传入中亚粟特地区,据敦煌藏经洞发现的一部粟特语祆教残经（Or.8212/84）,早在公元前5世纪阿契美尼德王朝统治中亚时,粟特人就已经信奉祆教了。火祆教传入粟特的同时,还向北传入中亚七河流域的塞人部落。根据林梅村的研究,火祆教最初很可能是由塞人传入中国西部地区。[1] 1976至1978年,新疆考古工作者在天山东部阿拉沟发现一批战国至西汉时期的木椁墓。墓中出土物中有来自中原地区的漆器和丝织品。根据漆器的图案可知,这批古墓的年代约在战国至秦汉之际。发掘者推测阿拉沟这批墓葬的主人和塞人关系密切,因为墓中出土的一件青铜高足承兽方盘,王炳华指出:"同类文物在苏联中亚地区曾出土多件,细部特征有差异,但基本风格是一致的,被认为是拜火教的宗教祭祀台,是塞克文化中的典型文物。"[2]新疆地区出土的表现为火祆教祭坛的青铜非此一件。1983年,伊犁河支流巩乃斯河畔出土一批窖藏青铜器,其中一件与上述阿拉沟塞人古墓所出拜火教祭坛形制完全相同,显然塞人曾将火祆教带入中国新疆地区。

---

〔1〕参林梅村:《从考古发现看火祆教在中国的初传》,载《西域研究》1996年第4期,收入氏著《汉唐西域与中国文明》,文物出版社1998年版,第105页。

〔2〕新疆社会科学院考古研究所:《新疆阿拉沟竖穴木椁墓发掘简报》,载《文物》1981年第1期,第18-22页。

根据德国语言学家吕德斯研究,塞人是雅利安的一支,他们使用的语言属于中古伊朗语东部方言。这支讲塞语的雅利安游牧民后来分化,入居塔里木盆地的塞人逐渐走向定居并产生出若干支系。中国史籍只把天山北麓保持游牧传统的雅利安人称为"塞人",而把在塔里木盆地西部定居、讲塞语的雅利安人按其分布地域分别称为于阗人、莎车人、扜弥人、疏勒人、汉盘陀人等。于阗人是信仰火袄教的塞人的后裔,其习俗中保留有袄教文化的传统。《后汉书·班超传》记载,于阗国"其俗信巫",据英国伊朗学家贝利和丹麦语言学家施海夫的研究,于阗人信仰佛教之前崇祀的巫教就是火袄教。于阗塞语文书中表示太阳的词 urmaysde 即袄教主神 ahura mazdā(阿胡拉·马兹达);于阗佛经中表示印度女神 s'rī(吉祥天女)和梵语佛经的 mahādevī(大天女)的词 s's'andrāmatā 源于《阿维斯塔》神祇 spanta ārmaitiš。于阗人还用《阿维斯塔》中的世界最高峰 harā 或 haraiti 翻译梵语佛典中的须弥山(sumeru)。据《新唐书·西域传》记载:"疏勒国……俗事祠袄神,有胡书文字。"但疏勒人信奉火袄教并不始于唐代。挪威语言学家柯诺注意到,塞语表示"神"的词 gyasta(于阗语)和 jezda(疏勒语)词源相同,皆来自波斯袄教古经《阿维斯塔》的 yazata(天神)。[1]

4.5.2 箜篌

考古资料还说明,起源于西亚、后来流行于中国内地的箜篌在战国时期已经传入新疆地区。1996 年,考古工作者在新疆且末县托格拉克勒克乡扎滚鲁克墓地考古发掘中,发现了两件箜篌,除了琴弦和共鸣音箱上的蒙皮已腐朽缺失外,其余部分保存完好。均木质,由音箱、琴颈和琴杆三部分组成,通长 87.6 厘米。音箱呈半葫芦状,长 41.6 厘米,宽 6.8~13.2 厘米,高 4~6.8 厘米。音箱外壁打磨光滑,口部还留有蒙皮的残迹,宽 1.2~1.6 厘米。音箱深 2.8~5.2 厘米,腔内可见凿痕,音孔开在音箱的底部。音孔造型特别,略呈长方形,四边作弧曲,内

---

〔1〕参林梅村:《从考古发现看火袄教在中国的初传》,载《西域研究》1996 年第 4 期,收入氏著《汉唐西域与中国文明》,文物出版社 1998 年版,第 105 页。

凹长 2 厘米,最小宽 0.4 厘米。颈部侧视呈长方形,约长 46 厘米,宽 8 厘米。尾部与音箱相连,偏上部位有一横穿的小圆木棍,长 3.6 厘米,径 0.35 厘米。琴颈下部延伸到音箱底部,稍稍呈脊状突起。颈首稍厚,上面刻有椭圆形的卯眼以固定琴杆。琴杆略带弧形,截面为圆形,长 31.2 厘米。杆首稍细,直径约 2 厘米。杆上有三道明显的系弦痕迹。杆尾镶嵌在颈首的卯眼内,用木楔固定。露出部分琴杆截面为椭圆形,长径 2.8 厘米,短径 1.6 厘米。出土这两件乐器的墓中,至少葬有 19 具尸骨。出土时,两件乐器分别置于一个小孩和一位中年女性尸骨的胸部。同时出土有木梳、木腰牌饰、木纺转、毛纺织品和陶器、铁器、砺石等。考古工作者根据墓葬中其他出土文物的文化类型、历史背景等综合分析,初步确定该墓的年代为公元前 4 至前 3 世纪,相当于中原地区的战国时期。

这是中国音乐考古学上所见最早的箜篌实物,过去人们对箜篌的了解,主要是根据古代佛教壁画或乐舞俑、砖雕石刻图像等资料,现在见到了箜篌实物,这在研究箜篌的早期流传方面具有重要意义。根据音乐专家的研究,且末箜篌的形制应为弓形箜篌,但与新疆地区发现的其他弓形箜篌有所不同,其他弓形箜篌的音箱形似一个皮囊,皮囊内应有硬质腔体支撑,且末箜篌为木质腔体,两者在外观上有一定的差异。如果仔细考察,发现于古代美索不达米亚的几种弓形箜篌,音箱结构则与且末箜篌没有什么本质的区别。这些箜篌产生于公元前 20 世纪前后的叙利亚和伊拉克。其中弓形架、直角架和拟直角架均具备,而且演奏方法也一样。关于且末箜篌演奏的方式,专家们认为,最为合理的姿势是右胁夹持音箱,左手扶持颈端,右手拨弹,像新疆克孜尔第 77 窟壁画中所表现的样子。且末箜篌全长 86.7 厘米,其颈首被磨削成圆角,共鸣箱的中腰开始内敛,正适合一臂夹持音箱,一手扶握颈端的演奏方式。[1]

---

〔1〕王子初:《且末扎滚鲁克箜篌的形制结构及其复原研究》,载《文物》1999 年第 7 期,第 50-60 页。

4.5.3　蜻蜓眼玻璃珠

所谓蜻蜓眼玻璃珠即镶嵌玻璃珠,在青绿色的玻璃珠上再镶嵌各种颜色不一、大小不等的小玻璃珠,组成非常美观的各种花纹,看上去像蜻蜓眼,故有此称。这种玻璃珠饰品最早出现在地中海东岸,最为希腊人所喜爱。随着亚历山大以来的向东移民而东传,又经上述中介民族传到黄河流域和中国南方。

在公元前 5 世纪的洛阳古墓中,曾发现玻璃制品目珠,经鉴定,是古代地中海地区的产品。在俄罗斯联邦阿尔泰地区突亚赫塔的一处古墓中,也发现了同样的玻璃目珠。1951 年,河南辉县固围村出土战国玻璃珠,有的呈六面圆形,有的呈六面长条形,周身饰有椭圆形白圈,圈内有深蓝圆点,均有一圆形穿孔。此类玻璃珠在中国、东南亚、西亚、地中海东部沿岸多有发现,形制色彩也很接近。湖南长沙战国楚墓、湖北随州战国曾侯乙墓出土蜻蜓眼玻璃珠。湖北云梦秦墓中发现了这种玻璃珠饰的仿制品。这些文物的发现,反映了这一时期玻璃制品的发展和交流,为我们认识欧亚草原之路树立了坐标。那些草原游牧民族,向东带来了玻璃珠饰品的同时,还带去了中国的丝织品和中国的铜镜。古代游牧于欧亚大陆草原之间的众多民族为中西之间的交通和交往做出了贡献。

蜻蜓眼玻璃珠是埃及的发明,最早的标本为公元前 1400 至前 1350 年的玻璃珠项链。这项技术后来为腓尼基人和波斯人掌握,地中海东岸和伊朗西北部的吉兰发现许多蜻蜓眼玻璃珠,年代在公元前 5 至前 3 世纪。日本东京大学东洋文化研究所西亚考古队在伊朗北部古波斯墓葬 5 号墓发掘出一条完整的蜻蜓眼玻璃珠项链,年代大约在公元前 5 世纪初。从类型看,中国出土的蜻蜓眼玻璃珠主要为腓尼基和伊朗吉兰两地的产品。西域和中国内地出土蜻蜓眼玻璃珠的地点自西向东依次为:费尔干纳盆地—新疆轮台—山西长子牛家坡—山西太原赵卿墓(17 颗)—山西长治分水岭—河南洛阳中州路—河南郑州二里冈—湖北随州曾乙侯墓(173 颗)。

4.6 春秋战国时中印间交通往来

4.6.1 印度古代文献中关于中国的信息

早在旧石器和新石器时代,中国西南与缅甸、印度间已有文化交流的迹象。春秋战国时期,中国已见于印度文献的记载中。中国虽与印度有高山阻隔,但彼此间却早已信息互通,纪元前的印度著作中已有关于中国的材料。《罗摩衍那》《摩诃婆罗多》和《摩奴法典》等各种各样的古代印度作品中,都曾提到中国,称作"Cina"(支那)。由于这些著作受到印度人的崇敬,因此不会有人窜改其原文,因此不必怀疑其材料的真实性。

在这些较早的文献中,中国人是尚武的民族,他们受到邀请和尊重,与印度人保持着良好关系,他们住在阿萨姆的北方或东北边界地方。《罗摩衍那》大体是公元前3世纪的作品,其中提到中国人,"比较显贵的中国人(Cinanparamacinangsca)、吐火罗人、巴尔巴拉人和缀满金色莲花的甘蒲阇人(Kambojas,剑浮人)"。《摩诃婆罗多》的成书在公元前300年到公元300年之间,其中《大会篇·宫廷章》中讲到,当般度第三子阿周那去征服东辉国(阿萨姆)时,东辉国国王福受(Bhagadatta)带领一支由基拉塔人和中国士兵(Sa Kirataisca inaisca Vaitah Pragjyotisobhavat)组成的军队同他战斗,说这些中国士兵住在大山那边(Parvatiantara Vasinah),还有关于中国士兵的鹿皮装和他们的技艺的描述。在《森林篇》中,Krisna 对 Yudhisthra(坚战)说:"我看见哈拉 - 匈奴人、中国人、吐火罗人和信德的人民(Harāhunāngsca Cināngsca Tusāran Saindhavangstatha)被邀请参加你们的献祭,尽招待食品的责任。"另一段还记载,坚战带领他的兄弟们翻过喜马拉雅山,通过诸如中国、吐火罗和达拉达(Darada)好几个国家(Cināngstusā - randaradāngsca sarran),到基拉塔王的首都。在《备战篇》中,东辉国国王福受赠送难敌(般度的对手)"一支 aksauhini 军队(包括 21870 头大象、21870 辆战车、65610 匹马和 109350 名步兵),由基拉塔和中国士兵

·欧·亚·历·史·文·化·文·库·

组成,看起来好像身着金子。那支无敌的军队如 Karnikala(一种黄色或金色的树花)之林一样迷人"。在另一处,Dhritarashtra 说:"我将献给 Krishna1000 张中国产的鹿皮。"在同一章(parva)又写道:"Rushardhika 在 Saurāstra 之中,Balihas 的 Arkaja 王和中国人的 Dhautamulaka 王是国王中的败类,而且似乎是他们的民族毁灭的原因。"在论述战争的《毗湿摩篇·毗湿摩章》中有两处提到中国人:"在北方有其他的姆莱查人(讲外国语)部族,如雅纳瓦人、中国人、甘蒲阇。他们是可怕的、残忍的。"又说:"有 Ramanas、中国人和 Dasamalikas(Ramanascinas tatha ca Dasamalikah)。《迦尔纳篇·俱卢族将军迦尔纳章》提到迦尔纳征服甘蒲阇人、萨卡人(塞种人)、孟加拉人、Nisados 和中国人。《和平篇》提到中国人,而且还说:"Sagara 王征服了地球,使卡萨人、吐火罗人、中国人等屈服。"

印度早期文献中不仅仅是从少数民族集团的意义上,而是从地理意义上来谈及中国。公元前 4 世纪,考第亚(Kautilya)《政事论》称中国是一个国家(Cinabhumi),而《摩诃婆罗多》把中国士兵与东辉国国王福授的士兵并提,与雅瓦纳人和甘蒲阇人有关。关于中国的方位,Brhatsamhitā(XIV. 30)以为在印度的东北方。Laghukātantrarajatika 和 Sadhanamala 把 Cina 和 Mahacina 当成两个使用自己语言的国家,Mahacina 应是中国的专称(即"北 – 西北中国")。《摩诃婆罗多》把雅瓦纳人、甘蒲阇人和中国人定位在 Himavantadesa(喜马拉雅山脉)地区(XII.32.5)。《摩奴法典》中有关 Aryavarta(II.22)的描述,则把他们置于喜马拉雅山以外,说 Aryavata 从东边的海洋延伸至西边的海洋,从北方的喜马拉雅山到南方的文迪亚山(Vindhyas)。按照 Baudhayana Dharmaśāstra(I.2.9)提供的资料,Aryavarta 的西部边界在 Vinasana,即锡尔萨(Sirsa)附近,中国应在喜马拉雅山那边。Pali Sasanavansa(一部正文较早,但晚至 1861 年才出现的佛经)宣称 Himavat – pradesa 是 Cinarattha(Cinarashtra 即中国)。在印度早期文献中,中国的另一个称呼是 Cinamaru(中国沙漠),说缚刍河(Chaksu,即 Oxus,乌浒水)灌溉这片土地,大概是指新疆或青海的戈壁荒原。根据所能看到的材料,可以确定中国的位置是在 Cilata 或 Kirata 那边的喜马拉雅山脉。这些材料普遍提及中国人,提及与中国有联系的,即使不是中国的全部,至少也是与印度相邻的那部分地区,即云南、四川和南方地区(Mahacina 是这个地区以外的区域),就如东辉国(阿萨姆)和中国(Cina)之间在纪元前的时候就存在的亲密政治关系所证实的那样。

至迟公元前 4 世纪,印度人已经了解到中国的丝绸,中国的丝绸在印度古代文献中被称为"中国布"或"中国的纺织品"(Cinapatta)。公元前第四世纪期间,考第亚(Kautilya)在其《政事论》一书中提到中国和"中国布"。与此同时的医学协定(SuSruta)也说到"中国布"(cinapatta),是用作上绷带的用品。印度迦梨陀娑(Kālidāsa)时代以前,中国纺织品的名字在印度文献中屡屡出现。诗人迦梨陀娑,生活年代失考,说法不一,有人说可能在公元前几世纪,也有人认为可能在公元几世纪。他的诗中提到国王 Dusyanta 的心进退不定,像那迎风飘举的中国布的旗帜,他用 Cināngsuka 表示"中国丝绸旗"的概念。在他的另一部著名史诗《鸠摩罗出世》中也提到中国丝绸(Cināngsukaih Kalpita-ketu mālam)。他在诗中说:"旗帜飘扬在金以大门上,微风展开它那丝质的绣饰。"在迦梨陀娑的诗中,印度皇家的旗子总是用中国布制成,说明中国丝绸在印度已经相当普及。[1]

4.6.2 中印之间的文化关系

公元前 5 世纪,波斯阿赫曼尼德朝占领粟特、巴克特里亚和旁遮普,曾多次向葱岭以东地区派出商队,其中就有印度商人。[2] 公元前 3 世纪,阿育王统治下的孔雀王朝与中国新疆地区的联系更加密切。《佛祖统记》记载,迦叶摩腾向汉明帝讲述佛教传播的历史,说:"昔阿育王藏佛舍利八万四千塔,震旦之境有十九处。"[3]

〔1〕以上参〔印度〕Haraprasada 著:《从中国至印度的南方丝绸之路》,载《古代西南丝绸之路研究》(第二辑),江玉祥主编,四川大学出版社 1995 年版,第 265－270 页。

〔2〕古奇(M. M. Ghosh):《梵文"支那"名称的源流》(*Origin and Antiquity of the Sanskrit Word "Cina" as the Name of Cnina*),《巴达伽东方研究所年刊》(ABORI),普那,1963 年,卷 42,第 214 页。沈福伟《中西文化交流史》(第 2 版),第 46 页。

〔3〕〔宋〕志磐撰,释道法校注:《佛祖统纪校注》卷 35,上海古籍出版社 2012 年版,第 800 页。

在于阗建国的传说中,阿育王时代印度人已经有人来到于阗定居。据说公元前 3 世纪中叶,于阗尚为无人之地。东国万人在王子瞿萨旦那率领下到达于阗河下游,此东国人当为塞人。不久,阿育王宰相耶舍率 7000 人越大雪山至此,双方相遇后发生过冲突,后来联合建国。瞿萨旦那成为于阗国王,耶舍为相。两部移民起初分居两处,后逐渐融合,并建立城市。唐慧立、彦悰撰《大慈恩寺三藏法师传》记载于阗国历史和风情云:

> 从此(斫句迦国)东行八百余里,至瞿萨旦那国。(此言地乳,即其俗雅言也。俗谓涣那国,匈奴谓之于遁,诸胡谓之豁旦,印度谓之屈丹。旧曰于阗,讹也。)沙碛大半,宜谷丰乐。出氍毹、细毡,氍工绩絁紬。又土多白玉、璺玉。气序和调,俗知礼义,尚学好音,风仪详整,异胡诸俗。文字远遵印度,微有改耳。重佛法,伽蓝百所,僧五千余人,多学大乘。其王雄智勇武,尊爱有德,自云毗沙门天之胤也。王之先祖即无忧王之太子,在怛叉始罗国,后被谴出雪山北,养牧逐水草,至此建都,久而无子,因祷毗沙门天庙,庙神额上剖出一男,复于庙前地生奇味,甘香如乳,取向养子,遂至成长。王崩,后嗣立,威德遐被,力并诸国,今王即其后也。先祖本因地乳资成,故于阗正音称地乳国焉[1]

于阗建国的历史说明,早在战国时期,于阗之地已有印度移民在此定居。于阗文字、习俗多遵印度。先秦时代经过塔什库尔干的克什米尔—于阗一道,已经成为中印交通的重要通道。

经由中国西南、缅甸而至印度的道路在秦代以前已经走通。云南江川李家山 24 号墓乃春秋晚期墓葬,其中出土的蚀花肉红石髓珠,是仅见于公元前 4 世纪以前两河流域和印度河流域文化遗存的早期产品。蚀花珠最早发现于印度哈拉巴文化(Harappa),时代为公元前 3 千纪,当时印度制珠工业相当发达,其产品在苏末尔、埃及、西亚等地也有发现。这种蚀花肉红石髓珠以加工过的白色圆圈纹为特点,琢成椭圆

---

〔1〕〔唐〕慧立、彦悰:《大慈恩寺三藏法师传》卷5,中华书局 2000 年版,第 120 页。

形,是从印度次大陆西北部运至云南的珠饰,"很可能就是古代云南—印度那条不被更多人所知的商道"[1]。战国时期,云南使用贝币可能也受印度影响。1996年,考古工作者对云南晋宁县石寨山遗址进行第五次发掘,出土文物中有两件贮贝器极为别致。江川县李家山古墓群还出土有战国贮贝器。贮贝器以其用途而定名,在贮贝器出土时,大部分都盛满货贝海币。李家川遗址出土海贝达300多斤,属环形货贝,来自深海区,充作货币。[2]

印度史诗《摩诃婆罗多》描写班度和俱卢两族争夺王位的斗争,反映印度奴隶社会的生活。其主要故事形成于公元前10世纪,至公元前6世纪或公元前5世纪开始加工,公元最初几世纪趋于定形。其中有数处提到"支那",甚至讲到支那军队参加了和普拉约蒂萨(阿萨密)的军事冲突,反映出由于中印间的交通和交往彼此间信息的互相传递。中国的丝绸至迟在春秋战国时已经传至印度,印度学专家雅各比考证,公元前320年至公元前315年,孔雀王朝旃陀罗笈多王在位时,大臣高底里雅在所撰《政事论》(Arthasastra)一书中不仅提到"支那",而且还提到cinapatta一词,意为"支那地产成捆的丝绢",说明公元前4世纪时,丝已贩运到印度。

考古材料说明春秋战国时期,西藏地区与南亚之间保持着文化上的往来。1990年,中国社会科学院考古研究所和西藏文管会在拉萨曲贡村发掘了一批石室墓。该墓地的碳-14年代为公元前758至前401年。其中出土的一枚铁柄铜镜既是西藏地区发现最早的青铜器,同时也是时代最早的铁器。然而据研究这枚铜镜不是西藏本土产品,而是南亚或中亚地区的输入品。[3]

〔1〕张增祺:《战国至西汉时期滇池区域发现的西亚文物》,见《古代西南丝绸之路研究》(第一辑),四川大学出版社1990年版,第234–244页。

〔2〕佟伟华:《云南石寨山文化贮贝器研究》,载《文物》1999年第9期,第55–64页。

〔3〕中国社会科学院考古研究所西藏工作队、西藏自治区文物管理委员会:《西藏拉萨市曲贡村新石器时代遗址第一次发掘简报》,载《考古》1991年第10期,第873–881页;赵慧民:《西藏曲贡出土的铁柄铜镜的有关问题》,载《考古》1994年第7期,第642–649页;霍巍:《西藏曲贡村石室墓出土的带柄铜镜及其相关问题初探》,载《考古》1994年第7期,第650–661页;汤惠生:《略论青藏高原的旧石器和细石器》,载《考古》1999年第5期,第44–54页。

4.7　春秋战国时期与朝鲜、日本的关系

4.7.1　春秋战国时与朝鲜的关系

4.7.1.1　朝鲜青铜时代和早期铁器时代文化

朝鲜半岛的青铜器时代,大体是在公元前 10 世纪到公元前 5 世纪。朝鲜半岛的琵琶形青铜短剑、突脊曲刀,与中国辽宁所发现的形制一致。居民经营稻作农业,在多处遗址中发现炭化稻米,水稻是从中国传入的,应该是春秋战国时吴越之地的移民带入的。朝鲜半岛的早期铁器时代大体在公元前 4 世纪至公元前后,在庆尚南道金海贝丘等遗址中发现的金海式陶器是在无纹陶器的基础上,吸收了汉式陶器的制作技术而出现的饰绳纹、方格纹的灰陶。出土的陶甑和炭化稻米块表明,随着农业的发达,谷类作物已成为日常的主要食物。[1]

墓葬发现颇多,以石棚和石棺为代表。朝鲜半岛青铜器时代的支石墓,又称墓葬石棚,形制分为南方式和北方式两类。北方式作桌形,即以石板构成的四壁支撑巨大的盖石,主要分布于半岛的中部及其以北,与中国辽宁发现的一致;南方式作棋盘形,上为巨大厚重的盖石,下以数块小石支撑,主要分布于半岛的南部,与中国山东发现的形制一样。战国时代的燕国货币明刀钱,在朝鲜北部各地大量发现,多者一次达千余枚,并有战国式的青铜兵器和铁器等与之共存。这些考古成果证实,在公元前 4 世纪至前 3 世纪,中国的山东、辽宁一带和朝鲜,在文化上确实存在着联系。[2]

战国末期的陶器和铁器在朝鲜北部也有发现。韩国学者指出:"在河北省燕下都发现的灰陶豆、盆、钵、罐、瓮等陶器和铁制农耕工具类遗物,在建平县喀喇沁、朝阳袁台子、奈曼旗沙巴营子、抚顺莲花堡、

---

〔1〕安志敏:《朝鲜青铜时代和早期铁器时代》,收于《中国大百科全书》(考古学),中国大百科全书出版社 1986 年版,第 65 页。

〔2〕陈玉龙等:《汉文化论纲——兼述中朝中日中越文化交流》,北京大学出版社 1993 年版,第 196 页。

沈阳郑家洼子上层、旅大地域牧羊城、高丽寨、尹家村上层、宽甸双山子、渭原龙渊洞、宁边细竹里等遗址连续出土,可以认为这就是战国晚期中原式陶器、铁器生产体系扩散的结果。"[1]

4.7.1.2　战国时燕与朝鲜的关系

战国时期中国东北方的燕国与箕氏朝鲜相邻。根据顾铭学、南昌龙的研究,双方的关系曾经历了三个阶段:(1)燕与古朝鲜的和平交涉;(2)燕与古朝鲜的划疆定界;(3)燕对古朝鲜的领土扩张。鱼豢《魏略》记载:"昔箕子之后朝侯,见周衰,燕自尊为王,欲东略地,朝鲜侯亦自称为王,欲兴兵逆击燕以尊周室。"[2]在燕之朝鲜之间的大片土地即辽东属"天下共主"之周室,[3]燕国欲取之为己有,朝鲜打出"尊周"的旗号欲与燕争夺,制止燕国向东的扩张。但"其大夫礼谏之,乃止。使礼西说燕,燕止之,不攻。"[4]朝鲜大夫礼的劝谏使朝鲜侯放弃了逆击燕的军事行动,礼又出使燕国,使燕国放弃了向东扩张的企图。但后来的情况发生了变化。"后子孙稍骄虐,燕乃遣将秦开攻其西方,取地二千余里,至满潘汗为界,朝鲜遂弱。"[5]朝鲜侯子孙的"骄虐"包括对燕的骄横和对百姓的欺凌,而对燕骄横的表现就是无视燕的存在而向西扩张,因而引起燕向东用兵,直打到满潘汗(即清川江),与朝鲜以此划界分疆,把朝鲜西略的土地占领。后来,燕国势力增长,将领土扩张到朝鲜境内。《史记·朝鲜列传》记载:"自始全燕时,尝略属真番朝鲜,为置吏,筑障塞。"燕略属了属于古朝鲜北部的"真番朝鲜"一地。[6]

---

〔1〕〔韩〕李盛周:《青铜器时代东亚细亚世界体系和韩半岛的文化变动》,载《南方文物》2012年第4期,第160页。

〔2〕《三国志》卷30《东夷传》,裴松之注引《魏略》,第850页。

〔3〕《战国策·燕策一》记载:"苏秦将为纵,北说燕文侯曰:'燕,东有朝鲜、辽东,北有林胡、楼烦,西有云中、九原,南有呼沱、易水,地方二千余里'。"桓宽《盐铁论·伐功篇》云:"燕袭走东胡,辟地千里,度辽东而攻朝鲜。"这些都说明燕国与朝鲜之间,还有辽东。

〔4〕《三国志》卷30《东夷传》,裴松之注引《魏略》,第850页。

〔5〕《三国志》卷30《东夷传》,裴松之注引《魏略》,第850页。

〔6〕参顾铭学、南昌龙:《战国时期燕朝关系的再探讨》,载《社会科学战线》1990年第1期,第192－198页。

4.7.1.3　战国末年燕赵齐人东走朝鲜

战国末年,秦先后击灭东方六国,最终完成了全国统一。在秦灭赵、灭燕、灭齐的过程中,赵、燕、齐之地人东走朝鲜者不少,形成一股中国人向朝鲜半岛移民的浪潮。他们"为了躲避战乱,或由辽东徒步,或由黄海渡船,纷纷逃往常被后人称作'海东'的朝鲜半岛"[1]。

朝鲜在中日之间发挥了中转站的作用,其南端与日本的九州只隔着一个很窄的海峡,非常容易乘船到达。早期中日之间的人员流动通常是经过朝鲜实现的。

4.7.2　中国移民与日本

4.7.2.1　日本诸岛与中国人神话传说中的海上仙山

中国大陆向东是东海、黄海和渤海,浩渺的大海容易引发人们的想象,因此,燕齐之地很早便产生海上仙山的传说。日本与大陆隔着大海,因此在中国上古文献中,日本群岛与海上仙山便联系起来。海上仙山的传说大约起于战国时期,秦朝统一天下后,进入东南沿海地区。秦始皇迷信神仙长生之说,方士们乘机招摇撞骗,因此海上仙山的内容愈益丰富。相传汉武帝时东方朔撰《海内十洲记》中便有对东海仙山的种种幻想:

> 祖洲近在东海之中,地方五百里,去西岸七万里。上有不死之草,草形如菰苗,长三四尺。人已死三日者,以草覆之,皆当时活也,服之令人长生。昔秦始皇大苑中多枉死者横道,有鸟如乌状,衔此草覆死人面,当时起坐而自活也。有司闻奏,始皇遣使者赍草以问北郭鬼谷先生。鬼谷先生云:"此草是东海祖洲上有不死之草,生琼田中,或名为养神芝。其叶似菰苗,丛生,一株可活一人。"始皇于是慨然言曰:"可采得否?"乃使使者徐福发童男童女五百人,率摄楼船等入海寻祖洲,遂不返。福,道士也,字君房,后亦得道云。[2]

---

〔1〕陈尚胜:《中韩交流三千年》,中华书局 1997 年版,第 5 页。
〔2〕〔汉〕东方朔:《海内十洲记》,收入《文渊阁四库全书》第 1042 册《子部·小说家类》,第 274 页。

瀛洲在东海中,地方四千里,大抵是对会稽,去西岸七十万里。上生神芝仙草。又有玉石,高且千丈。出泉如酒,味甘,名之为玉醴泉,饮之,数升辄醉,令人长生。洲上多仙家,风俗似吴人,山川如中国也。[1]

扶桑在东海之东岸,岸直,陆行登岸一万里,东复有碧海。海广狭浩汗,与东海等。水既不咸苦,正作碧色,甘香味美。扶桑在碧海之中,地方万里。上有太帝宫,太真东王父所治处。地多林木,叶皆如桑。又有椹树,长者数千丈,大二千余围。树两两同根偶生,更相依倚,是以名为扶桑。仙人食其椹而一体皆作金光色,飞翔空玄。其树虽大,其叶椹故如中夏之桑也。但椹稀而色赤,九千岁一生实耳,味绝甘香美。地生紫金丸玉,如中夏之瓦石状。真仙灵官,变化万端,盖无常形,亦有能分形为百身为十丈者也。[2]

蓬丘,蓬莱山是也。对东海之东北岸,周回五千里。外别有圆海绕山,圆海水正黑,而谓之冥海也。无风而洪波百丈,不可得往来。上有九老丈人,九天真王宫,盖太上真人所居。唯飞仙有能到其处耳。[3]

《海内十洲记》是古代神话志怪小说集,旧本题汉武帝时东方朔撰。记载汉武帝听西王母说大海中十洲,召东方朔问十洲奇闻。其中保存了不少神话及仙话材料。但所载汉武帝华林园射虎事,据《文选》李善注引《洛阳图经》:"华林园在城内东北隅,魏明帝起名芳林园,齐王芳改为华林。"[4]说明汉武帝时尚无此称,论者以为此书非东方朔所著。《隋书·经籍志》已著录此书,唐代李善注《文选》多次引用其文,可知至迟六朝时已有此书,可能为六朝人托名东方朔之作。其

〔1〕〔汉〕东方朔:《海内十洲记》,收入《文渊阁四库全书》第 1042 册《子部·小说家类》,第 275 页。

〔2〕〔汉〕东方朔:《海内十洲记》,收入《文渊阁四库全书》第 1042 册《子部·小说家类》,第 278 页。

〔3〕〔汉〕东方朔:《海内十洲记》,收入《文渊阁四库全书》第 1042 册《子部·小说家类》,第 279 页。

〔4〕应贞:《晋武帝华林园集诗》。

中对绝域奇闻异物的描写,固不可信。有关海上仙山的神奇迷人的传说,可能是战国秦汉以来燕齐之地方士编造的仙话,这些仙话吸引着大陆中国人对东方茫茫大海的向往和探索。当倭人从东方大海中来到中国,自然便把他与传说中的海上仙山联系起来。

4.7.2.2　吴越移民与日本的稻作农业

中国和日本是一衣带水的邻邦,特殊的地缘关系为两国之间的早期交往带来了便利。但在造船技术和航海水平没有达到一定程度时,大海是人类交往的一大障碍。因此中日之间的正式交往发生很晚。但春秋战国时已有吴越先民在国亡家破后渡海移民到日本。

早期中日之间这种人群的流动从考古材料中能够得到印证。日本从绳文时代过渡到弥生时代,一个重要的表现就是稻作农业的出现。在历时将近一万年的绳纹时代,人们的主要食物来源于渔猎和采集,主要食物是陆地上的野兽和植物果实及水中的鱼和贝。公元前400年出现大规模的稻作农业,弥生时代也从此开始。"这种弥生式文化,很明显的是从一开始就伴有铁器,进行农耕,特别是栽培水稻,因此不能将其看作是由绳文式文化直接发展的结果,无疑是以某种形式受到外来文化的影响而发展起来的。"[1]学术界一般认为,日本的稻作农业是从中国的长江中下游经朝鲜半岛传入的。同时传入的还有青铜器和铁器。稻作农业最早出现于九州岛北部,那里已经发现了许多水田遗址(如福冈县的野多目和板付),后来又传入本州岛。外来文明的影响使日本社会出现了跨越式发展,即跳过铜器时代,直接进入了铁器时代。稻作农业的出现造成了社会的分化,推动日本进入了酋邦阶段。日本稻作农业的出现大概与吴越地区的移民有关。[2]

按照严文明的考古发现和研究,水稻从中国大陆传播到日本列岛的路线应为从长江下游至山东半岛,而后辽东半岛、朝鲜半岛、日本九州,再到日本本州。中国东南沿海地区与日本交通的路线以陆路为主,

〔1〕〔日〕坂本太郎:《日本史》,汪向荣等译,中国社会科学出版社2008年版,第23－24页。
〔2〕张良仁:《农业和文明起源》,载《考古》2011年第5期,第64页。

而兼有短程海路的弧形路线。[1] 日本史学家坂本太郎则认为来自中国北方,他说日本产的稻粒略呈圆形,"这一品种据说和分布于中国北部到中国东北部及朝鲜的相同……它是一种适合在中国北部、东北部、朝鲜寒冷地带栽培的品种,和技术同时经过朝鲜传入北九州","大概是西日本的航海者们在同朝鲜交易的过程中,接触了那里生产的稻米,知道了它的美味,便学会了栽培方法,传到日本的。由于米食适合人们的口味,所以很快就推广到各地"。[2]

4.7.2.3 燕国明刀钱在朝鲜半岛和日本的考古发现

战国时期成书的《山海经》,在《海内北经》中记载:"盖国在钜燕南,倭北。倭属燕。"这是中国古文献最早记载倭人之地理方位与归属的。这一"属"字,非指政治上的从属,而指倭人是通过燕国与中国来往的,这是由燕国的地理位置和当时交通路线决定的。日本通过今朝鲜半岛与中国战国时的燕国有交往,也得到考古资料的证明。在辽宁半岛的营城子、旅顺口牧羊城等地大量出土了燕国的明刀钱,在朝鲜半岛的平安北道的宁边细竹里和渭原、平字南道的大同西江和全罗道的康津等地也发现了燕国的明刀钱,在日本广岛县、冈山县也发现了燕国的明刀币。说明春秋战国时期燕国、朝鲜半岛和日本之间曾经有明刀钱的流通和三国之间经济贸易活动的存在。在中国辽宁、山东和朝鲜半岛发现的支石墓在日本也有发现。

4.8　有关春秋战国时中外交通的传说

东晋王嘉《拾遗记》记载了几则有关东周时与域外交通的传说:

周灵王时,"有韩房者,自渠胥国来,献玉驼高五丈,虎魄凤凰高六尺,火齐镜广三尺,暗中视物如昼,向镜语,则镜中影应声而答。韩房身长一丈,垂发至膝。以丹砂画左右手,如日月盈缺之势,可照百余步。周人见之,如神明矣。灵王末年,亦不知所在"。"浮提之国,献神通善

x

---

〔1〕严文明:《再论中国稻作农业的起源》,载《农业考古》1989 年第 2 期,第 81 页。
〔2〕〔日〕坂本太郎:《日本史》,汪向荣等译,中国社会科学出版社 2008 年版,第 28 页。

书二人,乍老乍少,隐形则出影,闻声则藏形。出肘间金壶四寸,上有五龙之检,封以青泥。壶中有黑汁如淳漆,洒地及石,皆成篆隶科斗之字,记造化人伦之始。佐老子撰《道德经》,垂十万言。……老子曰:'更除其繁紊,存五千言。'及至经成工毕,二人亦不知所在。"张星烺以为"浮提国必即浮屠国之转音,浮图即佛陀也"[1]。

燕昭王时,"七年,沐胥之国来朝,则申毒之一名也。有道术人名尸罗,问其年,云百三十岁。荷锡持瓶,云发其国,五年乃至燕都。善炫惑之术,于其指端出浮屠十层,高三尺,乃诸天神仙,巧丽特绝。人皆长五六分,列幢盖鼓舞,绕塔而行,歌唱之音,如真人矣。尸罗喷水为氛雾,暗数里间。俄而复吹为疾风,氛雾皆止。又吹指上浮屠,渐入云里。又如左耳出青龙,右耳出白虎。始入之时,才一二寸,稍至八九尺。俄而风至云起,即以一手挥之,即龙虎皆入耳中。又张口向日,则见人乘羽盖,驾螭鹄,直入于口内。复以手抑胸上,而闻怀袖之中,轰轰雷声。更张口,则见羽盖螭鹄,相随从口中而出。尸罗常坐日中,渐渐觉其形小,或化为老叟,或为婴儿。倏忽而死,香气盈室。时有清风来,吹之更生,如向之形,咒术炫惑,神性无穷"[2]。

燕昭王时,"八年,卢扶国来朝,渡河万国方至,云其国中山川无恶禽兽,水不扬波,风不折木,人皆寿三百岁。结草为衣,是谓卉服,至死不老,咸知孝让。寿登百岁以上,相敬如至亲之礼。死葬于野外,以香木灵草,瘗掩其尸。闾里助送,号泣之音,动于林谷,河源为之流止,春木为之改色。居丧,水浆不入于口,至死者骨为尘埃,然后乃食。昔大禹随山导川,乃旌其地为无老纯孝之国"。"九年,王思诸神异。有谷将子,学道之人也。言于王曰:'西王母将来游,必语虚无之术。'不逾一年,王母果至,与昭王游于燧林之下,说炎帝钻火之术。"[3]

汤用彤指出:"王子年《拾遗记》文原多亡佚,经梁萧绮搜检残遗,合为一部。其所记燕昭王事,不悉是晋代原文,抑梁时改窜。但其所

[1]〔晋〕王嘉:《拾遗记》卷3,收于《汉魏丛书》,第715页。
[2]〔晋〕王嘉:《拾遗记》卷4,收于《汉魏丛书》,第717页。
[3]〔晋〕王嘉:《拾遗记》卷4,收于《汉魏丛书》,第717页。

记,《晋书》已称其事多诡怪。所谓沐胥之国,印度无此名称。燕昭王时佛化未出天竺。所谓'尸罗荷锡持瓶指出浮屠',影射佛徒已来中国,诚属荒唐不经。按《史记·世家》谓燕昭王卑身厚币以招贤者。《封禅书》则谓其信方士,《水经注》亦谓昭王礼宾,广延方士。此均由招贤事附会而来,因是而起种种诡怪不实之故事也。"[1]《拾遗记》中所记燕昭王时佛徒已入中国事虽不经,然而所记印度善炫人表演的魔术杂技,有声有色,似有一定根据。

4.9 "支那"和"赛里斯"名称的由来

古代印度、波斯、希腊、罗马人称中国为"支那""脂那",这一名称最早见于公元前 5 世纪的波斯文献,在费尔瓦丁神的颂辞中写作 Cini,或 Sāini,古代波斯文中有的写作 Cin,或 Cinistan、Cinastan,与粟特文中的 Cyn 相近。这个名称可能是通过东伊朗语传去的。公元前 550 年,波斯人居鲁士攻灭米底国,建立波斯帝国。后来居鲁士东征,将帝国东界推进到阿姆河两岸的巴克特里亚(汉代中国人称为大夏)。居鲁士之子即位后,一再对东方塞人部落进行征战,把波斯帝国的东北疆域扩大到中亚的锡尔河流域,与葱岭以西塞人游牧地区接壤。这促进了波斯人对中国的了解。

古代印度人最早也称中国为"支那",梵文中写作 Cīna,印度两大史诗《摩诃婆罗多》和《罗摩衍那》都曾提到这个远在北方的支那。两大史诗起源很早,成书过程在公元前 4 世纪至公元 2 世纪间,所以不能确定其具体年代。而月护大王(公元前 320—前 315 年在位)侍臣高底里雅的《政事论》是有年代可考的,书中提到 Cīnapattā,意即"出于支那的成捆的丝"。至迟公元前 4 世纪,印度人已经了解到代表中国的这一名称。

希腊、罗马文献中最初称"Thin",见于公元 80 至 89 年佚名作者完

〔1〕汤用彤:《汉魏两晋南北朝佛教史》,北京大学出版社 1997 年版,第 6 页。

成的《厄立特里亚海航行记》一书。此词拉丁文写作"Sina"，复数为"Sinae"。"Sin"是词根，发音接近中文的"星"；加上词尾"a"，发音为"希那"；加上"ae"，发音为"希内"。后来英文作"China"，法文作"Chine"，意大利文作"Cina"，梵文作"Cīna"，其源皆出拉丁文。梵文这个词后来在佛教经籍中被译为"支那""脂那"或"至那"。支那的本义是什么？有各种解释，如秦、日南、滇、羌、荆（楚）、蚕、丝、绮、褒义的美称等等。

为大多数人所接受的是"秦"和"丝""绮"，春秋时代秦国处于西北，后来秦代统一全国，开展了对外交通，秦之威名通过西域民族和商贩而传入中亚、南亚和西亚，北方和西方的邻族和邻国就称中国为秦，直至汉代匈奴人仍称中国人为"秦人"。先秦时秦国与西域的交通，史料上缺乏详细的记载。张星烺说："秦穆公霸西戎，兼国十二，开地千里。勋业烂然，史无详文。仅于《左传》中一二处，略见其范围之远近而已。其后孝公使太子驷率戎狄九十二国，朝周显王。九十二国之名，竟无一国，传于后世，至可惜也。九十二国所占区域，究若何之广，亦无从知。鄙意秦始皇以前，秦国与西域交通必繁，可无疑义。惜汉初执政者，皆丰沛子弟，悉非秦人。秦国之掌故，鲜能道者，以致秦与西域之交通事迹，史无详文也。"[1]

西方传教士卫匡国于明朝永历九年（1655年）在阿姆斯特丹刊印其《中国新图》，首先提出"支那"即"秦"这一说法。美国汉学家劳费尔（B. Laufer）认为乃马来语之古称，指中国广东沿岸。有人认为"支那"就是丝绸，高底里雅书中已经讲到产于"支那"的丝，秦朝尚未建立，"支那"一词不可能从秦演变而来。法国汉学家伯希和也认为一定为"秦"之译音。称支那为"秦"之译音的说法似乎更有说服力。伯希和指出，秦朝建立虽然晚于高底里雅之书，然而秦之建国始于周平王时代，在公元前700多年。高底里雅之书晚于秦穆公约350年，那时

---

〔1〕张星烺：《中西交通史料汇编》第一册《上古时代中外交通》，第8页。

"秦"之威名早已远扬于印度了。[1] 据《大唐西域记》记载,玄奘答戒日王所问"大唐国"时说:"至那者,前土之国号;大唐者,我君之国称。"[2] 说明所谓"至那"和大唐一样都是国号。"支那"这一名称直至汉晋时还为西域各国所沿用。公元150年前后,希腊地理学家托勒密(Ptolemeus)在他的地理学著作中同时用"支那"(Sinae)和"赛里斯"(Seres)两个名称。

通过中西交通的开展和从遥远的东方传来的丝绸,欧亚大陆上其他地区和文明国家很早都了解到中国的信息。在古代希腊文献中称中国人为"赛里斯",最早记述"赛里斯"的是公元前4世纪的希腊作家克泰夏斯(Ctesias),他说:"据传闻,赛里斯人和北印度人身材高大,甚至可以发现一些身高达十三肘尺的人。他们可以寿逾二百岁。"[3] 肘尺乃法国古代长度单位,指从肘部到中指长,约等于半米。"赛里斯",西文写作"Serice"或"Seres",这个词的原意是"丝国""丝国人",显然希腊人也是用他们所见到的中国产品丝绸来称呼中国和中国人,但他们所谓赛里斯人可能是指从事丝绸贸易的人,不一定是汉地人。有人认为,克泰夏斯这一段文字的真实性令人生疑。不过书即便为后人伪作,书中记述的内容却有真实的成分,克泰夏斯的描述有些荒唐,这种荒唐正是古代希腊人对中国和中国人早期的模糊认识造成的。他提到"赛里斯"这一名称很有意义,说明希腊人很早已有了对中国的了解。公元1世纪的希腊地理学家斯特拉波(Strabon)也记载了赛里斯的地理位置,但他的记载并不准确,大致是指中国与中亚之间的一个地方。到公元1世纪和2世纪罗马作家笔下,"赛里斯"已经是对中国的很普遍的称呼了。

---

〔1〕〔法〕伯希和:《支那名称之起源》,见《西域南海史地考证译丛》(第一卷),冯承钧译,商务印书馆1995年影印本,第36－48页。

〔2〕〔唐〕辩机、玄奘原著,季羡林等校注:《大唐西域记校注》卷5,中华书局2000年版,第436页。

〔3〕戈岱司编:《希腊拉丁作家远东古文献辑录》,耿昇译,中华书局1987年版,第1页。

5　徐福求仙
——秦通四邻与秦人东渡

秦始皇击灭六国,建立秦朝,完成了全国的统一,东亚大陆出现了第一个封建制中央集权大国,为中西交通更大规模的开展奠定了必要的基础。代之而起的汉朝在秦朝大一统局面的基础上,将中外交通推向一个新阶段,从而形成了中外文化交流的第一次高潮。本章先论述秦代与周边的交通和文化交流的开展。

5.1　秦与西域的交通

秦朝统治仅十五年时间,统治者又忙于稳定东方局势,无暇顾及向西部的开拓。因此无论文献记载,还是考古资料,都很少能够说明秦时中国与西域各国各族间的交往和交流,历来中西交通史著作都对此不加论述,或者一笔带过。实际上秦朝在中西交通和交流史上具有特殊的重要意义,主要表现为大一统的局面为汉朝中西交通形成高潮奠定了必要的基础,秦朝完成中原地区的统一,征服南方的百越,无论在西北陆路,还是在南方海路的交通上,都具有奠基和开拓的作用。

秦朝是从春秋、战国时的秦国发展而来的。如前所述,秦于周平王东迁时始建国,地处西陲,自建国之初便与西北戎狄接壤。秦国与戎狄间有过战争,但长期以来秦国统治者主要精力在于与中原各诸侯国的争霸斗争,对于西北戎狄主要处于守势,相互进攻的不多,为彼此间经济文化上的交流提供了良好环境。秦朝建立,"地东至海暨朝鲜,西至临洮、羌中,南至北向户,北据河为塞,并阴山至辽东"[1]。秦与西域交通的咽喉地带,即后世所谓"河西走廊"是多民族杂居之地,根据历史学家的研究,汉初河西居住着羌人、匈奴人、月氏和小月氏人、单桓部人、敦煌(薆)人等,而且各有不同的部落。[2] 秦与诸族基本上和平相处。

秦虽然没有向西域发展势力,但秦国在中国西部的崛起和秦完成全国统一,其声威却远达西域。"秦人"之称呼广播于新疆地区、中亚和南亚。《史记·大宛列传》中记载李广利率领的汉军远征大宛,大宛国人却称汉地人为"秦人"[3]。在伊朗、阿富汗和中亚诸国不少地方,中国人至今仍被称为"秦人"。[4] 在印地语(北印度语,印欧语系印度–伊朗语族中印度–雅利安语支下的一种语言)称中国为"秦"。新疆拜城县保存至今的东汉时期摩崖刻石中还按传统称"秦人孟伯山"[5]。

史书上虽不见有关秦与西域官方的往来,但有史料说明,彼此之间有人进行着贸易活动。《史记·货殖列传》记载:"乌氏倮畜牧,及众,斥卖,求奇缯物,间献遗戎王。戎王什倍其偿,与之畜,畜至用谷量马牛。秦始皇帝令倮比封君,以时与列臣朝请。"据《史记集解》引韦昭曰:"乌氏,县名,属安定。倮,名也。"《史记正义》则云乌氏县"古城在泾州安定县东四十里"。泾州安定县在秦时属边境地区。倮是人名,所以《史记》同传说他"鄙人牧长"[6]。《史记》中所谓西戎,是西北戎族的总称,分布在黄河上游和甘肃西北部。这段记载是说乌氏人倮从事畜牧,贩卖马牛,换取中原之丝织品,又将丝织品献于戎王,戎王则偿

〔1〕《史记》卷6《秦始皇本纪》,第239页。

〔2〕王宗维:《汉代丝绸之路的咽喉——河西路》,昆仑出版社2001年版,第155页。

〔3〕《史记》卷123《大宛列传》,第3177页。

〔4〕2014年,中国敦煌吐鲁番学会丝绸之路专业委员会组织了境外丝绸之路考察活动,笔者有幸参加。8月12日至9月1日,赴土耳其、希腊、意大利、梵蒂冈、荷兰等国;10月2日起至15日,赴伊朗和乌兹别克斯坦;11月18日至12月3日,赴中亚土库曼斯坦、哈萨克斯坦、吉尔吉斯斯坦和塔吉克斯坦。其间时时听到诸国人仍以"秦"或"契丹"称呼中国人。

〔5〕王炳华:《丝绸之路新疆考古研究》,见氏著《丝绸之路考古研究》,新疆人民出版社2009年版,第7页。

〔6〕《史记》卷129《货殖列传》,第3260页。

之以十倍的牛羊。乌氏倮因此成为巨富,秦始皇以封君视之,请参与朝事。这件事说明秦代的丝织品通过私人贩运传至西北戎人部落。

秦代器物也有向更远的西域地区传播的迹象。据苏联考古学家鲁金科介绍,在阿尔泰山北麓巴泽雷克 3 号墓发现有花纹的丝织品,制作精美。在 6 号墓出土一面中国铜镜,白色金属制成,镜体已经损坏。日本学者梅原末治曾把中国汉代以前的铜镜分为战国式和秦式镜两种类型,此镜乃秦式镜的变形之一。他认为此铜镜的年代至迟不晚于公元前 4 世纪。阿尔泰山西麓的一个墓室中曾出土过形制相同的镜子。古阿尔泰部落居于中亚地区,在这里发现的中国丝织品和铜镜,反映了秦时中亚与中国中原地区经济文化上的联系。[1]

20 世纪 70 年代中期至 80 年代前期,考古工作者对秦咸阳城遗址进行了大规模的发掘,在第三号宫殿基址发现大面积壁画,其中有葡萄内容。秦与西域邻近,葡萄是西域特产,传入秦国和秦朝都是有可能的。李时珍《本草纲目·果部》云:"葡萄,《汉书》作蒲桃……《汉书》言张骞使西域还,始得此种。而《神农本草》已有葡萄,则汉前陇西旧有,但未入关耳。"[2]汉以前陇西已有葡萄,陇西地近秦国都,葡萄传入秦国或秦朝首都咸阳当有可能。李斯上秦王《谏逐客书》中有云:"今陛下致昆山之玉,有随和之宝。"又云:"必秦国之所生然后可,则是夜光之璧不饰朝廷,犀象之器不为玩好。"[3]昆山之玉、夜光之璧来自西域。此书虽上于秦朝建立之前,而秦时也应源源不断地输入。传说中西域刻玉工人和画工来到秦朝。王嘉《拾遗记》记载:

> 始皇元年,骞霄国献刻玉、善画工,名裔。使含丹青以漱地,即成魑魅及诡怪群物之象。刻玉为百兽之形,毛发宛若真矣。皆名其臆前,记以日月。工人以指画地,长百丈,直如绳墨,方寸之内,画以四渎五岳列国之图。又画为龙凤骞翥若飞,皆不可点睛,或点

〔1〕〔日〕梅原末治:《汉以前的古镜的研究》,日本京都,1935 年;〔苏联〕鲁金科:《论中国与阿尔泰部落的古代关系》,见《考古学报》1957 年第 2 期,第 39 页。

〔2〕〔明〕李时珍:《本草纲目》卷 33《果部》,中医古籍出版社 1994 年版,第 801 页。

〔3〕〔南朝·梁〕萧统编:《文选》卷 39,上海书店 1988 年版,第 542 页。

之，必飞走也。始皇嗟曰："刻画之形，何得飞走？"使以淳漆，各点两玉虎一眼睛。旬日则失之，不知所在。山泽之人云，见二白虎，各无一目，相随而行，毛色相似，异于常见者。至明年，西方献两白虎，各无一目。始皇发槛视之，疑是先所失者，乃刺杀之，检其胸前，果是元年所刻玉虎。迄胡亥之灭，宝剑神物，随时散乱也。[1]

如果剔除此段记载中一些夸张的成分，其中所反映的西域进献工艺匠人善于雕刻玉器和绘画，有一定的真实性。新疆于阗是产玉之地，其地当有善于雕刻玉器的工匠艺人，秦国和秦朝都城咸阳地近西域，西域刻玉画工入秦，应该是有可能的。同书又记载：

始皇好神仙之事，有宛渠之民，乘螺舟而至。舟形似螺，沉行海底，而水不浸入，一名沦波舟。其国人长十丈，编鸟兽之毛以蔽形。始皇与之语及天地初开之时，了如亲睹。曰："臣少时蹑虚却行，日游万里，及其老朽也，坐见天地之外事。臣国在咸池日没之所九万里。以万岁为一日。俗多阴雾，遇见晴日，则天豁然云裂，耿若江汉，则有玄龙黑凤，翻翔而下。及夜，燃石以继日光。此石出燃山，其土石皆自光澈，扣之则碎，状如粟，一粒辉映一堂。昔炎帝始变生食，用此火也。国人今献此石，或有投其石于溪涧中，则沸沫流于数十里。名其水为焦渊。臣国去轩辕之丘十万里。少典之子采首山之铜，铸为大鼎。臣先望其国，其金火气动，奔而往视之，三鼎已成。又见冀州有异气，应有圣人生，果有庆都生尧。又见赤云入于丰镐，走而往视，果有丹雀瑞昌之符。"始皇曰："此神人也。"弥信仙术焉。始皇起云明台，穷四方之珍木，搜天下之巧工，南得烟丘碧树，郦水燃沙，贡都朱泥，云冈素竹；东得葱峦锦柏，漂檖龙松，寒河星柘，岊云之梓；西得漏海浮金，狼渊羽垩，涤嶂霞桑，沉塘员筹；北得冥阜干漆，阴坂文梓，襄流黑魄，暗海香琼，珍异是集。二人腾虚缘木，挥斧斤于空中。子时起工，午时已毕。秦人谓之子午台。亦言于子午之地，各起一台。二说疑也。

〔1〕〔晋〕王嘉：《拾遗记》卷4，收于《汉魏丛书》，第717页。

此段虽凭虚之说,难可信据,而"国在咸池日没之所九万里",出于对西域的想象,应有一定的现实基础。释道安、朱士行等人撰佛经目录书记载:"秦始皇之时,有外国沙门释利防等一十八贤者,赍持佛经来化。始皇弗从[1],遂因禁之。夜有金刚丈六人来破狱出之。始皇惊怖,稽首谢焉。"意谓秦时已有西域僧人来中国传教,此事有的学者以为可信,有的学者以为太远于事实,姑且存疑。[2]

5.2 秦朝与南海诸国的交通

5.2.1 秦时与越南北方的关系

秦降服闽浙一带越族后,又于秦始皇三十三年(公元前214年),征服了南方的百越(今广东、广西以及越南中部和北部地区),在南方沿海建立了南海、桂林、象等郡,政治势力达到了南方滨海地区。今越南北部和中部进入秦朝势力范围,中国文化随之出现了南被的趋向。《交州外域传》云:"秦余徙民,染同夷化;日南旧风,变易俱尽。"[3]

秦汉之际,交趾地区的文化由于汉文化的南传更有长足的进步。秦时慈廉州人李翁仲入咸阳学习经书,佐秦始皇修筑长城,任职校尉。将兵至临洮,威震匈奴。同时,越地的特产也进入中原地区。据《淮南子·人间训》记载,秦始皇之所以发卒50万,与越人战,原因就是"利越之犀角、象齿、翡翠、珠玑"[4]。秦征服百越后,这些珍异之物自然成为当地对中原政权的贡品。随着秦的势力进入南方沿海地区,秦时中国通过海路与沿海国家的交通有了新的发展。《史记·秦始皇本纪》记载,秦朝"发诸尝逋亡人、赘婿、贾人略取陆梁地,为桂林、象郡、南

---

〔1〕〔唐〕释道世撰,周叔迦,苏晋仁校注:《法苑珠林校注》卷12,中华书局2003年版,第436
-437页。

〔2〕汤用彤:《汉魏两晋南北朝佛教史》,北京大学出版社1997年版,第7页。

〔3〕〔北魏〕郦道元著,陈桥驿校证:《水经注校证》卷36,中华书局2013年版,第797页。

〔4〕〔西汉〕刘安:《淮南子》卷18《人间训》,收于《二十二子》,上海古籍出版社1986年版,第1293页。

海,以适遣戍"[1]。其中有大批商贾到南海和象郡,为后来丝绸之路交趾道以及海上丝路贸易提供了大批善于经商的人才,中原农耕文化与东南海洋文化有了更多的接触和交流。秦时中国金属工具已经通过长江流域传入交趾。越南北部东山文化遗址考古发现的青铜器物中,兵器占多数,有剑、盾、匕首、刀、矛、戈、箭镞、靴形斧、钺等,都具有中国秦汉时代兵器的风格。[2]

5.2.2 秦与南海诸国的联系

中国先民很早就开始了征服海洋的活动,这种活动最初是沿海地区与近海岛屿之间的短距离漂流。随着航海能力的提高,则有了更远的航行。浙江余姚河姆渡新石器遗址发现六支木桨,还出土了一只"夹碳黑陶舟",模拟陶舟呈半月形梭状,两头尖,与后世出土的独木舟形状相似,分明是当时先民所造独木舟形状的反映。遗址中发现大量的有段石锛,考古学家认为,这是新石器时代专门用来制造独木舟的造船工具,所谓"刳木为舟"。这种有段石锛曾向海外扩散,在晚于河姆渡文化的浙江沿海、近海的舟山群岛、台湾和更为遥远的菲律宾、北婆罗洲、印尼的苏拉威西岛和太平洋波利尼西亚群岛的新石器时代遗址中均有发现,人们认为这是河姆渡文化通过赤道逆流的漂航向海外扩散的物证。山东大汶口和西夏侯两组遗址出土的人骨测量,浙江河姆渡遗址的人骨鉴定,证明这些地区的远古居民具有波利尼西亚人的因素,说明波利尼西亚人的远祖来自中国东南地区,他们在向外迁移的过程中,把有段石锛这种石器传播到各地。波利尼西亚人与马来人有某种亲缘关系,是太平洋上著名的航海民族。他们向太平洋诸岛迁移和有段石锛传播的路线大约是,从中国东南地区沿海航行,或越海漂流,首先传至中国台湾、菲律宾、北婆罗洲和苏拉威西,然后由波利尼西亚人传播到波利尼西亚群岛和新西兰等处。这说明早在7000年前的新石器时代,我国先民已经开始了原始的航海活动。

---

〔1〕《史记》卷6《秦始皇本纪》,第253页。

〔2〕王民同:《东南亚史前文化述略》,载《昆明师范学院学报》1983年第1期,第27页。

上古浮海工具除了独木舟,还有桴,即筏。传说"伏羲氏始乘桴",后来人们"观落叶因以为舟"。独木舟发展为尖底木板船,由筏则发展为平底木板船。有了船,人们又逐渐发明了帆、橹和舵。《竹书纪年》记载,夏朝帝芒"十三年冬,狩于海,获大鱼"[1]。《诗经·商颂·玄鸟》云:"相土烈烈,海外有截。"[2]相是商汤的第十一世祖,这句是说夏统治下的商部落势力已经扩展到海外。春秋时,我国造船水平有了更大的提高,孔子曾说:"道不行,乘桴浮于海。"[3]应该有其一定的生活基础。《越绝书》记载吴王阖闾与伍子胥谈到吴国水师中的各种兵船和大小,其中有"大翼""小翼""突冒""楼舼""桥舼"等。还写到越人"以舟为车,以楫为马,往若飘风,去则难从"[4]。越国有戈船和楼船,越灭吴国,迁都琅琊,戈船300艘,载8000士卒,战船浩浩荡荡。

古代中国人把东南亚至印度洋中诸岛国划分为"东洋"与"西洋",从中国福建、广东沿海出发,渡东海至台湾或吕宋,顺菲律宾列岛南航,至婆罗洲。这条沿西太平洋诸岛的航线所经诸地被称为"东洋";从中国南海港口出发,沿大陆海岸南行,过印度支那半岛,所经诸地被称为"西洋"。秦代以前,中国人的海上交通似乎顺东洋航路发展较早,而向西洋航路发展较迟。秦平百越,水军取道海上直趋今顺化沿海地区,置象郡,为古代中越海上交通开辟了一条新的途径。考古资料说明秦于南方沿海置郡之后,也积极发展南海海上交通。1974年,广州发现一处秦末汉初的造船工场遗址,距今约2190年。从该造船场遗址的发掘和考察来看,工场规模巨大,估计当时中国已能造宽6~8公尺、长30公尺、载重50~60吨的木船,中国船舶已经具备在南海进行近海远航的能力。[5]

---

〔1〕〔清〕徐文靖:《竹书纪年统笺》卷4,收于《二十二子》,第1058页。

〔2〕〔南宋〕朱熹集注:《诗集传》卷20,第245页。

〔3〕杨伯峻译注:《论语译注》,中华书局1980年版,第43页。

〔4〕张仲清译注:《越绝收译注》,人民出版社2009年版。

〔5〕广州文管处、中山大学:《广州秦汉造船工场遗址试掘》,载《文物》1977年第4期;高玮:《秦汉造船业的考古发现》,见中国社会科学院考古研究所编《新中国的考古发现与研究》,文物出版社1984年版,第479-481页。

虽然秦时南海航行的具体情况没有材料能够说明,秦时中国通过海路与南海诸国进行交通和交流却有迹可循。李斯《谏逐客书》说秦始皇:"必秦国之所生然后可,则夜光之璧不饰朝廷;犀象之器不为玩好。"[1]所谓夜光璧和犀象之器即犀牛角、象牙制品等,皆非中国所产,显然秦有从域外获此等物品之渠道,这些物品又当从南海海道而来。从民族学角度看,菲律宾民族主要有两大人群,即尼格里多人(Negritos)和马来人(Malays),这些人群的祖先绝大部分都是来自中国大陆,或者说与华南民族有血缘关系。研究菲律宾民族学的刘芝田认为,中菲民族相同的文化特质多达63种,如以鼻箫取悦情人、独柄风箱的使用、服役婚的通行、少女房试婚制、干栏建筑、铜鼓和铜锣、文身、猎首与食人肉、梯田文化、瓷葬风俗、染齿、刀耕火种等。他的结论是"菲岛民族的渊源所自,其先世十之八九是来自中国大陆,可能是没有多大疑问的"[2]。许多学者指出,菲律宾伊戈律族(Igorots)与中国南部的古代民族革佬族(或称仡佬、葛佬、仡僚)和台湾高山族同属一个民族系统,伊戈律族大约是在秦、汉时代开始直接从中国大陆或经由台湾岛移居菲律宾的。考古学家在马来西亚柔佛河流域发掘的古代文物中,有许多中国秦汉陶器的残片[3] 这种情况说明秦时中国海船可能已经将自己的航线扩展到马来半岛的南端。当然这种传播也可能是通过东南亚诸岛屿上居民的航海活动完成的。

秦时地处北非的托勒密王朝已经了解到中国的信息。公元前4世纪下半叶,亚历山大东征,占领了埃及,并于公元前332年建立了亚历山大里亚城。后来其部将托勒密割据埃及和周边地区,建立了托勒密王朝,至公元前30年,托勒密王朝为罗马人所灭。在这一时期,埃及成为古代地中海—红海—印度洋贸易的枢纽地区。托勒密二世(公元前285—前246年)修复了尼罗河至红海的运河,从此亚里山大里亚的船只便可以直接进入红海。据希腊地理学家斯特拉波《地理书》的记述,

---

〔1〕〔南朝·梁〕萧统编:《文选》卷39,上海书店1988年版,第542页。
〔2〕刘芝田:《菲律宾民族的渊源》,香港,1970年,第30–57页。
〔3〕简斋:《汉唐的陶瓷器》,载《南洋文摘》1960年第12期。

由于海上贸易的发展,亚历山大里亚迅速成为地中海地区商业、文化中心,"它有优良的海港,所以是埃及的唯一海上贸易地。而它之所以也是埃及的唯一的陆上贸易地,则因为一切货物都方便地从河上运来,聚集在这个世界上最大的市场"[1]。亚历山大里亚城的建立和繁荣,为东西方海上贸易和增进东西方彼此的了解起到了推动作用。在亚里山大里亚建立后约一个世纪,东方秦朝完成了中国的统一,威名远播,秦之国名经海路传至亚历山大里亚。公元1世纪,居住在埃及亚历山大里亚的一位操希腊语的船长抑或商人撰写了《厄立特里亚海航行记》一书,第一次记载了遥远东方的秦国,并说大洋就止于秦,还记载秦之北方有一座大城市,叫作秦尼(指咸阳或长安),秦尼所产的丝织成的绸缎经陆路过大夏而达印度。[2]

5.3　秦民东渡与徐福入海

5.3.1　中国文献关于徐福东渡的记载

秦朝建立,为了躲避秦王朝的暴政,不少人逃入朝鲜半岛。秦汉之际,不少秦民为躲避秦朝苛政和中原战乱,纷纷"走海东"来到朝鲜半岛,"陈胜等起,天下叛秦,燕、齐、赵民避地朝鲜数万口"[3]。一些人经过朝鲜半岛移民到日本,也有一些中国人直接从海路到日本。

徐福东渡的传说反映了那个时期中国人渡海到日本的情况,但关于徐福东渡的故事,历来疑信参半。徐福,史书中又称徐市。徐福东渡的传说,最初记载见于司马迁《史记·秦始皇本纪》,秦始皇二十八年(前219年),"齐人徐市等上书,言海中有三神山,名曰蓬莱、方丈、瀛洲,仙人居之。请得斋戒,与童男女求之。于是遣徐市发童男女数千人,入海求仙人"[4]。徐福骗得秦始皇的信任,领数千童男、童女入海

〔1〕转引自何芳川:《古今东西之间》,广西师范大学出版社2008年版。
〔2〕〔法〕戈岱司编:《希腊拉丁作家远东古文献辑录》,耿昇译,中华书局1987年版,第18页。
〔3〕〔西晋〕陈寿:《三国志》卷30《魏志·东夷传》,中华书局1959年版,第848页。
〔4〕《史记》卷6《秦始皇本纪》,第247-248页。

求仙。今江苏连云港赣榆县金山乡徐阜村被认为是徐福的故乡。

海上三神山之说，战国时已在燕齐之地流行，燕齐国君皆曾派人寻找，秦始皇是蹑其迹而行之。《史记·封禅书》记载："自威、宣、燕昭，使人入海求蓬莱、方丈、瀛洲。此三神山者，其传在勃海中，去人不远，患且至，则船风引而去。盖尝有至者，诸仙人及不死之药在焉。其物禽兽尽白，而黄金银为宫阙。未至，望之如云；及到，三神山反居水下。临之，风辄引去，终莫能至云。世主莫不甘心焉。及至秦始皇并天下，至海上，则方士言之不可胜数。始皇自以为至海上而恐不及矣，使人乃赍童男女入海求之。"求之不得，求之者解释："船交海中，皆以风为解，曰未能至，望见之焉。"[1]《史记·秦始皇本纪》记载，秦始皇三十七年（前210年）始皇东巡，至琅琊，"方士徐市等人入海求神药，数岁不得，费多，恐谴，乃诈曰：'蓬莱药可得，然常为大鲛鱼所苦，故不得至，愿请善射与俱，见则连弩射之。'"[2]徐福入海寻求仙药，耗费巨大却无成效，害怕秦始皇惩罚，谎鲛鱼当道，希望武装随行，再度入海。《史记·淮南衡山列传》记载伍被向淮南王刘安讲述秦时故事，详细记载了徐福向秦始皇的汇报。记载了他与海神的问答、从东南来到蓬莱仙山以及海神要童男女等礼物，这些"伪辞"、蒙骗了秦始皇。遣童男女三千人随行，还携带谷种以及百工，徐福入海，"得平原广泽，止王不来"[3]。

徐福所得"平原广泽"地在何处？《三国志》与《后汉书》都记载徐福滞留亶洲。三国时吴国濒海，重视开拓海上交通。吴国的船队已经远抵夷洲、亶洲。《三国志·吴书·孙权传》记载，黄龙二年（230年），吴国派遣将军卫温、诸葛直将领甲士万人，浮海求夷洲及亶洲，还延续了徐福入海的故事传说——徐福率领童男女数千人入海，止洲不还。《三国志》记载徐福滞留的地方是亶洲。亶洲与夷洲属同一方向，都在中国东南外海中，并且相距也不会太远。夷洲即台湾，而亶洲有人认为

〔1〕《史记》卷28《封禅书》，第1369 - 1370页。

〔2〕《史记》卷6《秦始皇本纪》，第263页。

〔3〕《史记》卷118《淮南衡山列传》，第3086页。

就是倭国,即日本。根据《三国志》和《后汉书》的记载,当时中国人关于倭国方位的认识,认为就在中国东南外海之中。《三国志·魏书》云:"计其道里,当在会稽、东冶之东。"《三国志》卷30《魏书·倭人传》,第855页。《后汉书·东夷列传》也记载,其方位"大较在会稽、东冶之东"[1]。《后汉书·倭传》中还增加了徐福滞留亶洲后"世世相承,有数万家",亶洲与会稽、东冶有往来,徐福的后代时常到浙江会稽来,会稽、东冶的人也有入海遭风漂流到亶洲的。[2]

五代僧人义楚《释氏六帖》"国城州市部"中明确说徐福入海,滞留的地点就是倭国。并说倭国"人物一如长安",东北有一座山,名叫富士山,徐福称它为蓬莱山。后代至今还自称是秦人。义楚关于徐福滞留日本的说法,既有他本人对关于徐福传说的理解,还来自他的好友、日本醍醐时代僧人宽辅。宽辅法号弘顺大师,后唐天成二年(公元927年)来中国,与义楚交往密切。至宋代关于徐福到日本的说法已经很普遍,甚至成为文人们诗词吟咏的内容,被赋予了更多的细节。欧阳修《日本刀歌》诗不但肯定了徐福东渡的滞留地是日本,而且还将徐福东渡的传说与秦始皇焚书坑儒联系起来,认为正是徐福在秦始皇焚书之前赍书东渡,使日本保存了中国失佚的《尚书》百篇,"徐福行时书未焚,逸书百篇今尚存。令严不许传中国,举世无人识古文"[3]。这种"赍书说"也许是当时已经流行的传说,也许是出于欧阳修的艺术想象,本不足信,但在日本却产生了影响。1339年,日本南朝重臣北亲房著《神皇正统记》,就将《日本刀歌》所记徐福赍书东渡日本说当作信史加以记载,并且认为"孔子全经"因此"唯存日本矣"。日本学者铃木贞一深入研究了据说是中国先秦时的典籍《宫下文书》,统计出徐福当年携带到日本的书籍共有儒家经书1850卷,其他典籍1800卷,大致囊括了当时中国所有的重要典籍。

---

〔1〕《后汉书》卷84《东夷列传》,第2820页。

〔2〕《后汉书》卷84《东夷列传》,第2822页。

〔3〕〔宋〕欧阳修:《居士外集》卷4,见《欧阳修全集》,中国书店1986年版,第372页。

5.3.2 日本关于徐福东渡的传说

　　日本史书关于徐福的传说记载比较晚,但更为丰富。成书于8世纪的《古事记》和《日本书纪》有关于早期秦民东渡日本的记载,没有关于徐福的传说。日本记载徐福传说的最早文献,可能就是北亲房的《神皇正统记》。此后徐福东渡的传说便流传起来,收录徐福传说的书籍也多了起来。在日本不仅有文献记载,还有"文物遗迹",内容也更为具体。

　　北亲房的《神皇正统记》记述从神代起到后村天皇(1340年)为止的历史,"孝灵天皇"条记载:"四十五年乙卯(公元前246年)秦始皇即位,始皇好神仙,求长生不死之药于日本,日本欲得彼国之五帝三王遗书,始皇乃悉送之。其后三十五年,彼国因焚书坑儒,孔子之全经遂存于日本。"林罗山之《罗山文集》云:"徐福之来日本,在焚书坑儒之前六七年矣。"松下见林之《异称日本传》云:"夷洲、澶洲皆称日本海岛,相传纪伊国熊野山下飞岛之地有徐福坟。"又曰:"熊野,新宫东南有蓬莱山,山有徐福祠。"新井君美之《同文通考》云:"今熊野附近有地曰秦住,土人相传为徐福居住之旧地。由此七八里有徐福祠,其间古迹参差,相传为其家臣之冢。……且又有秦姓诸氏,则秦人之来住乃必然之事也。"

　　日本和歌山之《和歌山县史迹名所志》云:"秦徐福之墓在新宫町,墓前有石碑,上刻'秦徐福之墓'五字,传为李梅溪所书。……又徐福所求不老不死之仙药地在蓬莱山,在由此向东三町许之地,树木苍郁繁茂,山形如盆,自成仙境之观焉。"和歌山县还成立了"徐福史迹保胜会",1930年,举行"徐福来朝二千年祭"。野畸左文之《日本名胜地志》,仁井田好古之《徐福碑》,高谷濑夫之《日本史》,栗山周一之《日本阙史时代研究》以及《孝灵通鉴》《纪伊续风土记》等均记有徐福东渡之事。明治初年中国驻日公使参赞黄遵宪之《日本杂事诗》,其后中国驻日公使黎庶昌之《访徐福墓记》,都说徐福东渡日本遗迹犹存,秦姓诸氏仍生息于该地,日本史学界与考古学界称之为"铜铎文化时代",

是秦汉之际中国大陆与日本列岛发生十分密切的历史文化联系之铁证。[1]

据日本关于徐福的传说,徐福是在日本纪州熊野的新宫(今和歌山县新宫市)登岸。至今新宫市还有徐福墓和徐福祠,今称徐福神社,每年11月28日是举行徐福祭的日子。在祭祀活动中,一些地方街头扎上彩带,男女老幼手提彩灯,有的还身着印有汉字"徐福"的和服,以表示对这位前贤的怀念。徐福墓和徐福祠建造的时间,已经无法考证。1368年,日本僧人绝海中津来到中国,他觐见明太祖朱元璋时,赋诗云:"熊野峰前徐福祠。"可见在此之前,熊野已有徐福祠,有祠也该有墓。日本人感激徐福,甚至奉为"司农耕神""司药神",认为徐福率领童男童女来到日本,还有随行的百工,并且带来了五谷种子和先进的生产农具、生产技术以及医术药物,对日本社会的发展做出了重要贡献。

5.3.3　徐福传说与秦民东渡

关于徐福东渡传说的真实性,有如下几点。首先,徐福入海的故事为《史记》最早记载,而且在《史记》中不止一次提及。后来的《三国志》和《后汉书》也同样将此事当作信史加以记录,更加明确地提出了徐福的滞留地就是会稽、东冶海外的亶洲。这些都告诉我们这个故事并不完全是无稽之谈。其次,结合《三国志》的《吴书·孙权传》《魏书·倭人传》和《后汉书·东夷列传》的记载来看,亶洲的方位与倭国的方位都在中国会稽、东冶以东海外,从逻辑上推论,亶洲当属倭国或倭国的一部分。再次,徐福为秦琅琊郡人氏,地近沿海,熟悉海事。徐福入海得到秦始皇的许可和支持,他可以假天子之令,这为他入海之事提供了很大的方便。春秋战国以来先民们的渡海活动,会为秦民东渡提供一些经验教训。2000多年前的东海与黄海,由于大陆漂移的缘故,并没有今天这样宽阔。尽管当时的造船技术还很落后,渡过并不十

---

[1]参王辑五:《中国日本交通史》,上海书店1984年版,第9－19页;张碧波:《日本民族与文化渊源考略》,载《黑龙江民族丛刊》2005年第4期,第120－121页。

分宽阔的东海或黄海,虽有风险,也是有可能的。

虽然徐福东渡很难成为信史,但传说也在不同程度上反映着历史。我们应该将徐福东渡的传说,放置在秦民东渡这样一个大背景中去考察。日本学者神田秀夫的《日本的中国文化》一书注意到了中国古代难民东渡问题。据他考察,早在中国春秋末年和战国时期,随着越王勾践灭吴和楚威王灭越事件的发生,就有大量难民乘船东渡,虽然当时的航海技术和造船技术都很落后,但在这些难民中,就已经有一部分人到达了日本的九州。秦朝的苛政和秦末战乱导致了大规模的移民浪潮,即所谓"秦民走海东""秦民东渡"。秦末大起义时从秦、燕、齐地避难朝鲜的秦民多达数万口。由此可以推断,当时秦民入海到日本避难也为数不少。日本典籍如《古事记》《日本书纪》《新撰姓氏录》和《古语拾遗》等,都对当时的秦民东渡以及一些移民情况做了记载。从这个角度来讲,徐福东渡日本可以视作这股难民东渡潮中的一个象征性和事例。

徐福东渡是一个反映中日交往的古老传说,这个传说夹杂着历史真实与合乎逻辑的推理,是经过若干世纪才逐渐创作出来的。徐福东渡日本的传说,其内容的真实性并不是最重要的。也许徐福没有真的到达日本,也许日本的徐福墓、徐福祠都不是真实的,更有可能徐福只是日本的中国移民传说的一个缩影。

5.4 秦人胡服骑射

古代活跃在欧亚大草原的游牧民族和中国北方草原民族都有优良战马和骑射技术,中国中原地区很早就向这些游牧民族学习骑射。历史上著名的"胡服骑射"故事发生在战国时赵国。《战国策·赵策二》记载赵武灵王为了对付北方匈奴骑兵,说:"今吾将胡服骑射以教百姓。"[1]他的改革遭到保守派的反对。《史记·赵世家》记载,赵武

---

〔1〕郭人民:《战国策校注系年》"武灵王平昼章",中州古籍出版社1988年版,第372页。

灵王与楼缓谋:"吾欲胡服。"得到楼缓的支持,但"群臣皆不欲"[1]。过去认为,"胡服"只限于赵国的各级官吏和骑兵,"骑射"实行的范围仅限于赵国西北边境地带,这里曾是赵国和匈奴相连接之地。

实际上推行胡服骑射者并不是只有赵国,秦始皇统一天下的过程中和建立秦朝后,也实行胡服骑射。考古发现的著名的秦兵马俑,骑兵都穿着北方少数民族的服装。赵武灵王"胡服骑射"的形制,由于缺乏形象资料,在认识上看法不同。王国维《胡服考》认为"胡服之入中国,始于赵武灵王"。他考证胡服形制是惠文冠、具带、履靴,上褶下袴。就是唐代的袴褶之服。从唐墓出土的壁画、陶俑、三彩俑等形象来看,褶服为圆领、右衽,双襟掩于胸的右侧,腰束革带,衣长及膝。他还指出,战国时并不是只有赵国胡服骑射,其他诸侯国也有,如楚国。《楚辞·大招》云:"小腰秀颈,若鲜卑只。"《战国策·齐策》中的田单"大冠若箕"[2]。

秦国和秦王朝曾与北方的匈奴长期作战,秦人也借鉴赵武灵王的经验,向匈奴学习。秦始皇陵兵马俑坑出土的骑兵鞍马俑形象反映出秦骑兵的特点,从二号坑出土的骑兵俑服饰上也可能看到秦军胡服骑射的证据。秦骑兵俑头戴圆形小帽,身穿交领右衽,双襟交掩于胸前的上衣,左压右,左侧的襟边垂直于胸的右侧,衣长齐膝,袖长达于手腕,窄袖口,腰束革带,领、襟、袖口都镶着彩色缘边,与上述胡服形制十分接近。不同的是胡服没有配甲衣,而秦骑兵则把甲衣与胡服糅合在一起。其甲衣由125片固定与活动的甲片组成[3]。肩无披膊装束,手无护甲遮掩,既保留了行动灵活,又具备了安全性能。下穿紧口连裆长裤,足登短靴。这些表明这种服装完全是从骑兵的特点而考虑设计的,既吸收了胡服的特点便于骑射,又从实战出发加强了防护功能。

---

〔1〕《史记》卷43《赵世家》,第1806页。

〔2〕王国维:《观堂集林》卷22,中华书局1959年版,第1069-1077页。

〔3〕参袁仲一:《秦始皇陵兵马俑研究》,文物出版社1990年版;张涛:《试论秦骑兵的渊源、发展及其特点》,http://www.reader8.cn/data/2008/0803/article_146150.html;孙德润:《由咸阳骑马俑说起战国秦骑兵》,载《考古与文物》1996年第5期。

6　史迹存疑

　　追溯中外文化交流的早期发展,其源头处有一些可疑的史迹,需要经过进一步的研究才能做出更加明确的论断。事实上远古文化传播与交流的历史,有的内容可能永远都是谜了。

　　印度河流域发掘出来的古城哈拉巴(Harappa)和摩亨佐达鲁(Mohenjodaro)中出土的古陶,与中国甘肃出土的史前的彩陶有一些相似之处。[1] 季羡林先生认为,二者之间可能有某种渊源关系。那么是否存在互相传播和影响? 如果存在,这种传播和影响又是怎样发生的?

　　古代埃及、波斯、阿拉伯、中国、印度天文学中都有"二十八宿"之说,中国和印度的二十八宿之说产生最早。印度和中国两国之二十八宿每一个都有具体的名字,据研究是同源的。那么二十八宿最早起源于何处? 有人以为起源于印度,有人以为起源于中国,也有人以为起源于巴比伦。德国学者伊德那最早认为二十八宿是中国人为了追踪月球在恒星间的运行,以显著星象为目标而设立的二十八个标准点。1840 年,俾俄明确主张二十八宿起源于中国。中国学者竺可桢在《二十八宿起源的时间和地点》一文中,认为印度的二十八宿是来自中国,又有所改进而形成的。日本学者新城新藏在《东洋天文学史》中亦持这种观点。1860 年,韦柏在《中印两国历学的比较》一文中提出二十八宿起源于印度,其理由是印度二十八宿起源于昴,中国二十八宿起源于角,而昴为春分点的时代比秋分点的时代早 1000 多年。谌约翰根据对中国岁名、岁阳以及五帝等名称的研究,主张印度起源说。1891 年,

---

　　[1]季羡林:《中印智慧的汇流》,见周一良主编:《中外文化交流史》,河南人民出版社 1987年版,第 138 页。

· 欧 · 亚 · 历 · 史 · 文 · 化 · 文 · 库 ·

荷姆美尔提出二十八宿起源于巴比伦。这种说法得到金最尔、金史密、爱特金等历学家的赞同,甚至最早主张印度起源说的韦柏也赞同此说。夏鼐《从宣化辽墓的星图论二十八宿和黄道十二宫》一文,为二十八宿起源于中国说提供了新的证据。1978 年在湖北随县曾侯乙墓中发现了一个书写着二十八宿的漆箱盖,为二十八宿起源于中国说提供了有力的佐证。[1] 但日本学者饭岛忠夫根据冬至点在二十八宿中的牵牛初度,认为二十八宿制定于公元前 396 年到公元前 382 年之间,断定二十八宿是从西方传入的。因此,关于二十八宿的起源,目前仍是一个尚未破译之谜。

中国古代有十二岁之说,最早见于《吕氏春秋》,十二岁的名称很奇怪,如太岁在子称为"困敦",在汉语中语义难解,有学者认为可能是从梵文音译成汉文的,也就是说十二岁的概念可能是从印度传来的,传入的时间不会晚于战国末年。印度和中国古代传说中都有月宫中有玉兔的说法,据季羡林先生研究,印度的月兔故事早于中国,至迟在屈原时代就已传入中国,时间上限则无法确说。[2]

中国古代的寓言和传说有与印度相似者,中外不少学者以为受印度影响。孔好古《中国所受印度的影响》(*Indischer Einflussin China*)以为,《战国策》所载若干动物寓言,完全源于印度,只是动物名称不同罢了。此外《吕氏春秋》中的"刻舟求剑",《韩非子·说林》中的"有献不死之药于荆王者",《战国策·楚策》四记载"郑袖谗楚王美人",《左传》卷 44 记载"师旷讽晋侯",《列子·汤问》中巨鳌负山的传说,《山海经》中"巴蛇吞象",《庄子》中关于大鹏的寓言,邹衍所谓大九州说等,据研究都与印度的传说故事存在着某种联系。但正像有人指出的那样,关于这些"我们没有十分确凿可靠的证据,学者们的论断有很大的假设性,但也含有很大的可能性"[3]。

---

〔1〕夏鼐:《从宣化辽墓的星图论二十八宿和黄道十二宫》,原载《考古学报》1976 年第 2 期,收于氏著《考古学论文集》,河北教育出版社 2000 年版,第 378 – 419 页。

〔2〕季羡林:《中印智慧的汇流》,见《中外文化交流史》,第 139 页。

〔3〕季羡林:《中印智慧的汇流》,见《中外文化交流史》,第 139 页。

绿松石是深受古今中外人士喜爱的古老玉石之一,远在新石器时期就为人们所饰用。中国新石器晚期的遗址中不断发现绿松石。在河南郑州大河村仰韶文化(距今6500~4000年)遗址出土的文物中有两枚绿松石鱼形饰物。甘肃永靖大河庄出土有距今3800年的绿松石20枚。中国出产绿松石,湖北郧县、安徽马鞍山、陕西白河、河南淅川、新疆哈密、青海乌兰等地均出绿松石,湖北郧县、郧西、竹山一带的优质绿松石闻名世界,云盖山上的绿松石以山顶的云盖寺命名为云盖寺绿松石,是世界著名的中国松石雕刻艺术品原石产地。江苏、云南等地也发现有绿松石。国外最著名的绿松石产地是葱岭以西中亚的乌兹别克斯坦撒马尔罕附近、伊朗东北部和阿富汗,特别是伊朗北部产出的最优质的瓷松和铁线松非常著名,被称为"波斯绿松石"。在中国考古发现的绿松石以青海和甘肃的数量和单位最多,因其地近西域,因此有学者估计"甘肃新石器晚期和黄河流域商周时代遗迹中出土的高级绿松石制品,其原料可能是从葱岭西边辗转传过来的"[1]。但既然中国境内亦产优质绿松石,因此,就很难肯定这些绿松石来自境外。

　　中国古历以十九年之章及七十六年之部为骨干,而这种周期亦见于西域,其始用时间亦与中国战国时代相当。巴比伦于公元前383年始用十九年章法;雅典的使用在公元前432年。此为由中国西传,亦或自西域传入,还是不谋而合者?中国古代天文学中以365天又四分之一天为一年之说,是中国人之发明,抑或由西域传入?立木于地,以悬垂线确定其正直位置。其应用则有用上下午等长日影测定南北线或东西线,用正午日晷最短之日以定冬至,为一切历法之基础,周礼已测表高八尺,夏至影一尺五寸,冬至影一丈三尺。水星每十二年一周期之运行,及由此发现而发展为占星术之周期观念;战国时楚人甘公、魏人石申著《星经》中之许多恒星位置及其名称;火星、金星之运行;以春分为首之新历法;以闰月订正与际历不合之差误;四季中分配春分、秋分、夏至、冬至等;天分九分野或十二分野,与地上分野相等,人事反映天

〔1〕宿白:《考古发现与中西文化交流》,文物出版社2012年版,第14页。

象,天上分野支配地上相应分野等,有学者以为皆由西方传入,但似乎并未为大家所接受。

日晷制造法,有人认为传自西方。据高鲁《日晷通论》:"创用日晷,为历史记载中可考知者,惟有鲁达国王,在西历纪元前七百四十年。希腊最古之日晷,建在雅典,建设者曰默冬,时为纪元前四百三十三年。意大利之最古日晷,建在罗马,建设者曰古梭,时为纪元前三百零六年。古有天文家曰埃罗多,谓希腊人以一日之长分为十二时,用巴比伦之旧法,创为有极之日晷,自是而制度定。……亚里斯多德,希腊之哲学名家也,生于纪元前 276 年,制一日晷,有特殊点,不用平面,采用球体而空其内部,设置圭表于球之中心,投其景于球之内面,并于此凹面之上刻有圆周,分划度数,可以直接测定光线与圆周所成之角度。"[1] 鲁达国王是犹太分裂时之犹太王,《以赛亚书》第 38 章提及日晷与日影下降度数,时为公元前 700 年左右。加提天文学家佩劳苏斯(Berosus)于公元前 340 年发明半球形而中空之日晷,为后人所沿用,阿拉伯人至第 10 世纪仍在仿制。中国古书中不见有日晷。中国古代有日影测验,但目的在于定方向与节气,而非定时刻。《诗经·定之方中》云:"揆之以日。"传云:"度日出日入以知东西,视定北准极以正南北。"又《公刘》诗云:"既景乃冈",笺曰:"既以日景定其疆界于山之脊。"《周礼》中之《大司徒》《大宗伯·典瑞》《考工记》中之《玉人》《匠人》所记"玉圭""臬",《周髀算经》《淮南子·天文训》《后汉志·律历志》所记"表"或"仪表",《史记·天官书》所记"土炭"法,皆无测验时刻之作用。据刘复《西汉时代的日晷》记载,他所知当时所存中国古代之测时日晷有三,但皆为西汉物,远在西方之后。因此他认为中国之测时日晷必传自西方。至于传入时间,方豪以其制作之精,"推其传入中国必已久,或在西汉之前,几经改良而后成也"。但这并不是定论,有人指出,关于中国天文学之起源,"有两说相对,未能一致。一为自发的开展说,一为西方影响说"。主西方影响说者以为"春秋以前,巴比伦天文学已传

---

〔1〕高鲁:《日晷通论》,载《观象丛报》1920 年第 5 卷第 2 册。

入中国,战国时希腊及印度历法又渐至东方,为秦汉历法所取用"。日本学者新城新藏著《东洋天文学史大纲》,则主"自发的开展说",而饭岛忠夫《支那古代史论》的观点正相反。[1]

中国西汉之前测验时刻之工具为水漏,有人认为漏刻制造法亦传自西方。方豪《中西交通史》云:"汉简中所见'夜漏上水'等字句,足证汉简时代,即西汉下半期,塞上用漏定时,则漏壶之制,当亦从中亚经西域传入。盖日晷与滴漏同为巴比伦人所发明也。"埃及的玻璃器何时传入中国?早在公元前1600年,埃及的工匠们就掌握了制作玻璃的初步技术。公元前12世纪就发明了制造玻璃的办法。河南省出土了一个公元前2世纪的亚历山大里亚的玻璃瓶,上有雅典女神头像。那么这种玻璃器是通过什么途径传入中国的?湖南长沙战国楚墓出土的一件玻璃珠,经测定属于钾玻璃,是舶来品,还是本土所产,尚有争议。有人推测钾玻璃可能来自东南亚地区,也有人认为来自印度,有人认为是中国制造。中国上古纪功,多用铜器,至秦乃有石刻。而埃及则在公元前4世纪至公元前3世纪既已流行石刻;波斯、巴比伦亦早于中国。还有秦以白马祭天。这些方豪也认为"似皆受有西方之影响"[2]。

美国学者斯塔夫里阿诺斯曾经研究文明之前的人类农业的传播,他认为,中东、中美洲和中国北部都是农业文明的中心。现代的小麦、燕麦、裸麦以及现代的山羊、绵羊、牛、猪均起源于中东。由于适宜的植物生长环境,中美洲能成功地栽培植物达几十种之多,其中最重要的是玉米、苋、蚕豆和南瓜之类。在中国北部的黄土平原上,早在公元前5000年时,黍、高粱、稻、大豆、大麻和桑树已作为旱地作物得到种植。他认为中国的小麦和大麦是公元前1300年前后从中东引进的。由于中国北部旱地种植作物,所以在中国的作物中最后出现的小麦和大麦也被当作旱地作物进行栽培,而不像在它们的发源地中东,种植在水田里。我们都知道,中国的稻早就传播域外,而小麦和大麦又是从域外

---

〔1〕以上参方豪:《中西交通史》,岳麓书社1987年版,第59-60页。

〔2〕方豪:《中西交通史》,第60页。

传入的,其具体的传播时间、途径和方式却是疑案。斯塔夫里阿诺斯说,那时农业在诸地区间传播的详细情况,现在了解得还很不够,只有从中东传播到欧洲的情况知道得最清楚。由于考古发掘所提供的证据不足,其他方面的情形只能凭推测了。[1]

中国历史上还有一桩悬案,即春秋时思想家老子是否去了西域。《史记·老子韩非列传》记载:"老子修道德,其学以自隐无名为务。居周久之,见周之衰,乃遂去。至关,关令伊喜曰:'子将隐矣,强为我著书。'于是老子乃著书上下篇,言道德之意五千余言而去,莫知其所终。"[2]后来道教徒编撰《老子化胡经》,以为西渡流沙,教化胡王,固属不经,然而老子究往何处,《史记》存疑。李尤《函谷关铭》云"尹喜要老子留作二篇"[3],显然以为所谓"关"乃函谷关。又引崔浩语以尹喜为散关令。葛洪《抱朴子》云:"老子西游,过关令尹喜于散关,为喜著《道德经》一卷,谓之《老子》。"[4]《列仙传》云:"关令尹喜者,周大夫也。善内学星宿,服精华,隐德行仁,时人莫知。老子西游,喜先见其气,知真人当过,候物色而迹之,果得老子。老子亦知其奇,为著书。与老子俱之流沙之西,服巨胜实,莫知其所终。亦著书九篇,名《关令子》。"[5]段成式《酉阳杂俎》卷2云:"老君西越流沙,历八十一国,乌弋、身毒为浮屠,化被三千国,有九万品戒经。"[6]此说出于道教神仙之说,亦难凭信。作为一位学者,到了西域当有所作为。然则老子之归宿,乃为谜团。

探讨早期中外文化交流史,此类谜团甚多,此略举数例而已。人类远古时期的迁徙流动和文化传播,应该有大量生动的内容,由于没有文字的记载而湮灭于渺茫的历史风烟中。考古发现的一点点遗迹,只透露出一鳞半爪,但云里雾中,扑朔迷离,难以征信。

---

〔1〕〔美〕斯塔夫里阿诺斯:《全球通史——1500年以前的世界》,吴象婴等译,上海社会科学出版社1996年版,第85—88页。

〔2〕《史记》卷63《老子韩非列传》,第2141页。

〔3〕《史记索隐》引,见《史记》卷63《老子韩非列传》,第2141页。

〔4〕《史记正义》引,见《史记》卷63《老子韩非列传》,第2141页。

〔5〕《史记集解》引,见《史记》卷63《老子韩非列传》,第2141页。

〔6〕〔唐〕段成式:《酉阳杂俎》前集卷2,中华书局,1981年版,第14页。

下编 汉代中外交通的开拓

中外交通与文化交流史至西汉武帝时代翻开新的篇章。为了夺取反击匈奴战争的胜利，汉武帝派张骞出使西域，汉朝与西域各国建立起稳固的联系；汉武帝对匈奴用兵的胜利为汉朝经营四方奠定了基础；在汉朝对南越国容忍长达半个多世纪后，汉武帝终于出兵平南越，汉朝势力进入南方沿海地区，汉朝开始遣使与海外各国进行交往和贸易；为了解除卫氏朝鲜对汉朝的威胁，汉武帝出兵灭卫氏，在朝鲜半岛置汉四郡；汉武帝时开始注意加强与西南夷的联系，开通西南方向的道路。汉武帝的武功造成的周边形势为中外文化交流创造了有利环境。

7 张骞出使西域与
汉武帝反击匈奴

汉武帝的对外政策是以张骞出使西域为起点的,张骞出使西域是中外交通史上具有划时代意义的大事,它标志着汉代丝路贸易进入一个新的发展阶段。中原与西域以及中国与葱岭以西各古代国家间的交通和贸易,以此为转折点,出现了前所未有的规模和局面,影响深远。

7.1 匈奴强盛与北方草原民族的迁徙

7.1.1 匈奴的崛起

草原是游牧人的天堂。中国北方和西北方草原地区处于欧亚大草原的东端,自古以来,那里就活跃着不少游牧民族,他们时常侵扰中原北部边境。春秋时中原各诸侯国兴起强大的尊王攘夷运动,战国时北方各国如燕、赵、秦皆与北方各族发生过长期的战争,三国都修筑长城,出兵反击其侵扰活动,有效地制止了北方草原民族的南下。同时在辽阔的北方草原各游牧族也互相争夺水草,征战不息。

秦朝建立,大修长城以备防御北方游牧民族的侵扰。《史记·匈奴列传》记载:"始皇帝使蒙恬将十万之众北击胡,悉收河南地。因河为塞,筑四十四县城临河,徙谪戍以充之。而通直道,自九原至云阳,因边山险堑溪谷可缮治者治之,起临洮至辽东万余里。"[1]长城以北,则形成匈奴、东胡和月氏争霸的局面。东胡在今蒙古和内蒙古东部,匈奴在今内蒙古中部,月氏在今宁夏、甘肃一带,其中匈奴最弱,"东胡强而月氏盛"。匈奴头曼单于因不胜秦而北徙,秦尽有河套地区。蒙恬死,秦末中原战乱,匈奴

---

[1]《史记》卷110《匈奴列传》,第 2886 页。

·欧·亚·历·史·文·化·文·库·

"复稍度河南与中国界于故塞"[1]。

月氏,先秦著作《逸周书·王会篇》有"禺氏"之名,《管子》中亦可见。汉代以前的文献中还有"禺知""和氏""月支"等写法,可能都是"月氏"的同音字或一音之转。[2] 有关月氏人的族属问题众说不一,有藏族、莘利族、突厥族、印欧族、伊朗族、东夷族等说。近年来越来越多的学者倾向于月氏人为印欧人的观点,从考古学、人类学和语言学三个方面取得的新发现和研究成果,证明公元前 2000 年左右印欧人在东方的分布已达新疆孔雀河流域至哈密盆地一线。这些印欧人就是后来定居塔里木盆地的月氏人的祖先。《史记·大宛列传》记载:"始月氏居敦煌、祁连间。"[3]秦汉之际,月氏强大,其游牧分地东达鄂尔多斯草原。月氏盛时,曾迫使东面的匈奴献送质子,头曼单于以太子冒顿质于月氏。

冒顿后自月氏逃回,杀父自立为单于。是时东胡强盛,强迫匈奴进贡千里马,甚至阏氏,冒顿皆委屈从之。东胡又求匈奴割地与之,冒顿大怒,发兵击之,破灭东胡。然后回兵击月氏,月氏西遁,其时大约在公元前 174 至公元前 161 年之间。西迁的月氏人,有一小部分越过祁连山,退处南山,与那里的氐、羌杂居,号小月氏。大部分月氏人沿天山北路向西迁徙,

---

〔1〕《史记》卷 110《匈奴列传》,第 2886 – 2887 页。

〔2〕关于月氏的来源,史学界看法颇不一致。据王国维考证,月氏即《逸周书·王会解》中的"禺氏",《穆天子传》中的"禺知"或"禺氏",见氏著《观堂集林》卷 13《史林》五,中华书局 1959 年版,第 612 页。

〔3〕《史记》卷 123《大宛列传》,第 3162 页。这句话出于汉武帝元朔元年(公元前 128 年)张骞向汉武帝所做报告。一般认为,"敦煌"指汉敦煌郡,治今敦煌西。但余太山认为,那时汉朝还没有设置敦煌郡,张骞不可能用敦煌郡或其郡治来标志月氏故地的位置,他的报告中出现的"敦煌"一名,可能是《山海经·北山经》所见"敦薨",即今祁连山。而张骞所谓祁连山则指天山。见氏著:《两汉魏晋南北朝正史四西域传要注》,中华书局 2005 年版,第 15 页。林梅村则认为,张骞所谓敦煌指《山海经·北山经》中的"敦薨山",也就是《汉书·西域传》提到的天山山北六国中的单桓,在今新疆昌吉博格达山。张骞所谓祁连山实际上是唐代罗漫山,在今新疆巴里坤山。两山都位于东部天山北麓。见氏著:《吐火罗人与龙部落》,载《西域研究》1997 年第 1 期,第 11 – 20 页。按:司马迁卒于公元前 90 年,其时汉朝已析酒泉郡地置敦煌郡。不排除司马迁作《大宛列传》时用了新名。而且,"敦煌"作为郡名始于汉武帝元鼎六年(公元前 111 年),但也不排除这是此地早已存在的地名或山名,因为新的行政区划名称的使用往往与其地某些旧名有关。如《史记·西南夷列传》记载,南越人回答唐蒙枸酱从可而来云:"道西北牂牁,牂牁江广数里,出番禺城下。"其时亦未有牂牁,牂牁只是且兰的旧名,而是至汉平南越后,又平隔滇道者头兰,才"平南夷为牂牁郡"。因此余、林之说,未必全确论。

称大月氏。大月氏击破乌孙,活动在天山以北的准噶尔盆地一带。

匈奴继续扩张,南并楼烦、白羊河南王,侵燕代,全部收复秦将蒙恬所夺匈奴之地。"是时汉兵与项羽相距,中国疲于兵革,以故冒顿得自强,控弦之士三十余万。"[1]匈奴的强盛还造成了乌孙人的西迁。乌孙人最初亦在今新疆哈密一带游牧,处月氏之西,与月氏人有仇。《汉书·张骞传》记载,乌孙王昆莫之父为月氏人所攻杀,[2]昆莫自小为匈奴单于所养,故长大为匈奴所用,"将兵数有功"。单于"以其父之民予之",故臣属于匈奴。乌孙势力得到发展后,"率其众远徙,中立,不肯朝会匈奴"。乌孙人迁至伊犁河和伊克塞湖一带,匈奴击之不胜,双方保持了一种"羁属"关系。[3]

汉文帝时,大月氏人又败于匈奴人,西迁至伊犁河流域,迫使原来居住此地的塞人西迁。塞族在公元前2世纪前期分布于今伊犁河流域和伊塞克湖附近一带,大月氏西迁侵入此地,塞人离散。塞王南越县度(今新疆塔什库尔干西南),进入罽宾(今克什米尔一带),征服其地,以后其属部逐渐扩展至中亚及印度。留居帕米尔高原和塔里木河流域绿洲故地的塞人后来与新侵入的乌孙人混合。大月氏人再次遭遇乌孙人,这时乌孙已经"控弦数万"。约在公元前161至公元前160年,乌孙首领昆莫为报杀父之仇,击破大月氏,占有伊犁河流域,迫使大月氏向西南迁徙。大月氏经大宛(今费尔干纳盆地,在乌兹别克斯坦境内),到了阿姆河与锡尔河之间,此为大夏之地。大月氏"西击大夏而臣之,都妫水北为王庭",妫水即今阿姆河(今乌兹别克斯坦和吐库曼斯坦以此为界),王庭或即在此河北岸的铁门。

匈奴是历史上第一个在中国北方形成强大势力的民族,其名始见于战国文献。战国时活动于燕、赵、秦以北地区。其族源有不同说法,或以为即夏时薰粥、商时鬼方、周时猃狁之后裔。其族属和语言,有蒙古、突厥、芬兰-乌尔戈、斯拉夫和伊朗诸说,今突厥说渐占优势。考古资料显

---

〔1〕《史记》卷110《匈奴列传》,第2890页。

〔2〕《汉书》卷61《张骞传》,第2692页。此事有不同记载,《史记》卷123《大宛列传》记载,张骞语武帝:"乌孙王号昆莫,昆莫之父,匈奴西号小国也。匈奴攻杀其父。"第3168页。

〔3〕《史记》卷123《大宛列传》,第3168页。

示,匈奴受汉文化影响很深,同时又融入来自西方的游牧民族斯基泰(Scythai)及古波斯、希腊、罗马诸文化的因素。秦汉之际,随着社会经济的发展,匈奴族已经建立了一个强大的奴隶制军事政权,至冒顿单于时最强盛。冒顿于公元209年(秦二世元年)杀父头曼自立后,建立军政制度,强化内部组织。乘楚汉相争之机,东破东胡,西逐月氏,夺取楼兰、乌孙、呼揭等及其旁26国地;后又北服浑庾、屈射、丁零、鬲昆、薪犁等部(约在今蒙古至西伯利亚一带),南服楼烦(古族名,春秋末活动于今山西宁武岢岚等地,后活动于今陕北和内蒙古自治区南部。先被匈奴征服,后为汉将军卫青所破)、白羊河南王(约在今蒙古南部),占领河套地区(秦之河南地)。控制了中国东北部、北部和西北部广大地区,其统治区域东自今朝鲜边界,横跨蒙古高原,向西南伸入帕米尔山脉东西的西域许多地方,南到今晋北、陕北一带。拥有骑兵30余万,势力十分强大。

在匈奴崛起于北方草原的过程中,曾造成一系列民族的迁徙活动。大月氏、乌孙、塞人等西迁至中亚地区,对中西间交通和交流都起到了推动作用。

7.1.2 大月氏等民族的西迁

公元前177年至前176年间,匈奴冒顿单于遣右贤王大败月氏。公元前174年,匈奴老上单于立,又大败月氏,杀其王,以其头为饮器。月氏大多数部众遂西迁至伊犁河流域及伊塞克湖附近,原居此地的塞种大部分被迫南迁到兴都库什山以南。月氏在河西走廊留下小部分残众与祁连山间羌族混合,号称小月氏,而西迁之月氏从此被称为大月氏。公元前139年至前129年间,乌孙王猎骄靡长大,为其父报仇,遂率部众西击大月氏,夺取伊犁河流域等地。大月氏再次被迫南迁,过大宛,定居于阿姆河北岸。公元前1世纪初叶,大月氏又征服阿姆河南的大夏。至公元初,五部歙侯中贵霜独大,建立贵霜帝国。大月氏人的两次迁徙对中亚地区的历史影响至巨。它造成希腊化的巴克特里亚王国(大夏)灭亡,促使塞种入侵印度北部,并引起汉武帝派张骞出使西域,从而开辟丝绸之路。

根据中国史书记载,月氏居于约当今甘肃省兰州以西直到敦煌的河西走廊一带。至迟在战国初期,月氏人便在这一带过着游牧生活。秦末,匈奴质子自月氏逃回,杀父自立为冒顿单于,在公元前205—前202年间举兵攻月氏，月氏败。可能从这时起，月氏便开始弃河西走廊而向西迁徙。公元前 177 年或前 176 年，冒顿单于再次击败月氏。据冒顿单于于公元前 174 年致汉文帝信中说："今以小吏之败约故，罚右贤王，使至西方求月氏击之。以天之福，吏卒良，马力强，以夷灭月氏，尽斩杀降下定之。定楼兰、乌孙、呼揭及其旁二十六国，皆已为匈奴，诸引弓之民并为一家。"[1]月氏这次败后，更西迁到准噶尔盆地。至老上单于时（公元前 174 年至前 161 年），匈奴又破月氏，月氏乃更向西迁移到伊犁河流域。当月氏离弃河西时，有一小部分越祁连山，"保南山羌，号小月氏"[2]。这部分月氏人日后长期留住该地，与青海羌人逐渐融合。

伊犁河流域原久为塞族所居住。《汉书·张骞传》记载："月氏已为匈奴所破，西击塞王。塞王南走远徙，月氏居其地。"塞族即古伊朗碑铭及希腊古文献中所载 Sacae/Sakas。月氏既击走塞族，塞族便向西南迁徙，跨过锡尔河，到达河中地区的索格底亚那（Sogdiana）地方。原已移住在天山北麓并服属匈奴的乌孙，在其王昆莫的统领下，"西攻破大月氏"，迫使大月氏和塞族一样离弃伊犁地区向西南迁徙，而乌孙便从此占领了他们的地方。这次迁徙的年代在公元前 139 年至前 129 年间。有一部分未能西迁的，便和少数塞人一样，仍留住原地，服属于乌孙，所以《汉书》说"乌孙民有塞种、大月氏种云"[3]。公元前 2 世纪，大月氏从河西走廊出走"塞地"，后又为乌孙所逐，南下吐火罗斯坦，远涉北天竺国。

公元前 162 年，大月氏再度被匈奴攻击。匈奴老上单于把大月氏王杀掉，并把国王的首级割下带返匈奴，把他的头盖骨当作酒杯使用。大月氏人深恨匈奴，但苦于没有支援力量。而败亡的大月氏唯一的出路是继续西迁，来到粟特之地。大月氏征服了此地的大夏，并在当地立国，立国后的大月氏因着贸易中转而变得繁荣。大夏即希腊人在中亚所建立的巴克特里亚（Bactria）。有关巴克特里亚的灭亡，大月氏的征服只是其中一个说法，另一种说法是他们被西徐亚人所灭。

〔1〕《史记》卷 110《匈奴列传》，第 2896 页。
〔2〕《史记》卷 123《大宛列传》，第 3162 页。
〔3〕《汉书》卷 96《西域传》下，第 3901 页。

7.2 汉匈间的和亲和对抗

7.2.1 和亲与备战

汉朝建立以后,匈奴经常侵扰汉朝北部边境地区。匈奴人善骑射,勇敢剽悍,来去倏忽,"往来转徙,时至时去"[1]。匈奴以骑兵为优势,"上下山阪,出入溪涧,中国之马弗与也;险道倾仄,且驰且射,中国之骑弗与也;风雨罢劳,饥渴不困,中国之人弗与也。此匈奴之长技也"[2]。对于汉朝来说,大军出征,匈奴很快消失在无边无际的大漠草原之中;长期戍守,空费粮草;不加防备,匈奴又会随时而至。汉高帝六年(公元前201年),冒顿单于发兵围攻马邑(今山西朔县),韩王信投降。匈奴引兵逾句注山,攻太原,至晋阳城下。汉高祖亲率大军30余万北击匈奴,中匈奴诱敌之计,被匈奴围困于平城白登山(今山西大同市西南),和主力部队失去联系,达七天七夜。后用陈平之计,贿赂单于阏氏(单于之妻),才得脱险。

汉高祖采纳娄敬的建议,"奉宗室女公主为单于阏氏,岁奉匈奴絮缯酒米食物各有数,约为昆弟以和亲,冒顿乃少止"[3]。同时开放关市贸易,以满足匈奴人对汉地生活用品的需要,以缓和匈奴的进攻。此后七八十年,历惠帝、吕后、文帝、景帝,直到武帝初年,汉朝都对匈奴采取"和亲"政策。"和亲"并不能阻挡匈奴贵族的侵扰和掠夺,匈奴不断发兵南下,劫掠汉地人口和财产。汉文帝十四年(前166年),匈奴老上单于率骑兵14万从朝那(今甘肃平凉市北)、萧关(今甘肃萧关)攻入,杀北地郡(今固原附近)郡尉。前锋到了雍(今陕西凤翔)和甘泉(今陕西淳化县),火烧回中宫,汉政府急调10万大军保卫长安,发车骑抵御匈奴。过了8年(文帝二十二年),匈奴又从云中、上郡(今陕西榆林南鱼河堡附近)两郡各侵入3万骑。匈奴骑兵不断入侵,汉与匈奴互有胜负,但汉朝为此付出巨大代价。

文景时期一边采取"和亲"政策缓和局势,一边为抵御匈奴做了些防

---

[1]晁错:《言守边备塞务农力本当世急务二事》,见《汉书》卷49《晁错传》,第2285页。

[2]晁错:《上书言兵事》,见《汉书·晁错传》,第2281页。

[3]《史记》卷110《匈奴列传》,第2895页。

备工作,随着经济的恢复开始做反击的准备。文帝采纳晁错的建议,改革了边防军轮换制度;用免税、赐爵、赎罪等办法移民"实边",增强了边防力量。文帝还大力提倡养马,训练骑兵,在西北及北部边境地区设立了30个牧马所,用官奴婢3万人从事牧养。景帝时继续执行这一政策,"始造苑马以广其用"[1],训练众多精强的军马以扩大骑兵。作为以农耕为主的汉民族在与游牧民族长期的军事对抗过程中,骑兵的发展往往决定了双方的强弱变化。春秋时,中原各诸侯国盛行车战,北边的戎狄步战,在装备上戎狄并无特殊的优势。[2] 战国以后,形势发生了变化。北方出现了习于骑战的胡人,对秦、赵、燕形成极大威胁,各国修长城以做防御。赵武灵王"胡服骑射",聘请匈奴军官训练骑兵。凭借这支军队,赵国灭掉中山国,攻打楼烦、林胡,扩大了领土,"北至燕代,西至云中、九原"[3]。汉朝文帝和景帝发展养马事业,为后来武帝反击匈奴做了必要的准备。

7.2.2 汉武帝反击匈奴

汉武帝即位后,改革政治体制,结束了诸侯跋扈的局面,中央集权大为加强;汉朝建立已经60余年,经过长期的休养生息,综合国力空前雄厚;社会安定,已无内顾之忧,反击匈奴的条件成熟了。从武帝元光三年(公元前132年)起,汉朝开始了对匈奴的反击。这一年汉朝使人佯卖马邑于单于,匈奴单于亲率骑兵10万侵扰代郡、雁门一带。汉武帝采取大行王恢的意见,欲诱敌深入,乘机歼灭,在马邑附近以大军设伏。单于退兵,以此绝和亲,汉匈间和亲关系宣告破裂。马邑之谋揭开了汉朝大规模进击匈奴的战争的序幕。

汉武帝时期,进击匈奴的战争主要在元光三年至元狩四年(公元前132年至前119年)的10多年间,将军李广曾说他身经大小70余战。其中大的战役有十几次,大规模的决定性的战役有3次。

第一次战役收复河套地区。汉匈关系破裂后,汉使卫青等四将军率

---

[1]《汉书》卷24上《食货志》,第1135页。

[2]《左传·隐公九年》:"北戎侵郑,郑伯御之,患戎师,曰:'彼徒我车,惧其侵轶我也。'"杜预注云:"徒,步兵也。"公子刚分析形势,鼓励郑伯出战,结果"郑人大败戎师"。《春秋左传正义》卷4,收于《十三经注疏》,第1734页。

[3]《史记》卷43《赵世家》,第1811页。

兵"击胡关市下"。匈奴则"数入盗边",侵渔阳(今北京密云),"杀辽西太守,略千余人";又入侵雁门,"杀略千余人"[1]。元朔二年(公元前127年),汉武帝派车骑将军卫青、将军李息率兵出云中(今内蒙古托克托旗),沿黄河北岸西进,采取避实击虚的战略,迂回到陇西,对河套以南的匈奴军进行大包围,发起突然袭击。匈奴白羊王逃走。这一战役使西汉完全收复了河南地区,解除了匈奴对长安的威胁。汉朝在这里设置了朔方郡(今内蒙古杭锦旗)和五原郡(今内蒙古五原),"筑朔方,复缮故秦时蒙恬所为塞,因河为固"[2]。武帝又下诏募民屯边,建立了反击匈奴的基地。

第二次战役进占河西地区。这次战役发生在元狩二年(公元前121年)。匈奴贵族凭借着河西要地控制西域,这一年派骑兵万余人攻入上谷(今河北怀来县)。汉朝派霍去病将万骑出陇西,越过焉支山(在今甘肃山丹县东南)西进,入匈奴境千余里,缴获休屠王祭天金人。同年夏,霍去病再出陇西、北地二千里,越居延津(今内蒙古居延海),攻至祁连山,大破匈奴,俘虏3万余人,俘虏了匈奴浑邪王的儿子及相国、都尉等70余人。汉朝的军事进攻引起了匈奴内部的分化,匈奴西部地区在一年之内连遭两次沉重打击,在西部的统治无法维持。单于怪罪浑邪王、休屠王,欲召诛之,浑邪王率众降汉。汉朝把降众安置在陇西、北地、上郡、朔方、云中五郡,称为"五属国"。汉朝又先后在河西走廊设置武威、张掖、酒泉、敦煌四郡,历史上称"河西四郡"。此后"金城、河西、并南山(祁连山)至盐泽(今罗布泊),空无匈奴"[3]。河西走廊为汉朝所控制,从而打开了通向西域的道路。

第三次战役收复漠南。这次战役发生在元狩四年(前119年)。匈奴虽然连遭失败,仍不断南下骚扰。元狩三年(前200年)入右北平(今河北平泉一带)、定襄(今内蒙古和林格尔)二郡,杀掠千余人。汉朝决心深入漠北反击匈奴。漠北即蒙古大沙漠以北的地区,自汉代以来即有此称,文献上有时写作"幕北"。第二年,汉朝调发10万骑兵,分东、西两路,分别由大将军卫青和骠骑将军霍去病率领向漠北进军。这是汉朝反击匈奴规

---

〔1〕《史记》卷110《匈奴列传》,第2906页。
〔2〕《史记》卷110《匈奴列传》,第2906页。
〔3〕《汉书》卷61《张骞传》,第2691页。

模最大的一次远征,卫青率西路军从定襄越大漠,北进千余里,击灭了匈奴伊樨斜单于的军队,单于仅率数百名骑兵突围逃走,汉军直追至赵信城(今蒙古杭爱山)。霍去病的东路军从代郡(今河北蔚县一带)出兵,深入两千里,跨过大沙漠,同匈奴左贤王接战,大败匈奴,封禅狼居胥山姑衍山,临翰海而还。此后匈奴力量大为削弱,无力大举南下,"是后匈奴远遁,而幕(漠)南无王庭。汉度河自朔方以西至令居,往往通渠置田,官吏卒五六万人,稍蚕食,地接匈奴以北"[1]。

经过十几年的战争,汉朝对匈奴的反击取得决定性的胜利,从而解除了北方边境地区的威胁,制止了匈奴贵族的残暴掠夺,使北部边境地区得以安定并得到进一步的开发,保护了封建经济的发展,便利了汉与西域的交通。汉武帝对匈奴的反击,构成了张骞出使西域的背景。

7.3 西域形势和张骞出使西域

7.3.1 张骞时代的西域形势

西域同内地的联系开始于遥远的历史年代。据清代学者顾炎武研究,唐、虞、三代(夏商周)中原地区便与西域有所交通[2]。《山海经·大荒西经》《穆天子传》对葱岭以东的山川形势和风土物产有不少记载。西周时,犬戎兴盛,阻断了中原与西域的交通,周穆王两次西征,远至昆仑丘。公元前2世纪初,匈奴冒顿单于征服西域,置僮仆都尉对西域进行管辖。僮仆都尉隶属于日逐王,其治所在焉耆、危须、尉犁之间,这些地方均在今新疆焉耆一带。僮仆都尉负有监领被征服的西域诸国之责,并向他们掠夺人口、索取贡税,成为匈奴的重要财源,西域成为匈奴军事上的据点和经济上的后盾。僮仆都尉的设置,是匈奴势力控制西域的标志。匈奴势力的强盛切断了中原与西域的联系。

---

〔1〕《史记》卷110《匈奴列传》,第2911页。

〔2〕〔清〕顾炎武云:"唐虞时率教兴事,《禹贡》所谓'西戎即叙者也'。三代盛时咸宾服,贡其方物。《周书》纪'西旅底贡厥獒',亦其一也。其后方物不至。汉武帝时张骞使西域,始复通中国。"见氏著《天下郡国利病书·九边四夷备录·西域》"西域土地内属略"条,上海古籍出版社2012年版,黄坤、顾宏义校点,第3888页。

"西域"一词最早见于西汉文献。[1] 从地理范围来看,西域有广狭二义。狭义的西域大致指今新疆一带。《汉书·西域传》云:

> 西域以孝武时始通,本三十六国,其后稍分至五十余。皆在匈奴之西,乌孙之南。南北有大山,中央有河。东西六千余里。南北千余里。东则接汉,扼以玉门、阳关,西则限以葱岭。

"三十六国"乃西汉武帝时数,后经兼并离合,至班固生活的东汉初为"五十余"[2],见于记录的有 53 国,葱岭以东者 48 国。后来范晔《后汉书》又增 7 国。"南北有大山"指北有阿尔泰山和天山,南有昆仑山。"西则限于葱岭",葱岭乃天山、喀喇昆仑山、兴都库什山三道山脉交汇的帕米尔高原。其间为塔里木盆地,盆地中有塔克拉玛干沙漠,东西 900 公里左右,南北 300 多公里。"中央有河"指塔里木河,"其河有两源,一出葱岭山,一出于阗。于阗在南山下,其河北流,与葱岭河合,东注蒲昌海"[3]。出于阗田者乃和田河,葱岭河则由阿克苏河、喀什噶尔河、叶尔羌河三源汇合而成。盆地东端有罗布泊(在今罗布泊之北),史书称为"盐泽""坳泽",又名"蒲昌海""牢兰海",或音译蒙古音为"罗布诺尔""罗布淖尔",诺尔或淖尔意为海。沙漠上有狭小绿洲,有发源于昆仑雪山上河流灌注其间,可以居人,从而形成若干绿洲城邦小国,为中西交通必经之路。《史记·大宛列传》《汉书·西域传》和《后汉书·西域传》翔实记载了诸国山川风习、道里远近和王侯户数。

据《汉书·西域传》记载,西汉时西域 36 国,"各有君长,兵众分弱,无所统一"。这些国家大的有几万人,小的只有几千人。其分布情况,在天山以北、阿尔泰山以南的准噶尔盆地自东向西有蒲类、且弥、乌孙(依什提克)等,这里水草丰美,人们多半从事游牧业。在天山以南和昆仑山以北的塔里木盆地区域,又分为南道诸国和北道诸国。在天山南麓塔里木河之北自东向西有伊吾、车师、焉耆、龟兹、姑墨、温宿、尉头、疏勒等较大的

---

〔1〕西域,在《史记》中被称为"西北国",《大宛列传》云:"西北国始通于汉矣。"《汉书·郑吉传》记载,汉宣帝时,郑吉被任命为"西域都护",云"汉之号令班于西域矣,始自张骞而成于郑吉"。桓宽《盐铁论》中有"西域"一章。

〔2〕《汉书》卷96《西域传上》,第3871页。

〔3〕《汉书》卷96《西域传上》,第3871页。

国家,是为北道诸国。在塔克拉玛干沙漠的南沿、昆仑山北麓,自东向西则有楼兰(后称鄯善,今新疆罗布泊西)、且末、若羌、小宛、戎卢、渠列、精绝、扜弥、于阗、皮山、乌秅、莎车等较大的国家,是为南道诸国。西域诸国以定居的农业为主,兼营畜牧。他们属于不同的民族,有印欧语族,有氐、羌、塞、月氏、匈奴和少数汉族。人口合计大约 30 余万,龟兹人口最多,亦仅 8 万多人。大约在公元前 176 年以后,北道诸国皆臣服于匈奴,南道诸国亦受其控制。

根据塔里木盆地居民语言、人体头盖骨测量以及当地发掘出土之绘画、雕刻作品的研究,中外学者大都认为塔里木居民有操印欧语之雅利安人。《魏书·西域传》"于阗"条描写此地居民云:"自高昌以西,深目高鼻。唯此一国,貌不甚胡,颇类华夏。"[1]"深目高鼻"正是雅利安人的特征。汉代西域居民语言主要有三种,其一吐火罗语,流行于以龟兹、焉耆为中心的地区,又分龟兹和焉耆两种方言;其二于阗语,以于阗为中心;其三为粟特语,属伊朗系。粟特即今中亚撒马尔罕之古地名,粟特语流行地区最广。吐火罗语属印欧语系之西方系统,粟特语、于阗语则属印欧语系之东方系统,而于阗语为东方系统更为明显,几乎与伊朗波斯语完全相同。

雅利安人是欧洲 19 世纪文献中对印欧语系各族人的总称,从印度和波斯古文献的比较研究中推知,远古时在中亚一带曾有一个自称"雅利阿"(Arya)的部落集团,主要从事畜牧,擅长骑射,有父系氏族组织,崇拜多神。公元前 2000 年至公元前 1000 年,一支南下定居印度河上游流域,一支向西南进入波斯,还有一支迁入小亚细亚。自 18 世纪欧洲语言学界发现梵语和希腊语、拉丁语、克尔特语、日耳曼语、斯拉夫语等有共同点后,即根据雅利阿这个名词造出"雅利安语"一词来概括这些有关的语言,现通称印欧语系语言。印欧语系雅利安人何时进入我国新疆地区尚难断言,但据近年考古可知,公元前 2000 年左右雅利安人已达新疆孔雀河流域至哈密盆地一线。

广义的西域则包括葱岭以西的广大地区中亚、西亚、印度、高加索、黑

---

〔1〕《魏书》卷 102《西域传》,第 2263 页。

海之北一带。汉朝人所知道的葱岭以西国家,据《汉书·西域传》记载:

> 自玉门、阳关出西域有两道。从鄯善傍南山北波河西行,至莎车,为南道。南道西逾葱岭,则出大月氏、安息。自车师前王庭随北山波河西行,至疏勒,为北道。北道西逾葱岭,则出大宛、康居、奄蔡焉。[1]

大月氏迁徙居地已如上述。大宛,在今中亚费尔干纳盆地,为希腊人亚里山大东征后所建,为中亚希腊化国家之一,西域人称希腊为 Vavan,大宛意为大希腊。王治贵山城(今乌兹别克斯坦卡散赛),属邑大小 70 余城,居民从事农牧业,盛产葡萄、苜蓿,以汗血马著名,商业也较发达。大夏(Bactria),音译巴克特里亚,乃中亚希腊化古国。古希腊人称其居民为吐火罗,中国文献中则称其为大夏。大夏人原来居今甘肃省河西地区,后西迁。其地在兴都库什山与阿姆河上游之间(今阿富汗北部),曾为波斯帝国一行省,后隶属于亚历山大帝国及塞琉古王国。公元前 3 世纪中叶独立,狄奥多德(Diodotus)建国都巴克特拉(Bactra),即张骞所称"蓝市城"。公元前 3 世纪末至 2 世纪初国势强盛,领有北起阿姆河上游,南达印度河流域的广大地区。大宛和大夏都是远离匈奴不受其控制的西部国家。据《史记·大宛列传》记载:"大夏在大宛西南二千馀里妫水南,无大君长,往往城邑置小长,其兵弱,畏战。善贾市。及大月氏西徙,攻败之,皆臣畜大夏。"[2]大月氏人迁居此地,很容易就征服了大夏。康居在大宛的西北,东界乌孙,西达奄蔡,南接大月氏,约在今巴尔喀什湖和咸海之间,在今哈萨克斯坦境内,王都在卑阗城。北部是游牧区,南部是农业区;南部城市较多,有五小王分治。安息在康居南,今伊朗一带,西与条支接,"其属小大数百城,地方数千里,最大国也"[3]。条支在今西亚,具体所在有争议,一说在今伊拉克,一说在今叙利亚,塞琉古王国国都安条克位于叙利亚境内,我国史书则以其国都而称之为条支。

从地理位置和交通上看,西域诸国又分"当道"和"不当孔道"两类,所谓当道即在中西交通中必经之地,这是张骞通西域后根据汉使西行经行

---

〔1〕《汉书》卷 96 上《西域传》,第 3872 页。

〔2〕《史记》卷 123《大宛列传》,第 3164 页。

〔3〕《汉书》卷 96 上《西域传》,第 3889 页。

之路所得的经验。这种概念最早见于《史记·大宛列传》,其记载西域国家有云:"楼兰、姑师,小国耳,当空道。"[1]《汉书·西域传》则详记南北两道诸国,并明确区分不当孔道和当道之国,其南道诸国,当道之国有鄯善、且末、精绝、扞弥、渠勒、于阗、莎车、皮山、乌秅等国。而若羌"僻在西南,不当孔道";小宛国"东与若羌接,辟南不当道";戎卢国"东与小宛、南与若羌、西与渠勒接,辟南不当道"。北道诸国皆为当道之国,有疏勒、尉头、乌孙、姑墨、乌垒、温宿、龟兹、渠犁、尉犁、危须、焉耆、乌贪訾离、蒲类、单桓、车师前后部、捐毒等国。

从生产和生活方式上,西域诸国又分为"土著"和"行国"两类,《史记》中已经使用了这两个概念。所谓土著即农耕定居民族,行国即游牧民族。按照《史记》的划分,大宛、大夏、条支、身毒为"土著",乌孙、康居、奄蔡、大月氏则是"行国"。汉朝欲拉拢大月氏和乌孙,共击匈奴,也是从他们皆为"行国"出发而考虑的,因为游牧民族可以随时迁徙。张骞向汉武帝建议:"今单于新困于汉,而故浑邪地空无人。蛮夷俗贪汉财物,今诚以此时而厚币赂乌孙,招以益东,居故浑邪之地,与汉结昆弟,其势宜听。听,则是断匈奴右臂也。"

汉朝从匈奴手中夺取西域并置西域都护后,从与汉朝的政治关系上说,西域诸国又分属都护国和不属都护国。属都护国即进入汉朝政治势力范围为西域都护统辖之国;不属都护国则被视为异域,皆在葱岭以西,《汉书·西域传》中皆指明之,如罽宾"不属都护";而难兜国"与诸国同属罽宾",诸国指罽宾附近之无雷、依耐、蒲犁、西夜等国。乌弋山离、安息、大月氏、康居等皆"不属都护"。

7.3.2 张骞出使西域及其意义

7.3.2.1 张骞出使西域

在汉朝即将开始对匈奴进行反攻时,从审问匈奴降人的口供中获悉,在敦煌、祁连山一带原来居住过月氏部落,遭受匈奴的攻击而西迁,对匈奴恨之入骨,时刻想回来报仇。但月氏势单力薄,这个愿望不能实现。汉武帝为反击匈奴,乃募人出使大月氏,欲联合大月氏夹击匈奴。此事发生

---

[1]《史记》卷123《大宛列传》,第3171页。

在建元三年(公元前 138 年),在元光三年(公元前 132 年)反击匈奴揭开序幕之前四五年。当时月氏人在西域的情况如何,汉朝人并不清楚,所以这次外交活动带有探险性质。汉中人张骞应募出使。

张骞(公元前 167? —前 114 年),汉中成固(今陕西城固县东)人,他一生曾两次出使西域,是我国历史上开拓中西交通的伟大人物,是著名的外交家、探险家、旅行家。

第一次在建元三年(公元前 138 年)。张骞在汉武帝建元初年为郎官。郎官是皇帝侍从官的通称,其职责为护卫陪从,随时建议,备顾问及差遣。这种官职战国始置,秦汉沿袭,有议郎、中郎、侍郎、郎中等。当武帝想派使者去联合大月氏共击匈奴时,张骞以郎官应募任使者。建元三年,张骞一行 100 多人出陇西赴大月氏,至匈奴控制的河西地区,被匈奴所获。单于不允许汉使过境,曰:"月氏在吾北,汉何以得往使! 吾欲使越,汉肯听我乎?"留张骞十余岁。张骞虽在匈奴娶妻生子,但始终未忘自己的使命,"持汉节不失"[1]。后与其属伺机脱逃,数十日至大宛国。见其王,张骞以利相诱,得到了大宛国王的帮助,在大宛国的向导和翻译带领下经康居国,抵达大月氏。康居本土在大宛西北,大月氏在大宛东南,往大月氏不经康居,张骞所经应为康居属土位于锡尔河和阿姆河之间的索格底亚那。

张骞向大月氏王陈述来意,表示愿意与之报杀父之仇。但汉人对西域形势的判断并不准确,这时的大月氏已在妫水北岸定居,其社会生产已由游牧转为农耕,"既臣大夏而居,地肥饶,少寇,志安乐"。显然已与过去"随畜移徙"的生活不同,因此"自以远汉,殊无报胡之心"[2]。离开现在的居地,改变生活方式,从事"报胡"的战争,对于趋于定居的大月氏来说是太困难了。张骞因而没有达到联络大月氏共击匈奴的目的。张骞在臣属于月氏的大夏停留一年多后返回,他沿着南山(昆仑山)北麓前进,想经过羌人与匈奴人的中间地带回国,又被匈奴所俘,再被拘留一年多。元朔三年(公元前 126 年),匈奴内乱,张骞才乘机逃回,与胡妻及堂邑父一起

---

〔1〕《史记》卷 123《大宛列传》,第 3157 页。
〔2〕《史记》卷 123《大宛列传》,第 3158 页。

回到长安。张骞此次出使,前后 13 年,去时 100 多人,仅剩他和堂邑父两人。堂邑父是西域人,善骑射,困难时他射猎以为二人生计。张骞向汉武帝详细汇报了西域的情况,被授以太中大夫。堂邑父被授予奉使君。太中大夫,官名,掌论议,秦时置,汉以后各代多沿置。

张骞告诉武帝,他在大夏见到邛竹杖、蜀布等,大夏人言是通过身毒贩来。由此可以推测从中国西南经印度有可达大夏的道路。武帝遣张骞出使西南,寻找身毒国,由于当地部族的阻拦而未成功。元朔六年(公元前 129 年),张骞任校尉,随大将军卫青出击匈奴。校尉是汉代重要的武官官职。校,军事编制单位;尉,军官。校尉为支队长之意。在这次出征中,张骞"知水草处,军得以不乏",因熟悉地理环境立功,封为博望侯。[1]

第二次出使在元狩四年(公元前 123 年)。元狩二年,张骞为卫尉,与李广分道合击匈奴。卫尉始置于秦,为九卿之一,汉朝沿袭,为统率卫士守卫宫禁之官。但这次出征,张骞因为迟误军期,被夺爵免为庶人。元狩四年,卫青和霍去病两路进军漠北。匈奴在屡遭重创后向西北退却,依靠阿尔泰山以南各国的人力、物力,和汉朝对抗。自从张骞第一次出使西域归来,汉朝与西域各国的联系建立起来,然而途经西域往往遭到匈奴和受匈奴控制的国家的阻挠。武帝此时有意争夺西域,数次向张骞询问大夏等国情况。张骞失侯,欲立功异域,于是建议联络乌孙,招引其返河西故地,既可"断匈奴右臂",又能招徕大夏等国为外臣。武帝采纳了张骞的意见,任命张骞为中郎将,"将三百人,马各二匹,牛羊以万数,赍金币帛值数千巨万,多持节副使",出使乌孙。[2]

此时乌孙人游牧于伊犁河、楚河流域。由于匈奴浑邪王降汉,这时汉朝已经控制了河西走廊。因此张骞很顺利地到达了乌孙。乌孙国本已服属匈奴。其时国内矛盾重重,"国众分为三",大臣都畏惧匈奴,又离汉太远,不知汉之大小虚实,不愿远徙。乌孙昆莫(王)"不敢专约于骞"。于是张骞分遣副使往大宛、康居、大月氏、大夏、安息、于阗、扜弥、身毒及诸旁国,自己则离开乌孙返汉复命。乌孙派向导、通译送张骞。乌孙又遣数十

---

〔1〕《史记》卷 123《大宛列传》,第 3167 页。

〔2〕《史记》卷 123《大宛列传》,第 3168 页。

人、马数十匹随张骞使汉,"因令窥汉,知其广大"[1]。元鼎二年(公元前115年),张骞回到长安,被授以大行,列于九卿。翌年卒。不久,他遣往各国的副使都陆续返汉,而且还大都有各国的使者随同前来,汉朝与西域的关系更加密切。

7.3.2.2 张骞出使西域的意义

张骞两次出使西域,原定的任务都没有完成,但对后来中西交通的开拓发生了积极而重大的影响,促进了中西经济文化交流,具有重要的历史意义。

(1)张骞出使西域,打破了由于匈奴强盛所造成的中原地区与西域隔绝的状态。在张骞通西域之前,西北游牧民族和绿洲居民已经在开辟绿洲之间的交通。由匈奴强盛而引发的大月氏、乌孙和塞人的西迁,其主要路线正是在绿洲之路上。但是匈奴对西域的控制,阻塞了汉朝与西域的交往,隔绝了中原与西北各民族的联系。张骞出使西域后,"西北国始通于汉",从而沟通了西域与汉朝的联系,重新打开了由于匈奴的兴起而造成的中原与西域的隔绝状态,故《史记·大宛传》有"凿空"之说。裴骃《史记集解》引苏林云:"凿,开;空,通也。骞开通西域道。"司马贞《史记索隐》云:"西域险阨,本无道路,今凿空而通之也。"[2]此后汉与西域各国的来往越来越频繁,除了文献上的大量记载之外,考古材料也有丰富内容加以说明。1990年10月至1992年12月,甘肃省文物考古研究所对敦煌汉悬泉置遗址进行了全面清理和发掘,获得大量简牍和文物。所谓"置",应劭《风俗通义》云:"汉改邮为置。置者,度其远近之间置之也。""今吏邮督掾、府督掾掌此。"[3]说明置乃为邮驿之所。据说简牍多达23000余枚,其中有明确纪年的就有1900枚,最早为西汉武帝元鼎六年(前111年),最晚的为东汉安帝永初元年(107年)。简文中有不少有关中西交通的史料。张德芳《悬泉汉简中若干西域资料考论》一文对这些简文进行了考释,他在全部悬泉汉简中检索出有关西域方面的资料360多条,皆为邮

---

〔1〕《史记》卷123《大宛列传》,第3169页。

〔2〕《史记》卷123《大宛列传》,第3170页。

〔3〕〔清〕严可均校辑:《金后汉文》卷37,《全上古三代秦汉三国六朝文》,中华书局1958年版,第678页。

驿文书。当时汉与西域诸国使节往还,皆有遣使送客之通例,如《汉书·西域传》"罽宾"条引杜钦所说:"凡遣使送客者,欲为防护寇害也。"[1]这些邮驿文书记述了主客方使团行经沿途诸处食宿供应各方面的情况,这种内容有助于我们加深对张骞通西域后汉与葱岭东西诸国的交往活动的认识。据张德芳的研究,这些简文涉及的西域国家有楼兰(鄯善)、且末、小宛、精绝、扜弥、渠勒、于阗、蒲犁、皮山、大宛、莎车、疏勒、乌孙、姑墨、温宿、龟兹、仑头、乌垒、渠犁、危须、焉耆、狐胡、山国、车师24国,还有乌弋山离、罽宾等,几乎一些重要国家与汉王朝的来往,都有程度不同的反映。除此之外,还有一些诸如祭越、钧耆、折垣等过去未曾知晓的国家。大部分是有关汉使与康居、大宛、大月氏、大夏、于阗、疏勒、精绝、扜弥诸国使者往还的内容。[2] 据简文反映,彼此送往迎来,交往频繁,在一定程度上反映了张骞通西域后汉与西域间外交往来的盛况。

(2)促进了以丝绸贸易为代表的中西之间的物质文化交流。张骞第一次出使大月氏,虽然没有达到拉拢大月氏夹击匈奴的目的,但获得不少有关西域各国的知识,了解到西域各国都"利汉财物",这为此后发展贸易关系打下了基础。张骞第二次出使西域,虽然主要是为了拉拢乌孙,"断匈奴右臂",但其目的已经不如此单纯。他随行带那么多副使,而且派副使去大宛、康居、大夏、安息、身毒等国,不存在夹击匈奴的问题。因此我们认为他第二次出使西域,除了谋求与乌孙建立反匈联盟的动机之外,招西域诸国以为外臣,发展与西域各国的交往和经贸关系也是其重要目的。张骞出使西域之后,了解到西域各国对中国产品,特别是丝绸的喜爱和渴求,同时也了解到中国所需要的西域各国的一些物产,汉与西域的贸易随之出现了前所未有的兴盛局面。"西北外国使,更来更去";汉朝往西去的"使者相望于道,诸使外国一辈大者数百,少者百余人……汉率一岁中使多者十余,少者五六辈。远者八九岁,近者数岁而返"[3]。汉武帝的使者曾到达奄蔡、条支、犁靬、安息。这些汉使大多数则为商使或商队。

---

〔1〕《汉书》卷96《西域传》上,第3886页。
〔2〕荣新江、李孝聪主编:《中外关系史——新史料与新问题》,科学出版社2004年版,第143-146页。
〔3〕《史记》卷123《大宛传》,第3170页。

（3）张骞及其副使交通西域诸国，将沟通欧亚大陆、以丝绸贸易为代表的中西商道连接起来，为发展此后的国际贸易起了极大的推动作用。

汉通西域，丝路西部的开拓要早于东部。早在公元前5世纪，波斯王大流士把整个国家分为23个行省，为了便于统治他的庞大帝国，便于调遣军队、传达政令和收取各地信息，大力修筑驿道。除了利用赫梯、亚述原有的驿道外，又增修许多新的驿道，以帝国4个首都为中心，形成通向四面八方的驿道网。他要求全国各行省均得与首都相通。为此，他建立了快速邮递，修筑了驿道。大流士修筑的驿道最重要的有两条，一条是从苏撒直达小亚以弗所城的"御道"；另一条自巴比伦而东至帝国边陲。后者横贯伊朗高原，经中亚各城而达大夏和印度。驿道沿途设驿站商馆，并有旅舍供过往客商留宿，驿站专备快马，信差传送急件逢站换骑，日夜兼程，可达古代最快的送信速度。从苏撒至以弗所城2500公里，每20公里设一驿站，公文日夜相传7日可到。为了保证驿道的畅通和安全，沿途各地险关要隘、大河流口与沙漠边缘，皆修筑防御工事，并派兵驻守。大流士修驿道主要为军政需要服务，但也便利了国际和国内商旅的流通，更使帝国境内各个最重要的经济、政治和文化中心连接紧密，有利于中央集权的加强和经济文化的发展。希腊马其顿王死后在中亚、西亚立国的塞琉古王国，曾经是一个幅员辽阔经济繁荣的大国，城镇林立，商业发达。塞琉古修筑和发展了波斯原有的驿道系统，使之成为重要的国际商道。其最重要的交通路线有两条，一条是从地中海岸边的海港塞琉西亚经首都安条克而达巴比伦附近的塞琉西亚，以此为商货的最大集散地而北通里海和高加索，南连波斯湾、阿拉伯，西则经巴勒斯坦而入埃及。另一条则是向东经伊朗、安息、大夏而达远东的商道，从大夏向南可折向印度，往北可越过帕米尔而到达中国。公元前3世纪后半期，大夏的希腊总督据地自立，安息也建立了本民族的王国，塞琉古的疆域局限在两河流域和叙利亚一带，但它开辟的连贯东西的商道却并不因此而中断。关于这条商道，法国汉学家莫尼克·玛雅尔说："在西方一侧，我们发现了奥古斯都（Auguste）时代的舆地学家斯特拉波（Strabon）的描述，或者是生活在公元2世纪时的一位亚历山大城的学者托勒密（Ptolémée）在其《舆地书》（按：一译《地理志》）中的论述。从西方延伸而来的道路经过伊朗之后，又要经过木鹿城

（Merv）和大夏都巴特拉（Bactre），通过经由犍陀罗（Gan dhāra）那自印度出发的道路而汇合在一起。接着便是颇难翻越的帕米尔高原，越过此高原之后便是当地重要的喀什噶尔站，来自古康居（索格狄亚那，Sogdiane）和古大宛（费尔干纳，Ferghāna）的道路都要通达此城，也就是说位于萨马尔罕（Samarkand）和柘枝城（塔什干，Tachkent）等城市周围的富庶地区。"[1]与中亚、西亚早就存在的驿道系统相呼应，至秦汉时，在遥远东方的中国也发展起了自己的交通网络。秦始皇为了巡行各地，大修驰道，蒙恬所修自九原至甘泉的驰道长1800里。所谓驰道，《文选》李善注引应劭云："天子道也。"[2]汉初贾山《至言》讲到秦朝的交通，说："为驰道于天下，东穷燕齐，南极吴楚，江湖之上，濒海之观毕至。道广五十步，三丈而树，厚筑其外，隐以金椎，树以青松。为驰道之丽至于此。"[3]代秦而起的西汉继续发展了交通事业，《史记·货殖列传》记载："汉兴，海内为一，开关梁，弛山泽之禁，是以富商大贾，周流天下，交易之物莫不通，得其所欲。"[4]《汉书·伍被传》中讲到武帝初的天下形势，云："重装富贾周流天下，道无不通，交易之道行。南越宾服，羌僰贡献，东瓯入朝，广长榆，开朔方，匈奴折伤。"[5]汉代的交通以若干大都市如长安、洛阳、临淄、邯郸、蓟城、寿春、南阳、番禺等为中心，组成很繁密的交通网，全国各地四通八达。而且汉时自京师至郡国，沿着主要的交通大道，都设有驿传、邮亭，以保证交通的高效、通畅和安全。特别应该指出的是，东北与辽东、朝鲜及塞外诸民族交通贸易也很繁盛。当张骞两次出使西域以后，汉使足迹到达中亚和西亚，特别是到达大夏和安息，这条贯通东西的丝路主干道便东西连接起来，《史记·大宛列传》记载张骞出使乌孙，"赍金币帛值数千巨万，多持节副使，道可使使，使遗之他旁国"[6]。其副使所至之国为"大

---

〔1〕〔法〕莫尼克·玛雅尔：《古代高昌王国物质文明史》，耿昇译，中华书局1995年版，第23页。

〔2〕〔南朝·梁〕萧统编：《文选》卷28，谢朓《鼓吹曲》，李善注引。上海书店1988年版，第396页。

〔3〕《汉书》卷51《贾山传》，第2328页。

〔4〕《史记》卷129《货殖列传》，第3261页。

〔5〕《汉书》卷45《伍被传》，第2168页。

〔6〕《史记》卷123《大宛列传》，第3168页。

宛、康居、大月氏、大夏、安息、身毒、于阗、扜弥及诸旁国",说明诸国皆"道可使使",即有路可通。当汉使到达上述诸国,中国境内的交通网络通过自长安出发西行的路线与贯通中亚、西亚的古驿道系统便连接起来。这条路线被称为沙漠丝绸之路,或曰绿洲之路,此后在漫长的历史时期都成为中西交通的主要商路。这条路线是从长安出发,经河西走廊至新疆地区,越葱岭进入中亚地区,经今克什米尔、巴基斯坦、阿富汗、伊朗、伊拉克、叙利亚、土耳其,从而与地中海沿岸国家和地区进行交通。同时在丝路东端的长安和西端的罗马又向其周围扩散和辐射,从而将欧亚非三大洲各文明中心和商贸中心连接起来。

(4)张骞及其他汉使在出使途中向西域各国传播了汉朝的信息,返汉后则向朝廷介绍了西域各国的政治状况和风物民俗,从而加深了汉族人民和西域各族人民的相互了解,扩大了汉朝对西域的认识。《史记·大宛列传》开篇云:"大宛之迹,见自张骞。"[1]张骞第一次出使西域,"身所至者大宛、大月氏、大夏、康居,而传闻其旁大国五六,具为天子言之"[2]。汉武帝因此了解到西域各国政治形势、风俗物产,还了解到自西南至身毒、大夏当有路可通。张骞的报告被司马迁收入《史记·大宛列传》,此传反映了张骞归来和李广利伐大宛后汉朝对西域的认识水平。张骞及其副使带来各国使节,使西域各国具体了解到汉朝大国的情况。由于汉朝扩大了对西域的认识,因此不久就产生了有关西域地理山川的舆图。《汉书·西域传》"渠犁"条记载搜粟都尉桑弘羊与丞相、御史大夫条奏轮台屯田事,有"置校尉三人分护,各举图地形,通利沟渠,务使以时益种五谷"之语[3]。屯田有图,则军事上必更有图。《三国志·乌桓鲜卑东夷传》裴注引鱼豢《魏略》记载:"又今《西域旧图》云:'罽宾、条支诸国出琦石,即次玉石也。'"[4]所谓旧图,当指汉代之西域图,此种图至鱼豢时尚能得见。而且据"出琦石"三字,又可知图上并注明各国各地物产,说明此种图乃有便利出使西域的汉使进行贸易的导行性质。《汉书·李陵传》记载:"将其

---

〔1〕《史记》卷123《大宛列传》,第3157页。

〔2〕《史记》卷123《大宛列传》,第3160页。

〔3〕《汉书》卷96《西域传》下,第3912页。

〔4〕《三国志》卷30《乌丸鲜卑东夷传》,裴松之注引《魏略·西戎传》,第861页。

步卒五千人出居延,北行三十日,至浚稽山止营,举图所过山川地形,使麾下骑陈步乐还以闻。"[1] 同书《赵充国传》记载赵充国语:"百闻不如一见,兵难逾度,臣愿驰至金城,图上方略。"[2] 因此可以推测,张骞,还有后来的班超、甘英等人,都会根据自己的经历绘成西亚、中亚的地图。

(5)张骞出使西域扩大了反匈联盟,为最后击败匈奴创造了新的条件,汉乌和亲是张骞出使西域的直接成果之一。张骞从乌孙归汉,乌孙使节随张骞来到汉朝,他们了解到汉朝确是一个强大国家。乌孙使节回国后,乌孙向汉朝求婚,汉朝嫁江都王女儿刘细君入乌孙,汉朝与乌孙建立起牢固的联盟,在后来反击匈奴的战争中发挥了作用。乌孙使者归国,通告了汉朝的情况,乌孙终于与汉通好。武帝两次以宗室女为公主嫁乌孙王,与乌孙建立了"和亲"关系,共击匈奴。宣帝立汉外孙元贵弥为大昆靡(王号),乌孙一直是汉朝的盟友,在进击匈奴的战争中发挥了重要作用。汉宣帝本始二年(公元前72年),匈奴进攻乌孙,解忧公主与昆弥翁归靡遣使上书,热切盼望汉朝出兵以救乌孙。汉发兵15万骑,由5位将军率领分道并出,并遣校尉常惠持节助乌孙作战。至本始三年(公元前71年)常惠与乌孙兵大败匈奴,同年冬季,匈奴单于自率数万骑兵进攻乌孙。遇到天降大雪,一日深丈余,人、畜生还者不及十分之一。公元前70年至前69年,丁零、乌桓、乌孙乘机由北、东、西三面进攻匈奴,匈奴人民死亡十分之三,畜产损失二分之一,从此大见衰弱,属国瓦解。汉武帝派张骞联合乌孙"断匈奴右臂"的计划经过整整半个世纪的经营,终获成功。张骞出使乌孙,"当时虽未达目的,而至宣帝时,则大收效果也"[3]。余太山说:"乌孙的向背,对于西汉最终战胜匈奴至关紧要。张骞使乌孙虽不得要领,却收效于日后,筚路蓝缕之功,诚不可没。"[4]

(6)张骞及其他汉使向沿途各国赠送了金帛,回来时又带回了西域各国赠送汉朝的礼品,带回了苜蓿、葡萄等种子在汉地种植。这些友好交往

〔1〕《汉书》卷54《李陵传》,第2451页。

〔2〕《汉书》卷69《赵充国传》,第2975页。

〔3〕张星烺:《中西交通史料汇编》第五册《古代中国与西部土耳其斯坦之交通》,第13页。

〔4〕余太山:《张骞西使新说》,见氏著:《两汉魏晋南北朝与西域关系史研究》,中国社会科学出版社1995年版,第209页。

在汉朝和西域各国人民之间建立了亲密的友谊。《史记·大宛列传》云："骞为人强力,宽大信人,蛮夷爱之。"说明张骞以平等友好的态度对待西域人民,赢得了西域人民的好感。当汉武帝遣使至安息时,"安息王令将二万骑迎于东界。东界去王都数千里。行比至,过数十城,人民相属甚多。汉使还,而后发使随汉使来观汉广大,以大鸟卵及黎轩善眩人献于汉。及宛西小国驩潜、大益,宛东姑师、扜弥、苏薤之属,皆随汉使献见天子"[1]。为了取信西域各国人民,后来的汉使皆以"博望侯"之号出使,"其后使者皆称博望侯,以为质于外国。外国由此信之"。而且"人所赍操大仿博望侯"[2],即像张骞一样携带赠送的礼品和交换的商品。张骞及其副使与西域各国人民建立的这种友好关系影响深远,直到东汉时,西域各国不堪忍受匈奴、莎车等国的欺压和奴役,都纷纷要求遣质子入汉。他们关心汉朝的动静,向往于臣属于汉。这与汉朝的友好政策和张骞等西汉以来的汉使给他们留下的良好印象有关。

(7)张骞坚忍不拔的精神、热爱祖国的民族气节和勇于开拓的气魄鼓舞了后世的人们。东汉时为开拓西域、保证丝绸之路畅通做出巨大贡献的班超,早年投笔感叹:"大丈夫无他志略,犹当效张骞、傅介子立功异域,以取封侯,安能久事笔砚间乎!"[3]他所仰慕、所追求的就是张骞等人所建立的功业。

7.4 汉朝与西域各国关系的发展

汉朝是围绕着建立反匈联盟、保证丝路通畅和发展丝路商贸关系而经营西域,并发展与西域各国的关系的。随着反击匈奴的逐步胜利并最终驱逐了匈奴在西域的势力,后者则显得越来越重要。汉与西域各国关系的发展是与一些重大事件联系在一起的。

汉朝最先发展了与乌孙的关系。汉武帝谋与中亚各国建立联盟,但张骞出使大月氏未能达到目的。北逐匈奴之后,武帝屡向张骞探询大夏

---

〔1〕《史记》卷123《大宛列传》,第3172–3173页。

〔2〕《史记》卷123《大宛列传》,第3170页。

〔3〕《后汉书》卷47《班超传》,第1571页。

情形,张骞窥知武帝意图,则乘机劝武帝联络乌孙。第一次出使西域的经历,使张骞对乌孙已经有很多了解。他向武帝介绍了乌孙的历史,说明蛮夷贪汉财物的性格,提出了为达到"断匈奴右臂"的目的,采取"厚赂乌孙,招以益东,居故浑邪之地,与汉结昆弟"的外交手段。[1] 武帝派张骞出使乌孙,张骞与乌孙使者数十人同归,乌孙派向导和译使送张骞归汉,赠汉数十匹马,以报谢为名而窥探汉之虚实。乌孙了解了汉之广大,物产富饶,于是与汉亲善,建立了联盟。汉以细君出嫁乌孙,与之建立了和亲关系。

与乌孙结好的同时或稍后,汉朝与大宛、康居、大月氏、大夏、安息、身毒、于阗及诸旁国建立起联系。张骞两次出使西域,把他亲身到达的国家和传闻所得附近邻国报告给武帝,司马迁将张骞的报告录入《史记·大宛列传》,汉时中国对西域的认识始于此时。张骞亲身所到的国家为大宛、大月氏、大夏、康居、乌孙五国,其所传闻之国葱岭以东为扜弥、于阗、楼兰、姑师五国,葱岭以西则为奄蔡、安息、条支、黎轩、身毒。张骞出使乌孙,带有多位副使。他们出使到上述诸国,一年多以后,不少国家都派使者与之同归出使汉朝,《史记·大宛列传》云:"于是西北国始通于汉矣。"[2] 所谓西北国即指上述诸国。

降服楼兰对汉朝发展与西域的关系具有重要意义。汉朝与上述诸国通商通使后,立刻面临葱岭以东地区的交通问题。塔克拉玛干沙漠南北两道当道诸国一方面为匈奴所胁迫,一方面利汉使财物,常常攻劫或遮杀汉使。匈奴虽北却,仍然不断出兵干扰丝路交通。《史记·大宛传》云:"楼兰、姑师小国耳,当空道,攻劫汉使王恢等尤甚;而匈奴奇兵时时遮击使西国者。"他们还抢劫西域各国使节进贡汉朝的礼品,昭帝元凤四年(77年)四月《封傅介子为义阳侯诏》云:"楼兰王安归常为匈奴间,候遮汉使者,发兵杀略卫司马安乐、光禄大夫忠、期门郎遂成等三辈。及安息、大宛使,盗取节、印、献物,甚逆天理。"[3] 汉初已有南北两道之认识,西汉时西行均须经罗布泊低地,一傍南山,一沿北山。楼兰在罗布泊北岸,当两道

---

〔1〕《史记》卷123《大宛列传》,第3168页。
〔2〕《史记》卷123《大宛列传》,第3169页。
〔3〕《汉书》卷70《傅介子传》,第3002页。

要冲,所以西汉一定要和匈奴争楼兰。为了保证连接中原与中亚及更远地区的这条交通线,西汉首先着手解决楼兰、姑师的问题。楼兰所以重要,首先因为它是南道最东端之国,汉使出盐泽,首先至此,是继续西行的良好歇脚点和新的出发地,行人在这里可以取得补给前行。姑师亦为北道当道之国,沿北道西行必经此。汉欲交通中亚及更远之国,必须控制此二国。《史记·大宛列传》云:"使者争遍言外国灾害,皆有城邑,兵弱易击。于是天子以故遣从骠侯破奴将属国骑及郡兵数万……其明年,击姑师。破奴与轻骑七百余先至,虏楼兰王,遂破姑师。因举兵威以困乌孙、大宛之属。"[1]

李广利远征大宛取胜,威震西域,对发展与西域诸国的关系起了极大的促进作用。越葱岭西行,大宛是大国,并处交通要道,"其北则康居,西则大月氏,西南则大夏,东北则乌孙,东则扜弥、于阗"[2]。张骞第一次出使西域,曾路过大宛,并施以利诱,获得大宛帮助,至大月氏。对于大宛,汉朝先是以交好的态度与之交往的。为了得到大宛的汗血马,"使壮士车令等持千金及金马以请宛王贰师城善马"。大宛因汉绝远,不予。汉使亦怒,椎碎金马而去。大宛人则派人攻杀汉使,取其财物。于是汉兵破楼兰后,武帝便兴兵伐大宛。汉军远征艰苦备尝,而武帝不惜代价,决心征服大宛,其目的仍在于政治上的意义,即维护汉朝在当时国际上之地位,巩固和发展与西域各国的关系,保证汉使西行的通畅。《史记·大宛列传》云:"天子已业攻宛,宛小国而不能下,则大夏之属轻汉,而宛善马绝不来,乌孙、仑头益苦汉使矣。"[3]李广利率军远征大宛最终获胜,得大宛良马,并立对待汉使友好的昧蔡为宛王,与之结盟而去。后来宛人杀昧蔡,立蝉封为宛王,遣其子入质于汉。大宛降后,中亚各国皆遣使贡献。王嘉《拾遗记·前汉上》记载,渠搜国之西之祈沦国,"其国人缀草茅为绳,结网为衣,似今之罗纨也"。武帝"元狩六年,渠搜国献网衣一袭"[4]。此类传说即以大宛降服为背景而产生的。

---

〔1〕《史记》卷123《大宛列传》,第3171 - 3172 页。

〔2〕《史记》卷123《大宛列传》,第3160 页。

〔3〕《史记》卷123《大宛列传》,第3176 页。

〔4〕〔东晋〕王嘉:《拾遗记》卷5,见《汉魏丛书》本,吉林大学出版社1992 年版,第720 页。

甘延寿、陈汤远征康居，诛讨郅支，对扩大汉朝在西域的影响和与西域各国的往来起了重要作用。元帝时，甘延寿和陈汤矫诏进兵康居，诛讨郅支单于获胜，汉之声威波及更远的地区。刘向《理甘延寿、陈汤疏》言二人之功云："出百死，入绝域，遂蹈康居，屠五重城；搴歙侯之旗，斩郅支之首；悬旌万里之外，扬威昆山之西；扫谷吉之耻，立昭明之功。万夷慑服，莫不惧震。呼韩邪单于见郅支已诛，且喜且惧，向风驰义，稽首来宾，愿守北藩，累世称臣。"[1]元帝建昭四年正月《赦甘延寿、陈汤矫制罪诏》称他们"立功万里之外，威震百蛮，名显四海。为国除残，兵革之源息，边境得以安"[2]。

昭君出塞和亲，进一步巩固和发展了汉匈之间的友好关系，带来半个世纪边境地区的安定局面。元帝时，匈奴分裂，北匈奴郅支单于被诛，南匈奴呼韩邪单于降汉。据《汉书·元帝纪》记载："竟宁元年春正月，匈奴呼韩邪单于来朝。诏曰：'匈奴郅支单于背叛礼义，既伏其辜，呼韩邪单于不忘恩德，向慕礼义，复修朝贺之礼，愿保塞传之无穷，边陲常无兵革之事。其改元为竟宁，赐单于待诏掖庭王樯为阏氏'。"据《汉书·匈奴传》记载，王昭君为之生一男，为右日逐王。呼韩邪立28年死，其子雕陶莫皋立，依匈奴之俗，又以昭君为妻，又生2女。昭君出塞后的50余年间，汉匈一直保持友好关系，边境安宁。由于汉匈的和好，丝路交通没有障碍，通行无阻，大大促进了中西之间的交通和交往。

总的说来，西汉武帝时，西域各国开始归顺汉朝，昭帝时这种关系进一步发展，宣帝时汉与西域各国的关系更为密切。神爵二年（公元前60年）郑吉为西域都护，驻节乌垒城，全境皆在汉朝都护管辖之下。从此西域都护历18任，汉朝与西域各国的关系不断发展。直到西汉末王莽专政篡位，实行民族压迫政策，最终导致汉匈关系破裂，丝路交通再次中断。

王莽时汉与西域的关系一度瓦解，光武帝时，虽与西域也有某种交往，甚至还有莎车、鄯善等遣使贡献的活动，但西汉时的局面未曾恢复。光武帝时东汉王朝无暇顾及经营西域，焉耆首先叛附匈奴，匈奴势力再次

---

[1]《汉书》卷70《陈汤传》，第3017页。
[2]《汉书》卷70《陈汤传》，第3020页。

进入西域,中原与西域的关系断绝。此间莎车曾一度称霸西域,招致汉、匈及西域各国的普遍不满。自东汉明帝开始重新经营西域,经过对匈奴的军事反击和班超30余年的奋斗,至和帝时,使西域50余国,悉纳质而内属于汉。班超归国后,和帝薨,任尚失和于西域,诸国再叛。安帝永初元年(公元107年),西域屡攻都护,汉又弃西域。至延光二年,用敦煌太守张珰之策,以班勇为长史,重新经营西域,于是西域17国内属,"西域三绝三通"[1]。至桓帝元嘉二年(公元152年),由于中原地区的内乱,汉朝无力控制西域局势,造成西域交通的又一次断绝。

---

〔1〕《后汉书》卷88《西域传》,第2912页。

8 汉武帝平南越与 海上丝路的开辟

汉武帝时代丝绸之路的开拓还表现在汉平南越后开展与海外国家的交往。南越国乃秦南海尉赵佗建立。秦朝将灭亡时,他起兵兼并桂林郡和象郡,自立为王。至公元前 111 年为汉武帝所灭,传 5 世,历 93 年。国都位于番禺(今广州),疆域包括今天中国的广东、广西两省区的大部分,福建、湖南、贵州、云南的部分地区和越南北部。南越国又称为南越或南粤,越南史书又称为"赵朝"或"前赵朝"。汉朝只有在平南越后,才有条件利用海上丝路与域外交往。

8.1 早期中西间的海上交通

古代中国与西域各国的海上交通通过南海与印度洋航路相连接,人们称这条通往地中海而达欧洲的路线为"海上丝绸之路"。这条路线的主要线段是南中国海、印度洋(安达曼海、孟加拉湾、阿拉伯海)、红海、地中海。在苏伊士运河没有开辟之前,从红海到地中海要经古运河或走一段陆路至尼罗河,由尼罗河进入地中海。在汉代中国人西行至印度和斯里兰卡,罗马人东来至印度,进而至中国,将东西间海上交通线贯通起来。

8.1.1 希腊至埃及地中海航线

贯通欧亚非三洲的海上交通路线应该说首先是从西端得到开辟的,其年代最早可以上溯到公元前 3000 年。从很早的时候起,活动在地中海、红海和印度洋沿岸的各国各民族如古代希腊人、埃及人、阿拉伯人、苏美尔人、亚述人、巴比伦人、波斯人、印度人等,从很早的时候

·欧·亚·历·史·文·化·文·库·

起,就在红海、东非沿海、阿拉伯海、波斯湾和孟加拉湾分段从事近海航行,为这条海上交通线的开辟和发展做出了贡献。

古代希腊人自古便与航海事业结下不解之缘,地中海很早便是他们航海事业的用武之地。古代希腊的地理范围以希腊半岛为中心,包括东面的爱琴海和西面的爱奥尼亚海的群岛和岛屿,以及今土耳其西南沿岸,意大利南部及西西里岛东部沿岸地区。希腊地区有丰富的旧石器和新石器文化,欧洲最早的古人类化石——彼特拉隆那直立人(约 30 万年前)就发现于希腊北部。由于特殊的地理环境,爱琴海成为远古航海业的摇篮,这儿的人从旧石器时代晚期即开始航海活动,伯罗奔尼撒半岛沿岸的古人类已开始出海捕鱼,行踪渐及近海岛屿。新石器时代的希腊本土则与爱琴海各岛有了较密切的航海联系,伯罗奔尼撒当地的石器多使用爱琴海中基克拉底斯群岛的米洛岛特产的黑曜石,此岛距大陆约 150 公里,按当时的条件来说已是一段不短的航海路程。因此在新石器时代,希腊本土和爱琴海各岛的文化由于航海的成功而取得密切联系,并从爱琴海而连接于小亚细亚和北非。在克里特岛、基克拉底斯群岛和希腊本土都发现了相互联系的延续数千年的新石器文化(公元前 6000 年至前 3000 年)。

大约在公元前 2200 年属于印欧语族的希腊人从他们的故乡多瑙河、顿河流域由北而南逐渐移居希腊,此后地中海原有居民或曰地中海民族逐渐同化于移入民族,至公元前 1000 年以后,整个希腊成为讲印欧语的希腊人的国土。古希腊的历史长达 2000 年,可以分为爱琴文明、荷马时代、古朴时代、古典时代和希腊化时代。大约在公元前 3500 年到 3000 年间,爱琴海各岛屿和希腊本土逐渐转向铜器或早期青铜文化,这个阶段约延续到公元前 2000 年,铜器使用渐广,基克拉底斯群岛的海上交通尤为活跃,成为由小亚细亚沿岸和塞浦路斯岛向希腊各地转运铜等金属原料的中心。铜器时代以后,海洋成为希腊联系东方先进文明的主要通道,希腊人东航经叙利亚即可达两河流域,与爱琴海南边最大岛屿克里特岛隔海相望的就是埃及。这两大文明古国和其他东方文明民族都为后起的希腊人提供了丰富的文化遗产。

克里特岛在公元前 2200 年至前 2000 年间进入原始公社的最后阶段,在公元前 2000 年后各地出现大小不等的城郭宫室,组成奴隶制小国。公元前 1800 年至前 1700 年间,克诺索斯建成了最大的王宫,米诺斯王朝已经统一全岛。米诺斯王朝至新王宫阶段(公元前 1700 年至前 1500 年)统一王权已经完全巩固,而且建立了对基克拉底斯群岛和希腊本土一些地区的统治,神话中有关于米诺斯王拥有海上霸权的传说。据考古资料估计,当时首都克诺索斯拥有人口 8 万以上,算是地中海区域最大的城市之一;其他城镇亦多临海而建或有大道与港口相连。米诺斯文明在经济发展方面的主要成就在于工商业和航海贸易方面。它的造船业非常发达,是其海上霸权的重要支柱。从克诺索斯王宫壁画和其他工艺品上的图画看,米诺斯工匠已能建造远航海外的帆船和使用数十以至成百桨手的战船,并组成混合多种船只的舰队或商船队。米诺斯船舶皆用木材,克里特岛山区覆盖着森林,出产质量优良的杉木,但也可能使用从黎巴嫩进口的材料。在建造大型的帆船和战船时可能已使用龙骨结构,这是古代造船术的一项重大改进,日后希腊人的海船亦袭用这种技术。船上建有牢固的舱房,船尾置长桨,作舵之处亦建小舱以避风雨,这都是有利于航行海外的设施。由于有一只强大的海上舰队,克里特人掌握了制海权,米诺斯首都及其他大城市都无厚墙碉楼等城防工事,形成这个海上强权有异于其他文明古国的一个特色。

正如斯塔夫里阿诺斯所指出的,克里特岛"位于地中海东部的中间,周围的海面风平浪静,气候条件较宜于用桨或帆推动的小船航行,因而他的地理位置对商业贸易极为理想。水手从克里特岛可乘风扬帆地北达希腊大陆和黑海,东到地中海东部诸国家和岛屿,南抵埃及,西至地中海中部和西部的岛屿和沿海地区;不管朝哪一方向航行,几乎都可以始终见到陆地。一点儿不用奇怪,克里特岛成为地中海区域的贸易中心"[1]。由于先进的造船业和强大的船队为米诺斯王朝保证了海外航行的畅通,克里特与埃及的联系便持续不断。克里特人的单桅海船装载着来自埃及的粮食、黄金、象牙、玻璃、皂石印章以及昂贵的石瓶、首饰等往返于克里特与埃及之间的地中海上。米诺斯王朝旧王宫时代(公元前2000年至前1700年)埃及中王国第十二王朝的文物曾流传于克里特,当地工匠多有仿效。在壁画、陶器、工艺品和图画文字的演变方面都可看到埃及的影响。克里特的陶器在埃及也有发现。但米诺斯和埃及联系最密切之时则在米诺斯王朝新王宫时期(约公元前1700年至前1450年或前1380年),尤其新王宫晚期,其时正是埃及新王国的第十八王朝。在埃及底比斯的列赫米拉坟墓壁画上,有一幅欢迎进贡的外国使节图,其中一些人从服饰穿戴和奉献礼品的瓶盅形制来看都类似克里特壁画中的人物,一般认为他们就是米诺斯王朝派来的使节。此图的题词云:"海中诸岛及克夫提乌大君的和平到达。"[2]也明确提到克里特岛国的特色,而克夫提乌则可能指克里特。列赫米拉曾在图特摩斯三世(公元前1504年至前1450年)和阿蒙特普二世(公元前1450年至前1425年)两位法老手下担任宰相之职,其坟墓中壁画内容表明克里特此时已和埃及建立了稳定的外交关系。

在克里特也相应地发现了阿蒙霍特普三世(公元前1417年至前1379年)的印章及其王后泰伊的甲壳虫章,可见交往之密切。从其他遗物看来,公元前1600年至前1400年间,克里特和埃及的交往似乎始终处于类似的水平。在新王国的埃及,克里特陶器虽有发现,但数量相对不多,论者以为此时克里特运往埃及的大宗货物可能主要是皮革、肉类、果品、木材等等,而不是那些必用陶瓶装运的橄榄油和葡萄酒。埃及而外,克里特海外贸易接触较多的还有叙利亚沿岸和塞浦路斯岛,两地皆有相关的文物发现。但与克里特贸易和文化交流最密切的还是爱琴海及其周围地区。在西部地中海,米诺斯的影响已达意大利

〔1〕〔美〕斯塔夫里阿诺斯:《全球通史——1500年以前的世界》,吴象婴、梁赤民译,上海社会科学院出版社1988年版,第131页。

〔2〕朱龙华:《世界历史》(上古部分),北京大学出版社1991年版,第323页。

的利巴拉群岛,可能也及于意大利南部沿岸和马耳他岛。由此可见,米诺斯海上霸权的意义就在于它控制了东部地中海的海运贸易网,它的势力范围形成了一个以克里特岛为中心,东达洛德岛,西连伯罗奔尼撒的环形带,正好处在东岸高度文明国家和其他待发展的地区中间,特别是这些地区和当时最富裕的国家埃及进行交往,都得通过这一环形带,从而使它得以撷取欧、亚、非三大洲的内陆资源。在米诺斯王朝新王宫后期,克里特北面约69海里的锡拉岛曾有一次火山大爆发,全岛一分为三,古城被火山灰掩埋,因此部分遗址得以较完整地保存下来。经1967—1974年周密发掘后,在古城中央广场周围的一些楼房中发现了许多精美的壁画,题材以反映渔民生活和航海经商活动的为多,在古代壁画中独具一格。

米诺斯文明衰落之后,代之而起的迈锡尼文明在海外贸易方面较之前者也有过之而无不及。埃及、叙利亚、腓尼基、塞浦路斯以及意大利南部、利巴拉群岛等曾有较多的迈锡尼陶器的发现,数量皆超过各地曾发现的米诺斯陶器。例如,在埃及法老埃赫那吞进行宗教改革时建立的新都阿马尔纳,迈锡尼陶器曾有大量进口,数量之多是在此之前输入埃及的米诺斯陶器无法比拟的,它说明这时迈锡尼的海外贸易已把橄榄油、葡萄酒等希腊特产作为出口的大宗货物。迈锡尼人已在上述各地建立自己的商站,这类联系为希腊本土带来不断增长的财源。在小亚沿岸,移居当地的希腊人还和土著居民混合建立起了强大的城市,特洛耶便是其中之一,不仅为迈锡尼商业提供了据点,也是当地一支活跃的军事力量。小亚内陆的赫梯王国就很重视这些本地的和海外的希腊人,赫梯文书中称此时的希腊人为"阿恰耶伐人",与荷马史诗所称的"阿卡亚人"相符。赫梯国王曾把"卓越的"阿恰耶伐王和埃及法老相提并论,又曾称之为"兄弟王",可见迈锡尼声威之盛。

8.1.2 红海亚丁湾航线

在这段航线上,古代希腊人、埃及人、阿拉伯人、亚述人、阿克苏姆人等都进行过早期航海活动。埃及东临红海,北濒地中海,尼罗河从南至北贯穿其间,注入地中海。与尼罗河有关的技术发明是古埃及文明

欧·亚·历·史·文·化·文·库·

的重要内容,这种发明集中于造船和航运方面。古埃及人早就开凿了连接尼罗河与红海的运河,这条运河在历史上被多次重挖和疏通。

在埃及,水上运输比陆上运输重要,古埃及人很早便发明了船,前王朝时期多是芦苇编制的船,形制与两河流域的芦苇船差不多。第一王朝以后就发明了木制船,有大小船只适应尼罗河航运的需要。1954年,埃及考古学家在胡夫金字塔南侧18米处发现两个长方形石坑。东面的石坑当年开始挖掘,并出土了第一艘胡夫太阳船残骸。这条距今4700年的"太阳船"经过西方学者的研究,已经成功复原。这是一条"缝合"船,每块船板的四角均凿有孔,板与板之间用椰棕绳索连接。1987年,在西面的石坑里又勘测到了第二艘太阳船。古埃及的壁画中有许多行船的场面,例如约公元前3300年的希拉康波里画墓的墓室西壁上的壁画,内容有尼罗河上穿梭往来的船只,有的船上还陈列着用于祭祀典礼的物品。近年在萨卡拉墓地中的捷特王陵发掘到一艘长达五十英尺的木船遗物,据信这只船是护送国王遗体至墓地的航船,这艘庞大的木船与吉萨大金字塔是同时代的产物。根据古埃及神话,法老灵魂乘此船可遨游天堂。此船的选料做工皆达最高水平,造船用料是可能取自黎巴嫩特产的云杉或者是经红海运来的东非木材。这类大船由于采取木料构造,船体要轻捷牢固得多。王室用船往往以百十名桨手列队划船前进,而一般货运则已使用风帆,尤其是地中海和红海上的航运更需要使用风帆和较高技术的航海条件。

由于其特殊的地理环境,古埃及人成为航海的能手。古埃及人的航海活动沟通了地处印度洋水系的红海和大西洋水系的地中海之间的海上交通,使古埃及成为东西方海上交通的捷径。考古发现,埃及地区早就与两河流域有文化上的联系。希拉康波里墓室壁画有一组表现一人张臂与双狮搏斗,双狮侧立两边,布局齐整,与壁画其他部分的构图散漫不同,显然是一种徽章性质的图案。这种双狮图徽,是来自两河流域的文物。它出现于埃及王陵之内,说明了两地之间存在着一定的文化联系。发现于埃及的吉贝尔·埃尔·阿拉克的一把石刀的象牙柄上,还以更为贴近两河流域的风格刻画了一个戴毡帽着长衫(皆非埃及习俗)的人搏斗于双狮之间,其背面刻有战争搏击掠夺俘虏和舟船水战等图,舟船形制亦与两河流域相似,就更说明两地交往的密切。实际上这些交往不仅限于文化方面,也包括经济贸易。有人估计当时不仅存在一条由埃及经西奈、巴勒斯坦达于西亚各地的陆上交通线,可能还开辟了一条经红海沿波斯湾达于两河流域的海上交通线。古埃及"缝合"结构的造船工艺后来为西亚许多国家所接受,一直使用到中世纪。因此前王朝时期西亚与埃及交往的频繁甚至超过以后的王朝时期。

亚述帝国至巴尼拔统治时最为强盛,公元前639年,巴尼拔攻陷埃兰首都苏撒,俘获其王,平定了埃兰全境,从而战胜了最后一个顽敌。其版图拥有西亚全境,并一度占领埃及,号称东临伊朗高原,西抵地中海滨;北达高加索,南接尼罗河,成为世界历史上空前的大帝国。亚述帝国使用大量奴隶修建运河,发展商业,各地交通的便利和文化的交流达到新的水平。

阿拉伯人在红海航海活动中也充当过重要角色。沙特国王大学文学院考古博物馆系阿班教授讲述了阿拉伯人在阿拉伯半岛及其海域的航海活动后,概括了公元前3世纪至公元1、2世纪时,阿拉伯人经由红海的航海和贸易活动:

> 现在我们将话题转到海上丝路另一条通道上来,这就是那条通向红海抵达埃及和地中海沿岸之路。我们发现,在阿拉伯半岛南部和沿红海沿岸对岸陆路的北部建立的阿拉伯王国已控制了进入红海的东方贸易和航海权,这是因为红海多珊瑚礁,通过其深海水道和出入这些港口需要经验帮了他们大忙,他们热衷于掌握这些资料。有一位也门商人的故事,他叫玛阿尼·宰德,在埃及的吉萨他发现了一块上面刻有他的名字的雕刻,雕刻上记载了埃及给他的布匹,要他用船运走。这可能是发生在托勒密二世时期(公元前3世纪)的故事。

> 巴拉米阿拉伯人原是汉志北部沿岸的居民,他们是最早定居在埃及南部沿岸的阿拉伯人,从事托勒密人的贸易,到达埃及沿

岸的红海港口。一些学者认为,巴拉米人属现在仍定居在瓦季港地区的巴拉部落。公元前 1 世纪,经由也门和阿曼港口的东方贸易繁荣起来,控制阿曼南部水域的沙布王国的一位国王在佐法尔地区建了一个港口,原称耶姆海拉姆,成为航向东方船只的停靠港。在这期间访问过这一地区的希腊旅行家描述过红海南北港口贸易活动的情况。关于木札(木哈)港,《厄里特利亚海航行记》的作者说,他发现这个港口船只拥挤不堪,船主、阿拉伯船员和所有的人都忙于做买卖,港口属于希木叶尔国王卡尔巴伊勒。在红海的北部,迪丹和利哈延王国参加途经他们港口的海洋贸易。生活在公元前 1 世纪的斯特拉波描述过他们的同盟者奈伯特人的贸易活动,他们控制了红海北部的不少港口,如鲁基·库非(达巴北部的哈利巴港)、阿克拉·库米(瓦季南部的卡尔卡玛码头)。他说:"货物从鲁基·库米运往佩特拉,从佩特拉运往腓尼基,从腓尼基运往其他地方。"他还说"奈伯特人是一些酷爱财富的民族,他们贩运的货物有的完全是贩运来的,有的不完全是贩运,而是按货物清单提供,清单上的货物除了其他东西外,还包括绣花服装、大黄、番红花、肉桂、雕塑、绘画、雕刻等,清单上的一些货物很可能是从东方输入的"[1]

希腊人在红海航线上曾经发挥过重要作用。在公元前 3 世纪到公元前 1 世纪下半叶,阿拉伯人在红海航线上的商业活动受到希腊托勒密王朝的挑战。公元前 2 世纪,希腊人利用海洋季风从埃及直航印度,大大便利了埃及与远东的经济贸易的开展。阿班教授讲到希腊人对红海航线的控制:

> 但对途经红海的东方贸易的控制权,并非在公元前的几个世纪内一直掌握在阿拉伯人的手里,因为这一贸易已将他们和他们的国家拉进国际角逐和竞争的舞台,将他们卷进同地中海沿岸欧

---

[1][沙特]阿里·本·易卜拉欣·哈米德·阿班:《中国和阿拉伯半岛之间的海上丝绸之路和贸易关系的历史》,1996 年。按:此系阿班教授在北京外国语大学阿拉伯语系的一次讲演的内容,未刊,下同。

洲列强直接的对抗之中。首先是希腊,其次是他们的同盟者罗马人,而后是拜占庭人。因而当时红海的状况并不比阿拉伯海湾的状说好多少。希腊人刚一控制阿拉伯半岛周围地区埃及、沙姆和伊拉克,就迅速将海上丝路予以完全控制。对此,阿拉伯商人和海员并没有表示不满。马其顿亚历山大还制订了一项控制阿拉伯半岛沿岸的计划,旨在全部控制半岛的领土,进入东方商品的产地,而不用坐等中国和印度的商品用船或阿拉伯骆驼商队运到埃及和沙姆,在那里高价出售。但亚历山大在他的计划实施之前就去世了,感谢真主! 他的计划因他的死而以失败告终。亚历山大在埃及的继承人时代,托勒密人重开了联结尼罗河、红海和地中海的古运河。公元前285年至前246年,托勒密二世命令重开这一运河,船只从埃及进入印度。为保护东方海上的贸易,托勒密人安排希腊侨民在红海的一些港口居住,并给他们的定居点起了希腊名字,其中艾姆布鲁尼港据认为位于沙特阿拉伯王国西北的瓦季港处。但在红海沿岸发掘的古迹证明艾姆布鲁尼位于法尔散岛,在那里确有希腊式建筑遗存和希腊的雕刻。

公元前334年,希腊马其顿国王亚历山大开始远征,他率领马其顿希腊联军,挥师东向,夺小亚,入埃及,灭波斯,进中亚,一直打到印度西北部,大大超越地中海古文明的传统范围,建立了横跨欧、亚、非三洲的大帝国。亚历山大的远征标志着希腊以及希腊统治的东方进入了一个新的历史时代——希腊化时代。在东方承袭传统体制中增添的希腊因素主要是指希腊人建立的自治城市。据说亚历山大在东方各地建立的以亚历山大里亚命名的城市共有70多座,分布在从地中海东岸一直到阿富汗、印度边陲的广大地区。有的新城一开始便作为宏大的工商业都市而奠其基石,如埃及的亚历山大里亚。

亚历山大死后,他所建立的帝国迅速分裂。公元前305年,占据埃及的托勒密自立为王。托勒密王朝除拥有埃及本土外,还占有巴勒斯坦、腓尼基、塞浦路斯和北非的昔兰尼等地。在托勒密王朝,亚历山大里亚发展为地中海最大的工商业城市。对于埃及来说,它是全国出入口贸易的中心,在国际贸易上,则是地中海地区和东方各国交流的枢纽,买卖的兴盛超过任何口岸。这里集中了埃及手工业的精华,它的造船业已能制造可容千人的大船。埃及传统的金银珠宝、毛麻织物、纸草制品等皆称独步,而玻璃、琉璃的生产则居当时世界最高水平。这些工业产品,连同埃及盛产的粮食,由此输往国外,世界各地的名优特产亦汇聚于此,其中最著名的有非洲的黄金象牙,印度的珍珠宝石,阿拉伯的香料和欧洲的琥珀。丝绸之路开通后,它也是中国丝绸在地中海的最大集散地。

托勒密二世时修复了尼罗河至红海的运河,遂使亚历山大里亚的商船可循水道直接入红海、渡印度洋而至远东。来自印度、东非的商品在今红海南端的曼德海峡两岸,即阿拉伯半岛的亚丁、索马里与埃塞俄比亚之间的吉布提附近过驳卸货,转由红海沿岸的商人贩运到地中海边。产自中国的丝绸直接或经过一次次转手运抵印度后,也经由这条途径转往欧洲。不仅中国丝绸可从这条海上丝绸之路运抵亚历山大里亚,它的商人和水手也循海道了解甚或到达中国。公元1世纪末,一位亚历山大里亚的希腊水手写了《厄立特里亚海航行记》一书,厄立特里亚海即红海。书中提到中国的名字和这条海上丝绸之路,虽然此书写于托勒密王朝之后,但一般相信此路之畅通始于托勒密王朝时期。托勒密王朝的末代君主克列奥帕特拉女王以身着中国丝袍而炫耀一时。亚历山大里亚和印度、中国的联系还由于海路的开通而受益,使亚历山大里亚能从陆上和海上两条路线获得东方宝货。

阿克苏姆王国兴起后,曾在罗马人的红海航海贸易中起过阻碍作用。阿克苏姆是非洲东北部的古国,位于今埃塞俄比亚北部,约公元1世纪前后建国,首都阿克苏姆城。阿克苏姆王国红海沿岸的阿杜利斯港是出入亚丁湾东西方海上交通的要道。《厄立特里亚海航行记》书中写道阿杜利斯港,说它是"根据法律建立起来的港口"。当代"希夫达"(shiftas,埃塞俄比亚语指"强盗")的祖先曾经给航运造成了某些困难。这位水手写道:"在港口的前面横卧着所谓的高山岛,它离港湾的尽头处约二百希腊丈(stadium,注:一希腊丈大约相当于180公尺),两侧距大陆的海岸线都很近。驶向这个港口的船只现在都在这里抛锚，因为陆地上有人袭击。"这是一个劫匪猖獗之处，所以袭击罗马船只的也可能是当时的希夫达。据同书记载，阿克苏姆的统治者也确是贪婪之辈，书中写道，从阿杜利斯港到阿克苏姆城要走八天，"这些地方受佐斯卡勒斯的统治。他为人吝啬，总想多捞一些"。人们通常认为佐斯卡勒斯就是阿克苏姆的国王扎·哈克尔。大约在 3 世纪初，君士坦丁皇帝时代罗马船只曾在这里被阿克苏姆人劫夺，而劫夺事件可能就是国王埃拉·阿米达操纵的，因为当时他的盟友受到罗马人的攻击。当然也有人认为可能是海盗或非法之徒所为。阿杜利斯港在东西方海上交通方面发挥过作用，同书提到阿克苏姆王国大量的舶来品，其中有软铜薄板、小斧、少量的罗马葡萄酒、国王要的罗马式金片和银片、军装以及印度的钢铁和棉布。这个古代港口毁于 8 世纪某次不见记载的灾害，其遗址后来被发掘出来，人们称之为"阿祖利"，在那里现在还有柱基、石堆和陶器碎片等遗物。[1] 至 3 世纪后半叶，处于极盛时期的阿克苏姆国还统治着阿拉伯西部的部分地区，控制了红海的航运，迫使东罗马不得不寻求陆路与中国进行交往。

由于红海航运的开展，这里很早便成为来自印度洋的商贾进入地中海地区和欧洲商人前往亚洲的天然通道。古埃及时期开凿的沟通红海和尼罗河的运河，更使属于大西洋水系的地中海和属于印度洋水系的红海联结起来，成为中西间交通的一条捷径。

8.1.3 亚丁湾至印度、斯里兰卡航线

在这条航线上，古代苏美尔人、阿拉伯人、波斯人、印度人很早就进行了航海活动。至公元 1 世纪，罗马人也开始进入印度洋，从事这一航线上的贸易活动。

在西亚苏美尔文明捷姆迭特·那色文化（约公元前 3100 年至前 2900 年）的考古文物中，发现那时的苏美尔人在用芦苇编制的船只之

〔1〕R. Greenfield, *Ethiopia, a New Political History*, Dall Mall Press, London, 1963. 理查德·格林菲尔德：《埃塞俄比亚新政治史》，钟槐译，商务印书馆 1974 年版，第 34 – 43 页。本书中提到的《红海航行要览》一书，今依目前通行译名作《厄立特里亚海航行记》。

外,也开始用木料造船。而且对外联系也有很大发展,苏美尔文化已传至两河流域中、上游,和东面的埃兰、西面的叙利亚、巴勒斯坦都有频繁的商业贸易。和埃及的联系,在它之前的乌鲁克文化中已经出现,此时仍在继续。在埃及的涅加达,发现好几枚苏美尔的圆柱形印章,皆以青金石刻成,埃及前王朝文物上还多次发现采取苏美尔神话形象(如人狮搏斗)的图案。近年在伊朗东南部的铁佩·雅亚发现的早期埃兰文化遗址,据研究此地是苏美尔和伊朗东部以及阿富汗、印度河流域贸易联系的中转站,它把本地出产的皂石和阿富汗的青金石运销于苏美尔各城邦,后者则以工艺品、毛呢、金银相交换。张星烺说:"波斯湾沿岸诸地,海道通中国为期甚早。未有历史以前,或已有船舶,沿印度洋岸,往来东西矣。"[1]便指史前西亚、阿拉伯半岛居民的航海活动,但对波斯湾通中国的航海活动估计可能有些过早。

　　阿拉伯半岛是世界上最大的半岛,在半岛西南端的也门,很早就发展了农业文明。沿海地区的阿拉伯人很早便善于造船,从事航海活动。阿曼人是海上贸易的先驱,公元前 3000 年,他们就在两河流域和印度河之间从事贸易。苏美尔人称阿曼为"马干"(Magan),本意为"船",说明阿曼人是以造船而闻名的。阿拉伯人的船板不用铁钉固定,而是用绳索拴牢拼合。[2] 其"优良的海湾和港口,优越的地理位置,高超的造船技术,使它成为一个航海发源地"[3]。公元前 1000 年,半岛南部的赛伯伊人活跃在印度洋上,通过海上交通从事商业活动。在漫长的历史时期内,他们曾独占南海的贸易,把从印度来的香料、布匹和刀剑,从中国来的丝绸,从埃塞俄比亚来的奴隶、象牙、黄金等,经过红海转运到西方去。虽然在公元前 3 世纪至公元前 1 世纪,希腊人染指埃及到印度之间的海上贸易,阿拉伯人在亚丁湾和印度之间的海上贸易仍持续不衰。半岛沿海的一些城市成为埃及和印度之间海上贸易的中转站和商业中心。公元前 3 世纪末,哈萨海岸的格拉已经成

---

〔1〕张星烺:《中西交通史料汇编》第三册《古代中国与阿拉伯之交通》,第 5 页。

〔2〕〔阿〕佚名:《中国印度见录》,穆根来等译,中华书局 1983 年版,第 108 页。

〔3〕江淳、郭应德:《中阿关系史》,经济日报出版社 2001 年版,第 15 页。

为波斯湾的商业中心,方圆5英里,聚集着众多阿拉伯商人,成为非洲、印度、阿拉伯半岛和两河流域货物中转的一个中心。公元1世纪罗马政治势力和贸易活动进入亚丁湾和印度之间的海上交通线上,阿拉伯人的航海贸易受到不利影响。阿拉伯人的商业活动局限于波斯湾头的阿拉伯城市,直到3世纪初才又重新活跃于海上。关于古代阿拉伯人的航海事业,阿班教授曾有这样的论述:

> 由于中国、印度商品运到阿拉伯半岛的港口,阿拉伯商人通过海运或通过陆路商队运输到波斯、两河流域、沙姆、埃及和埃塞俄比亚沿岸,许多阿拉伯人从经营他们半岛生产的产品和从印度、中国进口的贸易中发财致富。阿拉伯人和效仿他们从事远东贸易的半岛地区的人民获得的财富引起一些势力的不满,因而从公元前3000年末,亚述人就企图控制阿拉伯人作为中介所进行的东方贸易。一份古文献记载阿卡德国王赛尔贡皇帝(公元前2300年)成功地使马干、达勒盟和马鲁哈的船只进入阿卡德港。众所周知,马干即阿曼,达勒盟即巴林,马鲁哈即印度。从很早以来,波斯人也企图与阿拉伯人竞争这一贸易的利益。公元前521年至前485年,在大流士皇帝时代,波斯人发动了一次征讨,从阿拉伯海湾到苏伊士湾包围了阿拉伯半岛取得成功,并抵达埃及,旨在控制海上丝路的两条通道:阿拉伯海湾通道和红海通道,从而控制远东贸易,将阿拉伯半岛和阿拉伯人排挤出去。但大流士国王的征讨取得的成功维持时间不长,而且在历史上只有这一次征讨,因而他们还称不上是冒险家。同样希腊人也企图控制红海和阿拉伯海湾的航海权,他们在现在的科威特国法拉尔岛上建立了定居点。在过去的时代,波斯人控制了途经阿拉伯海湾到印度、中国的贸易。但他们的控制没能剥夺阿拉伯人有效地参与这一贸易活动,因为阿拉伯人有着长期在印度洋航海、造船的经验和丰富的知识。由于波斯人需要作为中国、印度船只航行起点的阿拉伯人的港口,因而阿拉伯人与波斯人对东方贸易的争夺在过去的时代此起彼伏。

·欧·亚·历·史·文·化·文·库·

据他的论述,阿拉伯人的船舶直到中国秦汉时代,尚未经过南海航道东至中国:

> 中国人自公元前各时期以来航行在印度洋水域,他们的船只在中国港口和西印度港口之间进行远航。阿拉伯人也是如此,他们的船只从阿拉伯海湾和也门沿岸港口起航,前往西印度港口和印度南部沿岸,在那里同中国商人会合,从中国商人和印度商人那里获得中国和印度的商品,并向他们出售阿拉伯半岛出产的贵重商品,其中最贵重的商品有香料、铸铜、乳香、珍珠等。

阿拉伯人可能是最早掌握海洋季风特点的民族。当夏季印度洋刮起西南风时,他们的商船趁机在海洋上顺风东航,这比近海沿岸航行要快捷得多。至公元前 1 世纪中叶,罗马商人积累其海上航行的经验,发现了季风的作用。过去欧洲人把季风的发现归功于希腊海员希帕鲁斯(Hippalus),但希腊拉丁语"季风"(monsoon)一词来自阿拉伯语"季节"(mauzim),证明阿拉伯人早就了解了季风。[1]

法国汉学家布尔努瓦(Lucette Boulnois,1931—)谈到阿拉伯人对红海贸易的垄断和海上贸易活动,她说:"红海沿岸的全部贸易都程度不同地被阿拉伯人所操纵,如纳巴提安人和那些拉丁文著作中所提到的其他民族,或者是一些附属于他们的部落。他们的目的就在于阻止印度船员们越过曼德海峡,谨慎地保护着自己与东方贸易的过境权。实现这一计划也并不太困难,沿海居住的阿拉伯人对外来民族的态度特别冷淡和不善交际,由于这一地区烈日炎炎,他们根本无法再向那些印度船员们提供食物和水。一只从印度坎贝湾或锡兰出发的货船,在穿过印洋之后,只要红海沿岸居民稍带仇视之意,船员便不可能上岸补充生活必需品和进行交易。特别是那里的居民只允许外国商人与海岸保持一定的距离,必须如数缴纳固定的商品过境税。"然而阿拉伯人的红海贸易也充满风险,布尔努瓦又说:"当时陆路和海路的盗贼简直多如牛毛,并且嚣张一时。然而,在这一商业网中,强盗和商人的

---

〔1〕〔印〕塔帕尔(R. Thapar):《印度古代文明》,林太译,浙江人民出版社 1990 年版,第 104 页。

这种双重垄断状态对于双方都没有任何束缚。阿拉伯的海员们在沿途各港口一程一程地转运那些神秘的货物,他们把这些商品小心翼翼地装入船舱,但从来也不想泄露商品的原产地。他们远涉重洋,越过紫蓝色的红海,夏天顶着火辣辣的骄阳,冬天饱经海风的袭击,为了运送商货,真可谓历尽了千辛万苦。但他们的盗贼弟兄们却毫不留情地将他们所获利润的大半勒索而去。所以,这条通商大道实际上是养活了整个阿拉伯半岛的居民。"[1]

公元前 521 年,大流士平息了波斯帝国的内乱,使波斯帝国达到最大范围。大流士重视海运的开辟,他曾派希腊人斯基拉克斯自喀布尔河与印度河会流处出发,由印度河顺流而下,入印度洋,过波斯湾,环绕阿拉伯半岛而抵红海,在今苏伊士港登岸。这次航路控测,显然是为了核实自古以来就已存在的印度到巴比伦和埃及的海上航线。波斯在印度设省以后,印度和埃及、巴比伦的交通便是水陆并进,联系较前密切许多。这条航线和我国经南海而达印度的航线连接起来,成为沟通欧亚非的海上交通大动脉。为了便利埃及和地中海沿岸至红海的交通,大流士还继续开通了尼罗河至红海的运河。原来这项工程在埃及中王国时期便有开端,那时从尼罗河支流开了一条通向东南的水道,缩短了有关的陆上路程。后来 26 王朝的法老尼科二世又企图延长这条水道使它经苦湖而达苏伊士湾,可说是今天苏伊士运河的前身,但计划未成而废。大流士遂决定续成其事,使运河终告竣工。据说运河全长达四日航程,宽可容两艘三层桨座的战船并行,可见工程的浩大和船只来往的方便。波斯是一个传统海上强国,地处西亚的位置使波斯海商长期以来扮演着古代东西贸易中间人的角色。公元前 4 世纪以前,波斯帝国的海军曾经驶出波斯湾,进入阿拉伯海,远征过厄立特里亚。这些海运的开拓使东亚、印度和西亚、北非、欧洲的交通更为发展,促进了东西方的经济往来和文化交流。

在印欧语系雅利安人侵入印度河流域之前,那里已经出现了被称

〔1〕〔法〕布尔努瓦:《丝绸之路》,耿昇译,山东画报出版社 2001 年版,第 40 – 41 页。

为哈拉巴文化的印度河文明,在公元前2200年至前2000年印度河文明盛期,已达至奴隶制大国的发展阶段。考古发现大小城镇遗址200多处,其中哈拉巴和摩亨约·达罗是印度河文明的典型代表。从印度河文明城市的发达可以看出它的商业相当活跃。不仅国内贸易频繁,而且还有兴盛的国际贸易,与中亚、伊朗、两河流域常有往来,哈拉巴文化居民通过印度河进入阿拉伯海,航行远达波斯湾或驶入红海,与西亚文明保持着联系。当时的两河流域正值苏美尔文明后期,在苏美尔文献上常提到的一个海外经商之地梅路哈,一般认为即指印度河文明。同时苏美尔城市如尼普尔、乌尔等皆发现印度河文明特有的印章(它与苏美尔的圆筒形印章不同,是方形压印的,与我国印章相似,其文字图案亦极具特色而与苏美尔判然有别)、肉红玉髓串珠和其他产品,说明两地联系确实比较频繁。从印度河文明遗址中发现的一些常用工艺原料的产地也可看出它国外贸易的发展:如它所用的青金石皆从阿富汗得来,这与两河流域所用的青金石来源相同,可以设想三者之间存在着一条青金石贸易路线。印度文明遗址发现的镶嵌用贝壳来自南印,孔雀石和皂石来自伊朗,玉石来自中亚、缅甸甚或中国。其青铜冶炼业必需的锡本地也无出产,只能求于中亚。近年,在中亚奥克苏斯河尚岸(今阿富汗北部)发现的一些印度河文明遗址可能是锡的开采和转运点。

20世纪50年代的两个重大考古发现对印度河文明的商业活动也有较多说明。其一是在印度西海岸发现的罗塔尔遗址(在今印度阿赫麦达巴德附近),它显然是印度河文明的海港城市。虽然罗塔尔位于摩亨约·达罗东南,距离有700公里之远,城市规划一如后者,有上下城之分、谷仓之设和完备的排水设备。作为海港,罗塔尔最惊人的建筑是一座长225米、宽37米的船坞,以烧砖、沥青筑成,有闸门开启,可说是世界上最早的航海船坞(在公元前2100年至前1900年),反映了当地与苏美尔的海外商业已经经常化,和近年海洋考古学界以苏美尔芦苇帆船航行两地的实验所揭示的古代海运情况相符。另一发现是在波斯湾中部的巴林岛以及科威特的菲拉卡岛上获得古文明遗址,表明它们是两河流域经波斯湾与印度河文明往来的中继站。它们基本上是苏美尔文明的外延,但也有印度河文明的印章等典型文物。一般认为,巴林就是苏美尔文献经常与梅路哈并提的狄尔蒙,有了这个中继站,双方的海运就更为方便了。

雅利安人进入印度河流域,摧毁了已经走向衰微的印度河文明。当时雅利安人还处于原始社会的军事民主制阶段。灭亡印度河文明之后,他们并未据其城市而组成国家,继续过部落生活。至公元前8世纪左右,少数发达的部落才开始建立王国,到公元前6世纪时,北印各地的奴隶制小国已达数十之多,其中有些已经扩张为较大的王国。因此当后期吠陀时代结束之时,印度已经进入其列国时代。列国时代一直持续到公元前4世纪末孔雀王朝兴起之时。在列国时代,恒河中下游经济最为发达,城市众多,工商业兴盛,各王国首都都是巨大的工商业城市,如王舍城、舍卫城、波罗奈、吠舍厘、怛叉始罗、华氏城等。当时铁器已普遍使用,农业生产水平和产量大有提高,手工业分工细密,产品技艺专精。佛经中所记手工匠人即有18种之多,金银珠宝、香料香水、精纺纱麻等印度传统工艺品蜚声国外,交易频繁。因此,在繁荣的国内市场之外,印度还有活跃的海外贸易,与斯里兰卡、缅甸和西亚有海运联系,由犍陀罗经阿富汗则可通中亚,西连波斯。当时波斯帝国在印度设省,已统治犍陀罗西部和阿富汗一带,印度在波斯各省中独以黄金岁贡,且数额亦最大,可见印度富裕。据佛经所载,波罗奈城有一富商曾带领五百商人入海采宝,最后到达锡兰。

在列国时代称霸的摩揭陀国至孔雀王朝时,版图北及今阿富汗的喀布尔、坎大哈和赫拉特等地。向南扩张至迈索尔一带,从而在印度历史上首次建立起统一规模最大、开拓疆土最广的奴隶制帝国。孔雀王朝建立者旃陀罗笈多时,印度工商业很活跃,尤以对外贸易表现突出。印度传统出口产品如金银珠宝、纺织品、象牙工艺品在国际市场获得崇高声誉,西亚和中亚的货物也源源而来。值得注意的是,当时的政治理论家考底利耶所著的《政事论》一书已经提到中国的丝绸,而且还有蚕丝的输入,使善于精纺的印度纺织业能生产出精美的丝织品。孔雀帝国的极盛时期是其第三位国王阿育王之世(约公元前 273 年至前 236 年),他曾征服了海上贸易发达的羯陵迦国。继阿育王的太平盛世之后,孔雀帝国终因各地发展很不平衡而趋于分裂。公元前 30 年,为南方的安度罗所灭。

安度罗没有能够在北方长久立足,它始终是一个南印国家,其全盛期在公元 2 世纪,于 3 世纪后衰亡。与之同时,北方的羯陵迦也一度兴盛,它在公元 1 世纪卡罗维拉国王当政之际曾两次进攻北印度,占领了摩揭陀等地,他还远征南方,令潘地亚等国俯首称臣。从现存安度罗、羯陵迦和中印、南印等地的文物和考古发掘情况看,这时南印东西海岸的经济仍在继续发展,商业兴盛,一些较大的海港城市与西亚、埃及的国际贸易往来密切。阿班教授论述古代阿拉伯水域的航海活动时说:

> 我们尚未发现有关阿拉伯人船只在公元前历史时期或在公元初几个世纪抵达中国沿海或中国人船只抵达阿拉伯半岛港口的史料和证据。但一些史料表明由海上丝路运抵印度的中国货物是由中国和印度的船只运输的,而由印度、锡兰市场运往阿拉伯半岛的货物是由阿拉伯、波斯、印度船只运输的。因为在伊斯兰的时代,印度船只就已在阿拉伯水域航行,抵达索克特拉岛、亚丁海岸、苏哈尔、巴林和艾卜拉港口。在这期间,在这些港口居住有来自印度的侨民。在海湾水域航行的印度船只一直享有盛名,伊斯兰前的一位名叫拉比德·本·拉比阿的诗人对印度的船只这样形容:"纵横海上,准确无误。"

南印度人在古代东西方海上贸易中扮演了重要角色,但他们没有记载历史的习惯,所以其航海活动缺少自己的文献材料,只能靠考古材料给予说明。南印度航海者西行的终点是红海海口。布尔努瓦《丝绸之路》一书指出:"印度西部与阿拉伯海岸之间的贸易关系,具有非常悠久的历史。印度航海者把他们的商品一直运到红海海口后,就转到了红海沿岸民族的捐客手里,有的通过陆路,有的通过海路而转送到地中海地区,如埃及海岸边的亚历山大港,阿拉伯海岸的加沙和皮特拉。红海沿岸的全部贸易都程度不同地被阿拉伯人所操纵,如纳巴提安人和那些拉丁文著作中所提到的其他民族,或者是一些附属于他们的部落。他们的目的就在于阻止印度船员们越过曼德海峡,谨慎地保护着自己与东方贸易的过境权。"[1]

公元前 30 年,罗马人取代托勒密王朝后,大力发展红海与印度洋航海贸易。当时西亚、埃及皆处于罗马帝国统治之下,由于地缘的相近开创了印度和罗马进行经济文化交流的局面。中国的丝,印度的香料、棉布、象牙,特别是胡椒,斯里兰卡的珍珠宝石,特别是璧流离,皆为罗马人所喜好。为了得到来自东方的珍宝奇货,罗马人需要逾越两大障碍,一即在叙利亚一侧的安息人和且兰人,二即红海一侧的阿拉伯人。罗马人与安息人长期进行战争,与之和解的可能性不大,所以罗马人便努力开拓经由海上与东方进行贸易的途径。罗马人注意保护海上交通道路的安全,发展海外贸易以获得东方的物产,所以海上的交通自罗马帝国初期便日趋繁盛,这种交通自奥古斯都(Augustus)至尼禄(Nero)帝时达到高潮。罗马执政官庞培(Pompeius)曾奉命剿平海盗,不仅使罗马完全控制了地中海洋面,而且拥有了对且兰(巴尔米拉)和皮特拉施加压力的手段,而这两个地区都是倾销异国物品的通商小径的桥头堡。且兰处于安息与罗马之间,控制着通向东方的通商要塞;由此亦可到达波斯湾,那里可以直通印度港口。皮特拉则是一座由纳巴提安人居住的城市,其一端与且兰相连接,是一条海路的终点,可以沟通红海与印度洋之间的贸易。为了避开阿拉伯人作为中介,罗马人冒险越过曼德海峡,穿过印度洋,直接同印度商港做生意。

一个偶然的事件建立起罗马人和锡兰的联系。据老普林尼《自然史》记载,在喀劳狄一世在位(公元 41—54 年)期间,有一位负责红海税务的收税官叫普洛卡姆斯,他派遣一位名叫布勃里乌斯(Publius)的获得自由的奴隶赴红海照料当地的税收,这位代理人在被称为"香料之角"的瓜达富伊角被劲风卷走,在汪洋大海漂流了 15 昼夜之后,在

---

〔1〕〔法〕布尔努瓦:《丝绸之路》,耿昇译,山东画报出版社 2001 年版,第 40 页。

锡兰的港口伊布鲁斯(Hippuros)翻船。他在此地滞留达 6 个月,受到本地国王的殷勤款待,并学会了当地居民的语言。他向这位国王介绍了罗马的情况,国王对于罗马政府充满钦佩,决定与罗马结盟。他派出4 位使节出使罗马,首领是拉奇亚斯(Rachias)。大约与此同时或稍后,公元 47 年,希腊水手希帕鲁斯(Hippalus)利用海洋季风,渡过了印度洋,到达印度西海岸。由于发现了印度洋上极规则的定期西南风(Monsoon),大大促进了印度洋上的航海贸易,后来人们便称这种季风为"希帕鲁斯风"。当时自埃及至印度之间的航海活动已经开始利用海洋季风,罗马商船频繁出没于红海和印度洋,从此以后,"西方商人在红海和印度洋之间来来往往,熙熙攘攘,热闹非凡"。中国文献对此也有所反映,《后汉书·西域传》记载,大秦"与安息、天竺交市于海中,利有十倍"[1]。实际上印度人和阿拉伯海员早已掌握了季风的规律,希帕鲁斯可能是从阿拉伯人那里学习到关于季风的知识,但经他介绍,对罗马人的海上贸易起到了极大的推动作用。

反映这种海运联系最为突出的是印度海岸古代海港遗址的发现。20 世纪 30 年代,法国考古学家帕塔比拉明(P. Z. Pattabiramin)发现了阿里卡梅杜(Arikamedu)海港遗址,它位于印度东海岸的奔迪治里市南约 3 公里,是公元 1 世纪时印度与罗马交通贸易的中心商埠之一。帕塔比拉明多次到这里调查发掘,发现了一些可能直接由罗马商人或地中海东岸各地商人经营的货栈商行。1945 年以后,英国考古学家M.惠勒和印度学者先后进行发掘,出土有希腊和罗马的陶器、玻璃器以及罗马帝国钱币,本地货物则有香料、宝石、珍珠及薄棉轻纱等类。此外还发现了公元前 2 世纪至公元 1 世纪的 20 件带题铭的陶器,铭文系婆罗谜文拼写的泰米尔语。后来英国考古学家惠勒(M. Wheeier)和印度考古工作者又在此进行大规模的考古发掘,查明此地早在公元前1000 年后期已经成为商埠,而从公元前 1 世纪后半叶罗马皇帝奥古斯都(公元前 27 年至前 14 年)时代起到公元 2 世纪末,成为印度与罗马

---

〔1〕《后汉书》卷 88《西域传》,第 2919 页。

海上贸易的重要中心,说明印度南部东海岸自古以来即有繁盛的海外贸易,公元1世纪时,印度与罗马帝国已有直接的海运联系。在意大利那不勒斯市附近古罗马庞培城遗址出土了两枚印度象牙雕刻。我们知道,公元79年,庞培城因维苏威火山爆发而遭毁灭。这两枚印度象牙雕刻作品正是公元1世纪时罗马与印度频繁进行海上贸易的见证。[1]

　　罗马人到达印度沿岸,便在这里得到中国的产品。布尔努瓦在《丝绸之路》一书中,根据佚名作者《厄立特里亚海航行记》和老普林尼《自然史》等书的记载,描述了从罗马至印度的航程,这些著作反映了公元1世纪时海上交通发展的具体情况,而前者作者可能是一位居住在埃及的希腊商人,是罗马帝国的公民,原籍为贝雷尼斯,可能经常赴印度旅行。按照布尔努瓦的描述,人们从亚历山大港经由陆路沙漠到朱利奥波利斯(Juliopolis),从朱利奥波利斯顺尼罗河到达科普多斯(Cpotos),在科普多斯重新编队,接着日夜兼程至贝雷尼斯,这一段行程需要24天。为了赶上季风,人们当盛夏之季乘船南下红海,又需一个月的时间。在红海航线,人们成群结队前进,并由步兵弓弩手护送,因为这一带是海盗频繁出没之地。到印度的航海家要在奥切里斯(Ocelis,策勒)稍事停留,这是阿拉伯海岸的一个港口,与巴林岛只隔一条狭窄的海峡,恰好位于红海的出口处。这个地方就是印度航海家的终点,越过这个停泊点,他们就无权继续西行了。从奥切里斯到印度第一个港口即西北部的婆罗羯车(即布罗奇),需要大约40天的行程。当时从罗马到亚历山大港平均需要24至25天,渡过红海需要一个月。再考虑到沿途停泊、补充给养、装卸货、其他海损以及各种耽搁,统统计算在内,从意大利到印度一般的平均时间是三个半月。船队于10月份进入印度港口,在来年4月乘反向风返航。

　　在印度沿岸各港口如婆罗羯车、谬济里斯(今柯钦岛的格朗加诺

　　〔1〕J. Ph. Vogel. *Note on an Ivory Statuette from Pompei.* ABIA, XIII, 1938. 参林梅村:《中国与罗马的海上交通》,见氏著:《汉唐西域与中国文明》,文物出版社1998年版,第312页。

尔,胡椒盛产地),或者是在科罗曼德尔海岸上,如卡马拉(当今之特兰克巴尔)、波杜克(今之本迪治里)、索巴特马(当今之马尔卡纳姆),罗马商人们在成群结队的译员的协助下购买当地的土特产。罗马人购自印度的产品最重的是胡椒,胡椒可以用作调味品和医药,因此罗马对胡椒的需求量很大。据说作为一种便民措施,罗马政府曾决定免征胡椒进口税。胡椒在罗马的售价是每罗马磅15个古罗马银币。印度著名的细棉平纹布也是受罗马人非常欢迎的产品,据说因为这种布纤细而轻盈,所以罗马人称之为"云雾纱",要用几个月的时间才能织一匹,一匹宽达90厘米长18米。因为当时罗马人追求服装的透明,所以大量进口这种细棉平纹布。罗马商人还购销印度的象牙,以代替来自非洲的产品。象牙制品是专供行省总督、宠妃和爱姬等富有者使用的,或为帝国境内各种宗教庙宇服务。

此外,罗马还从印度进口各种染料和许多医药产品如檀香、棕油、蔗糖、芳香树胶、枸杞等,还有马纳尔湾的珍珠、金刚钻、绿玉、玛瑙或光玉髓。罗马人用来交换的产品则是珊瑚、乳香和其他玻璃器等。罗马人与印度人进行贸易的主要货币是黄金,印度航海者到东南亚地区寻求黄金,他们把印度尼西亚和印度支那称为"金城""金地"或"金洲"。印度商人非常乐于接受罗马的金币,考古学家在锡兰和印度发现不少罗马帝国晚期金币。喀劳狄于公元22年在元老院曾大发牢骚,他说:"罗马人用重金购来了一些用以满足女性虚荣心的物品,一些首饰和小奢侈品,这就使帝国的财富大量外流。为了换取这些古董,他们把帝国的金钱拱手奉送给了异族,甚至可以说是自我毁灭性地奉送给了罗马的敌人。"普林尼在他的著作中则抱怨道:"印度没有一年不从罗马帝国掠去5000万个古罗马小金币(折算为1870年的一亿五百万个金法郎)。作为回报,印度给我们运来的商品在罗马则要贵之百倍。"

罗马人在这里还可以购买到来自中国的货物。中国货是通过三条不同的道路而涌入印度的,即巴克特里亚——怛叉始罗之路、中印缅道和海路。从中国广州湾的南海岸出发,绕过印度支那半岛,经马六甲海峡,再逆流而上,直至恒河河口,这条路起初仅仅由印度船队通航。

贩运中国的货物商人们再从孟加拉湾海岸出发,溯恒河而上,一直到达所谓的"恒河大门",便停止海行,经陆路运至西海岸的海港、波斯和阿拉伯地区,后来也运销于欧洲。各地商人都云集此地,争相抢购东方的畅销商品。在公元1世纪以前,地中海地区所进口的大部分丝绸是经过海路而运输的。《厄立特里亚海航行记》一书曾记载来自中国的货物诸如皮货、胡椒、桂皮、香料、金属、染料、医药和丝绸等在印度港口装船。

8.1.4　自印度、斯里兰卡至中国南海航线

中国古代的海外贸易是西太平洋和北印度洋贸易网的一部分,在自印度、斯里兰卡至中国南海的这条航线上,开拓了海上交通的是古代印度人、昆仑人和中国人。中国海商在海外活动必须依靠当地商人,在东南亚基本上依靠的是当地的"昆仑人",昆仑人是东南亚诸岛上的主要居民之一,即暹罗、越南半岛、马来半岛、马来群岛等东南亚土著民族。[1] 他们是善于航海的民族。大约在公元前2000年,操马来语的居民迁出马来半岛,航海进入今印尼诸岛和菲律宾诸岛。与此同时,起源于我国东南的百越族逐步进入东南亚。马来人与印度次大陆及东非有着传统的联系。"昆仑"海商贸易的对象除了东南亚本地以外,主要是北方的中国和西方的印度。当中国商船尚未进入印度洋的时代,他们承担了中国与北印度洋诸国和地区以及更远的国家和民族间贸易联系的任务。后来中国商船进入印度洋以及更远的沿海上交通线上,也主要是在他们和印度人的帮助下实现的。印度洋东部传统的国际商业语言是印度的古泰米尔语及其祖先达罗毗荼语和东南亚的古马来语。马来人在古代海上东西交通中占据重要地位,但他们的历史编年晚至1365年的《爪哇史颂》才开始,所以他们在海上交通中的贡献缺乏文献记载。

在这条中西之间交通的海上航线上,中国人也有早期开拓之功。

---

〔1〕〔法〕费琅:《昆仑及南海古代航行考》,冯承钧译,中华书局1957年版,第29页;刘迎胜《丝路文化》(海上卷),浙江人民出版社1995年版,第18－19页。

我们的祖先很早就开始了征服海洋的斗争,其发展方向首先是东南向太平洋诸岛国。浙江余姚河姆渡新石器时代文化遗址考察结果说明,早在7000多年前,河姆渡一带的先民就用原始舟筏进行海上活动。河姆渡遗址出土的"有段石锛"在中国台湾、菲律宾、太平洋群岛都有发现。考古资料说明,这种工具首先是从大陆传向台湾,大约在3000年前,又从中国台湾传至菲律宾,进而传至玻利尼西亚、太平洋群岛,说明那时已经有了原始的渡海航行的活动。中国人的航海活动也向南方和西南方向发展。公元前1500年左右,有大批原始马来人因战争和自然灾害等原因从亚洲大陆南部迁至印尼群岛。一般认为,原始马来人南迁有两条路线,一是从中国云南一带经暹罗、中南半岛,越过马六甲海峡,进入苏门答腊后向东分散至印尼其他一些岛屿;另一条路线是从中国闽粤一带经台湾岛和菲律宾群岛,至加里曼丹、爪哇等岛屿。[1]所以美国学者本尼迪克特说:"操原始印尼语的人是从中国南部海岸也许经过海南岛往北迁移到台湾,往东迁移到菲律宾,往南迁移到越南、婆罗洲、爪哇、苏门答腊和马来半岛。"[2]古代的航海事业到秦汉时有了进一步的发展。从广州发现的秦汉时代的造船场遗址看,当时中国船舶已经具备在南海进行近海航行的能力。秦朝在公元前222年至前214年间征服"百越",其势力达到南海,秦在沿海建立了闽中、南海、桂林、象等四郡。当时的造船场遗址说明,秦已积极发展南海海上交通。但直到秦时,文献上我们还没有看到中国人通过南海海上交通西行进入印度洋的活动迹象。

1979年,山东临淄辛店街道办事处窝托村西汉墓陪葬坑内出土银盒。呈豆形,弧形盖,子母口,曲腹,高圈足,喇叭形铜座,盖上饰三铜兽钮,饰外凸花瓣形纹,盖内面刻"木南"二字。口径11.4厘米,高11厘米。现藏于齐国故城博物馆。1979年,山东临淄西汉齐王墓1号随葬坑发现一件列瓣纹银豆,刻有"三十三年"铭文,应为秦始皇三十三年

〔1〕孔远志:《中国印度尼西亚文化交流》,北京大学出版社1999年版,第12页。

〔2〕[美]本尼迪克特:《台语、加岱语和印度尼西亚语》,罗美珍译,载中国社会科学院民族研究所语言研究室等编:《汉藏语系语言学论文选译》,1980年版,第60页。

（前 214 年）山东青州西辛村发现两个近东艺术风格的列瓣纹银盒，出自战国时代齐王墓。联系西汉初南越王墓出土形制相同的波斯银盒，出土地点多毗邻沿海，可以判断此类文物应是通过海上交通传入中国。

秦二世即位，其南海尉任嚣死，龙川令赵佗继任。中原发生大规模的农民起义，赵佗绝道聚兵自守，击并桂林、象郡，建南越国，自立为南越王。汉初，高祖刘邦册封赵佗为南越王，称南越国，赵佗接受了这一封号，愿为藩辅。后来因为不满意吕后对南越的政策，赵佗自立为南越武帝，"乘黄屋左纛称制"，进攻长沙国，控制闽越、西瓯，割据南方沿海地区，"东西万余里"。文帝时赵佗又去帝号，愿为藩辅。直到武帝平南越，南越国立国达 60 余年。当南越国存在时，内地与南方沿海地区的交通常受梗阻。

汉武帝元鼎六年（公元前 111 年），汉遣伏波将军路博德、楼船将军杨仆等率 10 万人平南越。元封元年（公元前 110 年），又由合浦（今广西合浦东北）、徐闻（今广东徐闻县西）出海，进占儋耳（今海南岛），置南海、郁林、苍梧、合浦、儋耳、珠崖、交趾、九真、日南等九郡，汉朝开始了利用南海海道与西洋诸国进行交通的活动。据上引《汉书地理志》"粤地"条的记载，中国人最早出洋是以今广西合浦和广东的徐闻为出发点的，因此称这两个地方为最早的海上丝路起点符合历史实际。

西汉人的著作《史记》《盐铁论》都写到龟币和贝币，其材料来自海洋地区。[1] 考古发现东南亚各国也使用贝币，东南亚发现的中国的钱有西汉王莽时铸造的，其中包括"五十大钱"，还有东汉时代的"五铢钱"。这些说明汉代中国已与这一带居民有贸易往来。

8.2 南越国及其与汉朝的离合关系

8.2.1 秦朝灭亡与南越国的建立

秦始皇完成了中原地区的统一，便着手平定岭南地区的百越之

---

〔1〕《史记》卷 30《平准书》云："农工商交易之路通，而龟贝金钱刀布之币兴焉。……虞夏之币，金为三品，或黄，或白，或赤；或钱，或布，或刀，或龟贝。"《盐铁论·错币》："故教与俗改，弊与世易。夏后以玄贝，周人以紫石，后世或金钱刀布。"

地。公元前 219 年,屠睢为主将、赵佗为副将,率 50 万大军进军岭南,屠睢滥杀无辜,引起当地人的反抗,被杀死。秦始皇又任命任嚣为主将,经过 4 年战争,于公元前 214 年平定岭南。秦朝在岭南设立了南海、桂林、象三郡,任嚣被任命为南海郡尉。南海郡下设博罗、龙川、番禺、揭阳四县,赵佗任龙川县令。

秦王朝的暴政激起秦末农民的反抗。公元前 209 年,陈胜、吴广起义,秦朝灭亡;接着发生刘邦和项羽之间的楚汉相争,中原陷入战乱。公元前 208 年,任嚣病重,他临死前把时任龙川县令的赵佗召来,嘱咐他凭借南海郡包山带海的地理形势建立国家,以防御中原各起义军队的进犯,并让赵佗代行南海郡尉的职务。任嚣病亡,赵佗命令驻扎在南岭各关口的军队据险防守,并杀掉秦朝安置在南海郡的官吏,换上自己的亲信。公元前 203 年,赵佗出兵,兼并桂林郡和象郡,自称"南越武王",建立南越国。

公元前 202 年,刘邦建立了西汉政权,并平定了中原包括项羽在内的其余军事势力。由于中原饱经战乱,经济凋敝,刘邦没有对南越国用兵。汉高帝十一年(公元前 196 年),汉朝派大夫陆贾出使南越,劝赵佗归汉。赵佗接受了汉高祖赐给的南越王印绶,臣服汉朝,用兵南越国成为汉朝的藩属国。

8.2.2 南越国与汉朝的离合关系

从南越国与汉朝的关系看,南越国自公元前 196 年第一次向汉朝称臣后,经历了两段臣属和两段叛离的时期,一直到公元前 111 年被汉武帝所灭。

汉高祖时南越国表示臣属后,双方互派使者,互相通市。公元前 195 年,刘邦去世,吕后掌控朝政,开始和赵佗交恶。她发布禁令,禁止和南越交界的地区向南越出售铁器和其他物品。吕后对南越国实行禁绝关市的经济封锁,导致赵佗和汉朝决裂。从公元前 183 年,一直到公元前 179 年为止,南越国首次叛离。赵佗担心吕后通过长沙国来吞并南越国,宣布脱离汉朝,自称"南越武帝"。他出兵攻打长沙国,在占领长沙国边境数县后撤回。吕后派大将隆虑侯周灶南征赵佗,中原士兵不适应南越炎热和潮湿的气候,进军受阻,连南岭都没有越过。一年后,吕后死,汉军停止进攻。南越国成功阻止了汉军的南下,声望大增,赵佗凭借其强大的军事力量扬威于南方沿海地区,并通过财物结纳的方式,使得闽越、西瓯和骆越都纷纷归属南越,领地大为扩张。赵佗以皇帝的身份发号施令,与汉朝分庭抗礼。

南越国第二次臣属于汉朝发生在公元前179年,一直到公元前112年为止。公元前179年,汉文帝即位,他派人重修了赵佗先人的墓地,置守墓人,每年按时祭祀,并赏赐赵佗的堂兄弟们官职和财物。汉文帝任命汉高祖时曾多次出使南越的陆贾为太中大夫,命他再次出使南越。陆贾向赵佗晓以利害,赵佗被说服,去除帝号,归附汉朝,仍称"南越王"。直到汉景帝时,赵佗都向汉朝称臣,每年在春秋两季派人到长安朝见汉朝皇帝,像诸侯王一样遵从汉朝皇帝的命令。但是在南越国内,赵佗仍然继续用着皇帝的名号。这段臣属期维持时间非常长,经历了四代南越王,共60多年。除了开国君主赵佗,南越王都比较平庸,对汉朝的依附也越来越深。第二代南越王赵眜在闽越侵犯南越时,甚至请汉武帝出兵来对付闽越。闽越和南越国脱离了役属关系,直接受制于汉朝中央,南越国便被孤立起来。

南越国第二次和汉朝抗衡是从公元前112年丞相吕嘉反叛,杀第四代南越王赵兴、樛太后和汉朝使者开始,一直到公元前111年南越国灭国为止。汉朝经过几十年的休养生息,国力强大,在北方反击匈奴取得重大胜利,迫使匈奴远走漠北。而南越国内部分裂,樛太后和吕嘉之间的矛盾加深,互相残杀。为了防止南越走向叛离的道路,汉朝果断出兵。南越国的反叛不到两年就被汉武帝打败,最终灭掉了南越国。

8.2.3 吕嘉之乱

公元前137年,赵佗去世。赵佗去世时已达百余岁,儿子都已经死去,王位由孙子赵眜继承。两年后,闽越王郢借机向南越国发动战争,攻打南越国的边境。赵眜继位不久,国内局势不稳,上书汉武帝,请求汉武帝裁处。汉武帝对赵眜的做法大加赞扬,认为他忠于臣属之职,派王恢、韩安国两将军率军讨伐闽越。汉军还没过南岭,闽越王的弟弟余

·欧·亚·历·史·文·化·文·库·

善发动叛变,杀死了闽越王郢,投降汉朝,汉军停止了讨伐行动。

汉武帝立余善为闽越王,遣中大夫严助前往南越国,将处理闽越的事告谕赵眜,赵眜表达了对汉朝的谢意,并告诉严助,南越国刚遭受过闽越的入侵,等处理完后事,他就入朝见汉天子,他派太子赵婴齐跟随严助赴汉朝宿卫。严助离开后,南越国的大臣们用赵佗的遗训向赵眜进谏,劝赵眜不要去汉朝,以免被汉武帝扣留。此后12年,中赵眜一直以生病为由,没有入朝觐见。

公元前122年,赵眜病重,他在汉朝当宿卫的儿子赵婴齐请求归国。同年,赵眜死,赵婴齐继承王位。赵婴齐去长安之前,娶当地女人为妻,并生了长子赵建德。在长安做宿卫时,又娶了邯郸樛氏,生子赵兴。赵婴齐继承南越王位,向汉朝请求立樛氏为王后,赵兴为太子,汉朝同意了他的请求,这成为南越国动乱的根源。赵婴齐非常残暴,恣意杀人,汉武帝屡次派使者到南越国,婉转劝告赵婴齐去长安入觐。赵婴齐害怕入京,汉武帝会比照内地诸侯,执行汉朝法令处罚他,一直以有病为由,不肯去长安,但他派遣儿子赵次公去长安当宿卫。

公元前115年,赵婴齐病死,太子赵兴继承王位,母亲樛氏成为王太后。公元前113年,汉武帝派安国少季出使南越,前去告谕赵兴和樛太后,让他们比照内地诸侯进京朝拜天子。同时命辩士谏大夫终军、勇士魏臣等辅助安国少季出使,卫尉路博德率兵驻守桂阳,以接应使者。赵兴年轻,樛太后是中原人,南越国的实权掌握在丞相吕嘉手中。樛太后没有嫁给赵婴齐时,曾与安国少季私通,安国少季来南越后,他们又私通,南越人因此多不信任樛太后。

樛太后担心南越生乱,屡劝赵兴和群臣归属汉朝,并通过使者上书汉武帝,请求比照内地诸侯,三年去长安朝见汉天子一次,撤除和汉朝交界的边关要塞。汉武帝答应了南越国的请求,赐给南越国丞相、内史、中尉、太傅等官印,这就意味着汉朝直接对南越国高级官员进行任免。汉武帝还废除了南越国的黥刑和劓刑,在南越国行用汉朝的律令。把派往南越的使者都留下镇抚南越,保证南越的局势平稳。赵兴和樛太后接到汉武帝的谕旨后,便准备行装,欲入京朝见汉武帝。

吕嘉是南越国的实权掌握者,他先后辅助过赵眜、赵婴齐和赵兴三位南越王。其宗族势力很大,在南越国当官的有 70 多人,又与南越王室有联姻,地位十分显要,威望超过赵兴。吕嘉反对内属,赵兴不听,吕嘉产生了反叛的念头,屡次托病不见汉朝使节。赵兴和樛太后害怕吕嘉首先发难,宴请汉朝使者和吕嘉,想借汉使之力杀死吕嘉。在宴席中,太后当面指出吕嘉不愿归属汉朝的行为,想以此激怒汉使出手杀死吕嘉。但吕嘉之弟正率兵守在宫外,汉使未敢动手。吕嘉见势不妙,起身出宫,樛太后大怒,用矛撞击吕嘉,但被赵兴阻止。吕嘉把他弟弟的兵士分出一部分安排到自己的住处加强防卫,托病不再去见赵兴和汉使者,同大臣密谋叛乱。

汉武帝得到南越国局势动荡的消息,一边谴责安国少季等人胆怯无能,一边又认为赵兴和樛太后已经归附汉朝,唯独吕嘉作乱,不值得大动刀兵。公元前 112 年,武帝派韩千秋和樛太后的弟弟樛乐率兵2000 人前往南越。吕嘉先制造舆论,称赵兴太年轻,樛太后是中原人,又与汉使有奸情,只顾及汉朝皇帝的恩宠,不顾及南越国的百姓。随后与其弟领兵攻入王宫,杀害了赵兴、樛太后和汉朝的使节,公开与汉朝对抗。

·欧·亚·历·史·文·化·文·库·

8.3 汉武帝平南越及其在
海外交通史上的意义

8.3.1 汉武帝平南越

吕嘉杀死赵兴,扶植赵建德为南越王。韩千秋率领的汉军进入南越境内,攻下几个边境城镇。南越人佯装不抵抗,并供给饮食,诱其深入。韩千秋进军到离番禺40里的地方,南越突发奇兵,韩千秋全军覆没。吕嘉让人把汉朝使者的符节装入木匣,并附上一封假装向汉朝谢罪的信,置于汉越边境上,同时派兵在南越边境的各个要塞严加防守。汉武帝非常震怒,出兵南越。

公元前112年秋,汉武帝调遣罪人和江淮以南的水兵共10万人,兵分五路进攻南越。第一路路博德为伏波将军,率兵从长沙国桂阳(今湖南境内)出发,直下湟水;第二路主爵都尉杨仆为楼船将军,从豫章郡(今江西南昌)出发,直下横浦;第三路和第四路由两位归降汉朝的南越人为戈船将军和下厉将军,率兵出零陵郡(今湖南境内),一路直下漓水(今广西漓江),一路直抵苍梧(今广西境内);第五路以驰义侯利用巴蜀的罪人,调动夜郎国的军队,直下牂牁江。各路大军到番禺会合。

战争持续了1年,公元前111年冬,楼船将军杨仆率领精兵数万攻下寻峡,攻破番禺城北的石门,缴获了南越的战船和粮食,乘势向南推进,挫败南越国的先头部队,然后等候伏波将军路博德的军队会合。路博德率领被赦的罪人,与杨仆会师时才到了1000多人,而后一同进军。杨仆率军在前,一直攻到番禺,赵建德和吕嘉都在城中固守。杨仆选择有利地形,将军队驻扎在番禺城东南面,趁天黑攻入番禺城,放火烧城。路博德在城西北安营,派使者招降南越人。南越人久闻伏波将军路博德的威名,于是纷纷投奔路博德旗下,黎明时城中守军大部分已向路博德投降。吕嘉率领几百名部下出逃,乘船沿海往西而去,路博德派兵追捕。赵建德被校尉司马苏弘擒获,吕嘉被原南越国郎官孙都擒获。

吕嘉和赵建德被擒后,南越国各郡县包括苍梧王赵光,桂林郡监居翁,揭阳县令等皆不战而降。戈船将军和下厉将军的军队,以及驰义侯调动的夜郎军队还未到达,南越已经被平定。汉武帝在原来的南越国属地设置了九个郡,直接归属汉朝。由赵佗创立的南越国经过93年、五世南越王之后,被汉朝消灭。

南越国是在秦朝南海郡、桂林郡、象郡基础上建立起来的。立国之后,赵佗沿袭了秦朝的郡县制。保留了南海郡和桂林郡,把象郡拆分为交趾郡和九真郡。鼎盛时期的南越国,其疆域北至南岭,南至越南中北部,"东西万余里"。其北部边界一直到南岭一带,包括今广西北部的三江、龙胜、兴安、恭城、贺州,广东北部的连山、阳山、乐昌、南雄、连平、和平、蕉岭一线,大部分地区与汉之长沙国交界。东部边界一直到今福建西部的永定、平和、漳浦,与闽越交界;南部边界一直到今越南中部的长山山脉以东及大岭一线以北的地区;西部边界到达今广西百色、德保、巴马、东兰、河池、环江一带与夜郎、毋敛、句町等国。番禺县是南海郡的郡治所在,也是南越国的都城,位于今天的广州市越秀区内。1983年,在这里发掘出了南越文王赵眜的陵墓,后来又先后在此发掘出南越国宫署御花园遗址和宫殿遗址,证实了南越国都城的确切位置。桂林郡包括了今广西的大部分区域,下设的县可考者有布山、四会两县,布山县是桂林郡的郡治,位于今广西桂平西南,1976年,在贵港发掘了罗泊湾一号墓,该墓的主人被考古学家认为是南越国桂林郡的最高官吏(也有一种观点认为是苍梧秦王)。交趾郡、九真郡包括了今越南中北部地区,下设的县可考者只有象林县。

8.3.2 南越国在海上丝绸之路上的地位

南越国的疆域和地理位置决定了它在中外交通史上的特殊地位,因为它位于南方沿海地区,因此在海上丝路的发展中扮演过特殊的角色。除了陆路与中原之间的贸易之外,南越国的海上贸易有很大的发展。南越国海上贸易情况缺乏文献记载,考古资料提供了丰富的信息。考古发现的资料说明南越国通过海上交通与东南亚、南亚和西亚,甚至与更远的大秦存在文化联系。

·欧·亚·历·史·文·化·文·库·

位于今广州市中山四路的秦汉时期大型造船工场遗址的考古发掘证明,当时的番禺已具备了生产大批内河和沿海航行的船只的能力。[1] 南越国人已经开辟了通过南中国海与东南亚和南亚诸国进行商业贸易的路线。南越王墓遗址中发现一部分产自于东南亚和南亚诸国的舶来品,包括银盒、象牙、金花泡饰、乳香等。南越国生活方式与东南亚一带沿海国家和地区相近。干栏式建筑是流行于东南亚地区的建筑形式。古越人的房子多为巢居和干栏,巢居是指营建在树上的房屋,干栏是指利用多根柱子做支撑,把房屋凌空建在柱子上,这两种凌空建造的房子都是为了避免蛇虫走兽的侵扰和适应当地高温多雨的环境。干栏建筑至今在各侗台民族的聚居地区依然可见。

1983年6月发现南越王墓。南越王墓位于广州解放北路象岗山上,是西汉初年南越国第二代国王赵眜的陵墓。赵眜号称文帝,公元前137年至公元前122年在位。出土文物中有"文帝行玺"金印一方和"赵眜"玉印,证明了陵墓主人的身份。南越王墓劈山为陵,从象岗顶劈开石山20米,凿出一个平面"凸"字形的竖穴,再从前端东、西侧开横洞成耳室,南面开辟斜坡墓道。墓室以红砂岩石仿照前堂后寝的形制砌成地宫,墓顶用24块大石覆盖,再分层夯实而成。墓室仿照生前宅居筑成,墓室坐北朝南,前三后四共7室,宽12.5米,长10.85米。墓主居后部中室,前厅后库,前部东西为耳室,后部东西为侧室。殉葬者共15人,其中姬妾4人,仆役7人。前部前室四壁和顶上均绘有朱、墨两色云缎图案;东耳室是饮宴用器,有青铜编钟、石编钟和提筒、钫、镭等酒器以及六博棋盘等;两耳室是兵器、车、马、甲胄、弓箭、五色药石和生活用品、珍宝藏所,尤其珍贵的是来自波斯的银盒、非洲大象牙、漆盒、熏炉和深蓝色玻璃片。南越王墓的金器除金印外,还有金带钩、金花泡和杏形金叶,均是饰物。而金花泡普遍被认为是海外输入的"洋货"。南越王墓出土文物中有一件白色的银盒特别引人注目,那闪闪

---

〔1〕广州市文物管理处等:《广州秦汉造船工场遗址试掘》,载《文物》1977年第4期,第1-16页;上海交通大学"造船史话"组:《秦汉时期的船舶》,载《文物》1977年第4期,第18-22页。

发光的花瓣显得尤为突出。这个呈扁球形银盒,通高 12 厘米,腹径 14.9 厘米,重 572.6 克。出土时在主棺室,盒内有 10 盒药丸。从造型、纹饰和口沿的鎏金圈套等工艺特点看,与中国传统的器具风格迥异,但与古波斯帝国时期(公元前 550 年至前 330 年)遗物相似。经化学分析和专家们研究,认为是波斯产品,银盒里的药丸很可能是阿拉伯药。因此,银盒并非南越国制造,而是海外舶来品,具有重要的历史价值。南越王墓出土铜熏炉 11 件,有单件和四连体的,炉腹和顶盖均镂孔透气,是用来焚香料的,香料被认为是舶来品。在西耳室出土原支大象牙一捆,共 5 支,并排堆放。最大的象牙长 126 厘米,整堆象牙宽 57 厘米。经动物学专家鉴定,出土的象牙与亚洲象纤细的牙有明显的区别,与非洲雄象大而粗壮的牙接近,说明这 5 支大象牙的产地是非洲。可能是通过海上丝绸之路来到广州的。另外还出土了刻画象牙卮、象牙算筹和残牙雕器等,可见这些原支大象牙是进口作为雕刻原料的。还出土珍珠枕头。在墓主玉衣头套下的丝囊内装了 470 颗珍珠,珍珠直径 0.1～0.4 厘米,是未经加工的天然珍珠,专家们分析是一个丝囊珍珠枕头。有人说珍珠具有镇静、美容和辟邪的作用,像现代人喜欢戴珍珠项链一样,珍珠枕头垫起头来也是很惬意和舒服的。用珍珠做成枕头,在考古发掘中发现尚属首次。另外,在主棺室"头箱"中,原盛于一个大漆盒内,有重量为 4117 克的珍珠(出土时漆盒已朽,珍珠散落满地)。珍珠直径 0.3～1.1 厘米,会不会也是用来做枕头的呢?只是因为未来得及做,就只好陪葬了。珍珠有可能出自中国南方沿海地区,也有可能来自域外。这些文物证明南越国早期或更早的年代,广州已与波斯和非洲东岸有海上贸易。

南越国宫署御花园是中国年代最早的宫苑遗址。1984 年,在广州市中山四路忠佑大街电信局电信枢纽大楼工地发现南越国御花园的一个大型地下石构蓄水池,约 4000 平方米,当时只挖了 400 平方米,大部分仍被埋在民居楼房之下。水池距地面约 8 米,为冰裂纹密缝石板铺砌,池壁呈斜坡形,池底平整,用碎石和卵石平铺,向南埋有木质输水暗槽。石池中散落有八棱石柱、石栏杆、石门楣、大型铁石柱、铁门枢

·欧·亚·历·史·文·化·文·库·

轴、"万岁"瓦当、绳纹板瓦、筒瓦和铺地印花大砖,还有一段木船桨。据分析,水池可荡舟,池边应有石构廊榭或凉亭建筑。1997年,在原市文化局大院,外商计划兴建51层信德文化广场。在地下3～5米处发现宫署御花园的全石构曲流石渠,长150米,已发掘4000平方米,是一处人工园林水景。石渠迂回曲折,由西向东,渠底密铺黑色卵石。东头有弯月形石池,池底发现几百个龟鳖残骸,说明这是养龟鳖的水池。西头有石板平桥和步石,外连曲廊。弯曲石渠当中有两个用以限水和阻水的渠陂,以形成碧波和粼粼水景。在石渠中有果核和树叶,可见御花园种植有水果和花卉。中国古代都是木架构建筑,或砖木结构建筑,而这里恰似罗马古城的石构建筑,在我国秦汉时期的遗址中独一无二,因此有人推断南越国已传入西方的建筑技术。地面木构建筑在西汉灭南越时已被放火烧掉。曲渠湾流,隔景借景,小巧玲珑,把大自然山水缩微于庭院之间,又是典型的东方园林特色,不同于西方园林的几何方块对称排列且一览无余的人造园林风格。这种恰似罗马的石构建筑技术,又结合东方的造园风格是南越国宫署御花园这个全国首个宫苑实例最突出的特色。

南越国通过海上交通获取域外的珍奇物产还转送到北方中原地区,其方式有贸易、贡献和战争等。南越国立国之后,原为秦军将领的开国君主赵佗仍注重农业的发展,推广使用中原先进的农业生产技术,并在与长沙国交界的地方设立关市,通过长沙国从中原地区输入铁制农具和马、牛、羊等家畜用于农业生产。其间虽然在吕后把握汉朝朝政时期南越国被实行了经济封锁,但中原和南越国的关市贸易在吕后死后很快又得到了恢复,直至南越国灭亡。南越国首次臣属于汉朝是从公元前196年汉高祖派陆贾出使南越国,赵佗接受汉高祖的印绶开始,一直到公元前183年为止。在这个臣属期里一方面双方的政治、经济来往不断,两国都有收益,通过贸易,中原获得了南越国的特产,南越国获得了中原的铁器、马牛等。另一方面,两国又在互相提防,在两国交界的关口双方都有重兵布防。

秦朝之前岭南地区的商品经济基本处于物物交换的原始状态,尚未进入货币经济阶段。秦朝平定岭南之后,大量汉人南迁,带来了中原先进的贸易方式,岭南地区才逐渐进入货币经济时代。南越国建国之后,历代君主都注重与邻国,特别是与汉朝的商业贸易。公元前196年,南越国和汉朝建交后,赵佗即在南越国和长沙国交界的地方设立关市,从中原输入铁器、青铜器和牲畜,引进中原的先进农业技术,并向中原输出南越国出产的白璧、珠玑、玳瑁、犀牛角、珊瑚、荔枝等土特产。而玳瑁、犀牛角、珊瑚等则有可能来自东南亚和南亚等地。南越国没有自己铸造的货币,他们的货币是从中原输入的。这些货币主要以秦朝和汉朝的"半两钱"为主。南越国与闽越、夜郎等其他周边国家的商贸往来也十分密切,吕后与南越国交恶时期,赵佗即以财物赂遗的方式获得闽越、夜郎、西瓯和骆越等国的归属或支持。

南越王墓出土的酒具之一为青白玉角杯。在南越国墓葬中出土的粮食作物主要有水稻、黍、粟、菽、薏米、竽、大麻子等,出土的瓜果主要有柑橘、桃、李、荔枝、橄榄、乌榄、人面子、甜瓜、木瓜、黄瓜、葫芦、姜、花椒、梅、杨梅、酸枣等。其中水稻是古越人的主要粮食作物,也是南越国最常见的粮食作物,非常适合岭南地区高温多雨,水源众多的生长环境。而荔枝是岭南特有的水果,据西汉刘歆《西京杂记》记载,赵佗曾将荔枝作为贡品进贡给刘邦:"尉佗献高祖鲛鱼、荔枝。"[1]在南越国的墓葬中还出土了不少盛酒器皿,说明当时南越国已有了成熟的酿酒技术。在南越国的墓葬中出土的家畜残骸主要有猪、牛、羊、鸡等,出土的野生动物残骸主要有禾花雀、竹鼠等。特别是禾花雀,至今在广东仍是一道名菜的主料。此外,南越国的墓葬还出土了大量的水产品,有鱼类、鳖类和各种贝壳类的淡水和海水产品。其中花椒可能通过海上丝绸之路从南亚传入。

汉文帝与南越王修好,在《赐南粤赵佗书》中说到"上褚五十衣、中褚三十衣、下褚二十衣遗王,愿王听乐娱忧,存问邻国"[2]。说明南越

---

〔1〕〔汉〕刘歆撰,〔东晋〕葛洪集:《西京杂记》卷1,收于《汉魏丛书》,第307页。
〔2〕《汉书》卷95《南粤王传》,第3850页。

国与周边地区和国家有交通往来,其中应当包括沿海国家和地区。
1983 年发掘了广州解放北路象冈山南越国第二代王文帝赵眜墓,其西
耳室中出土的 5 枚大象牙,成堆叠置在一起。每支长度超过 1.2 米,最
长的达 1.26 米,全属粗壮形,形态特征和大小比例与亚洲象的纤细形
牙区别明显,应为非洲象牙。[1] 在此墓中,还出土了一件带盖的扁球
形波斯银圆盒,据考证是墓主生前盛药的器物。这个银盒与伊朗苏撒
城(Susa)出土的公元前 5 世纪阿黑美尼德王朝时期制造的刻有波斯王
薛西斯(Xerxes)名字的银器类同,说明其生产时间之早。由此可见,西
汉时自东非通过印度洋至中国南海的航路早已走通,非洲、波斯的物
产通过辗转贩运,已经进入中国。很可能在先秦时代,中国南方沿海地
区与印度洋西部地区和非洲就有了直接的或间接的海上往来。

8.3.3　汉武帝平南越后海上交通的发展

当南越国存在时,内地与南方沿海地区的交通受到阻碍。汉平南
越之后,加强了中原地区与南方沿海地区的联系。汉朝开始利用南海
海道与海外诸国进行交通的活动。西汉末年的扬雄在《交州箴》中已
经写到武帝时南海交通的开辟:

> 交州荒裔,水与天际。越裳是南,荒国之外。爰自开辟,不羁
> 不绊。周公蹑祚,白雉是献;昭王陵迟,周室是乱。越裳绝贡,荆楚
> 逆叛。四国内侵,蚕食周京,臻于季赧,遂以灭亡。(以上四句据
> 《古文苑》补)大汉受命,中国兼该,南海之宇,圣武是恢,稍稍受
> 羁,遂臻黄支。抗(当作航)海三万,来牵其犀。盛不可不忧,隆不
> 可不惧。泉竭中虚,池竭濑干。牧臣司交,敢告执宪。[2]

其中讲到汉使最远到达的地方便是黄支国,汉朝得到 3 万里外的
黄支国的犀牛。汉武帝平南越后海上丝绸之路的发展情况,《汉书·
地理志》"粤地"条有更具体的记述:

> 自合浦、徐闻南入海,得大洲,东西南北方千里,武帝元封元年

---

[1] 广州市文物管理委员会等:《西汉南越王墓》,文物出版社 1991 年版,第 138 – 140 页。

[2] 《艺文类聚》卷 6《州部》,上海古籍出版社 1982 年版,第 116 页。

略以为儋耳、珠崖郡……自初为郡县,吏卒中国人多侵陵之,故率数岁一反。元帝时,遂罢弃之。自日南障塞、徐闻、合浦船行可五月,有都元国;又船行可四月,有邑卢没国;又船行可二十余日,有谌离国;步行可十余日,有夫甘都卢国。自夫甘都卢国船行可二月余,有黄支国,民俗略与珠崖相类。其州广大,户口多,多异物,自武帝以来皆献见。有译长,属黄门,与应募者俱入海市明珠、璧流离、奇石异物。赍黄金杂缯而往,所至国皆禀食为耦,蛮夷贾船,转送致之。亦利交易,剽杀人。又苦逢风波溺死,不者数年来还。大珠至围二寸以下。平帝元始中,王莽辅政,欲耀威德,厚遗黄支王,令遣使献生犀牛。自黄支船行可八月,到皮宗;船行可二月,到日南象林界云。黄支之南,有已程不国,汉之译使至此还矣。[1]

合浦,汉时郡名,亦县名,在今广西合浦县;徐闻,县名,属合浦郡,[2]今广东徐闻县,与海南岛隔海相望。所谓"大洲"即今海南岛。徐闻、合浦被称为"障塞",说明那是出入国境的要道和关口。《汉书·地理志》记载合浦县"有关"[3]。从那里出海远行,以下所经各地皆为海外地名。这里涉及不少古地名,对这些地名的具体位置,学术界众说纷纭,因为航程与所记国名的对音,很难一一确考。

从《汉书·地理志》的这段记载来看,中国与斯里兰卡、印度之间的海上交通要经过今越南、泰国、缅甸、柬埔寨等国和地区。

汉使出境后路经的海外国家首先应是今越南。《汉书·地理志》此段记载提到汉使出境到达的第一个国家是"都元国",朱杰勤考证为越南南部的沱曩。[4] 这个观点没有被学者所普遍认同。但越南近海是中国人从南海出发进入印度洋必经之海域,途经此地不必明言。中国与越南的文化联系历史悠久,由于两国的毗邻关系,有信史可考者,

---

〔1〕《汉书》卷28下《地理志》,第1670–1671页。
〔2〕《汉书》卷28下《地理志》,第1630页。
〔3〕《汉书》卷28下《地理志》,第1630页。
〔4〕朱杰勤:《汉代中国与东南亚和南亚海上交通路线试探》,见暨南大学历史系东南亚研究室编:《东南亚史论文集》,1980年,收入氏著《中外关系史论文集》,河南人民出版社1984年版,第72页。

至少在 2000 年以上。在越南东山文化中,青铜器以兵器为主,其中有剑、盾、匕首、刀、矛、戈、箭镞、靴形斧和钺等。据说,这些兵器"具有秦汉时代中国兵器的风格","装饰品主要是铜耳环和手镯,还有做工精巧的铜带钩和铜泡,都与中国汉代的样式极其相似"。越南的铜鼓"形制花纹与晋宁石寨山汉墓出土的鹭翔、羽人竞渡铜鼓非常相似"。"此外,还发现一些铁器,有铁矛、铁剑、铜柄铁剑等。还出土一批汉五铢钱和王莽钱。这些铁器和货币都是由中国内地输入的"[1]。秦汉时中国与越南沿岸间的海上交通也有新的发展。秦平南越,水军取道海上直趋今顺化沿海地区,置象郡,为古代中越海上交通辟一新的途径。汉武帝时平南越,于南方沿海地区置九郡,在今越南中部和北部的交趾、日南、九真等郡进入汉朝势力范围,与今两广地区和内地有着水陆交通线,晋谢承《后汉书》记载:"交趾七郡贡献,皆从涨海出入。"[2]《梁书·诸夷列传》记载汉代以来大秦商人东来,云:"其国人行贾,往往至扶南、日南、交趾。"[3]则其东来最东的终点便是交趾。而且由于地当南海交通要冲,中国人从合浦、徐闻南入海西行,印度、阿拉伯和罗马人东来入华,都要经过今越南沿岸港口。

据上引《梁书·诸夷列传》记载,汉代大秦商人东来,其国人行贾,往往至扶南。扶南沿岸当然有商船停泊之港口。考古发现今越南南部湄公河三角洲南端金欧角古海港奥高(Oc – èo)遗址,就是古代地处扶南的中西间海上交通路线上重要的港口。1942—1944 年,法国考古学家马勒尔(L. Malleret)发掘了公元 2 ~ 6 世纪的奥高古海港遗址。马勒尔陆续发表了他的考古报告《湄公河三角洲考古记》。金欧角当时属于扶南国,扶南古海港的发现引起研究中西海上交通史学者们的极大兴趣。法国格鲁塞、考狄尔,日本梅原末治、冈崎敬,中国学者宿白等都撰文研究其中出土的文物,分析奥高遗址的发现及其对研究东西方海上交通史的意义。据林梅村的介绍,扶南古海港奥高遗址距离现代海

---

〔1〕王民同:《东南亚史前文化述略》,载《昆明师院学报》1983 年第 1 期,第 21 – 30 页。

〔2〕《初学记》卷 6《海》引谢承《后汉书》,中华书局 1980 年版,第 115 页。

〔3〕〔唐〕姚思廉:《梁书》卷 54《诸夷列传》,中华书局 1973 年版,第 798 页。

岸 25 公里,当时应在海边。这里发现的建筑遗址多为干栏式,古墓为砖石墓。在这些古代遗存中发现了许多金锡制品,包括指环、耳环、钗等佩饰和小型铸像,铸像的相貌类似印度和中亚胡人。其中锡制品多于金制品。从遗址中发现铸造锡耳环的砂岩石范,可知锡制品是当地居民自铸。奥高距离盛产锡矿的缅甸和我国南方不远,所以有发达的锡铸造产业。在一些锡制印章上和小锡片上刻有文字,采用印度流行的婆罗谜文,语言是印度俗语。其铭文内容多为"小心""注意"等等,似为商品标签。奥高遗址与天竺商人关系密切,这里出土的铜佛像多数为南印度式,也有个别犍陀罗式佛像。奥高出土的中国文物有汉至三国时期的铜镜残片,如西汉流行的规矩镜和东汉三国时期流行的八凤镜。在奥高遗址中还发现一些罗马文物,其中有公元 152 年发行的罗马金币和公元 161—180 年发行的罗马金币。这些金币是汉文史料中提到过的罗马皇帝大秦王安敦在位时发行的。这里还出土了罗马玻璃残片,而类似的玻璃器在中国东南沿海汉晋古墓中屡有发现。还发现一定数量的金银首饰和凹雕宝石,这些物品有的可能是直接来自罗马,有的可能是受罗马风格的影响而制造的。其中大部分是属于光玉髓质的,是安敦时代的圣牌和其他物品。有一种被称为"多面金珠"的装饰物,这是一种镂空的小金球,直径 1.4 厘米,十二棱形,每面正中有个圆形穿孔,每个角有突起的圆珠四粒。类似的金珠曾见于印度河流域的怛叉始罗遗址,近年在中国广州东汉前期墓(编号 4013)中发现一例。[1] 这些文物显示奥高古海港遗址曾是中国、印度、罗马古代交往的一个重要中继站。中国文献中记载大秦商人东行往往至扶南,当与此海港有关。

其次是今柬埔寨和泰国,古称扶南。《汉书·地理志》此段记载虽然没有提到柬埔寨某地,但因为当时航海水平的限制,船只只能近海

---

〔1〕〔法〕马勒尔(L. Malleret). *L'archologie du delta du Makong*,4vols,Paris,1959,1960,1962 et 1963. 考狄尔(G. Coedès). *Le Site de Oc - èo,Ancient Port du Royaume de Founarn*. Artibus Asiae,Ⅹ - 3,1947. 梅原末治:《ォクォ出土の夔凤镜》,载《史学》1946 年 37 卷第 3 期,第 7 页;宿白:《考古发现与中西文化交流》,文物出版社 2012 年版,第 50 页;林梅村:《中国与罗马的海上交通》,见氏著《汉唐西域与中国文明》,文物出版社 1998 年版,第 315 - 316 页。

航行。汉代船只还不可能从越南港口直航马来半岛,从越南港口近岸航行进入泰国湾,途经柬埔寨沿岸是必然的。从柬埔寨海岸西行则至泰国沿岸。汉使商船从日南障塞徐闻、合浦出发,航行大约5个月到都元国,此都元国为现在何地,学术界争议很大。[1] 泰国籍华人学者黎道纲研究了《汉书》以来的大量有关材料,考证后来诸种史书中所谓"屈都昆""都昆""都军""屈都乾(读'干')"等,都是"都元"的异读。屈都乾,汉时就存在,唐代的"陀洹"就是早年的都元国。根据古代文献关于其地方位的记载、后世学者的研究和现代考古发现,都元国即泰国巴真府摩诃梭古城,乃泰海湾濒海古城。"早在公元一世纪时,摩诃梭古城已有佛足印在,后有林邑之民避恶吏来此,说明是颇为著名的大国。""在乌通城发现过罗马帝国(Emperor Victorinus,267—271)银币,而凹雕阴文币(Intaglios)发现三枚,一枚在北碧府 Kanchanaburi(蓬迪所在),另二枚在摩诃梭古城 Dong Simahapo。在乌通城和北碧府 Panomtuan 县 Ban Dontapech 村,发现称作 Ling-Ling-O 的双头兽装饰物,亦见于越南 Oc-Éo 城,其年代在公元前后二世纪的四百年间。"[2] 乌通城在泰海湾西,摩诃梭城在泰海湾东,说明这里皆是古代近海航行的停泊点。

据黎道纲考证,邑卢没国和谌离国皆在泰国金邻大湾西岸。《汉

〔1〕日本学者藤田丰八认为是《通典》所载的都昆国,或称都军,在马来半岛或苏门答腊附近。岑仲勉认为在泰国克拉(Kra)地峡以北之 Htayan(今属泰国),南去万仑湾不远。许云樵不同意藤田的看法,认为都元国和邑卢没国绝不可能远至苏门答腊或缅甸,应求之于婆罗洲及暹罗南部。都元既在婆罗洲,又是《通典》所谓都昆或都军,而《通典》言其方位则云:"扶南渡金邻大湾,南行三千里有此国。"那么金邻大湾肯定即暹罗湾,所以都昆不在马来半岛,就在婆罗洲。而以都元国之行程推算,后者为妥。朱杰勤认为都元国在越南南部的沱囊。谢光认为都元国即《新唐书》的陀洹和乾陀洹,即今泰国之碧武里。以上诸说见于藤田丰八:《前汉时代西南海上交通之记录》,见氏著《中国古代南海交通丛考》,何健民译,上海:商务印书馆民国二十五年(1936 年)版,第 86－88 页;岑仲勉:《西汉对南洋的海道交通》,载《中山大学学报》1959 年第 4 期,第 148 页;许云樵:《古代南海航行中之地峡与地极》,载《南洋学报》卷 5(第二辑),第 26 页;朱杰勤:《汉代中国与东南亚和南亚海上交通路线试探》,原载《东南亚史论文集》,暨南大学历史系东南亚研究室,1980 年,收入氏著《中外关系史论文集》,河南人民出版社 1984 年版,第 70－77 页;谢光:《泰国与东南亚古代史地丛考》,中国华侨出版社,1997 年,第 39 页。下引诸家之说同此,不另注。参黎道纲:《都元国邑卢没国谌离国考》,见氏著《泰国古代史地丛考》,中华书局 2000 年版,第 4 页。

〔2〕〔泰〕黎道纲:《泰国古代史地丛考》,中华书局 2000 年版,第 14 页。

书·地理志》记载,自都元国船行4月至邑卢没国,再船行20余日有湛离国。邑卢没国和湛离国义在哪里呢?学者们亦莫衷一是。岑仲勉认为邑卢没国在苏门答腊北端的蓝无里,谌离是仰光附近的沙廉(Syriam)。藤田丰八以为邑卢没国即《唐书·南蛮传》中之"拘蒌密",在今之暹罗或缅甸附近,后又说在缅甸南部勃固附近。谢光认为邑卢没国在泰国甲米府、攀牙府到缅甸南部丹那沙林一带;谌离是今白古地区。韩振华认为邑卢没国即罗斛或华富里,谌离为 Samarattha 或 Syamarstra,其首都在今佛统。[1] 许云樵说邑卢没国"当在今暹罗湾东岸","吾人既以步行之地为地峡,则谌离国应在东岸"。谌离即顿孙,今缅甸的 Tenasserim 的对音。岑仲勉说《梁书》谓城去海约百里,则古代或别有濒临海岸之市,非今日舆图中去海约百里之 Tenasserim。朱杰勤则同意谌离之对音即 Tenasserim,他还认为"邑卢没应该是近海的商港。商船经过暹罗湾时,势必在暹罗湾西岸下碇"。"邑卢没可能就是暹罗湾最大入口处(今之叻丕)。"姚楠与朱杰勤看法大致相同,认为当时的中国商船是沿海逐岛小心谨慎地向南海诸国前进的。邑卢没国应该在泰国西岸求之,可能就是曼谷湾西岸之叻丕一带。[2] 黎道纲考证的结果与众不同,他说:"汉使海行五个月来到金邻大湾东侧之都元国。然后再沿海湾逐岸小心而行,来到海湾的西岸亦颇费时日。我认为,邑卢没国应是今素攀府乌通古城。当日乌通近海,是中西交通的重镇,这里有丰富的文物遗存可以为证。从乌通船行二十余日,有湛离国。此谌离国应在今北碧府境,这里的篷迪遗址和 Panomtuan 县的 Ban Dontapech 遗址,皆有丰富的遗物可为证据。从这里,沿夜功河上游的小桂河逆行至源头,再上岸步行,沿着 Tongpapun 和今日考廉水库底的古道,不需三日,就可到达 Tenasserim 山脊的三塔关,从此进入缅境,下得山岭,朝夫甘都卢走去。"这种看法与韩振华的看法相同,但韩振华认为汉使在谌离都城佛统舍海登陆,黎道纲认为失之过早。汉时今日

〔1〕韩振华:《公元前二世纪至公元一世纪间中国与印度东南亚的海上交通》,载《厦门大学学报》1957年第2期,第202－211页。

〔2〕姚楠等:《七海扬帆——中国古代海上交通》,香港:中华书局1990年版,第134页。

之佛统尚不存在,那时这里有河道可通夜功河,直至小桂河,这一带即谌离古国之所在。总之,都元国、邑卢没国和谌离国都在今日泰境中部,古之金邻大湾内。[1]

从谌离国步行 10 余天至夫甘都卢国。从汉使西行的路线来看,由于当时船只小,航海技术水平低,船舶抗风浪能力差,不宜深海航行,所以船行至马来半岛克拉地峡东岸后,便舍舟登陆,向北经今缅甸境内的夫甘都卢国,"步行可十余日,有夫甘都卢国"。中外学者比较一致的观点认为夫甘都卢国在今缅甸境内,有人认为,邑卢没国在今曼谷湾沿途,谌离国在克拉地峡东端暹罗湾西岸,夫甘都卢国在克拉地峡西端安达曼海东岸。费琅认为即旧蒲甘,今缅甸太公城,濒临孟加拉湾,遗址在今伊洛瓦底江东岸。[2] 黎道纲的见解颇可接受,上引《汉书·地理志》中所述汉使商船的航程,并未经马来半岛沿岸南端,过今之马六甲海峡进入印度洋。否则"步行可十余日"云云便不好理解。从地图上一看便知,在当时航海技术没有达到一定的水平时,在近海诸岛之间航行经马来半岛南端,过马六甲海峡进入印度洋,其航线甚长,肯定多费时日。许云樵说:"二千多年前,航海技术未精,出海船舶习于沿海而行,应循北部湾北岸,沿今越南、柬埔寨之海岸,绕泰国湾,而后才达马来半岛。除了偶然的情况,一般不会由南海直驶马来半岛南端,更无法使之成为一条固定的航线。"[3]实际上,汉代西域商人经海道至扶南、日南、交趾者,亦不经马来半岛的南端。他们"自印东来,初时大抵沿孟加拉湾航行,至马来半岛北部之地峡,舍舶登陆,将货物运至东岸,再搭舶续航至中土"。公元 1、2 世纪成书的埃及地理学家托勒密的《地理志》曾附一张世界地图,在这幅地图中,马来半岛附近没有苏门答腊、爪哇、加里曼丹几个大岛,说明这些岛屿不在当年罗马人、阿拉伯人东来的航线上。他们的船舶只停在马来半岛,没有到中国。

[1]〔泰〕黎道纲:《泰国古代史地丛考》,中华书局 2000 年版,第 16－17 页。

[2]法国汉学家费琅考证,夫甘都卢国当为缅甸之蒲甘(Pagan)古城。见费琅:《昆仑及南海古代航行考》,冯承钧译,中华书局 1957 年版,第 61 页。

[3]许云樵:《古代南海航行中之地峡与地极》,载《南洋学报》卷 5(第二辑),第 27 页

黎道纲据此认为,在 2000 年前,汉使经南海到印度去,一般也不必到苏门答腊,因为苏门答腊不在当日的航线上。岑仲勉认为邑卢没国在苏门答腊北端蓝无里之说不能成立。

从今缅甸境内的夫甘都卢国又船行至黄支国、已程不国,就到了汉使西行的终点,即今日之印度和斯里兰卡。黄支国在今印度东南岸的康契普腊姆(Kancipuram),即唐玄奘《大唐西域记》称建志补罗国。黄支是 Kanci 的音写,puram 义为都城。建志补罗为南印度之古城,纪元初数世纪中,帕拉瓦(Pallavas)王朝建都于此。康契普腊姆曾是达罗毗荼人的国都。[1] 已程不国,即今斯里兰卡。汉使到达印度和斯里兰卡,购得璧琉璃,从语言学角度也证实汉使到达了印度沿海。日本学者藤田丰八认为,从语源上说,"璧琉璃"出自梵文俗语 Verulia,或巴利文 Veluriya,又被译为吠琉璃、毗琉璃等。[2] 当中国商使到达了黄支国和已程不国时,中国人便正式加入了中西间经印度洋的海上交通和交流活动。从夫甘都卢国至此,汉使的行程便是"蛮夷贾船,转送致之"。缅甸沿岸港口是中印间海上交通要道,《汉书·地理志》上引记载从中国南方沿海地区徐闻、合浦入海,至黄支国和已程不国,途经都元国、邑卢没国、谌离国和夫甘都卢国。汉朝商使以金帛交换沿途各国的明珠、碧琉璃和奇石异物。古代航海是在近海沿岸进行的,缅甸的萨尔温江和伊洛瓦底江三角洲一带,有地名苏伐那斯(sobanas),是古代重要的港口,是中国通往印度的必经之地。至迟在公元前 2 世纪,中国的丝绸通过海陆两路传至缅甸,再由缅甸传至印度和更远的其他地方。《后汉书·南蛮西南夷列传》所谓"掸国西南通大秦"[3],指的就是从缅甸经海道西南行至埃及亚历山大里亚。

除了印度之外,斯里兰卡由于其特殊的地理位置也成为东西方海

---

〔1〕〔日〕藤田丰八:《前汉时代西南海上交通之记录》,见氏著《中国古代南海交通丛考》,何健民译,上海:商务印书印馆民国二十五年(1936)版,第 86－88 页;费琅:《昆仑及南海古代航行考》,第 60 页。

〔2〕〔日〕藤田丰八:《前汉时代西南海上交通之记录》,见氏著《中国古代南海交通丛考》,第 86－88 页;

〔3〕《后汉书》卷 86《南蛮西南夷列传》,第 2851 页。

上交通的重要枢纽。不仅中国汉代文献中记载了已程不国,罗马文献中也提到它的名字。老普林尼(Pline L'Ancien,23—79 年)《自然史》称之为 Taprobane,《厄立特里亚海航行记》称为 Palaesimundu,托勒密《地理志》中名之为 Salike。公元 6 世纪时克斯麻斯称其印度名为 Selediba,藤田丰八以为乃梵语 Simhaladvipa 之讹,意译即中国文献中的"师子国"。当中国人到达印度和斯里兰卡时,罗马人则早已了解并来到这里。如前所述,据老普林尼的记载,在红海航行中遇风,在海上漂流 15 天后到达斯里兰卡的那位监税官,在停留半年后,与斯里兰卡使节拉奇亚斯(Rachias)一起返回罗马。据这位斯里兰卡使臣说,他的父亲就曾到过"赛里斯国"。可知斯里兰卡在中国与罗马之间起了连接东西方航线的作用。对于西方人来说,汉代时斯里兰卡似乎比印度更重要。对此,黎道纲先生曾有精到的分析。他说:"公元一、二世纪,亚历山大的地理学家托勒密写了《地理志》,共八本,最后附了一张世界地图。从地图看,东方的印度显得过短,而锡兰显得过大。马来半岛亦大,再过去是中国,是东边之极。地图并未绘出赤道以南的地方。从地图出现的马来半岛看,可见人们对马来半岛颇为熟悉。在马来半岛以南,地图上只有少数几个岛,说明这些岛屿当年在航海贸易中并不重要。从地图看,古代阿拉伯航海家越过印度洋的航线,是以锡兰和马来半岛为主,印度并不重要,因此航海家对印度所知不多。"[1] 但中国正相反,汉代中国商使沿海岸线西行,首先到印度东南海岸,再至斯里兰卡。而且从陆上和海上都与印度交往密切,因此中国人对印度更熟悉。

汉使返程是从黄支国至皮宗。皮宗是蒲牢皮散岛(Pulaw Pisan),在马来半岛西南沿岸,今马六甲海峡东部的 Pidang 岛,现称甘蕉岛。[2] 我们可以设想,汉使在完成了与东南亚、南亚诸国的贸易之后,他们不必沿原路返回,而是经最近的路线返回,因此返程并不重复往时路线。

---

〔1〕〔泰〕黎道纲:《泰国古代史地丛考》,中华书局 2000 年版,第 2 页。

〔2〕〔法〕费琅:《昆仑及南海古代航行考》,第 61 页。

象林县是日南郡属县最南一县。象林县,中国古代行政区,汉朝交州日南郡辖下的一县,东汉末独立,其位置位于今越南中部。东汉建武十八年(42年),伏波将军马援平定了二征,设置了象林县,在县境南立两铜柱表示汉朝国界。象林县为日南郡最南方的县,当地的居民曾多次反叛攻击焚烧官寺。东汉兴平元年(194年),以区逸(亦作区达或区连,又称释利摩罗,为象林县功曹之子)为首的占族势力,杀象林县令,建立林邑国,脱离汉朝而独立。

但我们似乎并不能否定汉时商船曾至马来半岛南部,一是《汉书·地理志》此段记载只反映了武帝以后至班固时代的南海航行情况,不能表示班固以后航海事业的发展;二是汉代商船、商使出洋,未必都是直奔黄支国和已程不国而去,应当有与东南亚诸国的贸易活动。从泰国沿岸向南航行,则至马来半岛南端。考古学家在柔佛河流域发掘的古代文物中,有许多与中国秦汉时代陶器相似的残片。柔佛河是马来西亚南部柔佛州的重要河流,源于勃仑末山,东南流,板槽以下河阔水深,注入柔佛海峡。柔佛河口是古代中西航线的重要中继港。可以肯定,早在公元1世纪前后,中国和马来半岛南部居民已有贸易联系。过去人们通常认为主要是过境贸易,马来半岛是中印间贸易的中继站,是中印两地商人汇集的地点,看来这种看法值得商榷。在印度尼西亚加里曼丹岛沙捞越河口的山猪墓山麓曾发现汉代的五铢钱,苏门答腊、爪哇和加里曼丹岛的墓葬中也曾出土大批汉代陶器。这些都是汉代与东南亚地区通过海路进行交通的物证。《后汉书·南蛮西南夷列传》记载:"顺帝永建六年,日南徼外叶调王便遣使贡献,帝赐调便金印紫绶。"[1]叶调国,伯希和、劳费尔、费琅都以为在今印尼苏门答腊或爪哇岛。[2]

从《汉书·地理志》"粤地"条记载可知,西汉的官营海外贸易从汉武帝时期开始,并且很快便有了相当的规模。汉使每年皆有出洋者往

---

〔1〕《后汉书》卷86《南蛮西南夷列传》,第2837页。

〔2〕〔法〕费琅:《叶调斯调与爪哇》,冯承钧译,见《西域南海史地考证译丛》卷1(第二编),商务印书馆1995年版,第96–104页。

·欧·亚·历·史·文·化·文·库·

返,行程有远有近,行期有长有短,他们出洋携带与诸国交易的商品主要是"黄金、杂缯",而从沿海各国所得则是"明珠、碧琉璃、奇石、异物"。罗马人在印度得到中国丝就是从中国自海道运至的。黄支国"自武帝以来皆献见",王莽遣使厚遗黄支王,可见双方交往的频繁,黄支国通过海路朝贡的物品则有生犀牛。从"所至国皆禀食为耦,蛮夷贾船转送致之"可知,中国商贾是得到各地舟人的协助的。据这段记载,汉朝译使可一直承担从中国到已程不国的翻译工作,他们掌握的可能就是古泰米尔语和古马来语。《史记·大宛列传》记载,汉朝使臣已经到达"犁轩",犁轩又音译为"阿荔散"。佛藏中《那先比丘经》卷下记中亚希腊化王朝弥阑陀国王自称:"我本生大秦国,国名阿荔散。"[1]阿荔散即今埃及的亚历山大港,[2]而犁轩的善眩人即杂耍艺人也经过安息入汉。《旧唐书·地理志》云,海南诸国"自武帝以来,朝贡必由交趾之道"[3]。

由于航海技术条件的限制,当时出洋交易是很辛苦和危险的。除了水波之险等自然因素,还有强盗劫掠杀人的人为因素。《汉书·王莽传》所称"黄支国自三万里贡生犀"[4],这样遥远的路程,即便顺利往返,亦需数年之久。《宋书·蛮夷传》史臣论赞云:"汉世西译遐通,兼途累万,跨头痛之山,越绳度之险,生行死径,身往魂归……二汉衔役,特艰斯路。"商贾逐利,在陆路不通时,便利用海路交通。故本条又云:"商货所资,或出交部,泛海陵波,因风远至。又重峻参差,氏众非一,殊名诡号,种别类殊,山琛水宝,同此自出。通犀翠羽之珍,蛇珠火布之异,千名万品,并世主之所虚心,故舟舶继路,商使交属。"[5]

---

〔1〕《那先比丘经》卷下,〔日〕高楠顺次郎编:《大正新修大藏经》卷32,No.1670(A),第702页上。

〔2〕《那先比丘经》里提到的"我本生大秦国,国名阿荔散"这句话中的"阿荔散",国内外学者大多同意法国汉学家伯希和的观点,认为这里的"阿荔散"是指埃及的亚历山大里城,而不是远东的亚历山大里亚城。〔法〕伯希和:《犁轩为埃及亚历山大城说》,冯承钧译:《西域南海史地考证译丛》卷2(第七编),商务印书馆1995年版,第34-35页。

〔3〕《旧唐书》卷41《地理志》,第1750页。

〔4〕《汉书》卷99《王莽传》上,第4077页。

〔5〕《宋书》卷97《夷蛮传》,第2399页。

根据《汉书·地理志》"粤地"条的记载,今广西合浦和广东徐闻在汉武帝平南越后成为海上丝路的起点。徐闻、合浦当时是重要的海港,今合浦县城东南郊环城镇辖区内,东西5.5公里、南北约12.5公里的范围约有两汉墓葬5000多座,在经过清理发掘的800多座墓中,出土了大批铜、铁、金银、陶、玉器及水晶、琉璃、琥珀、玛瑙、肉红石髓、金花球等饰物,其中的玻璃杯更是珍品,这些便是汉朝经海路与西域诸国交通交流的见证。[1]

　　欧亚大陆和非洲大陆合称旧大陆,是人类文明的发源地与摇篮。早在公元前5千纪至3千纪,旧大陆不同的地点产生了几个独立发展起来的文明中心,即古埃及文明、两河流域文明、印度河文明、希腊文明和中国黄河、长江流域文明。中国文明中心黄河、长江流域与其他文明中心之间比其他诸文明中心之间的距离更为遥远,在其他诸文明中心之间早就发生密切联系的时候,中国文明与其他文明的联系还没有发展起来,或者仅仅存在间接的了解和交流。而当汉使进入印度洋,与诸文明之间的联系便变为直接的和密切的了。因此,《汉书·地理志》中这段记载所反映的汉武帝时代和以后中国人西行至印度、斯里兰卡的活动,跟张骞出使西域一样,在中西交通史上具有划时代的意义。

　　这条海上交通的航线贯通以后,便成为古代中西文化交流的大动脉。在它的西端,以地中海为中心,向周围辐射,其触角延伸至西非、西欧和北欧各地;在东端,从中国的东南沿海各城市,向东亚、东南亚各国延伸,与中国至地中海东岸的陆上丝路共同承担着世界经济文化交流的任务。在这条贯通东西方文化交流的海上交通线上,还有几条可以通航的世界闻名的大江大河,从各大陆注入西太平洋、北印度洋、红海和地中海,如长江、黄河、湄公河、伊洛瓦底江、恒河、印度河、底格里斯河、幼发拉底河、尼罗河以及连接尼罗河和红海的运河等,把沿海交通的触角延伸到旧大陆各地,在联系古代世界各文明中心和推动文化交

---

〔1〕参熊昭明:《合浦:汉代海上丝绸之路始发港》,载《中华文化遗产》2008年第9期,第63－66页。

流中发挥了各自的作用。随着历史发展,海上交通的重要性越来越超过陆上交通,在传播人类各地文明成果的过程中,越来越发挥重要作用。从《汉书·地理志》的记载,我们还知道,汉使经海上交通至印度,是"赍黄金、杂缯而往",中国人也是用丝绸推动与东南亚、南亚的海上贸易活动的。

9 汉武帝征服卫氏朝鲜与
汉四郡的建立

古代中国与东邻朝鲜半岛和日本的关系,在汉武帝时代发生重大变化。汉武帝在公元前109年至公元前108年间灭卫氏朝鲜,在朝鲜半岛北部和中部设立乐浪郡、玄菟郡、真番郡和临屯郡。汉四郡的建立标志着朝鲜半岛北部进入汉朝统治范围,汉四郡的设置对东北亚局势产生重大影响,日本仰慕中国文化从这时开始。

9.1 朝鲜早期历史和汉四郡的建立

9.1.1 朝鲜早期历史和中朝早期交流

檀君朝鲜是朝鲜历史上的神话时代,据说公元前2333年,天神桓雄和"熊女"(熊变化的女子)所生的后代檀君建王俭城(在今平壤),创立古朝鲜国,即檀君朝鲜,又称王俭朝鲜。[1] 此无可信的考古发现,不能看作信史。从考古学资料看,远古时期朝鲜半岛上就已有人类居住。朝鲜半岛的旧石器时代始于公元前50万年。1973年,在朝鲜平安南道德川郡胜利山发现旧石器时代遗址"德川人遗址",在10万~4万年前;"胜利山人遗址"在4万~3万年前。1977年,在平壤市力浦区大贤洞发现了"力浦人遗址"。1980年,在平壤发现后石器时代人类化石"龙谷人"和各种石器。同年在平壤万达里发现"万达人"化石。公元前5000年进入新石器时代。

朝鲜半岛上最早的国家是箕氏朝鲜(前1122—前194年)。据一

---

〔1〕〔朝〕一然:《三国遗事·纪异》卷1《纪异》,明文堂1993年版,第34页。

·欧·亚·历·史·文·化·文·库·

然《三国遗事》记载,箕子来到朝鲜半岛,檀君南迁至藏唐京,后又隐于阿斯达山。[1] 这可能反映了箕子入朝鲜时造成的朝鲜半岛人民的迁移。箕子之朝鲜,带去了汉地先进的文明,推动了朝鲜半岛北部的文化发展。从《汉书》的记载可知,中朝间的丝绸之路也是在箕子入朝鲜时开创的,箕子教其民"田蚕织作"[2],朝鲜之地才有了蚕桑丝织业。制铁技术在公元前1000年左右由中国传入朝鲜半岛南端。水稻在铁器传入1000多年后由中国传入,陶器则在公元前1500年左右传入。弁韩的制铁技术很高,铁制工具使农业耕作更加容易,从而也促进了朝鲜半岛的农业发展。马韩今全罗道地面发展成当时的水稻生产中心。

中国山东、辽宁一带与朝鲜半岛同为环黄海、渤海文化区,属东夷文化区,远古时便有文化上的联系。他们共有一种氏族始祖"卵生"的神话。考古方面也反映出古朝鲜与中国文化上存在着密切联系。朝鲜半岛的青铜器时代大体在公元前10世纪到公元前5世纪,相当于中国的西周至春秋时期。朝鲜半岛的琵琶形青铜短剑、突脊曲刀与中国辽宁考古发现的形制相同。朝鲜半岛青铜时代的支石墓(墓葬石棚)分为北方式和南方式两种,其北方式作桌形,分布于半岛的中部及其以北,与中国辽宁发现的形制一样。南方式作棋盘形,分布于半岛南部,与中国山东所发现的形制一致。[3] 朝鲜半岛发现公元前1000年至公元前200年时期与青铜短剑支石墓伴出的细纹铜镜多枚,经与中国商周青铜文化对比,其细纹铜镜以线的艺术构成几何形图案,源于中华古文化,尤其与殷商文化密切相关。应属箕子朝鲜之物,为殷商文化及春秋战国文化。[4]

战国时燕国全盛时期,其势力曾一度进入朝鲜半岛。据《史记·朝鲜列传》和《汉书·朝鲜传》,战国时燕国征服真番、朝鲜,置吏管理,并筑障塞护守。其地域在秦朝统一天下之后,亦归入秦朝的统治之下。

---

〔1〕〔朝〕一然:《三国遗事·纪异》卷1《纪异》,第34页。

〔2〕《汉书》卷28下《地理志》下,第1658页。

〔3〕陈玉龙等:《汉文化论纲》,北京大学出版社1993年版,第196页。

〔4〕张碧波:《古朝鲜铜镜性质初探》,载《黑龙江社会科学》2001年第3期,第40页。

秦灭燕，真番、朝鲜之地"属辽东外徼"。汉朝建立，因为此地遥远，不易守护，乃将此地归于燕王，而"修辽东故塞，至浿水为界"。浿水成为汉燕王国辽东郡与古朝鲜的界河，汉代时指朝鲜清川江。[1] 朝鲜半岛北部地区考古发现大量中国战国时期燕国货币明刀钱，一次多达千余枚，说明战国时燕国与朝鲜经济和文化上的密切关系。

9.1.2　汉、朝关系与卫氏朝鲜兴亡

汉初，燕王卢绾叛汉后逃至匈奴，燕地人卫满"聚党千余人，魋结蛮夷服而东走出塞，渡浿水，居秦故空地上下障，稍役属真番、朝鲜蛮夷及故燕、齐亡命者王之，都王险"[2]。王险，一作王俭，传说是檀君朝鲜的开国国君檀君的名字，此指卫氏朝鲜的都城，在浿水（今朝鲜清川江）南岸，今平壤。据说卫满进入朝鲜，先是成为箕氏朝鲜的宫相，于公元前194年推翻箕子朝鲜，在平壤一带建立政权，史称"卫氏朝鲜"。卫满依靠中原移民的力量取代箕氏朝鲜，定都王险城，其势力范围扩张到了今首尔一带。箕氏朝鲜的末代王箕准进入朝鲜半岛南部韩人的居住区，开国号马韩。

卫氏朝鲜是朝鲜半岛历史上得到考古及文献证明的最早的国家，立国之初便臣属于西汉王朝。至卫满孙右渠时，卫氏朝鲜独立性越来越强，直接威胁到西汉对东北亚诸民族的统治，汉武帝在公元前108年发兵灭卫氏朝鲜，设乐浪、玄菟、真番、临屯四郡，将朝鲜北部收归西汉政府直接管辖。当卫满率领部属来到朝鲜时，箕准拜他为博士，赐给圭，封给西部方圆百里的地方，希望通过他守护西部边境。卫满有野心，他招引汉人流民，自己的政治势力和经济力量。公元前194年，羽翼已丰的卫满派人向箕准声称汉朝要派大军来进攻，请求到准王身边来守护。箕准不知是计，允诺其请。卫满便率军向王险城进发，一举攻

---

〔1〕顾铭学、南昌龙：《战国时期燕朝关系的再探讨》，载《社会科学战线》1990年第1期，第195页；刘子敏：《"秦故空地上下障"考》，载《博物馆研究》1996年第3期，第35-40页；李健才：《沛水、浿水考》，见氏著《东北史地考略》（第三集），吉林文史出版社2001年版，第84-91页；李健才：《关于朝鲜"大宇江长城"建筑年代问题的探讨》，载《东北史地考》（第三集），第117-128页；苗威：《朝鲜县的初址及变迁考》，载《北方文物》2005年第4期，第80页。

〔2〕《史记》卷114《朝鲜列传》，第2985页。

占王都,箕准逃到半岛南部的马韩地区。卫满自立为王,国号仍称朝鲜,历史上称其为"卫氏朝鲜"或"卫满朝鲜"。

卫氏王朝建立后,控制了朝鲜半岛的北部地区,与西汉燕国之地相邻。此时正值西汉惠帝时,汉辽东太守经朝廷允许,与朝鲜国王卫满定约:卫满为汉朝藩属外臣,为汉朝保卫塞外,不使汉朝边境受到侵犯;塞外各族首领朝见汉朝天子,以及各国与汉朝通商,不许从中阻挠。作为回报,汉朝答应给予卫满以兵力和物资上的支援。有了西汉藩属外臣的身份和汉廷的军事、经济的支持,卫满开始军事扩张,他不断地侵凌和征服临近小邦,真番、临屯都前来归顺,卫氏政权的势力迅速膨胀,领地扩大到方圆数千里。

卫满的孙子右渠为王,大量招引汉人流民,扩充实力。随着卫氏势力的日益增长,右渠不肯再向汉朝朝贡,阻挠邻近真番等小国向汉朝入贡。汉武帝元朔元年(公元前 128 年),朝鲜半岛小番君南宫等不满朝鲜王右渠的控制,率众 28 万归降汉朝,汉武帝以其地为苍海郡。元封二年(公元前 109 年),汉武帝为加强与卫氏朝鲜的藩属关系,派涉何为使节前往朝鲜,劝谕右渠王改变对汉朝的态度和政策,右渠不听。在回国途中,涉何将护送他出境的朝鲜裨王长杀死,并将情况飞报汉武帝。汉武帝不但没有责怪涉何,还任命他做辽东郡东部都尉。

右渠王对涉何怀恨在心,突袭辽东,杀死涉何。"涉何事件"引起汉武帝对朝鲜用兵,"天子募罪人击朝鲜"[1]。这年秋天,汉朝发兵 5万,由楼船将军杨仆率领一路从齐地渡过渤海,进入朝鲜;又命左将军荀彘率领一路,从陆路出辽东,进入朝鲜。水陆两路联合进攻,杨仆水军先头部队 7000 人先到达朝鲜列口(今大同江入海口附近),右渠遣军出城击之,杨仆水军战败。荀彘的陆军遭遇朝鲜浿水西军,亦未能破敌前进。

消息传到朝廷,汉武帝再派卫山为使臣,前去晓谕右渠王。迫于汉军的威胁,右渠王愿意降服,派太子到汉廷道歉,并献上大量军粮和

[1]《史记》卷 115《朝鲜列传》,第 2987 页。

5000 匹马。太子率 1 万士兵前往汉朝,欲渡浿水。使臣卫山和左将军荀彘怀疑太子有阴谋,要求他的军队不能携带武器。太子则怀疑卫山和荀彘要谋害他,未渡浿水,率军返回王险城。此事再次激起汉廷的愤怒,汉武帝命令在朝鲜的两路大军加紧进攻,两军合为一军,由荀彘统一指挥,"急击朝鲜"。卫朝内部矛盾激化。公元前 108 年夏,朝鲜右渠王被主和派杀害,王险城被攻陷,卫氏朝鲜灭亡。

9.1.3 汉四郡的设置与汉文化的辐射

9.1.3.1 汉四郡的变迁

汉武帝灭卫氏朝鲜后,在其故地先后设置了乐浪、临屯、玄菟和真番四郡,历史上称为"汉四郡"。四郡之下设有许多县,郡县长官由汉朝派遣汉人担任。朝鲜半岛北部地区被纳入汉帝国的统治范围。

此后,汉朝在朝鲜半岛北部的郡县设置情况有所变化。昭帝始元五年(公元前 82 年),罢去临屯、真番二郡,并入乐浪、玄菟二郡。乐浪郡治所仍在今平壤,管辖貊、沃沮等族。玄菟郡治所初在夫馀(今朝鲜咸兴),后因受貊所侵而迁往高句丽西北(今辽宁东部新宾地区),管辖高句丽、夫馀等族。

东汉、曹魏和西晋皆保留了乐浪郡和玄菟郡。东汉末割据辽东的公孙氏分出乐浪郡南部设立带方郡,并为魏晋所承继。公孙氏三代统治乐浪郡近半个世纪,后为曹魏所灭。公元 313 年,高句丽侵略乐浪郡,乐浪郡在辽西侨置,汉四郡在历史上消失。

9.1.3.2 乐浪郡治下朝鲜半岛的格局

乐浪郡是西汉政府管理朝鲜半岛事务的最高机构。在乐浪郡的统一管理下,朝鲜半岛被划分为三个区域。(1)大同江流域的乐浪郡直辖地区。汉族在这个地区几乎占居民总人口的一半,实行与中原郡县完全相同的政令。(2)乐浪郡东部都尉与南部都尉管辖下的地区。汉族所占比例比大同江流域少许多,任用当地少数民族首领为乐浪郡的下级官吏。(3)半岛南部乐浪郡以外的地区。这里虽然也有部分汉移民,但三韩民族与古朝鲜遗民共同建立了两个方国与聚落间的联盟,即马韩与辰韩。名义上隶属于乐浪郡,实际上独立性很强,西汉政府没有在这里设置地方行政机构。

朝鲜半岛南部存在"三韩",即弁韩、辰韩、马韩,弁韩从属于辰韩。西汉灭卫氏朝鲜设四郡以后,它们都隶属于乐浪郡。辰国存在于马韩东部地区。《三国志·东夷传》记载,马韩"散在山海间,无城郭","其俗少纲纪,国邑虽有主帅,邑落杂居,不能善相制御","其北方近郡诸国差晓礼俗,其远处直如囚徒奴婢相聚"[1]。很难说这时的马韩已经形成国家。辰韩也是部落性质之国。

汉王朝的统治者们从"普天之下,莫非王土"的传统政治理念出发,进行着将全部东亚,纳入中国一体统治的努力。但在实践中,他们也意识到东亚各地区、各民族之间的差异,因此,逐渐摸索建立一些特殊的地方管理体制以控制这些特殊地区。

9.1.3.3 乐浪文化

汉朝在今朝鲜北部地区进行郡县统治,客观上促进了汉与朝鲜半岛的经济文化交流,有助于汉朝先进文化在朝鲜半岛郡县地区的传播。当时不仅有汉人官吏到朝鲜四郡去任职,更有很多富商大贾与农民前去经商、垦荒,汉四郡呈现一派汉文化景象。

汉朝在卫氏朝鲜旧地置郡统治,创造了灿烂的"乐浪文化"。汉四郡对朝鲜、日本有很大的影响。近年来,在汉四郡地区的考古发掘中,出土了大量汉朝的官印和各种具有强烈汉文化色彩的质地不同、形状各异的器皿。人们称作"乐浪文化",其实质就是汉文化。在"乐浪文化"的考古发现中,最具代表性的还是地处今朝鲜平壤市乐浪区土城南面,总数达 2000 余座的乐浪墓葬群。这些外形多为方台形封土的坟丘墓,是中国周、汉时期墓葬的普遍形状。其墓葬结构主要有木椁墓和砖室墓两种,其具体造法、式样,乃至细微到砖上的花纹,都与中国的中原汉墓没有差异。墓中随葬品非常丰富,体现出强烈的汉文化特色。乐浪墓葬群可以被看作朝鲜北部受汉文化强烈影响的一个具体见证。

这种汉文化的影响还不仅仅局限于"汉四郡"所在的朝鲜北方地

---

〔1〕《三国志》卷30《魏书·东夷传》,第 849 – 852 页。

区,它对于半岛南部地区同样具有辐射力和吸引力。汉武帝出兵卫氏朝鲜前夕,南部马韩目支部落就曾遣使朝觐汉武帝,只是出于朝鲜王右渠的阻挠而没有实现。"汉四郡"设置后,南部部落酋长们钦慕汉文化,与汉朝乐浪郡保持着密切的往来。例如,王莽时辰韩右渠帅廉斯鑡,闻汉乐浪郡土地肥美,人民饶乐,即来归化。乐浪郡派他"乘大船入辰韩",迫使辰韩"出辰韩万五千人,弁韩布万五千匹"。乐浪郡"表鑡功义,赐冠帻、田宅"[1]。他们与北方的来往,带动了南北人民之间的往来通商。同时还有北人南来,直接带来了北方先进的文化。箕准王南逃马韩地区,自称韩王;卫氏朝鲜时,朝鲜相历溪卿与朝鲜侯卫右渠不和,"东之辰国,时民随出居者二千余户"[2],自然也传播了北方的文化。半岛南部的一些部落,本来就是北方人南迁,与南方土著人杂居而形成的移民社会。从出土文物可知,当时的汉四郡文化已经影响到半岛的最南端济州岛等地。

9.2　汉代中国与日本的交往

9.2.1　汉四郡建立与倭人入贡

汉四郡的建立,对东北亚和东亚局势产生重要影响。日本闻风而动,遣使入贡。《汉书·地理志》记载:"乐浪海中有倭人,分为百余国,以岁时来献见云。"[3]《三国志·魏书·东夷传》记载:"倭人在带方东南大海之中,依山岛为国邑。旧百余国,汉时有朝见者。"[4]《后汉书·东夷列传》记载:"倭在韩东南大海中……自武帝灭朝鲜,使驿通于汉者三十许国,国皆称王,世纪传统。"[5]

东汉时期中日关系进一步发展,日本接受东汉王朝册封,自命藩臣。汉光武帝授倭王金印,便是这一时期中日关系的重要见证。《后

〔1〕《三国志》卷30《魏书·东夷传》,裴松之注引《魏略》,第851页。
〔2〕《三国志》卷30《魏书·东夷传》,裴松之注引《魏略》,第851页。
〔3〕《汉书》卷28下《地理志》,第1658页。
〔4〕《三国志》卷30《魏书·东夷传》"倭人",第854页。
〔5〕《后汉书》卷85《东夷列传》"倭"条,第2820页。

汉书》有汉光武帝赐倭人印绶的记载:"建武中元二年,倭奴国奉贡朝贺,使人自称大夫,倭国之极南界也。光武赐以印绶。"[1]建武中元二年(公元57年)是东汉光武帝在位的最后一年。光武帝授予倭王的金印,1700多年后在日本九州志贺岛被发现。

据日本史学家木宫泰彦考证,乐浪郡的中心地朝鲜县(在今平壤附近)可能是汉朝最东边的互市场所,那里聚集许多民族。从乐浪郡到东汉都城洛阳,可能不走海道,而是经陆路辽东。[2]元人马端临《文献通考》云,倭人"初通中国也,实自辽东而来"[3]。说明日本最初入贡是经过今辽宁境内,汉文化也是经这条路线输入日本的。[4]

9.2.2 东汉光武帝赐倭奴国王金印

清乾隆四十九年(公元1784年)阴历二月二十三日,日本九州地区福冈县志贺岛,一位名叫甚兵卫的农民修筑一条水渠,在搬起一块大石头时,发现大石底下一块裹着泥巴的金属。一位名叫才藏的米铺主人告诉他这是一方金印。金印被逐级上交到了黑田藩主手中,他赏给了甚兵卫五枚白银,又将此印送给藩中一位名叫龟井南溟的学者鉴定,龟井南溟告诉黑田藩主,这方上面刻有"汉委奴国王"三行五个字的金印,是中国《后汉书》里记载的汉光武帝所赐印章,黑田藩主便将金印作为传家之宝珍藏。晚清驻日公使黄遵宪曾看到这枚金印,其《日本国志》记载:

> 日本天明四年,筑前那珂郡人掘地得一石室,上覆巨石,下以小石为柱,中有金印一,蛇纽方寸,文曰:"汉委奴国王"。余尝于博览会中亲见之。日本学者皆曰:那珂郡,古为怡土县,日本仲哀纪所谓伊都县主,即《魏志》所谓伊都国是也。上古国造三十余国,其在九州者分十九国,在四海者分为十国。《汉书·地理志》:

---

〔1〕《后汉书》卷85《东夷列传》"倭"条,第2821页。

〔2〕〔日〕木宫泰彦:《日中文化交流史》,胡锡年译,商务印书馆1980年版,第13-14页。

〔3〕〔元〕马端临:《文献通考》卷324《四裔》,中华书局1986年版,第2554页。

〔4〕王惠宇:《上古至隋唐时期辽宁与日本的文化交流》,载《北方文物》2010年第4期,第55页。

"倭人分为百余国。"《三国志》:"倭人旧邑百余国,汉时有朝见者,今使驿所通三十国。"二书所谓百余国,与《国造本纪》相符。所谓三十国,盖指九州、四海之地,地在日本西南海滨,距朝鲜最近。此委奴国意必伊都县主,或国造之所为,并非王室之所遣,其曰委奴,译音无定字云。余因考《魏志》云:"到伊都国,世有王,皆统属女王国,郡使往来常所驻。"《后汉书》云:"委奴国,倭国之极南界也。"又云:"其大倭王居邪马台国。"邪马台,即大和之译音,崇神时盖已都于大和矣。谓委奴国非其王室,此语不诬,特识于此。[1]

倭奴国是倭人奴国之意,是《汉书》中所载百余倭人国家之一。此金印现收藏于福冈市立美术馆,被日本政府指定为国家级文物。发现金印的地方于1922年树立了一通刻有"汉委奴国王金印发光之处"的石碑。

甚兵卫发现的金印之真实性曾受到质疑。经过中日学者的长期考证和一些新的考古发现,证实金印的形制符合汉制,其真实性可以肯定。后来经过实测,金印重量是108克左右,印面呈正方形,2.3厘米见方,高约2.2厘米,蛇钮高1.3厘米,阴文篆书。根据汉制,赐予诸侯王的金印大不逾寸。而这块金印每边长为2.3厘米,符合东汉建初铜尺的一寸,在尺寸上符合汉制。汉代的印章等级分明,从质地来讲,天子是玉印,诸王和宰相是金印,九卿是银印,蛮夷则为铜印;从印钮来讲,诸侯王为驼钮,列侯为龟钮,将军为虎钮,蛮夷则为虵钮。这枚金印不完全与汉制符合,所以当初龟井南溟鉴定此印时,也说与汉制有一些出入。不过,龟井南溟认为蛇钮倒是可以解释得通,因为蛮夷之地多虵、蛇,虵、蛇同类,蛇钮应该同于虵钮。1956年,云南省晋宁县石寨山东汉墓出土一件刻有"滇王之印"的蛇钮金印。这个发现证明东汉所赐蛮夷的印章,并不完全依照汉制。金印驼钮本为诸侯王印章,蛮夷一般为铜制印章,但也有用金印蛇钮的。

汉光武帝赐予日本委奴国王金印,说明至迟在公元57年时,日本

---

〔1〕〔清〕黄遵宪:《日本国志》卷4《邻交志》,天津人民出版社2005年版,第96页。

列岛已经有国家向中国汉朝奉贡朝贺了;而光武帝之所以赐给委奴国王蛇钮金印,以诸侯王的规格相待,说明汉皇朝对于委奴国遣使的高度重视,也就是对于与日本列岛交往的重视。金印是古代中日两国友好往来的标志和证据。[1] 古代中日之间的往来可以追溯到旧石器时代。先秦时已经有一些中国难民经过朝鲜半岛至日本列岛,也有少数直接从海上到达日本,这些被日本称作"渡来人"的中国流民在中日两国史书中都有记载,而在公元前后中国两汉之际和日本弥生时代两国相互间的往来更加频繁。

9.2.3 汉代对日本的认识和中日文化交流

《后汉书·倭传》的记载,代表了当时中国人对日本列岛的认识:

> 其大倭王居邪马台国。乐浪郡徼,去其国万二千里,去其西北界拘邪韩国七千余里。其地大较在会稽东冶之东,与朱崖、儋耳相近,故其法俗多同。土宜禾稻、麻纻、蚕桑,知织绩为缣布。出白珠、青玉。其山有丹土。气温暖,冬夏生菜茹。无牛、马、虎、豹、羊、鹊。其兵有矛、楯、木弓、竹矢,或以骨为镞。男子皆黥面文身,以其文左右大小别尊卑之差。其男衣皆横幅,结束相连。女人被发屈紒,衣如单被,贯头而着之;并以丹朱坌身,如中国之用粉也。有城栅屋室。父母兄弟异处,唯会同男女无别。饮食以手,而用笾豆。俗皆徒跣,以蹲踞为恭敬。人性嗜酒。多寿考,至百余岁者甚众。国多女子,大人皆有四五妻,其余或两或三。女人不淫不妒。又俗不盗窃,少争讼。犯法者没其妻子,重者灭其门族。其死停丧十余日,家人哭泣,不进酒食,而等类就歌舞为乐。灼骨以卜,用决吉凶。行来度海,令一人不梳沐,不食肉,不近妇人,名曰"持衰"。若在涂吉利,则雇以财物;如病疾遭害,以为持衰不谨,便共杀之。[2]

据《后汉书·倭传》记载,光武帝赐金印之事后又云:"安帝永初元

〔1〕汪高鑫、程仁桃:《东亚三国古代关系史》,北京工业大学出版社 2006 年版,第 26 页。
〔2〕《后汉书》卷 85《东夷列传》,第 2820 – 2821 页。

年,倭国王帅升等献生口百六十人,愿请见。"永初元年即公元 107 年,这与上次委奴国遣使相距刚好 50 年。这里所献"生口",一般认为是奴隶。从"百六十人"这个数字可见,这次的遣使规模相当大。除了入贡"生口"之外,日本的特产诸如"缣布""白珠、青玉"应该也是日本使节入贡的礼物。对于日本的变化,汉朝也颇为关注,《后汉书·倭传》记载:

> 桓、灵间,倭国大乱,更相攻伐,历年无主。有一女子名曰卑弥呼,年长不嫁,事鬼神道,能以妖惑众,于是共立为王。侍婢千人,少有见者,唯有男子一人给饮食,传辞语。居处宫室、楼观城栅,皆持兵守卫。法俗严峻。自女王国东度海千余里,至拘奴国,虽皆倭种,而不属女王。自女王国南四千余里,至朱儒国,人长三四尺。自朱儒东南行船一年,至裸国、黑齿国,使驿所传,极于此矣。会稽海外有东鳀人,分为二十余国。又有夷洲及澶洲。传言秦始皇遣方士徐福将童男女数千人入海,求蓬莱神仙不得,徐福畏诛不敢还,遂止此洲,世世相承,有数万家。人民时至会稽市。会稽东治县人有入海行遭风,流移至澶洲者。所在绝远,不可往来。[1]

徐福的尚难确证,但这里记载的倭人与会稽地区的贸易活动应该是可信的。随着中日两国自古以来不断的民间往来,以及日本多次遣使朝贺,先进的中国古代文化也因此而源源不断地输入到古代日本,这对于古代日本社会的进步、生产力的发展以及政治制度的建立,特别是离中国最近的九州地区的社会进步和经济发展,无疑产生了重要的促进作用。在日本距离中国大陆和朝鲜半岛较近的九州地区,在发掘的日本弥生时代(公元前后)的古墓中,曾经出土了大量的由中国大陆传去的古器物,如铜镜、铜铧、铜剑、铜茅、璧、玉等,在丝岛郡小富士村的海边遗址中发现王莽时的货泉、货布。东汉时东北亚民族、朝鲜半岛和日本与中国关系更加密切。《后汉书·东夷列传》序云:"建武之初,(东夷)始来朝贡。时辽东太守祭肜威詟北方,声行海表,于是濊、

---

〔1〕《后汉书》卷 85《东夷列传》,第 2821 - 2822 页。

貊、倭、韩,万里朝献。故章、和已后,使聘流通。"[1]东汉末年,辽东太守公孙度割据辽东,公孙氏三代统治乐浪郡近半个世纪。在日本距离中国大陆和朝鲜半岛较近的九州地区,日本弥生时代(公元前后)古墓中出土了大量的由中国大陆传去的古器物,如铜镜、铜鉾、铜剑、铜茅、臂、玉等,在丝岛郡小富士村的海边遗址发现王莽时的货泉、货布。这些都体现出东汉时东北亚民族、朝鲜半岛和日本与中国关系更加密切。

---

[1]《后汉书》卷85《东夷列传》,第2809 – 2810页。

10　汉通西南夷与南方丝绸之路

从中国西南地区经缅甸与印度洋航路相联结的古代道路被称为"滇缅道",经缅甸至印度的道路称为"中印缅道",或"西南丝绸之路""南方丝绸之路"。但这条通道是否存在,何时形成,其盛衰走向,过去学术界存在争议。有人提出早在旧石器和新石器时代,中国西南地区与缅甸、印度东北部已经存在文化上的联系。印度北部、中国西南地区和东南亚的旧石器具有某些共同的特征。因此,通过缅甸中印之间早就存在一条通道,但这种观点并没有被学术界普遍接受。近年来的情况有所改变,考古学的资料揭示出这条古老的道路早就存在,至汉代得到进一步发展。

10.1　南方丝绸之路概念的提出和争议

南方丝绸之路,也称蜀身毒道,是一条起于今中国四川成都,经云南至缅甸,而后进入印度洋,与海上丝路相联结,或至印度的通商孔道。总长大约 2000 公里,是中国最古老的国际通道之一。南方丝绸之路是我国古代西南地区一条纵贯川滇两省,连接缅、印,通往东南亚、西亚以及欧洲各国家古老的国际通道。它和西北丝绸之路、海上丝绸之路同为我国古代对外交通贸易和文化交流的主要通道。

张骞出使西域,在大夏见到了通过印度传到阿富汗的"蜀物"[1],魏晋时人鱼豢的《魏略·西戎传》提到大秦(罗马帝国)"有水道通益州、永昌,故永昌出异物"[2]。这些史料长期未受到关注和探究。对于

---

〔1〕《史记》卷 123《大宛列传》,第 3166 页。
〔2〕《三国志》卷 30,裴松之注引,第 861 页。

·欧·亚·历·史·文·化·文·库·

南方丝绸之路的研究是从 20 世纪初开始的。20 世纪 80 年代,这一课题更加受到关注。最早注意到这条路线的是法国汉学家伯希和,其《支那名称之起源》指出,张骞在大夏看到的蜀物,"运输的道路,不是交、广的海道,乃是缅甸高原的陆道。印度人知道有中国,好像是从这条道路得来的消息"[1]。他认为公元前 2 世纪之前,"中国与印度已由缅甸一道发生贸易关系"[2]。关于这条道路的名称,最早用"西南丝绸之路"称呼这条道路的是陈炎。[3] 任乃强于 20 世纪 80 年代提出中国西南通印度、阿富汗的道路应称为"蜀布之路",认为其年代远远早于北方丝绸之路[4]。徐治则称其为"南方陆上丝绸路"[5]。后来在成都三星堆遗址竖起"古代南方丝绸之路 0 公里"碑,现在基本定名为"南方丝绸之路"。

童恩正研究了从成都经云南、缅甸、印度、巴基斯坦到达中亚的商道的大概情况,认为战国时代已初步开通。日本学者藤泽义美,我国港台学者桑秀云、饶宗颐及云南学者方国瑜、陈茜、张增祺等均对这条由四川经云南西行印度的古老商路进行了研究。"南方丝绸之路"的提出,基于以巴蜀文化为重心,分布于云南至缅甸、印度的广大地区内,考古发现的大量相同文化因素。这些文化因素不仅有巴蜀文化,而且更有印度乃至西亚的大量文化因素。由于丝绸之路作为古代中西文化交流的代称已为中外学者所普遍接受,因此便称这条由巴蜀为起点,经云南出缅甸、印度、巴基斯坦至中亚、西亚的交通古道为"南方丝绸之路"。随着考古资料越来越多,人们对它的认识越来越深入。三星堆遗址发掘后,学者们注意到其中明显的有印度地区和西亚文明的文化因素集结,于是提出南方丝路早在商代即已初步开通的新看法。段渝认为其年代可上溯到公元前 14、15 世纪,"南方丝绸,是中国丝绸输

---

〔1〕〔法〕伯希和:《支那名称之起源》,见冯承钧译:《西域南海史记考证译丛》一编,商务印书馆 1962 年版,第 42 页。

〔2〕〔法〕伯希和:《交广印度两道考》,中华书局 1955 年版。

〔3〕陈炎:《汉唐时缅甸在西南丝道中的地位》,载《东方研究》1980 年第 1 期。

〔4〕任乃强:《中西陆上古商道——蜀布之路》,载《文史杂志》1987 年第 1、2 期。

〔5〕徐治:《南方陆上丝绸路》,云南民族出版社 1987 年版。

往南亚、中亚并进一步输往西方的最早线路。早在商代中晚期,南方丝绸之路已初步开通,产于印度洋北部地区的齿贝与印度地区的象牙即在这个时期见于广汉三星堆和成都金沙遗址,三星堆青铜雕像文化因素和古蜀柳叶形青铜短剑形制等皆由此而来,产于印度和西亚的瑟瑟不仅见于四川考古,而且见于文献记载"[1]。南方丝路研究目前在学术界达到了多方面的共识,认为南方丝绸是一条以商贸为主的多功能道路,国内的起点是成都,开辟年代在先秦。

西南夷和经四川、云南通往印度的道路引起汉朝的关注,始于张骞出使西域。《史记·大宛列传》记载,第一次出使西域的张骞回到汉朝,向汉武帝汇报西域的见闻,讲到他在大夏(在今阿富汗)见到蜀布和邛竹杖,据说是从身毒(印度)贩运而来,因此他推测从中国西南地区有经陆路至印度的道路,并经身毒通往大夏。这一信息引起汉武帝重视,于是派出4路人马前往探查,却被聚居在丛山峻岭中的当地部族阻挡。其中一路来到滇池,滇王热情款待了这些中原来客,并留他们一住就是十来年。其间帮助他们西行,却为西南夷昆明人所阻,终未能完成对身毒的探险。

张骞的见闻成为后世学者坚信中印间缅道存在的最有力的证据,但这条材料曾受到质疑。这条道路的存在在学术界有认同,也有争议。法国伯希和,英国哈威、李约瑟、霍尔,缅甸波巴信,日本藤泽义美,印度雷义,中国梁启超、张星烺、方国瑜等著名学者的著述中,都肯定了这条道路的存在。也有学者提出置疑,夏鼐、吕昭义、王友群、顾学稼等人认为西汉中叶以前或张骞时代,不可能存在一条"蜀—身毒国道"或"西南丝绸之路",其原因有三:第一,自然条件艰险,商贩不可能作很长距离的旅行;第二,沿途经济落后,不可能为贸易的发展与商道的开辟提供条件;第三,商贾无法穿越原始部落控制的地区。张骞所见的蜀布和邛竹杖不可能经由川、滇、缅、印道进入印度,而应由巴蜀夜郎南越经海

〔1〕段渝:《中国西南早期对外交通——先秦两汉的南方丝绸之路》,载《历史研究》2009年第1期,第22页。

道进入。[1] 这样的推测虽然不无道理,但古代漫长的历史时期内,人类的活动有时会超出人们的想象。20 世纪 50 年代从古滇墓葬遗址中出土的文物中,发现有的来自西域远至今阿富汗的地方,由此证明有些人们想象的困难并不是不可逾越的。远在 4000 年前,四川盆地就存在着几条从南方通向沿海,通向今缅甸、印度地区的通道。一些重要的考古发现,如三星堆出土的海贝、象牙,大溪文化的海螺和象牙,茂汶和重庆涂山出土的琉璃珠,都不是本地所产,而是来自印度洋北部地区的南海,这些都充分证明巴蜀先民与南方世界有所交通和交流。

10.2 汉通西南夷与南方丝绸之路的开发

10.2.1 唐蒙出使南粤与汉始通西南夷

汉武帝时官方使节始终未能越过哀牢王国到达缅甸,更不用说到达印度。西汉时西南方面的国际商路始终没有打通,那时只能通过西南各部族的中介,与印度商人进行间接贸易。西南各部族,从汉代起被中原政权称为"西南夷"。"西南夷"是公元前 3 至 5 世纪对分布于今云南、贵州、四川西南部和甘肃南部广大地区少数民族的总称。诸族经济发展不平衡,夜郎、靡莫、滇、邛都等部族定居,主要从事农耕,昆明从事游牧;其余各族或农或牧,与巴蜀有商业来往。[2]

根据《史记·西南夷列传》记载,战国时楚国曾经完成一次对西南夷的征服:"始楚威王时,使将军庄蹻将兵循江上,略巴、黔中以西。庄

---

〔1〕夏鼐:《中巴友谊的历史》,载《考古》1965 年第 7 期;吕昭义:《对西汉时中印交通的一点看法》,载《南亚研究》1984 年第 2 期,第 58－67 页;王友群:《西汉中叶以前中国西南与印度交通考》,载《南亚研究》1988 年第 3 期,第 58－68 页;顾学稼:《南方丝绸之路质疑》,载《史学月刊》1993 年第 3 期,第 17－20 页。参江玉祥:《再论古代中国西南"丝绸之路"》,见《古代西南丝绸之路研究》(第二辑),四川大学出版社 1995 年版,第 13－19 页。

〔2〕西汉时的西南夷,据《史记》记载:"西南夷君长以十数,夜郎最大。其西,靡莫之属以十数,滇最大。自滇以北。君长以十数,邛都最大。此皆椎结,耕田,有邑聚。其外,西自同师以东,北至叶榆,名为嶲、昆明,编发,随畜迁徙,亡常处,亡君长,地方可数千里。自嶲以东北,君长以十数,徙、筰都最大。自筰以东北,君长以十数,冉駹最大。其俗,或土著,或移徙,在蜀之西。自駹以东北,白马最大,皆氐类也。此皆巴蜀西南外蛮夷也。"《史记》卷 116《西南夷列传》,第 2991 页。

蹻者,故楚庄王苗裔也。蹻至滇池,方三百里,旁平地,肥饶数千里,以兵威定属楚。"秦军出兵占领了楚国的巴、黔中郡,阻断了庄蹻的归路,庄蹻遂称王于滇,其部众"变服,从其俗,以长之"。秦时曾进军西南夷,并开通了五尺道,置巴、蜀、汉中三郡,在西南夷各部落置吏管理。秦朝维持了十几年的统治后灭亡,汉朝建立后放弃了对西南夷的治理,关闭了蜀地关隘,从此道绝不通。但巴蜀之地的商民不断偷渡出境从事商贸活动,"窃出商贾"。他们获得西南夷之莋马、僰僮、髦牛并贩卖,因而致富。[1] 这说明在汉武帝遣使探查这条商道之前,民间的走私商业活动便在进行。

西南夷引起汉朝的关注,始于唐蒙出使南粤(南越国)。汉武帝建元六年(公元前170年),王恢统军击东粤(东越国),东粤人杀其王郢归附汉朝,王恢乘势欲讽劝南粤王降汉,派番阳令唐蒙出使南粤。唐蒙在南粤吃到蜀枸酱,问从何来,南粤人告知:"道西北牂柯江,江广数里,出番禺城下。"即从西北方向经水路而来。唐蒙回到长安,问蜀地商人,知道只有蜀地出枸酱,蜀人偷渡至夜郎国贩卖,夜郎国临牂柯江,江广百余步,足以行船。于是唐蒙向汉武帝建议,通夜郎道,从夜郎沿牂柯江进军南粤。汉武帝接受了他的建议,派他率兵千人出使夜郎国,夜郎国和周围小国都"贪汉缯帛",都听从夜郎国的指令,愿意接受汉使的和约,唐蒙归报,汉朝在此置犍为郡,并"发巴蜀卒治道,自僰道指牂柯江"[2]。司马相如向汉武帝建议,在西夷邛、莋可置郡,汉武帝任命司马相如为郎中将,往谕西夷,亦设都尉,辖十余县,属蜀郡。

据《史记·司马相如列传》,汉代时交通西南地区的这些道路被总称为"西南夷道"[3]。汉武帝时唐蒙在开通这条道路方面功不可没。唐蒙奉武帝之命。"略通夜郎西僰中,发巴蜀吏卒千人,郡又多为发转漕万余人。"[4]但汉朝开通西南夷道的事业颇不顺利。一是工程艰难,

〔1〕《史记》卷116《西南夷列传》,第2993页。
〔2〕《史记》卷116《西南夷列传》,第2994页。
〔3〕《史记》卷117《司马相如列传》,第3046页。
〔4〕《史记》卷117《司马相如列传》,第3044页。

唐蒙打开了通夜郎的道路之后，"因通西南夷道，发巴、蜀、广汉卒，作者数万人。治道二岁，道不成，士卒多物故，费以巨万计"[1]"巴蜀四郡通西南夷道，载转相馕。数岁，道不通，士疲饿馁，离暑湿，死者甚众"；二是西南夷不肯接受汉通此道，"数反"，汉朝发兵兴击，耗费无功；三是汉朝正在北方朔方筑城，抗击匈奴，公孙弘建议暂时放弃通西南夷，"专力事匈奴"[2]，汉武帝采纳了他的意见，罢西夷，独留南夷两县一都尉，而令犍为自保，修成其郡县城。

10.2.2 张骞的信息和汉朝对蜀—身毒道的探查

西南夷和通西南夷道再次引起汉朝的重视，起始于张骞出使西域的发现和建议。《史记·大宛列传》记载："初，汉欲通西南夷，费多，道不通，罢之。及张骞言可以通大夏，乃复事西南夷。"张骞向汉武帝介绍大夏时说：

> 臣在大夏时，见邛竹杖、蜀布。问曰："安得此？"大夏国人曰："吾贾人往市之身毒。身毒在大夏东南可数千里。其俗土著，大与大夏同，而卑湿暑热云。其人民乘象以战。其国临大水焉。"以骞度之，大夏去汉万二千里，居汉西南。今身毒国又居大夏东南数千里，有蜀物，此其去蜀不远矣。今使大夏，从羌中，险，羌人恶之；少北，则为匈奴所得；从蜀宜径，又无寇。

张骞建议打通西南通身毒的道路，被汉武帝采纳。"天子既闻大宛及大夏、安息之属皆大国，多奇物，土著，颇与中国同业，而兵弱，贵汉财物；其北有大月氏、康居之属，兵彊，可以赂遗设利朝也。且诚得而以义属之，则广地万里，重九译，致殊俗，威德遍於四海。天子欣然，以骞言为然，乃令骞因蜀犍为发间使，四道并出，出駹，出冄，出徙，出邛、僰，皆各行一二千里。其北方闭氐、筰，南方闭巂、昆明。昆明之属无君长，善寇盗，辄杀略汉使，终莫得通。"[3]以张骞为首的探查西南通道的活动由于当地部落的阻挠而未成功，出駹、出冄两路（犍为郡以西之地）

〔1〕《史记》卷117《司马相如列传》，第3046页。

〔2〕《史记》卷116《西南夷列传》，第2995页。

〔3〕《史记》卷123《大宛列传》，第3166页。

在今阿坝一带为氐族部落所阻;出徙(在今四川天全县)一路在今甘孜一带为笮族部落所阻;出邛(今西昌)的一路在云南大理为嶲族和昆明部落所阻;出僰(今宜宾)一路,从犍为郡出发南行,经秦朝开凿的"五尺道"(经犍为郡治所在的僰道,南抵夜郎所在的云南关岭,因道宽五尺而得名)西行,亦为嶲族和昆明部落所阻。探查道路的汉使甚至被"昆明之属"杀害。

元朔四年(公元前 125 年)、元封二年(公元前 109 年),汉武帝两次出兵伐滇,滇王降附,以其地置益州郡(在今云南晋宁东)。汉武帝经营滇的目的仍是想打通西南的道路。"闻其西可千馀里有乘象国,名曰滇越,而蜀贾奸出物者或至焉,于是汉以求大夏道始通滇国。"[1]之后,武帝再次遣使出益州,开辟通往身毒的道路,仍为当地部落所阻,未能成功。西南夷阻隔交通,其目的可能在于"垄断商务"[2]。经过上述各种活动,汉朝扩大了对西南商道的认识,汉使了解到昆明以西千余里有滇越,而蜀地商人有到那里从事走私贸易者。滇越国在今何处?学术界有不同看法。徐中舒认为是云南保山以西的一个部落;方国瑜认为乃哀牢之地,在今腾冲;陈茜认为是古代傣族在云南腾冲、梁河、盈江、瑞丽一带建立的早期国家;汶江认为应是印度阿萨姆地区的迦摩缕波国。[3] 有人认为濮水(今红河)流域居民鸠僚就是西汉初的滇越。显然,它是蜀地民间商人与身毒国交易道路的一个据点。

汉使探查自蜀通身毒道的目的没有实现,但从这些记载中可以知道,汉朝与西南各族的关系因此密切起来。自蜀至滇越之间,蜀地商人的贸易活动却一直存在,即"蜀贾奸出物者或至焉"。

10.2.3 汉平南越与西南夷的归顺

汉朝与西南夷的关系,由于汉平南越发生了变化。汉平南越后,对西南夷展开了军事征服,《史记·西南夷列传》记载:

---

〔1〕《史记》卷 123《大宛列传》,第 3166 页。

〔2〕方豪:《中西交通史》,岳麓书社 1987 年版,第 143 页。

〔3〕汶江:《滇越考——早期中印关系的探索》,载《中华文史论丛》1980 年第 2 辑,第 61－66 页。

及至南越反,上使驰义侯因犍为发南夷兵。且兰君恐远行,旁国虏其老弱,乃与其众反,杀使者及犍为太守。汉乃发巴蜀罪人尝击南越者八校尉击破之。会越已破,汉八校尉不下,即引兵还,行诛头兰。头兰,常隔滇道者也。已平头兰,遂平南夷为牂柯郡。夜郎侯始倚南越,南越已灭,会还诛反者,夜郎遂入朝。上以为夜郎王。南越破后,及汉诛且兰、邛君,并杀筰侯,冄駹皆振恐,请臣置吏。乃以邛都为越巂郡,筰都为沈犁郡,冄駹为汶山郡,广汉西白马为武都郡。上使王然于以越破及诛南夷兵威风喻滇王入朝。滇王者,其众数万人,其旁东北有劳浸、靡莫,皆同姓相扶,未肯听。劳浸、靡莫数侵犯使者吏卒。元封二年,天子发巴蜀兵击灭劳浸、靡莫,以兵临滇。滇王始首善,以故弗诛。滇王离难西南夷,举国降,请置吏入朝。於是以为益州郡,赐滇王王印,复长其民。[1]

西南夷请吏入朝,汉朝在西南夷置郡治理。但汉通蜀—身毒道的活动仍受到昆明夷的顽强抵制,终西汉之世,官方利用此道交通身毒和西域的目的都没有实现。《史记·大宛列传》记载:

是时汉既灭越,而蜀、西南夷皆震,请吏入朝。于是置益州、越巂、牂柯、沈黎、汶山郡,欲地接以前通大夏。乃遣使柏始昌、吕越人等岁十馀辈,出此初郡抵大夏,皆复闭昆明,为所杀,夺币财,终莫能通至大夏焉。於是汉发三辅罪人,因巴蜀士数万人,遣两将军郭昌、卫广等往击昆明之遮汉使者,斩首虏数万人而去。其后遣使,昆明复为寇,竟莫能得通。[2]

汉武帝在夜郎(今贵州省西、北部及与云南、四川二省邻接地区)置牂柯郡,是彝人聚居地区。《铜鼓王》中有用铜鼓作为葬具埋葬彝族古代首领的记载,与其他彝族经籍《禳祟星解经》的记载相符,并且与贵州省赫章县可乐考古发现的"铜鼓套头葬"式相互印证了夜郎与彝

---

[1]《史记》卷116《西南夷列传》,第2996-2997页。
[2]《史记》卷123《大宛列传》,第3170-3171页。

族先民有十分密切的关系。[1]

10.3　南方丝绸之路的走向和路线

南方丝绸之路在中国境内由灵关道、五尺道和永昌道三大干线组成。五尺道开通于秦,《史记·西南夷列传》记载:"秦时常頞略通五尺道,诸此国颇置吏焉。"[2]此道从今宜宾南下,经盐津石门关、朱提、汉阳、味县、滇、楚雄至叶榆,大多依山临空凿石而建,因地处险隘,栈道宽五尺而得名。南方丝路的支线中,因位置在东,称为东道。灵关道乃汉武帝时所开,《史记·司马相如列传》记载:"司马长卿便略定西夷,……除边关,关益斥,西至沫、若水,南至牂牁为徼,通零关道。"[3]此道自今四川大渡河南岸通向西昌平原,经临邛、灵关、笮都、泸沽、登相营古堡、邛都、盐源、青岭、大勃弄到楪榆,因路经灵关而得名。灵关道,又称零关道,因途经旄牛羌地(今四川汉源县),又称旄牛道。[4]相对五尺道,称为西道。永昌道又称博南道,是蜀身毒道在中国境内的最西段。从叶榆出发,经永昌、滇越、古永、掸国(在今缅甸)至身毒(今印度)。从汉武帝时起至东汉初,中央王朝全力打通此道,至东汉时置永昌郡才算正式开通,故名永昌道。应该说明的是,这里所谓"开"某道并不是说此道至此开通,这些道路古已有之,只是到了此时汉朝才通过此道与更远的民族进行交往。

从与境外道路连接看,灵关道从成都出发,经临邛(今四川邛崃市)、青衣(今四川名山县)、严道(今四川荥经县),到达旄牛。从此分

〔1〕参贵州省博物馆考古组:《赫章可乐发掘报告》,载《考古学报》1986年第2期;余宏谟:《可乐套头葬俗与南夷原始信仰》,载《贵州民族研究》2005年第1期;王显:《夜郎"套头葬"式的彝文献考释》,载《楚雄师范学院学报》2009年第5期。

〔2〕《史记》卷116《西南夷列传》,第2993页。一般认为,秦五尺道由常頞所开,时间在秦始皇时期,即公元前221年前后。葛剑雄认为五尺道开通时间不能确定,但可以肯定要比公元前221年早很多。参氏著:《关于古代西南交通的几个问题》,见四川大学历史系编:《中国西南的古代交通与文化》,四川大学出版社1994年版,第2—4页。

〔3〕《史记》卷117《司马相如列传》,第3047页。

〔4〕牦牛羌,羌人的一支,以驯化和饲养牦牛著称,在日常生活中与牦牛密切相关,而以牦牛为图腾。牦牛羌在汉代活动于四川邛崃山脉及大渡河一带,又逐渐南迁至四川汉源县。

为两条支线,一条经康定到西藏;另一条经过邛都(今四川西昌市)、阑县(今四川越西)、叶榆(今云南大理市)、永昌(今云南省保山市)等地,继续向西渡今怒江,越今高黎贡山进入滇越地区(西汉时滇越活动的今腾冲一带)。在今腾冲分两路,北路经今永古、今缅甸的密支那或八莫,而至身毒、孟加拉地区和巴基斯坦,由巴基斯坦西北向经阿富汗等中亚地区即可进抵西亚、欧洲。南路顺今大盈江、伊洛瓦底江而下抵掸国(今缅甸内地)[1],入印度洋与海路连接。五尺道从成都出发,到僰道(今宜宾市)、南广(高县)、朱提(昭通)、味县(曲靖)、谷昌(昆明),从此分为两路,一路经牂牁道入越南,一途经大理与灵关道汇合,进入永昌道,经缅甸至印度。

根据目前所能见到的文献资料,最早经牂牁道入越南的古蜀先民是秦灭蜀后南迁的蜀王子安阳王。安阳王率领兵将 3 万人,沿着这条路线进入了越南北部红河地区,建立了瓯骆国,越南历史上称之为“蜀朝”。在越南东山文化遗址考古发现的铜鼓有 20 多个,形制粗糙,其代表作品是精致的收集品“玉镂铜鼓”。截至 20 世纪 70 年代中期,越南保存和新发现的铜鼓有 186 件,其形制花纹与中国云南晋宁石寨山汉墓出土的鹭羽、羽人竞渡铜鼓非常相似。西方学者曾提出铜鼓起源于越南,是因为他们所见资料有限,对中国出土铜鼓不了解。越南发现的铜鼓数量比中国的少 7 倍,说明越南不可能是铜鼓的故乡[2]。云南铜鼓文化传入越南地区,应该通过这条道路。在从今腾冲南下道路上的洱海西海岸喜洲文阁,考古工作者发现有西晋时期的砖室墓,出有“太康六年赵氏作”的纪年铭文砖。在大理大展屯村西北面的荷花村也发现过西晋砖室墓,出有“太康十三年”纪年铭文砖。在祥云县红州曾发现过“太康元年”的西晋砖室墓,出有陶人物俑和陶马等。文物工作者在大理市还收集到“太康八年王氏”的纪年铭文砖。南距保山城 5.5

---

〔1〕罗二虎:《西南丝绸之路的初步考察》,见《古代西南丝绸之路研究》(第二辑),四川大学出版社 1995 年版,第 224－225 页,附图见同书 262 页。

〔2〕广西壮族自治区博物馆:《古代铜鼓学术讨论会纪要》,载《文物》1980 年第 9 期,第 36 页。

公里的汪官营蜀汉墓出土的铭文砖,有"延熙十六年(253 年)七月"
"官吏建"等字。

除了上述主要路线外,可能还存在一些局部的支线。例如当时存
在着一条从成都顺岷江而下,然后翻山经今凉山东部山地而至邛都的
小路。在东汉中晚期和蜀汉时期,这条道曾一度成为从成都到邛都的
主道。《三国志·张嶷传》记载,张嶷任越嶲太守时,"郡有旧道,经牦
牛中至成都,既平且近。自牦牛绝道,已百余年,更由安上,既险且
远"。张嶷招抚牦牛夷率狼路,"开通旧道,千里肃清,复古亭驿"[1]。
但这条道并不是经常畅通的。《华阳国志·南中志》记载,建兴三年
春,诸葛亮南征,"由水路自安上入越嶲"[2],就仍然先走岷江水路又经
安上"既险且远"的道路。在昭觉、美姑一带发现许多汉晋砖室墓,其
分布有一定规律,从东北至西南走向,列于道路附近,说明当时的"安
上之道"即经由这一地段。在昭觉好谷发现东汉初平三年(公元 192
年)的石表,表文中有"缮治邮亭"字样,说明当时官方在此道上曾设邮
置亭;在昭觉县发现有东汉晚期至蜀汉时期的军屯遗址。这些都可以
证明这条道在当时的重要性以及这条道经由昭觉、美姑一带,但从美
姑至岷江边的这一段路线尚不清楚。当时可能还存在着一条从南安
(今乐山市)沿青衣江至今雅安对岩乡,再到严道的小路。因为在雅安
对岩乡以下的青衣江河谷地带,考古工作者也发现不少东汉崖墓和砖
室墓。[3]

西南丝路沿线地区与内地的商业文化交流,主要是通过巴蜀地区
进行的,尤其是成都平原。南方丝路沿线出土的许多铁器、漆器和铜
器,尤其是年代稍早的,多为蜀地的产品。可能是通过蜀地商人的商业
活动直接到达这些地区。沿线发现的众多墓葬,尤其是砖室墓,无论是
墓葬形制还是随葬品,表现出来的文化特征与同时代巴蜀地区墓葬几

---

〔1〕《三国志》卷43《蜀书·张嶷传》,第1053页。

〔2〕〔晋〕常璩撰,任乃强校补:《华阳国志校补》卷4《南中志》,上海古籍出版社1987年版,
第241页。

〔3〕罗二虎:《西南丝绸之路的初步考察》,见《古代西南丝绸之路研究》(第二辑),第225页。

乎完全相同。而且这种文化传播在这时期内具有单向性倾向,即汉文化对沿线地区的土著文化产生了强烈的影响,从而加速了沿线地区的汉化过程。[1]

根据考古发现的资料印证《魏略·西戎传》的记载,可知古罗马(大秦)由海道通缅甸,经云南以达四川的交通道路,确实存在。所谓"水道"当指伊洛瓦底江,出伊洛瓦底江与南方海路联结,可至印度或斯里兰卡。经永昌郡入缅与印度洋连接的道路持续时间不长,其繁荣期在1至3世纪,4世纪便日趋衰微,4世纪末至5世纪初更甚,5世纪中叶后已逐渐停顿。能够说明此道存在和利用的文献和考古材料都集中在汉晋时期,特别是东汉末和蜀汉时期。三国时蜀汉都城益州是重要的丝织中心,"阛阓之里,伎巧之家,百室离房,机杼相和。贝锦斐成,濯色江波"[2]。发达的丝织业是这条商道兴盛的主要原因。张毅分析其衰微和停顿的原因,认为与当时中国政治形势和中西间交通的变化有关。首先是中国的分裂,经海路来华的西方使节商旅主要是入中国南方诸政权,因此经扶南至日南、广州更为便利;蜀中有通交趾的道路。其次从东吴孙权大力提倡海运以来,南方各地的海上交通日渐发展,经历两晋到南北朝时,更为可观。此时,由于西域的陆上交通受阻,而汉族的活动又南移,人们更加注意海上交通的发展。来自西亚、南亚的海船不仅可以绕过马来半岛,而且可以绕过日南、交趾,直航中国南方各港口。中国船也可以远航天竺。与此相比,僻处中国西南一隅的滇西,以及孟加拉湾顶端的下缅甸各港,不免相形见绌。三是滇西方面东晋以来永昌等地民族矛盾日趋激化。晋成帝咸康八年(342年)撤销永昌郡的建制后,直到南朝的刘宋时期仍未能恢复,主要原因是闽、濮等族的反抗。所以《宋书·州郡志》的宁州十五郡中就没有永昌郡。《南齐书·州郡志》云:"永昌郡,有名无民,曰空荒不立。"[3]残破不堪的永昌郡不能提供大量丝织品出口。随着罗马商业的衰微与帝

---

〔1〕罗二虎:《西南丝绸之路的初步考察》,见《古代西南丝绸之路研究》(第二辑),第229页。
〔2〕〔西晋〕左思:《三都赋》,见《文选》卷4,上海书店1988年版,第60页。
〔3〕《南齐书》卷15《州郡志》,中华书局1972年版,第305页。

国的解体,欧洲对丝绸这类高档消费品的需求相对减少,可能也是原因之一。[1]

10.4　早期南方丝绸之路的经济文化交流

10.4.1　南方丝绸之路上的早期交流

南方丝绸之路本质上是一条民间商道,因商而辟,因商而兴,最后也因商被遗弃。民间商业贸易活动是其主要内容。

首先,开辟古道的是民间商人和马帮,古道上流通的是各地的商品。公元前4世纪,蜀地商队驱赶着驮运丝绸的马队,走出川西平原,踏上了崎岖的山间小道,翻山越岭、跨河过江,从事最古老的族际、国际的商业贸易活动,从而开辟了这条通往南亚、西亚以至非洲和欧洲的最古老的商道。通过这条商道秦汉时巴蜀的铁、布、朱提的银和邛都的铜,贩运到南中,南中的筰马、僮则贩运到内地。古道吸引了众多商人投身贸易活动。汉晋时永昌一带云集国内外商贾,来自印度的商贾和蜀地的工匠侨居于此,来自中原的官吏也在这里生财致富。《华阳国志·南中志》记载:"益州西部,金、银、宝货之地,居其官者,皆富及十世。"[2]永昌郡,"属县八,户六万,去洛六千九百里,宁州之极西南也。有闽濮、鸠獠、僄越、躶濮、身毒之民"[3]。"身毒之民"即印度人。

其次,商贸活动相当兴盛。历史上沿古道所进行的商贸活动,其规模缺乏文献记载,但从考古资料中可见一斑。1980年,云南省文物考古研究所在剑川鳌凤山发掘的古墓中,发现了海贝,其年代在春秋中期至战国初期。1979年,昆明市文物管理委员会在呈贡天子庙战国中期滇墓中,出土海贝1500多枚。新中国成立后在晋宁石寨山及江川李家山古墓群中出土的贝,多达1230斤,计247000多枚。在腾冲宝峰山

〔1〕张毅:《南方丝绸之路与海上丝绸之路》,见《古代西南丝绸之路研究》(第二辑),第71页。

〔2〕〔晋〕常璩撰,任乃强校补:《华阳国志校补》卷4《南中志》,第237页。

〔3〕〔晋〕常璩撰,任乃强校补:《华阳国志校补》卷4《南中志》,第285页。

核桃园出土了汉代五铢钱 1000 多枚。发现古币的地方,往往与商道有关,离古道越近,出土的货币就越多。从战国到明末清初,这些从印度西太平洋地区舶来的海贝作为货币使用有 2000 多年,它是古道沿线各民族与海外民族交往和古道沿线商贸繁盛的见证。

再次,经济贸易必然伴随着文化的交流。在滇文化中存在牛崇拜和蛇崇拜的文化现象,云南晋宁石寨山和李家山两处墓地出土的 2000 多件青铜器中,有大量的牛形造型艺术品,而在印度哈拉巴文化的印章上,作为祭祀和崇拜对象的牛也是常见的形象。在滇文化青铜器的纹饰中,还表现出蛇崇拜的文化现象。在印度神话中,蛇是沟通人和神的象征。这种信仰的残余表现在印度的宇宙观、宗教艺术和哲学中,如印度教三大神之一的湿奴在开天辟地之前,据说就是睡在神蛇身上。古代云南的蛇崇拜与印度的蛇信仰之间的关系值得研究。[1] 云南晋宁石寨山 13 号西汉中期墓出土铜饰物一件,被称为"双人舞盘铜饰物"。汪宁生指出其人深目高鼻,"疑来源于西方"。他认为舞人手持之物非盘,而是钹。《通典》卷 144 记载,铜钹"出西戎及南蛮"。日本学者林谦三《东亚乐器考》考证钹首见于印度。汪宁生认为钹可能是通过这一民族传入中国的。[2] 童恩正更认为"此二钹舞者直接视为印度人,当不致于牵强。如此,这件铜饰物也许应视为当时中印文化直接交流之产物"[3]。石寨山 7 号墓时代为西汉中晚期,出土银错金带扣一枚,中央作有翼的飞虎一只,有人以为乃西亚输入品。童恩正则以为来自西亚的可能性不大,因为在西亚众多的有翼动物主题艺术中,独不见这一类虎的造型,很大的可能是西徐亚(斯基泰)文化的产物。石寨山文化所出的动物主题牌饰带有强烈的西徐亚文化色彩,是学术界公认的。而南亚为产虎的区域,翼虎是古印度的传统艺术母题之一,类似的形象见于北方邦马图拉发现的贵霜时期之石刻,时代为公元 2 世

---

〔1〕童恩正:《古代中国南方与印度交通的考古学研究》,载《考古》1999 年第 4 期,第 82 页。

〔2〕汪宁生:《晋宁石寨山青铜器图像所见古代民族考》,载《考古学报》1979 年第 4 期,第 423 - 439 页。

〔3〕童恩正:《古代中国南方与印度交通的考古学研究》,载《考古》1999 年第 4 期,第 82 页。

纪。因此他认为"此带扣从印度直接从南路输入的可能性是不能否定的"[1]。石寨山 13 号墓的时代为公元前 2 世纪中期,其中出土一镏金铜饰物,原报告称为"二怪兽镂花铜饰物"。描述为"二怪兽交股站立,兽形似狮而有如鹿之角及獠牙,耳上及足上皆戴圆环,上、下端有四蛇缠绕,蛇口咬住二兽的面颊"[2]。童恩正曾细审原图,确定此二兽是从狮变化而来。他认为"这种主题肯定不存在于古代黄河流域或云南的装饰文化中。但在古伊朗(Achaemenid Iran)带角的狮饰却非常普遍。例如在苏萨(Susa)宫殿发现的公元前 5 世纪铸造在戒指上带角的狮形饰以及著名的上釉砖砌浮雕。另外,这个图案的构图——两头狮子相背而立,在公元前 1 世纪的早期 Kushana 石雕中可以见到。这件作品或许由当地人所铸,但构思很可能来源于印度。"[3]

10.4.2　南方丝绸之路的深远影响

南方丝绸之路推动了中国与东南亚和南亚之间的互相了解。通过南方丝绸之路,中原地区获得大量有关其沿线各个国家和地区的信息。《后汉书·西域传》"天竺国"条云:"从月氏、高附国以西南至西海东至盘起国,皆身毒之地。"[4]东离国"居沙奇城,在天竺东南三千馀里,大国也。其土气、物类与天竺同。列城数十,皆称王。大月氏伐之,遂臣服焉"。此国人"男女皆长八尺,而怯弱。乘象、骆驼,往来邻国。有寇,乘象以战"[5]。鱼豢《魏略·西戎传》记载有车离国和盘越国,当即《后汉书·西域传》中之东离国和盘起国,云"车离国一名礼惟特,一名沛隶王,在天竺东南三千余里,其地卑湿暑热。其王治沙奇城,有别城数十,人民怯弱,月氏、天竺击服之。其地东西南北数千里,人民男女皆长一丈八尺,乘象、橐驼以战,今月氏役税之"[6]。沛隶是古代居住在恒河三角洲北方的奔那(Pundra)人。南方的孟加(Vanga)人,汉

[1]童恩正:《古代中国南方与印度交通的考古学研究》,载《考古》1999 年第 4 期,第 83 页。
[2]云南省博物馆:《云南晋宁石寨山古墓群发掘报告》,文物出版社 1959 年版,第 90 页。
[3]童恩正:《古代中国南方与印度交通的考古学研究》,载《考古》1999 年第 4 期,第 83 页。
[4]《后汉书》卷 88《西域传》,第 2921 页。
[5]《后汉书》卷 88《西域传》,第 2922 页。
[6]《三国志》卷 30,裴松之注引,第 860 页。

代译作"盘起",或盘越,一名汉越王,古称高达－孟加。高达在古代泛称三角洲巴吉腊提河两岸直到海滨的广大地区,相当于孟加拉南部地区。《魏略·西戎传》又云:"盘越国一名汉越王,在天竺东南数千里,与益部相近;其人小,与中国人等,蜀人贾似至焉。南道而西极转东南尽矣。"西汉时代的乘象之国滇越在二三世纪之际已扩展到孟加拉地区的车离、盘越,"蜀人贾"似确实到过这个盘越国。盘越是从西域南道越过葱岭后,转向东南恒河东流的出海口,同时又是东北通达益州(成都)的大道的起点。这些有关天竺及其周边国家民族的信息,有的可能是通过南方丝路获得的,是通过"蜀人贾"传播的。

南方丝绸之路促进了古代西南地区商业城市的形成和扩大。沿线大理、腾越、永昌等城镇的兴起,都与丝路贸易有关。大理是云南最早的文化发祥地之一,公元前 4 世纪,蜀地的商队就驱赶着马队路经此地。公元 8 世纪,南诏国建立,大理成为云南政治、经济、文化的中心,中原王朝从南方通往中印半岛直至欧洲诸国的重要口岸,成为中国内地与印缅诸国物资交流的最大集散地,成为南方丝绸之路最大的贸易枢纽。腾越被称为"西南极边第一城"。《永昌府文征》记载,这里常有暴风骤雨,四月以后有瘴病,逢过此者,必策马前进,不敢停留,商贾往来,十分艰难。险峻的地理位置决定了腾越的咽喉地位,悠久的历史,给腾越留下不少古迹和文物,往来的商旅造就了腾越这个古老的商业城市。由中国内地通往印缅的马队每年总在万数以上。古道的兴盛使西南地区诸经济文化中心如川西的蜀国、川东的巴国、黔西北的夜郎国、以滇池为中心的滇国、以大理为都城的南诏国等都建立在南方丝绸之路的要道上,而又以此为中心,向四周产生扩散效应,形成商业网络,形成相对发达的区域经济。云南城市都在这条古道上,有其深厚的历史和渊源。

南方丝绸之路加强了中国西南边境地区人民与缅甸人民的联系和交往。汉代时中国与缅甸境内各民族就有过往来。《后汉书·和帝纪》记载,永平六年(公元 63 年)"春正月,永昌徼外夷遣使译献犀牛、大象"〔1〕。"外夷"即永昌郡边外的国家和民族,包括今天的缅甸。
《后汉书·陈禅传》记载:"永宁元年,西南夷掸国王献乐及幻人。"〔2〕
《后汉书·顺帝纪》记载,永建六年"十二月,日南徼外叶调国、掸国,遣
使贡献"〔3〕。掸国,掸人所建,公元初建国于永昌徼外,在今缅甸东北
部。蜀后主建兴三年(225年),诸葛亮南征,把汉族的先进文化传到中
缅边境。诸葛亮劝当地人民"筑城堡,务农桑",把汉族先进的农业生
产经验、技术和知识传授给西南各兄弟民族,这对缅甸也产生了影响。
唐代樊绰《蛮书》记载滇中的耕田法:"每耕田用三尺犁,格长丈余,两
牛相去七八尺,一佃人前牵牛,一佃人持按犁辕,一佃人秉耒。蛮治山
田(梯田)殊为精好。"〔4〕缅甸北部和我国西南兄弟民族一样,至今仍
沿用这种耕田法。他们也是用三尺犁,两牛中间架一格,一人在前牵
牛,一人扶犁,一人在后下种。北魏贾思勰《齐民要术·种谷》云:"地
势有良薄,山泽有异宜。"注云:"山田种强苗,以避风霜;泽田种弱苗,
以求华实也。"〔5〕这和缅甸山区人民治山田的方法相同。这正是两国
人民互相学习和交流的结果。缅甸历史学家波巴信说:"缅甸族向南
诏(今云南大理白族自治州)吸取了各种文化。"〔6〕

　　南方丝绸之路造成中国西南地区与缅甸某些共同的文化倾向。
佛教文化通过南方丝绸之路传播。缅甸考古学家杜生浩说:"我们不
能否认,在公元四世纪时,佛教已由中国传入缅甸。……最初数世纪
中,中国僧侣曾在太公(缅名德贡)、卑谬和蒲甘等地讲经布道,与用梵
文讲授的印度僧侣分道而进。但中国的政治势力较强,因而传授占优
势且收普及的宏效。"又据他考证,缅文中有些佛学名词,源出汉语,虽
然汉语中的佛学名词来自梵文或巴利文。如南无、罗汉、喇嘛、佛爷、涅

　　〔1〕《后汉书》卷4《和帝纪》,第177页。
　　〔2〕《后汉书》卷51《陈禅传》,第1685页。
　　〔3〕《后汉书》卷6《顺帝纪》,第258页。
　　〔4〕〔唐〕樊绰撰,向达校注:《蛮书校注》,中华书局1962年版,第171－173页。
　　〔5〕〔北魏〕贾思勰:《齐民要术》卷1《种谷》,华龄出版社2002年版,第17页。
　　〔6〕〔缅甸〕波巴信:《缅甸史》,商务印书馆1965年版,第21页。

槃等,都是又由中国传入缅甸的。[1] 中缅边境地区各兄弟民族都对诸葛亮充满尊敬,有关诸葛亮的传说至今在缅甸境内广泛流传,中缅两国各族人民为了纪念他,建有诸葛祠、武侯庙、孔明城等。南宋赵汝适《诸蕃志》记载"蒲甘国"(在今缅甸)"有诸葛武侯庙"[2]。明人朱孟震《西南夷风土记》中提到"普坎(即蒲甘)城中有武侯南征碑"。清人谢清高《海录》云:"摆古(今缅甸勃固)有孔明城。"王芝在《海客日谭》,师范在《滇系》等书中也都有类似记载。中缅边境的腾越、永昌一带有诸葛营、诸葛屯、诸葛堰、诸葛寨、诸葛井、诸葛粮堆、诸葛亮城等名称和遗迹。[3] 这些说明诸葛亮对中缅边境各兄弟民族的影响之大以及中缅边境人民对他的崇敬,也说明中缅边境地区两国人民之间的交往和交流一直未曾中断。

---

〔1〕杜生浩:《缅文中的中国字》(Taw Sein Ko:"The Chinese Wordsin Burmese"),载《印度古物》(*Indian Antipuity*),1906 年。转引自陈炎:《中缅两国历史上的陆海交通和文化交流》,见氏著:《海上丝绸之路与中外文化交流》,北京大学出版社 1996 年版,第 274 页。

〔2〕〔南宋〕赵汝适撰,冯承钧校注:《诸蕃志校注》卷上,中华书局 1956 年版,第 11 页。

〔3〕陈炎:《中缅文化交流两千年》,周一良主编:《中外文化交流史》,河南人民出版社 1987 年版,第 7 页。

11　两汉丝绸之路的发展和变迁

从以上论述可知,从汉武帝时代开始,无论是中西间的陆上交通和海上交通,还是与东亚朝鲜半岛和日本的交通都有了新的拓展,中外文化交流史开启了一个新的起点。中外经济文化的交流进入新的时期,因此汉武帝时代的开拓具有划时代的意义,张骞出使西域、汉朝反击匈奴、路博德平南越、唐蒙开西南夷道和汉四郡的设置都是具有标志性意义的事件。此后,中外交通和文化交流便在这个新的起点上继续发展。东汉时南方平定征侧之乱,北方击灭北匈奴,中外交通与交流继续拓展。

11.1　西域都护的设置和汉与西域的关系

11.1.1　汉朝对西域的征服和西域都护的设置

经过汉武帝时对匈奴的反击,匈奴贵族军事力量大为削弱。匈奴人民和其他被奴役的民族纷纷反对匈奴贵族的统治,许多被奴役的少数民族脱离了匈奴贵族的统治,匈奴贵族集团内部也发生内讧。但是匈奴在西域的势力仍很强大,这里仍然为匈奴僮仆都尉监领。自张骞通西域后,汉与西域诸国的关系日益密切,"使者相望于道"。但有些西域国家慑于匈奴的压力,故意刁难汉使,"禁其食物以苦汉使"[1],"非出金帛不得食,不市畜不得骑用"[2]。几个位于交通要冲的国家,甚至"攻劫汉使"[3],以兵阻道。

---

〔1〕《史记》卷 123《大宛列传》,第 3171 页。
〔2〕同上,第 3173 页。
〔3〕同上,第 3171 页。

·欧·亚·历·史·文·化·文·库·

随着对匈奴反击的逐步深入,汉朝越来越认识到控制西域的重要性,武帝元封三年(公元前108年),汉命赵破奴发兵击破车师,降服楼兰(其遗址在今新疆若羌一带,罗布泊西北)。太初三年(公元前102年),李广利远征大宛取得胜利,西域震惧,多遣使者贡献。汉遂在敦煌至盐泽(今罗布泊,亦名蒲昌海)设立亭障,还在轮台(今新疆轮台东南)、渠犁(今新疆库尔勒)等处屯田,置使者校尉领护,以保障西域的稳定和汉与西域间丝路的畅通,供应往来汉使。此后汉与匈奴对西域进行了长期争夺。

匈奴贵族集团统治不断削弱,匈奴在西域的统治也不断削弱,同时汉对西域的统治则越来越得到巩固。昭帝时匈奴统治集团矛盾加剧,发生了五单于争立事件。宣帝地节二年(公元前68年),汉遣侍郎郑吉等往渠犁屯田,与匈奴争夺车师。郑吉攻占车师,以功升卫司马,使护鄯善(即楼兰)以西的西域南道诸国。昭帝时,楼兰曾联合匈奴,杀汉使官员,傅介子奉命以赏赐为名,携黄金锦绣赴楼兰,在宴席上刺杀楼兰王,立其弟尉屠耆(为质子在汉),改其国名为鄯善。

宣帝神爵二年(公元前60年),匈奴贵族分裂为南北两部。日逐王降汉,郑吉发兵迎之。汉遂以郑吉为骑都尉,并护车师以西的西域北道诸国。因总领西域南北两道,故称西域都护。"都"即总领的意思。西域南北两道皆通,匈奴在西域的统治至此瓦解。汉之西域都护取代了匈奴僮仆都尉在西域的统治。至王莽篡汉,连续80余年间,先后任都护者19人。姓名见于史册者有10人,宣帝时有郑吉,元帝时有韩宣、甘延寿,成帝时有段会宗、韩立、廉褒、郭舜,平帝时有孙建、但钦,新莽时有李崇。应劭《汉官仪》云:"西域都护,武皇帝始开通西域三十六国,其后稍分至五十余国,置使者校尉以领护之。宣帝神雀三年,改曰都护,秩二千石。平帝时省都护,令戊己校尉领之。"[1]

郑吉选择连接西域南北两道的中心地带、土地肥沃的地方设立西

---

〔1〕《太平御览》卷251《职官部》,上海古籍出版社2008年版,第3册,第388页。

域都护府,治乌垒城,史称"中西域而立幕府"[1]。考古资料证明,西域都护府驻地乌垒城在今轮台县策大雅乡野云沟。选址在此,一是考虑到其地处西域中心,连接西域南北两道;二是考虑到靠近轮台屯田基地,可以依托。西域都护府的辖境包括自玉门关、阳关以西的天山南北,直到今巴尔喀什湖、费尔干纳盆地和帕米尔高原以内的范围。包括新疆北疆和巴尔喀什湖以东以南的广大地区,帕米尔以西以北的大宛、乌孙都在西域都护的治下。同时发展屯田事业,屯田校尉开始也从属于西域都护。

西域都护是西汉王朝派驻西域的最高军政长官,直属中央领导,职位大致相当于内地郡太守,"秩比二千石"。都护开幕府,属官有副校尉、丞各一人,司马、侯、千人各两人。其职责是督察西域诸国,处理西域事务,统领大宛及其以东西域诸国,兼察乌孙、康居等行国,颁行朝廷号令;诸国有乱,得发兵征讨。"督察乌孙、康居诸外国动静,有变以闻。可安辑,安辑之;可击,击之。"[2]护卫汉朝与西域诸国往来的通道,为汉与西域诸国使节和商贾的相互往来提供生活和安全保障。西域都护代表汉朝,对西域各国有权册封国王,颁赐官吏印绶,调遣军队,征发粮草。西域都护除直接掌握汉朝在西域的驻军外,奏请朝廷批准,还可以调遣西域诸国的军队,以维护地方安宁,保障丝绸之路畅通。西域都护任期一般为三年,皆选勇敢有谋略者,他们为西域的稳定和丝绸之路的畅通,做出了卓越的贡献。这种局面一直维持到王莽时代,新莽末(公元 23 年左右),西域乱,李崇没于龟兹,遂罢都护。西域都护的职能首先在于"都护"西域南北道诸国。属西域都护管辖的西域国家,除国王外,主要官吏通常有译长、城长、君、监、吏、大禄、百长、千长、都尉、且渠、当户、将、相、侯、王等,由西汉政府赐予印绶。至元帝时,有将近 50 个西域国家的国王和官吏佩戴汉朝颁发的印绶。[3]

西域都护府既是汉朝的军事驻防区,也是一个特殊的行政区。一

---

〔1〕《汉书》卷 70《郑吉传》,第 3006 页。

〔2〕《汉书》卷 96《西域传》上,第 3874 页。

〔3〕余太山主编:《西域通史》,中州古籍出版社 2003 年版,第 60 - 64 页。

方面它与内地的正式政区不同,不设置郡、县,依然保留原来的国,汉朝一般不干预他们的内部事务,但掌握他们的兵力和人口等基本状况;另一方面,都护代表朝廷掌管这些国家的外交和军事权,可以调动他们的军队,决定他们的对外态度,必要时还可直接废立他们的君主,甚至取消某一个国。正因为如此,西域都护府也是汉朝疆域的一部分。西域都护府的设置,使西域正式成为汉朝版图。这是一个具有重大历史意义的事件。

11.1.2　西汉经营西域的措施

汉于西域置都护府、戊己校尉府等镇抚机构,长期经营西域,是其"事征四夷"的重要方面,其目的是"断匈奴右臂"和"通西域"。为了实现经营西域的目的,保证丝绸之路的通畅,西汉采取了一系列行之有效的措施。

首先,和亲和联姻是孤立匈奴和拉拢反匈势力的一个手段。乌孙是西域大国,汉通乌孙以后,汉使西行多取道乌孙南境而前往大宛和大月氏等中亚各国,并远至安息、奄蔡、条支、身毒。为了巩固与乌孙的友好关系,汉以公主和亲。武帝元封年间,乌孙王娶汉江都王刘建的女儿,汉与乌孙结下和亲关系,乌孙在汉朝最终击败匈奴方面发挥了重要作用。龟兹王绛宾妻乌孙公主女,并与公主女朝汉,王及夫人皆赐印绶,夫人亦号公主,汉赐以车骑旗鼓歌吹数十人,绮绣杂缯绮珍凡数千万。汉与龟兹的联姻大大改善了彼此的关系。龟兹王和夫人在汉朝待了一年后回国,汉厚赠送之。此后龟兹王数来朝贺。龟兹王在本国推行汉朝制度,"乐汉衣服制度,归其国治宫室,作徼道周卫,出入传呼,撞钟鼓,如汉家仪,外国胡人皆曰'驴非驴,马非马,若龟兹王,所谓嬴也'。"[1]绛宾死,其子承德继立,自谓汉外孙,在汉成帝和哀帝时与汉来往频繁,汉遇之亦甚亲密。楼兰改名鄯善,汉朝立其质子尉屠耆为王,并以宫女妻之。汉、乌孙、龟兹、楼兰之间的联姻进一步密切了彼此间的关系。昭君出塞,对汉朝与匈奴长期保持友好关系起到了重要

---

〔1〕《汉书》卷96下《西域传》,第3916－3917页。

作用。

其次,武力威胁和军事打击也是巩固汉与西域各国政治关系的有力保证。这种军事打击主要是针对匈奴,征服匈奴是经营西域、保证丝路通畅的前提,因此从武帝起,汉朝对匈奴进行了长期用兵。西汉时对西域用兵不多,但当西域一些国家杀害汉朝使者,直接妨碍西域交通时,汉朝则施以征伐,以扬国威,成为推进和维持丝路畅通必不可少的手段。武帝时伐楼兰、姑师、大宛,宣帝时伐龟兹、莎车,平帝时杀卑爰嚏等,都对西域反汉势力和反汉倾向起到有效的威慑作用。西汉在河西走廊和西域屯田驻军,也起到了镇抚作用。经营西域,必须遣使驻军,而道途险远,供应困难,屯田积粟便是为解决这一矛盾而采取的措施。西汉时自武帝起在西域开始驻军屯田,此后诸帝皆有开屯之举。屯田之处多在当道要冲,如伊循、车师前后国、轮台、渠犁等地,起到了镇守与积粟的双重作用。汉朝在西域屯田,还起到扶植亲汉势力的作用。元凤四年(公元前77年),傅介子刺杀楼兰王,更其国名为鄯善,立其弟尉屠耆为王,《汉书·西域传》记载,尉屠耆请求汉朝屯田伊循城,云:"身在汉久,今归单弱,而前王有子在,恐为所杀。国中有伊循城,其地肥美,愿汉遣一将屯田积谷,令臣得依其威重。"[1]于是汉朝遣司马1人,吏士40人田伊循以镇抚之。

第三,设郡筑城,移民实边。汉武帝为了经营西域,保证丝路通畅,并隔绝匈奴与南羌的联系,先置金城郡(今兰州)为向西发展之基地。匈奴浑邪王降汉,又于河西置武威、酒泉二郡,并派兵驻守。约10年后又增设张掖、敦煌二郡。敦煌为河西四郡最西一郡,成为汉代通向西域的门户。四郡之外,又建造长城。1904年,斯坦因在河西考古,发现汉长城遗址,在敦煌西北。与长城、郡城相关的则是亭障烽燧、阳关和玉门关的修建。《史记·大宛传》记载,王恢、赵破奴破楼兰后,"于是酒泉列亭障至玉门矣"[2]。李广利伐大宛后,"敦煌置酒泉都尉,西至盐

---

[1]《汉书》卷96上《西域传》上,第3878页。
[2]《史记》卷123《大宛列传》,第3172页。

水,往往有亭"[1]。汉武帝时修玉门关,因西域输入玉石取道于此而得名,在今敦煌西北小方盘城。阳关亦西汉时置,故址在敦煌西南古董滩附近,因在玉门关南,故称阳关,可知阳关的修建在玉门关之后。"两关"同为通往西域各地的交通门户,出玉门关的为北道,出阳关的为南道。这些设施共同组成防御系统,保证经河西走廊进入西域道路的通畅。在汉朝企图联络大月氏、乌孙,以"断匈奴右臂"的同时,匈奴也谋求拉拢汉朝西部的羌族共同对付汉朝。《汉书·赵充国传》记载,赵充国以先零羌事对云:"(武帝)征和五年,先零豪封煎等通使匈奴,匈奴使人至小月氏,传告诸羌曰:'汉贰师将军十余万人降匈奴,羌人为汉事苦,张掖、酒泉本我地,地肥美,可共击居之。'以此观匈奴欲与羌合,非一世也。"[2]匈奴拉拢羌人夹击汉朝的用意也很明显。

第四,驻军屯田。从汉元帝时起,汉朝屯田车师,又在西域设戊己校尉,掌屯田事务。《汉书·百官公卿表》记载:"戊己校尉,元帝初元元年置。有丞、司马各一人,侯五人,秩比六百石。"[3]应劭《汉官仪》云:"戊己中央,镇抚四方,又开渠播种,以为厌胜,故称戊己焉。"[4]颜师古注《汉书》解释此职名含义云:"甲乙丙丁庚辛壬癸,皆有正位,唯戊己寄治耳。今所置校尉亦无常居,故取戊己为名也。有戊校尉,有己校尉。一说戊己居中,镇覆四方,今所置校尉亦处西域之中抚诸国也。"[5]《后汉书·明帝纪》李贤注云:"元帝置戊己校尉,有丞、司马各一人,秩比六百石。……亦处西域,镇抚诸国。"[6]作为西域镇抚机构,戊己校尉一方面接受西域都护指挥,一方面单独开府行事,具有较大的独立性。车师在今吐鲁番、鄯善一带,处丝路要冲,而且土地肥美,具有重要的战略地位。汉于车师屯田,并置戊己校尉,加强对屯田的管理,对镇抚西域起到了十分重要的作用。汉朝在河西走廊及西域筑城

〔1〕《史记》卷123《大宛列传》,第3179页。
〔2〕《汉书》卷69《赵充国传》,第2973页。
〔3〕《汉书》卷19《百官公卿表》上,第738页。
〔4〕《后汉书》卷88《西域传》,李贤注引,第2910页。
〔5〕《汉书》卷19《百官公卿表》上,颜师古注,第738页。
〔6〕《后汉书》卷2《明帝纪》,李贤注,第122页。

屯田,也有破坏匈、羌联盟,孤立匈奴的打算。东汉时陈忠议救西域疏说汉武帝"开河西四郡,以隔绝南羌"[1]。

第五,赂遗施惠。西域各国皆"利汉财物",汉朝则利用其此种心理和需要,以汉之财物特别是丝绸相赠送以结好其统治者,以达到联络的目的。张骞至大宛,"大宛闻汉之饶财,欲通不得,见骞,喜"。张骞则告诉大宛王:"唯王使人导送我,诚得至,反汉,汉之赂遗王财物,不可胜言。"大宛以为然,为发导译[2]。张骞出使乌孙,携金币绢帛价值"数千巨万",目的便是"厚币赂乌孙,招以益东","断匈奴右臂"[3]。汉武帝巡狩海上,有外国客使相从,"散财帛以赏赐,厚具以饶给之"[4]。大宛贵人蝉封立为王,遣其子入质于汉,汉则"赂赐以镇抚之"[5]。又如常惠赐乌孙贵人,张遵赐狂士,冯燎赐城郭诸国。细君嫁乌孙时,"赠送甚盛"[6]。尉屠耆归国,绛宾来朝,皆有厚赐。《汉书·西域传》有不少记载。

第六,纳质与以夷治夷。对于愿意内属汉朝的西域各国,汉朝则希望和要求他们遣子为质或入侍。对于汉朝来说,质子和侍子能够起到人质的作用,也是培养亲汉势力的机会。莎车王延元帝时曾入汉为侍子,"长于京师,慕乐中国"。返国为莎车王,立国参用汉之"典法","常敕诸子,当世奉汉家,不可负也"[7]。汉朝还曾以兵护送龟兹国侍子回国为王,以取代亲匈奴势力的旧王。当西域有战事时,汉西域都护则调发诸国兵力进行征伐,如天汉二年、征和四年、地节二年击车师,冯奉世击莎车和常惠击龟兹等几次军事行动,皆曾调发诸国兵。一方面显示了汉朝对西域的牢固控制,起到杀一儆百的作用,又节省军旅之费。汉朝还以授予诸国王侯以汉室印绶官号的方法,通过他们控制西域。

---

〔1〕《后汉书》卷88《西域传序》,第2912页。
〔2〕《史记》卷123《大宛列传》,第3158页。
〔3〕《史记》卷123《大宛列传》,第3168页。
〔4〕《史记》卷123《大宛列传》,第3173页。
〔5〕《史记》卷123《大宛列传》,第3179页。
〔6〕《汉书》卷96《西域传》下,第3903页。
〔7〕《后汉书》卷88《西域传》,第2923页。

匈奴分裂为南北两部以后,宣帝甘露二年(公元前 51 年),南匈奴呼韩邪单于降汉,北匈奴郅支单于被迫西迁,后被汉西域都护甘延寿和副校尉陈汤所杀。呼韩邪单于在汉朝帮助下,重新统一了匈奴。元帝竟宁元年(公元前 33 年),汉元帝以宫人王嫱(昭君)嫁呼韩邪单于,结束了百余年来汉与匈奴之间的武装冲突,恢复了旧日的和亲关系。此后半个多世纪,北方和西域呈现出和平景象。北部"边城晏闭,牛马布野,三世无犬吠之警,黎庶无干戈之役"[1]。新中国成立后在包头附近发现的汉末墓葬中出土有"单于和亲"等字样的瓦当。瓦当即筒瓦之头,其上多有纹饰和文字,作为装饰之用,这种文字则有纪念意义。汉匈和好,汉对西域的控制,保证了中西交通和经济文化交流的畅通。由于西汉王朝的多年经营,汉与西域建立了牢固的联系,这种联系从此便未曾中断,只是不同时期形式不同罢了。即便在王莽时代,西域各国开始发生叛离,而东汉也没有完全丧失控制权。天凤三年(公元 16年)李崇等出西域,西域诸国仍郊迎送兵、谷。

11.1.3 东汉时中西交通的发展

东汉时,汉与匈奴的斗争没有结束。东汉王朝与匈奴间围绕丝路控制权进行了长期的争夺。为了解除匈奴对西北边境地区的进扰,保证汉与西域以及葱岭以西诸国的交往和贸易正常进行,东汉对西域进行了苦心经营。由于东汉王朝政治形势的盛衰变化,这种经营出现过许多反复,但这种斗争对促进丝路贸易起了很大的推动作用。

11.1.3.1 西域三绝三通

从王莽时起,北匈奴与东汉在西域进行了长期较量。在这一过程中,西域丝路曾三绝三通。《后汉书·西域传》云:"自建武至于延光,西域三绝三通。"[2]建武是光武帝刘秀的年号,延光是安帝的年号。东汉时西域道路的绝通伴随着错综复杂的斗争,东汉经营西域的目的主要是制匈奴,保全河西和保证西域丝路的通畅。

---

[1]《汉书》卷 94 下《匈奴传》,第 3832 – 3833 页。
[2]《后汉书》卷 118《西域传》,第 2912 页。

西汉末年,王莽辅政,对周边各民族采取歧视和压迫政策。他命令匈奴囊知牙斯单于改名为"知",以表示景慕他辅政后的"太平圣制"[1]。称帝后,他派专使收回汉朝颁发给单于的"玺",重新颁发"新匈奴单于章"。又派人到边境招降呼韩邪单于诸子,各封为单于,下令分匈奴全国为十五单于,对匈奴实施分化。这些引起匈奴的不满和反抗,导致了汉匈关系的破裂。始建国三年(公元11年),王莽下令把匈奴改为"恭奴",单于改为"善于"[2];后又改为"降奴服于"[3]。这种带侮辱性和轻蔑性的称呼触怒了匈奴。王莽又大发北方各郡国及乌桓、鲜卑等十二部兵,由十二将率领,分路进攻匈奴,遭到匈奴的反击。王莽为了显示自己的威德,特派五威将军王奇等向边疆少数民族颁发新室印绶,收回汉印绶,把原来汉朝所封的王尽改为候,引起了各族的普遍不满,西域各国纷起反抗。这样西汉以来中央政权和西北各民族之间形成的臣属关系陷于瓦解,汉之西域都护被驱逐,西域丝路遂绝。

西域各国受匈奴控制,匈奴向西域各国勒索苛重的赋税,进行极其暴虐的统治。匈奴对西域的统治,阻断了中西交通的大道,给西域和汉族人民造成深重灾难。东汉建立,西域各国遣送质子,请求东汉王朝重新设立西域都护。但光武帝感到无力经营西域,送回质子,于是西域陷于混乱,互相攻伐,强弱兼并。《后汉书·西域传》云:"小宛、精绝、戎卢、且末,为鄯善所并。渠勒、皮山为于阗所统,悉有其地。郁立、单桓、孤胡、乌贪訾离,为车师所灭。后其国并复立。"[4]建武二十四年(公元48年),匈奴又一次分裂为南北两部,南匈奴降服于汉,逐渐内迁汉境,北匈奴退居漠北。

由于南匈奴的降汉,原来依附于匈奴的乌桓、鲜卑等也随之归附

〔1〕《汉书》卷94《匈奴传》下记载,平帝元始二年,"时,莽奏令中国不得有二名,因使使者以风单于,宜上书慕化,为一名,汉必加厚赏。单于从之,上书言:'幸得备藩臣,窃乐太平圣制,臣故名囊知牙斯,今谨更名曰知。'莽大说,白太后,遣使者答谕,厚赏赐焉"。中华书局1962年版,第3819页。

〔2〕《汉书》卷94《匈奴传》下,第3828页。

〔3〕《汉书》卷99《王莽传》中,第4121页。

〔4〕《后汉书》卷88《西域传》,第2909页。

东汉。这在很大程度上切断了北匈奴与汉朝中原地区的经济联系。使其最必需的粮食、布匹、食盐等日常生活品的获得十分困难。因此北匈奴不断寇扰东汉缘边郡县。明帝永平年间,匈奴"胁诸国共寇河西郡县,城门昼闭"[1]。于是,东汉王朝开始对北匈奴进行反击。永平十五年(公元72年),东汉应西域各国之请,命窦固、耿秉出屯武威,北伐匈奴,取伊吾卢地,于此置宜禾都尉以屯田,遂通西域。"于阗诸国皆遣子入侍,西域自绝六十五载,乃复通焉。"第二年,东汉复置西域都护,戊己校尉,恢复了西域各国与汉朝的臣属关系。此为第一次复通。

永平十八年(公元75年),汉明帝死,匈奴乘机反攻西域。几个亲匈奴国家如焉耆、龟兹等攻杀西域都护陈睦,匈奴、车师出兵围汉戊己校尉。东汉酒泉太守段彭大破车师于交河城。东汉章帝"不欲疲敝中国以事夷狄,乃迎还戊己校尉,不复遣都护"[2]。建初二年(公元77年),又罢伊吾屯田,匈奴则进兵屯伊吾。西域交通再次断绝。此时班超尚留于阗,绥集诸国。至和帝永元元年(公元89年),东汉再次经营西域,大将军窦宪大破匈奴。第二年窦宪又派副校尉阎槃率骑兵两千余进击伊吾,破匈奴,收复伊吾。永元三年(公元91年),班超定西域,朝廷以班超为西域都护,居龟兹。复置戊己校尉,领兵五百屯车师前部高昌壁,又置戊部侯屯车师后部。永元五年(公元93年),班超又击破焉耆,于是西域五十余国悉纳质内属。更远的西域国家条支、安息等,直至地中海沿岸诸国,皆重译贡献。永元九年(公元97年),班超遣其掾甘英西使大秦,甘英穷临西海而还。甘英所至,"皆前世所不至,山经所未详,莫不备其风土,传其珍怪焉","于是远国蒙奇、兜勒皆来归服,遣使贡献"[3],中西交通形成了一次空前的盛况。此为西域第二次复通。甘英所至西海,历来说法不一,有云地中海,有云黑海,有云波斯湾。据《史记·大宛传》记载,西汉时汉使已到地中海和黑海东岸,此云"前世所不至,山经所未详",而且又为安息人所阻,则知甘英所去之

---

〔1〕《后汉书》卷88《西域传》,第2909页。

〔2〕《后汉书》卷88《西域传》,第2909–2910页。

〔3〕《后汉书》卷88《西域传》,第2910页。

方向为埃及亚历山大里亚,所临之西海乃波斯湾。汉代史籍已称印度以西之波斯湾、红海和阿拉伯海海面为西海。

和帝死,接替班超为西域都护的任尚失和于西域各国,诸国背叛,攻围任尚等。朝廷以西域险远,诏罢都护,自此遂弃西域。此为西域交通第三次断绝。此后 10 余年间,北匈奴乘机收复诸国为属国,共同寇扰汉之边境地区。安帝元初六年(公元 119 年),为了防御北匈奴和西域诸国的侵扰,敦煌太守曹宗派行长史索班率千余人屯伊吾,招抚西域诸国,车师前王和鄯善王前来降附。但几个月后,北匈奴又率车师后部共攻伊吾,击没索班等,赶走车师前王,进逼鄯善。鄯善求救于曹宗,曹宗欲报索班之耻,并进取西域,请出兵击匈奴,但朝廷不许,仅令置护西域副校尉,居敦煌,部署营兵 300 人羁縻之。其后北匈奴与车师连兵,入寇河西,朝廷无奈,有人甚至建议闭玉门关和阳关,放弃西域。延光二年(公元 123 年),敦煌太守张珰上书陈三策,引起朝廷关于经营西域的争议。安帝采纳了尚书陈忠的意见,决心于敦煌置校尉,并增河西四郡屯兵,震怖匈奴,重新招抚西域诸国。乃以班超之子班勇为西域长史,统兵西屯柳中,破平车师,实现了西域的第三次复通。顺帝永建二年(公元 127 年),班勇又击降焉耆,龟兹、疏勒、于阗、莎车等西域 17 国皆附从汉朝。

顺帝阳嘉以后,东汉朝廷在西域日益丧失威信,西域诸国对汉朝则日益骄慢,相互攻伐。桓帝元嘉二年(公元 152 年),西域长史王敬被于阗攻杀。永兴元年(公元 153 年),车师后王反攻东汉屯营,自此日以疏慢。随着中原战乱,东汉终于丧失对西域的控制权。

东汉经营西域在方法和策略上与西汉大同小异,东汉没有重复联姻和亲的形式,但在屯田、武力威胁、纳质、施惠赂遗和以夷治夷等方面则和西汉相同。东汉通过西域都护、戊己校尉和西域长史的设置对西域进行控制。自安帝永初以后,不再置都护,而以西域长史代行其事。后来更以西域长史秉命于敦煌太守,乃至凉州刺史。

11.1.3.2 班超父子在复通西域中的贡献

永平十六年(公元 73 年),明帝令窦固为奉车都尉,屯兵武威,着手恢复与西域诸国的政治关系。班超就是在这种情况下出使西域,开始他长达 31 年为经营西域而英勇奋斗的事业。

班超(公元 32—102 年)字仲升,东汉扶风平陵人,班彪少子。汉光武帝建武五年(公元 29 年),班彪入河西五郡大将军窦融幕府任从事,班超就是在河西出生的。建武十二年(公元 36 年)班彪随窦融入朝奏事,班超也随父东归。父卒后,明帝永平五年(公元 62 年),班超兄班固被召入朝任校书郎,班超与母随至洛阳。家贫,为官府抄书以养母,曾投笔叹道:"大丈夫无它志略,犹当效傅介子、张骞立功异域,以取封侯。安能久事笔砚间乎!"他旁边一起抄书的人都笑他。班超说:"小子安知壮士志哉!"[1]后来,明帝因班固的原因,任命班超为兰台令史,但不久又因事免官。

奉车都尉窦固屯兵武威,班超参加了窦固的军队,被任命为假司马。窦固命他"将兵别击伊吾",他率兵与匈奴战于蒲类海,攻占了伊吾卢城(今新疆哈密),"多斩首房而还"[2]。于是窦固在这里设置宜禾都尉,进行屯田戍守,同时赶走了北匈奴在车师前后王国一带的势力。窦固发现班超有才能,就派他和从事郭恂出使西域。班超肩负着招抚诸国、恢复汉朝与西域的关系的使命,率领 36 人出使。班超使团先是联络南道诸国,即塔里木盆地南边通葱岭的沿路诸国。他们首先到了鄯善(原楼兰国),这是受匈奴控制的小国。使团初至,鄯善王广十分礼敬,后来突然疏懈下来。班超判断匈奴有使者来,通过诈唬"侍胡"得知,果然北匈奴使团 100 多人来到,鄯善王莫知所从。班超与随行 36 人以"不入虎穴,焉得虎子"的决心,因夜火攻,一举袭杀北匈奴使者,鄯善为之镇服,"纳子为质"。窦固将其功表奏朝廷,班超受到明帝的称许。

明帝任命班超为军司马,命再使西域。班超仍将本所领 30 余人从南道西行,至于阗。于阗乃西域大国,"新攻破莎车","雄张南道"。莎

---

〔1〕《后汉书》卷 47《班超传》,第 1571 页。
〔2〕《后汉书》卷 47《班超传》,第 1572 页。

车是一个亲汉的国家,国王延在汉元帝时为侍子,在长安长大,因此仰慕汉朝文化。当汉匈关系破裂,许多西域国家依附于匈奴时,延却联合了南道一些小国与北匈奴对抗,并保护了汉西域都护及吏士家属千余人。东汉王朝刚刚建立,莎车王康就遣使至河西,问中原动静,表示思慕汉家。光武帝建武五年(公元 29 年),窦融承制立康为西域大都尉,统属西域五十五国。后来,莎车、鄯善、车师、焉耆等国先后遣使朝贡,或选派侍子,请求东汉王朝在西域设置西域都护,光武帝送还质子,西域遂陷入混乱状态,各种势力互相兼并攻杀。莎车与于阗都是南道大国,两强相争,莎车先胜后败。此时于阗势力正盛,但为匈奴所败,故服属匈奴。匈奴遣使监护其国。班超等至,于阗王广德"礼意甚疏"。其俗信巫,巫师传达天神的旨意,说与汉通好,天神发怒。天神知道汉使有騧马(黑嘴黄马),要"急求取以祠我"。班超识破诡计,却一口答应,要巫师亲自来取。巫师一到,班超就把他杀了。然后提着巫师的头去见广德,责备广德的敌视行为,广德早就听说班超在鄯善击灭匈奴使团的事,对班超心存畏惧,于是杀掉了匈奴的监护使者,与汉通好。班超"重赐于阗王以下,因镇抚焉"[1]。由于于阗降汉,绿洲路南道重新沟通。

此时北道诸国尚在匈奴势力控制之下。永平十七年(公元 74 年)春,班超率众北上,至疏勒(今新疆喀什)。疏勒此时为龟兹征服,龟兹王建乃匈奴所立,依恃匈奴的势力称雄北道。他攻破疏勒,杀其王,而立龟兹人兜题为疏勒王。班超至疏勒,离兜题所居槃橐城九十里,先派属员田虑去劝降,班超向田虑交代:"兜题本非疏勒种,国人必不用命,若不即降,便可执之。"[2]田虑来到槃橐城,兜题见田虑人少势弱,殊无降意。田虑趁他不加防备,上前劫缚兜题。左右出其不意,皆惊惧奔走。田虑派人快马通报班超,班超立即赶来,把疏勒将吏全部召来,说以龟兹无道之状,因立其故王兄之子忠为王,疏勒人大为喜悦。忠及官

---

〔1〕《后汉书》卷 47《班超传》,第 1573 页。
〔2〕《后汉书》卷 47《班超传》,第 1574 页。

属皆请杀兜题,班超不听,欲示以威信,放走了他。疏勒因此与龟兹结怨,班超驻守疏勒。这一年,窦固等在天山东麓向匈奴大举反攻,击破匈奴,平定车师前后部,北道遂通,西域局势稳定下来,东汉重新设立西域都护和戊己校尉,这标志着汉对西域的控制重新确立。

永平十八年(公元 75 年),汉明帝崩,北匈奴乘机反攻西域。焉耆、龟兹等亲匈奴诸国攻杀汉西域都护陈睦,西域交通又绝。汉援兵不至,班超在疏勒孤立无援,而龟兹、姑墨多次发兵攻疏勒,班超守槃橐城,与忠为首尾,士吏单少,拒守岁余。章帝即位,以陈睦新没,班超单危不能自立,下诏征班超返朝,这实际上意味着放弃西域。建初元年(公元 76 年),朝廷诏令撤销西域都护及戊已校尉,令班超还朝。班超启程出发,疏勒举国忧恐,怕又被龟兹灭掉,其都尉黎弇自刭。当他们到于阗时,于阗王侯皆号泣挽留,说“依汉使如父母,诚不可去”。他们抱住班超坐骑的马脚,班超不得行,又“欲遂本志”,就又返回疏勒。疏勒已降龟兹,并与尉头国连兵。班超捕斩反者,击破尉头,杀 600 余人,疏勒复安。

建初三年(公元 78 年),班超率疏勒、康居、于阗、扜弥诸国兵 1 万人攻姑墨石城,破之,斩 700 余人。班超想乘胜平定西域,上疏请兵,曰:

> 臣窃见先帝欲开西域,故北击匈奴,西使外国,鄯善、于阗,即时向化。今扜弥、莎车、疏勒、月氏、乌孙、康居复愿归附,欲共并力破灭龟兹,平通汉道。若得龟兹,则西域未服者百分之一耳。臣伏自惟念,卒伍小吏,实愿从谷吉效命绝域,庶几张骞弃身旷野。昔魏绛列国大夫,尚能和辑诸戎,况臣奉大汉之威,而无铅刀一割之用乎?前世议者皆曰取三十六国,号为“断匈奴右臂”。今西域诸国,自日之所入,莫不向化,大小欣欣,贡奉不绝,唯焉耆、龟兹独未服从。臣前与官属三十六人奉使绝域,备遭艰厄。自孤守疏勒,于今五载,胡夷情数,臣颇识之。问其城郭小大,皆言“倚汉与依天等”。以是效之,则葱岭可通,葱岭通则龟兹可伐。今宜拜龟兹侍子白霸为其国王,以步骑数百送之,与诸国连兵,岁月之间,龟兹可

擒。以夷狄攻夷狄,计之善者也。臣见莎车、疏勒田地肥广,草牧饶衍,不比敦煌、鄯善间也,兵可不费中国而粮食自足。且姑墨、温宿二王,特为龟兹所置,既非其种,更相厌苦,其势必有降反。若二国来降,则龟兹自破。愿下臣章,参考行事。诚有万分,死复何恨。臣超区区,特蒙神灵,窃冀未便僵仆,目见西域平定,陛下举万年之觞,荐勋祖庙,布大喜于天下。[1]

此疏详细分析了西域形势,陈述了经营西域的战略和策略,并表达了个人献身复通西域事业的愿望和决心。朝廷知道班超有把握取得胜利,同意了他的计划。建初五年(公元80年),遣假司马徐干领兵千人增援。正在班超谋划进攻龟兹时,莎车以为汉朝不会出兵,降于龟兹,疏勒也发生了都尉番辰的反叛。徐干领兵至,与班超会合,大破番辰,斩千余人。班超欲借助乌孙的兵力以平龟兹,上疏朝廷请遣使招慰。章帝采纳了班超的建议,遣使结好乌孙。建初八年(公元83年),班超被任命为将兵长史,假鼓吹幢麾。以徐干为司马,别遣卫侯李邑护送乌孙使者,赐大小昆弥以下锦帛。李邑向朝廷谗毁班超,受到章帝的斥责。《后汉书·班超传》记载:

> 李邑始到于阗,而值龟兹攻疏勒,恐惧不敢前。因上书陈西域之功不可成。又盛毁超拥爱妻,抱爱子,安乐外国,无内顾心。超闻之叹曰:"身非曾参而有三至之谗,恐见疑于当时矣!"遂去其妻。帝知超忠,乃切责邑,曰:"纵超拥爱妻,抱爱子,思归之士千余人,何能尽与超同心乎?"[2]

班超遣李邑护送乌孙侍子回朝。第二年,朝廷派和恭等率兵八百增援,班超调发疏勒、于阗兵击莎车。莎车以重利诱疏勒王忠反叛,忠据乌即城,班超则立其府丞成大为疏勒王,发疏勒国不反者攻忠,半年不能下,康居又遣兵救疏勒。当时康居刚与月氏通婚,班超派人出使月氏,赠月氏王大量锦帛,月氏王劝康居王罢兵,班超则占领了乌即城,捉

---

〔1〕《后汉书》卷47《班超传》,第1575-1576页。
〔2〕《后汉书》卷47《班超传》,第1578页。

忠回疏勒国都。三年后,忠又向康居借兵,出居损中城,暗中与龟兹结谋,向班超诈降,班超将计就计,擒杀忠,击破其众。章和元年(公元87年),班超调发于阗等国兵25000人再击莎车。龟兹则遣将发温宿、尉头、姑墨等国兵5万人救莎车。班超采取骄兵之计,引龟兹王、温宿王各领兵出莎车,班超以奇兵突袭,击降莎车,各国援兵奔散。"自是威震西域","南道于是遂通"[1]。

永元二年(公元90年),发生葱岭以西大月氏东侵。这时西迁的大月氏建立起强大的贵霜王朝。大月氏贵霜王曾助汉攻车师,这一年贵霜王"贡奉珍宝、符拔、师子",效乌孙国求娶汉公主,被班超拒绝,因而引起了大月氏王的怨恨。大月氏王遣副王谢率兵七万,越过葱岭进攻班超。在敌我力量悬殊的情况下,班超坚壁清野,又派兵邀击其向龟兹求援的使团,尽杀之,遮断其与龟兹的联络。谢粮尽援绝,遣使请罪撤兵。大月氏"由是大震,岁奉贡献"[2]。和帝永元三年(公元91年),大将军窦宪连破北匈奴,北匈奴主力向西迁徙,西域基本解除了匈奴的威胁。随着匈奴势力的衰落,龟兹、姑墨、温宿皆降。汉以班超为西域都护,居于龟兹,改立龟兹王。西域都护已中断70余年,至此恢复。永元六年(公元94年),班超发龟兹、鄯善等8国兵7万人及汉吏士贾客1400人,大破焉耆,斩其王。焉耆、危须、尉犁皆降,西域50余国皆遣质子内属于汉。沿塔里木盆地南北的丝路主道全部畅通,从而实现了西域的第二次复通。"其条支、安息诸国至于海濒四万里外,皆重译贡献"[3]。第二年,和帝下诏褒奖班超,诏书有云:

> 往者匈奴独擅西域,寇盗河西,永平之末,城门昼闭……先帝重元元之命,惮兵役之兴,故使军司马班超安集于阗以西。超遂逾葱岭,迄县度。出入二十二年,莫不宾从。改立其王,而绥其人。不动中国,不烦戎士,得远夷之和,同异俗之心,而致天诛……其封

---

〔1〕《后汉书》卷47《班超传》,第1580页。
〔2〕《后汉书》卷47《班超传》,第1580页。
〔3〕《后汉书》卷88《西域传》,第2910页。

超为定远侯,邑千户。[1]

班超实现了他"立功异域,以取封侯"的理想。永元九年(公元 97 年),班超曾遣甘英出使大秦,未果。永元十二年(公元 100 年),班超年老思乡,上书乞归,言辞恳切,表达了强烈的眷恋故土之情:"狐死首丘,代马依风","臣不敢望到酒泉郡,但愿生入玉门关","谨遣子勇随献物入塞,及臣生在,令勇目见中土"[2]。其妹班昭也上书替他委婉陈辞,终于感动朝廷。永元十四年(公元 102 年),班超回到洛阳,拜为射声校尉。不久病卒,终年 71 岁。

安帝永初元年(公元 107 年),继班超之后的西域都护失和于西域诸国。接替班超的戊己校尉任尚赴任前曾去拜访班超,请教治理西域的经验。班超指出其"性严急"的缺点,教以"荡佚简易,宽小过,总大纲"的原则,任尚不以为然。结果,"尚至数年,而西域反乱,以罪被征,如超所诫"[3]。敦煌长史索班率军千人屯田伊吾,受到北匈奴与车师后部连兵进攻,被杀。汉安帝以班超的少子班勇为军司马,出敦煌迎回都护及屯田士兵。汉"因罢都护,后西域绝无汉吏十余年"[4]。北匈奴余部与车师后部的势力及于天山东部,且屡次侵扰河西。

安帝延光二年(公元 123 年)夏,东汉朝廷就西域的经营抑或弃置进行过反复辩论,终于采纳班勇的建议,重新经营西域。朝廷以班勇为西域长史,率兵 500 人,出屯柳中(今新疆鄯善西南)。第二年正月,班勇到楼兰故城,奖励归附于汉的鄯善王,并以恩信开导龟兹、姑墨、温宿等国,使之降附。随后班勇又发诸国兵到车师前王庭,击走北匈奴伊蠡王,收复车师前部。延光四年(公元 125 年)秋,班勇率军大破车师后部,杀其王军就,报索班之耻。顺帝永建元年(公元 126 年),立车师后部王之子特奴为王,又击斩东且弥王,更立其种人为王,车师前后部由此得到安定。这年冬天,班勇发诸国兵出击北匈奴呼衍王,呼衍王远

〔1〕《后汉书》卷 47《班超传》,第 1582 页。
〔2〕《后汉书》卷 47《班超传》,第 1583 页。
〔3〕《后汉书》卷 47《班超传》,第 1586 页。
〔4〕《后汉书》卷 47《班超传》,第 1587 页。

欧·亚·历·史·文·化·文·库·

遁,其众2万余人投降。经过班勇多次军事上的打击,匈奴单于逃至枯梧河边,此后"车师无复虏迹,城郭皆安"[1]。永建二年,班勇率军与敦煌太守张朗分道合击焉耆,约期会师。张朗急于邀功,先期赶到焉耆,焉耆降。实现了西域的第三次复绝。然而班勇却因晚至而获罪,征还下狱,免刑,后卒于家。班勇熟谙西域道里、风情和政治状况,曾在安帝末年著有《西域记》一书,记载西域事甚详,此书已佚。范晔撰《后汉书·西域传》主要依据其材料,所以他说:"今撰建武以后其事异于先者,以为《西域传》,皆安帝末班勇所记云。"[2]

东汉时,西域丝道三绝三通,班超、班勇父子在复通西域的过程中,建有卓越功绩。由于他们艰苦卓绝的斗争,稳定了西域的局势,进一步加强了中原和西域地区的经济文化交流,通向中亚、西亚以致远达欧洲的丝绸之路重新畅通无阻,从而促进了中西经济文化交流的继续发展。东汉时由于建都于洛阳,因而丝绸之路的东端延伸至此,中西交通和经济文化交流十分繁盛,葱岭以西诸国与汉交往频繁,各交通要道商贾车牛,动辄以千计。《后汉书·章帝纪》载元和二年(公元85年)二月丙子诏书云:"朕巡狩岱宗,柴望山川,告祀明堂,以章先勋。……要荒四裔,沙漠之北,葱岭以西,冒耏之类,跋涉悬度,陵践阻绝,骏奔郊畤,咸来助祭。"[3]李贤注:"《字书》曰:'耏,多须貌,音而。'言须鬓多,蒙冒其面。或曰,西域人多著冒而(须)长,故举以为言也。"[4]黄侃云:"冒,蛮夷头衣;耏即而,须鬓也,今西夷皆可以此呼之。"[5]诸胡助祭反映的是当时中外交往的扩大和汉朝国际地位的提高。

11.1.3.3 匈奴的破灭和西迁

匈奴西迁,不仅仅是中国历史上的重要事件,也不仅仅是东汉一个朝代的事,而是前后延续三百多年的世界史上的重大事件。但这件事是从东汉开始的,而且与东汉和匈奴的斗争及其对西域的经营直接

〔1〕《后汉书》卷47《班超传》,第1590页。

〔2〕《后汉书》卷88《西域传》,第2913页。

〔3〕《后汉书》卷3《章帝纪》,第150页。

〔4〕《后汉书》卷3《章帝纪》,李贤注,第151页。

〔5〕黄侃:《读〈汉书〉〈后汉书〉札记》,见中华书局编辑部编:《文史》,1962年,第1辑。

相关。

东汉明帝永平十六年（公元 73 年），东汉王朝开始对北匈奴大举反击。窦固等分兵四路，深入北匈奴腹地，大败匈奴。向北追至蒲类海（新疆巴里坤湖），留屯伊吾卢城（新疆哈密）。汉章帝时，北匈奴日见穷蹙，"南部攻其前，丁零寇其后，鲜卑击其左，西域侵其右，不复自立，乃远引而去"[1]。北匈奴内部离叛，先后有数十万口入塞投降。和帝永元元年（公元 89 年），东汉大将军窦宪、耿秉等会合南匈奴进攻北匈奴，大战于稽落山（今蒙古汗呼赫山脉），连战皆捷。追击到私渠北提海（今蒙古邦察干湖），降者 20 余万人，北单于逃向乌孙。汉军勒铭燕然山而还。这是一次带有决定意义的大战，它标志着匈奴被汉朝彻底击溃，汉匈对抗达数百年之久，以匈奴的最终失败而告终。永元三年（91 年），"北单于复为右校尉耿夔所破，逃亡不知所在"[2]。大概从这一年起，北匈奴便有一部分开始向西迁徙，而余部大部分并属于鲜卑，一部分留在漠北西北隅，到 5 世纪时为柔然吞并；另一部分留在天山以北，又持续活动了 60 多年。

根据汉文文献记载，西迁的匈奴先抵达伊犁河上游、特克斯河和纳伦河流域，又进至费尔干纳盆地，又到康居的居地，大致活动在巴尔喀什湖与咸海之间。以后的情况，汉文文献失载。在中国史书中，东汉末年（公元 151 年）以后北匈奴的行踪未再有纪年史事。根据西文文献记载，在 4 世纪下半叶，亦即中国东晋十六国时期，匈人（Huns）出现在里海以北。匈奴人在失去了原来活动的地区后继续西迁，他们不能沿当年月氏人西迁的路线活动，因为他们无力与中亚的贵霜王朝对抗，他们大概只能顺着过去斯基泰人流动的辽阔草原逐水草而居。据西文文献记载，西迁的匈奴人于公元 371 年（东晋简文帝咸安元年）击败了居住在伏尔加河、顿河流域的阿兰人（即奄蔡，魏晋时称阿兰，或阿兰聊），迫使阿兰人西迁。阿兰人向西进攻东哥特人，其中一支则与

---

〔1〕《后汉书》卷 89《南匈奴传》，第 2950 页。
〔2〕《后汉书》卷 89《南匈奴传》，第 2954 页。

汪达尔人一道西迁,于公元409年进入西班牙,建立汪达尔—阿兰王国。公元374年(东晋孝武帝宁康二年),匈人越过顿河,征服了东哥特人;进而渡过德聂斯特河,击败西哥特人,迫使部分西哥特人迁往多瑙河以南的罗马帝国境内,西哥特人受到罗马统治者的压迫而被迫起义,加剧了罗马帝国的动荡局势。

公元5世纪初,匈人占领以班诺尼亚(Pannonia,在今匈牙利)为中心的中欧一带,后由其首领阿提拉(公元434－453年)建立匈人帝国。阿提拉时是匈人最强盛的时期,疆域东起里海,西至莱茵河,北达波罗的海,南及多瑙河。匈人曾进攻东罗马帝国,迫其纳贡,又进攻西罗马帝国,促其衰亡。公元451年,沙隆之战失败;公元453年,阿提拉死,诸子内讧。公元454年,日耳曼人重创匈军,匈人帝国瓦解。匈人的主体返回里海北部,一部分留在班诺尼亚,与后来的马扎尔(Maggars)人相融合,形成匈牙利民族。匈人在欧洲的活动,前后有80余年,不仅震撼了整个欧洲,而且引起一系列民族迁徙,对欧洲乃至世界历史的进程产生过重大影响。

18世纪50年代,法国学者德经(Joseph De Guignes)著《匈奴人、土耳其人、蒙古人全史》(*Histoire générale des Huns des turcs, des Mongols*)首先提出由匈奴人而产生了匈人(Huni)的观点,从此"匈人是否匈奴人"成为学术界长期争论的课题,历时两个多世纪。19世纪,德国汉学家格拉勃洛德(H. J. Blaproth)提出匈奴乃突厥族,Huni属芬族。德国汉学家夏德(Friedrich Hirth)信从德经的观点。19世纪至20世纪,学者们运用语言学、考古学和文化人类学的多种资料和方法进行研究,说明在匈人和匈奴人之间不能简单地画等号或不等号,匈人的出现与北匈奴的西迁有明显的关系,西迁的北匈奴人可能是匈人的主要族源之一。

11.1.3.4 匈奴人在中西方交流中的中介作用

根据古代文献记载与有关匈奴人活跃的年代和迁徙路线的遗址文物的考察,可以认为,匈奴人最初之文化乃北方草原游牧文化,后来受秦、汉文化影响越来越大,汉化程度很深。吕思勉认为匈奴政教风俗,与中土相类者极多。匈奴自古以来与汉族杂居黄河流域,其渐染汉族文化之深,固无足怪。汉族敬天而尊祖,而《史记·匈奴列传》记载匈奴风俗云:"岁正月,诸长小会单于庭,祠。五月,大会茏城,祭其先、天地、鬼神。"[1]《后汉书》称其俗"岁有三龙祠,常以正月、五月、九月戊日祭天神"[2]。匈奴围汉高祖于平城,其骑西方尽白,东方尽駹,北方尽骊,南方尽骍。月尚戊己,祭天神以戊日。这正是依中国五行干支之说。其俗又信巫,单于听巫之言,诛贰师将军李广利以祠;埋羊牛于汉军所出诸道及水上以咒诅汉军。单于遗汉朝皇帝衣裳,常使巫祸祝之。这些都是汉之古俗。匈奴称其君为"撑犁孤涂单于","撑犁"意即"天","孤涂"意即"子";老上单于自称"天之所生日月所置匈奴大单于"[3],狐鹿姑单于遗汉书云:"胡者,天之骄子。"[4]则汉人称皇帝为"天子",感天而生之说,亦为匈奴所习闻。永光元年,汉使韩昌、张猛与匈奴盟约,俨然古代束牲载书之辞。匈奴之俗虽与秦汉习俗多所不同,而与夏商之世则极相类,如"其送死,有棺椁、金银、衣裳而无封树、丧服。近幸臣妾,从死者数百人"[5]。

从匈奴人使用的文字来看,也可知匈奴汉化之深。匈奴征服西域在汉文帝三四年之前,在此之前,匈奴人早与中原书疏相往还。汉遗单于书以尺一牍,中行说令单于以尺二牍,及封印,皆令广长大,说明他们的书写工具与汉族相同。匈奴与汉朝书疏往还之文字,并没有说出于译人之润饰,说明匈奴使用的文字亦与汉人相同。据《一切经音义》:"匈奴谓引弓曰控弦",可知匈奴之语与汉族相同。王国维认为匈奴官制也受到汉地影响。其《匈奴相邦印跋》指出:"匈奴相邦玉印藏皖中黄氏。其形制文字,均类先秦古称,当是战国迄秦汉间之物。考六国执政者均称相邦。秦有相邦吕不韦(见戈文);魏有相邦建信侯(见剑

〔1〕《史记》卷110《匈奴列传》,第2892页。

〔2〕《后汉书》卷89《南匈奴列传》,第2944页。

〔3〕《史记》卷110《匈奴列传》,第2899页。

〔4〕《汉书》卷94《匈奴传》:"单于遗使遗汉书云:'南有大汉,北有强胡。胡者,天之骄子也,不为小礼以自烦。'"

〔5〕吕思勉:《中国民族史》,东方出版中心1987年版,第40页。

文）。令观此印,知匈奴亦然矣。史家作'相国'者,盖避汉高帝讳改。《史记·大将军骠骑列传》屡言获匈奴相国都尉。而《匈奴列传》记匈奴官制,但著左右贤王以下二十四长,而不举其目。又言二十四长亦各自置千长、百长、十长、裨小王、相封、都尉、当户、且渠之属。相封即相邦。古邦、封二字,形声并相近。易邦为封,亦避高帝讳耳。惟《匈奴传》之'相封',谓左右贤王以下所置相。匈奴诸王各有分地,大略如汉之诸侯相。此匈奴相邦,则单于自置之相,略如汉之丞相矣。"[1]

汉朝对匈奴有意施行汉化政策,汉初娄敬说刘邦与匈奴和亲便有此意,他说:"陛下诚能以适长公主妻单于,厚奉遗之。彼知汉女送厚,蛮夷必慕,以为阏氏。生子必为太子,代单于。何者?贪汉重币。陛下以岁时汉所余彼所鲜数问遗,使辩士风谕以礼节。冒顿在,固为子婿;死,外孙为单于,岂曾闻外孙敢与大父亢礼哉?可毋战以渐臣也。"[2]随着汉朝与匈奴的和亲和通市,匈奴的汉化进程明显加快。匈奴人非常喜欢汉朝的东西,"其攻战,斩首虏,赐一卮酒"。来自汉地的酒为其珍重如此。汉朝遗之以缯絮、秙糵,岁有数,所以中之也。自关市之通,匈奴单于以下皆亲汉,往来长城下,几堕马邑之权。而犹乐关市,不能绝,可知匈奴陷溺于汉文化之深。文帝时贾谊便提出"以匈奴之众为汉臣民制之,令千家而为一国,列处之塞外,自陇西延至辽东,各有分地以卫边,使备月氏、灌窳之变"的设想。他还提出"三表五饵"之建议,实际上就是如何逐步同化匈奴,达到不战而胜的目的。[3]对于匈奴的汉化倾向,投降匈奴的汉人中行说最早意识到问题的严重性,他劝告匈奴说:"匈奴人众不能当汉之一郡,然所以强者,以其衣食异,无仰于汉也。今单于变俗好汉物,汉物不过什二,则匈奴尽归于汉矣。"裴骃《史记集解》引韦昭曰:"言汉物什之二入匈奴,匈奴则动心归汉矣。"因此中行说极力贬低汉物,以改变匈奴人亲汉心态,"其得汉缯絮,以驰草棘中,衣裤皆裂敝,以示不如旃裘之完善也;得汉食物皆去之,以示不

---

〔1〕王国维:《观堂集林》,中华书局1959年版,第914-915页。

〔2〕《汉书》卷43《娄敬传》,2122页。

〔3〕〔西汉〕贾谊:《新书》卷4,收于《二十二子》,上海古籍出版社1985年版,第742页。

如湩酪之便美也"[1]。中行说还强词夺理与汉使相辩论,盛夸匈奴文化之优越,目的则是阻挡匈奴汉化倾向的发展。然而游牧民族对农耕文化的依附性和汉文化作为强势文化的强大渗透力,终于造成汉文化对匈奴的影响不可阻挡之势。

在发掘唐努乌梁海匈奴人墓葬时发现的毡、陶器等,考其形制,可知受中原文化影响之深。1924年,苏联科兹洛夫所率蒙藏探险队在库伦(今蒙古乌兰巴托)北70公里,位于库伦和恰克图大道东7公里处发掘3组古墓,共221座。其中发现的织品和花绢,与斯坦因在楼兰发现的时代相同。墓中还出土汉代五铢钱、汉镜及汉通行隶书,其时漠北正在匈奴人统治之下,显然是汉代时匈奴人墓。墓葬中出土有来自汉朝的刺绣、漆器、青铜器,还有来自中亚的毛织品,而其绣品质地及所见图案花形则有中国式、波斯式和希腊式。20世纪40年代,苏联考古工作者在叶尼塞河上游的哈卡斯州首府阿巴干市以南8公里处,发现中国式建筑。考古工作者认为是投降匈奴的汉朝大将李陵的住所,因而称之为"李陵宫"。屋顶用板瓦及筒瓦覆盖,房檐有圆形瓦当,上有反印的隶书八分体汉字"天子千秋万岁常乐未央"[2]。20世纪50年代中期以来,汉代匈奴墓葬在我国境内北部和西北部多有发现,如内蒙古准格尔旗西沟畔、东胜县补洞沟、宁夏同心县倒墩子、青海大通上孙寨等处的匈奴墓地或墓葬的发掘,都有重要的发现。其时代从西汉初期至东汉后期,以西汉中晚期的匈奴墓发现数量最多。这些匈奴墓既保留有草原民族的文化特色,又包含了大量汉文化因素。在不少东汉晚期的匈奴墓中,汉文化特征占据主导地位,说明入居内地的匈奴人已逐渐与汉族融合。[3]

有史料表明,匈奴人早就与西域民族有所交往和交流。在公元前一千纪中期以后不久的匈奴遗物中,就兼有东西方文化的因素。其东方因素的器物,比传到西亚的更接近东方,如尖裆鬲;而西方因素的器

〔1〕《史记》卷110《匈奴列传》,第2899页。
〔2〕周连宽:《苏联南西伯利亚所发现的中国式宫殿遗址》,载《考古学报》1956年第4期。
〔3〕刘庆柱:《秦汉考古学五十年》,载《考古》1999年第9期,第35-46页。

物比传到华北黄河流域的更接近中亚和西亚,如河套地区出土的公元前 5~6 世纪匈奴人的短剑,与中亚所出的短剑极为相似。匈奴遗物中有一种兽形小带钩,河套地区所出多卧羊、卧牛形和羊头的小带钩,与西亚、西伯利亚所出卧鹿、卧羊、狗头等形象类似,其形象是游牧地区经常接触到的动物。[1] 美国学者伊佩霞(Patricia Buckley Ebrey)《剑桥插图中国史》书中插入一件匈奴金属带扣的图片,大约为公元前 3 世纪制品,作者指出这枚饰件能够证明匈奴人与亚洲更西部的游牧民如斯基泰人有所接触,后者也喜欢有动物图案的挂饰和带扣。匈奴文化也接受了希腊、罗马文化的影响。库伦北 70 公里古墓第 12 号墓出土的一件丝织品,用红黄棕等色丝线绣着三座小山和三朵白云,当中小山上有一株枝叶茂密的大树,两旁小山上各有一只飞鸟。这幅图画带有明显的希腊风格。第 24 号墓中出土的垫毡上的刺绣图案是斗兽图像,与黑海北岸出土的斯基泰人金、银、陶器上刻画的图像相同。苏联考古工作者在蒙古诺颜山下和恰克图一带的匈奴人墓葬中,发现的遗物既有来自汉朝的丝织品、漆器等,也有压擀羊毛、驼毛制成的毛毡,毡制品上的图案带有西方色彩。第 6 号墓出土的一件毛织物上绣出的禽兽争斗纹,是流行于西亚、中亚的纹饰,而缘边又镶着菱纹、云纹锦,则是中国中原地区的纹饰。阿巴干市南 8 公里处中国式建筑,铺首上却铸着高鼻梁的欧罗巴人种的形象。据《汉书·陈汤传》记载,陈汤率汉军进攻匈奴郅支单于,当汉军逼近郅支单于城时,见"步兵百余人夹门鱼鳞陈,讲习用兵"。颜师古注云:"言其相接次,形若鱼鳞。"而且其"土城外有重木城"[2]。英国牛津大学教授德效骞认为这是按照罗马军团操练叠锁盾的龟甲形阵。郅支单于城的结构,与一般的中亚城市不同,用多重木栅作为土城的外围,这也和罗马城防工事一样。因此推测这是由罗马传入的军事技术,甚至郅支单于部下有罗马军团参与了郅支城的保卫战。公元前 54 年,罗马将军克拉苏斯的部队被安息人击

---

〔1〕宿白:《考古发现与中西文化交流》,文物出版社 2012 年版,第 18–19 页。
〔2〕《汉书》卷 70《陈汤传》,第 3013 页。

溃,他们的余部可能加入了匈奴的军队。当然还有其他可能,比如在郅支手下有接受了罗马军事训练的安息士兵,或者有岁马的军事顾问等[1]。在叶尼塞河上游的米努辛斯克、其西北的托木斯克,再向西的托博尔河与伊路西德河汇合处,考古发现了山字纹战国铜镜和西汉精白镜、日光镜,可能都是北匈奴的遗物。18世纪时发现的托博尔河与伊路西德河汇合处的古墓葬群中,出土战国两汉铜镜多达数百枚。日本东亚考古学会江上波夫和水野清一曾在内蒙古长城一带从事考古活动,1935年,撰《内蒙古长城地带》一书,第二篇"绥远青铜器"认为绥远之青铜器含有中国式和西徐亚(塞族)式,所以称之为"北方欧亚文化"[2]。

汉代时匈奴人在中西文化交流中发生过重要影响,继续担当了中间媒介作用。蒙古考古工作者发掘漠北匈奴人墓葬,出土大量来自汉朝的物器,有铁器、铜器、陶器、木器、漆器、石器、五铢钱、板瓦、筒瓦、瓦当、马具、黄金、服饰和丝织品,反映了匈奴与汉朝广泛的物质文化交流和匈奴受汉文化的深刻影响。在汉匈和亲过程中,匈奴人从汉朝获得大量丝绵和织品。有人认为匈奴骑马游牧,丝织品对他们用处不大,他们索要主要是为了和西方交换。这是出于想象。丝织品作为高档衣料,无论在汉朝,还是匈奴,都是贵族奢侈品,不是一般百姓享用的。对于匈奴来说,主要的应该还是贵族用品,但匈奴人用从汉朝获得的丝织品与其他民族交换,应该也是事实。从大量考古文物可知,匈奴文化融合了中西方的文化,匈奴北部曾是中西文化的一个汇合点。由此可以推知,汉代匈奴强盛时其北部存在着一条联系东西方的草原之路,"通过蒙古地区向北再向西,由于和匈奴关系的发展,在公元前后也曾

〔1〕〔英〕德效骞:《古代中国的一座罗马人城市》,丘进译,见《中外关系史译丛》第4辑,上海译文出版社1988年,第364－373页。1940年,德效骞在《通报》第36期发表《公元前36年中国人与罗马人的一次军事接触》,随后加以补充,写成《古代中国境内的一座罗马城》,1957年先在伦敦的中国研究会上发表演讲,随后以单行本发表。H. H. Dubs, " A Military Contact between Chinese and Romans in 36 B. C.", T'oung Pao, 36 (1940), pp. 64－81;H. H. Dubs, A Roman City in Ancient China, London 1957. 丘进译文据以摘译。

〔2〕〔日〕江上波夫、水野清一:《内蒙古长城地带》,新时代社1971年版。

盛行一时"[1]。当匈奴崛起于中国北方草原之时,曾迫使月氏西迁,由此引发的一系列民族迁徙,如乌孙的北迁和塞人的南徙,改变了西域和中亚地区的民族分布,推动了中西之间文化的交流。匈奴西逐月氏,其势力进入中亚地区。后来匈奴分裂为南北二部,南匈奴降汉,完全汉化;北匈奴西迁后,又同化于希腊、罗马文化。从北匈奴开始西迁,至匈人称雄于欧洲,时间长达300多年,行程数万里。在这个过程中,许多不同的部落、民族之间不仅在文化上,甚至在血缘上相互影响,极为复杂。从这个意义上来说,匈奴西迁的过程又是一个东西方文化交流、融合的过程。匈奴人所到之处,带去了中国中原文化,同时不断吸收各地文化,最后同化于西方文化。

11.2　东汉丝绸之路的变迁

11.2.1　丝绸之路起点的变迁

丝绸之路的空间起点与历史起点有联系,因为丝绸之路最早创辟的出发点应该就是最早的空间上的起点。西周以镐京为政治中心,那是穆王西征的起点,穆王往返经行各地和道里途程,在《穆天子传》中有专门记载和统计,便是"自宗周、瀍水以西,至于河宗之邦、阳纡之山",而后辗转至"西王母之邦","[宗]周至于西北大旷原,一万四千里,乃还"[2]。宗周的政治中心是镐京,在今西安市长安区境内。张骞出使西域时西汉国都长安与之大致相同,在今之西安市南部。因此,长安即今之西安成为丝绸之路最早的起点没有争议。我们把一个城市作为丝绸之路起点的标志,这样的城市却不是固定不变的,由于各种各样的原因,一个城市政治经济地位常常发生巨大的变化,长安也是如此。长安没有永远保持政治经济中心的地位,丝绸之路起点的地位便不可避免地旁落或转移到其他城市。总的来看,西汉时丝路起点在都城长安,东汉时随政治中心的转移则延伸至洛阳。

〔1〕宿白:《考古发现与中西文化交流》,文物出版社2012年版,第34页。
〔2〕佚名:《穆天子传》卷4,收于《汉魏丛书》,第298页。

东汉建立,以洛阳为首都,丝路东端随之由西汉时的长安东移至洛阳。古代贸易以贡使贸易为主,彼此间贡使活动则是主要的贸易活动,而贡使贸易的主要目的地则是对象国之首都,诸国接待外来使节的机构和活动当然也主要在首都。西汉时,长安涉外机构主要有鸿胪寺和主客曹。鸿胪寺主持外交事务,其长官为大鸿胪,属诸卿系统。关于其职名沿改,《汉书百官公卿表》云:"典客,秦官,掌诸归义蛮夷,有丞。景帝中六年更名大行令,武帝太初元年更名大鸿胪。属官有行人、译官、别火三令丞及郡邸长丞。武帝太初元年更名行人为大行令,初置别火。王莽改大鸿胪曰典乐。"[1]主客曹也是掌管外交与民族事务的专职机构。长官为主客尚书,属尚书系统,其职责"主外国四夷事"[2]。由于事务繁杂,其下置郎官以协助处理具体事务。汉初还承秦制,置典属国之职,其职责"掌蛮夷降者""周边之属国"和"四方夷狄朝贡侍子"[3]。据《汉书·成帝纪》,河平元年(公元前 28 年)六月,"罢典属国并大鸿胪"[4]。

禁中少府属官黄门令也负责部分海外事务,《汉书·地理志》记载:"有译长,属黄门,与应募者俱入海市明珠、璧琉璃、奇石异物,赍黄金杂缯而往。"[5]他们的任务是负责为皇室搜罗天下宝物和奇禽异兽。长安城内还设有专门接待海外来宾的馆舍,称"蛮夷邸"。《三辅黄图》记载:"蛮夷邸,在长安城内藁街。"[6]这些机构和设施,东汉时皆置于洛阳。东汉时又改王莽时典乐为大鸿胪,从此成为固定的名称,主客曹在光武帝时又分为南主客曹和北主客曹。而据《后汉书·西域传》,洛阳亦有"蛮夷邸"[7]。据同书《南匈奴传》又有"胡桃宫",皆为外商或匈奴单于在洛阳的活动所提供的场所。尚书中宫官为皇帝的近密和

〔1〕《汉书》卷 19《百官公卿表》上,第 730 页。

〔2〕〔东汉〕应劭:《汉官仪》,见《后汉书·光武帝纪上》李贤注引,第 15 页。

〔3〕参黎虎:《汉唐外交制度史》,兰州大学出版社 1998 年版,第 60-61 页。

〔4〕《汉书》卷 10《成帝纪》,第 309 页。

〔5〕《汉书》卷 28《地理志》,第 1671 页。

〔6〕佚名撰,黄清谷校注:《三辅黄图校注》卷 6,三秦出版社 1995 年版,第 373 页。

〔7〕《后汉书》卷 88《西域传》记载,班超"斩焉耆、尉黎二王首,传送京师,悬蛮夷邸"。李贤注云:"蛮夷邸皆置邸以居之,若今鸿胪寺也。"第 2931 页。

喉舌,大鸿胪是外官,属外朝,他们相互配合,共同负责外交事务。皇帝关于外交方面的指令,通过尚书撰写为诏令,下达大鸿胪具体执行和运作。这些处理外交事务的机构在首都,因此首都当然是中外交往的中心,都城的东迁必然牵动中西交通路线的向东延伸。东汉时汉使出行自洛阳出发,西域各国使节东行亦至洛阳。

西汉时域外诸国人入华,多沿丝路至长安。东汉时东来的西域质子、使者和商胡则至洛阳,并深入中国内地。《后汉书·西域传论》云:"汉世张骞怀致远之略,班超奋封侯之志,终能立功西遐,羁服外域。自兵威之所肃服,财赂之所怀诱,莫不献方奇,纳爱质,露顶肘行,东向而朝天子。"[1]据《后汉书·和帝纪》记载,永元七年(公元 95 年),班超"大破焉耆、尉犁,斩其王,自是西域降服,纳质者五十余国"[2]。《后汉书·乌桓传》记载:"顺帝阳嘉四年冬,乌桓寇云中,遮截道上商贾车牛千余辆。"[3]同书《梁冀传》记载,梁冀起菟园于河南城西,"尝有西域贾胡,不知禁忌,误杀一菟。转相告言,坐死者十余人"[4]。蔡邕《短人赋》所写即域外人之后裔,其序云:"侏儒短人,僬侥之后,出自外域,戎狄别种。去俗归义,慕化企踵,遂在中国,形貌有部(当为'别'字之误)。名之侏儒,生则象父。"[5]由于西域人在中原地区人数不少,汉末的繁钦才能通过观察分辨出各国人相貌的不同,他的《三胡赋》云:"莎车之胡,黄目深精,员耳狭颐;康居之胡,焦头折额,高辅陷口,眼无黑眸,颊无余肉;罽宾之胡,面象炙猬,顶如持囊,隔目赤眥,洞额仰鼻。"[6]

考古材料也说明东汉时洛阳成为西域胡人东来的终点和聚居处。20 世纪初,马衡收集到出土于洛阳的三块刻有佉卢文的弧形条石。据

〔1〕《后汉书》卷 88《西域传》,第 2931 页。

〔2〕《后汉书》卷 4《和帝纪》,第 179 页。

〔3〕《后汉书》卷 90《乌桓鲜卑列传》,第 2983 页。

〔4〕《后汉书》卷 34《梁冀传》,第 1182 页。

〔5〕《初学记》卷 19《人部》,中华书局 1962 年版,第 463 页。

〔6〕〔清〕严可均:《全后汉文》卷 93,见《全上古三代秦汉三国六朝文》,中华书局 1958 年版,第 977 页。

林梅村的研究,此类刻石原为东汉时当地世俗井栏之构件。由此可以推知东汉时京师洛阳地区已有属于犍陀罗语族的中亚人士于此聚居。[1] 1987年洛阳东郊汉代墓葬中出土的一件羽人铜像,深目高鼻,紧衫窄袖,其造像形式明显模仿西域胡人个体形像的特征。

由于东来西往的行人以洛阳为出发点和目的地,《后汉书·西域传》记西域诸国至中国道里远近,则以洛阳为坐标。如安息国"去洛阳二万五千里",大月氏"去洛阳万六千三百七十里",莎车"去洛阳万九百五十里",疏勒"去洛阳万三百里"。异域贡物所至乃中州洛阳,正如王逸《荔枝赋序》所云:"大哉圣皇,处乎中州,东野贡落疏之文瓜,南浦上黄甘之华橘,西旅献昆山之蒲桃,北燕荐朔滨之巨栗。"[2]在"商胡贩客,日款于塞下"的东汉时代,西域商胡千里迢迢赶至洛阳进行商业活动。据《河南志》引华延俊云,洛阳城中位于南北二宫之西的金市、城东的马市和城南的南市,[3]都是当时的工商业区,因丝路起点的东移而盛极一时。佛教之东传,西域僧人之入华传教首至洛阳。《高僧传》记摄摩腾云:"腾誓志弘通,不惮疲苦,冒涉流沙,至乎洛邑。明帝甚加赏接,于城西门外立精舍以处之,汉地有沙门之始也。"[4]竺法兰与摄摩腾同至洛阳译经。安清则"以汉桓之初,始到中夏"[5]。支娄迦谶则于"汉灵帝时游于洛阳"[6]。入华第一批高僧皆至洛阳。

洛阳既是当时全国政治、经济和文化中心,又是丝绸之路的起点。洛阳自古以来便有"居天下之中"之说,以此为中心,交通全国各地。自洛阳往南,第一大商镇是当时被称作南都的南阳(宛),从南阳南下可达江夏与江陵;自江陵往南,经长沙、桂阳而至番禺,番禺是南海贸易

〔1〕林梅村:《洛阳所出东汉卢文井阑碑记》,载《中国历史博物馆馆刊》1989年第13—14期合刊;《洛阳出土文物集粹》,朝花出版社1990年版,图版49;张乃翥:《论洛阳与中外文化交流史相关的若干考古学资料》,见《洛阳——丝绸之路的起点》,中州古籍出版社1992年版,267–270页。

〔2〕费振刚等辑校:《全汉赋》,北京大学出版社1993年版,第517页。

〔3〕〔清〕徐松辑:《河南志》,高敏点校,中华书局1994年版,第51页。

〔4〕〔南朝·梁〕释慧皎:《高僧传》卷1,中华书局1992年版,第1页。

〔5〕〔南朝·梁〕释慧皎:《高僧传》卷1,第4页。

〔6〕〔南朝·梁〕释慧皎:《高僧传》卷1,第10页。

的中心地,这就把海陆两道丝路连接起来。洛阳这种交通中心的地位是为中外文化交流提供了便利的。从国际环境看,东汉时东西方陆路贸易的条件更为便利。1 世纪后期,东汉、贵霜、安息和罗马四大帝国都处于昌盛发达的阶段,他们在军事上都日益强大,逐步吞并了欧亚大陆的大部分疆土。西方的罗马帝国处于全盛时期,东方的东汉王朝也正如日中天,西域的贵霜王国统治着今阿富汗和印度北方的广大地区,处于历史上最强盛的时期。安息则处于三大帝国之间,发挥着重要的中介和缓冲作用。四大帝国都希望在丝路贸易中获利,他们都推行着有利于对外交流的贸易政策,东西方之间以丝绸贸易为代表的经济文化交流进入一个新的发展阶段。

11.2.2 东汉时西域的"新道"与"北新道"

《汉书·西域传》记载,丝绸之路西域道分南北两道:

> 自玉门、阳关出西域有两道。从鄯善傍南山北坡河西行至莎车,为南道。南道西逾葱岭,则出大月氏、安息。自车师前王庭,随北山坡河西行,至疏勒,为北道。北道西逾葱岭,则出大宛、康居、奄蔡焉。[1]

这是以敦煌为起点,西北行出玉门关为北道,西南行出阳关为南道。但黄文弼经过实地考察并结合文献记载认为:"玉门、阳关相距不远,自此西行,原只一路,出玉门关者由之,出阳关者由之;至沙西井后,再分南北两路进行。"[2]意即南北道从沙西井分行。魏晋时人鱼豢的《魏略·西戎传》云:"从玉门关西出,发都护井,回三陇沙北头,经居卢仓,从沙西井转西北,过龙堆,到故楼兰。"[3]那么,从沙西井转西北,过故楼兰,则进入北道;若从沙西井转西南,经鄯善,则进入南道。东汉时楼兰南迁,鄯善成强国,出南道必经鄯善。因此南道在中西交通上之地位,更显重要。于是当时经营西域的政策一变而为北攻伊吾,南服

---

[1]《汉书》卷96 上《西域传》上,第3872 页。

[2]黄文弼:《古楼兰国历史及其在中西交通上之地位》,载《黄文弼历史考古论集》,文物出版社1989 年版,第316 – 339 页。

[3]《三国志》卷30,裴松之注引鱼豢《魏略·西戎传》,第859 页。

鄯善。

西汉时西域两道至东汉时分为三道。鱼豢《魏略·西戎传》记载：

西域诸国，汉初开其道，时有三十六，后分为五十余。从建武以来，更相吞灭，于今有二十道（当为"国"字之误）。从敦煌、玉门关入西域，前有二道，今有三道。从玉门关西出，经若羌转西，越葱岭，经县度，入大月氏，为南道。从玉门关西出，发都护井，回三陇沙北头，经居卢仓，从沙西井转西北，过龙堆，到故楼兰，转西诣龟兹，至葱岭，为中道；从玉门关西北出，经横坑，辟三陇沙及龙堆，出五船北，到车师界戊己校尉所治高昌，转西与中道合龟兹，为新道。[1]

增加了"新道"的西域三道起自西汉末年平帝时担任西域戊己校尉的徐普。《汉书·西域传》下记载："元始中，车师后王国有新道，出五船北，通玉门关，往来差近。戊己校尉徐普欲开以省道里半，避白龙堆之厄。"[2]"元始"（公元1—5年）是西汉平帝的年号，可见那时或那时以前，"新道"已经存在。但汉朝使节不曾利用这条道路西行，徐普"欲开以省道里之半"，目的是启动这条道路供汉朝使节通行。这件事曾经遭到车师后王国的抵制，但东汉时汉使的确利用了这条道路。"新道"乃为由玉门关入北道的一条支线。从玉门关即今大方盘城起，便折向西北行，经横坑，避开三陇沙及白龙堆，出五船北而达车师（今新疆吐鲁番），转后王国。按照《魏略·西戎传》记载，连接"新道"从车师后王国西行，经天山北麓至乌孙的道路，被称为"北新道"。"北新道西行，至东且弥国、西且弥国、单桓国、毕陆国、乌贪国，皆并属车师后部王。"[3]这是连接欧亚草原丝路的道路。"北新道"成为西域三道之北道，因此原来被称为"北道"的从车师西行至焉耆、龟兹、姑墨、疏勒的道路，便相对被称为"中道"。

北道出车师前王国，转车师后王国，沿伊犁河西行至乌孙北境，然

---

〔1〕《三国志》卷30，裴松之注引鱼豢《魏略·西戎传》，第859页。

〔2〕《汉书》卷96《西域传》下，第3924页。

〔3〕《三国志》卷30，裴松之注引鱼豢《魏略·西戎传》，第862页。

后到康居、奄蔡,这正是欧亚草原路经行之地。"中道"之说,见于《魏略·西戎传》记载,自玉门关到故楼兰后,从故楼兰"转西,诣龟兹,至葱岭,为中道"[1]。此"中道"实即《汉书·西域传》中西汉初之北道。此道开于汉武帝以后,是公元前 60 年汉置西域都护府以后的情况,此道西过榆树泉,经巴什托克拉克,穿越白龙堆(后来称之为罗布硗滩)北头,由罗布淖尔北经楼兰,沿孔雀河北岸西抵库尔勒,和北道相接,西行至龟兹、疏勒,过大宛至康居。这条路线经过楼兰古国,又称楼兰故道。这条路线汉时曾一度封断,至魏晋又恢复,所以鱼豢书中才有记载。至 4 世纪中叶,塔里木河(孔雀河下游)改道,楼兰废弃,交通最终断绝。张骞出使西域,已走此道,西汉时为北道,东汉时成为中道。相对南道和天山以北的北道,称之为中道。此道又称"径道",意为捷径。因为北道行于噶顺戈壁之东边转西,行于库鲁克山之北麓,须绕库木什山,取道焉耆,才到尉犁。不如中道至尉犁近便。赫尔曼《古代中国与叙利亚间的丝绸之路》计算中道为七星期行程,1700 公里;南道为八星期行程,1900 公里;北道为九星期行程,2100 公里。但此道虽距离较近,因为须经过白龙堆(罗布硗滩),缺乏水草,旅途较为艰难。李广利远征大宛,大宛人相与谋曰:"汉去我远,而盐水中数败,出其北有胡寇,出其南乏水草。"[2]汉初楼兰当道,又近汉,常主导发,负水担粮,送迎汉使。东汉明帝时,匈奴势力被驱赶到天山以北,车师前王国土地肥美,物产丰饶,于是重开新道。以新道为北道,行旅循硗滩北缘,入车师前后王国,进入中道或北道。

11.2.3　东汉时中道的利用

鱼豢《魏略·西戎传》记载的这条新道在东汉虽然开通,但由于北匈奴的威胁,人们更多的还是利用经行楼兰城至龟兹进入中道的路线。从东汉至鱼豢的时代行人西出,似乎较少经阳关,故《魏略·西戎传》一再强调"敦煌、玉门关"为西出起点。而从敦煌、玉门关入中道

---

[1]《三国志》卷30,裴松之注引,第862页。
[2]《史记》卷123《大宛列传》,第3174页。

（即汉时北道），实际上有两条道路，一是利用旧有的楼兰道，即经"故楼兰"，转西诣龟兹；一是利用了经车师界戊己校尉所治高昌，转西与中道合龟兹的"新道"。楼兰道从敦煌玉门关出发，到罗布泊北岸楼兰地区。这条道路自张骞通西域后一直是从敦煌通往塔里木盆地的主要道路，所有的交通、贸易和军事行动主要是经过这条通往干涸的罗布湖床北部（即以楼兰遗址为标志）的道路。其具体路线即鱼豢《魏略》中描述的"中道"自玉门关至龟兹的路线：

> 从玉门关西出，发都护井，回三陇沙北头，经居卢仓，从沙西井转西北，过龙堆，到故楼兰，转西诣龟兹，至葱岭，为中道。[1]

1907 年和 1914 年，英国考古学家斯坦因两次在西域考古，都考察了这条路线。据他的研究，玉门关位于被他标为 T. XIV 的遗址，即敦煌西北 70 余公里的小方盘城。"都护井"在他考察的烽燧 T. IV. a 和 T. IV. b 所护卫的长城最西端角上的洼地，处于玉门关与拜什托格拉克谷地之间，这里可以为行旅提供中途歇脚的便利条件。汉代在这里之所以设立兵站，其必要性有两个方面，一是长城最西端明显暴露在外的一角必须得到切实的防卫；二是这里是中原政权控制范围内的最后一个能够长期住人的地方，对于出关前往楼兰或西域的中国军队、使节来说，这是最后的歇脚地，对于那些还能回得来的幸运儿来说，这里是进入关内的第一站。因此对于穿越罗布沙漠的艰苦旅行者来说，这个兵站起到了补给站、桥头堡的作用。"三陇沙"是伸向拜什托格拉克东南的三道沙岭，在玉门关外疏勒河终点附近。斯坦因注意到这三道沙岭不超过 40 英尺高，马车可以通行，其地貌特征一定曾给古代的过客留下极为深刻的印象，因此找出这样一个恰当的名字来给它命名。"都护井"大约就在三陇沙东土山下，即三陇沙东北的雅丹附近[2]，正好处在玉门关与三陇沙的中点上，这里到两点的距离都是 25 英里左

〔1〕《三国志》卷30，裴松之注引鱼豢《魏略·西戎传》，第859页。

〔2〕雅丹：维吾尔语原意为"陡壁的小丘"，现泛指干燥地区一种风蚀地貌。河湖相状沉积物所形成的地面，经风化作用、间歇性流水冲刷和风蚀作用，形成与盛行风向平行、相间排列的风蚀土墩和风蚀凹地（沟槽）地貌组合。这种地质现象在新疆罗布泊东北发育很典型。

右。"居庐仓"可能位于拜什托格拉克,可能是楼兰道开通时建立的诸多早期给养站之一,长城以西的任何其他地点都不具有比这里牧场充裕的优势。"沙西井"可能在拜什托格拉克谷地西端附近的某个地方。"龙堆"就是《汉书》中的白龙堆,是天山南麓敦煌西北、罗布泊以东地区的戈壁。据斯坦因考察,是由于其地貌奇特,似一条"有头无尾的土龙",因而得名。此地乏水草,多盐碱,又因流沙堆积,绵延起伏,婉曲如龙,风沙剥蚀状貌奇特,故称白龙堆。"故楼兰"就是楼兰遗址,东汉时这里是可以居住的地区,在它见诸记载之后一个世纪之内最终被废弃,并变成了沙漠。由于水和耕地的消失,古楼兰道在4世纪前半叶之内已经变得难以通行了[1]。从楼兰故城西行至焉耆、龟兹,北上至车师前王庭(今吐鲁番地区),汉代高昌壁,汉军屯守处。从车师西行至龟兹、焉耆、姑墨、疏勒,越葱岭;从车师北上则越天山,至车师后王庭,沿天山北麓西行。

新的考古资料证明,关于居庐仓的位置,鱼豢的描述与斯坦因的研究可能有误。居庐仓应在罗布泊北岸龙城雅丹地区,即黄文弼先生于1930年发现的土垠遗址。土垠遗址出土的西汉木简文书把它称为居卢訾仓。土垠汉简资料证明"居卢訾仓"在龙堆之西,居庐仓以西有孔雀河,水源充足,不需打井。因此沙西井显然应在居庐仓和龙堆之东、三陇沙之西。所谓沙西井或许就是因为在三陇沙之西而得名,其位置似在羊塔克库都克(甜水井)附近。这里水草较好,现代地图上仍标有从此转西北至楼兰地区(罗布泊北岸)的路线。因此,《魏略》关于中道的记载,应改为:从玉门关西出,发都护井,回三陇沙北头,从沙西井转西北,过龙堆,经居庐仓到楼兰[2]。

中道从楼兰到龟兹,而后西行。沿天山南麓西行的道路汉代即已存在,被称为北道。但汉代北道的起点是车师,即现在的吐鲁番地区,

〔1〕〔英〕斯坦因:《从罗布沙漠到敦煌》,广西师范大学出版社 2000 年版,第 13－16、167 页。

〔2〕孟凡人:《罗布淖尔土垠遗址试析》,穆舜英等主编:《楼兰文化研究论集》,新疆人民出版社 1996 年版,第 242－244 页;巫新华、李肖:《寻秘大海道》,中国社会科学出版社 2000 年版,第 118 页。

从吐鲁番向西北可到达乌鲁木齐,向西经焉耆到达龟兹。自龟兹西行,经过阿克苏和巴楚等绿洲,来到塔里木盆地西端的疏勒(今喀什市),从这里进入帕米尔高原的山路,翻越铁叶尔里叶克山口到达费尔干纳盆地。西汉时楼兰道上的居庐仓曾是一个交通枢纽。土垠汉简资料表明,汉代居庐仓是交通四面八方的一个中心,东通敦煌;西通渠犁、龟兹和乌孙;南通伊循,接西域南道;北通车师与天山北麓的草原路相接[1]。西汉末年,由于居庐仓所在的孔雀河改道南移,沿孔雀河谷地西行的路线由居庐仓南移至楼兰城,楼兰成为楼兰道往西域南北道的分途点,楼兰城在丝路交通中崛起,地位越来越重要。

经过罗布泊地区的楼兰道,自然条件比较恶劣。罗布泊地区一般泛指罗布洼地,东抵北山,西接塔克拉玛干大沙漠,南以阿尔金山前山带、库姆塔格(沙山)为界,北以库鲁克塔格山为界。这里是塔里木地块东部的沉降地块,是叠加在地台上的复合性洼地,四周断裂下陷,因而是塔里木盆地最低的地区,而罗布泊又是这一地区的最低点。罗布泊成为塔里木盆地的集水和集盐中心,干燥、少雨、高温、多风沙。春季风沙肆虐,夏天酷热难当,给通行造成极大困难。特别是三陇沙、白龙堆、罗布泊北岸的龙城(雅丹群和盐漠地带),地貌特殊,环境恶劣,交通不便。

但在两汉以来,这里却是进入西域中道(汉之北道)的主要通道。其原因有二,一是从敦煌、玉门关入汉之北道即鱼豢所谓中道的另一条道路伊吾路,常常处于北方草原民族的控制和威胁之下,人为的障碍较大。汉魏时的匈奴、鲜卑,南北朝时的高车、柔然、突厥等先后崛起于北方,伊吾路在其盘踞的北方草原地区的边缘,对于中原地区的行旅来说,存在着极大的风险,所以人们宁愿克服自然环境造成的困难,经行楼兰道而避开伊吾路人为的障碍。二是罗布泊地区也存在某种有利的自然条件,例如在罗布泊与三陇沙之间,是著名的阿奇克谷地,东西长约150公里,南北宽约20至30公里。谷地南北两面山麓的潜

〔1〕孟凡人:《罗布淖尔土垠遗址试析》,见《楼兰文化研究论集》,第238页。

流渗入谷地,地下水位较高,有泉水出露,存在一定的水草条件。过了罗布泊北岸以后,又有楼兰地区作为中继站。从敦煌西行进入疏勒河谷,而后越三陇沙低丘,即可进入谷地;出谷地向西,沿孔雀河直通西域腹地,西南可通塔克拉玛干南部最东端的绿洲若羌。因此自西汉起,历东汉、魏晋、前凉,历代统治者都注意维护楼兰道的通畅。楼兰道一直发挥交通西域主干线的作用。

鱼豢所谓"新道",即所谓"经横坑,辟三陇沙及龙堆,出五船北,到车师界戊己校尉所治高昌,转西与中道合龟兹"的道路,实际是自敦煌、玉门关经车师前王庭入中道和北道的一条支线。东汉时已有不经楼兰道和伊吾路之新道,这条道路因历经大沙海,所以被称为"大沙海道",后世又称大海道,或大海路。出土的东汉《沙海侯碑》称"沙海",此碑立于顺帝永和五年(140年)六月十二日。吐鲁番出土的阚爽政权时期的文书称为"海"。隋裴矩《西域图记》称为"大海"。唐李吉甫《元和郡县图志》"陇右道"下西州柳中县条称为"大沙海",云:"大沙海,在县东南九十里。"[1]此大沙海即今噶顺戈壁。这条道路的利用,其目的是"辟三陇沙及龙堆",是从玉门关经大沙海至车师前王国或高昌的便捷之路。

从车师后王国经大沙海至玉门关的这条捷径,东汉时已经存在,即徐普欲开之"新道"。

这条出五船北"往来差近"的道路应该从车师后王庭出发,渡大沙海至玉门关。戊己校尉治所在车师前王国东部的高昌,徐普希望把这条新道与高昌壁连接起来,目的是"省道里之半"。此所谓"新道"与鱼豢所谓"新道"略有不同。班固所谓"新道"是从车师后王庭至玉门关。此"新道"从车师后王庭出发,经天山北草原路,可以西行至乌孙、康居之地。而鱼豢所谓"新道"却是从车师前王庭、高昌壁至玉门关。据《后汉书·西域传序》,高昌壁北距车师后王庭500里。所以班固所谓"新道"与鱼豢所谓"新道"的西部终点是不同的。徐普时已有前者而

---

〔1〕〔唐〕李吉甫:《元和郡县图志》卷40,中华书局1983年版,第1032页。

无后者,他"欲开以省道里之半",就是想启用这条"往来差近"的道路供东来西往的行旅利用,以避开楼兰道上的白龙堆等处的艰险和迂回。既称新道,定然开通不久。所以此所谓"新"的含义,从时间上说大致还是徐普任戊己校尉之时。

那时汉匈关系已有半个多世纪的友好和平局面,新道的开辟与之有关。徐普的活动中心是高昌壁,开"新道"的目的大概是把自玉门关至车师后王庭的新道延伸至高昌壁,从而缩短自玉门关至车师前王国的路程,相对于楼兰道"省道里半"。并使高昌壁与北道即天山北草原路连接起来,从车师前王庭既可西行,沿天山南麓,经焉耆、龟兹、姑墨到疏勒,逾葱岭,又可北行至车师后王庭然后西行,从而可至乌孙、大宛、康居、奄蔡等。王素描述该道应由吉木萨尔向东,经奇台、木垒,再南越博格多山,沿十三间房(在今新疆哈密)折进吐鲁番,从鲁克沁深入大沙海道,直达敦煌玉门关[1]。但徐普通"新道"自高昌壁直达玉门关的努力却不顺利。《汉书·西域传》记载,徐普想开新道,遭到车师后王姑句的反对:

> 车师后王姑句以道当为拄置,心不便也。地又颇与匈奴南道将军地接,普欲分明其界,然后奏之,召姑句使证之,不肯,系之。姑句数以牛羊赇吏,求出不得。姑句家矛端生火,其妻股紫陬谓姑句曰:"矛端生火,此兵气也,利以用兵。前车师前王为都护司马所杀,今久系必死,不如降匈奴。"即驰出高昌壁,入匈奴[2]。

"拄置"一词,颜师古注云:"拄者,支拄也,言有所置立,而支拄于已,故心不便也。"其《匡谬正俗》又引刘敞说:"当道为拄置者,新道出车师后王国,则汉使往来,后王主为之供亿,故心不便也。拄置犹言储偫。"新道开,姑句则当供应汉使,这对一个小国来说是不小的负担,故他不乐开通新道。而新道又地近匈奴的防地,虽然此时汉匈之间承平和好,但也不免造成摩擦。有虑于此,徐普希望能与匈奴南道将军在辖

---

〔1〕王素:《高昌史稿》(交通编),文物出版社 2000 年版,第 147 页。

〔2〕《汉书》卷 96《西域传》下,第 3924 页。

地上有个明确的边界,签署协议,请姑句做见证人,事成后上奏朝廷,姑句拒绝了他的要求。经过这样一番波折,徐普开新道的计划是否实现,没有下文,但从后来事情的发展,可以知道汉使的确利用了这条道路,而且车师后王仍不情愿使本土成为汉使西行的经行路线。《汉书·西域传》记载:

> 至莽篡位,建国二年,以广新公甄丰为右伯,当出西域。车师后王须置离闻之,与其右将股鞮、左将尸泥支谋曰:"闻甄公为西域太伯,当出。故事:给使者牛羊谷刍茭导译。前五威将过所,给使尚未能备。今太伯复出,国益贫,恐不能称。"欲亡入匈奴。戊己校尉刁护闻之,召置离验问,辞服,乃械至都护但钦在所埒娄城。[1]

由此可知,姑句事件之后,汉曾有五威将军过所的记载,而且早已形成给使者牛羊谷刍茭导译的"故事",车师后王国没有充足的资粮供应。车师后王国所以不乐于开通"新道",把新道作为汉使西行的道路,怕的就是"给使者牛羊谷刍茭导译"之负担,因为对于车师这样的小王国来说,这是不堪承受的重负。新道一旦开通,则走天山南、北两条路线出入西域的汉使都要经过车师后王国,不堪重负的前景令车师后王十分担忧。前有姑句宁愿被汉戊己校尉所拘禁,也不肯答应徐普之请,后脱逃入匈奴;后有须置离宁投奔匈奴也不接受汉使途经车师后王国,终遭杀害,而他的哥哥最终率众入降匈奴。这处记载证明了刘敛对"挂置"一词的解释是正确的。由此我们知道,直到王莽篡位称帝,车师后王国的这条新道并没有很通畅地为汉使所利用。此后,匈奴与西域反乱,汉失去西域控制权,新道的通行会更困难。所以"新道在西汉时便已存在",但由于种种原因,西汉末年自车师后王国东至玉门关虽然有"新道"可通,但也只是有路可通而已,实际的利用可能很少。

东汉时新道开通,从敦煌玉门关西行的终点乃车师后王国或直通高昌,这是由汉与匈奴的关系和西域形势决定的。那么新道什么时候

---

〔1〕《汉书》卷96《西域传》下,第3925页。

开通呢?史无明言。东汉初没有可能,因为我们知道,东汉刚刚建立时,光武帝深感无力经营西域,送回诸国质子,敦煌以西为匈奴势力范围。我们推测它的开通应该是在东汉时期西域"三绝三通"的过程中,在东汉王朝反击匈奴取得胜利的情况下才能实现。汉明帝永平十七年(公元74年),东汉王朝任命陈睦为西域都护驻节焉耆,同时任命耿恭、关宠为戊己校尉分别屯守金满(今吉木萨尔)、柳中,这时新道应该是通畅的。柳中是经新道自车师至敦煌必经之地,金满城就是车师后王庭所在地。

新道对东汉经营西域曾经发挥过一定作用,但由于西域形势的反复,新道必然是时绝时通,例如永平十八年(公元75年),东汉明帝去世,在北匈奴的策动下,焉耆、危须、尉犁和龟兹等国乘中国大丧,攻杀陈睦、副校尉郭恂及吏士二千多人。与此同时,北匈奴联合车师对金满和柳中也发动进攻。关宠战死柳中,耿恭在金满失守后,退守疏勒城(在今天山北麓奇台县境)。后汉军救出耿恭,退回柳中,最后撤回敦煌。[1] 此后新道必然是闭塞不通的。东汉明帝和章帝时戊己校尉治所设在柳中,后来班勇任西域长史也屯驻柳中。日本学者岛崎昌认为,班勇"出屯柳中",即走新道。[2] 孟凡人先生指出徐普欲开之新道,即后来班勇"出屯柳中"之道。[3]

以柳中为军事基地仅见于东汉,此时柳中地位极为重要。《后汉书·西域传》记载西域诸国路程,一般都先记到西域长史治所柳中的里数,然后再记到首都洛阳的里数。如车师前王国"去长史所居柳中八十里,东去洛阳九千一百二十里",车师后国"去长史所居五百里,去洛阳九千六百二十里"。这是因为伊吾路受制于匈奴,时通时断;楼兰道较远,且有白龙堆之厄。将大本营设在柳中,就控制住了出入新道的门户,右避楼兰道的险远,左御匈奴人的扰乱,掌握了西域的锁钥和经

〔1〕《后汉书》卷19《耿恭传》,第721-722页。
〔2〕[日]岛崎昌:《西域交通史上的新道与伊吾路》,载《東方學》第12辑,1956年,第47页。
〔3〕孟凡人:《〈后汉书·班勇传〉补注和跋》,见《北庭史地研究》,新疆人民出版社1985年版,第216页。

营西域的主动权。班勇前往西域先到柳中,后去楼兰城,他应当是经行新道从敦煌到达柳中。此外,东汉时期在车师前后部有几次重要战役的行军路线也与"新道"有关。

东汉末年的战乱,导致中原政权再次丧失对西域的控制权。敦煌有长达 20 年的时间不设太守,新道的利用便无从谈起。及至曹丕即位,重新恢复了对西域的控制。曹魏时,北部匈奴势力已远遁于准噶尔盆地以北,天山北路的车师后部王亦内属,"魏赐其王壹多杂守魏侍中,号大都尉,受魏王印"[1]。新道应当得以利用。

---

[1]《三国志》卷 30《魏志·乌丸鲜卑东夷传》,见裴松之注引《魏略·西戎传》,第 862 页。

11.3　海上丝绸之路的变迁

11.3.1　汉武帝以后海上交通的发展

从《汉书·地理志》"粤地"条记载可知,西汉官办海外贸易从汉武帝时期开始,并且很快便有了相当的规模。汉使每年皆有出洋者往返,行程有远有近,行期有长有短,他们出洋携带与诸国交易的商品主要是"黄金杂缯",而从沿海各国所得则是明珠、碧琉璃、奇石、异物。罗马人在印度得到的中国丝,应该就是从中国自海道运至者。黄支国"自武帝以来皆献见",王莽遣使厚遗黄支王,可见双方交往的频繁,黄支国通过海路朝贡的物品则有生犀牛。从"所至国皆廪食为耦,蛮夷贾船转送致之"可知,中国商贾是得到各地舟人的协助的。

海南诸国"自武帝以来朝贡,必由交趾之道"[1]。汉代徐闻、合浦是重要的海港。今合浦县城东南郊环城镇辖区内,东西 5.5 公里、南北约 12.5 公里的范围约有两汉墓葬 5000 多座。在经过清理发掘的 300 多座墓中出土了大批铜、铁、金银、陶、玉器及水晶、琉璃、琥珀、玛瑙等饰物,其中的玻璃杯更是珍品。这些便是汉朝经海路与西域诸国交通交流的见证。南方沿海国家和地区与东汉保持着臣属关系。《后汉书·安帝纪》记载:延光元年"十二月,九真徼外蛮夷贡献内属"[2];三年五月"日南徼外蛮夷内属",七月"日南徼外蛮豪帅诣阙贡献"[3]。

由于航海技术条件的限制,当时出海贸易是很艰苦和危险的。除了风波之险等自然因素,还有劫掠杀人的海盗活动。《汉书·王莽传》记载:"黄支国自三万里贡生犀",这样遥远的路程,即便顺利往返,亦需数年之久。《宋书·夷蛮传》史臣论赞云:"汉世西译遐通,兼途累万,跨头痛之山,越绳度之险,生行死径,身往魂归……若夫大秦、天竺,迥出西溟,二汉衔役,特艰斯路。"商贾逐利,在陆路不通时,便利用海

---

〔1〕《旧唐书》卷 41《地理志》,中华书局 1975 年版,第 1750 页。
〔2〕《后汉书》卷 5,第 236 页。
〔3〕《后汉书》卷 50,第 239 页。

路交通。故本条又云:"商货所资,或出交部,泛海陵波,因风远至。又重峻参差,氏众非一,殊名诡号,种别类殊,山琛水宝,同此自出。通犀翠羽之珍,蛇珠火布之异,千名万品,并世主之所虚心,故舟舶继路,商使交属。"[1]

东汉时,南海海道上的交通日益频繁,航路进一步拓展,南方沿海地区利用海路向朝廷进贡物品,更多的国家经由海道与中国建立联系。《后汉书·郑弘传》记载:"旧交趾七郡贡献转运,皆从东冶泛海而至。"东冶属会稽郡,在今泉州,当时航运的条件还很差,"风波险阻,沉溺相系"[2]。《后汉书·南蛮西南夷传》记载:"顺帝永建六年(公元131年),日南徼外叶调王便遣使贡献,帝赐调便金印紫绶。"[3]《后汉书·顺帝纪》永建六年条,云:"十二月,日南徼外叶调国、掸国,遣使贡献。"李贤注引《东观纪》云:"叶调国王遣使师会诣阙贡献,以师会为汉归义叶调邑君,赐其君紫绶。"[4]叶调国,据伯希和考证,在今印度尼西亚爪哇岛。[5] 其入华必由海道。《后汉书·桓帝纪》记载,桓帝延熹二年(公元159年)十二月,"天竺国来献"[6]。延熹四年(公元161年)十月,"天竺国来献"[7]。《后汉书·西域传》记载,月氏征服身毒后,陆道比较畅通;和帝时,天竺多次遣使经陆路贡献,"后西域反畔,乃绝。至桓帝延熹二年、四年,频从日南徼外来献"[8]。即从海路入汉。桓帝延熹九年(公元166年),"大秦王安敦遣使自日南徼外献象牙、犀角、瑇瑁,始乃一通焉"[9]。《梁书·诸夷列传》记载这是罗马与中国的"汉世唯一通焉",又说:"其国人行贾,往往至扶南、日南、交趾,其南

〔1〕〔梁〕沈约:《宋书》卷97《夷蛮传》,中华书局1974年版,第2399页。

〔2〕《后汉书》卷33《郑弘传》,第1156页。

〔3〕《后汉书》卷116《南蛮西南夷传》,第2837页。

〔4〕《后汉书》卷6《顺帝纪》,第258页。

〔5〕〔法〕伯希和:《交广印度两道考》,载《安南河内远东法国学校校刊》第四册,1904年,第226页。

〔6〕《后汉书》卷7《桓宗纪》,第306页。

〔7〕《后汉书》卷7《桓宗纪》,第309页。

〔8〕《后汉书》卷88《西域传》,第2922页。

〔9〕《后汉书》卷88《西域传》,第2920页。

徼诸国人少有到大秦者。"〔1〕托勒密《地理志》称中国为"秦奈",有港口曰卡蒂加拉（Cattigara）。拉古贝里解释："中国古代交趾之读音为'交梯',故托勒密之卡蒂加拉即交趾国。"希腊人未到卡蒂加拉之前,已有"柴巴港"（Zaba）一词,为"占婆"之转音,即占城（在今越南）。说明交趾海口,在东汉时已经成为中国对外交通的重要港口。汉时罗马人沿海路东来和中国人通过海路西行,将中西间交通的海上大动脉联结起来。

由于海路利用日益频繁,古代文献中出现了"涨海"的概念,涨海即指中国东南近海。有人以为指南海水域,似不确,其举《后汉书》记载为例,说交趾七郡贡献,皆从涨海出入,显误。〔2〕《后汉书·郑弘传》作"泛海",非"涨海"。此后不仅许多汉文文献都提到"涨海",域外史料也使用这一表示中国近海海面的名称,唐代诗人张乔《送朴充侍御归海东》诗云："涨海虽然阔,归帆不觉遥",则指从中国往新罗的海面。公元9世纪阿拉伯地理学家苏莱曼在游记中写道,他们从占不牢山补足了淡水后,便"穿过'中国之门',向着涨海前进"〔3〕。其他穆斯林作家也提到这一海名。〔4〕 随着对沿海国家的认识的扩大,汉代人产生了"西海"的概念。《史记·大宛列传》提到"安息西数千里"的条支"临西海";《汉书·西域传》《后汉书·西域传》皆云,条支国"临西海",大秦国在"西海之西"。此西海当指波斯湾、阿拉伯海或红海。当中国商船到达印度、斯里兰卡后,他们也便了解到自印度以西,仍有大海以通大秦,故称印度以西海域为西海。《后汉书·西域传》记载："从月氏、高附国以西,南至西海,东至磐起国,皆身毒之地。"〔5〕西海指印度以西北印度洋。由于汉朝人了解到极西有大秦国,故称大秦为"海西国",

---

〔1〕《梁书》卷54《诸夷列传》,第798页。

〔2〕刘迎胜:《丝路文化》（海上卷）,浙江人民出版社,1995年版,第29页。

〔3〕〔阿拉伯〕佚名:《中国印度见闻录》,中华书局1983年版,第9页。

〔4〕陈佳荣:《涨海考》,原载阎文儒、陈玉龙主编:《向达先生纪念论文集》,新疆人民出版社1986年版,收于龚缨晏主编:《20世纪中国"海上丝绸之路"研究集粹》,浙江大学出版社2011年版,第397－401页。

〔5〕《后汉书》卷88《西域传》,第2921页。

《后汉书·西域传》记载:"大秦国一名犁鞬,以在海西,亦云海西国。"[1]东汉时罗马人经海路走通了自南方沿海地区至洛阳的道路,世界上两大文明国家终于通过海道拉起手来。

11.3.2 海上丝路起点的变迁

南海航道的起点由合浦、徐闻而变为交趾,又由交趾而日南。汉武帝时通过南海航道发展了与南海沿岸诸国的交通之后,通过海道东来的异域人则越来越多地来到中国南方沿海地区。今广东、广西沿海地区成为汉代异域人入华的落脚点。据考古学的报告,岭南地区出土的灯座中有一种陶俑灯座,陶俑多为男性,形象与中国人不同。这些异域人俑所代表的可能是随番商入汉贸易,流落汉地,沦为富家奴仆的外国人。1953 年,广州南郊大元岗东汉墓出土一件陶俑灯,据相关报告描述,"非常丑怪,作跪坐的形状.头上顶着一个圆形的钵"。可能就是一个胡人俑灯,所谓钵实际上是灯盘。[2] 1955 年,广州大元岗出土的西汉后期陶俑灯座,灯座高 25.7 厘米,灯盘径 10.4 厘米。造型为一异域人单腿屈膝蹲坐,左手托举灯盘,右手支于腿上,仰首注视,大眼高鼻,张口吐舌,裸身,遍体刻画毛发。[3] 1956 年,广州东山三育路墓葬出土的东汉陶俑座灯,泥质灰陶,高 28.5 厘米。俑为深目高鼻,口微张,上下刻画胡须,身躯肥硕,肌肉发达,裸体,遍身划毛,头上缠巾托灯,双足上曲作箕踞蹲坐状,双臂置于膝上。[4] 1957 年广州市东山象栏岗东汉早期墓出土一件陶俑灯,位于棺室南部陶楼旁,作跪坐状,口部刻画胡须,束髻,如长收条形的髻伸至前额,右手托灯,左手按膝。[5] 1984 年,广东顺德县东村西淋山东汉墓葬出土的陶俑座灯,高 24.5 厘

---

〔1〕《后汉书》卷88《西域传》,第 2918 页。

〔2〕广州市文物管理委员会:《三年来广州市古墓葬清理和发现》,载《文物》1956 年第 5 期;苏奎:《汉代胡人灯初探》,载《四川大学学报》2004 年增刊第 1 期,第 16 - 18 页。

〔3〕艺术家杂志社编:《汉代文物大展》,艺术家杂志社 1999 年。转引自邢义田:《古代中国及欧亚文献、图像和考古资料中的"胡人"外貌》,载台湾国立大学《美术史研究集刊》第 9 辑。

〔4〕广州市文物管理委员会、广州市博物馆:《广州汉墓》(上),文物出版社 1981 年版,第 365 页;娄建红:《汉代广州与海上丝绸之路》,载《人民论坛》2012 年第 2 期。

〔5〕广州市文物管理委员会:《广州东山象栏岗第二号木椁墓清理简报》,载《文物》1958 年第 4 期。

米,俑高鼻贯耳,遍体划毛,裸体箕踞,两手分置于膝上,头顶灯盘。[1]
1985 年,广东顺德陈村东汉早期墓出土一件陶俑灯,俑头顶缠巾,上置
灯盘。高鼻大耳,两肋划须,颈粗体胖,双乳突出,裸身跳足,通体划毛,
男性生殖器明显。[2] 1988 年,位于珠江三角洲的三水县金本竹丝岗墓
葬出土的陶俑座灯,高 18.5 厘米,俑头顶灯盘,高鼻深目,双耳肥大,裸
体,单腿跪坐,右臂平抬,左手覆于右手上,遍体刻画毛发,与西亚、南洋
人相似。[3] 2001 年,广州市狮带岗木椁墓出土的陶俑灯,满面胡须,深
目高鼻,盘腿而坐,头与两手各举一灯头。原报告认为年代为西汉中晚
期,也有人认为当为东汉早中期。[4] 汉代域外人入华,在文献记载中
也有反映。杨孚《异物志》记载一种"瓮人":"齿及目甚鲜白,面体异黑
若漆,皆光泽。为奴婢,强勤力。"[5] 从其相貌特征看,似为印度达罗毗
荼人或东非人,可能是被番商出卖沦落中国的奴隶。这种陶俑灯在广
西、云南、贵州、河南、河北也有发现,但以广东数量最多最早,广州最为
集中。这反映了海上丝路起点的变迁和西汉中后期以后,广州在海外
贸易活动中的地位越来越重要。

　　汉武帝平南越设九郡,其中交趾、九真、日南三郡皆在今越南中部
和北部。但实际上在很长时间内,汉朝并不能对三郡实行有效的统治。
据《汉书·地理志》"粤地"条记载,地处今海南的儋耳、珠崖两郡,"自
初为郡县,吏卒中国人,多侵陵之,故率数岁一反,元帝时遂罢弃
之"[6]。更远之交趾等三郡则更不用说了,虽然由徼外变为域内,汉文
化南渐,但由于道途悬远,其间的政治联系并不密切。东汉王朝势力在
南方的发展,造成海上丝路起点南移,一方面交趾在中西交通史上的

　　〔1〕广东省博物馆、顺德县博物馆:《广东顺德县汉墓的调查和清理》,载《文物》1991 年第 4
期。

　　〔2〕广东省博物馆、顺德县博物馆:《广东顺德县陈村汉墓的清理》,载《文物》1991 年第 12
期。

　　〔3〕何宁:《小小贝壳见证沧海桑田》,载《佛山日报》2007 年 11 月 30 日。

　　〔4〕苏奎:《汉代胡人灯初探》,载《四川大学学报》2004 年增刊第 1 期,第 16 – 18 页。

　　〔5〕〔汉〕杨孚撰,吴永章辑佚校注:《异物志辑佚校注》,广东人民出版社 2010 年版,第 27
页。

　　〔6〕《汉书》卷 28《地理志》下,第 1670 页。

作用越来越重要,一方面日南也逐渐成为重要港口。光武帝建武年间,交趾发生"二征之乱",马援率军南下,破征侧兵。东汉在这一地区建立了牢固的统治。自汉置三郡以来,中原士民大量南迁至此。西域海商东来,其终点则为交趾。于是交趾成为东汉时中西间海上交通的起点和终点。由于交趾港口在当时国际贸易中被利用,东汉时希腊罗马人知道了这个地方。托勒密《地理志》介绍公元 1 世纪的中印商道时提到它:

> 我们从航海家们那里也搜集到了关于印度及其所属各省以及该地内部直至金洲,再由金洲直至卡蒂加拉的其他详细情况。据他们介绍说,为了前往该地,必须向东航行;从该处返航,须向西驶。另外,人们还认识到全航程的时间是经常变化的,无规律的。他们声称赛里斯国及其首都都位于秦奈以北,其东方是一片未知之地,遍地覆盖以泥潭沼泽,丛生着高大茂密的芦苇,这种芦苇之厚可供当地人拿来横渡泥潭沼泽使用。不只有一条路从那里途经石塔前往大夏,而且还有一条从该地取道华氏城而通往印度的路。这些人进一步补充说,从秦奈首都到卡蒂加拉港口的路是向西南方走的。[1]

他称中国为"秦尼",西南行有港口曰卡蒂加拉(Cattigara)。据李希霍芬考证,卡蒂加拉即交趾的音译。戈岱司说,李希霍芬"把这一港口确定在红河入口处附近,即今之河内城郊。这样看来,秦奈地区相当于交州(东京湾)和中国的南部,而位于卡蒂加拉东北部的秦奈首府显然就是古都洛阳城,即今之河南府"[2]。说明交趾海口在东汉时已经成为中国对外交通的重要港口,成为沟通中国、印度和中亚的重要通道。东汉末年,士燮任交趾太守,《三国志·士燮传》记其事迹云:"燮兄弟并为列郡,雄长一州,偏在万里,威尊无上。出入鸣钟磬,备具威仪,笳箫鼓吹,车骑满道,胡人夹毂焚香者常有数十。"按照中国修史通

---

〔1〕〔法〕戈岱司编:《希腊拉丁作家远东古文献辑录》,耿昇译,中华书局 2001 年版,第 29 - 30 页。

〔2〕〔法〕戈岱司编:《希腊拉丁作家远东古文献辑录》导论,第 23 页。

例,所谓"胡人"通常指中亚或波斯人。[1] 这些中亚和波斯人来到交趾,显然是通过海道辗转而来的。《高僧传·康僧会传》记载:"康僧会,其先康居人,世居天竺。其父因商贾移于交趾。"康僧会于献帝末年从交趾避乱入吴,他的一家便是汉末侨居交趾的一户胡人。

汉代日南郡位于今越南中部横山至柴市江一带,郡辖朱吾、比景、卢容、西卷、象林五县。东汉时日南越来越成为汉王朝海外贸易的窗口。根据《后汉书·西域传》记载,天竺国遣使贡献,起初通过西北陆路。后来"西域反叛,乃绝,至桓帝延熹二年、四年,频从日南徼外来献"[2]。同书又记载:"桓帝延熹九年,大秦王安敦遣使自日南徼外献象牙、犀角、玳瑁,始乃一通焉。"[3]据不完全统计,东汉一代有关海外诸国使节和商人抵达日南郡贡献的就有11次之多,[4]海外各国都把日南郡视为进入中国与汉王朝交通和贸易的首站。日南郡最著名的港口是卢容浦口,位于今越南中部顺化附近。《水经注》引《林邑志》写卢容浦口的通商盛况:"尽纮沧之徼远,极流服之无外,地滨沧海,众国津迳。"[5]汉代日南郡的外贸港口地位维持了两三百年之久,直到东汉末叶才开始衰落。

11.3.3 汉代海上交通的技术和水平

汉代中国的造船技术已经相当成熟,造船业得到发展,当时沿海许多地方都设立有造船场所,东莱郡、会稽郡、南海郡等地都有造船基地。1974 年,考古工作者在广州发现了秦汉时代的造船工场遗址,说明当时已能同时造数艘载重五六十吨的木船。汉武帝曾建立水师,在昆明池中训练,造大船。《史记·平准书》记载:"是时越欲与汉用船战

〔1〕马雍:《东汉后期中亚人来华考》,见《西域史地文物丛考》,文物出版社 1990 年版,第 53 页。

〔2〕《后汉书》卷 88,第 2922 页。

〔3〕《后汉书》卷 88,第 2920 页。

〔4〕陈玉龙等:《汉文化论纲——兼述中朝中日中越文化交流》,北京大学出版社 1993 年版,第 358 页。

〔5〕〔北魏〕郦道元撰,陈桥驿校注:《水经注校证》卷 36,中华书局 2013 年版,第 798 页。

逐,乃大修昆明池,列观环之。治楼船,高十余丈,旗帜加其上,甚壮。"[1]《汉书·武帝纪》记载,元狩三年秋,"发谪吏穿昆明池"。颜师古注引臣瓒曰:"《西南夷传》有越巂、昆明国,有滇池,方三百里。汉使求身毒国,而为昆明所闭。今欲伐之,故作昆明池象之,以习水战,在长安西南,周回四十里。《食货志》又曰,时越欲与汉用船战,遂乃大修昆明池也。"[2]段成式《酉阳杂俎》云:"昆明池,汉时有豫章船一艘,载一千人。"[3]《三辅旧事》记载,昆明池中有"楼船百艘";《庙记》云:"池中复作豫章大船,可载万人,上起宫室。"[4]《汉宫殿疏》云:"武帝作大池,周匝四十里,名昆明池。作豫章大船,可载万人,船上起宫室。"[5]《后汉书·马援列传》记载,马援平二征之乱,"将楼船大小二千馀艘,战士二万馀人"[6]。

汉代刘熙《释名》记载,汉时有一种"楼船"高达十余丈,除了柁、橹、棹等设备外,船舱的第二层有"庐",第三层有"飞庐",第四层有"爵室"。载重500斛的大型兵船还建有第五层,上有用于观察敌情的小屋,名曰"斥候"[7]。这样的大船既作为军舰,也用于商业活动。《史记·货殖列传》云:"船长千丈","亦比千乘之家"。司马贞《史记索隐》解释:"积数长千丈。"意思说不是一只船有千丈之大,而是有许多船,相连达千丈。有很多船从事贸易的话,其人富比王侯。联系同书同传记载,番禺多珠玑、犀、果布等,这里显然指南方沿海地区从事海上贸易的船户。汉画像石、汉墓壁画有大量反映船舶题材的内容。广东汉墓中屡次发现船舶模型,证明两汉南海地区有发达的造船业。从对西汉木船模型的研究来看,当时的船舶已有较大的舱房,盖顶为四回式,前面有四人划桨,后尾有一人以桨做船舵掌握航向。东汉的陶船模型

〔1〕《史记》卷30《平准书》,第1436页。

〔2〕《汉书》卷6《武帝纪》,第177页。

〔3〕〔唐〕段成式:《酉阳杂俎》前集卷10,中华书局1981年版,第94页。

〔4〕佚名撰,何清谷校注:《三辅黄图校注》卷4引,三秦出版社1995年版,第238页。

〔5〕《太平御览》卷769,上海古籍出版社2008年版,第七册,第769页。

〔6〕《后汉书》卷24《马援列传》,第839页。

〔7〕〔清〕王先谦:《释名疏证补》卷7《释船》,光绪二十一年刻本,第32页。

表明当时船舶形制更大,分前中后三舱,舱上有篷盖,尾部设望楼。船尾装船舵,船头设有锚。船舱部分横架梁檐八根,使船只骨干加强,加深吃水量,能承受较大的风浪。[1]

汉代航海活动有所发展,汉武帝曾七次巡海。但由于航海技术的限制,汉代航海活动仍保持在近海航行,汉代航海的技术水平还不能估计过高。据《汉书·地理志》"粤地"条的记载,汉朝商船西行已至谌离国。但现在有人据此段记载,以为汉代中国船舶已经进入印度洋,到了印度和斯里兰卡,则不符合史实。因为这段材料明言汉使自谌离国继续西行,要"步行可十余日",则汉使已经舍船登岸,当他们经一段陆行之后,若继续水行,则只能靠"蛮夷贾船转送致之"了。这段记载正好说明直到班固的时代,中国官方的商船尚未进入印度洋领域。据《后汉书·郑弘传》记载:"交趾七郡贡献转运,皆从东冶,泛海而至,风波艰阻,沉溺相系。"[2]若远行至马来半岛,进入马六甲海峡,则更是困难重重,更不用说行驶于印度洋了。

随时确定船舶的方位,是安全航行、保证正确航向以达目的港的重要因素。在磁石罗盘没有应用于航海时,古代航海采用地文导航。这种方法要求水手牢记所经地区的岛屿、海岸地标方位和自然地貌,并能从各个方向和各种气候条件下辨识方位和航向。确定船舶方位的辅助手段还有海底地貌识别法,例如测量水深,在铅锤底涂蜡油或黄油粘起泥沙以核查海底地表土质、察看海水水色等。汉代航海已经开始使用天文导航,水手们利用星辰作为参照系,通过测定某些恒星视角的变化和观测行星运行的位置偏差,来确定船只所在的地理位置。《淮南子·齐俗》中说:"夫乘舟而惑者,不知东西,见斗极则寤矣。"[3]汉代舟人观星的经验和资料已经大量成书,见于《汉书·艺文志》的就有《海中星占验》12卷、《海中五星经杂事》22卷、《海中五星

---

〔1〕广东省博物馆:《广东考古结硕果　岭南历史开新篇》,见《文物考古工作三十年(1949—1979)》,文物出版社 1979 年版,第 332 页。

〔2〕《后汉书》卷 33《郑弘传》,第 1156 页。

〔3〕《淮南子》卷 11《齐俗训》,收于《二十二子》,第 1253 页。

顺逆》28 卷、《海中二十八宿国分》《海中二十八宿臣分》28 卷、《海中日月慧虹杂占》28 卷等。这些书的部头都不小,从名称上看,书中包含着占卜的内容,占卜的背后隐藏着丰富的海洋气象预测经验。南海海道开辟以后,中国海舶经常出没的西太平洋和印度洋海域,特别是东南亚地区,有着众多的岛屿。这些岛屿不仅有助于舟人辨识方位,而且起着中途补给站的作用。人烟众多、经济发达的岛屿常常是商舶的停靠点,商贾们不仅在这里卸货上货,而且补充淡水、菜蔬。沿途多站停靠式的远洋航行实际上是近海短程航行的累加,西太平洋和印度洋众多岛屿为这种远航提供了天然的条件。[1]

　　古时远洋航海的动力主要是自然力即风力和洋流,因而船舶的航速和航线还不能完全由舟人主观意愿操纵。依靠风力,需要掌握风向及其规律。我国古代先民很早就注意辨别风向。相传夏禹时已经发明"司风鸟"。安阳出土的一片甲骨上刻有四方风的名称,此后在历代文献上都有关于四方风或八方风的记载,如《山海经》中之"大荒东经""大荒南经""大荒西经",《吕氏春秋·有始览》,《淮南子·地形训》,《史记·律书》等。利用风力加速航行的手段是帆的使用,刘熙《释名》云:"随风张幔曰帆。帆,泛也。使舟疾,泛泛然也。"[2]生活在东汉和帝至顺帝时的李尤在《舟楫铭》中写道:"舟楫之利,譬犹舆马,辇重历远,以济天下。相风视波,穷究川野。安审惧慎,终无不可。"[3]这里还提到"相风",说明汉代已经使用船帆行舟,借助风力推进船只前行。海洋风随季节不同而有规律的变化,但我国舟人发现海洋季风的特点比较晚。[4] 大概到东晋南朝时中国人才从印度洋的船手那里了解到季风的利用。东晋法显《法显传》云:"载商人大舶,泛海西南行,得冬

　　〔1〕参刘迎胜:《丝绸之路·海上卷》,浙江人民出版社 1995 年版,第 8 – 12 页。

　　〔2〕〔清〕王先谦:《释名疏证补》卷 7《释船》,第 31 页。

　　〔3〕《北堂书钞》卷 137《舟部》,学苑出版社 1998 年版,第 406 页。

　　〔4〕汉代时中国舟人是否已知海洋季风,现在还没有材料能够说明。刘迎胜取《太平御览》引《吴录》云,三国时吴国大臣吴范"善占候,知风气"。以为至迟在东汉时中国人已经掌握了季风的特点,因引文有误,故立论欠妥。见《丝绸之路·海上卷》,第 12 页。

初信风，昼夜十四日到师子国。"[1]《宋书·蛮夷传》记载，南朝刘宋时代各国商舶"泛海陵波，因风远至"[2]。说明那时东南亚、印度洋诸国商贾已经广泛利用信风航海。

11.4　汉与西南夷交通的发展

汉武帝时"开邛筰、夜郎之道"[3]，并置郡治理西南夷，加强了内地与西南夷地区的联系。东汉时的西南夷，据《后汉书·南蛮西南夷传》记载："西南夷者，在蜀郡徼外。有夜郎国，东接交阯，西有滇国，北有邛都国，各立君长。其人皆椎结左衽，邑聚而居，能耕田。其外又有巂、昆明诸落，西极同师，东北至楪榆，地方数千里，无君长，辫发，随畜迁徙无常。自巂东北有莋都国，东北有冉駹国，或土著，或随畜迁徙。自冉駹东北有白马国，氐种是也。此三国亦有君长。"[4]

汉武帝以后，汉朝继续经营西南夷，通过西南夷与东南亚和更远的大秦进行联系。永平十二年（公元 69 年）设永昌郡，辖今大理、保山、临沧、西双版纳、德宏等地区，鸠濮已同闽濮、濮等部落杂居。东汉在西南夷地区先后置犍为、牂牁、越巂、汶山、沈黎、武都、益州和永昌等八郡。这些地区居民是氐羌、百越、百濮的许多部落。在滇中和滇东北有僰、滇、靡莫、劳浸、叟等；在滇西有巂、昆明、斯榆、桐师、巂唐、哀牢等；在滇东南和黔西有夜郎、句町、漏卧、且兰等；在滇北、川西南有邛都、陡、筰都、摩沙等；在川西北和甘南有冉駹、白马等。僰在西南夷中政治、经济、文化发展水平最高，接近于汉族。分布在川、滇的有邛僰、西僰和滇僰。汉初滇国居民以僰为主，多定居坝区，农业发达。境内还有劳浸、靡莫和叟杂处其间。叟人即商周时的蜀人，是越巂郡（今西昌一带）主要居民。斯榆即巂、叟，分布于楪榆（今大理）、桐师（今保山）

---

〔1〕〔东晋〕法显撰，章巽校注：《法显传校注》，中华书局 2008 年版，第 125 页。

〔2〕《宋书》卷 97《夷蛮传》，第 2399 页。

〔3〕《三国志》卷 30《乌丸鲜卑东夷传》，第 831 页。

〔4〕《后汉书》卷 88，第 2844 页。

欧·亚·历·史·文·化·文·库·

间。巂、昆明从事游牧。与越巂同时设置的沈黎郡(今四川省汉源)则是筰族住地。应劭《风俗通义》:"氐羌抵冒贪饕,至死好利。乐在山溪,本西南夷之别种,号曰白马。孝武帝遣中郎将郭昌等引兵征之,降服,以为武都郡。"[1]

东汉置永昌郡,蜀—身毒国道滇缅段畅通了,通过哀牢地区,东汉王朝与缅甸境内的掸族有了直接往来。《后汉书·南蛮西南夷列传》中记载了地处今缅甸境内诸王国与东汉王朝的外交活动。永元六年(公元 94 年),徼外敦忍乙王莫延慕义,遣使译献犀牛、大象。九年,徼外蛮及掸国王雍由调遣重译奉国珍宝,和帝赐金印紫绶,小君长皆加印绶、钱帛。永初元年(公元 107 年),徼外僬侥种夷陆类等 3000 余口举种内附,献象牙、水牛、封牛。永宁元年(公元 120 年),"掸国王雍由调复遣使者诣阙朝贺,献乐及幻人,能变化吐火,自支解,易牛马头。又善跳丸,数乃至千。自言我海西人。海西即大秦也,掸国西南通大秦。明年元会,安帝作乐于庭,封雍由调为汉大都尉,赐印绶、金银、彩缯各有差也"。敦忍乙国,据方国瑜先生考证,即《汉书·地理志》所载"夫甘都卢国",波巴信《缅甸史》中所谓"顶兑国",位于伊洛瓦底江河畔,是由中国和罗马商人作为中间休息站而开始发展起来的。[2] 掸国,其故地一般认为在今缅甸东北部一带。《后汉书》云:"掸国西南通大秦。"[3]《后汉书·陈禅传》记载,掸国使节"越流沙,逾悬度,万里来献"[4]。

东汉时罗马人经海路走通了自南方沿海地区至洛阳的道路,桓帝延熹九年(公元 166 年),大秦王安敦遣使自日南徼外献象牙、犀角、玳瑁。此后罗马人又发现了从印度洋航路至永昌的"水道"。鱼豢《魏略·西戎传》云:"大秦道既从海北陆通,又循海而南,与交趾七郡外夷

〔1〕《太平御览》卷 794 引,上海古籍出版社 2008 年版,第八册,第 114 页。

〔2〕方国喻:《中国西南历史地理考释》,中华书局 1987 年版,第 215－216 页。

〔3〕江玉祥:《再论古代中国西南"丝绸之路"》,见《古代西南丝绸之路研究》第二辑,四川大学出版社 1995 年版,第 6－7 页。

〔4〕《后汉书》卷 51《陈禅传》,第 1685 页。

比。又有水道通益州永昌,故永昌出异物。"[1]所谓"水道通益州永昌",当指从印度洋下缅甸港口出发,沿伊洛瓦底江而上至永昌郡的路线。由此转船经孟加拉湾可至南印度诸港或斯里兰卡等港口。西方文献中也有相应的记载,大约成书于公元 1 世纪后半叶的佚名《厄立特里亚海航行记》讲到航行于印度洋的希腊水手能够到达的中国内陆城市"秦尼"(Thinai),有学者认为应是"滇"的对音,指永昌郡而言。[2]

11.5　汉与东北亚诸族的关系

汉朝建立,正值匈奴强盛之时,东北亚各族依附于匈奴。汉朝反击匈奴取得胜利,匈奴联盟解体,这些民族纷纷走上历史舞台。《三国志》始列《乌丸鲜卑东夷传》,《后汉书》亦列《东夷列传》。据此二书记载,当时活跃在东北亚地区的民族,主要有乌丸、鲜卑、夫馀、挹娄、高句骊、东沃沮、濊、三韩等。乌丸、鲜卑地近匈奴,皆为匈奴所破,成为匈奴的附庸,汉对匈奴的战争取得胜利后才与汉朝发生联系。夫余、挹娄、高句骊、东沃沮、濊、三韩等地属东夷,武帝灭卫氏朝鲜,才与汉朝发生联系,"陈涉起兵,天下崩溃,燕人卫满避地朝鲜,因王其国。百有余岁,武帝灭之,于是东夷始通上京"[3]。

11.5.1　汉与乌丸

乌丸又称乌桓,原为东胡部落联盟中的一支,与鲜卑同为东胡部落。其族属和语言系属有突厥、蒙古、通古斯诸说。公元前 3 世纪末,匈奴破东胡后,迁至乌桓山,又曰乌丸山,遂以山名为族号,活动于今西拉木伦河两岸及归喇里河西南地区。初"臣服匈奴,岁输牛马羊皮"。汉武帝时霍去病破匈奴左地,把乌丸迁至上谷、渔阳、右北平、辽西、辽东五郡塞外,成为汉之附庸,"为汉侦察匈奴动静"[4]。其大酋长每年

---

〔1〕《三国志》卷 30,裴松之注引《魏略·西戎传》,第 861 页。
〔2〕张毅:《南方丝绸之路与海上丝绸之路》,见《古代西南丝绸之路研究》第二辑,四川大学出版社 1995 年版,第 64 - 73 页。
〔3〕《后汉书》卷 85《东夷列传》,第 2809 页。
〔4〕《后汉书》卷 90《乌桓传》,第 2981 页。

朝见一次,汉置乌丸校尉监领之。后乌丸渐强盛,欲报复匈奴,并摆脱汉朝的控制,但遭到匈奴和汉朝双方的打击。王莽时汉与乌丸关系破裂,乌丸再依匈奴。东汉初曾与匈奴联合寇扰汉之北边。

乌丸人以畜牧为主,辅以弋猎、农耕。史称其"俗善骑射,弋猎禽兽为事。随水草放牧,居无常处"。马、牛、羊及皮货还作为向匈奴交纳的贡税及向汉朝朝贡或互市之物。狩猎在乌丸人生活中占有重要地位。野兽中的虎、豹、貂皮是向匈奴缴纳贡献和与汉关市贸易的重要物品。牧猎经济的重要性也可从出土文物中得到证实。在对乌丸曾经游牧地区的考古发掘中,发现大量马具、箭镞、剑、刀、矛、斧以及绘有马、牛、羊等牲畜图案的饰具。

东汉光武帝刘秀末年,乌丸归顺。《后汉书·乌桓传》记载建武二十二年,"帝乃以币帛赂乌桓。二十五年,辽西乌桓大人郝旦等九百二十二人率众向化,诣阙朝贡,献奴婢牛马及弓虎豹貂皮。"[1]《东观汉记》记载:"建武二十五年(公元49年),乌桓献貂、豹皮。"[2]此后,乌丸时附时叛。汉末曹操东征乌丸,大破蹋顿于柳城。"其余众万余落,悉徙居中国云。"[3]

乌丸最著名的特产是毛皮制品。陈琳《神武赋》记述曹操伐乌丸之战:"单鼓未伐,虏已溃崩。克俊折馘首(句有衍文),枭其魁雄。尔乃总辑瑰珍,茵毡幕幄,攘璎带佩,不饰雕琢,华珰玉瑶,金麟牙琢,文贝紫瑛,缥碧玄绿,黼锦绣组,罽氄皮服。"[4]皮服即貂皮裘。

11.5.2　汉与鲜卑

鲜卑与乌桓相同,属东胡一支,初为游牧民族。在占据老哈河及其以南地区以前,主要的生产方式是畜牧和射猎捕鱼。这与它所处地理环境有关,西拉木伦河及其以北地带可划为两个部分,西部系草原和湖泊,宜于放牧;东部系山陵森林,宜于狩猎。南边的老哈河流域则宜

---

〔1〕《后汉书》卷90《乌桓传》,第2982页。

〔2〕《艺文类聚》卷95《兽部》,上海古籍出版社1982年版,第1655页。

〔3〕《后汉书》卷90《乌桓传》,第2983 – 2984页。

〔4〕《艺文类聚》卷59,上海古籍出版社1982年版,第1071页。

于种植和渔业。鲜卑生活在林木葱郁、水草茂盛而人口稀少的地区,从事狩猎兼游牧。

西汉初,鲜卑为匈奴所破,"远窜辽东塞外,与乌桓相接,未尝通中国焉"。东汉建立,鲜卑与乌丸皆追随匈奴"寇抄北边,杀掠吏人,无有宁岁"。至建武二十一年,鲜卑与匈奴再入辽东,被汉之辽东太守祭肜打得大败,南匈奴降汉,北匈奴孤弱,"鲜卑始通驿使"[1]。其后,鲜卑一边助汉击北匈奴,一边向汉朝纳贡。《东观汉记》记载:"蔡肜(当作祭肜)为辽东太守,鲜卑奉马一匹,貂裘二领。"[2]《后汉书·祭肜传》记载,建武二十五年,祭肜"使招呼鲜卑,示以财利。其大都护偏何遣使奉献,愿得归化,肜慰纳赏赐,稍复亲附。其异种满离、高句骊之属,遂络绎款塞,上貂裘好马"[3]。和帝时大将军窦宪击破北匈奴,北单于逃走,鲜卑乘机占据匈奴故地,匈奴余种十余万归附鲜卑,鲜卑势力转盛,成为东汉东北、北方的严重边患。"自匈奴遁逃,鲜卑强盛,据其故地,称兵十万,才力劲健,意智益生。加以关塞不严,禁网多漏,精金良铁,皆为贼有;汉人逋逃,为之谋主,兵利马疾,过于匈奴。"[4]

东汉末灵帝时,鲜卑人仍保持着游牧兼狩猎的生活方式。"种众日多,田畜射猎不足给食。檀石槐乃自徇行,见乌侯秦水广从数百里,水停不流,其中有鱼,不能得之。闻倭人善网捕,于是东击倭人国,得千余家,徙置秦水上,令捕鱼以助粮食"[5]。随着鲜卑人大批向蒙古草原中部、西部转移,辽阔的草原为游牧业的发展提供了良好的条件,鲜卑获得发展良机。他们的角端弓和以貂、豽、羺子皮制的皮裘传入中原,天下闻名。《后汉书·鲜卑传》称"禽兽异于中国者,野马、原羊、角端牛,以角为弓,俗谓之角端弓者。又有貂、豽、羺子,皮毛柔软,故天下以为名裘"[6]。

---

〔1〕《后汉书》卷90《鲜卑传》,第2985页。

〔2〕《太平御览》卷694《服章部》,上海古籍出版社2008年版,第277页。

〔3〕《后汉书》卷20《祭肜传》,第745页。

〔4〕《后汉书》卷90《鲜卑传》,第2991页。

〔5〕《后汉书》卷90《鲜卑传》,第2994页。

〔6〕《后汉书》卷90《鲜卑传》,第2985页。

11.5.3　汉与夫馀、挹娄

　　夫馀国是古东北亚民族秽貊别族所建,也写作"扶余"。古代北方政权高句骊和百济的王室都来自夫馀。北沃沮、东沃沮、濊都是扶馀的兄弟民族。《后汉书·东夷传》记载:"夫馀国,在玄菟北千里,南与高句骊、东与挹娄、西与鲜卑接,北有弱水,地方二千里。本濊地也。"[1]考古发现证明,夫馀文明的发祥地在今辽宁省昌图县以北,吉林省洮南县以东,至吉林省双城县(今黑龙江省双城市)以南之地。

　　夫馀国有卵生神话,属东夷文化区成员。"初,北夷索离国王出行,其侍儿于后姓身,王还,欲杀之。侍儿曰:'前见天上有气,大如鸡子,来降我,因以有身。'王囚之,后遂生男。"此即夫馀国先王东明。汉置四郡,夫馀与汉朝发生联系,尤其夫馀王死葬用玉匣(玉衣),"汉朝常豫以玉匣付玄菟郡,王死则迎取以葬焉"[2]。通过对夫馀文化陶器的类型学研究,孙颢、许哲认为夫馀文化因素构成包括西团山文化、邢家店类型文化、汉书二期文化、宝山文化、谢家街类型文化、汉文化,这些文化对夫馀文化的影响不是单线,有些文化之间也存在着一定的交流和融合。西团山文化、汉书二期文化、宝山文化晚期,邢家店类型文化均发现了汉文化因素。夫馀文化在受到上述各种文化影响的同时,也受到汉文化的直接影响。[3]

　　东汉光武帝末年,大破匈奴、鲜卑,"东夷诸国皆来献见",建武二十五年,"夫馀王遣使奉贡"。此后"使命岁通"[4]。夫馀国入贡的貂叫挹娄貂。夫馀国向汉朝进贡有"貂、豽"。《后汉书·东夷传》记载,夫馀国"出名马、赤玉、貂、豽,大珠如酸枣"。安帝、顺帝、桓帝和灵帝时都"诣阙贡献"。《三国志·魏书》记载:"扶余国出貂、豽。"[5]晋郭

---

　　〔1〕《后汉书》卷85《东夷传》,第2810页。

　　〔2〕《后汉书》卷85《东夷传》,第2811页。

　　〔3〕孙颢、许哲:《夫馀陶器的特征及其文化因素分析》,载《北方文物》2011年第3期,第13－20页。

　　〔4〕《后汉书》卷85《东夷传》,第2812页。

　　〔5〕《三国志》卷30《东夷传》,第841页。

义恭《广志》记载："貂出扶余、挹娄。"[1]挹娄是肃慎族系继肃慎称号后使用的第二个族称,汉至晋前后有 600 余年。挹娄族称出现于公元前 1~2 世纪时,即西汉时期。《后汉书》和《三国志》之《东夷传》都写到挹娄,而汉代不见挹娄向中原政权进贡的记载,其原因是"自汉兴以后,臣属夫馀"。挹娄政治上失去独立地位,与中原政权的联系是由其宗主国夫馀承担的。挹娄貂通过夫馀国入贡汉朝。

挹娄源于肃慎,其活动区域,"在夫馀东北千余里,东滨大海,南与北沃沮接,不知其北所极。土地多山险,人形似夫馀,而言语各异"[2]。乃在今辽宁省东北部和吉林、黑龙江两省东半部及黑龙江以北、乌苏里江以东的广大地区。按照《后汉书·东夷传》记载,此时的挹娄,"有五谷、麻布,出赤玉、好貂,无君长。其邑落各有大人,处于山林之间。土气极寒,常为穴居,以深为贵,大家至接九梯。好养豕,食其肉,衣其皮。冬以豕膏涂身,厚数分,以御风寒。夏则裸袒,以尺布蔽其前后。其人臭秽不洁,作厕于中,圜之而居……便乘船,好寇盗。邻国畏患,而卒不能服。东夷、夫馀饮食类皆用俎豆,唯挹娄独无,法俗最无纲纪者也。"[3]

11.5.4　汉与高句骊

高句骊是中国东北古代民族建立的王国,也写作"高句丽",简称"句丽""句骊"。东夷相传高句骊是夫馀别种,语言与夫馀同。据朝鲜史书记载,公元前 37 年,扶馀王子朱蒙因与其他王子不和,逃离扶馀国,到卒本扶馀,建立高句骊。[4] 西汉时,高句骊"在辽东之东千里,南与朝鲜、濊貊,东与沃沮,北与夫馀接,地方二千里"。汉武帝灭卫氏朝鲜,置汉四郡,"以高句骊为县,使属玄菟郡"[5]。作为高句骊县内的一个部族,由"高句丽令主其名籍"[6]。高句骊政权的高官有"主簿",这

[1]《艺文类聚》卷 95《兽部》,上海古籍出版社,1982 年,第 1655 页。
[2]《后汉书》卷 85《东夷传》,第 2812 页。
[3]《后汉书》卷 85《东夷传》,第 2812 页。
[4][朝]一然:《三国遗事·纪异》卷 1,明知大学校出版部 1984 年版,第 251 页。
[5]《后汉书》卷 85《东夷列传》,第 2813 页。
[6]《三国志》卷 30《高句丽传》,第 843 页。

是汉朝县级官员名号,证明高句骊曾作为汉朝地方政权存在。汉高祖时有"郡国县立灵星祠"的规定,[1]高句骊祠祀"零(灵)星"。

高句骊成立之初,可能是由濊貊人和迁移到此的夫馀人组成。高句骊曾与夫馀长期处于军事对抗中,为了扼制高句骊的发展,夫馀与东汉政权常在军事上联合打击高句骊。《后汉书·安帝纪》记载,元初五年"夏六月,高句骊与濊貊寇玄菟"[2]。安帝建光元年"冬十二月,高句骊、马韩、濊貊围玄菟城,夫馀王遣子与州郡并力讨破之"。"延光元年春二月,夫馀王遣子将兵救玄菟,击高句骊、马韩、濊貊,破之,遂遣使贡献。"[3]

高句骊又称"貊",有一别种,依小水为居,被称为"小水貊",出好弓,称为"貊弓"。下句骊曾抵制王莽征兵伐匈奴,王莽把它改名为"下句骊侯国",杀其侯。貊人不断寇扰汉之边境。[4] 东汉光武帝建武八年(公元32年),"高句骊遣使朝贡,光武复其王号"。建武二十三年(公元47年)冬,高句骊蚕支落大加戴升等万余口诣乐浪内属。公元1世纪中叶,高句骊处于中央集权化和早期扩张时期,太祖王将分散的5个部落设为5个郡,实行集权统治,先吞并东沃沮,又吞并东濊一部分。又进攻乐浪郡、玄菟郡和辽东,从早期的几个濊貊部落扩张到汉江流域。高句骊摆脱汉朝控制,他们的扩张导致了与汉朝的直接军事冲突。汉朝的军事打击迫使高句骊迁都到丸都城,在今吉林集安西之丸都山。

11.5.5 汉与沃沮

沃沮,意为"森林部落",又写作"沃沮""窝集""乌稽""勿吉"等,公元前2世纪至公元5世纪朝鲜半岛北部的部落。沃沮属濊貊系统,以长白山为界分为北沃沮与南沃沮。北沃沮人大致位于图们江流域,主要居住在今黑龙江省的东南和吉林省的东北地区,还包括今苏联沿海地区的一部分。南沃沮又称东沃沮,居住在今朝鲜东北地区,大致位

---

〔1〕《史记》卷28《封禅书》,第1380页。

〔2〕《后汉书》卷5《安帝纪》,第228页。

〔3〕《后汉书》卷5《安帝纪》,第234页。

〔4〕《后汉书》卷85《东夷传》,第2814页。

于今朝鲜的咸镜道。东沃沮经常被简称为沃沮,南与东濊相邻。

汉武帝灭卫氏朝鲜,以沃沮地为玄菟郡。《后汉书·东夷传》记载:"东沃沮在高句骊盖马大山之东,东滨大海,北与挹娄、夫馀,南与濊貊接。……武帝灭朝鲜,以沃沮地为玄菟郡,后为夷貊所侵,徙郡于高句骊西北,更以沃沮为县,属乐浪东部都尉。至光武罢都尉官,后皆以封其渠帅,为沃沮侯";"又有北沃沮,一名置沟娄,去南沃沮八百余里"[1]。《三国志·东夷传》云,沃沮"言语与句丽大同,时时小异"[2]。"其俗南北皆同,与挹娄接。挹娄喜乘船寇钞,北沃沮畏之,夏月恒在山岩深穴中为守备。"[3]

沃沮早期,其归属一直在汉四郡和高句骊之间摇摆,未形成独立的政权。公元1、2世纪,沃沮成为高句骊藩属,"其土迫小,介于大国之间,遂臣属句骊。句骊复置其中大人为使者,以相监领,责其租税,貂布鱼盐,海中食物,发美女为婢妾焉"[4]。公元244年,曹魏伐高句骊,高句骊东川王曾退至北沃沮。

11.5.6　汉与濊貊

濊貊最初并非指某一个确定的民族,中国古代史家用以泛指东北亚地区一些古代部族。夏商之际,濊貊族分布于南起辽东半岛,北至松花江中游的广大地区。周灭商,逐渐迁至其他东部地区,还有的迁至朝鲜半岛北部,汉江两岸都有濊貊人的足迹。春秋时期,齐桓公曾经发动过对濊貊的战争。濊貊人从事农业和渔猎,黍成为主要食粮。战国时,濊貊族进入原始社会晚期,过着定居生活。后来的夫馀和高句骊,都是在融合濊貊等东北区域民族的基础上形成,发展起来的。

濊貊先后属箕氏朝鲜、卫氏朝鲜。汉武帝时,濊君叛离卫氏朝鲜,归附汉朝。《后汉书·武帝纪》记载:"元朔元年,濊君南闾等畔右渠,率二十八万口诣辽东内属,武帝以其地为苍海郡。数年乃罢。"至武帝

---

〔1〕《后汉书》卷85《东夷传》,第2816页。

〔2〕《三国志》卷30《东夷传》,第846页。

〔3〕《三国志》卷30《东夷传》,第847页。

〔4〕《后汉书》卷85《东夷列传》,第2816页。

灭卫氏朝鲜,置四郡。至昭帝始元五年,罢临屯、真番,以并乐浪、玄菟。玄菟复徙居句骊。而自单单大领以东,沃沮、濊貊悉属乐浪。汉置乐浪都尉,领七县。至东汉光武帝建武六年,废都尉官,并弃领东地,封其渠帅为县侯,濊貊等"岁时朝贺"[1]。《后汉书·东夷列传》和《三国志·东夷传》都单称为"濊",云:"濊北与高句骊、沃沮,南与辰韩接,东穷大海,西至乐浪。濊及沃沮、句骊,本皆朝鲜之地也。"濊地出檀弓、果下马、文豹、班鱼等,"使来皆献之"[2]。

11.5.7　汉与三韩

"三韩"一词最早出现在中国史籍《三国志·东夷传》。三韩是公元前2世纪末至公元4世纪左右朝鲜半岛南部三个部落联盟,分别是马韩、辰韩、弁韩,合称三韩。马韩在三韩中最强大,被三韩拥立为"辰王",定都目支国,统领三韩之地。

关于三韩的地理位置,《后汉书·东夷列传》记载:"马韩在西,有五十四国,其北与乐浪,南与倭接;辰韩在东,十有二国,其北与濊貊接;弁辰在辰韩之南,亦十有二国,其南亦与倭接。凡七十八国,伯济是其一国焉。大者万余户,小者数千家,各在山海间,地合方四千余里,东西以海为限,皆古之辰国也。马韩最大,共立其种为辰王,都目支国,尽王三韩之地。其诸国王先皆是马韩种人焉。"[3]马韩大致位于全罗道、忠清道和京畿道,辰韩主要位于洛东江以东,弁韩位于洛东江以南和以西。三韩与汉朝存在密切的关系和文化交流。

首先,中国流民入韩,带去了中国文化。其中的辰韩,自言乃秦朝逃亡的百姓,"避苦役,适韩国,马韩割东界地与之"。辰韩国人称国为"邦",称弓为"弧",称贼为"寇",称行酒为"行觞",互相称"徒",这些都与秦朝的语言相似。所以辰韩也被称为"秦韩"。他们知蚕桑,作缣布,乘驾牛马,嫁娶以礼,行者让路。俗喜歌舞饮酒鼓瑟,小儿出生欲令头扁,则以石押之。这些似乎都是渊源于秦地。弁辰与辰韩杂居,城郭

---

〔1〕《后汉书》卷85《东夷列传》,第2817页。
〔2〕《后汉书》卷85《东夷列传》,第2817－2818页。
〔3〕《后汉书》卷85《东夷列传》,第2818页。

衣服皆同。马韩"知田蚕,作绵布";辰韩"知蚕桑,作缣布"。其风俗习惯和丝织技术皆来自中国。东汉末年,天下大乱,大量汉民流亡入韩,"灵帝末,韩、濊并盛,郡县不能制,百姓苦乱,多流亡入韩者"[1]。

其次,箕氏王室后裔南下,带去了汉文化。"初,朝鲜王(箕)准为卫满所破,乃将其余众数千人走入海,攻马韩,破之,自立为韩王。"[2]箕氏朝鲜是商之遗民箕子建立的王朝,他把中原殷商文化带入朝鲜半岛北部。其后裔南下,并称王朝鲜半岛南部,自然也把北方文化带到南方。

再次,汉四郡建立,乐浪文化直接影响到三韩。汉四郡中的乐浪郡与三韩都有联系。从考古发现来看,三韩与汉四郡有着广泛的贸易往来,高句丽崛起之前,三韩主要与朝鲜半岛北部的汉四郡进行贸易。三韩都通过乐浪郡向汉政权纳贡,并得到汉朝的册封和礼物。会得到一个印章,象征其与乐浪郡进行贸易的资格。朝鲜半岛各地都有汉朝的钱币出土。乐浪郡是汉朝在朝鲜半岛统治的中心,马韩"北与乐浪"相接,自然受到汉文化的辐射和影响。东汉"建武二十年,韩人廉斯人苏马諟等诣乐浪贡献。光武封苏马諟为汉廉斯邑君,使属乐浪郡,四时朝谒"[3]《后汉书·光武帝纪》记载,这一年"东夷韩国人率众诣乐浪内附"[4]。

三韩在中日关系和文化交流中具有重要地位。由于地缘关系,三韩受到日本文化的影响。马韩"南与倭接","其南界近倭,亦有文身者"[5];弁韩"其国近倭,故颇有文身者"[6]。而倭人到中国入贡,也是途经三韩之地。

昭帝始元五年(公元前82年),罢真番郡,以北部7县入乐浪郡,隶属于南部都尉。雪县及其南部无考的7县可能于此时没于辰国,后

〔1〕《后汉书》卷85《东夷列传》,第2820页。
〔2〕《后汉书》卷85《东夷列传》,第2820页。
〔3〕《后汉书》卷85《东夷列传》,第2820页。
〔4〕《后汉书》卷1下《光武帝纪》,第72页。
〔5〕《后汉书》卷85《东夷列传》,第2819页。
〔6〕《后汉书》卷85《东夷列传》,第2820页。

入马韩。汉献帝建安年间,割据辽东的公孙康分乐浪郡屯有县以南地置带方郡,辖带方、列口、长岑、昭明、含资、提奚、海冥7县,即西汉时真番郡北部故地。

12　两汉与罗马的东西遥望

两汉时丝路最西端是罗马帝国,与西汉和东汉王朝遥相辉映,都是代表当时先进文明的古国。在公元前后的一两个世纪中,汉与罗马间的直接接触从无到有,彼此间互相认识从朦胧到逐渐清晰。特别是罗马人沿海路东来,汉朝中国人通过海路西去,使贯通欧亚非三大洲的海上交通线东西串联起来,为此后中西交通展示了广阔前景。

12.1　汉朝与罗马的互相认知

12.1.1　丝绸之路两端的汉与罗马帝国

最早的罗马本来是意大利半岛的一个城邦,后来发展为横跨地中海地区的奴隶制大国。罗马的发展经历了王政时代、共和时代、帝国时代、东西罗马时期。后来西罗马首先瓦解,东罗马则存在了更长时间。西罗马的灭亡,在历史上标志着欧洲中世纪的开端,取代西罗马的各蛮族王国逐渐转变为封建国家,东罗马帝国也走上封建化道路。罗马帝国经历了漫长的发展过程。从公元前 754 年至前 753 年,罗慕路斯在台伯河畔建罗马城,开创王政时代,到公元 476 年罗慕路斯·奥古斯都帝被废,西罗马灭亡,延续 1000 多年。

两汉大致相当于罗马共和时代"内战"时期和帝国时代前期。西汉从公元前 206 年到公元 24 年,包括王莽篡汉的短暂时期。罗马从公元前 150 年至前 30 年,属于共和时代后期,被称为"内战时期",这一时期,在先前向外大规模扩张,征服了迦太基(北非)、西班牙大部分及马其顿、希腊等地后,奴隶制经济获得巨大发展,同时内部各种社会矛盾也走向激化,奴隶反抗奴隶主、无权者反对当权者、奴隶主内部骑士派

·欧·亚·历·史·文·化·文·库·

反对元老派,各种矛盾和斗争错综交织。西汉比罗马的这一时期早几十年,罗马则比西汉略晚。东汉从公元 25 年至 220 年,罗马帝国时代前期从公元前 30 年至公元 284 年,其结束比东汉晚 60 多年。这一时期罗马奴隶制经济进一步发展,特别是在各行省发展迅速。图拉真时版图最大:西起西班牙、不列颠,东达幼发拉底河上游,南自非洲北部,北至多瑙河、莱茵河一带。图拉真于公元 98 年至 117 年在位,正值东汉中期和帝(89—105 年)、殇帝(106 年)、安帝(107—124 年)时。

古罗马在物质和精神文化两方面都获得巨大成就,对后世西方文化有很大影响。在当时的世界格局中,两汉与罗马是东西辉映的两大文明。英国学者杰佛里·巴勒克拉夫说:"公元二世纪,古代世界东西两端间的经济和文化方面的接触达到了高潮。虽然罗马同中国汉朝并没有建立正式的外交关系,但是各自都清楚地知道对方的存在。"[1]其实,希腊人早就知道中国的存在,并不始于罗马,更非公元 2 世纪。我们知道,最早的时候西方人称中国和中国人为"赛里斯"和"支那",现在,罗马人更多地称中国和中国人为"赛里斯"(Serce/Seres),意思是丝国或丝国人。

12.1.2 罗马人所了解的中国

当罗马成为地跨欧亚非大陆的帝国之后,特别是希腊、罗马文化扩大至西欧以后,拉丁文"Oriens"(东方)一名便越来越引人注意,在罗马人心目中成为另一特殊世界,东方文化被视为欧洲以外的另一文化系统。于是"亚细亚"之名在罗马人的著述中,其意义便是欧洲和非洲以东另一世界。但是罗马人所掌握的关于东方现实状况的材料却不出希腊人范围。庞贝依乌斯(Pompeius)经黑海、里海间远征高加索时曾得到某些有关地理方面的知识,可是对于里海的位置,记述还不正确。阿帕洛杜勒斯(公元前 130—前 87 年)记述,巴克特利亚欧多台墨王的领土在公元前 201 年已扩张至和赛里斯国接壤之处,据说赛里斯

---

[1]〔英〕杰佛里·巴勒克拉夫主编:《泰晤士世界历史地图集》,三联书店 1985 年版,第 70页。

人都是碧眼红发。显然他所说的并不是黄河流域的汉人,大约是操东伊朗语的塞人或大月氏人。赛里斯人养蚕丝织制成文绮,在希腊、罗马人看来还是非常神秘的事情,他们相信丝是生在树上的,丝绸的底纹和花纹都是斜纹的织法更是奇妙。由于中国丝绸大量输入罗马,罗马诗人的作品中屡次提到赛里斯国和赛里斯国人,意即丝国和丝国人,但认识非常模糊,存在不少似是而非的说法。

维吉尔(Vigile,公元前 70 年至公元 19 年)《田园诗》有云:

爱底奥比亚(Aethiopia)人的丛林里怎么会产生细软洁白的羊毛?赛里斯人怎么会从他们的树叶中抽出纤细的线?[1]

霍拉赛(Horace,公元前 65 年至公元 8 年)的五首诗中都提及赛里斯:

这些乱放在赛里斯国坐垫上的斯多噶派(Stoici)论著对你又有何用处呢?(《希腊抒情诗集》VIII,公元前 29—30 年)。

也许他(奥古斯都)能击退帕提亚人(Parthes,安息人),使他们遭受应得的惨败,因为帕提亚人威胁着拉丁地区(Latium);也许他能战胜东方各地的居民,赛里斯人和印度人,成为您(指朱比特,Jupiter,罗马最大的神)独自的附庸,他将公正地统治天下。(《颂诗》I,12。公元前 24 年)

那位秀发馨香的王孙是谁?他举手向你敬酒,这只手善于用祖传的弓弩射出赛里斯国的利箭。(同上 I,29)

梅赛纳(Mécéne),你为小镇而惴惴不安,为大城而忧心忡忡。怕引诱来赛里斯人、大夏人或正处于居鲁士(Cyrus)的统治之下和正为内乱所苦的泰内伊斯人(Tanais)。(同上 IV,29)

不,那些饮用深深的多瑙河深水的人们,基提人(Gétes)、赛里斯人、不讲信义的帕提亚人以及那些诞生在泰西伊斯河畔的诸民族,他们决不敢违抗恺撒大帝(Julius)的王法。(同上 IV,15)[2]

---

〔1〕〔法〕戈岱司编:《希腊拉丁作家远东古文献辑录》,耿昇译,中华书局 1987 年版,第 2 页。
〔2〕〔法〕戈岱司编:《希腊拉丁作家远东古文献辑录》,第 2 - 3 页。

普罗佩赛(Properce,公元前 50 年至公元 15 年)在《哀歌》中的两首诗中提到"赛里斯":

赛里斯织物(Serica)和绚丽的罗绮,怎能抚慰他们(不幸的情人)的忧伤?(I,14。)

因为我没有提到你年幼的侄子的赛里斯战车。(IV,8。)[1]

奥维德(Ovide,公元前 43 至公元 17 年或 18 年)的《恋情》诗云:

怎么?你的秀发这样纤细,以至不敢梳妆,如像肌肤黝黑的赛里斯人的面纱一样。(I,14)[2]

西流士·伊塔利库斯(Silius Italicus,25 至 101 年)的《惩罚战争》中有三次提到"赛里斯人":

旭日的光辉已经照遍塔尔泰斯海(Tartesse)面,冲破黑夜的重重暗影,照临东国的海岸。晨曦照耀中的赛里斯人前往小树林中去采集枝条上的绒毛。(VI,1 - 4)

我不是已经谈到过酒神巴卡斯(Bacchus)了吗?高加索的猛虎拖着他凯旋的战车奔驰过大小城镇,束缚了赛里斯人和印度人之后,他带着缴获的武器从东方胜利而归。(XV,79 - 81)

赛里斯人居住的东方,眼看着意大利(火山)的灰烬漂白了他们长满羊毛的树林。天哪!这真是蔚为奇观!(XVII,595 - 596)[3]

此外,生活于公元 39 年至 65 年的卢加努斯(Lucanus)、公元 40 年至 96 年的斯塔西(Stace)和大约生于公元 60 年至 125 年前后的朱维纳尔(Juvénal)等拉丁诗人,在他们的作品中都提到丝、丝国或赛里斯人等等。

公元 1 至 2 世纪,罗马作家笔下更具体地记述了赛里斯国和赛里斯人,内容更加丰富,材料也较为翔实了。罗马出现了一批著名的地理学著作,如斯特拉波(Strabo)的《地理书》、梅拉(P. Mela)的《地方志》、

---

〔1〕〔法〕戈岱司编:《希腊拉丁作家远东古文献辑录》,第 3 页。

〔2〕〔法〕戈岱司编:《希腊拉丁作家远东古文献辑录》,第 4 页。

〔3〕〔法〕戈岱司编:《希腊拉丁作家远东古文献辑录》,第 14 - 15 页。

马林(Marinus)的《地理学导论》、托勒密(C. Ptolemy)的《地理志》等，其中对东方世界的描述令人瞩目。希腊人斯特拉波(公元前58年至公元21年，一说前公元63年或54年至公元24年或25年)著《地理书》(Geographica)，大约成书于公元1世纪初，其中引用克泰夏斯的记载。自谓其材料取自亚历山大部将奥内西克利都斯(Onesicritus)，其人卒于公元前328年(周显王四十一年，秦惠文王十一年)。斯特拉波书中的内容或许有伪托，但因为其成书时间很早，因此仍有很高的史料价值。书中多处讲到有关赛里斯人的内容：

> 大夏国王们始终不断地把自己的领地向赛里斯人和富伊人(Phrynoi)地区扩张。(XI,II,1)

> 也是出于同一原因(气候的酷热)，在某些树枝上生长出羊毛。尼亚格(Néarque)说：人们可以利用这种羊毛纺成漂亮而纤细的织物，马其顿人用来制造座垫和马鞍。这种织物很像是足丝脱掉的皮织成的赛里斯布一样。(XV,I,20)

> 然而，有人声称赛里斯人比能活一百三十岁的穆西加尼人(Musicaniens)还要长寿。(XV,I,34)

> 人称赛里斯人可长寿，甚至超过二百岁。(XV,I,37)

斯特拉波还有《古典名著选》(Christomathia)一书，也提到赛里斯人：

> 印度的地势呈菱形，其北端是高加索山脉，从亚洲一直延伸到它最东方的边缘，这一山脉把北部的塞种人(Sakai)、斯基泰人(Scythes)和赛里斯人同南部的印度人分割开了。[1]

塞内克(Sénéque，公元前4年至公元65年)是罗马著名的政治家和哲学家，曾为罗马皇帝尼禄之师，并曾为执政大臣。在他的书信和悲剧作品中，曾述及丝国人：

> 还有哪位告诉别人和自我告诫，自然界不会强加给我任何艰苦，我们无求于石匠和铁匠就可以住房，不同赛里斯贸易也可以

---

〔1〕〔法〕戈岱司编：《希腊拉丁作家远东古文献辑录》，第4-6页。

穿衣服的人呢。(《致鲁西流士(Lucilius)的信件》,No.90)

　　女子们,请为我脱掉这些缀金和紫红的服装!我不要推罗人的紫红染料,也不要遥远的赛里斯人采摘自他们树丛中的丝线。(《悲剧作家赛内克》)

　　纵使他受到那些敢于进犯到多瑙河滨的人和以其羊毛而驰名的赛里斯人的攻击也安然无恙,不管他们居住在哪个地方。(同上)

　　居住在天涯地角的赛里斯人也歌颂他(按:海格立斯,Hercules,最高神犹比得神的儿子)的胜利。(同上)

　　她也不用针刺绣旭日出处的赛里斯人采自东方树上的罗绮。(同上)[1]

　　假使可以称为衣服的话,我曾见过丝国的(Sericus)衣,不能蔽体,甚至不能遮蔽私处。穿上这种衣服,妇女可以宣称自己并未裸体,只是稍稍明亮(裸露)些。为了这个重大的理由,无知的外国人,已被禁止来贸易。我们的妇女们已受到警告,除了在自己的闺房内,不许在公共场所显露,以免诲淫之嫌。[2]

罗马学者梅拉(Pomponins Mela,公元1世纪人)在所著《地方志》(*De Situ Orbis*)一文中,提到丝国的位置和丝国人经商的方式:

　　从东方出发,人们在亚洲所遇到的第一批人就是印度民族、赛里斯人和斯基泰人。赛里斯人住在临近东海岸的中心,而印度人和斯基泰人却栖身于边缘地带。(Ⅰ,11)

　　然后又是一片猛兽出没的空旷地带,一直到达俯瞰大海的塔比斯山(Tabis);在辽远处便是高耸入云的陶鲁斯山脉。两山之间的空隙地带居住有赛里斯人。赛里斯人是一个充满正义的民族,由于其贸易方式奇特而十分有名,这种方式就是将商品放在一个

---

〔1〕〔法〕戈岱司编:《希腊拉丁作家远东古文献辑录》,第6-8页。

〔2〕此段据方豪《中西交通史》译文,岳麓书社1987年版,第177页。

偏僻的地方,买客于他们不在场时才来取货。(III,60)[1]

老普林尼(Gaius Plinius Secundus,23—79 年)的《自然史》(*Historia Naturalis*)多处都写到赛里斯,这本书成书于公元 77 年。其中涉及赛里斯的内容:

从里海和斯基泰洋出发,我们的航线转向了东海,沿海岸前进。第一部分开始于斯基泰海岬,由于常年积雪而无法居住;第二部分地区由于其居民的残暴也无法耕耘。这里所指的是一些食人生番的斯基泰人,他们靠吃人肉为生。周围是一片荒野,无数野兽出没其间,袭击那些也不比它们怯弱的来往行人。接着又是斯基泰人,又是由野兽繁殖的不毛之地,一直到达一座延伸至海的大山。人称之塔比斯山。只是到达为海岸长度一半,面对夏季太阳升起的地方才有人类栖身。(VI,53)

人们在那里遇到的第一批人是赛里斯人,这一民族以他们森林里所产的羊毛(按:即丝)而名震遐迩。他们向树木喷水而冲刷下树叶上的白色绒毛,然后再由他们的妻室来完成纺线和织布这两道工序。由于在遥远的地区有人完成了如此复杂的劳动,罗马的贵妇人们才能够穿上透明的衣衫而出现在大庭广众之中。赛里斯人本来是文质彬彬的,但在这件事情上却显得野蛮,他们不与别人交往,坐等贸易找上门来成交。(同上,54)

在喀劳狄执政年间,由锡兰(按:即斯里兰卡)前往罗马的使节们介绍说,锡兰岛的一侧朝东南方向沿着印度延伸,有一万节(Stade)之遥(按:Stade 乃古希腊长度单位,约合 180 米);这些使节们曾在赫摩迪山(Hemodi)以外地区见过赛里斯人,并与他们保持着贸易关系;使团长拉西亚斯(Rachias)的父亲曾到过赛里斯国;赛里斯人欢迎旅客们,他们的身材超过了一般常人,长着红头发,蓝眼睛,声音粗犷,不轻易和外来人交谈。另外,由他们所提供

---

[1] [法]戈岱司编:《希腊拉丁作家远东古文献辑录》,耿昇译,中华书局 1987 年版,第 8—9 页。

的资料与我们西方商人们的所说也相差无几,即商品只堆放在赛里斯人一侧的江岸上,如果商人们感到价格物品合适的话,就携走货物而留下货款。(同上,88)

据伊希戈内(Isigone)认为,印度的赛利尼(Gyrni)民族可以活到一百四十岁。他还认为埃塞俄比亚人和赛里斯人也能享受同样的寿数。(VII,27)

在文章的一开头,就使人越来越感到惊奇,即人类甚至可以劈开大山挖出其中的大理石,可以向赛里斯国索取衣料,可以到红海海底去探求珠宝,可以到地心深处去寻觅碧玉。(XII,2)

我们在提到赛里斯民族时就曾谈到过该地的羊毛树。(同上,17)

在推罗(Tylos)岛上的最高地带,还有一种与赛里斯品种不同的另一种羊毛树。(同上,38)

珍珠是由阿拉伯海提供的。我国每年至少有一亿枚罗马银币(Sestertius)被印度、赛里斯国以及阿拉伯半岛夺走。这就是我国男子及妇女奢侈之酬价。(同上,84)

第五种葡萄树被称为羊毛树,这种树长满了绒毛,所以我们对于印度国和赛里斯国的羊毛树就不要大惊小怪了。(XIV,22)

在各种铁中,赛里斯铁名列前茅。赛里斯人在出口服装和皮货的同时,也出口铁。(XXXIV,145)[1]

卢坎(Lucain,公元39—65年)在《法尔萨鲁姆》(*Pharsale*)一书中提到赛里斯:

我们已经使赛里斯人和蒙昧的阿拉克西斯人(Araxe)就范,而且还降服了看见过尼罗河源头的那些民族。(I,19-20)

克利奥帕特拉(Cléopatre)的白腻酥胸透过西顿的罗襦而闪闪发亮。这种罗襦是用赛里斯人的机杼织成,并用尼罗河畔的织针编出粗大透亮的网眼。(X,141-143)

---

[1]〔法〕戈岱司编:《希腊拉丁作家远东古文献辑录》,第9-13页。

赛里斯人首先见到你(尼罗河),并探询你的泉源。然后你又在埃塞俄比亚田野掀起了奇特的波涛。(Ⅹ,292 - 293)[1]

公元 1 世纪末希腊佚名作者《厄立特里亚海航行记》(一译《红海航行记》)中有关于中国的记载。本书约撰于公元 1 世纪末,作者是侨居埃及亚历山大里亚的希腊人,并在公元 80 年至 89 年(东汉章帝建初五年至和帝永元元年之间)航行于红海、波斯湾及印度东西海岸。书中关于中国的内容,方豪翻译如下:

过了这地方(Chryse,即马来半岛),就到了最北部,海止于[秦国](此处赛特注云:"原抄本此处有脱文。"又说"决非指丝国",但其法文译本仍译为"丝国"。玉尔本则译为"秦"Thin)。在这国家的内地,有一极大城名秦尼(Thinae 或 Thinai),远在北方。那地方出丝、丝线和名为 Serikon 的布(指绸绢)。由陆路经巴克特利亚(Barygaza),又经恒河,到里姆利亚(Limuria)。进入秦国是不容易的,因为从那里回来的很少,也很难得。那国家正处于小熊星之下,并且据人说,那国境就在黑海和里海的东岸。其旁有梅奥底斯(Maeotis)湖,可通大洋。

每年有矮人到秦国边境,这些人面部宽大,而极聪明。据说他们称为贝萨台(Besatai)人,类似野人。他们率妻儿同来,携有大包货物,又有大筐,那颜色和还在发青的葡萄树叶相同。他们到了本国和秦国之间的地区,便停留一段时间,庆祝若干日。这时他们就用大筐以代床用。然后回到其国内地。当地的人民看到他们离开,便来到那地方,收取他们的卧具。

比那里更远的地方,或因气候太冷,或为冰雪所阻,无法通行;或由于神力不可抗,还没有人去探查[2]。

其中"Thin"即指"支那"(秦),书中提到的"极大城"Thinae,即长安。公元 100 年左右的查理同(Charriton)在《加拉和卡利赫》一文中讲

---

〔1〕〔法〕戈岱司编:《希腊拉丁作家远东古文献辑录》,第 14 页。

〔2〕方豪:《中西交通史》,岳麓书社 1987 年版,第 180 - 181 页。

到赛里斯人精工制作的箭囊和弓弩,被罗马人挂在自己身旁。

公元 2 世纪希腊地理学家托勒密(Ptolémée)《地理志》记述更为详细,此书约撰于公元 150 年(东汉桓帝和平元年)。书中谈及中国的内容很多,反映出海道畅通之后罗马人所获得的关于中国的信息越来越丰富,越来越具体了。方豪将有关中国的史料做了如下翻译:

> 世上无人居住的地方,东至无名地(Terra Incognita)和大亚细亚的极东国家,支那与丝国为邻。

> 已经为人所知的世界,极东止于支那的都城。离亚历山大港,经度一百十九度半,相差约八小时。

> 关于幼发拉底河渡口和石塔之间的距离,照他(马利努斯)说是八百七十六雪尼(Schoeni)或二万六千二百八十斯大特(Stades,有人译为"节")。而在石塔和丝国的首都赛拉(丝城)之间,根据步行需时七个月来推算,应有三万六千二百斯大特。照我们修正的方式,两处的距离,我们都要加以削减。

> 他(马利努斯)确实说有名梅斯(Maes)者,又名底启亚诺斯(Titianos),原籍马其顿,是商人,一如其父,他曾记下这路程。他虽没有到过丝国人地方,但他曾派了几个手下人去。

> 赛里斯人的国和都城,都在支那之上(指其北),他们之东是无名地,布满湖沼。湖中产大芦草,极厚,居民可藉以渡过(沼泽地带)。(他们又说)从那边,经石塔而到巴克特利亚那(Bactriana),不止一道,另有一路,可经巴林波脱拉(Palimbothra)而到印度。(他们又说)从支那的都城到加底加拉(Kattigara)港口的路,是向西南走的。

> 丝国西界西徐亚,在伊毛屋斯(Imaos)岭外,照指定的线而更高。北止于无名地,与都耳(Thoule)岛在同一纬度。东亦与无名地为界。界在东经一百八十度六十三分,至一百八十度三十五分。南界印度恒河东岸。边境是沿东经一百七十三度三十五分。再进即与支那为邻,而止于已指出的无名地。

> 丝国四周有阿尼巴(Anniba)山围绕,山自一百五十三度六十

分起,迄一百七十一度五十六分止。山的东部有奥萨基亚(Auza-kia)山,山的主峰位于一百六十五度五十四分;阿斯米拉亚(Asmi-raia)山,其西端位于一百六十七度四十七分三十秒,至一百七十四度四十七分三十秒。这些山的东部有加西亚(Casia)山,山的主峰位于一百六十二度四十四分;大古隆(Thagoron)山,其中央处位于一百七十六度三十六分;奥笃洛各拉斯(Ottorokotthas)山,其两端位于一百六十九度三十六分和一百七十六度三十九分之间。境内有二河,丝国的大部都受灌溉:第一条名奥依加尔大斯(Oikhardas),有三源:一源在亚斯米拉育农(Asmiraioi)山附近;另一源则在一百七十四度四十七分三十秒,近加西亚山,一河曲位于一百六十度四十九分三十秒,在同一山中,别有(第三)源,位于一百六十一度四十四分十五秒。第二条河名朴底索(Bautisos)山,一源在加西亚山附近,位于一百六十度四十三秒;另一源在奥笃洛各拉斯山附近,位于一百七十六度三十九分;在爱莫大(Emoda)山河附近,有一河曲,位于一百六十八度三十九分。

在丝国,最北的种族是:食人野人;在他们之下,有亚尼博衣(Anniboi)人,居于同名之山上;在他们和奥萨基奥衣(Auzakioi)人之间,有希其杰斯(Sizyges)人;再在他们之下,则有达姆纳衣(Damunai)人和比阿拉衣(Pialai)人,直至奥依加尔大斯河;河以下就是同名的奥依加尔大衣人。

支那人的边境,北与丝国一部分为界,前已述及;东与南为无名地;西边是印度恒河边境,依照已经确定的线而直到大海湾,大海湾名带利奥特斯(Theriodes)湾,在支那的海湾,有吃鱼的爱底奥比亚人居住。[1]

在他的书中,还曾提到"加底加拉"(kattigara,一译卡蒂加拉)的地名,李希霍芬考证在红河入口处附近,即今东京湾上越南之河内或其

---

〔1〕方豪:《中西交通史》,岳麓书社 1987 年版,第 182－184 页。

333

附近。[1] 藤田丰八则以为是占城的卢容浦口。其论据有二,一是梵文Kutigrha 和占文 Katigaha 意即石舍和石柱,而占城人常于海口置石柱为标记,卢容浦口一定有此种石柱;二是卢容浦口乃当时对外港口,即后来之大长沙海口。[2] 康泰《扶南记》云:"从林邑至日南卢容浦口可二百馀里,从口南发往扶南诸国,常从此口出也。"[3] 在托勒密的书中附有一幅世界地图,反映托勒密对东方和中国的认识仍很模糊,他甚至认为印度洋的南部和东部也与陆地相连,又说这些陆地分别是亚洲和非洲两大陆的延伸,地图上把非洲海岸画得偏东,离曼德海峡很近。因为西方人认为赛里斯位于世界最边缘的地方,图中把它置于最东方,以为在它之东再没有其他任何地方了。但他的地图正确地标出了许多中亚和印度的山川与城市,准确地标明了中国的方位。

从罗马作家笔下写到的赛里斯国和赛里斯人,可以知道,由于距离的遥远和缺乏直接的接触,罗马人对中国和中国人的认识还是模糊和笼统的。比如中国在哪里的问题,他们只知道在东方,确切的位置说不清楚。在他们笔下,大致是指罗马与中国之间的某个地方,在东方靠近印度和大夏(今阿富汗北部)一侧,一般指的是中国新疆及其附近地区。而且有时他们对于"支那"和"赛里斯"是什么关系,似乎也很模糊,甚至有以为是二国者,托勒密就是如此。又如中国人是什么样的人,他们也没见过。老普林尼描写的赛里斯人,"身材超过了一般常人,长着红头发,蓝眼睛,声音粗犷",显然不是黄河流域的汉人。当时中国和罗马等地的丝绸贸易,都是以西亚、中亚或印度洋沿岸地区为中介的。他所描写的应当是经营丝绸贸易的东方某个中介民族。提到中国,他们都不约而同地特别注意丝、丝线和绸绢。但丝是怎样产生的,他们也不大明白。他们说在遥远的东方有一个民族,生产一种漂亮的丝织物,所用的原料是从树上采摘下来的一种神秘的东西。在公元

[1]〔德〕李希霍芬:《中国》卷1,柏林,第508页;〔法〕戈岱司编:《希腊拉丁作家远东古文献辑录》导论,耿昇译,中华书局1987年版,第23页。

[2]〔日〕藤田丰八:《叶调斯调及私诃条考》,见《中国南海古代交通丛考》,何健民译,商务印书馆1936年版,第545页。

[3]〔北魏〕郦道元撰,陈桥驿校证:《水经注校证》卷36引,中华书局2013年版,第798页。

前1世纪和公元1世纪中，罗马人一直认为丝绸是赛里斯人从树丛中采摘来的丝线，或能抽丝的植物纤维，或森林里所产的羊毛织成的。对此有的学者甚至认为，罗马人对中国和中国的产品之所以长期不能有确切的了解，除了缺乏直接的接触，还因为西域民族与波斯—阿拉伯人出于商业的利益，为垄断丝绸市场而故意隐瞒丝绸和丝路的真相，从而使丝路更蒙上了一层神秘莫测的面纱。

至公元2世纪，他们对中国丝绸和蚕桑技术有了比较切合实际的了解。公元2世纪《百科书典》编纂人德尼斯（Denys）对赛里斯人精美的丝绸制品和高度的纺织技巧有所了解，他说："赛里斯国内的吐火罗人（Tokharoi）、富尼人（Phrounoi）和其他蒙昧部族都不重视肥壮的牛羊，他们可以织出自己荒凉地区五彩缤纷的花朵。他们还能够以高度的技巧裁制贵重的服装，具有草原上绿草闪闪的光泽，即使是蜘蛛结网的成果也难以与之相媲美。"[1] 包撒尼雅斯（Pausanias）著《希腊志》，才记述丝是一种叫作"赛儿"（Ser）的大虫子的产物，他说：

> 至于赛里斯人用作制作衣装的那些丝线，它并不是从树皮中提取的，而是另有其它来源。在他们国内生存有一种小动物，希腊人称之为"赛儿"（Ser），而赛里斯人则以另外的名字相称。这种微小动物比最大的金甲虫还要大两倍。在其它特点方面，则与树上织网的蜘蛛相似，完全如同蜘蛛一样也有八只足。赛里斯人制造了于冬夏咸宜的小笼来饲养这些动物。这些动物作出一种缠绕在它们的足上的细丝。[2]

可以看出，这一段关于蚕的介绍已经大致接近事实。但是关于蚕的饲养、赛里斯国的位置和赛里斯人人种等，他仍有不少模糊的或者是错误的认识和想象："在第四年之前，赛里斯人一直用黍作饲料来喂养，但到了第五年至—因为他们知道这些笨虫活不了多久了，改用绿芦苇来饲养。对于这种动物来说，这是它们各种饲料中的最好的。它

---

〔1〕〔法〕戈岱司编：《希腊拉丁作家远东古文献辑录》，第52页。

〔2〕〔法〕戈岱司编：《希腊拉丁作家远东古文献辑录》，第54页。

们贪婪地吃着这种芦苇,一直到胀破了肚子。大部分丝线就在尸体内部找到。人们还获悉赛里亚(Séria)岛位于厄立特里亚海最边远的地方。我还听说这里不是指厄立特里亚海,而是一条叫作赛儿(Ser)的江河,这条江形成了赛里亚岛,完全像埃及三角洲是被尼罗河,而不是被一个大海环绕一样,这一赛里亚岛恰恰也具有同样的地势结构。赛里斯人以及所有那些居住在附近岛屿的人,如阿巴萨(Abasa)岛和萨凯亚岛上的人,他们都属于埃塞俄比亚种族;也有一些人声称,他们远不是埃塞俄比亚人种,而是印度与斯基泰混血人种。"[1]这里面既有某些真实成分,又有不少似是而非的传闻和想象,连作者自己都是不敢肯定的口气。直到 2 世纪后期的卢西安(Lucien)还说:"整个赛里斯民族以喝水为生。"[2]2 世纪末至 3 世纪初的巴尔德萨纳(Bardesane)摘引《阿布德·厄赛波,布讲福音的准备》一书中关于中国社会的介绍,也显得比较写实:

> 在每个地区,人们都制订了一些具体文字。我想介绍一下自己所知道以及我所能回忆起的情况。首先从大地的一端开始讲述。在赛里斯人中,法律严禁杀生、卖淫、盗窃和崇拜偶像。在这一幅员辽阔的国度内,人们既看不到寺庙,也看不到妓女和通奸的妇女,看不到逍遥法外的盗贼,更看不到杀人犯和凶杀受害者。经过子午线上空的光辉的阿瑞斯(Arès)战神之星体,不能违背人心而用铁器杀人,同时与阿瑞斯战神有关的昔普里斯(Cypris,一种诞生在塞浦路斯地区的希腊女神)也不能强迫他们之中的任何人与别人的妻子私合。尽管在他们之中,阿瑞斯战神每时每刻都在天中央巡视,赛里斯人每天、甚至每时每刻都在生育[3]。

他知道中国是一个幅员辽阔的国度,有关中国社会的描写有点过于美化的倾向,但也基本符合中国人的道德观念。公元 200 年左右的阿克伦(Acron)在《颂歌》中说:"'赛里斯'一名来自赛里斯国。赛里

---

〔1〕〔法〕戈岱司编:《希腊拉丁作家远东古文献辑录》,第 54 页。
〔2〕〔法〕戈岱司编:《希腊拉丁作家远东古文献辑录》,第 55 页。
〔3〕〔法〕戈岱司编:《希腊拉丁作家远东古文献辑录》,第 57 页。

斯民族与帕提亚人相毗邻,以他们善于造箭而广负盛名。'赛里斯人织物'(Sericum,丝匹)一名也由此而来。"[1]奥里热内(Origène,182—252年)《反对赛尔斯》书中说:"他(指赛尔斯)曾于那里这样讲过:'无论是斯基泰人,利比亚的游牧人,还是赛里斯人,他们都不懂得上帝。'"[2]这些认识无疑是正确的,反映了随着中西间交通的开展,罗马人对中国的了解越来越清楚和深入。

罗马人对于东方的认识和对中国的了解,主要来自活跃在丝绸之路上的罗马商人。据《厄立特里亚海航行记》的记载,公元1世纪中后期,罗马人在波斯湾和印度沿海岸已经建立了庞大的贸易网络。[3] 在这一带考古发现了他们的商行货站。罗马人的贸易据点并不局限于沿海地带,其商业触角还沿印度河和喀布尔河而上深入中亚腹地,从20世纪20年代以来在阿富汗贝格拉姆遗址考古发现的情况说明,这里可能存在一处公元1、2世纪罗马人建立的商站。这个商行货站遗址发现的遗物基本上属于日常实用器,全部为舶来品,分别来自罗马、印度和中国。来自罗马的产品,如表现希腊罗马神祇的石膏雕盘、玻璃器;来自印度的产品,如表现印度女性生活内容的象牙和骨雕;来自中国的产品,如漆器。漆器上的三熊纹和对鸟纹是西汉末年至东汉早期官制漆盘和耳杯上流行的图案。[4] 这些到东方从事贸易活动的罗马商人为他们的故乡提供了他们所了解到的中国的信息。

12.1.3 汉代中国人所了解的罗马

中国人也已经知道罗马的存在,西汉时对西部世界这个新兴起的帝国还没有正式的名字,东汉时称之为"大秦""犁鞬"或"海西国"。这些名称在中国文献中最早见于范晔《后汉书·西域传》。同时范晔还比较详细具体地记下了汉时中国人对罗马的了解:

---

[1][法]戈岱司编:《希腊拉丁作家远东古文献辑录》,第59页。

[2][法]戈岱司编:《希腊拉丁作家远东古文献辑录》,第61-62页。

[3]*The Periplus of the Erythraean Sea:Travel in the Indian Ocean by a Merchant of the First Century*, translated in English by W. H. Schoff, New York:Longmans,1912.

[4]罗帅:《阿富汗贝格拉姆宝藏的年代与性质》,载《考古》2011年第2期,第68-78页。

　　大秦国一名犁鞬，以在海西，亦云海西国。地方数千里，有四百余城，小国役属者数十。以石为城郭，列置邮亭，皆垩既之。有松柏竹木百草。人俗力田作，多种树蚕桑，皆髡头，而衣文绣，乘辎骈白盖小车，出入击鼓，建旌旗幡帜。所居城邑周围百余里，城中有五宫，相去各十里。宫室皆以水精为柱，食器亦然。其王日游一宫，听事五日而后遍。常使一人持囊随王车，人有言事者，即以书投囊中，王至宫发省，理其枉直。各有官曹文书，置三十六将，皆会议国事。其王无有常人，皆立贤者。国中灾异及风雨不时，辄废而更立，受放者甘黜不怨。其人民皆长大平正，有类中国，故谓之大秦。土多金银奇宝，有夜光璧、明月珠、骇鸡犀、珊瑚、琥珀、琉璃、琅玕、朱丹青碧、刺金镂绣，织成金缕罽杂色绫、作黄金涂火浣布，又有细布，或言水羊毳、野蚕茧所作也。合会诸香，煎其汁以为苏合。凡外国诸珍异皆出焉。以金银为钱，银钱十当金钱一。与安息、天竺交市于海中，利有十倍。其人质直，市无二价，谷食常贱，国用富饶，邻国使到其界首者，乘驿诣王都，至则给以金钱。其王常欲通使于汉，而安息欲以汉缯彩与之交市，故遮阂不得自达。至桓帝延熹九年，大秦王安敦遣使自日南徼外献象牙、犀角、玳瑁，始乃一通焉。其所表贡，并无珍异，疑传者过焉。或云其国西有弱水流沙，近西王母所居处，几于日所入也。《汉书》云：从条支西行二百余日，近日所入。则与今书异矣。前世汉使皆自乌弋以还，莫有至条支者也。又云从安息陆道绕海北行，出海西，至大秦，人庶连属，十里一亭，三十里一置（原注：置，驿也），终无盗贼寇警。而道多猛虎师子，遮害行旅。不百余人赍兵器，辄为所食。又言有飞桥数百里，可度海北诸国。所生奇异玉石诸物，谲怪多不经，故不记云。（原注：鱼豢《魏略》曰："大秦国俗多奇幻，口中出火，自缚自解，跳十二丸，巧妙非常。"）

　　此处记述大秦的政治制度，所谓王无常人、简立贤者等，大约指当时罗马帝国仍实行元首制，保留了一些共和制的外衣。而言事者投书囊中以供王回宫后发省、官曹会议国事，废王另立而受放者不怨等，则是对已经逝去的希腊罗马奴隶制民主政治的时代的一种模糊记忆。其中记述的不少物产,有的好像很奇异,实际上也是罗马真实生活的反映。比如水精,就是水晶,在这里指的是人造透明玻璃。我国古代习惯把天然水晶和人造透明玻璃相提并论。人造透明玻璃在当时罗马使用非常普遍。"以水晶为食器",其实就是玻璃杯盘之类。罗马帝国时期,意大利半岛、帝国东部的叙利亚、埃及等地,盛行以玻璃和各色宝石镶嵌组成的"莫赛克"为豪华建筑的装饰,以"水精为柱"当即指此,考古发现罗马帝国庞贝古城,普遍用莫赛克装饰墙面和地板。

但这些介绍也有不少似是而非、模糊不清之处。有的或许有点根据,或者说有点影子,但不很确切。关于罗马政治的描述,其实更接近希腊罗马奴隶制民主政治和罗马共和时代的政治状况,其中也有把中国古代政治理想加入的成分。白鸟库吉指出,汉代中国人决不会认为世界另外还有国家会优于中国,当他们听说西方极远之地有一国家,与中国不相上下,于是便视之为本国之流裔,称之为大秦。同时因为深信极东有仙境,极西亦有西王母,于是大秦传便说其国近于西王母,更进而推想其国人亦必长大,而且较常人为高大,乃命曰大秦。所以此记大秦之文物制度,亦极力以本国之文物制度符合之。[1] 关于大秦的位置,正像罗马人以为赛里斯是极东的国家,再向东便是无人之地,中国人知道大秦是极西的国家,但了解得也不确切。范晔说:"几于日所入",再往西便是"弱水流沙",近乎神话传说中的西王母所居处。

关于汉代罗马的名称,所谓"其人民皆长大平正,有类中国,故称之大秦"的说法并不正确。鱼豢《魏略·西戎传》"大秦"条已经说过:"其俗,人长大平正,似中国人而胡服,自云:本中国一别也。"[2]但并没有据此以之作为其国名的原因,而且古代罗马人无论如何其身材长相都不可能比之其他各地人更加"有类中国"。西晋张华《博物志》云:

〔1〕〔日〕白鸟库吉:《大秦伝に现はれたる支那思想》,原载《桑原博士还历纪念东洋史论丛》(1931年),收于氏著:《西域史研究》下,岩波书店1944年刊行,第247页。译文见《塞外史地论文译丛》第一辑,王古鲁译,商务印书馆1939年版,第105页。

〔2〕《三国志》卷30,裴松之注引,第860页。

"大秦国人长十丈,中秦国人长一丈。"[1]显然是想象之词。对汉代称罗马为"大秦",前人有不同的理解。1636年(明崇祯九年),基旭尔出版《哥泼多语埃及语孰先论》(*Prodromus Goptus sive AEgyptiacus*),曾翻译了《大秦景教流行中国碑》文中之"大秦"。后来刘应、德经、格拉勃洛德、勃莱脱胥纳窦、李希霍芬等都以为大秦即罗马帝国,夏德先主罗马说,后又著《中国与东罗马》,以为大秦指叙利亚。亚伦(Allen,疑即林乐知)极力反对夏德的立论,认为大秦为亚尔美尼亚。鲍梯埃以为指亚历山大部将赛留古斯在叙利亚的后裔。1885年(清光绪十一年)艾约瑟撰《论罗马与拜占庭》(*Aplea for Rome and Byzantium*),以为大秦或拂菻即指罗马帝国和东罗马帝国,而非专指叙利亚,因为叙利亚不在任何大海之西(见《*Chinese Recorder*》)。白鸟库吉《大秦国及拂菻国考》认为大秦指埃及,犁靬是埃及的亚历山大城。所以大秦古称犁靬。《魏略·西戎传》中说"有河出其国",河即尼罗河,"其国"即埃及。[2]

　　藤田丰八认为"大秦"二字是古波斯语 dasina 的音译,其义为"右",右者西也。中古波斯语作 dasin,《魏略》云:"在安息、条支之西大海之西",又云"其国在海西,故俗谓之海西"。四用"西"字。汉朝人称罗马为大秦,正像明代以后人称欧洲为"远西""极西""大西""泰西"或"西洋"一样。他还认为在古代美索不达米亚、两河之间有一片沃土,当时就叫 Daksina,中国人闻知此名后,便以之称罗马帝国东境之全部地区。古印度语作 Daksina,此例亦说明古印度语与古波斯语同源。[3] 沈福伟主张"大秦"实际上是"泰西"意思,"大"与"泰"本相通转,"秦"是春秋战国时中国西部诸侯国,西海亦称秦海,大秦或海西都代表极西的国家。[4] 既然"大秦"一词的含义是西方,它所指的地域则有远有近,远则称欧洲,称罗马帝国,近则称印度,称印度附近诸国。《后汉书·南蛮西南夷传》记载,安帝永宁元年(公元120年),掸国使

〔1〕〔晋〕张华撰,范宁校证:《博物志校证》卷2《异人》,第23页。

〔2〕〔日〕白鸟库吉:《大秦國及び拂菻國に就きて》,原载《史学杂志》第15编(1904年),收于氏著:《西域史研究》下,岩波书店1944年刊行,第131－143页。

〔3〕〔日〕藤田丰八:《黎轩与大秦》,收于《东西交涉史之研究·西域篇》,东京,1933年。

〔4〕沈福伟:《中西文化交流史》(第2版),上海人民出版社2006年版,第50页。

者进献幻人,而幻人"自言我海西人,海西即大秦也。掸国西南通大秦"。一般认为大秦即罗马,幻人来自地中海一带。藤田等人则以为指印度,因为《后汉书》明言大秦在掸国西南。而且《魏书·西域传》有"悦般国","真君九年,遣使朝献,并送幻人"。其地当在缅甸之西,印度东南,东汉时掸国进贡之幻人,为悦般国的可能性更大。"大秦"应在印度或印度之附近。冯承钧认为掸国所献大秦幻人,疑是南天竺幻人,南天竺一名 Daksina – Patha,《法显传》中称为"达榇",与"大秦"发音相近,其人亦自古以幻术著称[1] 他引证《法苑珠林》记载,唐贞观十二年(646 年),西国有五婆罗门来京师,善能音乐、咒术、杂戏、截舌、抽腹、走绳、续断之类,说明南天竺人亦自古以幻术著称[2]

方豪不同意藤田丰八、冯承钧等人认为中国文献中的"大秦"都是指印度及其附近地区的观点,他举出《后汉书·西域传》所记大秦国使者来华的例子,"桓帝延熹九年,大秦王安敦遣使自日南徼外,献象牙、犀角、玳瑁,始乃一通焉"。此所谓安敦王,近人已考定其为公元 121 年至 180 年在位的罗马国王 Marcus Aurelius Antonius,安敦即 Antonius 的译音,现在写作安多尼,一作安敦尼。安敦部将伽西乌斯(Avidius Cassius)曾于 162 年至 165 年征安息,奠定小亚细亚一带。故当时在安息一带,一定有不少罗马人。桓帝时来华的罗马使节或许是商人假冒,其实并不是罗马国王所派遣,但他们为罗马人,或者说欧洲人,则并无疑义。方豪认为古代文献中"大秦"一词有广义与狭义两种含义。狭义之大秦,或近或远,所指不一,当按每一文献,为之考证;广义之大秦,则为西方即海西之通称,犹今日所谓西洋,所指极广。张星烺云:"《后汉书》之大秦,似指罗马帝国全部而言,其国都在意大利罗马京城;魏书之大秦,似乃专指叙利亚,国都为安都城(Antiochia)。"[3] 方豪以为此说"颇为适当"[4]。

---

〔1〕冯承钧:《中国南洋交通史》(第一章),商务印书馆 1998 年影印版,第 5 页。

〔2〕冯承钧:《中国南洋交通史》,商务印书馆 1998 年影印版,第 5 页。

〔3〕张星烺:《中西交通史料汇编》,第一册《古代中国与欧洲之交通》,第 8 页。

〔4〕方豪:《中西交通史》,岳麓书社 1987 年版,第 158 页。

其中提到大秦一名"犁鞬",这是一个比较含糊的地名。是不是国名,地在何处,史籍上记载不一,今人也有不同看法。史籍上有"黎轩""犁轩",如《史记》《魏书》《北史》;有的写作"犁靬""犛靬",如《汉书》《魏略》;《后汉书》和《晋书》则写作"犁鞬"。自《后汉书》把《史记》《汉书》中的犁轩或犁靬直接当作"大秦"或"海西国"的别名,引起不少人的误会,认为就是罗马。但至于其原音究竟指何义,又众说纷纭。上引《后汉书·西域传》,以为犁鞬是大秦的别名,指整个罗马。《魏略》亦云:"大秦国亦号犁轩。"夏德《中国与东罗马》认为黎轩是 Rekem 之对音,为古代民族名,居住在 Petra,即那巴提国都城彼特拉,地在叙利亚、埃及和阿拉伯三地之间,罗马人称之为 Aradia Petraeca,转变而为 Rekem、Rokom、Arekeme、Arkem。此城曾经在罗马版图之内,在公元前 2 世纪非常繁荣,张骞在大夏时应该有所了解,所以回到汉朝便提及此地。有人认为即埃及亚历山大里亚(Alexandria)。奥古斯都(公元前 30 年至公元 14 年)时代以后,罗马以亚历山大里亚城(埃及)为基地,从事海上运输,开展东方贸易。近年有人以为黎轩乃条支的一个港口。有人认为当指大夏,因为此一地名最早见于《史记·大宛列传》:"安息西则条支,北有奄蔡、黎轩。"条支即叙利亚,而在安息北者当即奄蔡(Aorsi)、大夏。

从黎轩人的特征判断黎轩为何地,又有亚历山大里亚、条枝,或印度三说。《史记·大宛列传》记载:"初,汉使至安息……汉使还,而后发使,随汉使来观汉广大,以大鸟卵及犁靬善眩人献于汉。"[1]善眩人在古代文献中又称"幻人",即杂技演员或魔术师,亚历山大里亚的善眩人最有名。《史记·大宛列传》记载条支"国善眩"。晋干宝《搜神记》云:"晋永嘉中,有天竺胡人,来渡江南,其人有数术,能断舌复续,吐火。"[2]古代地中海附近和西亚、南亚各国皆有善眩人,或幻人,因此难以据此判断黎轩人的居地所在。《魏略·西戎传》"大秦"条云:"俗

---

[1]《史记》卷 123《大宛列传》,第 3172 – 3173 页。
[2][晋]干宝:《搜神记》卷 2,中华书局 1979 年版,第 23 页。

多奇幻,口中吐火,自缚自解,跳十二丸,巧妙非常。"[1]也是概指罗马帝国广大地区而言。藤田丰八认为黎轩是 Ragha 或 Rhaga 的对音,意即"幻人"。但古代文献皆作为地名,没有作为职业名的,所以不能令人信服。有人认为"黎轩"是拉丁 Latium 的对音,还有人以为是拉丁文"希腊"(Graecia)一词的对音。方豪指出皆不合,Latium 虽是罗马人的发祥地,读为"拉启乌姆",而轩、軒之古音为干,与"启乌姆"连读不合。其民族名读音为拉丁,与黎轩或犁軒发音更不合。至于拉丁人称希腊为 Graecia,从时代上讲,在汉武帝之后,不可能成为黎轩的对音。

有人认为黎轩之读音乃亚历山大之简译,其义相当于梵文 Yavana,即希腊化之地。此说创自日本学者白鸟库吉,中国学者冯承钧和法国汉学家伯希和皆赞同其说。他们引巴黎藏《那先比丘经》之汉译本中记载,弥兰王吉那先说:"我本生大秦国,国名阿荔散。""阿荔散"当即"亚历山大"的对音。伯希和认为此指埃及之亚历山大。希腊马其顿国王的远征,创造了一个地跨欧亚非的大帝国。虽然好景不长,由于马其顿王猝然去世,使他建立的庞大帝国迅速崩溃,但他开创的局面却标志着希腊以及希腊统治的东方进入了一个新的时代,即希腊化时期。在西起希腊、马其顿,东至印度河流域,南临尼罗河第一瀑布,北界多瑙河和药杀水的辽阔地域内,帝国分裂为一系列希腊化的国家。公元前 167 年,马其顿亡于罗马,包括条支在内的小亚细亚领土亦为罗马所有。罗马继承了希腊在欧亚大陆上之主权,中国史学家视二者为一体。黎轩即希腊殖民地,故也指后来的大秦即罗马为黎轩。方豪同意上述诸学者的意见,虽然他也指出希腊化时代以亚历山大为名的城不止一处。归纳他们的意见,实际上他们认为"黎轩"是泛称:(1)指地中海东部,希腊殖民地之所在地;(2)指中亚及西亚,因亚历山大远征,而为希腊人足迹所到之地;(3)指罗马帝国,以其曾有希腊人。[2]

中国史家对黎轩的认识有一个变化的过程。起初关于黎轩的知

---

〔1〕《三国志》卷30,裴松之注引,第860页。
〔2〕方豪:《中西交通史》,岳麓书社1987年版,第147-150页。

识存在着不甚清晰的情况。张骞第一次出使西域返,向武帝做的报告中提到的"传闻其旁大国五六"中,应当包括黎轩,此时已在亚历山大东征印度后 200 年,中亚各国对西亚和欧洲的形势必然有较之中国人更多的了解,张骞有所听闻是可能的。但他得到的信息显然不够确切,因此造成《史记·大宛列传》中将黎轩与奄蔡皆视为国名,而且以为皆在安息北。有人认为此指中亚细亚木尔加布河以西的特莱西那(Traxiane)。《史记》中似乎又将条支与黎轩相混淆,说前者"国善眩",后者则有"善眩人"。《史记·大宛列传》中记述了张骞报告中所见闻诸国的具体情形,唯黎轩阙如。虽然提到安息王以"黎轩善眩人"献于汉,可是"善眩"却并非西域某一地区或国家的特色,而是希腊化地区共有的杂技魔术表演。

《汉书·西域传》记载安息云:"西与条支接","北与康居接",与《史记》中"北有奄蔡、黎轩"不同,说明班固已经了解到安息之北并无所谓"黎轩"。但是在"乌弋山离"条他却又说:"西与犁靬、条支接",将犁靬、条支混为一谈。《汉书》亦无对犁靬的具体介绍,他对犁靬方位的记述是一种推测,造成其推测的错误,因为二者皆有善眩人。有人则认为《汉书》中的犁靬是波斯湾北岸普林尼称之为阿曼西亚(Armysia)之地的亚历山大里亚,在古拉希坎特附近。

大概在班固以后,东汉人对于黎轩的存在已不加注意。《后汉书·西域传》记载:"和帝永元六年……其条枝、安息诸国,至于海滨,四万里外,皆重译贡献。九年,班超遣椽甘英穷临西海而还,皆前世所不至,山经所未详。莫不备其风土,传其珍怪焉。"[1]据甘英的经历和报告,西海以东,并无黎轩之国。所以可以推测,当时东汉时人大约已能证实所谓安息之北、安息与条支之间及乌弋山离与条支之间,并无所谓黎轩。黎轩之有无似乎并没有引起班超和甘英的注意,所以他们没有提到黎轩,也没有否定其存在。这就造成后人对前代史书的误解,以为黎轩作为国名,是所谓大秦或海西国的别称。鱼豢《魏略·西戎

---

[1]《后汉书》卷 88《西域传》下,第 2910 页。

传》云:"大秦国一号犁轩,在安息、条支西大海之西……其国在海西,故俗谓之海西。"吴谢承《后汉书》云:"大秦一名犁鞬,在西海之西。"[1]晋司马彪《续汉书》云:"大秦国(当脱'一')名犁鞬(当为衍字)鞬,在西海之西。"[2]

所谓黎轩,即阿荔散,即亚历山大里亚的简译,但既非上述诸说中某一地方,亦非所谓希腊化地区和国家的泛称,实即亚历山大城。但亚历山大东征,在中亚、西亚和北非广大地区建立很多亚历山大里亚城,据说他在东方各地建立的、以亚历山大里亚命名的城市共有70余座,经考证和发掘核实的已有近40座,分布在从地中海海滨一直到阿富汗、印度边陲的广大地区。但汉代西行的使节和此后的史学家并不了解这一点,所以在他们传闻和记述中黎轩往往不在一处,但却使用同一名称。《史记》以为在安息北,《汉书》以为在乌弋山离西,正是这种情况造成的。《汉书·地理志》下"张掖郡"条记载有"骊靬"[3],其地在今甘肃永昌县南,处张掖和武威之间,有人以为乃亚历山大东征,其远征军一部溃败至此,汉时以其降人置县于此,因以为县名。一说罗马帝国东征军的残部溃逃至此。此说历来有人赞成,也受到质疑。汉代悬泉置遗址出土的汉简中提到"骊靬",其时间早于历史记载中的罗马兵团之事。还有人做了遗传学方面的检测实验,兰州大学周瑞霞的博士论文《中国甘肃永昌骊靬人的父系遗传多态性研究》(2007年),从Y染色体父系遗传角度出发研究,基于87个骊靬男性个体的数据,研究结果认为,"骊靬人和中国人群有较近的遗传关系,尤其是和汉族的遗传关系最近,而他们与中亚和西欧亚人群表现出较远的遗传关系","根据骊靬父系遗传变异的研究结果,不支持罗马军团起源说。当前的骊靬人更具一个汉民族亚人群的特征"。马国荣的硕士论文《通过线粒体母系遗传的角度去探究其种族起源显得尤为重要》(2009年),从母系遗传角度探究其种族起源,其结论是"骊靬人与中国汉族的亲

[1][唐]张守节《史记正义》引,见《史记》卷123《大宛列传》注,第3163页。
[2][南朝·梁]萧统编:《文选》卷3,张衡《东京赋》李善注引,上海书店1988年版,第45页。
[3]《汉书》卷28下《地理志》下,第1613页。

缘关系是最近的,而与欧洲人或者中亚人的亲缘关系较远"。"骊轩人的线粒体多态性的研究结果并不支持骊轩人是古罗马军团的后裔的假说。"[1]

12.2 两汉与罗马之间的国家和地区

两汉和罗马处于当时丝绸之路的东西两端,联结两端的有海路和陆路,陆路又有草原路和绿洲之路。陆路经中亚、西亚,越葱岭往西有两道,一条经今吉尔吉斯斯坦、乌兹别克斯坦的费尔干纳盆地至土库曼斯坦,另一条经今克什米尔、阿富汗至土库曼斯坦,两条路线在木鹿城(今土库曼斯坦马雷)会合,从木鹿城西行入安息(Parthia,今伊朗),又分伊朗南道和伊朗北道,在今哈马丹会合,西行至今伊拉克、叙利亚,当时地中海东岸已在罗马势力范围之内。在这一广大地区,西有安息王朝,东有贵霜王朝。另一条则西行经巴尔喀什湖、咸海、里海等地区,进至乌拉尔河流域,主要经过康居和奄蔡,这条路线的走向和经行之地即早已存在的欧亚草原之路。

12.2.1 罽宾、乌弋山离

罽宾,汉代时西域国名,古代文献中又作"凛宾国""劫宾国""羯宾国"。古希腊人称喀布尔河为 Kophen,罽宾为其音译。其地域和都城历史上有变迁,汉时罽宾指卡菲里斯坦至喀布尔河中下游之间的河谷平原,有时可能包括今克什米尔西部。公元前 4 世纪,这里曾被来自欧洲东南部的马其顿亚历山大大帝征服,其后属巴克特里亚之希腊王朝统治。公元前 2 世纪,来自中亚地区的塞种一支越兴都库什山,占领喀布尔河流域,取代希腊人成为当地的统治者,建都于修鲜城(一作循鲜,在今斯利那加附近),即古迦毕试(Kapisa)城,原为马其顿亚历山大大帝所筑,此即汉代之罽宾。罽宾农业发达,盛产稻米。城市生活、商业、手工业都很繁荣。汉朝与罽宾建立关系始于汉武帝。公元前 115

---

〔1〕曾江:《甘肃骊轩村:探寻汉代中国罗马军团后裔》,载《中国社会科学报》2010 年 11 月 30 日。

年,张骞出使乌孙,派副使至罽宾。当时罽宾地处丝绸之路南道上的一条重要支线之上,罽宾商人经常来往于中国。

乌弋山离(Seistan 之 Alexandria – Prophthasia)简称乌弋,原是安息帝国的一部分,是密司立但特一世(公元前 171—前 138 年)统治下最东的两郡,即德兰琴亚那和阿拉科西亚,在今阿富汗赫拉特一带。这里原来是大夏的领土,被安息吞并。公元前 127 年,塞人侵入安息,安息苏林贵族在镇压塞人之乱中立功,安息王便将二郡赐予苏林,其统治中心在锡斯坦(西亚赫尔曼德河下游盆地,在今阿富汗与伊朗之间)。公元前 1 世纪中叶以后,这里成为安息帝国东部的一个独立政权,汉代文献中称之为乌弋山离。《汉书·西域传》记载:"户口胜兵,大国也,东北至都护治所六十日行,东与罽宾接、北与扑挑、西与犁靬、条支接。"[1]西行百余日可至条支国。"乌弋地暑热莽平,其草木、畜产、五谷、果菜、食饮、宫室、市列、钱货、兵器、金珠之属皆与罽宾同,而有桃拔、师子、犀牛。俗重安杀。其钱独文为人头,幕为骑马,以金银饰杖。绝远,汉使希至。自玉门、阳关出南道,历鄯善而南行,至乌弋山离,南道极矣。转北而东得安息。"[2]

西汉时,由于统治罽宾的帕提亚贵族的阻挠,加上道途险远,汉使很少到罽宾,因此更远的乌弋山离更是"希至"。汉使越葱岭后,从南道西行,最远也就是到乌弋山离的普洛夫达西亚(Prophthasia),实际上是极少至此。《后汉书·西域传》说:"前世汉使皆自乌弋以还,莫有至条支者也。"[3]是指西汉使者未曾通过伊朗南道至条支者。他们经常是利用伊朗北道,此道较为便捷。公元 1 世纪前半叶,在阿泽斯和冈多法勒斯统治时期,乌弋山离曾向南亚次大陆扩展。冈多法勒斯(公元 19—45 年)派兵南侵,进占印度河下游的信德和旁遮普西部。冈多法勒斯死后,乌弋山离的势力便迅速从这一地区退出。东汉时乌弋山离

〔1〕《汉书》卷 96《西域传》上,第 3888 页。扑挑,《魏略·西戎传》作排特,或误作排持,即安息王都番兜城(Hekatompylos)。

〔2〕《汉书》卷 96《西域传》上,第 3889 页。

〔3〕《后汉书》卷 88《西域传》,第 2920 页。

改名排特,与中国交通的路线,据《后汉书·西域传》云:"自皮山西南经乌秅,涉悬度,历罽宾,六十余日行至乌弋山离国,地方数千里,时改名排持(当为'排特'),复西南马行百余日至条支。"[1]说明当时经乌弋山离至条支的道路为汉朝所熟悉,由于与条支间的贸易频繁,因此也更多地利用了经普洛夫达西亚的伊朗南道。

12.2.2 大夏、大月氏和贵霜王朝

越过葱岭西行,在陆路所经中亚、西亚各国中,最重要的是贵霜王朝和安息王朝,与东汉和罗马并称为欧亚大陆上的"四大帝国"[2]。

公元前4世纪末,中亚、阿富汗和印度西北部一带被希腊人占据的地区属于塞琉古王国统治。其中最具关键地位的省份是地处中亚的巴克特利亚,中国史书称为大夏。至公元前255年,大夏总督狄奥多特斯趁塞琉古王国西部有事,据地自立,建大夏王国。公元前2世纪中叶,大夏人入据今阿富汗之地和印度西北部,此后大夏的希腊人分裂为两部,欧克拉提德朝仍据中亚,欧提德姆朝占据印度领土。大夏地处东亚、中亚、西亚和南亚的中心地带,因而各民族来往移居其地者较多。原住伊犁河流域的塞人受到西迁的大月氏人的逼迫,有一部分迁居其地。此后大月氏又西迁至此。大月氏人迁居此地时,在阿姆河北建立王庭,仍然拥有四十万人口、胜兵十余万人。而大夏各部独立,民弱畏战,因此很快被大月氏征服和吞并,大夏故地成为大月氏的领地。斯特拉波《地理书》曾引阿波罗多勒斯的话,提到4种外国人征服了巴克特里亚,其中最早的是吐火罗(Tokhayi),便是汉文文献中的大夏,大夏古读To‒kha,即指入侵阿富汗的月氏人。大月氏将王都南迁至阿姆河南的蓝氏城(一作监氏城),在今阿富汗北部巴尔赫省会马扎里·沙里夫附近的巴尔赫村。一般认为它就是我国史书所谓大夏(希腊人称为巴克特里亚)的王都巴克特拉。

贵霜王朝是公元1世纪上半叶由大月氏人和大夏人在中亚联合建

---

〔1〕《后汉书》卷88《西域传》,第2917页。

〔2〕〔法〕布尔努瓦:《丝绸之路》,耿昇译,山东画报出版社2001年版,第51页。

立起来的王朝。《后汉书·西域传》记载，大月氏迁于大夏，分其国为五部，即休密、双靡、贵霜、肸顿和都密。各部首领称翕侯，地位仅次于王，有五部翕侯，贵霜是其一。公元1世纪时，贵霜翕侯丘就却（Kujula Kadphises）攻灭其他四翕侯，自立为王，国号贵霜。丘就却西侵安息，取高附国地；又南下占据印度次大陆西北部的濮达、罽宾，悉有其地，初步建立了贵霜在中亚的霸权。其子阎膏珍继位，复侵天竺，占印度河流域上游的旁遮普地区，置将一人监领之。原依附于大夏、安息的中亚各小王国及塞人部落皆臣服于贵霜王国，"自此以后，最为富盛，诸国称之，皆曰贵霜王"[1]。至阎膏珍之子迦腻色迦为王时（78—144年），终于形成强大的贵霜帝国。[2] 贵霜势力盛时版图包括今阿富汗、巴基斯坦、印度北部和中部，东至恒河中游，西接安息，北至锡尔河、葱岭，南达印度纳巴达河，成为丝绸之路东部要道。在印度马土腊、鹿野苑和什借伐斯提等地考古发现有与贵霜王朝有关的铭刻和雕像，证实贵霜曾建立对恒河流域的统治。在公元1、2世纪间，贵霜王朝与安息、罗马以及我国的东汉王朝是世界舞台上的四大帝国，称雄一时。

东汉时，大月氏贵霜王有与东汉通好的意向和行动，愿意共同维护丝路的畅通。《后汉书·班超传》记载，章帝建初三年（公元78年）西域长史班超上疏称月氏"愿归附"，并欲与班超"并力破灭龟兹，平通汉道"[3]。元和元年（公元84年），班超攻疏勒，康居遣兵相救，班超以锦帛赠月氏王，月氏王劝康居罢兵。在班超征服西域的过程中，可能有贵霜王国的援军。《后汉书·班超传》云："初，月氏尝助汉攻车师，有功。"班超击莎车获胜后，"威震西域"。这一年，大月氏贵霜王以有功于汉，贡献珍宝、符拔、师子，求娶汉公主。班超遣还其使，退其贡礼，贵霜王怀恨在心。和帝永元二年（公元90年），遣其副王谢率军七万逾葱岭进攻班超。班超坚壁清野，绝其供应，又遮断其与龟兹等联系的要道，使贵霜大军陷入困境。班超的伏兵袭杀了谢派往龟兹求援的使团，

---

〔1〕《后汉书》卷88《西域传》，第2921页。

〔2〕〔巴〕A.H.达尼：《巴基斯坦简史》，四川人民出版社1974年版，第216页。

〔3〕《后汉书》卷47《班超传》，1575页。

以其使首级送示,谢大惊,遣使请罪,愿得生归。班超任从月氏军归国,"月氏由是大震,岁奉贡献"[1]。

后班超归国,任尚失和于西域,丝路交通再次断绝。贵霜王朝与疏勒保持密切关系,月氏人把与疏勒的交往视同与汉王朝的关系。玄奘《大唐西域记》"迦毕试国"条记载,其国都城东三四里北山下有"质子伽蓝",关于其来历,当地传说:

> 昔健驮逻国迦腻色迦王威被邻国,化洽远方,治兵广地,至葱岭东。河西蕃维,畏威送质。迦腻色迦既得质子,特加礼命,寒暑改馆,冬居印度诸国,夏还迦毕试国,春秋止健驮逻国。故质子三时住处,各建伽蓝。今此伽蓝,即夏居之所建也。故诸屋壁图画质子,容貌服饰,颇同中夏。其后得还本国,心存故居,虽阻山川,不替供养。[2]

历史上并无中国中原政权遣质子入侍贵霜之事,河西之地也不曾成为所谓贵霜王朝的藩维。所谓中夏质子可能是指疏勒臣磐。《后汉书·西域传》"疏勒"条记载,东汉安帝元初年间(公元107—120年),疏勒王安国以舅臣磐有罪,把他流放到月氏,臣磐受到月氏王的宠信。或许月氏王认为臣磐对他向葱岭以东扩张有用,因此礼遇臣磐。安国死,无子,母持国政,与疏勒贵族共立臣磐的侄子遗腹为王,臣磐以为自己是遗腹的叔父,应该为疏勒王,月氏遣兵送臣磐归国,为疏勒王。后来莎车与于阗失和,臣服于疏勒,疏勒成为和龟兹、于阗等西域大国抗衡的国家。巴基斯坦历史学家A.H.达尼说,迦腻色迦王"替前一个国王在中国新疆的失败报了仇;显然他曾派遣了一支军队横越帕米尔高原,征服了和阗、莎车和喀什噶尔地区臣服于中国皇帝的酋长。按照中国求法者玄奘的记载,他向酋长之一要求人质,而将这些人质安置在旁遮普省和喀布尔省"[3]。所谓前一个国王在新疆的失败即指谢逾葱

---

[1]《后汉书》卷47《班超传》,1580 页。

[2][唐]玄奘、辩机原著,季羡林等校注:《大唐西域记校注》卷1,中华书局2000年版,第138–139 页。

[3][巴]A.H.达尼:《巴基斯坦简史》,四川人民出版社1974年版,第218 页。

岭进攻班超的军事行动;迦腻色迦派军队征服和阗等指月氏以兵护送臣磐回国。但历史上并无迦腻色迦征服和阗、莎车和喀什噶尔等事。不过疏勒王既然得到过贵霜王的帮助,亲附贵霜王国当是事实。慧立等《大慈恩寺三藏法师传》记载,玄奘至迦毕试国,其国有沙落伽寺,相传是中夏质子所造。[1] 沙落伽(Salaka)在梵语和吐火罗语中正是指疏勒。东汉重新经营西域,经过班勇等人的努力,丝路重新畅通。此后疏勒臣磐亦亲附汉朝,汉顺帝时,臣磐多次遣使贡献,臣磐的贡品大都来自大宛和大月氏。

大月氏西迁,是欧亚草原民族迁徙浪潮中的重要内容,它的西迁还曾造成其他民族的连锁迁徙,对中西间交通和交往发生了重要影响。当月氏西迁至天山之北、阿尔泰山之南,居于此地的塞族则被迫西迁。大月氏受到乌孙的逼迫,西迁至阿姆河中游一带,占据大夏领土,塞族又南徙于印度北部之犍陀罗。大夏与安息在公元前 3 世纪间为中亚之强国,由于大月氏的西侵而衰亡。

大月氏和后来的贵霜王国在中西交通和交流方面充当过重要的角色。贵霜王朝的中心省份犍陀罗是一个国际中心城市,由于贵霜王朝的崛起而发展起国际贸易。特别在征服安息帕提亚以后,更与罗马发生直接的贸易关系。在班超与谢发生冲突后的数年,贵霜曾遣使至罗马,其目的有两种可能,一是在与安息的对抗中与罗马结盟,二是与罗马建立直接贸易关系。考古学家在贵霜与罗马之间的古道上发现许多贵霜和罗马的钱币,在考古发现的贵霜王国境内的钱币上,镌刻着多种神像,有希腊的、佛教的、印度教的、波斯祆教的,以及罗马密特拉教的。在贵霜出土的钱币上,可以看到罗马皇帝奥古斯都和克劳狄的半身像,说明罗马钱币随着国际贸易流入了中亚。罗马的货物运销至贵霜王国,又经过贵霜王国的中介再传入中国。其故址出土之钱币用希腊字,而且量小而质高,说明其铸造目的是为了用于东西各国往来贸易。《汉书·西域传》记载,大月氏"土地风气,物类所有,民俗钱

---

[1] [唐]慧立、彦悰:《大慈恩寺三藏法师传》卷2,中华书局2000年版,第35页。

货,与安息同"[1]。安息"亦以银为钱,文独为王面,幕为夫人面。王死辄更铸钱"[2]。南宋洪遵《泉志》引《张骞出关志》曰:"凡诸国币货多用蕉越犀象作,金币率象国王之面,亦效王后之面。若丈夫交易,则用国王之面;女人交易,则用王后之面,王死则更铸。"大月氏故地出土之钱币,果与此同。如贵霜王迦腻色迦时所铸钱币,有希腊字 Shoanan-shoa,意为"王中之王"。根据布尔努瓦的说法,贵霜与罗马的通商关系是通过两条路线维持的,一条是通过坎贝湾和红海的海路,一条为北路。北路要绕过里海,到达伏尔加河口,接着再沿江北上到达北部地区的卡马河流域,然后通过高加索的北部和黑海,最后到达罗马帝国[3]。

张骞通西域后,大月氏与汉朝也保持着密切关系。李广利征大宛后,武帝封李广利为海西侯的诏书有云:"匈奴为害久矣,今虽徙幕北,与旁国谋共要绝大月氏使,遮杀中郎将江、故雁门宁攘。"[4]说明武帝时大月氏便常有使者往返汉与大月氏之间。汉与大月氏使节往来的情况,过去的文献缺乏具体记载。近年考古工作者在对敦煌汉悬泉置遗址的发掘中,获得大量的文献和文物,文献以简牍为主。其中有关于大月氏的简文 17 条,反映了汉宣帝至西汉末年大月氏与汉朝的密切关系。有的简文记载了汉朝派人送大月氏使者的内容:"甘露二年三月丙午,使主客郎中臣超、承制诏侍御史曰□都内令霸、副侯忠,使送大月氏诸国客与厅侯张寿侯尊俱……为驾二封轺传二人共载。"有的简文则记载了汉使者往大月氏的内容,如永光元年四月的简文是"使大月氏副右将军史柏圣忠将大月氏双靡",出使大月氏者与大月氏使相伴而行,其使有"翊侯使者万若山副使苏赣皆奉献言事,诣在所,以令为驾一乘传"。据悬泉置汉简,汉使所送常为诸国使者,其中有一简云:"客大月氏、大宛、疏勒、于阗、莎车、渠勒、精绝、扜弥王使者十八人、贵

〔1〕《汉书》卷 96《西域传》,第 3890 页。

〔2〕《汉书》卷 96《西域传》,第 3889 页。

〔3〕〔法〕布尔努瓦:《丝绸之路》,耿昇译,山东画报出版社 2001 年版,第 63 页。

〔4〕《汉书》卷 61《李广利传》,第 2703 页。

人□人。"[1]传说中也有汉与大月氏交往的故事。王嘉《拾遗记》记载,汉武帝"太初二年,大月氏国贡双头鸡,四足一尾,鸣则俱鸣。武帝置于甘泉故馆"[2]。《海内十洲记》记载:"征和三年,武帝幸安定。西胡月支国王遣使献香四两,大如雀卵,黑如枣椹。帝以香非中国所有,以付外库。又献猛兽一头,形如五六十日犬子,大似狸而色黄。"[3]其所贡物有夸诞难信成分,但所反映两国交往的史实可以和悬泉置遗址出土汉简相印证。

当佛教走出国门,很快便传入大月氏,大月氏成为佛教重地。汉哀帝元寿元年(公元前2年),大月氏使伊存来到汉朝,向博士弟子景卢口授浮屠经。大月氏僧人支娄迦谶、支谦、支曜等皆于东汉末年入华,还有不少西域僧人经大月氏而东来。在新疆西南部不断发现贵霜铜钱,如和田、巴楚一带发现1世纪丘就却时代和阎膏珍时代的,2世纪中期迦腻色迦时代的最多。新疆和田、库车还发现汉佉钱,即一面铸造出汉文、一面铸造出佉卢文的钱[4]。佉卢文字是贵霜王朝时期通行的字母,公元前4世纪由波斯传来。大约是汉末时由于较多的贵霜人东来带入新疆的。

12.2.3　安息王朝、条支

安息是当时世界舞台上四大帝国之一,西亚古国。中国文献中关于安息的最早记载见于《史记·大宛列传》,王朝创建者的名字叫安息克(Ashk),亦称安尔息克(Arshak),或阿萨息斯(Arsaces),国王均以此名称为安息王一世、二世、三世等,伊朗人称为安息克尼扬王朝[5]。安息(Parthia),音译帕提亚,本波斯帝国一行省,地处伊朗高原东北部。后隶属于亚历山大帝国及塞琉西王国。公元前249年,其部落首领阿

---

〔1〕张德芳:《悬泉汉简中若干西域资料考论》,见荣新江、李孝聪编:《中外关系史:新史料与新问题》,科学出版社2004年版,第132-139页。

〔2〕〔晋〕王嘉《拾遗记》卷5,收于《汉魏丛书》,第720页。

〔3〕〔汉〕东方朔:《海内十洲记》,收于《文渊阁四库全书》第1042册,第277页。

〔4〕宿白:《考古发现与中西文化交流史》,文物出版社2012年版,第40页。

〔5〕叶奕良:《"丝绸之路"丰硕之果——中国伊朗文化关系》,见周一良主编:《中外文化交流史》,河南人民出版社1987年版,第240页。

萨息斯(Arsaces)发动起义,反对塞琉西王朝,两年后称王建国,成立阿萨息斯王朝,都城为番兜(今伊朗达姆甘附近)。至密司立但特一世(公元前171年至前138年),安息最为强盛,地域辽阔,东至大夏(今阿富汗北部)、身毒(今印度河流域),西至美索不达米亚(两河流域),北濒里海,南临波斯湾,是当时的西亚大国,东与贵霜、西与罗马相抗衡。

安息地处丝绸之路西部要道,与贵霜王国都是中国与罗马之间进行贸易的必经之地。"贵霜帝国和波斯、安息帝国处于中国和罗马两个古典文明之间,都愿意促成这种贸易,维持并守卫道路,保护商队,同时以征收通行税而自肥。"[1]贵霜王朝、安息王朝、罗马帝国和汉朝中国都为丝路交通做出了贡献。张骞第一次出使西域,已经听说安息,在他向汉武帝所做的报告中说:"安息在大月氏西可数千里。其俗土著,耕田,田稻麦,蒲陶酒。城邑如大宛。其属大小数百城,地方数千里,最为大国。临妫火,有市,民商贾用车及船,行旁国或数千里。以银为钱,钱如其王面,王死辄更钱,效王面焉。画革旁行以为书记。其西则条支,北有奄蔡、黎轩。"[2]张骞第二次出使西域,遣其副使至安息。所以,《汉书·西域传》记载:"武帝始遣使至安息。"当汉使至安息时,安息王命将统二万骑兵至东部边界迎接,行数千里至其王都,行经数十城,人民相属。汉使回国,安息国王遣使随汉使来汉,了解汉朝情况,安息使者向武帝贡献了大鸟卵及犁靬善眩人,武帝大悦。[3]

此后安息与汉通使通商,络绎不断。从安息西行可通罗马帝国的安提阿克和利凡特等商业城市,通过条支还可以经海道而至埃及。东汉时北与康居接,南与乌弋山离接,地方数千里,小城数百,户口胜兵最为殷盛。东界木鹿城,号为"小安息"[4],是丝绸之路南北两道的会合处。由此向西,则分伊朗南道和伊朗北道,汉时主要利用了伊朗北道西

---

[1]〔英〕杰佛里·巴勒克拉夫主编:《泰晤士世界历史地图集》,第70页。

[2]《史记》卷123《大宛列传》,第3162页。

[3]《汉书》卷96《西域传》上,第3890页。

[4]《后汉书》卷88《西域传》,第2918页。

进,此道经过伊朗的厄尔布士山脉与苏莱曼山脉的地带。中国丝绸、铁器通过安息远销西亚和罗马,西域诸国的珍奇物品也通过安息传入中国。章帝章和元年(公元87年)安息王遣使献狮子、符拔。安息欲垄断丝路贸易,因而千方百计阻挠中国与罗马之间的直接通商。和帝永元九年(公元97年),西域都护班超遣甘英往大秦,至安息西界,抵条支,临大海欲度,安息西界船人以大海之险相劝阻,甘英闻之乃止。[1]永元十三年(公元101年),安息王满屈复又献狮子及条支大鸟,当时称为安息雀。

东汉时中国人还了解到:"自安息西行三千四百里至阿蛮国。从阿蛮西行三千六百里至斯宾国。从斯宾南行度河,又西南至于罗国九百六十里,安息西界极矣。自此南乘海,乃通大秦。其土多海西珍奇异物焉"[2]。阿蛮国,德国东方学者夏德以为即阿巴塔那城(Acbatana),今伊朗哈马丹。斯宾国,夏德以为安息故都之一 Ktesiphon,[3]其旧址在今伊拉克巴格达东南,底格里斯河东岸。于罗国,夏德以为即 Hira,在今伊拉克东南部幼发拉底河下游,古为安息国最西界,可从海道通大秦国。甘英可能至此而返。[4]《新唐书·大食传》中之"夏腊"和《元史·亦思马因传》中之"旭烈"可能即此名之对音。其旧址在今伊拉克之纳杰夫(Najaf)东南纳杰夫湖附近地方。[5] 此所谓"南乘海"之海当指波斯湾,"通大秦"则指通埃及亚历山大里亚,这里是罗马与东方交通和贸易的中心。安息至公元2世纪末国势转衰,公元226年为萨珊波斯所取代。

条支,西域地名,是安提阿克(Antioch)的省译,指塞琉古王朝。《汉书·西域传》记载,在安息西界,临西海(波斯湾),当在今伊拉克境内。西汉时条支指西亚的安提阿克王国,都城在地中海东岸的安提阿克。东汉时条支指波斯湾头两河出口处的安提阿克城,属安息。古代

---

〔1〕《后汉书》卷88《西域传》,第2918页。

〔2〕《后汉书》卷88《西域传》,第2918页。

〔3〕〔德〕夏德:《大秦国全录》,朱杰勤译,商务印书馆1964年版,第52页。

〔4〕〔德〕夏德:《大秦国全录》,朱杰勤译,商务印书馆1964年版,第49-51页。

〔5〕冯承钧原编、陆峻岭增订:《西域地名》,中华书局1980年,第2、32、55页。

355

·欧·亚·历·史·文·化·文·库·

波斯湾头尚未冲积成沙洲时,在两河以及欧拉乌斯河汇聚入海处有一个被称为喀拉塞(Charax)的地方,是商货聚散地。亚历山大东征,在此建立亚历山大里亚。塞琉西王朝安提阿克四世于公元前 166 年重建新城,取名安提阿克。约公元前 140 年,阿拉伯酋长史帕西纳占领该城独立,习称喀拉塞—史帕西纳(Charax - Spasinu),即安提阿克王国,但不久便从属于安息王密司立但特一世。张骞第一次出使西域,已听说有关条支的不少消息:

> 条支在安息西数千里,临西海。暑湿。耕田,田稻。有大鸟,卵如瓮。人众甚多,往往有小君长,而安息役属之,以为外国。国善眩。安息长老传闻条支有弱水、西王母,而未尝见[1]

所谓"以为外国",杜佑《通典》解释为"如言藩国"[2]。条支与安息维持这种役属关系长达大约 200 年之久。西汉时汉使最西就到条支和乌弋山离,去条支经伊朗北道,西汉时汉使知道从乌弋山离"行可百余日,乃至条支"。东汉时则又知道"乌弋山离改名排持",自乌弋山离向西南马行百余日,亦可至条支。"条支国城在山上,周回四十余里,临西海,海水曲环其南及东北,三面路绝,唯西北隅通陆道,土地暑湿,出师子、犀牛、封牛、孔雀、大雀(其卵如瓮)。再转北而东,马行六十余日可到安息。"[3]这便是伊朗南道。这条路线穿越安息南部卡尔玛尼亚、波西斯、苏西安那到条支。甘英至此,临海而止。

条支也是连接中西交通陆路与海路的中转地区。海路向东通印度贸易大港巴里格柴,向西通埃塞俄比亚的阿杜利港和埃及亚历山大里亚。在公元前后 3 个世纪中,希腊、罗马、卡尔底、阿拉伯半岛、波斯、印度以及埃塞俄比亚各国商人和船只云集此地港口。陆路向北通安息的贸易中心泰西封,再向西北则通巴尔米拉和叙利亚,其经济繁荣仅次于埃及亚历山大里亚。西汉时只知从条支可乘船西行,但行至何

---

〔1〕《史记》卷 123《大宛列传》,第 3163 - 3164 页。
〔2〕〔唐〕杜佑:《通典》卷 192《边防》,第 5238 页。
〔3〕《后汉书》卷 88《西域传》,第 2918 页。

处,却茫然不知,"自条支乘水西行,可百余日,近日所入云"[1]。近乎神话。至甘英时已知可至大秦,即埃及亚历山大里亚。

12.2.4　康居

康居,古西域国名,处于巴尔喀什湖和咸海之间,东界乌孙,西达奄蔡,南接大月氏,东南临大宛,王都卑阗城。《史记·大宛列传》记载:"康居在大宛西北可二千里,行国,与月氏大同俗。控弦者八、九万人。与大宛邻国。国小,南羁事匈奴。"[2]所谓行国,即游牧民族。实际上康居北部是游牧区,南部是农业区。南部城市较多,有五小王分治。自锡尔河下游,至吉尔吉斯平原,是康居疆域的中心地带。《汉书·西域传》记载,康居人游牧于吉尔吉斯草原,其王冬夏徙居,冬治乐越匿地到卑阗城,夏居蕃内,两地相距是马行 7 日的路程。因此康居是连接丝绸之路绿洲路和草原路的枢纽。康居人擅长经商,常常到各地去进行贸易。汉时成为西域大国,公元前 2 世纪时,控弦八九万人;前 1 世纪末,人口已达 60 万,胜兵 12 万,成为一个大部落联盟。其中心驻地为卑阗城,约当今塔什干或奇姆肯特等地。康居和一般草原游牧民一样,随季节变化而迁移牧地,冬季南下栖息于锡尔河一带"乐越匿地",夏季北上至"蕃内",两地相距数千里。

张骞通西域以前,汉朝已对这个西域国家有所了解。董仲舒对策有云:"夜郎、康居,殊方万里,说德归谊,此太平之致也。"[3]此对策在武帝建元元年(公元前 140 年)或元光元年(公元前 134 年)。司马相如《喻巴蜀檄》云:"康居西域,重译请朝,稽首来享。"[4]此文作于元光五年(公元前 130 年)。这些皆在张骞出使西域之前。王先谦说:"骞使西域,以元朔三年归。喻巴蜀时,西域康居疑尚未通中国,乃相如夸饰之辞。或其时偶有通贡之事,史无明文耶?"[5]

---

〔1〕《汉书》卷 96《西域传》上,第 3888 页。

〔2〕《史记》卷 123《大宛列传》,第 3161 页。

〔3〕《汉书》卷 56《董仲舒传》,第 2511 页。

〔4〕《史记》卷 117《司马相如传》,第 3044 页。

〔5〕〔清〕王先谦:《汉书补注》,中华书局 1983 年影印版,第 85 页。

张骞第一次出使西域,曾得到康居王的帮助,"康居传致大月氏"[1]。张骞第二次出使西域,其副使到了康居,汉与康居正式建立了官方交往关系。但康居并不是对汉友好的国家,张骞从西域归国后说,康居在中亚虽然部众不少,但仍然南羁事月氏,东羁事匈奴。汉武帝太初二年(公元前 103 年)出兵伐大宛,康居曾有意援助大宛,合击汉军,未逞。只是"候视汉兵,汉兵尚盛,不敢进"[2]。李广利派搜粟都尉上官桀攻郁成,郁成王亡入康居。汉军追至康居,康居闻汉已破宛,才交出郁成王。至宣帝神爵二年(公元前 60 年),汉朝置西域都护统辖西域,康居为"不属都护"国,而汉西域都护则有"督察乌孙、康居诸外国动静,有变以闻"之职责,而且"可安辑,安辑之;可击,击之"[3]。说明康居一直是汉朝用心提防的国家。

宣帝神爵四年(公元前 58 年)始,匈奴内乱,五单于纷争。至五凤二年(公元前 56 年),呼屠吾斯自立为郅支单于,与其弟呼韩邪单于对立。呼韩邪南迁归汉,郅支则率部众向西北迁徙,先设王庭于坚昆(柯尔克孜草原),后应康居王之请,西南移至康居领地内,在都赖水(怛逻斯河)上兴建了郅支城(今哈萨克斯坦江布尔),扩张势力。汉元帝永光元年(公元前 43 年),康居王迎郅支单于居康居东部,合力对抗亲汉的乌孙。元帝建昭三年(公元前 36 年),西域都护甘延寿、副校尉陈汤率兵西越帕米尔进击郅支,杀郅支单于于郅支城,稳定了西域形势,但康居对汉仍长期采取敌对态度。公元前后,康居强盛,曾威胁其南邻大月氏。公元 1 世纪中叶,贵霜统一大月氏,国势转盛,康居则渐趋衰败。

当匈奴强盛时,康居为匈奴的属国,张骞的报告说它"羁事匈奴"[4]。记载西汉昭帝始元六年(公元前 81 年)盐铁会议的《盐铁论》也说,匈奴"西役大宛、康居之属"[5]。但康居既然为西域大国,汉朝欲交通西域,并不放弃与康居的外交关系,汉朝与康居通使不断。这方面

---

[1]《史记》卷 123《大宛列传》,第 3158 页。
[2]《史记》卷 123《大宛列传》,第 3177 页。
[3]《汉书》卷 96《西域传》下,第 3874 页。
[4]《史记》卷 123《大宛列传》,第 3161 页。
[5][汉]桓宽:《盐铁论》卷 8《西域》,上海人民出版社 1974 年版,第 96 页。

过去文献较少记载,新发现的悬泉置汉简透露出这方面的信息,王素对其中有关康居的两条史料进行了考释。其一《黄龙元年诏送康居诸国客文书》,反映宣帝黄龙元年(公元前49年),使臣宏,给事中、侍谒者臣荣等奉使传诏送康居诸国外宾归国的史实,汉朝对这次送康居诸国客之事十分重视,不仅派给事中、侍谒者等亲信重臣为使传诏,熟悉西域事务的爱幸之臣甘延寿为使亲送,还以河西高级斥候和归义羌人为主、副,负责具体接待,体现很高待遇的一封轺传沿途送行。可以推测,汉朝对康居采取的是一种内紧外松的政策,即外示尊崇而内加防范。另一件为《永光五年康居等使诉讼文案》,反映元帝永光五年(公元前43年)康居等国遣使前来贡献,然而汉朝对此态度似乎不太友好。不仅不按实际情况给所献骆驼评估论价,入境后也不按惯例依次供食。康居等使提出诉讼后,各级政府对康居等国使臣最关心的所献骆驼评估论价等问题仿佛置之不理,仅对所献骆驼的食用谷数以及所用传马是否停宿及食谷等情况进行调查。宣帝时,匈奴离乱,五单于争立。汉拥立呼韩邪单于,郅支单于怨望,杀汉朝使者,退入康居,依其险阻以自保。与汉为敌的郅支单于受到康居的保护,康居欲借匈奴之力而灭亲汉的乌孙,自然招致汉朝的不满。这件永光五年康居等使诉讼文案,从一个侧面反映了汉王朝对康居等使有意怠慢刁难的情况。[1]

元帝建昭三年(公元前36年),西域都护甘延寿、副校尉陈汤调发戊己校尉西域诸国兵,至康居,诛灭郅支单于。但汉朝并未追究康居的责任,双方仍保持着若即若离之关系,交通和交往不曾中断。至成帝时,康居遣子入侍贡献。但是康居并没有从郅支事件中吸取教训,自以为离汉绝远,不肯像西域其他国家那样服从于汉朝,态度骄慢,轻侮汉使。西域都护郭舜多次上疏朝廷,请与康居断交。《汉书·西域传》"康居"条引郭舜上言说,过去匈奴强盛时,不能兼有乌孙,是因为康居与乌孙相呼应。乌孙和康居虽称臣于汉,而匈奴并不以为失去了康居、

〔1〕王素:《悬泉汉简所见康居史料考释》,见荣新江、李孝聪编:《中外关系史:新史料与新问题》,科学出版社2004年,第149 – 162页。

乌孙,因为汉虽受其质子,可是三国"内相输遗,交通如故,亦相候伺,见便则发。合,不能相亲信;离,不能相臣役"。按照郭舜的说法,结好乌孙,于汉无益,反为中国生事。但既然与乌孙结好在前,现在匈奴降汉,义不可拒,而结交康居则没有必要。康居国不肯拜汉使者,西域都护派人至康居,康居王令都护吏坐乌孙使臣之下座;其王公贵人吃过饭后,都护吏方能就餐;康居王对汉使故意摆架子,以夸视邻国。他们所以遣质子侍汉,不过是"欲贾市为好辞之诈也"。由于康居的傲慢,连匈奴单于也感到自己臣事汉朝"有自下之意"。郭舜建议"归其侍子,绝勿复使,以彰汉家不通无礼之国"。他认为康居、乌孙遣使入汉,途经南道八国和敦煌、酒泉二郡,沿途诸郡诸国皆疲于迎送,"给使者往来人、马、驴、橐驼食,皆苦之,空疲耗所过,送迎骄黠绝远之国,非至计也"[1]。但是汉朝因为与康居建交不久,重视发展与远方国家的关系,因此一直保持着与康居的交往。

至东汉时,康居对汉朝仍然存在离心离德的倾向。永平十七年(公元74年),班超至疏勒,立忠为疏勒王。后来忠发动叛乱,班超发兵平叛,康居派精兵援助忠,抗拒班超,显然疏勒的反叛是与康居的支持有关的。当时大月氏与康居刚刚建立联姻关系,班超向月氏王赠送厚礼,请月氏王劝康居退兵。和帝永元三年(公元91年),耿夔在金微山击败北匈奴单于,北匈奴部众离散,单于率残部远走乌孙,又迁至康居。后来这部分匈奴人侵入粟特,并继续西迁至欧洲。进入欧洲的匈奴人可能是从康居出发西迁的。

康居人可能最早将火祆教传入中国。林梅村指出,早在西汉成帝时,康居商队已在中亚撒马尔罕至长安的丝绸之路上频繁从事商业活动。康居即汉代对粟特人的称谓,《后汉书·西域传》中的"栗弋"即粟弋、粟特,"栗弋国属康居"[2]。既然火祆教为粟特国教,这些来华的粟特商队中自然不乏火祆教徒,中原人最早接触火祆教可能在西汉年

---

〔1〕《汉书》卷96《西域传》上,第3892-3893页。

〔2〕《后汉书》卷88《西域传》,第2922页。

间,从西域商胡那里首先得知[1]。康居物产汉代亦输入中原,"至成帝时,康居遣子侍汉,贡献"[2]。康居"出名马牛羊蒲萄众果。其土水美,故蒲萄酒特有名焉"[3]。

12.2.5　奄蔡

奄蔡在咸海和里海以北,经奄蔡至大秦的路线即欧亚草原之路,其实际走向和经行地域难以详考。《史记·大宛列传》云:"奄蔡在康居西北可二千里,行国,与康居大同俗。控弦者十余万。临大泽,无崖,盖乃北海云。"[4]《史记正义》引《汉书解诂》云:"奄蔡即阖苏也。"《后汉书·西域传》云:"奄蔡国改名阿兰聊国,居地城,属康居。土气温和,多桢松、白草。民俗衣服与康居同。"[5]《魏略·西戎传》记载了自"北新道"西行至大秦的草原路:

> 北新道西行,至东且弥国、西且弥国、单桓国、毕陆国、蒲陆国、乌贪国,皆并属车师后部王。王治于赖城,魏赐其王壹多杂守魏侍中,号大都尉,受魏王印。转西北则乌孙、康居,本国无增损也。北乌伊别国在康居北,又有柳国,又有岩国,又有奄蔡国一名阿兰,皆与康居同俗,西与大秦东南与康居接。其国多名貂,畜牧逐水草,临大泽,故时羁属康居,今不属也。[6]

本传还记载了从乌孙、康居经草原路至大秦间的其他游牧民族。

> 呼得国在葱岭北,乌孙西北,康居东北,胜兵万馀人,随畜牧,出好马,有貂。坚昆国在康居西北,胜兵三万人,随畜牧,亦多貂,有好马。丁令国在康居北,胜兵六万人,随畜牧,出名鼠皮,白昆子、青昆子皮。此上三国,坚昆中央,俱去匈奴单于庭安习水七千里,南去车师六国五千里,西南去康居界三千里,西去康居王治八

〔1〕林梅村:《从考古发现看火祆教在中国的初传》,见氏著:《汉唐西域与中国文明》,文物出版社1998年版,第109页。
〔2〕《汉书》卷96《西域传》上,第3892页。
〔3〕《后汉书》卷88《西域传》,第2922页。
〔4〕《史记》卷123《大宛列传》,第3161页。
〔5〕《后汉书》卷88《西域传》,第2923页。
〔6〕《三国志》卷30,裴松之注引,第862页。

千里。或以为此丁令即匈奴北丁令也,而北丁令在乌孙西,似其种别也。又匈奴北有浑窳国,有屈射国,有丁令国,有隔昆国,有新梨国,明北海之南自复有丁令,非此乌孙之西丁令也。乌孙长老言北丁令有马胫国,其人音声似雁骛,从膝以上身头,人也,膝以下生毛,马胫马蹄,不骑马而走疾马,其为人勇健敢战也。短人国在康居西北,男女皆长三尺,人众甚多,去奄蔡诸国甚远。康居长老传闻常有商度此国,去康居可万馀里。[1]

这个记载大致反映了东汉以来中国人对通往大秦的草原路的认识,当时中国人已经知道,经乌孙、康居、奄蔡西北行可至大秦,这正是沟通东西方欧亚大草原的路线。对康居和奄蔡周边以及自康居、奄蔡西北行经诸草原民族的记载,说明了奄蔡在草原路上的重要性,它"西与大秦通,东南与康居接。其国多貂,畜牧逐水草"。以上这些民族有一个共同的特点,就是"随畜牧",即游牧。

上述陆路和海路途经诸国既是中国与罗马交通的中介国,又是主要的对象国。中国既通过它们与更远的国家和地区进行交往和交流,同时也与它们进行交往和交流。在中国与罗马之间的重要交通路线上,都有一些比较固定的地点,成为商人汇集进行商品交换的市场,如托勒密和马利努斯笔下的"石塔"就是这样一个地方。据他们说,"一些沙漠商队从大夏出发先朝北行进,一直抵达科麦德人地区,越过这一山区以后,又迂回向南,直到一个向平野敞开的岬谷;由此朝北,沿着长五十'雪尼'(波斯衡量路程的单位)之遥的大道而直抵石塔(Lithi-nosPyrgos)。从石塔直到赛里斯的首都赛拉城,马埃斯商队的旅行共达七月之久,一路上与骇人听闻的风暴博斗"。李希霍芬《中国》一书阐明了这条路线的行程,关于石塔的位置,他认为:"在沿着阿姆河行进一段之后,大道经过一段山路,一面是这同一条河流和瓦什赫河流(妫水),另一面是卡拉特勒(Karategin)诸小溪(这就是科麦德人地区)。然后又自瓦什赫河谷出来,毫无疑问,石塔正是矗立在那里,其确切地

---

[1]《三国志》卷30,裴松之注引《魏略·西戎传》,第863页。

址尚未考证出来。"[1]石塔显然是当时东来的西域商人耳熟能详的地名,是大家东来的必经之地,也是商人进行中转贸易的地方。像这样固定的交易地方沿丝路当然有不少分布,这些地方有的后来发展成为重要的商业城市。中国与罗马人的直接接触就是在这种背景下发生的。

12.3 汉与罗马的直接接触

如前所述,在漫长的历史时期内,中国与欧洲之间海上交通是由不同地区沿海居民分段进行的。到了汉代,由于中国商船进入印度洋,中国的丝绸大量流入西端的罗马,罗马人为东方宝货所吸引,乘船东来,终于促成了东西两端的直接接触和交流。汉朝中国与罗马欧洲的直接交通首先是通过海道实现的。

12.3.1 汉与罗马直接交往的努力

罗马和中国都有直接接触和进行交流的愿望和努力。当时罗马和中国的贸易交往,无论是海路还是陆路,都要经过一些中介的民族和国家。最为近便的路是绿洲路,可是这条路上的安息及其以西的一些小国家为了垄断丝路贸易,从中介贸易中获取厚利,常常进行"遮阂"。《后汉书·西域传》记载,大秦王欲通使于汉,安息"欲以汉彩绘与之交市",多方阻难,"故遮阂不得自达"[2]。罗马商人也一直在探索到中国的道路,据托勒密《地理志》记载,公元1世纪末,原籍马其顿、出身商人家庭的蒂蒂亚诺斯(Titianos)曾派遣手下的一批人考察从地中海到赛里斯国的路程,这些人说从西域到赛里斯国需要7个月的时间,但地理学家马利诺斯不肯相信他们的话,认为他们"爱吹牛而故意夸大距离"[3]。公元2世纪初,罗马加强了对叙利亚境内的各小国的统治,如奥斯格赫纳和巴尔米拉。公元106年占领了彼拉特,发展埃

---

〔1〕〔法〕戈岱司编:《希腊拉丁作家远东古文献辑录》导论,第20-21页。

〔2〕《后汉书》卷88《西域传》,第2920页。

〔3〕〔法〕戈岱司编:《希腊拉丁作家远东古文献辑录》,耿昇译,中华书局1987年版,第21页。

及与叙利亚的贸易。公元116年罗马曾攻陷安息重要城市泰西封和塞琉西,直抵波斯湾头。但在与中国的贸易中仍为安息人所隔断,安息人从丝绸贸易中获取厚利,扼制着利凡特的丝织业。和帝永元九年(公元97年),西域都护班超遣甘英使大秦。甘英抵条支,临大海欲渡,安息西界船人告诉他说:"海水广大,往来者逢善风乃得渡。若遇迟风,亦有二岁者,故入海人皆赍三岁粮。海中善使人思土恋慕,数有死亡者。""甘英闻之,乃止。"[1]甘英是汉出使西域所至最远且留下姓名的一个使者,他的行动留下了汉代丝绸之路西段路线的珍贵记录。甘英所临大海当即波斯湾,安息船人劝阻甘英,实际是有意破坏中罗之间的直接贸易,以保持他们在丝路贸易中的利益。

甘英西使大秦,虽然半途而返,功亏一篑,但由于他足迹所至,到了许多前人没有到达的地方,因而扩大了汉朝对西域的认识以及与西域诸国的联系。《后汉书·西域传》记载甘英西使归来,云:"于是远国蒙奇、兜勒皆来归服,遣使贡献。"[2]张星烺认为蒙奇即马其顿之音译,兜勒即吐火罗之音译。[3] 鱼豢《魏略·西戎传》云:"前世谬以为条支国在大秦西,今其实在东。前世又谬以为强于安息,今更役属之,号为安息西界。前世又谬以为弱水在条支西,今弱水在大秦西。前世又谬以为从条支西行二百余日,近日所入,今从大秦西近日所入。"[4]这种关于大秦和条支方位的更正,应该与甘英亲临条支实地考察有关。《后汉书·西域传》"安息国"条记载:"自安息西行三千四百里至阿蛮国,从阿蛮国西行三千六百里至斯宾国。从斯宾国南行渡河,又西南至于罗国九百六十里,安息西界极矣。自此南乘海,乃通大秦。"[5]据德国东方学家夏德考证,此段记载正与甘英行程相合,[6]其中材料当是据甘英返回后的报告所写。

---

[1]《后汉书》卷88《西域传》,第2918页。

[2]《后汉书》卷88《西域传》,第2910页。

[3]张星烺:《中西交通史》(第一册)"古代中国与欧洲之交通",第38页。

[4]《三国志》卷30,裴松之注引《魏略·西戎传》,第860页。

[5]《后汉书》卷88《西域传》,第2918页。

[6][德]夏德:《大秦国全录》,朱杰勤译,商务印书馆1964年版,第45-52页。

在屋大维·奥古斯都执政时(公元前 27 年至公元 14 年),埃及被纳入罗马帝国的版图,位于尼罗河三角洲的亚历山大里亚是罗马帝国通往东方的门户。当时通过海道交通是罗马人避开安息人势力前往东方贸易的唯一途径。公元前 100 年左右,一位名叫希帕鲁斯(Hippalus)的希腊船长曾偶尔到达印度西海岸。他的这次经历还使他发现了海洋季风的特点,后来印度洋季风便被欧洲人称为"希帕鲁斯风"。据老普林尼《自然史》记载,公元 1 世纪初,一位罗马商人阿尼尤斯·普洛卡姆斯(Annius Plocamus)购买了罗马帝国红海领土的税收,他派出一名叫作布勃里乌斯(Publius)的获得自由的奴隶作为他的监税官前往红海地区。布勃里乌斯在海上遇风,漂流 15 日后抵达斯里兰卡,在这里停留半年后,与斯里兰卡的使臣拉西亚斯(Rachias)一起回到罗马。拉西亚斯的父亲曾去过赛里斯国。过去学者根据老普林尼的记载,把布勃里乌斯偶至斯里兰卡的史实系于喀劳狄一世在位时(Claudius,公元 41—54 年)。后在科帕托以南 100 公里处通往贝仑尼塞港的道路上发现希腊、拉丁文碑铭,始知布勃里乌斯返回的日期是公元 6 年 7 月 5 日。布勃里乌斯的航行也是利用了印度洋上的季风。

希帕鲁斯和布勃里乌斯的远航,使罗马商人发现了前往东方的海道。罗马人也希望控制阿拉伯海域的航路,但他们的军事征服手段失败了。沙特阿班教授说:"在罗马时期,奥斯图斯皇帝企图重温亚里山大的旧梦——控制阿拉伯半岛及其水域,但他的梦想也未能实现。希腊历史学家斯特拉波提到罗马皇帝对自古以来流传的传说垂涎:阿拉伯人非常富有,他们用香料和宝石换取黄金、白银。因此,公元前 25 至前 24 年皇帝派他在埃及的总督伊利尤斯·卡鲁斯进行征讨,从阿拉伯半岛的西北部进入半岛,沿陆路直达红海南岸,终遭失败。但失败促使皇帝鼓励罗马海员进入阿拉伯海,直抵印度,在同中国和印度的贸易中取消了阿拉伯这个中介。"[1]此后罗马商人越来越多地出入印度洋。起初的航海由于条件的限制,只能进行短距离的近海航行,希帕鲁斯

---

〔1〕〔沙特〕阿班:《中国和阿拉伯半岛之间的海上丝绸之路和贸易关系的历史》,1996 年。

发现海洋季风的规律以后,商人们利用季风才能从事远海航行。那时每年8月份起,印度洋上刮的是西风和西南风,船只可以顺风东行,10月可到印度和缅甸沿岸。到第二年4月,印度洋面是东北风、东风、东南风,满载东方货物的船只扬帆西去。据斯特拉波记载,那时每年有120多艘载重量达500吨的希腊人的船只利用季风,往来于红海港口与印度之间,利用季风渡越阿拉伯海,大大缩短了原来只能近海航行的距离。中西之间这条海路由于有大量的印度的香料运往西方,因此又叫"香料之路"。罗马商贾发现印度洋航道后,继续东进,他们很快就了解到盛产黄金的印尼地区和中南半岛,并在当时的文献中反映出来。公元初年以希腊文写作的作家把今恒河河口以东附近地区称为"金洲"(Chryse)。[1]

当罗马帝国最强盛的时候,地中海成为帝国的内湖,地中海地区和红海沿岸由一个政府治理,陆上遍布驿站,海道空前畅通,罗马商人大力拓展其商务活动,十分重视利用印度洋航路发展与东方的贸易。加上季风的发现,海路贸易迅速增长,一度造成罗马市场上中国丝绸和印度香料价格的下跌。

12.3.2　汉与大秦的直接接触

中国和罗马之间的交流主要是间接进行的。当时中国和罗马有没有官方的往来,是一个有争论的问题。东汉人郭宪《别国洞冥记》记载,汉武帝"元封三年,大秦国贡花蹄牛"[2]。此书语多不经,所记武帝时大秦与汉交通事,不为学者所信据。《后汉书·西南夷列传》记载,东汉永宁元年(公元120年),掸国王雍由调遣使诣阙朝贺,献乐及幻人(杂技魔术艺人),而幻人自称为"海西人"。海西即大秦,掸国在今缅甸北部,说明罗马人已经到达缅甸,并通过缅甸的进贡来到东汉的都城洛阳。这是文献上所见最早来到中国的欧洲人。

东汉时罗马人走通了经海路来华的道路,这就是著名的安敦使

---

〔1〕佚名:《厄立特里亚海航行记》,见戈岱司:《希腊拉丁作家远东古文献辑录》,第17页。
〔2〕〔东汉〕郭宪:《别国洞冥记》卷2,《汉魏丛书》本,吉林大学出版社1992年版,第693页。

团。《后汉书·桓帝纪》记载,东汉桓帝延熹九年(公元166年),"大秦国王遣使奉献"。李贤注云:"时国王安敦献象牙、犀角、玳瑁等。"[1]《后汉书·西域传》记载:"大秦王安敦遣使从日南徼外来献象牙、犀角、玳瑁"[2]。这个安敦王通常被比定为马可·奥勒留·安敦尼(Marcus Aurelius Antoninus,161—180年在位),但一方面在西文文献中看不到有关记载,另一方面这位使者所献之物不是罗马所产,都是印度、东非所出,因此引起史家的怀疑:"其所表贡,并无珍异,疑传者过焉。"[3]认为这很可能是在印度的或在叙利亚的罗马商人冒称帝国使者,寻求与汉的直接贸易。但这件事说明,罗马人在掌握了印度洋航路以后,终于通过南海航道,与中国建立了直接联系。罗马人的航海活动终于将过去漫长的历史时期内各地区人民分段航行的海上交通连接起来,他们的商船经阿克苏姆王国的阿杜利斯港,从红海驶出亚丁湾向东航行。南印度西岸的莫西里(Muziris)和东岸的科佛里帕特那(Khabēris)两个港口以及被称为安提布莱(Antibole)的恒河第五河口可能就是罗马作家笔下的"三大名港",还有被他们称为"金洲"的地方,是他们驶往日南的航程中最重要的中转站。从罗马到中国的航道已经连接起来,它展示出中西之间海上交通的广阔前景。

西方文献中,也有汉朝使者出使罗马的记载。生活在1世纪末和2世纪初,出生在非洲而长期居住在罗马宫廷中的学者兼诗人福罗鲁斯(Florus)在《史纲》(Epitome)一书中记载,屋大维·奥古斯都于公元前27年(汉成帝河平二年)即位,这一年"万国来朝",其中有赛里斯使者。在奥古斯都统治时期,不仅斯基泰人和萨尔马提亚人遣使结欢,远方绝域如赛里斯人、印度人也都遣使奉献珍珠、宝石和大象,求与罗马订友好之约:"我们见到了斯基泰人和萨尔马特人都派遣使者前来与我们媾和。也见到有住在同一天下的赛里斯人和印度人,他们带来的礼物中有宝石、珍珠和训练过的大象。他们特别吹嘘旅途的阻长,历时

[1]《后汉书》卷7《桓帝纪》,第318页。
[2]《后汉书》卷88《西域传》,第2920页。
[3]《后汉书》卷88《西域传》,第2920页。

四年才走到。仅仅从这些人的肤色就可以看出他们来自另一个天地。"[1]但中国典籍中不见有遣使大秦的记载,而且奥古斯都在位时(公元前24年至公元14年,汉河平二年至新莽天凤元年),正值西汉末衰乱之际,很难有遣使之举。福罗鲁斯笔下的"赛里斯人"或许也是汉朝商人远洋航行到达罗马者,他们冒充了汉使的身份晋见罗马皇帝。

---

〔1〕〔法〕戈岱司编:《希腊拉丁作家远东古文献辑录》,第16页。

13   汉代中印之间的交通

古代印度在地理学上称为南亚次大陆或次大陆,主要包括今印度、巴基斯坦和孟加拉国的领土。但在古代,南亚次大陆从未统一,其大小王国都不自称印度,印度之名只是泛指其地。在汉代,中印之间的交通在中西文化交流史上有更重要的意义。印度是中西交通的联结点,丝绸之路两端的中国与罗马通过海道的交通是以印度为中介的。中印两国同为世界文明古国,中国与印度之间的文化交流也显得比与别的国家更为重要,特别是佛教在汉代传入中国,更是中外文化交流史上的大事。

13.1   中印早期接触

历史上中国与印度的交往源远流长。在中国古代文献中"身毒"是对印度最早的称谓,最早见于张骞返汉后向汉武帝的汇报:"臣在大夏时,见邛竹杖、蜀布。问曰:'安得此?'大夏国人曰:'吾贾人往市之身毒。身毒在大夏东南可数千里。其俗土著,大与大夏同,而卑湿暑热云。其人民乘象以战。其国临大水焉。'以骞度之,大夏去汉万二千里,居汉西南。今身毒又居大夏东南数千里,有蜀物,此其去蜀不远矣。"[1]这是中国文献中关于印度的最早的信息。《史记·西南夷列传》又云:"或闻邛西可二千里有身毒国。(张)骞因盛言大夏在汉西南,慕中国,患匈奴隔其道,诚通蜀,身毒国道便近,有利无害。于是天子乃令王然于、柏始昌、吕越人等,使间出西夷西,指求身毒国。"[2]

---

〔1〕《史记》卷 123《大宛列传》,第 3166 页。
〔2〕《史记》卷 116《西南夷列传》,第 2996 页。

　　梵文中有"Sindhu"一词,本义为河流,后专指印度河。古时侵入印度西北的波斯人遇此大河,就以河名称其所在之地,后来人们又进而用以指称整个南亚次大陆。"身毒"是张骞在大夏时得自大月氏人读法的音写。印度在中国古代文献中又常写作"天竺",古音当读"Xien-tiuk",原词应是伊朗语。始见于《后汉书·西域传》:"天竺国一名身毒,在月氏之东南数千里。"[1]此后《晋书》《魏书》《新唐书》等皆沿用此称。又据其地理方位区别为东、西、南、北、中"五天竺"。"印度"之称是从唐代玄奘开始的,《大唐西域记·印度总述》云:"详夫天竺之称,异议纠纷,旧云身毒,或曰贤豆,今从正音,宜云印度。印度之人,随地称国,殊方异俗,遥举总名,语其所美,谓之印度。印度者,唐言月。月有多名,斯其一称。言诸群生轮迴不息,无明长夜,莫有司晨,其犹白日既隐,宵月斯寄,虽有星光斯照,岂如朗月之明! 苟缘斯致,因而譬月。良以其土圣贤继轨,导凡御物,如月照临。由是义故,谓之印度。"[2]玄奘释"印度"本义为"月",当有所据,而由"月"引申出印度圣贤辈出之意,可能只是表达了他对印度文化的景仰之情。

　　中国与印度的接触和交往,其时间之早,有人认为早在古帝舜时。印度产大象,而中国古代之象一定是来自印度,舜有异母弟叫象。《吕氏春秋》有"商人服象,为虐于东夷"的话,中印交通始于其时。根据考古材料可知,中国远古时代就有象。《禹贡》中"九州"有豫州,豫,《说文解字》解释为"象之大者",段玉裁云:"此豫之本义"。也有人考证,以为豫字乃一人牵象之会意,证明古时今河南、湖北一带有象。甲骨文中"象"字多处出现。《史记·宋世家》和《韩非子·喻老》都说商纣王有象箸,即象牙筷子。《诗经·鄘风》中《君子偕老》和《魏风》中《葛履》都写到"象牙之楯",名曰象揥,又有象笄。《战国策·齐策》记载有象床。《尔雅》卷4释磋为"治象器者"。说明商周之时,中国有象。《说文》释"象"云:"长鼻,南越大兽。"王充《论衡》说:"实者苍梧多象

---

〔1〕《后汉书》卷88《西域传》,第2921页。

〔2〕〔唐〕玄奘、辩机原著,季羡林等校注:《大唐西域记校注》卷2,中华书局2000年版,第161-162页。

之地。"可见中国早有象,并产生了象字,并不一定来自印度。因此从大象立说,以为中印之间交往始于舜时,或商时,并不可靠。

东汉时已流行老子入西域化胡故事。《后汉书·襄楷传》记载襄楷上书桓帝:"或言老子入夷狄为浮屠。"[1]鱼豢《魏略·西戎传》云:"《浮屠》所载,与中国《老子经》相出入,盖以为老子西出关,过西域之天竺,教胡。浮屠属弟子别号,合有二十九。"[2]意谓老子已经到了古代印度,佛祖如来是其弟子。西晋道士王浮造《老子化胡经》,以为老子入西域,佛乃老子之化身。这是道士编造的神话,目的是抬高道教教主老子的地位以压倒佛祖。经晋人整理的《列子》一书云,孔子说:"西方之人有圣者焉,不治而不乱,不言而自信,不化而自行,荡荡乎民无能名焉。"[3]乃借孔子之口颂扬佛祖为圣人,似乎春秋时中国人已经了解到印度佛教,亦不足信。朱士行《经录》云:"秦始皇四年,西域沙门室利防等十八人赍佛经来化,帝以其异俗,囚之。夜有丈六金神破户出之。帝惊,稽首称谢,以厚礼遣出境。"[4]朱士行乃曹魏时人,甘露五年(260年)赴于阗求经。其言亦无凭信,出于虚构。隋时费长房著《历代三宝记》记载此事,显然是抄袭朱士行之说。

由于喜马拉雅山的阻隔,古代中印之间的交通很不方便。可是中印之间的交通和交流却产生很早,虽然上述诸说皆难可凭据,却不像有的人所说始于张骞通西域。前面已经讲过,早在旧石器时代后期和新石器时代,中国西南地区如西藏地区和古代印度间可能就存在着文化上的联系。以研究印度历史和中印关系史著称的季羡林认为,中印之间的交通始于有文字记载之前[5]。春秋战国时,印度人已经得到中国的丝绸。据古奇(M. M. Ghosh)研究,公元前5世纪,波斯阿赫曼尼

〔1〕《后汉书》卷30下《襄楷传》,第1082页。

〔2〕《三国志》卷30《魏书》,裴松之注引,第859—860页。

〔3〕《列子》卷4《仲尼》,收于《二十二子》,第206页。

〔4〕〔宋〕释志磐撰,释道法校注:《佛祖统纪校注》卷35,上海古籍出版社2012年版,第787页。

〔5〕季羡林:《中印智慧的汇流》,见周一良主编:《中外文化交流史》,河南人民出版社1987年版,第138—140页。

德朝占领粟特、巴克特里亚和旁遮普,他派出的商队多次到达葱岭以东的地区,其中包括印度的商人。[1]《史记·大宛列传》记载,张骞至大夏,已见到大夏有中国蜀地出产的邛竹杖、蜀布等物品,问之大夏人,则知其地商人"往市之身毒"。"身毒在大夏东南可数千里,其俗土著,大与大夏同,而卑湿暑热云。其人民乘象以战,其国临大水焉。"张骞据此判断,从蜀至印度必有路可通,而且不会太遥远,他向汉武帝说"以骞度之,大夏去汉万二千里,居汉西南。今身毒国又居大夏东南数千里,有蜀物,此其去蜀不远矣。"[2]

汉朝本来早就有交通西南夷的打算,但"费多,道不通,罢之。及张骞言可以通大夏,乃复事西南夷"。汉武帝"令骞因蜀、犍为发间使,四道并出",勘查自蜀入身毒的道路。但四道间使"皆各行一二千里,其北方闭氏、筰,南方闭嶲、昆明。昆明之属无君长,善寇盗,辄杀略汉使,终莫得通"[3]。这件事说明,蜀地民间的商人早已运销蜀货至印度,而又通过印度转销至大夏,但汉政府开通此道的努力却由于西南夷的阻隔而失败了。四道间使的收获是得到了有关西南交通的更多信息,"然闻其西可千余里有乘象国,名曰滇越,而蜀贾奸出物者或至焉,于是汉以求大夏道始通滇国"。滇国或滇越即古哀牢之地,在今云南边境邻近缅甸的腾冲地区。[4] 汉使知道蜀地私商有至滇越者。是否有人经滇越至缅甸甚至继续西行至更远之印度的呢?应该有这种可能,滇越商贾西行至缅印者是有可能的。张骞在大夏所见蜀货便是通过"蜀—滇—缅—印—大夏"的通道而辗转传递的。在腾冲城西8里,宝峰山下核桃园荒塚里曾掘出汉五铢钱千枚。汉武帝元狩五年(公元前118年)进行币制改革,"废三铢钱,改铸五铢钱"。方国瑜认

---

〔1〕〔印〕古奇(M. M. Ghosh):《梵文"支那"名称的源流》("Origin and Antiquity of the Sanskrit Word Cina as the Name of China"),载《巴达伽东方研究所年刊》(ABORI),普那,1963 年,42 卷,第 214 页。转引自沈福伟《中西文化交流史》(第 2 版),上海人民出版社 2006 年版,第 46 页。

〔2〕《史记》卷 123《大宛列传》,第 3166 页。

〔3〕《史记》卷 123《大宛列传》,第 3166 页。

〔4〕方国瑜:《中国西南历史地理考释》,中华书局 1987 年版,第 20 页。

为:"当是蜀贾携至者。在一处发现有千枚之多,足见贸易之盛。"[1]但这种私商经营的贸易是民间的、自发的、零散的和辗转传递的。

汉与印度正式发生官方的关系,始于张骞出使西域之后。时间当在公元前117年至前116年。《史记·大宛列传》记载,张骞第二次使西域,"骞既至乌孙,⋯⋯因分遣副使使大宛、康居、大月氏、大夏、安息、身毒、于阗、扜弥及诸旁国"。"其后岁余,骞所遣使通大夏之属者,皆颇与其人俱来。于是西北国始通于汉矣"[2]。身毒国使有经海道入汉者,如《汉书·地理志》"粤地"所记载的"武帝以来皆献见"。也有经西北陆路来者。《汉书·李广利传》记载,武帝太初四年(公元前101年)《封李广利为海西侯诏》中说:"匈奴为害久矣,今虽徙幕北,与旁国谋共要绝大月支使,遮杀中郎将江、故雁门守攘。危须以西及大宛皆合约杀期门车令中郎将朝及身毒国使,隔东三道。"[3]说明身毒国使有经中亚至汉朝的。汉代中印之间的交通首先有海道,即前面讲过的经南中国海,至马来半岛东岸登陆,走一段陆路入印度洋,经泰国、缅甸沿海至印度。后发展为海陆两道并通,陆行则有三条通道。

13.2 汉与身毒的交通

13.2.1 罽宾和罽宾道

印度很早就与西域有联系,《大唐西域记》"瞿萨旦那国"条记载:

王甚骁武,敬重佛法,自云毗沙门天之祚胤也。昔者此国虚旷无人,毗沙门天于此栖止。无忧王太子在怛叉始罗国被抉目已,无忧王怒谴辅佐,迁其豪族,出雪山北,居荒谷间。迁人逐牧,至此西界,推举酋豪,尊立为王。当是时也,东土帝子蒙谴流徙,居此东界,群下劝进,又自称王。岁月已积,风教不通,各因田猎,遇会荒泽,更问宗绪,因而争长,忿形辞语,便欲交兵。或有谏曰:"今何

〔1〕方国瑜:《中国西南历史地理考释》,第20页。
〔2〕《史记》卷123《大宛列传》,第3169页。
〔3〕《汉书》卷61《李广利传》,第2703页。

遽乎? 因猎决战,未尽兵锋。宜归治兵,期而后集。"于是回驾而返,各归其国,校习戎马,督励士卒。至期兵会,旗鼓相望,旦日合战,西主不利,因而逐北,遂斩其首。东主乘胜,抚集亡国,迁都中地,方建城郭。[1]

瞿萨旦那国,即于阗国,今新疆和田一带;怛叉始罗,一作塔克西拉,在古代印度境内,位于今巴基斯坦首都伊斯兰堡西北约50公里处;毗沙门天,佛教中护法天神;无忧王,即阿育王。这段记载是说来自印度的移民是被流放的阿育王之国相豪族,后来为王者乃东土帝子。《大唐三藏慈恩法师传》的记载有所不同,云于阗王先祖是无忧王太子,来自怛叉始罗国,是一个游牧部落,逐水草而居。[2] 这些传说反映,印度移民最初是经过大雪山谷道而进入南疆的,他们大约开始居住在于阗西部的子合。而于阗境内部民以氏族为主,《西藏纪》中称为Li-yul,意即氏国。迁入此地的东土帝子当是氏人,于阗即氏族与印度移民经过斗争融合以后共同建立的王国。于阗建国的历史说明早在中国的战国时期,克什米尔和于阗一道已经成为沟通中印间的一条通道,这条道路至西汉时发展为罽宾道。

罽宾是古代西域国名,所指地域因时代而异,汉代其地位于南亚次大陆西北部,即喀布尔河下游及今克什米尔一带,西北与大月氏、西南与乌弋山离相接。都循鲜城(今克什米尔斯利那加附近),"户口胜兵多,大国也"。居民主要从事农业,金银铜锡器物,制作精巧。一般认为,罽宾是梵文"Kasmira"、希腊文"Kaspeiria"的音译。罽宾与其西南的乌弋山离共同组成丝路南道的要冲,史称罽宾—乌弋山离道,是古代沟通东亚、西亚、南亚、中亚的交通要道和战略要地。波斯阿赫门王朝,希腊亚历山大大帝都曾占有此地。巴克特里亚希腊王国和安息相继统治罽宾。后来塞人赶走希腊统治者,在罽宾建立塞人王朝。《汉书·西域传》记载:"昔匈奴破大月氏,大月氏西君大夏,而塞王南

---

〔1〕〔唐〕玄奘、辩机原著,季羡林等校注:《大唐西域记校注》卷12,中华书局2000年版,第1006页。

〔2〕〔唐〕慧立、彦悰:《大唐三藏慈恩法师传》卷5,中华书局2000年版,第120页。

君罽宾。塞种分散,往往为数国,自疏勒以西,北休循、捐毒之属,皆故塞种也。"[1]

公元前 2 世纪中叶,受大月氏逼迫迁离伊犁河流域的塞人一部分进入此地,另一部分南迁大夏。当大月氏西迁至阿姆河流域时,西南方的塞人部落联盟受到威胁。公元前 127 年(汉武帝元朔二年),马萨革泰、萨卡拉瓦和帕喜等塞人冲破安息北部边疆,从马里和赫拉特大道大举南侵安息,杀死安息王弗拉特二世(公元前 137—公元前 127 年),占据了德兰琴那和阿拉科西亚二郡。此后大部分塞人和安息人杂居,占据这块被称为锡斯坦的地方。另一部分塞人不愿受安息人控制,在公元前 120 年左右向东越过苏里曼山的木拉山口,到达印度河中游。二三十年后,这些塞人陆续南下占据了次大陆西海岸巴塔拉和苏拉斯特拉一带,建立若干塞人小国。还有一部分塞人溯印度河北上,由喀布尔河流域和旁遮普进入克什米尔。塞人于此立国,从而形成"大月氏西君大夏,而塞王南君罽宾"的局面。[2] 塞人立国的具体时间不能确知。据英国学者塔恩《巴克特里亚和印度的希腊人》的研究,罽宾在弗拿那统治时期,阿拉科西亚和喀布尔由贵族斯帕立里斯(Spalyris)和斯帕拉卡达姆(Spalagadama)父子掌权。《汉书》上的罽宾王乌头劳是斯帕立里斯钱币上铭刻的"王兄"或"王弟"的音讹,意思是"宰辅",大致是安德烈(Andrè)和安东尼(Antonius)的塞语读法。[3]

张骞通西域后,此道始通,张骞派副使往身毒,可能走的就是这条路。汉武帝遣使者至罽宾,汉与罽宾始有往来。汉至罽宾的路线为:从西域南道上的皮山(今新疆皮山南)西南行,经乌秅(今新疆叶尔羌河上游),越过帕米尔高原上的县度(今新疆塔什库尔干西南),到达罽宾。县度一作悬度,古代山名,山在渴槃陁国西南四百里,"石山也,溪谷不通,以绳索相引而度。其间四百里中往往有栈道,因以为名"[4]。

〔1〕《汉书》卷 96 上《西域传》"罽宾国"条,第 3884 页。
〔2〕《汉书》卷 96 上《西域传》"罽宾国"条,第 3884 页。
〔3〕Tarn, w. w. The Greeksin Bactria and India. Chicago: Ares Publishers, Inc, 1985. p. 108.
〔4〕〔唐〕杜佑:《通典》卷 193,中华书局 1988 年版,第 5273 页。

因为有的地方要悬绳而渡,故名悬度。自汉以来,为西域重要山道之一。从罽宾西南行至乌弋山离,即通往地中海东岸的丝绸之路上之罽宾—乌弋山离道,由罽宾向南即印度。罽宾地处交通要道,因此在世界各古代文明之间的交流中有重要地位。不仅是重要的贸易路,又是古代各种文化汇聚之地,又是佛教大乘派发源地,汉代以后不少僧人由此入华译经传教。

但这条路不是畅通无阻的,除了道途险远,罽宾统治者与汉朝的关系也一直很紧张。西汉昭帝、宣帝时,罽宾王乌头劳以"汉兵不能至",曾数次剿杀汉使,劫夺财物。乌头劳死,其子代立,遣使奉献。汉朝派关都尉文忠送其使回国,罽宾王却欲加害文忠。文忠与容屈王子阴末赴合谋杀之,立阴末赴为王,授以汉朝印绶。阴末赴是巴克特里亚希腊城主之子,他在汉人帮助下登上王位。但不久又与汉使失和,锁系军侯赵德,杀副使以下 70 余人,却又遣使谢罪。汉元帝为此与之绝而不通。汉成帝时,罽宾王又遣使谢罪,贡献方物。汉欲遣杜钦报送其使。杜钦就与罽宾的关系向大将军王凤发表了自己的意见:

前罽宾王阴末赴本汉所立,后卒畔逆。夫德莫大于有国子民,罪莫大于执杀使者,所以不报恩,不惧诛者,自知绝远,兵不至也。有求则卑辞,无欲则骄慢,终不可怀服。凡中国所以为通厚蛮夷,慊快其求者,为壤比而为寇也。今县度之扼,非罽宾所能越也。其向慕,不足以安西域;虽不附,不能危城郭。前亲逆节,恶暴西域,故绝而不通;今悔过来,而无亲属贵人,奉献者皆行贾贱人,欲通货市买,以献为名,故烦使者送至县度,恐失实见欺。凡遣使送客者,欲为防护寇害也。起皮山南,更不属汉之国四五。斥候士百余人,五分夜击刁斗自守,尚时为所侵盗。驴畜负粮,须诸国禀食,得以自赡,国或贫小不能食,或桀黠不肯给,拥强汉之节,馁山谷之间,乞匄无所得,离一二旬则人畜弃捐旷野而不返。又历大头痛、小头痛之山,赤土、身热之坂,令人身热无色,头痛呕吐,驴畜尽然。又有三池、盘石坂,道狭者尺六七寸,长者径三十里。临峥嵘不测之深,行者骑步相持,绳索相引,二千余里乃到县度。畜队,未半坑谷尽靡碎;人堕,势不得相收视。险阻危害,不可胜言。圣王分九州,制五服,务盛内,不求外。今遣使者承至尊之命,送蛮夷之贾,劳吏士之众,涉危难之路,疲弊所恃以事无用,非久长计也。使者业已受节,可至皮山而还。[1]

杜钦基于罽宾国的态度和越历县度道路的艰险,反对朝廷遣人送其使归国。王凤奏于成帝,朝廷采纳了杜钦的意见,命汉使止于皮山。但"罽宾实利赏赐贾市,其使数年一至"[2]。成帝鸿嘉二年(公元19年)后,乌弋山离国占领了罽宾,至公元1世纪初,罽宾与高附国又被贵霜王朝吞并。但罽宾一直和中国保持着贸易方面的联系,至唐代称为个失密,或作迦湿弥罗,后译作克什米尔。

汉对罽宾颇多了解。《汉书·西域传》对其地理位置、物产工艺、塞种兴衰、政治状况等均有记录,言其物产云:"罽宾地平,温和,有目宿、杂草奇木、檀、槐、梓、竹、漆。种五谷、蒲陶诸果,粪治园田。地下湿,生稻,冬食生菜。其民巧,雕文刻镂,治宫室,织罽,刺文绣,好治食。有金银铜锡,以为器。市列。以金银为钱,文为骑马,幕为人面。出封牛、水牛、象、大狗、沐猴、孔爵、珠玑、珊瑚、虎魄、璧流离。它畜与诸国同。"[3]文献上罗列这些特产,汉时曾作为贡品输入中国。

13.2.2 中印间雪山道

雪山是古代印度人和中亚南部人对喜马拉雅山和兴都库什山诸山的总称,亦称大雪山。《大唐西域记》"迦毕试国"条记载:"王城西北二百余里,至大雪山。"[4]同书"滥波国"条又云:"周千余里,北背雪山,三垂黑岭。"[5]

罽宾道虽然距离较近,但既有县度那样的自然险阻,不利于大群的商队通过,又有罽宾统治者的剽劫,汉朝统治者不乐意经此道遣使与这样的国家交通。因此,汉代中印间的贸易往来大都经过塔什库尔

---

〔1〕《汉书》卷96上《西域传》,第3886–3887页。

〔2〕《汉书》卷96上《西域传》,第3887页。

〔3〕《汉书》卷96上《西域传》,第3885页。

〔4〕〔唐〕玄奘、辨机原著,季羡林等校注:《大唐西域记校注》卷1,第149页。

〔5〕〔唐〕玄奘、辨机原著,季羡林等校注:《大唐西域记校注》卷2,第218页。

干出明铁盖山口,沿喷赤河上游西行,至昆都士或巴尔克南后,东南向越兴都库什山,经过喀布尔(在今阿富汗)、白沙瓦(在今巴基斯坦),进至怛叉始罗(在今巴基斯坦沙德里西北之哈桑阿卜杜勒)、旁遮普(在今印度)。此道比罽宾道绕行较远,但道路较通畅,人为的障碍少。当年马其顿王由中亚侵入印度便是经行此路。

雪山道经巴克特里亚,巴克特里亚既是印度河、两河流域和阿姆河流域交往的主要交通干道,也是汉代中印之间贸易往来的重要中转枢纽。公元 1 世纪初,希腊佚名船长《厄立特里亚海航行记》记载:"大海流到一个可能属于赛里斯国的地区,这一地区有一座很大的内陆城市叫做秦尼(Thinai)。那里的棉花、丝线和被称为 Sêrikon(意为丝国的)的丝织品被商队陆行经大夏运至婆卢羯车(Barygaza,今巴罗哈港),或通过恒河而运至利穆利(Damirike)。"[1]希腊地理学家托勒密在约成书于公元 150 年时的《地理志》一书中,根据马利努斯的材料,从由西方到过赛里斯国的人那里知道,"从赛里斯和秦奈诸国不仅有一条道路经石塔去往巴克特里亚,还有一条道路经帕林波特拉(palimbothra,今巴特那)去印度"[2]。这条不经大夏的路应该就是取道昆都士或巴尔克,越兴都库什山,由怛叉始罗南下的雪山路。

这条路线是张骞通西域后开通的,张骞遣副使至身毒当经此道。东汉时由于贵霜王朝的兴起,中亚、南亚次大陆西北部和西亚一部分皆归属贵霜王国,此路在中印交通方面更为重要。《后汉书·西域传》记载:"从月氏、高附国以西,南至西海,东至磐起国,皆身毒之地。"高附国在大月氏西南,也是西域大国,风俗似印度,民善贾贩,内富于财。兵弱畏战,故容易征服,常附属别国。"天竺、罽宾、安息三国,强则得之,弱则失之。而未尝属月氏,《汉书》以为五翕侯数,非其实也。后属安息,及月氏破安息,始得高附"。公元 1 世纪中叶后,大月氏贵霜王

---

〔1〕〔法〕戈岱司编:《希腊拉丁作家远东古文献辑录》,耿昇译,中华书局 1987 年版,第 18 页。

〔2〕〔英〕H.裕尔:《东域纪程录丛》"托勒密《地理志》摘录",张绪山译,云南人民出版社 2002 年版,第 155 页。

朝又征服身毒，"身毒有别城数百，城置长；别国数十，国置王，虽各小异，而俱以身毒为名，其时皆属月氏，月氏杀其王而置将，令统其人"，"西与大秦通，有大秦珍物"[1]。贵霜西与罗马，东与中国交通频繁。在贵霜强盛、陆路通畅时，天竺通过陆路与中国交通十分频繁，汉和帝时多次遣使贡献。

13.2.3　中印间西南缅道

这条经四川、云南至缅甸，再由缅甸至印度的道路，在张骞通西域以前早已存在，张骞在大夏见到当时四川生产的邛竹杖、蜀布，已经通过印度销往大夏。张骞推断从蜀地往印度必有路可通，于是汉武帝命张骞负责探查西南通道，汉使以蜀郡、犍为郡为中心，分四路"出駹，出冉，出徙，出邛、僰"，探查前往身毒的道路。关于这条道路的起源、路线和走向，这条道路在中外交通和文化交流上的意义，上文已有论述。这里再补充一些相关考古发现的资料。

西南缅道起于何时难以说清，有人认为战国时代已经走通。在云南、四川一带，多次发现来自西亚的物品，如琉璃珠、宝石等。云南江川李家山 24 号墓曾发现一颗琉璃珠，重庆巴县冬笋坝 49 号巴人船棺墓中出土两颗，年代约在战国末期。云南晋宁石寨山 13 号滇墓、重庆马鞍山西汉墓和茂汶的石棺墓中，也发现过琉璃珠。经测定属于来自西亚的纳钙琉璃，说明是经印度传入的。李家山 24 号墓和石寨山 13 号墓中各发现一颗蚀花肉红石髓珠，器形大小和花纹都和巴基斯坦摩亨佐达罗以及白沙瓦附近出土的同类型器物相同。蚀花珠最早发现于印度哈拉巴文化（Harappa），其年代为公元前 3 千纪。根据在昌胡达罗（Chanhudaro）和楼特尔（Lothal）等地对制珠工场的发掘情况来看，当时印度的制珠工艺非常发达，其产品曾在苏末尔（Sumer）、埃及、西亚等地发现，都是从印度交换而来的。考虑到在滇文化发现的成千上万颗石珠中，蚀花者仅此两颗，可以认为这两颗蚀花肉红石髓珠来自南亚。有学者就说"很可能就是古代云南—印度那条不被更多人所知的

---

[1]《后汉书》卷 88《西域传》，第 2921 页。

379

·欧·亚·历·史·文·化·文·库·

商道"[1]。

战国至西汉时的许多云南墓葬中所发现的海贝,有人认为是受印度的影响,可能来自印度洋。滇人曾经用贝壳作为货币,在上层人物的墓地中发现大量的贝壳,并有特制的铜器来储存。晋宁石寨山滇墓中发现一只铜贮贝器,上面刻有一组纳贡人。其中有穿窄衣裤高鼻深目多须的形象,有人认为是从中亚南迁的斯基泰人,还有人认为是将饰花肉红石髓珠带入云南的身毒人。那时滇人用什么样的计算单位来数他们的贝壳,没有直接的证据。《新唐书·南蛮传》记载南诏人"以缯帛及贝市易。贝者大若指,十六枚为一觅"。这种以"觅"为计算单位的十六位进制,不同于当时中原地区的系统,而是另外一种系统,这种系统可能来自印度。早在公元前 2000 年之前,印度哈拉巴文化中就发现了一种非常标准的计量系统,其重量是由玉髓或黑色卵石做成的立方体来计量,而进制单位则是二进制。传统的印度十六位进制(1 卢比等于 16 安那)可能来源于此。[2] 滇人的十六位进制很可能与贝币一起来自印度。

战国和秦汉时期滇文化中盛行的牛崇拜和蛇崇拜,可能也是来自印度。牛的形象是滇文化青铜器中最常见的装饰之一,表现手法有圆雕、浮雕、线刻等多种。在石寨山和李家山两处墓地出土的 2329 件青铜器中,就有圆雕的牛 128 件,浮雕的牛 37 件,线刻的牛 8 件,外加牛头 7 件,牛角 35 件。牛在当时的社会上是财富和地位的象征,所以绝大多数牛形饰品都发现于大墓之中。牛在当时的宗教生活中也很重要。很多青铜铸造的场景都显示了牛祭、牛牲、剽牛等当时仪式中常见的内容。这种原始的动物崇拜当时已不见于中原地区。在印度哈拉巴文化中发现的印章上,作为祭祀和崇拜对象的牛却是最常见的形象。在以后印度宗教里,牛崇拜始终是重要的内容。在滇文化青铜器的纹饰中,另一重要的动物就是蛇。很多青铜铸造的场景描绘了蛇在宗教

〔1〕张增祺:《战国至西汉时期滇池区域发现的西亚文物》,见《古代西南丝绸之路研究》(第一辑),四川大学出版社 1990 年版,第 234 – 244 页。

〔2〕Agrawal,D. P. *The Archaeology of India*. London:Curzon Press,1982,p.146.

仪式中的重要作用,如蛇缠绕在广场中央的铜柱上接受人牲,蛇盘在竖立在房屋前面的木板和铜立柱上,蛇作为其他仪式活动的标志,三兽噬牛镂花铜饰物,二人猎鹿镂花铜饰物等等,都有蛇的形象。这种信仰也不见于战国至秦汉时的中原地区。根据印度的神话,蛇是沟通人类社会和地下灵界的象征。此种信仰之残余在以后印度的宗教艺术、宇宙观和哲学中随处可见。如印度三大神之一的湿奴(Visgnu)在开天辟地以前,睡在神蛇阿那塔(Ananta)身上;另一个神灵那加斯(Nagas)就是一条蛇;蛇母马那萨(Mamasa)则是生殖的象征。滇社会中盛行的牛、蛇崇拜,是否与印度的古代信仰有关,是否意味着两地之间的文化交流,是互相之间的传播还是文化因素的同源,是很值得研究的问题。[1]

晋宁石寨山 7 号墓出土一枚银错金带扣,时代为西汉中晚期,明显为来自异域之物品,有的学者认为应当来自印度。此扣通体作盾形,长10.1 厘米,前端宽 6.1 厘米,后端宽 4.2 厘米。据报告描述:"正面压出凸起的纹饰,中央作有翼的飞虎一只,右前爪持一树枝状物,翘尾昂首,雄视耽耽,姿态极为生动。虎的双目用橙黄色玛瑙嵌镶……此扣上的飞虎作风和汉代铜器上的铺首及石刻中的狮虎等不同,而与古代希腊的所谓亚述式翼兽颇为近似。因此我们怀疑它可能是经波斯、大夏等国输入西南夷。"[2]有人认为虎的双目镶嵌的是黄色透明琉璃珠而非玛瑙珠。童恩正不同意此翼虎为亚述风格的说法,在亚述文化的石雕和金属工艺品中,带翼之神话动物确是一个常见的主题,如门卫兽中有人头牛身带翼兽、人头狮身带翼兽、带翼狮、带翼人鱼、人身或兽身秃鹰等,金属工艺品中有银制带翼山羊、带翼羊头狮身象牙浮雕等。在众多的动物主题中,独不见这一类的"虎"。所以这件器物来自西亚的可能性不大。与此相反,南亚为产虎的区域,而翼虎则是古印度的传统艺术母题之一,类似的形象见于北方邦(Uttar Pradesh)、马图拉(Mathu-

〔1〕童恩正:《古代中国南方与印度交通的考古学研究》,载《考古》1999 年第 4 期,第 82 页。
〔2〕云南省博物馆:《云南晋宁石寨山古墓群发掘报告》,文物出版社 1959 年版,第 112 页。

ra）发现的贵霜时期（Kusgana Period）之石刻，时代为公元 2 世纪。从这来看，此带扣从印度直接经南路输入的可能性更大。[1]

石寨山 13 号墓出土一件鎏金铜扣饰，原报告称之为"双人舞盘铜饰物"。据学者描述，此乃青铜铸高浮雕，男舞俑二人手托圆盘载歌载舞，足下踏一长蛇。舞俑高鼻深目，梳髻，着长袖交襟有领上衣，细裤腿至足踝，跣足佩长剑，衣裤满布月牙形或卷云纹。有的研究者认为其种族与中亚草原民族有关。汪宁生指出其人深目高鼻，"疑来源于西方"，并考证其手持之物不是盘而是钹。[2]《通典·乐》云，铜钹"亦谓之铜盘，出西戎及南蛮"[3]。据日本学者林谦三《东亚乐器考》的研究，钹首见于印度。石寨山 13 号墓的时代为西汉中期，即公元前 175 年至前 118 年之间。童恩正据《华阳国志·南中志》记载永昌郡有剽越人、身毒人，从 13 号墓的下葬时代到永昌郡的设立，其间不到两百年，认为"如果将此二钹舞者直接视为印度人，当不致过于牵强。如此，这件铜饰物也许应视为当时中印文化直接交流之产物"[4]。

然而西汉以前，这条路线上始终只有民间的来往，而中国与缅甸诸王国的官方交往到东汉才见于记载。西汉末年，汉朝的政治势力在西南地区已经发展起来，汉在今四川、贵州、云南已经设置四郡即犍为郡、越隽郡、益州郡和牂牁郡，辖 68 县，商业贸易进一步发展。至东汉初，汉朝的政治势力达到云南西部，中缅间交通更加便利。明帝永平十年（公元 67 年），哀牢夷降附东汉，东汉以其地置哀牢、博南二县。至永平十二年，又分益州西部的不韦、隽唐、比苏、楪榆、邪龙、云南六都尉之地，合并而置永昌郡（治所在今云南保山）。这样，楚雄以西直至伊洛瓦底江上游的广大地区全归属汉朝，汉族移民越过了澜沧江，进入高黎贡山以西缅甸北部。永昌郡东西 3000 里，南北 4600 里，西与缅甸东北部诸王国相接，中缅之间的交往频繁起来。由于永昌地处中印缅

〔1〕童恩正：《古代中国南方与印度交通的考古学研究》，载《考古》1999 年第 4 期，第 83 页。

〔2〕傅天仇主编：《中国美术全集·雕塑编》（2），人民美术出版社 1985 年版，图版说明，第 27 页；汪宁生：《晋宁石寨山青铜器图象所见古代民族考》，载《考古学报》1979 年第 4 期，第 434 页。

〔3〕〔唐〕杜佑：《通典》卷 144，中华书局 1988 年版，第 3673 页。

〔4〕童恩正：《古代中国南方与印度交通的考古学研究》，载《考古》1999 年第 4 期，第 82 页。

道要冲,商业发达,中外贸易昌盛,加上本地物产丰富,因此"金银宝货之地,居官者富及屡世"。

东汉时西南徼外蛮频来入贡。和帝永元六年(公元 94 年),永昌徼外夷敦忍乙(国名,今缅甸北部)王遣使献物;永元九年(公元 97年),西南夷徼外僬侥(今缅甸北部)等内附献物;安帝永初元年(公元107 年),僬侥部族又遣使"献象牙、水牛、封牛";永宁元年(公元 120年),掸国王雍由调复遣使诣阙朝贺,献乐及幻人;永建六年(公元 131年),掸国王又来献见。敦忍乙、僬侥、掸国诸国皆在今缅甸境内,与中国西南相邻。夏光南认为敦忍乙即下缅甸的得楞族(孟族),方国瑜则以为是都卢的对音,当即上缅甸的太公族。《史记》和《列子》中都提到僬侥,说他们身高不过三尺,学者们认为可能就是缅甸的原始居民小黑人,即尼格黎多人。还有人认为掸国就是现在缅甸境内的掸邦[1]。

诸国使者、乐队、幻人来中国所经行的路线,当即中印之间商人经行之缅道。随着与缅甸境内诸王国的联系越来越密切,与印度之间的直接交通也有了可能。《后汉书·南蛮西南夷列传》说"掸国西南通大秦"。能通大秦,更能通印度。同书同传"哀牢夷"条记载,其地出"帛叠",又出"光珠、虎魄、水精、琉璃、轲虫(海贝)、蚌珠、孔雀、翡翠、犀、象、猩猩、貊兽"[2]。《华阳国志·南中志》记载:"明帝乃置(永昌)郡,……有闽濮、鸠獠、僄越、保濮、身毒之民。"[3]说明东汉时在永昌郡已有印度人居住。同书记述永昌郡之物产,有"黄金、光珠、虎魄、翡翠、孔雀、犀、象、蚕、桑、绵、绢、采帛、文绣"[4]。其中有的非哀牢地区的土产,而是来自缅甸、印度和大秦。如帛叠是用棉纱织成的布,棉花原产于南亚,当从印度传入。又有许多南洋热带之商品,当经印度、掸国、僄

〔1〕夏光南:《中印缅道交通史》,中华书局 1948 年版,第 23 页;方国瑜:《十三世纪前中国与缅甸的友好关系》,载《人民日报》1965 年 7 月 27 日;〔缅〕波巴信:《缅甸史》,商务印书馆 1965 年版,第 10 页;陈炎:《中缅两国历史上的陆海交通和文化交流》,见氏著《海上丝绸之路与中外文化交流》,北京大学出版社 1996 年版,第 270 页。
〔2〕《后汉书》卷 88《南蛮西南夷列传》,第 2851 页。
〔3〕〔晋〕常璩撰,任乃强校补:《华阳国志校补》卷 4,第 285 页。
〔4〕〔晋〕常璩撰,任乃强校补:《华阳国志校补》卷 4,第 290 页。

国商贾自东南亚、南亚传入。云南晋宁石寨山滇王墓葬和李家山等汉代墓葬中发现大量琉璃、玛瑙、玉石和海贝（古代用作钱币），在腾冲八里宝峰下核桃园中发掘汉武帝时铸造的五铢钱上千枚。考古学者认为这些遗物都是汉时中、印、缅三国商人进行贸易交换的物证。这条道路的起点益州是中国古代一个重要的丝织中心，蜀锦在东汉时已是驰名产品，因此这条路线现在被称为西南丝路。

东汉时，可能有中国人经此道至印度者。《后汉书·西域传》记载有东离国（《魏略》作车离国），都沙奇城（Sāketa），在天竺东南 3000里，列城数十，皆称王，后为大月氏所征服。车离即乔萨罗国，在今印度科罗曼德尔（Coromandel）沿岸。《魏略》说此国一名礼惟特、一名沛隶王。沛隶是古代居住在恒河三角洲北方的奔那（Pundra）人。其南方为孟加（Vanga）人，汉代文献中写作盘起，《魏略·西戎传》称盘越国，又名汉越王，"在天竺东南数千里，与益部相近，其人小与中国人等，蜀人贾似至焉"[1]。古称高达—孟加（Gauda - Bengala）。高达泛指三角洲巴吉拉提河两岸直到海滨的广大地区，相当于孟加拉南部地区。此地除了西北丝路南道越葱岭，经贵霜至天竺，转向东南恒河流域入海口可至，中国西南地区的商人大概也有经缅道而至者。

若从东汉的益州（东汉时治所在四川雒县，中平中移至绵竹，兴平中又移至成都）出发，南行折西，经今大理过澜沧江，到永昌郡（今云南保山），西行过怒江，出高黎贡山至腾冲，再从这里西南行到蒲甘（在今缅甸中部，伊洛瓦底江中游东岸）。由蒲甘沿亲敦江而上，经胡康河谷由曼尼普尔进入阿萨密，再南下达卡地区（在今孟加拉国），由此溯恒河而西，从陆路入印度。在印度经华氏城（巴特那）、曲女城（开瑙季）到亚穆纳河畔的马土腊，北上五河流域的奢羯罗（今巴基斯坦锡亚尔科特）、塔克西拉（今锡尔卡普），过普尔山口至大夏（今阿富汗），与西北丝绸之路在木鹿（Merv，今土库曼斯坦境内的马里）汇合；除了走陆路完成与西北丝路的连接之外，从缅甸亦可走水路沿伊洛瓦底江顺流

---

[1]《三国志》卷30，裴松之注引，第860页。

而下，出孟加拉湾航行到印度，与印度洋航道连接起来。《魏略·西戎传》记载，大秦国水道通益州永昌郡，当由缅甸海岸登陆而达永昌。《厄立特里亚海航行记》关于印度东海岸以东地方的描述也可以印证这条路线。英国历史学家哈威在《缅甸史》中说，公元前2世纪以来，中国以缅甸为商业通道，"循伊洛瓦底江为一道，循萨尔温江为一道，尚有一道循弥诺江（ChindwinR，今亲敦江）经曼尼普尔（Mannipur）乘马需三月乃至阿富汗。商人在其地以中国丝绸等名产，换取缅甸的宝石、翡翠、木棉；印度的犀角、象牙和欧洲的黄金等珍品"[1]。

唐高僧义净《大唐西域求法高僧传》"支那寺等寺"条记载，在印度那烂陀寺东40驿许有鹿园寺，鹿园寺附近有一废寺遗址，叫支那寺。"古老相传云是昔室利笈多大王为支那国僧所造。于时有唐僧二十许人，从蜀川牂牁道而出（蜀川去此寺有五百余驿），向莫诃菩提礼拜。王见敬重，遂施此地，以充停息，给大村封二十四所。于后唐僧亡没，村乃割属余人。现有三村入属鹿园寺矣。准量支那寺，至今可五百余年矣"[2]。义净赴印在7世纪末，他离开印度至室利佛逝乃武后天授二年（公元691年），上溯500年，为公元2世纪末，或3世纪初，室利笈多王在209至219年在位，其时为东汉时。按照这一记载，东汉后期有一批汉地僧人经蜀川至东印度巡礼。但多数学者认为，东汉时中国似乎还不可能有往印度本土求法的僧人。伯希和认为室利笈多王是建国于公元320年的笈多王朝[3]。季羡林据此认为是公元4世纪蜀僧西行[4]。王邦维则以为室利笈多大王是指印度笈多王朝的国王？rīgupta，当时一个小国君主，在位时间约在公元3世纪晚期，"此二十馀唐僧赴印时间亦在三世纪末。其时中国正当西晋末，八王之乱起，北方动荡，南方僧人要想从北道往印度比较困难"，所以"从蜀川牂牁道出"[5]。

〔1〕〔英〕哈威：《缅甸史》，姚楠译，陈炎校订，商务印书馆1957年版，第51页。
〔2〕〔唐〕义净：《大唐西域求法高僧传》卷上，中华书局1988年版，第103页。
〔3〕〔法〕伯希和：《交广印度两道考》，冯承钧译，上海古籍出版社2014年版。
〔4〕季羡林：《中印文化关系史论丛》，人民出版社1957年版。
〔5〕王邦维：《大唐西域求法高僧传校注》卷上，中华书局1988年版，第106页。

有人认为《华阳国志》中提到"身毒之民"和义净书中支那寺的产生都不能作为汉代中印间存在交通的论据。吴焯指出,《华阳国志·南中志》"永昌郡"条记载的"身毒之民"并非来永昌通商的印度侨民。此志总序云:"武帝使张骞至大夏国,见邛竹、蜀布,问所从来,曰:'吾贾人从身毒国得之。'身毒国,蜀之西界,今永昌是也。"慧琳《一切经音义》注释"牂牁"云:"若从蜀川南出,经余姚、越巂、不喜、永昌等邑,古号哀牢玉(按即哀牢夷,'玉'与'夷'通假),汉朝始慕化,后改身毒国,隋王之称也。"原来,身毒国是哀牢夷后来改称的国号,其居地即在永昌。"隋王之称"一句中,"隋"当为"随"字之误,是哀牢夷某代国王名"身毒",故国亦随王改称身毒。《华阳国志》中所谓永昌郡有身毒之民,此"身毒"是哀牢夷的代称,以此印证汉时,甚至西汉初年的中印交通,作为论据不能成立。义净书中提到的牂牁道,并不能经陆路通往缅甸和印度,牂牁道的最早出处见于汉代文献,其起点乃今四川宜宾,终点为广东广州。唐僧20多人经牂牁道而赴印路线必定循陆路(包括北盘江、红水河和西江的水路)由宜宾至广州,再由广州循海路穿越马六甲海峡或克拉地峡,沿中南半岛的西海岸从恒河入海口进入南亚次大陆。支那寺的地点在恒河下游,也给人一种由海路而至的印象。学者经常引证这一材料,说明中印缅道交通,有可商榷之处。[1] 从西南夷往南越通海道确有道路可通,汉武帝时唐蒙《上书请通夜郎》建议通夜郎,发其兵10余万以进攻南越国,便说:"浮船牂牁江,出其不意,此制越一奇也。"此事或许有待进一步研究。

13.2.4 印度在中西间海上交通中的联结作用

海道与西洋各国的交通是通过南海与印度洋航路相连接而实现的。这条路线是经印度洋,过红海,进入地中海,红海与地中海之间有两条路线连接,一是在红海西岸的海港登岸后,经若干天由陆路至尼罗河东岸的某镇,然后顺河而下北行,到地中海南岸的港口;二是在苏伊士湾头经由古运河与尼罗河某条入海河道连接,进入地中海。在这

---

〔1〕吴焯:《西南丝绸之路研究的认识误区》,载《历史研究》1999年第1期,第38-50页。

条路线上最重要的是印度,两汉时期印度是中西间海上交通的联结点。

当时西方各国海道东来的终点是印度,中国海道西去的终点也是印度。西方各国包括罗马从海道获取中国商品主要是从这里得到的,而不是直接从中国得到。而从中国进入印度洋,则有好些路线可到。一是经南海过马六甲海峡;二是经罽宾道或雪山道从北路进入印度,然后沿印度河顺流而下,至印度河口巴巴里孔;三是走中印缅道,进入缅甸,沿伊洛瓦底江顺流而下。《后汉书·南蛮西南夷列传》云:"永宁元年,掸国王雍由调复遣使者,诣阙朝贺,献乐及幻人,能变化,吐火,自支解,易牛马头;又善跳丸,数乃至千。自言我海西人,海西即大秦也,掸国西南通大秦。"[1]掸国在今缅甸境内,从缅甸西南至大秦,则可经水路沿伊洛瓦底江顺流而下入印度洋,亦可经陆路至印度而后入印度洋。

1945 年以来,在南印度东海岸本地治里(Pondicherry)城南 3 公里的阿里卡梅杜(Arikamedu)考古发现了一个古代国际贸易商埠,其中有不少货栈商行。这些货栈商行的经营者来自罗马或罗马统治下的叙利亚、埃及等地商人。遗物中发现许多来自意大利半岛的阿列丁(Arrentine)式陶器和希腊式水罐(amphorae),还有罗马帝国的钱币。由于地处印度东海岸,因此极便于经孟加拉湾而至东南亚和中国进行交通往来。阿里卡梅杜商埠的繁荣期是公元 1、2 世纪,即中国的东汉时。从考古上说,在越南等地不断有罗马钱币发现。从文献上看,《梁书·诸夷传》记载,海外诸国自汉武帝以来皆朝贡,"后汉桓帝世,大秦、天竺皆由此道遣使贡献"[2]。大秦"国人行贾,往往至扶南、日南、交趾"[3]。说明中国的汉代,罗马人经印度继续东行至中国已经不是奇怪的事情。成书于公元 1 世纪中叶的《厄立特里亚航海记》写到罗马商船经常往来于红海、波斯湾及印度东西海岸。阿里卡梅杜商埠遗址中的大量罗马陶器提供了考古学上有力的证据。

---

〔1〕《后汉书》卷 86《南蛮西南夷列传》,第 2851 页。

〔2〕《梁书》卷 54《诸夷传》,第 783 页。

〔3〕《梁书》卷 54《诸夷传》,第 798 页。

14 余论

　　研究丝绸之路的起源,除了我们已经讲过的它的从无到有和发展
开拓的过程,除了推动它走向繁荣的各种动因之外,还应该关注中国
蚕桑丝织技术的发明和丝绸生产的发展。丝绸之路固然泛指中外文
化交流之路和文明对话之路,但它首先还是贸易之路。在漫长的历史
时期,中国丝绸曾是带动整个国际贸易的动力和杠杆。汉代丝绸之路
的形成与汉代发达的丝绸业有密切关系,丝绸能够支撑两汉时期巨大
的国际贸易,其丝绸生产技术和生产量都是值得探讨的问题。本书探
讨了先秦至两汉时期丝绸之路的产生和发展,那么这一时期丝绸之路
的发展在人类文明史上地位如何,需要我们把它放在整个中外文化交
流史的背景上观察。

14.1 汉代中国文明的输出

　　汉代中国获得大量域外文明成果,也是中国人以自己的辉煌成果
交换而来的。无论是战争、使节交往、贸易和宗教等何种途径,都有中
国的物质文明和精神文明的输出。汉代输出的产品有丝织品、棉织品、
麻织品、漆器、竹器、铁器、铜镜、软玉、釉陶、装饰品等,影响最大的是丝
绸。斯文·赫定曾经动情地说:"中国内地沿这条皇家驿道出口的商
品中,无论在数量或地位上,都没有哪一样能与华美的丝绸相媲美。两
千年前,中国丝绸是世界贸易中最受崇尚、最受欢迎的商品。"[1]对丝
绸的渴望曾经是古代世界上各个国家和民族与中国贸易和交往的重

---

〔1〕〔瑞典〕斯文·赫定:《丝绸之路》,江红、李佩娟译,新疆人民出版社 1996 年版,第 210
页。

要动力之一。

14.1.1　汉代丝织业的发展和丝绸的输出

14.1.1.1　汉代丝织业的发展

汉代丝织业发达,不仅品种繁多,品质精良,生产量也足以供应当时国内的消费和大量外销。中国人发明了蚕桑丝织技术,是对人类文明的巨大贡献。那只神奇的小虫,它吐的丝和由丝织成的灿烂的丝绸,支撑了两汉时期的国际贸易大厦,铺设了一条通向世界的贸易之路和文明对话之路,成为古代中外贸易和文化交流的杠杆,促进了世界上各个国家、民族和地区之间的交往、交流和相互了解,促进了人类文明的进步。在汉代,为中国人换取大量域外文明成果。当时丝织品的制造和贸易主要是官办的,西汉时都城长安有东织、西织两大织室,承办郊庙之服;齐郡之临淄(今山东淄博)和陈留郡襄邑(今河南睢县)各有官营作坊,专供皇帝穿用。《汉书·元帝纪》记载,初元五年四月,元帝罢"齐三服官",颜师古注云:

> 李斐曰:"齐国旧有三服之官,春献冠帻縰为首服,纨素为冬服,轻绡为夏服,凡三。"如淳曰:"《地理志》曰:'齐冠带天下。'胡公曰:'服官主作文绣,以给衮龙之服。'《地理志》襄邑亦有服官。"师古曰:"齐三服官,李说是也。'縰'与'纚'同音,音山尔反,即今之方目纱也。纨素,今之绢也;轻绡,今之轻纱也。襄邑自出文绣,非齐三服也。[1]

服官是负责为皇室制作丝织衣物的政府官员。汉代齐国临淄和陈留郡襄邑是两大丝织中心,朝廷在此二地置服官。齐三服官制春、冬、夏三服,襄邑则专制文绣,即织锦。元帝罢齐三服官,只是一种临时性的举措,那是有大臣批评三服官浪费严重,又因为"夏四月,有星孛于参",天象示警,皇帝为厌天意而节用的表示。实际上直到东汉章帝时,齐仍有三服官。《后汉书·章帝纪》记载,建初二年四月,"癸巳,诏齐相省冰纨、方空縠、吹纶絮"。唐章怀太子注云:"纨,素也;冰,言色

---

〔1〕《汉书》卷9《元帝纪》,第1131页。

鲜洁如冰。《释名》曰:'縠,纱也。'方空者,纱薄如空也。或曰:'空,孔也,即今之方目纱也。'纶,似絮而细。吹者,言吹嘘可成,亦纱也。《前书》齐有三服官,故诏齐相罢之。"[1]这与西汉元帝时一样是临时性举措,并不是撤销此职。元帝时长安、齐郡临淄、陈留郡襄邑皆设立官营手工业作坊,有相当大的规模。仅齐三服官所掌"作工各数千人,一岁费数巨万"[2]。在长安东织废后,仅留西织,称织室。

除了官营之外,各城市通常都有富商大贾经营私营手工业作坊,从事丝织业商品生产。还有农民家庭手工业,他们主要纺织麻布、葛布和绢帛以供自己穿用和缴纳赋税,也有一小部分纺织品出售。齐地本来就以丝织著称,秦李斯《上书谏逐客》中提到"阿缟之衣,锦绣之饰"[3]。所谓"阿缟"就是齐国东阿出产的白色丝织品。晁错《论贵粟疏》云:"人情,一日不再食则饥,终岁不制衣则寒。"[4]《史记·货殖列传》说齐地丝织品行销范围之广,"齐冠带衣履天下"[5]。当时民间丝织业之发达,实际上是无家不从事丝织。据《西京杂记》记载,连富贵之家主妇也从事丝织之事,如霍光妻、陈宝光妻,都是"六日成一匹,匹值万钱"。巨鹿陈宝光妻发明的织法是"机用一百二十镊",效率甚高。[6] 若照此计算,全国织丝者如以百万人计,六日百万匹,两月一千万匹,一年即六千万匹。《汉书·货殖传》说:"其帛絮细布千钧,文采千匹",可"比千乘之家"[7]。《汉书·张安世传》记载,张安世"尊为王侯,食邑万户",夫人除自织外,又率七百家僮共织而成大富,超过了霍光。[8] 由于丝织品的大量生产,过去只有贵族才能享用的丝绸成为普通百姓的日常用品。晁错《论贵粟疏》写商贾云:"男不耕耘,女不蚕

〔1〕《后汉书》卷3《章帝纪》,第135页。

〔2〕《汉书》卷72《贡禹传》,第3070页。

〔3〕〔南朝·梁〕萧统编:《文选》卷39,上海书店1988年版,第542页。

〔4〕《汉书》卷24上《食货志》四,第1131页。

〔5〕《史记》卷129《货殖列传》,第3255页。

〔6〕〔东晋〕葛洪:《西京杂记》卷1,收入《汉魏丛书》,第303页。

〔7〕《汉书》卷91《货殖传》,第3687页。

〔8〕《汉书》卷59《张安世传》,第2652页。

织,衣必文采,食必粱肉……千里游敖,冠盖相望,乘坚策肥,履丝曳缟。"[1]西汉桓宽《盐铁论》记载贤良们的话云:"今富者缛绣罗纨,中者素绨冰锦。常民而被后妃之服,贱人而居婚姻之饰。夫纨素之价倍缣,缣之用倍纨也。"[2]

汉代纺织技术有新的提高,纺车、织布机成为普遍的纺织工具,提花机已经使用分组的提花束综装置并用地经和绒经分开提况的双经轴机构。丝织品种类很多,官营作坊主要生产贵重的锦、绣、绮、縠,这是几种高级的丝织品。日本原田淑人测定汉代丝径为 0.008~0.013 毫米。[3] 而据甘肃省博物馆《武威磨咀子三座汉墓发掘简报》,标号 19 的方孔纱测定,丝径细到 0.0055~0.006 毫米,超过现代各国的家蚕丝。[4] 1972 年长沙马王堆汉墓出土的一件素纱禅衣,薄如今日之尼龙纱,透明如蝉翼,轻如烟雾,重量仅有 49 克。汉代的丝织物总称"缯"和"帛",其中汉锦是五彩缤纷的多彩织物,代表了汉代丝织物的最高水平。通过对汉代丝织品进行化学分析,知道汉代是用茜草素和蓝靛做染料,可以染成绿、褐、红等色,比战国时期用温水涑帛的染色工艺提高了一步。

东汉纺织业技术有重大进步,丝绸产量也有增加。史载光武帝刘秀赐卢芳缯二万匹,樊宏布万匹,单于缯采四千匹;明帝赐邓皇后布三万匹,赐东平宪王刘苍布一次十万匹,又一次二十五万匹,又四万匹、九万匹;章帝赐昆明夷卤家帛万匹。东汉初年,已能用织花机织成色彩斑斓、花纹复杂的织锦。四川成都成为丝织业的一个中心,蜀锦驰名全国,朝廷设有专门管理丝织业的官吏,故成都有"锦官城"的美称。西晋左思《蜀都赋》云:"阛阓之里,伎巧之家,百室离房,机杼相和。贝锦

〔1〕《汉书》卷 24《食货志》,第 1132 页。

〔2〕[西汉]桓宽:《盐铁论》卷 6《散不足》,上海人民出版社 1974 年版,第 66 页。

〔3〕[日]原田淑人:《东亚古文化研究》,东京:座右宝刊行会昭和十九年(1944 年)版,第 433 页。

〔4〕甘肃省博物馆:《武威磨咀子三座汉墓发掘简报》,载《文物》1972 年第 12 期,第 9-21 页。

斐成,濯色江波。"[1]蜀地蚕桑丝织业发达当甚早,"蜀"字即指蚕丛,说明蚕桑之业虽不一定起源于蜀,而汉代以前蜀地早已成为蚕桑丝织业兴盛的地区。《三国志·张飞传》记载,刘备入益州,诸葛亮、张飞、关羽等人各赐"锦千匹"[2]。临淄和襄邑的丝织业依然兴盛不衰。王充说:"齐部世刺绣,恒女无不能;襄邑俗织锦,钝妇无不巧。"[3]新疆地区的丝织业也有很大发展。民丰县汉墓出土的红色杯纹罗、织花毛织品,显示出当时西北地区高度发展的纺织工艺水平。

14.1.1.2　汉代丝织品的远销

汉代西域尚无蚕桑丝织。《史记·大宛列传》记载,葱岭东西各国"其地皆无丝漆"[4]。汉代由于蚕桑丝织业的发展,丝织品不仅供衣物之用,而且成为重要商品被大批西运,并成为深受世界各国人民喜爱之物。河西走廊和新疆地区是中原丝绸西运的主要通道,沿途考古发现不少汉代丝织品遗物,在武威、敦煌、额济纳和新疆境内北道沿线的吐鲁番、库车、拜城、巴楚,南道的楼兰、尼雅等,都曾发现汉代彩绢、锦绮、纱罗。在甘肃武威磨咀子汉墓和诺因乌拉汉墓中,见到与长沙马王堆一号汉墓出土的同样的汉代菱纹起绒锦。中国蚕桑丝织技术早在箕氏朝鲜时期已经传入东邻朝鲜,"殷道衰,箕子去之朝鲜,教其民以礼义,田蚕织作"[5]。汉代中国丝绸仍源源不断地传入半岛。两汉时丝绸的外传有几个主要途径。

一是充作军饷发给驻守西域的将士,充作旅费供使节作为支付手段,个体商人从事的丝绸贸易通过在当地和沿途的交换而传播至西域。丝绸在西域、中亚、西亚成为最受信任的通货和馈赠品。《史记·大宛列传》写汉使路经西域,途中被诸国刁难的情形:"及至汉使,非出币帛不得食,不市畜不得骑用。"[6]说明帛是用作旅费的。斯坦因在敦

---

〔1〕〔清〕严可均:《全晋文》卷74,第1883页。

〔2〕《三国志》卷36《蜀书·张飞传》,第943页。

〔3〕〔东汉〕王充:《论衡》第12卷《程材》,上海古籍出版社1990年版,第122页。

〔4〕《史记》卷123《大宛列传》,第3174页。

〔5〕《汉书》卷28下《地理志》下,第1658页。

〔6〕《史记》卷123《大宛列传》,第3173页。

煌古长城烽燧遗址发现一件丝绢,署有"任城国亢父丝一卷,宽 2 尺 2 寸,长 40 尺,重 25 两,值 618 钱"的字样,东汉时的任城国在今山东济南一带,建于公元 84 年。[1] 另一件西汉末年绢的末端则有波罗谜文,说明这些丝织物来自今山东地区,而运输的目的地则是中亚。在民丰东汉墓发现整件锦袍。葱岭以西的中亚地区撒马尔罕等地也发现汉代的丝织品,在叙利亚帕尔米拉古城遗址还发现了汉字纹锦。

二是作为礼品赠送给域外的民族和国家。汉代中国发展了与周边民族和域外国家的关系,通使不断,丝绸是汉朝政府与域外交往中赐赏和回赠的主要礼品。汉代时官方交往的国家向西至大秦,向南到东南亚、南亚,向东至朝鲜、日本,北则有匈奴,东北有乌丸、鲜卑等。中国丝绸通过彼此间的政治交往传入世界各地。在汉与匈奴的和亲关系中,汉朝不断赠给匈奴贵族以大量贵重物品,其中包括精美的丝制品。汉文帝在《遗匈奴书》中讲到:"使者言,单于自将伐国有功,甚苦兵事。服绣袷绮衣、绣袷长襦、锦袷袍各一,比余一,黄金饰具带一,黄金胥毗一,绣十匹,锦三十匹,赤绨、绿缯各四十匹,使中大夫意、谒者令肩遗单于。"[2] 汉文帝在《遗匈奴和亲书》中云:"匈奴处北地寒,杀气早降,故诏吏遗单于秫糵、金帛、绵絮、它物,岁有数。"[3] 武帝《欲伐匈奴诏》云:"朕饰子女,以配单于。金币、文绣,赂之甚厚。"[4]《史记·大宛列传》记载,大宛使者到汉,"是时上方数巡狩海上,乃悉从外国客,大都多人则过之,散财帛以赏赐,厚具以饶给之"。宣帝甘露三年(公元前 51 年),呼韩邪单于降汉,朝天子,天子赐物中有衣被 77 袭,锦绣绮縠杂帛 8000 匹,絮 6000 斤。此后每年一次入朝,汉朝都赠送大量的丝絮缯帛。元寿二年(公元前 1 年),汉封匈奴单于,赠衣三百七十袭,锦绣、缯帛三万匹,絮三万斤。建武二十六年(50 年),匈奴南单于遣子入侍,光武帝赐给南匈奴单于锦绣、缯布万匹,絮万斤。赠给单于

---

〔1〕〔英〕斯坦因:《路经楼兰》,广西师范大学出版社 2000 年版,第 43 页。

〔2〕〔清〕严可均校辑:《全汉文》卷 2,见《全上古三代秦汉三国六朝文》,中华书局,1958 年,第 136 页。

〔3〕〔清〕严可均校辑:《全汉文》卷 2,同上,第 137 页。

〔4〕〔清〕严可均校辑:《全汉文》卷 3,同上,第 142 页。

393

欧·亚·历·史·文·化·文·库·

家属和臣僚缯彩万匹。单于遣使元正朝贺,"汉乃遣单于使,令谒者将送,赐彩缯千匹,锦四端,金十斤,太官御食医及橙、橘、龙眼、荔支;赐单于母及诸阏氏、单于子及左右贤王、左右谷蠡王、骨都侯有功善者,缯彩合万匹",此后"岁以为常"[1]。尼雅遗址发现的汉地丝织品,有的用作男锦袍下摆底襟,有的是男用锦袜,还有手套。有的绣有"延年益寿大宜子孙锦"等字样。斯坦因在罗布淖尔也得到几件同类的织品,在叶尼塞河畔奥格拉赫提公元 2 世纪墓中也发现此类织品,其上残存"益""寿""三"等字,都是作为礼品赠送的。

三是官办贸易。张骞出使西域后,汉与中亚、西亚和南亚的贸易大为开展。汉代运丝的商队通常由政府主管,称为使节。汉朝每年都派出大批使团随带大量的牛羊、缯帛和黄金,用骆驼做运载工具,跋涉于沙漠、草原和峡谷之间,和远方的塞人、大月氏人、康居人、波斯人、印度人交换商货。从中国出发的商队,在前汉时代已经跨过阿姆河,进入里海北部、伊朗高原、美索不达米亚、叙利亚和北印度,有的到达了地中海滨的安提阿克,甚至有的还抵达罗马,充当了赛里斯国的使者。据《史记·大宛列传》记载:"诸使外国一辈大者数百,少者百馀人。"他们往返一次近的要三五年,远的长达八九年。新疆和内蒙古出产的双峰骆驼在翻越帕米尔高原和伊朗高原的远途运输中起了沙漠轻舟的作用,这些商队也常常使用马和驴子。汉朝派往西域诸国进行贸易的使者,称为使节,但通常并非一般的政府官吏,而是通过招募和察举的方式组成的出外商团。武帝元封五年(公元前 106 年)四月《求贤诏》有云:"其令州郡察吏民有茂材异等可为将相及使绝国者。"[2]《史记·大宛列传》记载:"从吏卒皆争上书言外国奇怪利害,求使。天子为其绝远,非人所乐往,听其言,予节,募吏民毋问所从来,为具备人众遣之,以广其道。来还不能毋侵盗币物,及使失指,天子为其习之,辄覆案至重罪,以激怒令赎,复求使。使端无穷,而轻犯法。其吏卒亦辄复盛推外国所

---

[1]《后汉书》卷 89《南匈奴传》,第 2944 页。
[2]《汉书》卷 6《武帝纪》,第 197 页。

有,言大者予节,言小者为副。故妄言无行之徒,皆争效之。其使皆贫人子,私县官赍物,欲贱市以私其利外国。"[1]可见当时不论吏民、贫人子、妄言无行之徒,甚或犯法抵罪之人等,皆以政府派遣的身份西行。在西行中汉使随带大量的牛羊和币帛,以便与沿途各国交换他们旅途中所必需的生活用品。从汉武帝时起,汉朝商使已经进入印度洋开展贸易,丝绸是汉使所携主要货物之一。《汉书·地理志》"粤地"条明确记载汉使是"赍黄金杂缯而往"[2]。

四是中外商人的贩运,这也是数量极大的外销。汉代丝绸外销,外国商人入华贩贸,在中外文献中都有反映。《史记·大宛列传》记载,张骞出使西域以后,西北外国使"日款于塞下",中亚和安息国商人"善市贾,争分铢"。罽宾"实利赏赐贾市",遣使至汉从事贸易。公元1世纪的罗马作家老普林尼(Pline L'Ancien)在其《自然史》一书中记载,罗马人远赴赛里斯以换取衣料,赛里斯人"不与别人交往,坐等贸易找上门来成交"[3]。成书于公元1世纪末的拉丁文著作《厄立特里亚航海记》的作者是一位定居亚历山大里亚的希腊人,他曾到过斯里兰卡。据他记载,中国的丝绸在印度恒河之滨一个称为"恒伽"的市场转口[4]。托勒密《地理志》卷1引述提尔的马利努斯的话,说有一位叫马埃斯(Maês)的人,原籍马其顿,和他的父亲一样以经商为业,曾派遣手下的一批人到赛里斯经商。马利努斯还讲述了从幼发拉底河至石塔的距离,到石堡的路线[5]。而石堡通常被认为指地处今新疆莎车附近色勒库尔的塔什库尔干(Tashkourgan,意为石堡),[6]位于葱岭东侧的竭盘陀国。汉代个体商贾的活动也值得注意。西汉焦延寿卜筮书《易林》中卜辞有云:"东市齐鲁,南贾荆楚,羽毛齿革,为吾利宝。"[7]实际

〔1〕《史记》卷123《大宛列传》,第3171页。

〔2〕《汉书》卷28《地理志》下,第1671页。

〔3〕〔法〕戈岱司编:《希腊拉丁作家远东古文献辑录》,第10页。

〔4〕〔法〕戈岱司编:《希腊拉丁作家远东古文献辑录》,第17页。

〔5〕〔法〕戈岱司编:《希腊拉丁作家远东古文献辑录》,第21页。

〔6〕〔法〕布尔努瓦:《丝绸之路》,耿昇译,山东画报出版社,2001年,第54页。

〔7〕〔西汉〕焦延寿:《易林》第3卷《家人》"蛊"条,见中国国家图书馆:《国立原北平图书馆甲库善本丛书》,第512册,国家图书馆出版社据明末刻本影印,2013年,第1041页。

上是当时东西奔走、南北往来的商人活动的反映。《汉书·地理志》记载粤地:"处近海,多犀、象、毒冒、珠玑、银、铜、果布之凑,中国往商贾者多取富焉。"[1]这些物产有的来自海外,中国内地商人往南方沿海地区经商,把这些海外输入的珍货转手贩卖到中原地区,以此致富。在与朝鲜半岛的交往中,汉朝的商业活动也深入今朝鲜境内的汉四郡:"郡初取吏于辽东,吏见民无闭藏。及贾人往者,夜则为盗,俗稍益薄。"[2]商人唯利是图的行为破坏了那里一向淳朴之风。《汉书·西南夷传》记载,秦时进军西南夷,开通了五尺道,置巴、蜀、汉中三郡,在西南夷各部落置吏管理。秦朝仅维持了十几年的统治,汉朝建立后放弃了对西南夷的治理,关闭了蜀地关隘,从此道绝不通。但巴蜀之地的商民不断偷渡出境从事商贸活动,"窃出商贾"。他们获得西南夷之莋马、僰僮、旄牛贩卖,因而致富。这说明在汉武帝遣使探查这条商道之前,民间的走私商业活动便在进行。张骞通西域后,内地商人往西域经商的络绎不绝。中国商人的活动是丝绸外销的重要途径。中原地区的商人交换域外珍奇的本钱是丝绸,他们用汉地丝绸换取域外各种汉地所需的物品,转手赢利。

汉代中国丝绸最远传入罗马帝国。据说丝绸最早是通过叙利亚传入罗马。公元前53年,罗马三位执政官之一克拉苏以叙利亚总督的身份率7个军团,跨过幼发拉底河,发动了对帕提亚的战争,与从安息赶来的波斯军队展开了卡尔莱之战。波斯人发挥弓箭的威力,有效地阻止了罗马人的进攻,克拉苏速战速决的计划被打破。而当凭借盾牌抵抗的罗马士兵疲惫不堪时,波斯人突然发动反击。在正午的阳光照射下,他们的军旗分外鲜艳夺目,令罗马士兵眼花缭乱。他们不清楚波斯人手拿的是什么武器,也不知道波斯人为什么勇气十足,以为波斯人获得了神的庇护,于是兵败如山倒,克拉苏自杀身死。"至于那些在这次毁灭性的战役中使罗马军团眼花缭乱的、绣金的、颜色斑斓的军

---

[1]《汉书》卷28下《地理志》第八下,第1670页。
[2]《汉书》卷28下《地理志》第八下,第1658页。

旗,历史学家弗罗鲁斯(Florus)认为就是罗马人前所未见的第一批丝织物。"[1] 自此以后,中国丝绸在欧洲人心目中留下了一种神奇的印象。

根据考古发现,中国丝绸在公元前5、6世纪已经传入遥远的希腊。公元前4世纪,在希腊人克泰夏斯的著作中首次提到"赛里斯人"[2]。公元前1世纪的诗人维吉尔《田园诗》中提到了中国的丝,其诗云:"赛里斯人从他们那里的树叶上采集下了非常纤细的羊毛。"[3]普罗佩赛第一次提到中国的丝绸,他的诗《哀歌》云:"赛里斯织物和绚丽的罗绮怎能抚慰他们(不幸的情人)的忧伤?"[4]希腊地理学家斯特拉波在书中也提到中国的丝绸,他说:"在某些树枝上生长出了羊毛,尼亚格人说,人们可以利用这种羊毛纺成漂亮而纤细的织物,马其顿人用来制造座垫和马鞍。这种织物很像是足丝脱掉的皮织成的赛里斯布一样。"[5]希腊、罗马人最早是如何得到中国丝和中国丝绸的,史书上没有记载。所以李希霍芬在《中国》(China)一书中说:"中国丝虽在公元前1世纪已发现于罗马,但丝之贸易,则须迟至公元1世纪。且因西域交通中断,故由海道经印度而来。乃公元100年左右。班超征服葱岭东西各国,于是陆上交通再兴。布里尼乌斯(普林尼)谓中国输往之货以丝、铁为大宗,即指此时。由罗马东来者,则为金、银、玻璃、珊瑚、象牙等。"公元前64年,罗马人侵占叙利亚后,在这里得到中国丝绸,从而刺激了罗马人对中国丝绸的欲求,对中国丝织品的需求迅速增加。

罗马是通过海陆两路沿途各国转手贸易得到中国丝绸的,安息是中国丝和丝绸传至罗马的重要中介国。安息为了垄断丝路贸易,甚至阻挠罗马与汉朝的通使。因此丝绸在罗马帝国是非常稀罕之物,起初罗马人只能用丝绸制作花边饰品或襟边装饰。由于原料缺乏,罗马人甚至把零星的丝绸边料拆开,抽取其中的丝来用。"公元1世纪的早

〔1〕〔法〕布尔努瓦:《丝绸之路》,耿昇译,山东画报出版社,2001年,第3页。
〔2〕〔法〕戈岱司编:《希腊拉丁作家远东古文献辑录》,第1页。
〔3〕〔法〕戈岱司编:《希腊拉丁作家远东古文献辑录》,第2页。
〔4〕〔法〕戈岱司编:《希腊拉丁作家远东古文献辑录》,第3页。
〔5〕〔法〕戈岱司编:《希腊拉丁作家远东古文献辑录》,第5-6页。

年,丝绸的使用已从安息传到地中海,在安息宫廷中丝绸或许从头一个中国使节到达时就已开始了。当罗马统一整个地中海世界,给予工商业以前所未有的刺激,产生了一个贪恋异国奢侈品的豪富的统治阶级时,这种爱好便进入欧洲。"[1]据说罗马人喜欢紫红色,当时地中海地区的工匠用某种贝类汁液来制造紫红染料,而丝料极容易着以这种颜色。布尔努瓦根据瓦隆《丝绸古代史》、博利厄《上古和中世纪的服装》和巴利塞《丝绸历史》等书的记载,说:"他们既不是用丝绸裁制长大而柔软的服装,这是从希腊时装中借鉴的样式,更不做面纱或宽外袍托加(toge,罗马人穿的宽外袍)。只是在两个世纪之后,一位罗马皇帝才穿上了整套丝绸服装,此人似乎就是赫里奥加巴尔(Héliogabale)。当时罗马人只是把丝绸用来做一些小装饰品,并且染成紫红色或刺绣,然后嵌饰在内长衣上,或绣在白毛线的托加上,有时也缀在从埃及进口的柔软的棉织品衣衫或来自巴勒斯坦的亚麻布衣服(人们怀疑这是一种纤细的亚麻或棉布衣)上。这些装饰品都是平行罗带,垂直缝绣在长衣的前襟。"据普林尼《自然史》,丝绸在罗马人手里"有时还作为边饰,方形或圆凸形的装饰品。人们也顺便把所有的零碎丝绸小片拆开,以便把丝线从中抽了出来,然后再织成更薄的绸布。这些都是由当时罗马追求时髦的社会风气所致,罗马的风纪监察官们曾批评这种服装过分下流猥亵了"[2]。据说,制作紫红色染料,需要大量的活贝壳动物,又需要长期的操作和必要的护理,所以染成红色的布匹价格昂贵。奥古斯都时紫红色丝绸虽然使用量很小,但是价值千金,与当时同重量的纯金几乎等价。

随着中西间交通的开展,输入罗马的丝绸越来越多,上层贵族开始有条件穿丝绸衣服。据说利凡特的提尔、西顿等城市的丝织业,都是靠中国的缣素运到后,重新拆散,再织成绫绮,染紫缕金,供罗马上层贵族穿着。奥古斯都时代(公元前 63 年至前 14 年),"丝绸在意大利成

---

〔1〕〔英〕赫德生:《欧洲与中国》,李申等译,中华书局 2004 年版,第 37 页。

〔2〕〔法〕布尔努瓦:《丝绸之路》,第 29 页。

了常见的商品"[1]。公元 1 世纪中叶罗马史学家卢卡努斯(Lucanus)记载,埃及女王克利奥巴特拉(公元前48—前30年在位)因为拥有较多的丝绸衣服而为人所羡。罗马共和末期,凯撒皇帝穿着绸袍出现在剧场,被认为奢侈之极。他们所穿的衣服都是把中国的绫绮用针拆开,重新织就的。凯撒还使用过丝绸伞。此后罗马贵族不论男女都争穿绸衣,普林尼书中提到,穿着中国丝绸衣服的罗马少女的体态分外显得婀娜多姿。唐代杜佑《通典》云,大秦人"常利得中国缣素,解以为胡绫绀纹"[2],大概就是指罗马工匠这种拆解中国丝绸重新编织的做法。缣是一种多股丝织成的绢,十分细密。罗马工匠把这种难得的原料拆解,以单股丝织出更多的轻薄绸缎。

　　到罗马帝国初期,即中国东汉时,罗马人穿丝绸衣服已经蔚然成风。皇帝梯皮留斯(Tiberius)曾下令禁止男子穿绸衣,以为那样女人气太重,以限止奢靡之风。但丝绸既然大量运入,此风禁而不止。锦衣绣服成为富室风尚,连教堂也习惯于用丝绸做帘幕。脱拉耶奴斯(Trajanus)虽曾禁止一切靡费,而丝之贸易并没受到影响。罗马城内的托斯卡区开设了专售中国丝绢的市场,有叙利亚妇女以此为业而致富。公元 2 世纪时,丝绸在罗马帝国极西的海岛伦敦,风行的程度竟然"不下于中国洛阳"。尼禄火葬巴贝亚(Pappaea),丝及丝服,用如泥沙。韦尔斯《世界史纲》云,在罗马王安敦尼王朝期间(161—180年),"同遥远的中国进行了大宗丝绸贸易,因为蚕桑还没有开始西传。等到丝绸经过漫长多难的旅途到达罗马时,它的价值已与同重量的黄金相等了。由于大量使用丝绸,为了交换,贵重金属也不断地流向东方"[3]。普林尼曾列奢侈品和贵重物品表,其中有丝绸。他进行了一项计算,说:"珍珠是由阿拉伯海提供的。我国每年至少有一亿枚罗马银币被印度、赛里斯国以及阿拉伯半岛夺走。"[4]他认为罗马每年向阿拉伯半

　　〔1〕〔英〕赫德生:《欧洲与中国》,第37—38页。

　　〔2〕〔唐〕杜佑:《通典》卷193《边防》九,第5265页。

　　〔3〕〔英〕赫·乔·韦尔斯:《世界史纲》第27章,吴文藻等译,广西师范大学出版社2005年版,第327页。

　　〔4〕〔法〕戈岱司编:《希腊拉丁作家远东古文献辑录》,第12页。

岛、印度、中国支付的香料、丝绸等货款,达 3500 万至 1 亿罗马币赛斯特斯(Sesterces),据说这个数字约合 10 万盎司黄金。所以普林尼感叹道:"此即吾国男子及妇女奢侈之酬价也!"有人甚至认为中国丝的输入是罗马帝国经济衰退的原因之一。

可以毫不夸张地说,在古代国际贸易中,中国精美的丝绸是吸引周边民族和域外国家的主要商品,汉代发达的丝织业和巨大的丝绸生产支撑了两汉时期庞大的国际贸易,是推动中外交通和交流的主要动力,在当时国际交往和文化交流中发挥了杠杆作用。

14.1.2　汉代器物和工艺的西传

14.1.2.1　铁器和冶铁技术的西传

中国不是掌握冶铁技术和使用铁器最早的国家,但汉代中国的铁器名扬世界各地,原因是冶铸技术先进,铁器精良。汉代有不少铁器输出,主要是由于战争传入西域的兵器。安息王朝就从中国输入过钢铁。罗马历史学家卢塔克称安息骑兵的武器为"木鹿武器",木鹿城在安息东部(今土库曼斯坦马雷),是中国钢铁的集散地。中国钢铁还通过安息流入西方,传到罗马。罗马学者普林尼在其著作中称:"在各种铁中,赛里斯铁名列前茅。赛里斯人在出口服装和皮货的同时也出口铁。"[1]

我国对铁的使用和冶铁技术的掌握可以上溯到商周时代,考古发现商代使用陨铁制作的铁刃铜钺,说明对铁的性质和锻打嵌铸的技术已经有了掌握。春秋时已经懂得了人工冶炼,铁器已应用于农业生产,偶尔也用于兵器。山西侯马北西庄出土春秋晚期的大批铁制农具、日用品,还有钢剑,说明不仅能铸造熟铁,还能冶铸生铁,这是冶金史上一项重大成就。欧洲在 1380 年仍用块炼铁熔制新铁,直到 14 世纪才有生铁,中国则从铁器时代初期,就是生、熟铁并用。铸铁技术应用得早是中国冶铁技术上独特的长处。春秋晚期已掌握了利用鼓风橐增高炉温的冶炼技术。战国时冶铸技术大大提高,如层叠铸造法一次可浇

---

〔1〕〔法〕戈岱司编:《希腊拉丁作家远东古文献辑录》,第 13 页。

铸出多个铸件,这时还创造了展性铸铁。不仅农具大量使用铁器,兵器在燕、楚、韩及黄河流域都已普遍使用。锻钢和可锻铸铁已在全国流行。

汉代冶铁业进一步发展,作坊多,规模大,工序集中,设备齐全。技术也进一步提高,将战国时层叠浇铸法由两孔浇铸发展为一孔浇铸,还出现了低硅灰口铁和球墨铸铁,这是非常先进的铸造技术,据说在欧洲直到 18 世纪才使用。战国时出现的展性铸铁在汉代得到广泛使用,西汉时由块炼铁渗碳钢进一步发明了由铸铁脱碳的百炼钢,开始用生铁炒钢的新工艺。河南巩县铁生沟村出土了一件汉代铁镢,经化验有良好的球状石墨,有明显的石墨核心和放射性结构,与现行球墨铸铁国家标准相当。当地还发现炒钢炉一座。炒钢这种崭新的高效率的先进技术的出现,说明西汉的冶铁技术达到了一个新的更高的发展阶段,改变了整个冶铁生产的面貌,在钢铁冶炼史上具有划时代的意义。战国时期冶铁业一般只能冶铸农具和少数手工工具,锻制兵器尚属少见,大多数只限于楚地。到了西汉,不仅能生产铁制的长剑、长矛、环首和大刀,而且生活器皿和杂用工具也广泛地使用铁制,如灯、釜、炉、剪等都在西汉中期的文化遗址中发现。说明汉时铁器的使用已十分广泛。

汉代冶铁业发达,有不少人经营冶铁和铁器而致富。《史记·货殖列传》记载:"邯郸郭纵以铁冶成业,与王者埒富。"[1]在通都大邑,经营"素木铁器若卮茜千石"的商贾,富比"千乘之家"[2]。蜀卓氏乃冶铁世家,其祖先战国时为赵人,"用铁冶富"。秦破赵国,将卓氏迁至临邛,于是卓氏"铁山鼓铸,运筹策,倾滇蜀之民,富至僮千人,田池射猎之乐,拟于人君"[3]。"程郑,山东迁虏也,亦冶铸,贾椎髻之民,富埒卓氏,俱居临邛"。宛孔氏之先,战国时魏国人,"用铁冶为业。秦伐魏,迁孔氏南阳"。孔氏于此"大鼓铸,规陂池,连车骑,游诸侯,因通商

〔1〕《史记》卷 129《货殖列传》,第 3259 页。
〔2〕《史记》卷 129《货殖列传》,第 3274 页。
〔3〕《史记》卷 129《货殖列传》,第 3277 页。

贾之利,……家致富数千金,故南阳行贾尽法孔氏之雍容"[1]。鲁国曹邴氏"以铁冶起,富至巨万"[2]。

西汉时铁剑长度在 80 厘米到 118 厘米之间,钢剑的刃部经过淬火,坚实锋利。汉代还出现了仅一侧有刃的环柄长刀。这样锋利无比的武器正是西域各国所需要的。《史记·大宛列传》记载,当时从大宛以西直到安息,"其地皆无丝、漆,不知铸铁器。及汉使亡卒降,教铸作它兵器。得汉黄白金,辄以为器,不用为币"[3]。西域各国的弓矢和铁兵器,与汉朝军队所配备的长柄的矛戟和射远的弓弩以及剑盾相比,要落后得多。由汉朝投降的使者和逃亡的士兵直接将铸铁技术教给了大宛、康居和安息的铁工。公元 36 年,陈汤在西域看到"胡兵"战斗力不如汉朝军队:"夫胡兵五而当汉兵一,何者?矢刃朴钝,弓弩不利。今闻颇得汉巧,然犹三而当一。"[4]此所谓胡兵,包括葱岭以西的大宛在内的汉西域都护统辖下的西域诸国兵。

安息从中国输入钢铁兵器,木鹿是中国钢铁的集散地,安息骑兵所用武器由木鹿传入。所以罗马史学家普鲁塔克称安息骑兵武器为木鹿武器,所用刀剑为中国钢铁锻铸,以犀利著称。这些中国钢铁又通过安息流入罗马。公元 1 世纪的罗马作家西流士·伊塔利库在《惩罚战争》一书中说:"我不是已经谈到过酒神巴卡斯了吗?高加索的猛虎拖着他凯旋的战车奔驰过大小城镇,束缚了赛里斯人和印度人之后,他带着缴获的武器从东方胜利而归。"[5]

14.1.2.2 漆器、玉器、竹器和铜器的西传

漆和漆器的输出也是汉代与西域交流的内容。中国是世界上产漆和漆器最早的国家,公元前 5000 年至前 3000 年的河姆渡文化遗址出土的瓜棱圆木碗,饰有朱红生漆,是所见世界上最早的漆器。造漆和漆器工艺在战国时代早期还是木器业的附属部门,战国中期以后开始

〔1〕《史记》卷 129《货殖列传》,第 3278 页。

〔2〕《史记》卷 129《货殖列传》,第 3279 页。

〔3〕《史记》卷 123《大宛列传》,第 3174 页。

〔4〕《汉书》卷 70《陈汤传》,第 3023 页。

〔5〕〔法〕戈岱司编:《希腊拉丁作家远东古文献辑录》,第 14 页。

脱离木器业而成为一个独立的手工业部门。由于已经发明了髹漆,饮食器具、日用容器、乐器、武器,以至棺材,都用髹漆。髹漆不仅可以增强器物的防腐性能,而且可以用各色的漆画成各种图案,使器物成为各种工艺美术品,既有实用价值,又有审美价值。

漆器手工业在汉代达到黄金时代,西汉的漆器技术独步世界。制漆和漆器业有很大发展,漆器在当时被视为珍贵的工艺品和日用品。除了官营之外,亦有私营制漆和漆器业。政府在蜀郡和广汉等地设置工官监造漆器。《史记·货殖列传》说"木器髹者千枚""漆千斗",其人"比千乘之家"[1]。当时的官僚、贵族、富豪之家竞相使用漆器。汉代崇尚厚葬,在今湖南、湖北、安徽、江苏、山东、四川、陕西、河北、甘肃、河南、广东、广西、云南、贵州、内蒙古、新疆等地发掘的大中型汉代墓葬中,多有漆器出土,并刻有铭文,记述制作时间、使用对象、生产及管理机构或产地、生产工序、管理及生产者的名字等。长沙马王堆汉墓出土漆器184件,还有两具精美的彩绘大漆棺。漆器种类很多,有耳杯、盘、壶、盒、盆、勺、枕、奁、屏风等,色彩鲜明,光泽照人,精致美观。

漆器早在春秋战国时已经传入西域。1976—1978年,考古工作者在新疆阿拉沟春秋战国时期的多座墓葬中,发现相当数量的漆盘和一件漆耳杯。[2] 按照司马迁《史记·大宛列传》记载,张骞出使西域时,自大宛以西至安息"其地皆无丝漆"。这就造成了西域对中国漆和漆器的需要。因此,不久汉代漆器便流传至葱岭以西,中国漆器在阿富汗帕格曼遗址中有所发现。帕格曼距离喀布尔70公里,遗址是迦毕试国都城外一处大伽蓝。1937年和1939年,法国考古队进行两次考古发掘,出土物中有汉代的漆奁、漆盘和漆耳杯。

玉是温润而有光泽的美石,可以雕凿成各种器物和装饰品。雕凿玉器在中国也历史悠久。新石器时代第二次大分工使手工业成为一个独立的生产部门,导致了玉器工艺的兴起。新疆出产的软玉早在先

〔1〕《史记》卷129《货殖列传》,第3274页。
〔2〕王炳华:《丝绸之路新疆段考古研究》,见氏著《丝绸之路考古研究》,新疆人民出版社2009年版,第3页。

秦时期就运销中亚、北印、西亚,甚至远达埃及。据《印度考古部报告》,巴基斯坦古城塔克西拉发现公元前 1 世纪由中国运出的玉[1]于阗的玉传入中原地区,还被道家视为长生养生之仙药。葛洪《抱朴子·仙药》引《玉经》云:"服玉者寿如玉也。"又曰:"服玄真者,其命不极。玄真者,玉之别名也,令人身飞轻举,不但地仙而已。然其道迟成,服一二百斤乃可知耳。"他还介绍了食玉的方法:"玉可以乌米酒及地榆酒化之为水,亦可以葱浆消之为饴,亦可饵以为丸,亦可烧以为粉,服之一年以上,入水不沾,入火不灼,刃之不伤,百毒不犯也。不可用已成之器,伤人无益,当得璞玉,乃可用也。得于阗国白玉尤善,其次有南阳徐善亭部界中玉及日南卢容水中玉亦佳。赤松子以玄虫血渍玉为水而服之,故能乘烟上下也。玉屑服之与水饵之,俱令人不死。"[2]

纺织品也很早传入西域,张骞出使西域,在大夏见到过由印度转销过去的蜀布。这些蜀地的产品应该是通过中国云南至掸国,通过孟加拉湾再至印度,又由印度转贩至中亚。关于张骞在大夏见到的"蜀布",学术界有不同看法,有人认为系棉织品,出于与哀牢人相联系的某些僚、濮族之中;[3]有人认为是丝织品,是富有民族特色的高级丝织品,即产于四川的名产"蜀锦"[4];有人认为是麻织品,当时又叫黄润细布、筒布,麻制,或麻葛混合织成[5];诸说当以后说为是。因为棉花其时是否传入四川尚不可考知,不可能为棉布。"蜀布"之称出于张骞的所见和报告,如果是丝织品,张骞不会称为"蜀布"。《史记·大宛列传》说:"自大宛以西至安息……其地皆无丝漆。"大夏正在这一区域之内。司马相如《凡将篇》中有"黄润纤美宜制禅"的句子,"黄润"就是

〔1〕*Reports of the Archaeological Survey of India*,1919—1920,Vol. 1,p. 19. pt. 1。

〔2〕〔东晋〕葛洪:《抱朴子》卷 11《仙药》,上海古籍出版社 1990 年影印本,第 82 页。

〔3〕尤中编著:《云南民族史》,云南师范大学出版社 1994 年版,第 44 页。

〔4〕张楠:《通往身毒的古道》,载《文物天地》1983 年第 6 期;陈炎:《中国同缅甸历史上的文化交流》(上),载《文献》1986 年第 3 期。

〔5〕张其昀:《中华五千年史》第九册《西汉史》,台北:华岗出版有限公司 1982 年版,第 134 页。

指蜀地产的有特色的布。[1] 扬雄《蜀都赋》云:"其布则细都弱折"[2];《华阳国志·蜀志》记载,江原县"朱邑出好麻,黄润细布"[3]。因为细好,产于蜀地,与内地麻布不同,故称之为"蜀布"。

竹器西传也很早,张骞出使西域,在大夏见到过邛竹杖。邛竹又名石竹,后来又有罗汉竹、佛肚竹之称,原产于四川邛崃,此竹独特,非常稀有。邛竹杖是利用罗汉竹制作而成,是四川有名的工艺品。佛肚竹与一般竹子的不同之处,是竹结较细,节间短而膨大,好似弥勒佛之肚,又好似叠起的罗汉,故此得名。铜镜在汉代传至域外,在乌兹别克斯坦费尔干纳盆地的萨帕利遗址和塔什干附近,分别出土有汉代的日光镜和人形镜。位于阿富汗北部的提利亚遗址(Tillye Site)2号墓出土三枚汉代铜镜,属于典型的中国圆板具钮镜,上面有汉字铭文,内容有"洁白而事君"等。俄罗斯顿河流域的维诺格拉德奈遗址中出土的汉代中国铜镜,铭文有"见日之光,长勿相忘""天下大明"等文字。波斯人也提到中国人用白铜制镜。

中国白铜传至西域。所谓白铜是一种镍合金,这种合成金呈白色或银色,俗称白铜,《广雅》称"鋈",阿拉伯语叫作"中国石"。用这种合成金制成铜镜,波斯人知道中国人用白铜制镜和箭头,说用白铜制的箭头一中箭就会丧命。公元前2世纪时传入大夏,考古发现当地铸造的镍币。根据化学分析,大夏镍币的成分与中国白铜相差无几,因而可以肯定其来源于中国。欧洲直到1751年才提炼出镍,同样当时中国也不知道镍是一种单独的元素。中国古代工匠把含镍的铁矿石与铜矿石融化在一起来铸造镍铜合金,结果部分铁的成分被保留在合金中。因此"古代中国白铜的特点之一是含有少量铁的成分,原因是用含镍的铁矿石作为原材料"[4]。大夏镍币的化学成分是77%的铜,

〔1〕王友群:《西汉中叶以前中国西南与印度交通考》,载《南亚研究》1988年第3期,第61页。

〔2〕费振刚等辑校:《全汉赋》,北京大学出版社1993年版,第162页。

〔3〕〔晋〕常璩撰,任乃强校注:《华阳国志校补图注》,上海古籍出版社1987年版,第157页。

〔4〕梅建军、柯军:《中国古代镍白铜冶炼技术的研究》,见《中国冶金史论文集》(第二辑),北京科技大学出版社,1994年,第10-20页。

20% 的镍和 1% 的铁,证明它们是源于同一材料,同一铸造方式。由于含镍的铁铜共生矿不是到处都可以找到,可以断定这些矿石只能来自中国。英国著名学者塔恩在《古代巴克特立亚和印度的希腊人》提到大夏镍币来源:"在古希腊时代,大夏与中国之间没有直接的贸易。中国与伊朗之间的交通是在公元前 106 年张骞通西域之后才开始。中国出口的货物是从一个民族传到另一个民族,最后到达大夏。镍、竹制品以及四川的丝绸都是这样运到的,以至于张骞在大夏见到后甚为惊叹。"[1] 大夏缺乏自然资源以及制造的传统,童恩正断定其镍合金来自中国云南。《华阳国志·南中志》记载:"堂螂县因山名也,出银、铅、白铜、杂药。"[2] 古螳螂相当于今云南的会泽、巧家和东川,有丰富的铜矿资源。邻近的四川会理,历史上以含镍的铁矿而闻名。大夏镍合金的来源可能是中国云南,经过印度辗转传入。[3]

14.1.2.3　陶器的输出

瓷器是中国的一大发明,真正的瓷器烧制成功大约在东汉后期,但它的孕育和诞生却有一个漫长的过程。这个过程经历了从陶到瓷,从原始瓷到成熟瓷的两大阶段,这两大阶段经历了数千年的岁月。制瓷技术是从制陶开始的。陶器的发明标志着人类文明的一大进步,在两河流域、古希腊和美洲的古文明中都有烧制陶器的历史。在中国,至迟新石器时代早期就产生了陶器,考古发现了距今约 10000 年新石器时代早期的残陶片。河北省徐水县南庄头遗址发现的陶器碎片,经鉴定为 9700 ~ 10800 年的遗物。在江西万年县、广西桂林甑皮岩、广东英德市青塘等地也发现了距今 7000 ~ 10000 年的陶器碎片。在河南新郑裴李岗发现的一处新石器早期文化遗址中,发现了距今约 8000 年的陶器,大多为红陶。

新石器时代中期,陶器以黄河流域的仰韶文化、马家窑文化和大汶口文化为代表,除大量红陶外,灰陶、黑陶、白陶相继出现。追溯艺术

〔1〕Tarn,W. W. *The Greeks in Bactria and India*, Chicago:Ares Publishers,Inc,1985. p. 108.

〔2〕〔晋〕常璩撰,任乃强校注:《华阳国志校补图注》卷4,第 278 页。

〔3〕童恩正:《古代中国南方与印度交通的考古学研究》,载《考古》1999 年第 4 期,第 84 页。

的起源,常常溯至实用性的器用物事,陶器也如此。陶器是一种实用器物,但在制作实践中,人们逐渐产生了对审美的要求。于是,陶器的制作,不只是器形追求美观,既施有陶衣,又彩绘动植物、人物纹饰——这就是彩陶。人们还把陶器捏塑成人物、动物或其他器物形象,被称为陶塑。这是陶器从实用到审美的飞跃。陶器的实用性、审美性和烧造工艺都为后来瓷器的产生做了深厚的奠基。

陶器很早就传入东亚、东南亚各国。在瓷器出现之前,中国的陶器显然是领先于周边地区的。中国陶器最早是向近邻东亚和东南亚各地传播。朝鲜新石器时代发明篦纹土陶,公元前1000年青铜时代出现无纹土陶,公元100年至200年出现无釉印纹陶。中国制陶技术最早影响到近邻朝鲜半岛,早在朝鲜半岛无纹土陶器时代,中国陶器和制陶技术已经传入朝鲜半岛。在汉江流域、琴湖江流域、草岛等地无纹土陶器时代发现黑陶,应该是受中国龙山文化影响的结果。中国山东龙山文化以黑陶为代表,陶器以素面或磨光为主。在此后的汉四郡文化遗址中出土的陶器,显示出中国汉代制陶工艺的影响。公元初的朝鲜三国(高句丽、新罗、百济),受中国战国秦汉灰陶、瓦当和原始瓷影响,生产灰陶和褐绿色陶器,出现了象生的陶塑,如女俑、骑士俑等。

中国大陆及台湾与菲律宾群岛之间很早便有先民的航海活动。中国陶器很早就输入菲律宾,早在公元前,菲律宾就流行瓮葬习俗,这种习俗可能是从中国南部传入的。考古发现菲律宾不少地方都出土内藏遗骸的大陶瓮[1]。越南汉墓出土物中的甄、壶、鼎、甑、罐、盆、灶、碗、杯、匙、盘、烛台、乳钵、香炉等,与中国汉墓出土物形制相同[2]。中国云南很早与泰国地区发生文化交流,在发源于云南的湄公河沿途发现有陶器[3]。据近代考古学家在马来半岛柔佛河流域的发掘,发现许多中国秦汉时期的陶器的残片,可以判断早在公元1世纪前后,中国与

〔1〕周南京:《中国和菲律宾文化交流的历史》,见周一良主编:《中外文化交流史》,河南人民出版社1987年版,第449页。

〔2〕陈玉龙等:《汉文化论纲——兼论中朝中日中越文化交流》,北京大学出版社1993年版,第384页。

〔3〕葛治伦:《1949年以前的中泰文化交流》,见周一良主编:《中外文化交流史》,第488页。

马来半岛居民已有贸易关系。[1]

荷兰考古学家奥赛·德·弗玲尼斯在印尼的巴厘、加里曼丹、苏门答腊、爪哇和苏拉威西各岛,发现中国汉代的陶器。在西爪哇的万丹发现汉代陶器用作祭祀和随葬,可能是死在当地的中国人的坟墓,说明公元前后已经有中国人在此活动,甚至定居。[2] 另一位荷兰考古学家海涅·赫尔德恩在中苏门答腊克灵齐古墓中发现一件陶制明器灰陶三脚鼎,底部刻有"初元四年"的字,"初元"是西汉元帝年号,初元四年即公元前45年,说明公元前1世纪已有中国人到达了苏门答腊。还发现一只碗,上面刻绘着穿戴中国服装的人物和汉代式样的马匹图样。[3] 雅加达博物院工作人员在中苏门答腊东岸英德拉吉里(indragi-ri)的关丹(Kwantan)发现汉代的双耳陶钵,钵上刻绘图画与中国汉代武氏祠的人物画像类似。[4] 该院还在西加里曼丹的三发(Sambas)收集到汉代薄绿釉瓷龙勺,被认为是公元1世纪时的中国瓷器,用于祭祀。[5] 汉代制有盖大瓮在中苏门答腊克灵齐出土,瓮盖有山形图案。[6] 雅加达博物院收藏的有一只放尸骨的大陶瓮,时代相当于中国汉代,南苏门答腊出土。在印尼出土的中国汉代陶器,有日常生活用具,如锅、碟、灯座、盒、盘,也有祭祀用的香炉、酒瓮和匙勺等。[7] 汉武帝平南越国后,汉朝使节已经沿海上丝绸之路到达印度和斯里兰卡,

〔1〕简斋:《汉唐的陶瓷罐》,载《南洋文摘》1960年第12期,第58页。

〔2〕〔荷兰〕奥赛·德·弗玲尼斯:《关于皇家巴达维亚艺术和科学的年终报告》第3卷,1936年,第209页(*JaarboeR van het KonningklijR Bataviasche Genootschap van Kunsten en Wetenschappen*);《荷属东印度的科学和科学家》,1945年,第134-138页(*Science and Scientist in Netherlands-Indie*)。

〔3〕〔荷兰〕海涅·赫尔德恩:《荷属东印度的史前史研究》(von Heine Gelderen:*Prehistoric Research in the Netherlands Indies*),见《荷属东印度的科学和科学家》,1945年,第147页

〔4〕维克多·珀塞尔:《东南亚华人》第2版第2章(Victor Purcell:*The Chinese in Southeast*,Kuala Lumpur,1980)。

〔5〕韩槐准:《南洋遗留下的中国古代外销陶瓷》,新加坡青年书局1960年版,第4页。

〔6〕见雅加达博物院印尼文说明书,参孔远志:《中国印度尼西亚文化交流》,北京大学出版社1999年版,第267-274页。

〔7〕〔印尼〕耶明:《印度尼西亚各在发现的中国陶瓷器》,汪洋译自耶明著:《满者伯夷的国家制度》,印尼《火炬报》,1965年2月19日,参孔远志:《中国印度尼西亚文化交流》,北京大学出版社1999年版,第274页。

马来半岛和印尼诸岛是中国与印度贸易的中继站,柔佛和印尼诸岛是古代中西航线的重要中继港。

汉武帝平南越国后,汉朝使节已经沿海上丝绸之路到达印度和斯里兰卡,马来半岛和印尼诸岛是中国与印度贸易的中继站,柔佛和印尼诸岛是古代中西航线的重要中继港。陶器的传播是瓷器传播的先声,后来的瓷器是沿着陶器外传的道路继续传播的。

14.1.3　汉代中国药材的西传

汉代中国药材西传,主要有姜、肉桂、大黄等。

14.1.3.1　姜

姜,又写作薑,又叫"生姜",根茎做蔬菜,香辛料,中药供药用。我国南部和中部早有栽培。《论语》中有云"不撤薑食"[1]。《史记·货殖列传》云:"江南出楠、梓、薑、桂。"[2]"巴蜀亦沃野,地饶栀、薑、丹沙、石、铜、铁、竹、木之器。"[3]汉代时成为经济作物,"千畦薑韭,此其人皆与千户侯等"[4]。可知汉代生姜种植之广,需求量之大。汉代姜传入中亚与西亚。相传汉武帝时东方朔所著《海内十洲记》记载,武帝天汉三年(公元前98年)四月,西国王使至,献罗马胶。武帝厚谢使者,"赐以牡桂、干姜等诸物,是西方国所无者"。干姜,是生姜加工后的产品,陶弘景说:"凡作干姜法,水淹三日,去皮置流水中六日,更刮去皮,然后晒干,置瓷缸中酿三日,乃成。"李时珍说:"干姜以母姜造之","凡入药并宜炮用"[5]。《海内十洲记》是否为东方朔所作,人们很怀疑。这件事本身不是很可靠,但姜通过赐赠这种途径传入西域当是可能的。

过去西方人认为生姜是自印度传入欧洲的产品。法国伊朗血统汉学家阿里·玛扎海里研究了中国生姜的西传,认为从文化史的观点

---

〔1〕杨伯峻译注:《论语译注》,中华书局1980年版,第103页。

〔2〕《史记》卷129《货殖列传》,第3254页。

〔3〕《史记》卷129《货殖列传》,第3261页。

〔4〕《史记》卷129《货殖列传》,第3272页。

〔5〕〔明〕李时珍:《本草纲目》卷26,中医古籍出版社1994年版,第689页。

来看,这是一种不太坚实可靠的认识。他说:"生姜是一种出产于亚热带或热带地区的外来产品,但它是一种具有非常悠久的栽培史的植物,中国人早在公元前就已经懂得栽培它了。""在丝绸之路畅通的时代,伊朗人从中国获得了大批生姜,然后再转销于拜占庭人、阿拉伯人和拉丁人中。中世纪的制药业要消费大量的生姜,烹饪中对它的需求就如同胡椒一样多。"20世纪的世界百科全书中提到了3名同样都叫阿庇攸尤斯的罗马烹饪专家,其中有一位与图拉真是同时代的人,他可能曾赴安息人中旅行过。在他有关烹饪的著作中,作为香料而提到了姜。[1] 图拉真是罗马皇帝,生活在公元53至117年,正值中国东汉时期。玛扎海里在《中国的肉桂与丝绸之路》一文中提到在公元前1世纪时安息皇室的药剂配方中,有中国的肉桂和姜,说明那时中国生姜已被波斯药学家用为药剂配料。

根据玛扎海里的研究,"一直到19世纪初叶,中国的姜始终通过陆路向亚洲大陆国家出口。"[2]"虽然从某一时代起,也存在有经海路出口的中国生姜这一事实,但像伊朗和高加索那样的内陆地则仍经丝绸之路直接获得他们的姜。"[3]"取道于海路",他说:"马来亚和南印度被长期以来仅由中国人垄断的这种贸易的巨额利润所诱惑,他们于中世纪的最后几个世纪中也在亚热带之外的地区栽培姜。马来人——印度人的这一传统在被称为'大发现'的时代又被葡萄牙人沿袭;在很久以后又由英格兰——撒克逊人仿效,他们把姜引进到美洲,从本世纪初起又使之适应了非洲的气候","中国在此期间始终是唯一掌握有关这种奇特产品的栽培术和保存方法之秘诀的国家。甚至在医药方面,远东也一直保持了较其它地区先进一步的特长"[4],"除了医药学之外,英格兰——撒克逊人还知道生姜葡萄酒、生姜米酒、加姜糕点、生姜酱和姜粉等。这一整套传统在不同程度上都要追溯到远

〔1〕〔法〕阿里·玛扎海里:《中国的生姜与丝绸之路》,见氏著《丝绸之路——中国波斯文化交流史》,耿昇译,中华书局1996年版,第503－518页。
〔2〕〔法〕阿里·玛扎海里:《丝绸之路——中国波斯文化交流史》,第514页。
〔3〕〔法〕阿里·玛扎海里:《丝绸之路——中国波斯文化交流史》,第517页。
〔4〕〔法〕阿里·玛扎海里:《丝绸之路——中国波斯文化交流史》,第504页。

东"。在古代波斯药学家看来,运到他们那里的最佳生姜来自中国。

14.1.3.2 肉桂

肉桂亦称"玉桂""牡桂""菌桂""筒桂"。木材纹理直,结构细,可供制作家具等用。树皮含挥发油,极香。中医学上以桂皮入药,性大热,味辛甘,功能温肾补火,祛寒止痛,主治肾阳虚衰,心腹疼痛,久泻,痛经,阴疽等症。嫩枝亦称"桂枝",亦入药。桂树产于我国广东、广西、云南等地,《史记·货殖列传》云:"江南出楠、梓、薑、桂。"[1] 亦见于越南、缅甸、印度尼西亚等国。据《厄立特里亚海航行记》记载,公元1世纪时,中国商货在印度港口装船西运,其中有丝绸、皮货、胡椒、桂皮、香料、金属、染料和医药产品。欧洲人亲自到东方以前,通过阿拉伯商人获得肉桂,通常认为桂树生长于阿拉伯半岛,这是误会。阿拉伯的转口商人不肯告诉罗马人桂皮商品的真实来源地,而希腊人和罗马人就误认为桂树生长在阿拉伯半岛。可是人们从来没有在阿拉伯半岛的土地上发现过桂树的踪影,因为那里的土壤和气候不适宜桂树的生长。后来西方人又以为桂皮来自锡兰。桂皮在罗马帝国的需求量很大,当时的美容品、药品、香膏、香脂等都需要加入桂皮,所以桂皮的价格十分昂贵,一罗马镑的优质桂皮价值1500古罗马银币,即便是劣质品也值50个银币。

阿里·玛扎海里在《中国的肉桂与丝绸之路》中详考中国肉桂的西传,他的结论是肉桂于汉代已经传入波斯,稍后则又传入东罗马。在萨珊王朝的波斯文里,肉桂或桂皮(dartchini)意为"中国的药"。这一伊朗-伊斯兰文术语同样也行用于印度,在孟加拉叫作 darchini 或 daltchini。在印度斯坦的其余所有地区,大家都使用 galami-chini 一词,该波斯词义为"中国树的条纹"。该词相当广泛的用途证明了印度斯坦和伊斯兰世界诸民族是通过伊朗人而了解肉桂的,而伊朗人自己则是通过经丝绸之路与中国的贸易而了解肉桂的。波斯史料可以使人肯定,伊斯兰之前诸民族对中国肉桂的了解可以追溯到丝绸之路历

---

[1]《史记》卷129《货殖列传》,第3254页。

史的初期,有关它的知识是与有关生姜的知识同时发展起来的。这是通过在穆斯林医典中保留下来的萨珊王朝和拜占庭人的某些古老处方而得出的结论。为花剌子模的算端艾济兹用波斯文所写的一部卷帙庞大的医典著作的作者乔尔杰尼(卒于公元1136年)就转引了某些这类古老处方。[1]

玛扎海里根据公元前1世纪安息皇家药方中含有肉桂、生姜的事实,说明在汉代中国的肉桂、生姜已经通过丝绸之路传入西亚。大航海以后,西方人在有关"东印度"产品问题上,大致区别出了两种肉桂,一种是锡兰肉桂,一种是中国肉桂。直到1909年,植物学家们还根据商人的说法,认为中国桂皮以及安南和交州桂皮均是自锡兰桂皮派生出的不同品种。而实际上,锡兰桂皮从未成为丝绸之路上的贸易品,这种产品仅在非常晚的时期才在市场上出现,首先是作为一种"代用品",慢慢地才成为真正的肉桂——中国桂皮的重要竞争品。商人苏莱曼在《中国和印度游记》中,描述印度诸港口及公元850年左右在那里成交的贸易,多次讲到了锡兰岛并记述了其物产,却对桂皮只字未提。直到10世纪初马苏第著《黄金草原》也没有讲到锡兰桂皮。中国人曾长期在广东和广西种植处于野生状态的桂树,后来又在安南和交州一带发现了处于野生状态的这种树。直到宋代,他们才发现了被西方商人和植物学家称为"锡兰肉桂"的斯里兰卡品种。[2]

14.1.3.3 大黄

大黄,亦称"马蹄大黄""四川大黄""南大黄""川军",分布于我国湖北、四川、陕西、云南等省;另有"掌叶大黄"(又称"北大黄")和"唐古特大黄"(又称"鸡爪大黄")等,分布于青海、甘肃、四川。中医学上以根状茎入药,性寒味苦,功能攻积导滞,泻火解毒,行瘀通经,主治实热便秘,腹痛胀满,痢疾,黄疸,瘀血闭经,目赤口疮,痈肿等症,外敷可治烫伤。

---

〔1〕〔法〕阿里·玛扎海里:《丝绸之路——中国波斯文化交流史》,第462-463页。
〔2〕〔法〕阿里·玛扎海里:《丝绸之路——中国波斯文化交流史》,第462-486页。

玛扎海里在《中国的大黄与丝绸之路》中研究了中国大黄的西传。他说:"大黄出自中国,它又从那里沿丝绸之路向西传播。在许多国家中都引进并栽培大黄,但引进的品种从未达到原产地大黄那样的药效,配制好和晒干的大黄继续运往西方。近代植物学家和药剂学家根据各种大黄的来源和引进的情况而给它们起了不同名称。欧洲许多国家都试图引进大黄,但仅仅获得了一些最多可供烹调和糕点使用的劣质大黄。"大概跟水土气候等因素有关,大黄只有中国的才是优质品。据他的研究,大航海之后,西方人有的称经海路西传的中国大黄为"东印度大黄""印度大黄"。但这并不是说大黄来自印度,"印度"一词于此具有指"外洋"和"海外"的引申意义。香料商们赋予了"印度"一名这种广义。这有点类似古代中国人称来自埃及、罗马的玻璃制品为身毒或天竺产品。沿西北陆路西传的中国大黄,有时被称为"莫斯科大黄""王廷大黄"或"西伯利亚大黄"。这是沙皇曾经对中国大黄的贸易实行国家垄断造成的。

但是西方人最早什么时候知道大黄呢? 曾有人推测,如果普林尼说的 rhacoma 来自黑海岸,那么它就是近代的 rhapontic,从伏尔加河河口而来的亚美尼亚人玛尔塞林所说的 rha 或 rheon,也只能是这种大黄植物。他说这是一种植物根块。普林尼还谈到了 rha Barbarum,应该指从香料之路上进口的大黄(Barbarum 可能是指巴尔巴里斯港的形容词)。玛扎海里说:"如果这一切是正确的话,那末就应该承认中国的产品经过统治中亚和印度西北部的贵霜人或大月氏人的手之后,仅仅渡过了安曼海(位于我们的孟买——亚历山大航线附近的波罗羯车),与陆路相竞争:把中国、中亚与黑海联系起来的黑海以北之路。"根据这种猜测,早在汉代,中国大黄便经海、陆两路西运波斯。玛扎海里根据迪奥斯科里德、普林尼和加利安等人所讲的大黄情况,认为"从公元1 世纪起,其交易就一直扩大到地中海国家,当然还有巨大的印度市场"。生活在 1329 至 1403 年的波斯设拉子的宰因·丁在其有关医药内容的著作中曾引用过加利安关于大黄药性的论述:"加利安指出大黄可治肝病。他说大黄能清脾和肠胃。其药性可治肝病,即使是已变成慢性病也罢(至少可以作为强肝剂使用)。"而加利安是生活在约公元50年的波斯人。

波斯传说能够说明晚期的伊斯兰国家对大黄非常熟悉。祆教文献记载,第一个男子是玛西亚,第一个女子是玛西亚娃。据《阿吠陀》记载,他们是以由山神伽玉玛特和格王诞生的一株大黄的形式出现的。当两株大黄成熟时,他们彼此之间相爱了。所有谈到琐罗亚斯德教古代传说的伊斯兰文献都知道这个传说。犹太—基督教的传说中同样也把"智慧树"和"蛇"与第一对夫妇的神话结合起来了。第一对夫妇指亚当和夏娃,他们是"西域"中世纪的先祖。智慧树的药用特征仅仅在琐罗亚斯德教(祆教)中才明确地出现过,它是指生长在一座高山上的大黄。《圣经》的安息人作者可能把"智慧树"理解成一种具有已得以证实其疗效的药用植物,具有很大的圣洁性,它与作为毒药和疾病之象征的"蛇"相对立。这种传说就意味着,人类的第一对夫妇也与晚期人类生活于同样的境地,他们受到了毒素的威胁,在诞生时带有由大黄象征的一剂蛇药。[1]

14.1.4 农业灌溉技术西传

汉时农耕技术流传到西域。汉武帝后期曾十分注意农耕,推广新的耕作方法。从汉武帝时起,以及后来的宣帝、昭帝、元帝,东汉的明帝、和帝、安帝、顺帝都先后命官吏、军队在西域各地长期驻守屯田,中原地区许多先进的农耕技术传到了西域、中亚,特别是水利灌溉技术。《水经注》卷2"河水"条记载,汉元凤四年(公元77年),霍光遣傅介子刺杀楼兰王,立其质子尉屠耆为王,更名其国为鄯善,又派敦煌人索劢为行贰师将军,将酒泉、敦煌兵千人至伊循城屯田,以镇抚楼兰。索劢又调集鄯善、焉耆、龟兹各国兵各千人,横断注宾河(今卡堵河),掘渠分水,灌溉农田,"灌浸沃衍,胡人称神,大田三年,积粟百万,威服外国"[2]。这种掘渠分水法,是汉族地区新的水利技术。这些先进的水

---

〔1〕〔法〕阿里·玛扎海里:《丝绸之路——中国波斯文化交流史》,第536-552页。

〔2〕〔北魏〕郦道元撰,陈桥驿校证:《水经注校证》卷2,第35页。

利灌溉方法通过汉军屯田传到西域,对西域人民提高农业生产是有利的。新疆沙雅发现200里长的汉代古渠,至今还被当地人称为汉人渠。吉尔吉斯斯坦境内的伊克塞湖东岸乌孙赤谷城遗址郊外,也发现汉代灌溉渠道。大月氏原来是游牧民族,居住在河西走廊一带,与以农耕为主的汉民族接近。后来西迁阿姆河流域,过上了定居生活,生产转化为农耕,他们把汉人的农业文明带入中亚是很自然的事情。

14.1.5 其他

14.1.5.1 中国乐器、音乐的西传。

汉代创制的乐器"秦汉子"传至西域。傅玄《琵琶赋》序云:"世本不载作者,闻之故老云,汉遣乌孙公主嫁昆弥,念其行道思慕,故使工人知音者载琴、筝、筑、箜篌之属,作马上之乐。今观其器,中虚外实,天地之象也;盘圆柄直,阴阳之序也;柱实有二,配律吕也;四弦,法四时也。以方语目之,故云琵琶,取其易传于外国也。"[1]汉代创制的这种乐器称为"秦汉子",是中国式琵琶,西汉时传入乌孙。

汉朝曾赐龟兹王乐队。《汉书·西域传》"龟兹"条记载,龟兹王绛宾妻乌孙公主女,并与公主女朝汉,王及夫人皆赐印绶,夫人亦号公主,汉赐以车骑旗鼓歌吹数十人,绮绣杂缯绮珍凡数千万。汉与龟兹的联姻大大改善了彼此的关系。龟兹王和夫人在汉朝待了一年后回国,汉厚赠送之。此后数来朝贺。龟兹王在本国推行汉朝制度,"乐汉衣服制度,归其国治宫室,作徼道周卫,出入传呼,撞钟鼓,如汉家仪"[2]。汉之乐曲传入龟兹。

随着匈奴人西迁,中原地区的乐器箫在汉代开始西传。箫又叫"排箫""籁",战国时代即已出现。现在匈牙利语和罗马尼亚语称排箫为"奈伊",有人认为"奈伊"出于波斯语 nay,原是竹子的意思。古代匈牙利人中很多是从中国迁去的,排箫有可能是随匈奴人西迁而西传的。西汉初年,原来居住在河西地区的月氏族和乌孙族,因受匈奴族逼

---

〔1〕〔清〕严可均:《全晋文》卷45,见《全上古三代秦汉三国六朝文》,第1716页。
〔2〕《汉书》卷96《西域传》,第3916-3917页。

迫,先后西迁。他们会把自己的音乐文化带到中亚和南亚。[1]

14.1.5.2 中国中原地区礼仪制度的外传

中国中原地区的礼仪制度也传入西域。据上引《汉书·西域传》龟兹王绛宾娶乌孙公主女为夫人,模仿汉衣服制度,受到嘲笑,外国胡人皆曰"驴非驴,马非马,若龟兹王,所谓嬴也"。《后汉书·西域传》"莎车"条记载,东汉初,延为莎车王。延在西汉元帝时曾入汉为侍子,在长安长大,"慕乐中国,亦复参其典法。常敕诸子,当世奉汉家,不可负也"。延死,其子康代立,"檄书河西,问中国动静,自陈思慕汉家"[2]。汉武帝灭卫氏朝鲜,建立汉四郡,汉文化深深影响朝鲜半岛。本书前已述及,此不赘论。

14.2 丝绸之路与中外交流史的发展和分期

研究丝绸之路和中外文化交流史,从远古到汉代这一时期的重要性表现在它是创辟和开拓时期,后来的文化交流是在这个基础上进行的,这要把它放在整个历史进程中进行考察。为了深入认识这个问题,我们有必要对中外文化交流史分期略陈管见。我个人认为,历史上中外文化交流大体上可以分为四个时期,并先后出现五个高潮。

张骞出使西域之前,是丝绸之路与文化交流的第一个时期,这是丝绸之路的创辟和文化交流起源时期,这一时期经历了漫长的过程。张骞通西域,历史上称为"凿空"之举。《史记·大宛列传》记载了张骞通西域后,说:"于是西北国始通于汉矣,然张骞凿空。"司马贞《史记索隐》注云:"谓西域险扼,本无道路,今凿空而通之也。"[3]这里所谓"凿空"其实是针对匈奴强盛造成中原地区与西域的隔绝状态而言,并不意味着张骞出使西域之前中国与西方没有联系和交往。历史上中国与域外交通和文化交流起源之早超出一般人的想象,早期中外文化交

---

〔1〕阴法鲁等主编:《中国古代文化史》(2),北京大学出版社1991年版,第210页。

〔2〕《后汉书》卷88《西域传》,第2923页。

〔3〕《史记》卷123《大宛列传》,第3170页。

流的丰富内容大多湮没在历史的风烟中。但通过古代传说和考古资料透露的信息和迹象，我们可以依稀了解到中外文化交流早期的一些状况。先秦是中外文化交流的发轫期，早在旧石器和新石器时代，我们已经看到现在中国境内和境外不同人类群体间文化传播的信息。中国与近邻朝鲜半岛的交往自不必说，新疆境内小河—古墓沟墓地属于早期青铜时代文化，相当于夏朝时代，普遍随葬小麦，是中国境内发现的年代最早的小麦标本，这种西亚作物传入中国应该归功于吐火罗人；马来西亚亚洲大陆龟的甲壳已经成为商朝甲骨文刻写的材料；商代新疆玉已经传至伏尔加河和卡马河流域；周穆王西行至昆仑丘，见西王母，可能已经到了今哈萨克斯坦之地。至迟在中国春秋战国时期，文明国家中国和希腊之间已经有了间接的交往，那时中西文化的交流已经揭开了序幕。这不仅有文献上的记载，也有考古资料能够加以说明。从希腊历史学家希罗多德笔下所记的欧亚草原民族可以知道，至迟在公元前 6 世纪，即中国西周和春秋战国时期，欧亚草原之路实际上已经走通。公元前 6 世纪，中国丝绸已经成为希腊贵族的奢侈品。在印度古籍中，"中国"一词始见于《政事论》和《摩奴法典》。《政事论》中称中国为"支那"，并提到中国纺织品，即丝绸。《政事论》成书于公元前 321—前 297 年。中国境内考古发现的鹿石、有翼兽雕刻、蜻蜓眼玻璃珠、波斯银盒等，都是张骞出使西域之前传入中国境内的域外产品。

汉武帝时代至唐代发生安史之乱是丝绸之路与文化交流的第二个时期。张骞通西域、武帝平南越和朝鲜半岛汉四郡的建立是中外文化交流史上具有标志性的事件，标志着中外文化交流进入一个新时期，迎来了中外文化交流的第一个高潮。中国丝绸开始大量输出域外，成为欧亚大陆普遍欢迎的产品。同时，周边民族和域外各国各种珍禽奇兽、奇花异草和器物产品也随着中外贸易和文化交流进入中国。不仅有物质文化产品，也有精神文化产品，南亚佛教和西域艺术也大规模传入中国。魏晋南北朝是中外文化交流进一步发展的时期，由于政治上的长期分裂对峙，中外文化交流失去了汉朝那么大的姿态和气度,也没有像后来隋唐时期那样的规模和成就,但有新的内容和发展。中外交通的发展表现为绿洲之路的发展、青海道的兴盛和海道的进一步利用,与朝鲜半岛和海国日本之间的交通和交往也有新的发展。这一个时期的发展为隋唐时期出现中外交通与交流新的高潮奠定了基础、创造了条件。隋唐时期陆上丝绸之路达到鼎盛,特别是唐朝先后击灭东西突厥以后,成为屹立于世界东方的强盛国家,丝绸之路空前畅通。强大的统一国家处于当时世界上最先进和最文明的地位,在政治、经济和文化等方面取得辉煌成就,举世瞩目,吸引了域外各国各民族梯山航海入唐朝贡,学习唐朝先进文化。中国文化空前开放,中外文化交流形成第二次高潮。一方面唐代文化作为世界上的先进文化为世界各国所仰慕和效仿,一方面唐代统治者又非常大度地吸收和借鉴域外文化。精美的丝绸继续大量输出,遍及旧大陆。新罗的学问僧、留学生和日本的遣唐使把先进的中国文化带回本国,大大提升了本地的文化水平。佛教大规模地传入并迅猛发展,是这一时期中外文化交流最突出的成就。祆教、景教、摩尼教、伊斯兰教传入中国,与儒、道、佛共同创造了唐代百花齐放的文化局面。奔波在丝绸之路上的粟特人商队到处扎根,粟特人聚落构成丝路贸易的密集网络,东西方文明通过粟特人商队互换和传播。域外各种乐舞在隋唐宫廷精彩地上演,引起诗人热情的歌颂;外来的器物产品更是异彩纷呈,美不胜收。

从唐朝安史之乱至明代前期是中外交通与文化交流的第三个时期。唐代陆上丝路达到鼎盛而又迅速地盛极而衰,海上丝路开始兴盛。阿拉伯人向中亚地区的扩张,让唐朝在这里的宗主国地位遭到挑战;唐朝国内发生安史之乱,为了平息战乱,唐王朝抽调西北地区边防军进入中原地区平叛,吐蕃人乘机占领了河西走廊和西域大部分地区。唐朝经过传统的经河西走廊入西域的丝绸之路绿洲路遇到梗阻。"乘槎消息断,何处觅张骞?"[1]丝绸之路上那种"无数驼铃遥过碛,应驮白

---

〔1〕〔唐〕杜甫:《有感五首》其一,见仇兆鳌注:《杜诗详注》卷11,中华书局1979年版,第971页。

练到安西"的繁忙景象成为过眼云烟。[1] 与陆上丝路的衰落相应,海上交通发展起来。唐后期宰相贾耽《入四夷之路》中有"登州海行入高丽渤海道"和"广州通海夷道",而8世纪阿拉伯人的地理学著作《中国印度见闻录》等也描述了自波斯湾到中国广州的海上航程,这些都反映了海上交通的兴盛。由于造船技术和航海水平的提高,利用海上交通与域外的交往更加便利,与朝鲜半岛不仅有"营州入安东道",而且登州入海至朝鲜半岛的海道也兴盛起来。日本遣唐使避开新罗的阻挠,开辟了新的航线南华路。广州通海夷道可直航波斯湾,并由此可至非洲东海岸。中国与东南亚、南亚和阿拉伯半岛间的海上交通为阿拉伯商人入华贸易提供了条件。唐后期大批阿拉伯人到了中国东南沿海城市从事贸易活动,取代了粟特人经陆上丝路入华贸易的地位,形成新的国际贸易景观。五代、辽、金、宋时期曾长期存在着多个政权对峙的政治状态,战争不断,中外文化交流呈现出很复杂的状况。但总的说中外文化交流在多方面、多层次、不间断地进行着。两宋时海上贸易成为支撑帝国财政的重要经济支柱,大批阿拉伯商人入华,使得阿拉伯文化和宗教传入中国。元蒙时期是中西文化交流的第三次高潮时期。元蒙统治者曾在亚洲和欧洲的广大地区进行长期的征战,元朝建立了地跨欧亚大陆的庞大帝国。经过三次西征,元蒙统治者在从葱岭以西直到欧洲的广大地区,建立了三个汗国,从而大面积地打通了欧亚交通。中西之间陆海交通空前发展,元蒙统治者又具有世界本位观念和开放心态,促进了文化交流的高涨。基督教再次入华、阿拉伯人入华贸易、伊斯兰教传入中国和回族的形成,是这一时期重要的文化景观和成就。明代前期中外交通和交往仍沿着传统的道路向前发展,中国仍以天朝上国的姿态接纳周边民族和域外国家,郑和下西洋标志着中国人的海洋活动达到高潮。

　　明代后期至清代前期是中外文化交流的第三个时期,是第四次高潮时期。中国郑和以当时世界上最先进的航海水平七下西洋,没有带

---

〔1〕〔唐〕张籍:《凉州词》三首其一,《全唐诗》卷386,中华书局1960年版,第4357页。

来世界的大航海时代,却戛然而止,迅速落下帷幕。欧洲人环球航行成功,标志着世界大航海时代的到来,海上交通进入新时代。伴随着西方殖民主义的扩张,西方基督教传教士来到东方,他们经过艰苦的努力,终于为上帝的福音找到了一片充满希望的土地。为了能够落脚这块新的土地,传教士们想尽一切办法,适应这个老大帝国。他们用西方的奇技淫巧吸引中国人,试图赢得中国人的欢心。他们传教的欲望没有得到充分满足,但他们的适应策略给中国带来了西方的科学技术和现代知识。他们对中国感到新奇,把他们的见闻通过书信、译书和著作介绍给了他们的故乡。因此明清之际传教士们的活动既造成了西学东渐,又造成了汉学西传。从人类文明交流的角度,这是一个有益的互动过程,它促进了东西方的互相了解和认知。这是一个转折时期,这种转折体现在两方面。一是过去在中外文化交流中,中国文化一向以老大自居,以一种优胜的心态对待异域文化。现在由于西方资本主义国家的迅速兴起,而中国封建社会相对停滞,西方文化逐渐处于一种后来居上、优胜东渐的趋势。自认为文明优越的中国传统文化和同样自命为文明优越的西方现代文化发生了撞击,传统文化的颓势在这种撞击中日益突显。二是中外文化交流的内容发生了变化。过去主要是物质文化的交流,这当然不是绝对的,东汉以来传入的佛教就是一种精神文化。现在精神文化和制度文化也越来越多地受到西方的影响。西方传教士不仅带来了"上帝的福音",而且带来了西方的声光化电;不仅将西方的先进的科学技术、宗教文化带到了中国,而且也向西方世界宣传了中国,将中国文化传播到西方。总之,欧美传教士的来华活动揭开了中外文化交流史新的一页。但是,基督教的适应策略终于没有像昔日的佛教那样适应下去,佛教的适应造成了佛教的中国化,基督教的适应仅仅是一种权宜措施,适应下去,基督教最终也会失去本来面目,而实际上这是不可能的,这就决定冲突不可避免。"中国礼仪之争"是中西文化的正面冲突,最终造成传教士的传教活动止步,持续200多年的中西文化交流落下帷幕。

清代后期直至辛亥革命是中外文化交流的第四个时期,这一时期是中西文化激烈冲突的时期,这种冲突有时直接表现为军事斗争。中国的统治者对西方文化的态度由主动开放到被动输入,又从闭关锁国到被迫开放,显示了中国古老文明面对西方先进文明的挑战所表现出来的被动、局促不安和手足无措。随着西方文化的传入,中国延续了千百年之久的古老制度和根深蒂固的传统观念,不能不接受一种新的现代文明的挑战。中国礼仪之争造成清政府的禁教,从康熙至道光年间一直处于禁教时期,但这不意味着中国人的胜利和传教的结束。中国的篱笆墙再也不能像过去那样牢固了,西方人士通过各种方式进入中国,传教作为非法活动在持续,西方文化在悄悄渗透。英国人的大炮在海上轰响,中国人如梦方醒地发现原来在世界范围内,出现了或者说存在着能胜过自己的敌手,初次交锋便一败涂地。鸦片战争迫使老大帝国不得不向西方列强敞开大门,基督新教在帝国主义炮舰的保护下进入中国。外国人用中国人自己的钱——"庚子赔款"为中国人兴学校,在中国办教育,办医院,办报纸……中国人开始并不认为是自己的文化落后,以为在"器"不如人,西方人能够取胜,不过由于其船坚炮利罢了,而吾之"道"即中国孔孟之道、纲常伦理和"天朝"制度是优胜于他人的。于是提倡中体西用,办洋务,"师夷之长技",以求富国强兵。日本脱亚入欧,俨然西方列强之一。甲午一战中国败于东邻小邦日本,又促使中国人意识到仅有坚船利炮还不足以制敌,"天朝"制度破洞百出,是失败的根源,日本明治维新为中国人树立了新的榜样,国人于是变法图存。但进行了103天的戊戌变法悲壮地失败,先进的中国人终于认识到大清这个腐朽的王朝该寿终正寝了,它所代表的封建专制制度和封建主义文化该结束了。在辛亥革命的枪声中,封建帝制终于结束了自己的生命。这一时期洋务运动代表着中外文化交流史上的又一高潮,这是中外文化交流的一个深化时期,中外文化交流向深层次发展。先进的中国人开始了对自己传统文化的反思,对西方文化的研究、认识和借鉴。从鸦片战争到辛亥革命,外来文明的挑战不断促使中国人觉醒,睁眼看世界的中国人从域外文化的参照中反思着自己的文化,在借鉴域外文化先进成果中进行文化的更新。

·欧·亚·历·史·文·化·文·库·

　　先秦两汉时期是丝绸之路的产生和形成时期,这一时期中外交通和发展与中外文化交流的成果,为此后中外交流的发展奠定了基础。追溯中外文化交流的源头,我们首先要把这一时期弄清楚。正像观察长江、黄河的水流,要寻找其源头一样,因为其中下游的波澜壮阔是从上游涓涓细流汇聚而来的。

参考文献

尚书正义.《十三经注疏》本.影印版.北京:中华书局,1980.

毛诗正义.《十三经注疏》本.影印版.北京:中华书局,1980.

管子.〔唐〕房玄龄,注.〔明〕刘绩,增注.《二十二子》本.上海:上海古籍出版社,1986.

左传正义.〔唐〕孔颖达等,注疏.《十三经注疏》本.影印版.北京:中华书局,1980.

佚名.竹书纪年.〔清〕徐文靖,统笺.《二十二子》本.上海:上海古籍出版社,1986.

佚名.山海经.〔西晋〕郭璞,注.《二十二子》本.影印版.上海:上海古籍出版社,1986.

佚名.逸周书.〔西晋〕孔晁,注.《汉魏丛书》本.影印版.长春:吉林大学出版社,1992.

佚名.穆天子传.〔西晋〕郭璞,注.《汉魏丛书》本.影印版.长春:吉林大学出版社,1992.

〔战国〕屈原等.楚辞.〔汉〕王逸,注.〔宋〕洪兴祖,补注.北京:中华书局,1957.

〔战国〕吕不韦.吕氏春秋.《二十二子》本.影印版.上海:上海古籍出版社,1986.

〔战国〕韩非.韩非子.《二十二子》本.影印版.上海:上海古籍出版社1986.

〔西汉〕贾谊.新书.《汉魏丛书》本.影印版.长春:吉林大学出版社,1992.

〔西汉〕刘向.说苑.《汉魏丛书》本.影印版.长春:吉林大学出版

社,1992.

〔西汉〕刘安.淮南子.《二十二子》本.上海:上海古籍出版社,1986.

〔西汉〕司马迁.史记.北京:中华书局,1982.

〔西汉〕桓宽.盐铁论.上海:上海人民出版社,1974.

〔西汉〕韩婴.韩诗外传.《汉魏丛书》本.影印版.长春:吉林大学出版社,1992.

〔西汉〕焦延寿.易林.影印明末刻本//中国国家图书馆编.国立原北平图书馆甲库善本丛书:第512册.北京:国家图书馆出版社,2013.

〔东汉〕班固.汉书.北京:中华书局,1962.

〔东汉〕刘珍等.东观汉记.吴树平,校注//中国史学基本典籍丛刊.北京:中华书局,2008.

〔东汉〕赵歧等.三辅决录 三辅旧事 三辅故事.〔清〕张澍,辑.陈晓捷,注//长安史迹丛刊.西安:三秦出版社,2006.

〔东汉〕辛氏.三秦记.刘庆柱,辑注//长安史迹丛刊.西安:三秦出版社,2006.

〔东汉〕荀悦等.两汉纪.张烈,点校.北京:中华书局,2002.

〔东汉〕卫宏等.汉官六种.〔清〕孙星衍等,辑//中国史学基本典籍丛刊.北京:中华书局,1990.

〔东汉〕应劭.风俗通义.《汉魏丛书》本.影印版.长春:吉林大学出版社,1992.

〔东汉〕郭宪.别国洞冥记.《汉魏丛书》本.影印版.长春:吉林大学出版社,1992.

〔东汉〕王充.论衡.影印版//诸子百家丛书.上海:上海古籍出版社,1990.

〔三国·魏〕曹植.曹植集.赵幼文,校注.北京:人民文学出版社,1984.

〔西晋〕陈寿.三国志.北京:中华书局,1959.

〔西晋〕张华.博物志.范宁,校证//古小说丛刊.北京:中华书局,1980.

〔西晋〕崔豹.古今注.焦杰,校点∥新世纪万有文库.沈阳:辽宁教育出版社,1998.

〔东晋〕袁宏.后汉纪.周天游,校注.天津:天津古籍出版社,1987.

〔南朝·宋〕范晔.后汉书.北京:中华书局,1965.

佚名.三辅黄图.何清谷,校注∥古长安丛书.西安:三秦出版社,1998.

〔东晋〕王嘉.王子年拾遗记.《汉魏丛书》本.影印版.长春:吉林大学出版社,1992.

〔东晋〕常璩.华阳国志.刘琳,校注.成都:巴蜀书社,1984.

〔东晋〕葛洪.西京杂记.《汉魏丛书》本.影印版.长春:吉林大学出版社,1992.

〔东晋〕葛洪.抱朴子∥诸子百家丛书.上海:上海古籍出版社,1990.

〔东晋〕葛洪.抱朴子·内篇.王明,校释.北京:中华书局,1980.

〔北魏〕郦道元.水经注.陈桥驿,校证∥中华国学文库.北京:中华书局,2013.

〔北魏〕杨衒之.洛阳伽蓝记.范祥雍,校注.上海:上海古籍出版社,1978.

〔南朝·梁〕萧统,编.文选.影印版.上海:上海书店,1988.

〔南朝·梁〕任昉.述异记.《汉魏丛书》本.影印版.长春:吉林大学出版社,1992.

〔南朝·梁〕释慧皎.高僧传.汤用彤,校注∥中国佛教典籍选刊.北京:中华书局,1992.

〔唐〕房玄龄等.晋书.北京:中华书局,1974.

〔唐〕玄奘等.大唐西域记.季羡林等,校注∥中外交通史籍丛刊.上海:上海人民出版社,1977.

〔唐〕释道宣.广弘明集.影印《文渊阁四库全书》本:第1048册《子部》三五四《释家类》.台北:台湾商务印书馆,2008.

〔唐〕杜佑.通典.王文锦等,校点.北京:中华书局,1988.

〔唐〕樊绰.蛮书.向达,校注.北京:中华书局,1962.

〔五代〕马缟.中华古今注.李成甲,校点.沈阳:辽宁教育出版社,1998.

〔北宋〕欧阳修.欧阳修全集∥华夏青史文人全集丛书.北京:中国书店,1986.

〔北宋〕苏轼.苏轼文集∥三苏全书.第14册.北京:语文出版社,2001.

〔北宋〕李昉等.太平御览.上海:上海古籍出版社,2008.

〔北宋〕王钦若等.册府元龟.北京:中华书局,1960.

〔北宋〕赵明诚.金石录.金文明,校注.桂林:广西师范大学出版社,2005.

〔南宋〕洪迈.容斋随笔.上海:上海古籍出版社,1978.

〔南宋〕徐天麟.西汉会要.上海:上海古籍出版社,2006.

〔南宋〕徐天麟.东汉会要.上海:上海古籍出版社,1978.

〔南宋〕志磐.佛祖统记.上海:上海古籍出版社,2012.

〔南宋〕叶隆礼.契丹国志.影印《文渊阁四库全书》本.台湾商务印书馆,2008.

〔明〕王圻.三才图会.上海:上海古籍出版社,1988.

〔清〕顾炎武.日知录.〔清〕黄汝成,集释.秦克诚,点校.长沙:岳麓书社,1994.

〔清〕顾炎武.天下郡国利病书.上海:上海古籍出版社,2012.

〔清〕王先谦.汉书补注.扬州:广陵书局,2006.

〔清〕何秋涛.王会篇笺释:卷下∥续四库全书:第301册.上海:上海古籍出版社,2002.

〔清〕徐松.汉书西域传补注∥二十五史三编.长沙:岳麓书社,1994.

〔清〕严可均,校辑.全上古三代秦汉三国六朝文.北京:中华书局,1958.

〔清〕魏源.圣武纪.长沙:岳麓书社,2011.

〔清〕黄遵宪.日本国志.天津:天津人民出版社,2005.

北京大学历史系、东语系,编.中国与亚非国家关系史论丛.南昌:江西人民出版社,1984.

北京大学南亚研究所,编.中国载籍中南亚史料汇编.上海:上海古籍出版社,1994.

蔡鸿生,主编.广州与海洋文明.广州:中山大学出版社,1997.

常任侠.丝绸之路与西域文化艺术.上海:上海文艺出版社,1981.

陈高华,陈尚胜.中国海外交通史.台北:台湾文津出版社,1997.

陈高华等.海上丝绸之路.北京:海洋出版社,1991.

陈佳荣.中外交通史.香港:学津书店,1987.

陈良.丝路史话.兰州:甘肃人民出版社,1983.

陈良伟.丝绸之路河南道.北京:中国社会科学出版社,2002.

陈尚胜.五千年中外文化交流史(第1卷).北京:世界知识出版社,2002.

陈炎.海上丝绸之路与中外文化交流.北京:北京大学出版社,1996.

陈寅恪.寒柳堂集∥陈寅恪文集之一.上海:上海古籍出版社,1980.

陈玉龙等.汉文化论纲——兼述中朝中日中越文化交流.北京:北京大学出版社,1993.

陈直,校正.三辅黄图校正.西安:陕西人民出版社,1980.

邓廷良.丝路文化:西南卷.杭州:浙江人民出版社,1995.

杜继文,主编.佛教史.北京:中国社会科学出版社,1991.

方豪.中西交通史.长沙:岳麓书社,1987.

费振刚等,辑校.全汉赋.北京:北京大学出版社,1993.

冯承钧,译.西域南海史地考证译丛(第1卷).北京:商务印书馆,1995.

427

冯承钧,译.西域南海史地考证译丛(第2卷).北京:商务印书馆,1995.

冯承钧,原编.西域地名.陆峻岭,增订.北京:中华书局,1980.

冯承钧.中国南洋交通史.影印本.北京:商务印书馆,1998.

方国瑜.中国西南历史地理考释.北京:中华书局,1987.

傅起凤,傅腾龙.中国杂技史.上海:上海人民出版社,1989.

傅天仇,主编.中国美术全集:雕塑编.北京:人民美术出版社,1985.

方铁,等.中国西南边疆开发史.昆明:云南人民出版社,1997.

方铁,主编.西南通史.郑州:中州古籍出版社,2003.

甘肃省文物考古研究所等,编.居延新简.北京:中华书局,1994.

龚缨晏,主编.20世纪中国"海上丝绸之路"研究集粹.杭州:浙江大学出版社,2011.

广州市文物管理委员会等.西汉南越王墓.北京:文物出版社,1991.

韩振华.中外关系历史研究//韩振华选集之一.香港:香港大学亚洲研究中心,1999.

郝树声,张德芳.悬泉汉简研究.兰州:甘肃文化出版社,2009.

合浦县志编纂委员会.合浦县志.南宁:广西人民出版社,1994.

何清谷,校释.三辅黄图校释.北京:中华书局,2005.

胡平生,张德芳.敦煌悬泉汉简释粹.上海:上海古籍出版社,2001.

黄盛璋.中外交通与交流史研究.合肥:安徽教育出版社,2002.

黄时鉴,主编.插图解说中西关系史年表.杭州:浙江人民出版社,1994.

黄文弼.古楼兰国历史及其在中西交通上之地位//黄文弼.黄文弼历史考古论集.北京:文物出版社,1989.

黄现璠.古书解读初探.桂林:广西师范大学出版社,2004.

黄新亚.丝路文化:沙漠卷.杭州:浙江人民出版社,1995.

季羡林.佛教与中印文化交流.南昌:江西人民出版社,1990.

季羡林.中印文化关系史论丛.北京:三联书店,1983.

江玉祥,主编.古代西南丝绸之路研究(第二辑).成都:四川大学出版社,1995.

居延汉简图版之部.台北:台湾商务印书馆,1992.

劳榦.居延汉简考释·释文之部.修订本.上海:商务印书馆,1949.

黎虎.汉唐外交制度史.兰州:兰州大学出版社,1998.

李济.李济考古论文集.北京:文物出版社,1985.

李健超.汉唐两京及丝绸之路历史地理论集.西安:三秦出版社,2007.

李明伟,主编.丝绸之路贸易史.兰州:甘肃人民出版社,1997.

梁启超.佛学研究十八篇.上海:上海古籍出版社,2001.

林瀚.匈奴通史.北京:人民出版社,1986.

林梅村.古道西风——考古新发现所见中西文化交流.北京:三联书店,2000.

林梅村.汉唐西域与中国文明.北京:文物出版社,1998.

林梅村.丝绸之路考古十五讲.北京:北京大学出版社,2006.

林梅村.西域文明——考古、民族、语言和宗教新论.北京:东方出版社,1995.

林梅村.寻找楼兰王国//图史系列.北京:北京大学出版社,2009.

刘城淮.中国上古神话.上海:上海文艺出版社,1988.

刘锡淦,陈良伟.龟兹古国史.乌鲁木齐:新疆大学出版社,1996.

刘迎胜.丝路文化:草原卷.杭州:浙江人民出版社,1995.

刘迎胜.丝路文化:海上卷.杭州:浙江人民出版社,1995.

吕澂.中国佛学源流略讲.北京:中华书局,1979.

吕思勉.中国民族史//中国学术丛书.上海:东方出版中心,1987.

罗振玉.流沙坠简.外7种.//罗继祖,编:罗振玉学术论著集.上海:上海古籍出版社,2013.

洛阳市地方史志编纂委员会,编.洛阳——丝绸之路的起点.郑州:中州古籍出版社,1992.

马雍.西域史地文物丛考.北京:文物出版社,1990.

马自树,主编.中国边疆民族地区文物集萃.上海:上海辞书出版社,1999.

孟凡人.楼兰新史∥中国边疆·民族历史和文化研究指南丛书.北京:光明日报出版社,新西兰霍兰德出版有限公司,1990.

穆舜英等,主编.楼兰文化研究论集.乌鲁木齐:新疆人民出版社,1996.

丘进.中国与罗马——汉代中西关系研究.广州:广东人民出版社,1991.

任继愈,主编.中国佛教史(第1卷).北京:中国社会科学出版社,1985.

任继愈,主编.中国佛教史(第2卷).北京:中国社会科学出版社,1985.

任继愈,主编.中国佛教史(第3卷).北京:中国社会科学出版社,1988.

芮传明,余太山.中西纹饰比较.上海:上海古籍出版社,1995.

陕西省考古学会,编.陕西考古重大发现,1949—1984.西安:陕西人民出版社,1986.

尚衍斌.西域文化.沈阳:辽宁教育出版社,1998.

沈福伟.中西文化交流史(第2版).上海:上海人民出版社,2006.

石云涛.早期中西交通与交流史稿.北京:学苑出版社,2003.

史念海.河山集.北京:三联书店,1963.

史念海.河山集:第九集.西安:陕西师范大学出版社,2006.

史念海.河山集:第六集.太原:山西人民出版社,1997.

史念海.河山集:第七集.西安:陕西师范大学出版社,1999.

史念海.河山集:第三集.北京:人民出版社,1988.

史念海.河山集:第四集.西安:陕西师范大学出版社,1991.

史念海.河山集:第五集.西安:陕西师范大学出版社,1991.

四川大学历史系,编.中国西南的古代交通与文化.成都:四川大学出版社,1994.

宋兆麟,黎家芳,杜耀西等.中国原始社会史.北京:文物出版社,1983.

苏北海.丝绸之路与龟兹历史文化.乌鲁木齐:新疆人民出版社,1996.

宿白.考古发现与中西文化交流∥宿白未刊讲稿系列.北京:文物出版社,2012.

孙家洲.额济纳汉简释文校本.北京:文物出版社,2007.

孙毓棠.孙毓棠学术论文集.北京:中华书局,1995.

汤用彤.汉魏两晋南北朝佛教史.北京:北京大学出版社,1997.

汪高鑫,程仁桃.东亚三国古代关系史.北京:北京工业大学出版社,2006.

王炳华.丝绸之路考古研究.乌鲁木齐:新疆人民出版社,1993.

王炳华.丝绸之路考古研究∥丝绸之路研究丛书.乌鲁木齐:新疆人民出版社,2009.

王炳华.西域考古文存∥欧亚历史文化文库.兰州:兰州大学出版社,2010.

王国维.观堂集林.北京:中华书局,1959.

王辑武.中国日本交通史.复印版∥中国文化史丛书:第二辑.上海:上海书店,1984.

王克芬.中国舞蹈发展史.上海:上海人民出版社,1989.

王世选,梅文昭,修纂.民国宁安县志:舆地.民国十三年(1924)铅印本.

王素.高昌史稿:交通编.北京:文物出版社,2000.

王颋.内陆亚洲史地求索∥欧亚历史文化文库.兰州:兰州大学出版社,2012.

王云五等,编.张菊生先生七十寿辰纪念论文集.影印版∥民国丛书.上海:上海书店,1991.

王仲殊.汉代考古学概说.北京:中华书局,1984.

431

王子今.秦汉边疆与民族问题.北京:中国人民大学出版社,2011.

王子今.秦汉交通史稿.北京:中共中央党校出版社,1994.

王子今.秦汉交通史稿.增订版.北京:中国人民大学出版社,2013.

王子今.秦汉区域文化研究.北京:中国人民大学出版社,2012.

王子今.秦汉文化风景.北京:中国人民大学出版社,2012.

王宗维.汉代丝绸之路的咽喉——河西路.北京:昆仑出版社,2001.

汶江.古代中国与亚非地区的海上交通.成都:四川省社会科学院出版社,1989.

巫新华,李肖.寻秘大海道.北京:中国社会科学出版社,2000.

伍加伦等,主编.古代西南丝绸之路研究:第一辑.成都:四川大学出版社,1990.

夏鼐,主编.中国大百科全书.考古学卷.北京:中国大百科全书出版社,1986.

夏鼐.考古学论文集.外一种.石家庄:河北教育出版社,2000.

夏鼐.夏鼐文集.北京:社会科学文献出版社,2000.

夏鼐.中国文明的起源.北京:文物出版社,1985.

向达.中西交通史.上海:中华书局,1934.

谢桂华等.居延汉简释文合校.北京:文物出版社,1987.

新疆社会科学院考古研究所,编.新疆考古三十年.乌鲁木齐:新疆人民出版社,1983.

许建英,何汉民.中亚佛教艺术.乌鲁木齐:新疆美术摄影出版社,1992.

杨建新,主编.古西行记选注.银川:宁夏人民出版社,1987.

杨军.夫余史研究//欧亚历史文化文库.兰州:兰州大学出版社,2012.

杨军.中国与朝鲜半岛关系史论.王秋彬,译.社会科学文献出版社,2006.

姚楠,陈佳荣,丘进等.七海扬帆——中国古代海上交通.香港:中华书局,1990.

阴法鲁等,主编.中国古代文化史(2).北京:北京大学出版社,1991.

殷晴.丝绸之路经济史研究∥欧亚历史文化文库.兰州:兰州大学出版社,2012.

殷晴.丝绸之路与西域经济.北京:中华书局,2007.

余太山,主编.内陆欧亚古代史研究.福州:福建人民出版社,2005.

余太山,主编.西域通史.郑州:中州古籍出版社,2003.

余太山,主编.西域文化史.北京:中国友谊出版公司,1996.

余太山.古代地中海与中国关系史研究.北京:商务印书馆,2012.

余太山.古族新考.北京:中华书局,2000.

余太山.两汉魏晋南北朝与西域关系史研究.北京:中国社会科学出版社,1995.

余太山.两汉魏晋南北朝正史西域传研究.北京:中华书局,2003.

余太山.两汉魏晋南北朝正史西域传要注.北京:中华书局,2005.

余太山.嚈哒史研究.济南:齐鲁书社,1986.

余太山.早期丝绸之路文献研究∥传统中国研究丛书.上海人民出版社,2009.

袁珂.山海经校译.上海:上海古籍出版社,1985.

云南省博物馆.云南晋宁石寨山古墓群发掘报告.北京:文物出版社,1959.

张春树.汉代边疆史论集.台北:食货出版社,1977.

张广达等.天涯若比邻:中外文化交流史略.香港:中华书局,1988.

张广达.西域史地丛稿初编.上海:上海古籍出版社,1995.

张维华,主编.中国古代对外关系史.北京:高等教育出版社,1993.

张星烺,编注.中西交通史料汇编.影印版∥民国丛书本.上海:上海书店,1989.

张星烺,编注.中西交通史料汇编.朱杰勤,校订.北京:中华书局,2003.

张云.丝路文化:吐蕃卷.杭州:浙江人民出版社,1995.

张志尧,主编.草原丝绸之路与中亚文明//国际阿尔泰学研究丛书.乌鲁木齐:新疆美术摄影出版社,1994.

章巽.章巽文集.北京:海洋出版社,1986.

赵化成,高崇文等.秦汉考古.北京:文物出版社,2002.

中国社会科学院考古研究所,编.居延汉简甲编.北京:科学出版社,1959.

中国社会科学院考古研究所,编.居延汉简甲乙编.北京:中华书局,1980.

中国社会科学院考古研究所,广州市文物管理委员会,广州市博物馆等.广州汉墓.北京:文物出版社,1981.

中国社会科学院考古研究所,河北省文物管理处.满城汉墓发掘报告.北京:文物出版社,1980.

中国社会科学院考古研究所.殷墟妇好墓.北京:文物出版社,1980.

中国社会科学院历史研究所,编.古代中越关系史料选编.北京:中国社会科学出版社,1982.

中国与海上丝绸之路:联合国教科文组织海上丝绸之路综合考察泉州国际学术讨论会论文集(第1卷).福州:福建人民出版社,1991.

中央古物保管委员会编辑委员会.六朝陵墓调查报告.1935.

周天游,辑注.八家后汉书辑注.上海:上海古籍出版社,1986.

周一良,主编.中外文化交流史.郑州:河南人民出版社,1987.

朱伯雄.世界美术史(第2卷).济南:山东美术出版社,1988.

朱杰勤.中外关系史论文集.郑州:河南人民出版社,1984.

朱龙华.世界历史:上古部分.北京:北京大学出版社,1991.

安家瑶.中国早期玻璃器//考古学报.1984(4).

安志敏等.藏北申札、双湖的旧石器和新细石器//考古.1979(6).

安志敏.关于华南早期新石器的几个问题//文物集刊.1981(3).

步履.汉代的长安//人文杂志.1979(1).

陈佳荣.涨海考//阎文儒、陈玉龙,主编.向达先生纪念论文集.乌鲁木齐:新疆人民出版社,1986.

陈娟娟.两件有丝织品花纹印痕的商代文物//文物.1979(12).

陈习刚.葡萄、葡萄酒的起源及传入新疆的时代与路线//古今农业.2009(1).

陈习刚.中国古代葡萄、葡萄酒及葡萄文化经西域的传播//新疆师范大学学报.2006(3).

陈炎.中缅文化交流两千年//周一良,主编.中外文化交流史.郑州:河南人民出版社,1987.

戴禾,张英莉.中国丝绢的输出与西方的"野蚕丝"//西北史地.1986(1).

段渝.中国西南地区海贝和象牙的来源//云南省社会科学研究院研究文库.中国中外关系史学会,等,编.中国与周边国家关系研究.北京:中国书籍出版社,2013:50-65.

段渝.中国西南早期对外交通——先秦两汉的南方丝绸之路//历史研究.2009(1).

段治超.浅析哀牢夷族群的民族流变//保山学院学报.2010(1).

范毓周.殷人东渡美洲新证——从甲骨文东传墨西哥看商代文化对新大陆的影响//中华文化遗产.2008(6).

方国瑜.十三世纪前中国与缅甸的友好关系//人民日报.1965.7.27.

冯家升.匈奴民族及其文化//林干,编.匈奴史论文选集.北京:中华书局,1983.

甘肃省博物馆.武威磨咀子三座汉墓发掘简报//文物.1972(12).

甘肃省文物考古研究所.敦煌悬泉汉简内容概述//文物.2000(5).

甘肃省文物考古研究所.敦煌悬泉汉简释文选//文物.2000(5).

甘肃省文物考古研究所.甘肃敦煌汉代悬泉置遗址发掘简报//文

物.2000(5):4-20.

高玮.秦汉造船业的考古发现∥中国社会科学院考古研究所.新中国的考古发现与研究.北京:文物出版社,1984.

葛剑雄.关于古代西南交通的几个问题∥四川大学历史系,编.中国西南的古代交通与文化.四川大学出版社,1994.

顾铭学,南昌龙.战国时期燕朝关系的再探讨∥社会科学战线.1990(1).

顾问,黄俊.中国早期有翼神兽问题研究四则∥殷都学刊.2005(3).

顾学稼.南方丝绸之路质疑∥史学月刊.1993(3).

广西壮族自治区博物馆.古代铜鼓学术讨论会纪要∥文物.1980(9).

广州文管处,中山大学.广州秦汉造船工场遗址试掘∥文物.1977(4).

郭大顺,张克举.辽宁喀左县东山嘴红山文化建筑群址发掘简报∥文物.1984(11).

郭物.欧亚草原东部的考古发现与斯基泰的早期历史文化∥考古.2012(4).

韩儒林.泼寒胡戏与泼水节的起源∥阎文儒、陈玉龙,编.向达先生纪念论文集.乌鲁木齐:新疆人民出版社,1986.

韩振华.公元前二世纪至公元一世纪间中国与印度东南亚的海上交通——汉书地理志粤地条末段考释∥厦门大学学报.1957(2).

郝利荣,杨孝军.江苏徐州贾旺汉画像石墓∥文物.2008(2).

何平.越裳的地望与族属∥东南亚.2003(3).

何耀华,何大勇.印度东喜马拉雅民族与中国西南藏缅语民族的历史渊源∥西南民族大学学报.2007(5).

黑龙江省博物馆.东康原始社会遗址发掘报告∥考古.1975(3).

黑龙江省博物馆.黑龙江饶河小南山遗址试掘简报∥考古.1972(2).

胡厚宣.殷代的蚕桑和丝织//文物.1972(11).

黄盛璋.道明国考//黄盛璋.中外交通与交流史研究.合肥:安徽教育出版社,2002.

黄时鉴.希罗多德笔下的欧亚草原居民与草原之路的开辟//黄时鉴.东西交流史论稿.上海:上海古籍出版社,1998:1-14.

黄现璠.回忆中国历史学会及越裳、象郡位置的讨论——悼念中外景仰的史地权威顾颉刚先生//王煦华,编.顾颉刚先生学行录.北京:中华书局,2006:76-78.

霍巍.胡人俑、有翼神兽、西王母图像的考察//霍巍.战国秦汉时期中国西南的对外文化交流.成都:巴蜀书社,2007.

霍巍.神兽西来——重庆忠县发现石辟邪及其意义初探//王川平,主编.长江文明:第一辑.重庆出版社,2008.

霍巍.四川大型石兽与南方丝绸之路//考古.2008(11).

霍巍.西藏曲贡村石室墓出土的带柄铜镜及其相关问题初探//考古.1994(7).

吉学平.大河洞穴之魅——富源大河旧石器遗址揭秘//中华文化遗产.2008(6).

蒋廷瑜.汉代錾刻花纹铜器研究//考古学报.2002(3).

鞠桂兰,曹兆奇.饶河小南山——阿速江江畔的金字塔//黑龙江史志.2010(12).

李健才.关于朝鲜"大宇江长城"建筑年代问题的探讨//李健才.东北史地考略(第三集).长春:吉林文史出版社,2001.

李健才.沛水、浿水考//李健才.东北史地考略(第三集).长春:吉林文史出版社,2001.

李零."车马"与"大车"——跋《师同鼎》//考古与文物.1992(2).

李零.论中国的有翼神兽//中国学术.2001(1).

李零.再论中国的有翼神兽//李零.入山与出塞.北京:文物出版社,2004.

李水城.中国境内考古所见早期麦类作物//黄盛璋,主编.中亚文明:第四集.西安:三秦出版社,2008.

李英魁,高波.黑龙江饶河县小南山新石器时代墓葬//考古.1996(2).

李有骞.日本海西北岸旧石器时代的细石叶技术及其与相邻地区的关系//北方文物.2011(2).

林梅村.吐火罗人的起源与迁徙//西域研究.2003(3).

林秀贞.宁安县东康遗址第二次发掘记//黑龙江文物丛刊.1983(3).

刘国防.西汉比胥鞮屯田与戊己校尉的设置//西域研究.2006(4).

刘克.汉代画像石中的佛教环境生存智慧//安徽大学学报.2005(6).

刘庆柱.秦汉考古学五十年//考古.1999(9).

刘子敏."秦故空地上下障"考//博物馆研究.1996(3).

刘学堂.史前彩陶之路终结"中国文化西来说"//中国社会科学报.2012年11月21日.

吕红亮.西藏旧石器时代的再认识//考古.2011(3).

吕昭义.对西汉时中印交通的一点看法//南亚研究.1984(2).

罗二虎.西南丝绸之路的初步考察//江玉祥,主编.古代西南丝绸之路研究(第二辑).成都:四川大学出版社,1995.

罗帅.阿富汗贝格拉姆宝藏的年代与性质//考古.2011(2).

马雍.东汉后期中亚人来华考//马雍.西域史地文物丛考.北京:文物出版社,1990.

梅建军,柯军.中国古代镍白铜冶炼技术的研究//中国冶金史论文集(第二辑).北京:北京科技大学出版社,1994.

孟凡人.《后汉书·班勇传》补注和跋//北庭史地研究.乌鲁木齐:新疆人民出版社,1985.

孟凡人.罗布淖尔土垠遗址试析//穆舜英,张平,主编.楼兰文化研究论集.乌鲁木齐:新疆人民出版社,1996.

苗威.朝鲜县的初址及变迁考//北方文物.2005(4).

宁安县文物管理所.黑龙江宁安县东升新石器时代遗址调查//考古.1977(3).

裴文中.从古文化及古生物上看中日的古交通//科学通报.1978(12).

丘进.关于汉代丝绸国际贸易的几个问题//新疆社会科学.1987(2).

荣新江.海路还是陆路——佛教传入汉代中国的途径和流行区域研究述评//北大史学(第9辑).北京:北京大学出版社,2003.

石声汉.试论我国从西域引入的植物与张骞的关系//科学史集刊.1963(4).

孙颢,许哲.夫馀陶器的特征及其文化因素分析//北方文物.2011(3).

孙机.建国以来西方古器物在我国的发现与研究//文物.1999(10).

孙机.洛阳金村出土银着衣人像族属考辨//考古.1987(6).

汤惠生.略论青藏高原的旧石器和细石器//考古.1999(5).

唐长寿.乐山麻浩崖墓研究//四川文物.1987(2).

滕固.六朝陵墓石迹述略//中央古物保管委员会编辑委员会,编.六朝陵墓调查报告.民国二十四年(1935):71-90.

佟伟华.云南石寨山文化贮贝器研究//文物.1999(9).

童恩正.古代中国南方与印度交通的考古学研究//考古.1999(4).

汪宁生.晋宁石寨山青铜器图像所见古代民族考//考古学报.1979(4).

王炳华.孔雀河古墓沟发掘及初步研究//新疆社会科学.1983(1).

王炳华.一种考古研究现象的文化哲学思考——透视所谓"吐火罗"与孔雀河青铜时代考古文化研究//西域研究.2014(1).

王惠宇.上古至隋唐时期辽宁与日本的文化交流∥北方文物.2010(4).

王民同.东南亚史前文化述略∥昆明师范学院学报.1983(1).

王鹏辉.史前时期新疆的环境与考古学研究∥西域研究.2005(1).

王素.悬泉汉简所见康居史料考释∥荣新江,李孝聪,编.中外关系史:新史料与新问题.北京:科学出版社,2004.

王秀文.日本绳文文化源于红山文化之假说∥东北亚论坛.2006(5).

王友群.西汉中叶以前中国西南与印度交通考∥南亚研究.1988(3).

王子初.且末扎滚鲁克箜篌的形制结构及其复原研究∥文物.1999(7).

魏翔,陈洪.汉画像石中新发现的佛教故事考∥东南文化.2010(4).

温虎林.秦嘉、徐淑生平著作考∥甘肃高师学报.2007(3).

汶江.滇越考——早期中印关系的探索∥中华文史论丛.1980(2).

乌恩.殷至周初的北方青铜器∥考古学报.1985(2).

吴焯.西南丝绸之路研究的认识误区∥历史研究.1999(1).

吴礽骧.敦煌悬泉遗址简牍整理简介∥敦煌研究.1999(4).

吴文寏.从瑞光寺塔发现的丝织品看古代链式罗∥文物.1979(11).

夏鼐.我国古代蚕、桑、丝、绸的历史∥考古.1972(2).

夏鼐.中巴友谊的历史∥考古.1965(7).

新疆社会科学院考古研究所.新疆阿拉沟竖穴木椁墓发掘简报∥文物.1981(1).

新疆文物考古研究所,乌鲁木齐市文物管理所.新疆乌鲁木齐萨恩萨依墓地发掘简报∥文物.2012(5).

新疆文物考古研究所.新疆民丰县尼雅遗址 95MNI 号墓地 M8 发掘简报//文物.2000(1).

熊昭明.合浦:汉代海上丝绸之路始发港//中华文化遗产.2008(9).

严文明.再论中国稻作农业的起源//农业考古.1989(2).

杨大山.饶河小南山新发现的旧石器地点//黑龙江文物丛刊.1981(1).

易华.青铜时代世界体系中的古国//全球史评论:第五辑.北京:中国社会科学出版社,2012.

杨泓.国内现存最古的几尊佛教造像实物//现代佛学.1962(4).

叶奕良."丝绸之路"丰硕之果——中国伊朗文化关系//周一良,主编.中外文化交流史.郑州:河南人民出版社,1987.

殷晴.悬泉汉简和西域史事//西域研究.2002(3).

张碧波.古朝鲜铜镜性质初探//黑龙江社会科学.2001(3).

张碧波.日本民族与文化渊源考略//黑龙江民族丛刊.2005(4).

张德芳.从悬泉汉简看两汉西域屯田及其意义//敦煌研究.2001(3).

张德芳.悬泉汉简中若干西域资料考论//荣新江,李孝聪,编.中外关系史:新史料与新问题.北京:科学出版社,2004.

张良仁.农业和文明起源//考古.2011(5).

张松林.荥阳青台遗址出土纺织物的报告//中原文物.1999(3).

张雪媚.筚篥的源流及其历史演变//民族艺术研究.2007(1).

张毅.南方丝绸之路与海上丝绸之路//江玉祥,主编.古代西南丝绸之路研究(第二辑).成都:四川大学出版社,1995.

张英莉,戴禾.丝绸之路述论//思想战线.1984(2).

张增祺.战国至西汉时期滇池区域发现的西亚文物//伍加伦,主编.古代西南丝绸之路研究(第一辑).成都:四川大学出版社,1990.

赵慧民.西藏曲贡出土的铁柄铜镜的有关问题//考古.1994(7).

浙江省文物管理委员会.吴兴钱山漾遗址第一、二次发掘报告//考古学报.1960(2).

中国社会科学院考古研究所西藏工作队,西藏自治区文物管理委员会.西藏拉萨市曲贡村新石器时代遗址第一次发掘简报//考古.1991(10).

朱大渭.中古汉人由跪坐到垂脚高坐//中国史研究.1994(4).

朱杰勤.汉代中国与东南亚和南亚海上交通路线试探//暨南大学历史系东南亚研究室编.东南亚史论文集.1980.

朱希祖.天禄辟邪考//中央古物保管委员会编辑委员会,编.六朝陵墓调查报告.民国二十四年(1935):197.

朱之勇.我国北方细石器工业分区与分期问题初探//北方文物.2011(2).

〔巴基斯坦〕A.H.达尼.巴基斯坦简史.四川大学外语系翻译组,译.成都:四川人民出版社,1974.

〔德〕赫尔曼.中国与叙利亚间的古代丝路.柏林,1910.

〔德〕克林凯特.丝绸古道上的文化.赵崇民,译.乌鲁木齐:新疆美术摄影出版社,1994.

〔德〕夏德.大秦国全录.朱杰勤,译,北京:商务印书馆,1964.

〔俄〕B.B.沃尔科夫.蒙古鹿石.王博,吴妍春,译//汉译亚欧文化名著丛书.北京:中国人民大学出版社,2007.

〔法〕阿里·玛扎海里.丝绸之路:中国—波斯文化交流史.耿昇,译.北京:中华书局,1993.

〔法〕伯希和.犁靬为埃及亚历山大城说.冯承钧,译//冯承钧,译.西域南海史地考证译丛(七编).北京:商务印书馆,1995.

〔法〕伯希和.支那名称之起源.冯承钧,译//冯承钧,译.西域南海史地考证译丛(一编).北京:商务印书馆,1962:36-48.

〔法〕布尔努瓦.丝绸之路.耿昇,译.山东画报出版社,2001.

〔法〕费琅.昆仑及南海古代航行考.冯承钧,译.北京:中华书局,1957.

〔法〕戈岱司,编.希腊拉丁作家远东古文献辑录.耿昇,译.北京:

中华书局,1987.

〔法〕莫尼克·玛雅尔.古代高昌王国物质文明史.耿昇,译.北京:
中华书局,1995.

〔古阿拉伯〕佚名.中国印度见闻录.穆根来,汶江,黄倬汉,译//中
外关系史译丛.北京:中华书局,1983.

〔古希腊〕希罗多德.历史.王以铸,译.北京:商务印书馆,1985.

〔韩〕李盛周.青铜器时代东亚细亚世界体系和韩半岛的文化变
动.岳洪彬,译.金正烈,校//南方文物.2012(4).

〔苏联〕列·谢·瓦西里耶夫.中国文明的起源问题.郝镇华,等,
译.北京:文物出版社,1989.

〔韩〕一然.三国遗事.李载浩,译.首尔:明知大学校出版部,1984.

〔美〕弗雷德里克.J.梯加特.罗马与中国——历史事件的比较研
究.丘进,译.郑州:大象出版社,2009.

〔美〕杰特曼.草原艺术.纽约,1967.

〔美〕劳费尔.中国伊朗编.林筠因,译.北京:商务印务馆,1964.

〔美〕麦高文.中亚古国史.章巽,译.北京:中华书局,1958.

〔美〕斯塔夫里阿诺斯.全球通史——1500年以前的世界.吴象婴,
梁赤民,译.上海:上海社会科学院出版社,1996.

〔美〕谢弗.唐代的外来文明.吴玉贵,译.北京:中国社会科学出版
社,1995.

〔美〕许倬云.西周史.北京:三联书店,1995.

〔美〕张光直.商代文明.毛小雨,译.北京:北京工艺美术出版
社,1999.

〔美〕朱学渊.中国北方诸族的源流.北京:中华书局,2002.

〔缅〕波巴信.缅甸史.陈炎,译.北京:商务印书馆,1965.

〔日〕白鸟库吉.东胡民族考.方壮猷,译.上海:商务印书馆,1934.

〔日〕白鸟库吉.塞外史地论文译丛(第二辑).王古鲁,译.长沙:商
务印书馆,1940.

〔日〕白鸟库吉.塞外史地论文译丛(第一辑).王古鲁,译.长沙:商

务印书馆,1939.

〔日〕白鸟库吉.西域史研究.东京:岩波书店,1981.

〔日〕白鳥庫吉.大秦の木難珠と印度の如意珠∥白鳥庫吉全集·西域史研究(下):卷7.東京:岩波書店,1971.237－302.

〔日〕坂本太郎.日本史.汪向荣,武寅,韩铁英,译.北京:中国社会科学出版社,2008.

〔日〕长泽和俊.丝绸之路史研究.钟美珠,译.天津:天津古籍出版社,1990.

〔日〕长泽和俊.丝绸之路研究的回顾与展望∥史观.1977(10);世界历史译丛.1978(5).

〔日〕池田宪司.一粒茧に魅せられて∥季刊中国.1987(10).

〔日〕島崎昌.西域交通史上の新道と伊吾路∥東方學:第12輯.1956.

〔日〕护雅夫.汉与罗马.东京:平凡社,1970.

〔日〕井上清.日本历史.闫伯玮,译.西安:陕西人民出版社,2011.

〔日〕铃木靖民.日本历史——原始、古代.东京:东京大学出版社,1986.

〔日〕木宫彦泰.日中文化交流史.胡锡年,译.北京:商务印书馆,1980.

〔日〕内田吟風:異物志考∥森鹿三博士頌壽紀念論文集.东京:同朋舍,1977:275－296.

〔日〕前田正名.河西历史地理学研究.陈俊谋,译.中国藏学出版社,1993.

〔日〕三杉隆敏.探索海上丝绸之路.东京:创文社,昭和四十二年(1967).

〔日〕松田寿男.古代天山历史地理学研究.陈俊谋,译.北京:中央民族学院出版社,1987.

〔日〕藤田丰八.中国南海古代交通丛考.何健民,译.上海:商务印书馆,1936.

〔日〕藤田豐八. 东西交涉史の研究:南海篇. 星文馆,1943.

〔日〕永田英正. 居延汉简の研究. 东京:同朋舍,1989.

〔日〕永田英正. 居延汉简集成之一:破城子出土的定期文书(一). 余太山,译,∥简牍研究译丛:第一辑:57-58. 中国社会科学出版社,1983.

〔日〕原田淑人. 東亞古文化研究. 東京:座右寶刊行會,昭和十九年(1944).

〔日〕远山茂树,等. 日本史研究入门. 吕永清,译. 北京:三联书店,1959.

〔瑞典〕斯文·赫定. 丝绸之路. 江红,李佩娟,译. 乌鲁木齐:新疆人民出版社。1996.

〔瑞典〕斯文·赫定. 亚洲腹地探险八年. 徐十周,王安洪,王安江,译. 乌鲁木齐:新疆人民出版社,1992.

〔瑞典〕维维·西尔凡. 殷代丝织物∥远东古物博物馆馆刊. 第9卷. 1937.

〔瑞士〕德亢朵儿. 农艺植物考源. 俞德浚,蔡希陶,编译. 长沙:商务印书馆,1940.

〔沙特〕阿里·本·易卜拉欣·哈米德·阿班. 中国和阿拉伯半岛之间的海上丝绸之路和贸易关系的历史. 演讲稿,未刊,1996.

〔苏联〕C. И 鲁金科. 论中国与阿尔泰部落的古代关系. 潘孟陶,译∥考古学报. 1957(2).

〔泰〕黎道纲. 泰国古代史地丛考. 北京:中华书局,2000.

〔意〕白佐良,马西尼. 意大利与中国∥海外汉学书系. 北京:商务印书馆,2002.

〔印〕巴格齐. 印度与中国千年的文化关系. 印度孟买,1950.

〔印〕塔帕尔. 印度古代文明. 林太,译. 杭州:浙江人民出版社,1990.

〔印度〕Haraprasada. 从中国至印度的南方丝绸之路∥江玉祥,主编. 古代西南丝绸之路研究(第二辑). 成都:四川大学出版社,1995.

·欧·亚·历·史·文·化·文·库·

〔英〕奥雷尔·斯坦因.从罗布沙漠到敦煌.赵燕等,译∥西域游历丛书.桂林:广西师范大学出版社,2000.

〔英〕奥雷尔·斯坦因.路经楼兰.肖小勇,等,译∥西域游历丛书.桂林:广西师范大学出版社,2000.

〔英〕奥雷尔·斯坦因.西域考古图记.中国社会科学院考古研究所,译.桂林:广西师范大学出版社,1999.

〔英〕A·麦金德.历史的地理枢纽.林尔蔚,陈江,译.北京:商务印书馆,2009.

〔英〕H.裕尔,撰.〔法〕考迪埃,修订.东域行程录丛.张绪山,译.昆明:云南人民出版社,2002.

〔英〕H.裕尔.东域纪程录丛.张绪山,译.昆明:云南人民出版社,2002.

〔英〕德效骞.古代中国的一座罗马人城市.丘进,译∥中外关系史译丛(第4辑).上海:上海译文出版社,1988.

〔英〕哈威.缅甸史.姚楠,译.陈炎,校订.北京:商务印书馆,1957.

〔英〕赫·乔·韦尔斯.世界史纲.吴文藻等,译.桂林:广西师范大学出版社,2005.

〔英〕赫德逊.欧洲与中国.李申,王遵仲,张毅,译.何兆武校∥中外关系史名著译丛.北京:中华书局,2004.

〔英〕杰弗里·巴勒克拉夫,主编.泰晤士世界历史地图集.毛昭晰等,译.北京:三联书店,1985.

〔英〕李约瑟.中国科学技术史(第1卷).北京:科学出版社,上海:上海古籍出版社,1990.

〔英〕理查德·格林菲尔德.埃塞俄比亚新政治史.钟槐,译.北京:商务印书馆,1974.

〔英〕塔恩.巴克特里亚和印度的希腊人

〔越〕陈重金.越南通史.戴可来,译.北京:商务印书馆,1992.

〔越〕陶维英.越南古代史.北京:商务印书馆,1976.

〔越南〕黎崱.安南志略.余思黎,点校.北京:中华书局,2000.

446

索　引

C

·欧·亚·历·史·文·化·文·库·

·欧·亚·历·史·文·化·文·库·

Z

牂牁

    158,212,247,250 - 252,311,
382,385,386

张掖   37,164,265,266,345

召方   43

蔗糖   204

真番郡   231,321,322

支那

    119,121,123,131 - 133,140,
153,204,244,324,331 - 334,
339,372,385,386,417,442

支石墓

    21,62,124,129,232

志贺岛   238

中道   82,291 - 296

珠贝   10

珠玑

    52,138,217,308,377,396

珠崖   207,219,305

爪哇

    205,206,224,227,302,408

棕油   204

后　记

在本书完稿后,我应邀参加了中国敦煌吐鲁番学会丝绸之路专业委员会组织的境外丝绸之路考察活动。2014 年 8 月 12 日至 9 月 1 日赴土耳其伊斯坦布尔、特拉布宗、伊兹米尔、棉花堡,希腊雅典,意大利罗马、那不勒斯、庞贝古城、比萨、佛罗伦萨、威尼斯,梵蒂冈,荷兰阿姆斯特丹等地。10 月 2 日至 15 日,赴伊朗德黑兰、伊斯法罕、亚兹德、设拉子和乌兹别克斯坦塔什干、乌尔根齐、希瓦、布哈拉、撒马尔罕等地。11 月 18 日至 12 月 4 日赴土库曼斯坦阿什哈巴德、马雷,哈萨克斯坦阿拉木图、塔尔加尔、塔拉兹,吉尔吉斯斯坦比什凯克、托克马克、碎叶古城遗址、奥什,塔吉克斯坦苦盏、片治肯特古城遗址、杜尚别等地。沿途参观访问各地著名博物馆、考古遗址、丝路遗存、书店、图书馆等,与同行学者和当地专家进行交流,购买到一些国内不易见到的图书,获得不少宝贵资料。

丝绸之路的研究既不仅仅是中国学者的事情,也不仅仅是书本里的知识。所以走出国门,亲临古丝路进行实地考察非常必要。虽然脚步匆匆,却也让我大开眼界。通过考察,我更加感到中国精美的丝绸在推动古代中外贸易,推进人类互相认知和人类文明进步中发挥的巨大作用。当你看到各国各地博物馆中收藏的中国古代丝绸和各种器物,当你看到丝路沿线古代遗址及出土的反映古代文化交流的文物,当你看到中亚、西亚各国街头的驼队雕塑,当你看到欧洲举办的丝绸之路专门展览,当你看到各国学者出版的相关著作,当你看到各国绘制的丝绸之路地图,你就知道丝绸之路不是中国人孤芳自赏、自说自话。丝绸之路是世界文化遗产,丝路文化精神是人类文明史上共同的精神财富。

　　蚕桑丝织技术是中国古代第五大发明,与通常所说的中国古代四大发明相比,在推动人类文明进步方面毫不逊色。丝绸之路的研究是内涵极其丰富的国际性课题,它涉及政治、经济、军事、文化、历史、文学、艺术、语言学、考古学、民族学、人类学、科学技术等学术领域,既有学术价值,又有现实意义,前景非常广阔。在这个重大的学术课题面前,中外学者无论何人都有自己的优势,但同时也有自己的不足,谁都不能独占鳌头、包打天下。各国学者只有在这个丰厚的矿藏中奋力掘进、优势互补、协同创新,才能取得新的开拓与突破。古代丝绸之路的文化意义和人文精神为新时代人类文明的交融互摄,以及不同国家、民族和地区间和平相处共谋发展提供了丰富的文化资源,需要我们发扬光大。

　　丝绸之路各国联合申遗已经取得阶段性进展,"丝绸之路:长安－天山廊道的路网"申遗成功。国家提出与中亚、西亚和欧洲共同建设"丝绸之路经济带"的战略倡议,提出中国致力于加强同东盟国家的互联互通建设,同东盟国家发展海洋合作伙伴关系,共同建设"21世纪海上丝绸之路"的倡议。这些为丝绸之路的研究创造了良好的学术环境,提出了新的课题。我愿意尽绵薄之力,与学术界的前辈、同道一起,为这一领域的研究添砖加瓦。

　　研究丝绸之路的起源,涉及古代神话传说和人类早期的考古学资料。世界各地人类早期历史的考古发现,不断为人类早期的迁徙、交往和交流活动展现新的内容,这方面的研究将不断深入。《庄子·秋水篇》中的河伯顺流而东行,看到无涯的大海,认识到自己的不足,"始旋其面目,望洋向若而叹"。跟那位本来还欣然自喜的河伯有同感,经过几次出国考察,我认识到自己的浅薄和不足,认识到这个领域里的研究还有许多值得深入探讨的问题,还有许多要做的工作。我们都不想做不可语于海者的井蛙和不可语于冰者的夏虫,那就让我们放眼世界、脚踏实地、互相学习、共同进步。这本书中的不足和失误肯定不少,

·欧·亚·历·史·文·化·文·库·

殷切期望得到学界贤知的批评指正。丛书主编余太山先生为我创造了撰写本书的机会,兰州大学出版社施援平老师、张雪宁老师在本书的修改和定稿过程中付出极大心血,在此一并致谢。

石云涛

2014 年 12 月 15 日于北京

欧亚历史文化文库

·欧·亚·历·史·文·化·文·库·

成一农著:《空间与形态——三至七世纪中国历史城市地理研究》

定价:76.00 元

杨铭著:《唐代吐蕃与西北民族关系史研究》　　　定价:86.00 元

殷小平著:《元代也里可温考述》　　　　　　　　定价:50.00 元

耿世民著:《西域文史论稿》　　　　　　　　　　定价:100.00 元

殷晴著:《丝绸之路经济史研究》　　　定价:135.00 元(上、下册)

余大钧译:《北方民族史与蒙古史译文集》　定价:160.00 元(上、下册)

韩儒林著:《蒙元史与内陆亚洲史研究》　　　　　定价:58.00 元

〔美〕查尔斯·林霍尔姆著,张士东、杨军译:

　　《伊斯兰中东——传统与变迁》　　　　　　　定价:88.00 元

〔美〕J.G.马勒著,王欣译:《唐代塑像中的西域人》　定价:58.00 元

顾世宝著:《蒙元时代的蒙古族文学家》　　　　　定价:42.00 元

杨铭编:《国外敦煌学、藏学研究——翻译与评述》　定价:78.00 元

牛汝极等著:《新疆文化的现代化转向》　　　　　定价:76.00 元

周伟洲著:《西域史地论集》　　　　　　　　　　定价:82.00 元

周晶著:《纷扰的雪山——20 世纪前半叶西藏社会生活研究》

定价:75.00 元

蓝琪著:《16—19 世纪中亚各国与俄国关系论述》　定价:58.00 元

许序雅著:《唐朝与中亚九姓胡关系史研究》　　　定价:65.00 元

汪受宽著:《骊轩梦断——古罗马军团东归伪史辨识》　定价:96.00 元

刘雪飞著:《上古欧洲斯基泰文化巡礼》　　　　　定价:32.00 元

〔俄〕Т.Б.巴尔采娃著,张良仁、李明华译:

　　《斯基泰时期的有色金属加工业——第聂伯河左岸森林草原带》

定价:44.00 元

叶德荣著:《汉晋胡汉佛教论稿》　　　　　　　　定价:60.00 元

王颋著:《内陆亚洲史地求索(续)》　　　　　　定价:86.00 元

尚永琪著:

　　《胡僧东来——汉唐时期的佛经翻译家和传播人》　定价:52.00 元

桂宝丽著:《可萨突厥》　　　　　　　　　　　　定价:30.00 元

篠原典生著:《西天伽蓝记》　　　　　　　　　　定价:48.00 元

〔德〕施林洛甫著,刘震、孟瑜译:

　　《叙事和图画——欧洲和印度艺术中的情节展现》　定价:35.00 元

马小鹤著:《光明的使者——摩尼和摩尼教》　　　定价:120.00 元

李鸣飞著:《蒙元时期的宗教变迁》　　　　　　　定价:54.00 元

〔苏联〕伊·亚·兹拉特金著,马曼丽译:

《准噶尔汗国史》(修订版) 定价:86.00 元

〔苏联〕巴托尔德著,张丽译:《中亚历史——巴托尔德文集

第 2 卷第 1 册第 1 部分》 定价:200.00 元(上、下册)

〔俄〕格·尼·波塔宁著,〔苏联〕B.B.奥布鲁切夫编,吴吉康、吴立珺译:

《蒙古纪行》 定价:96.00 元

张文德著:《朝贡与入附——明代西域人来华研究》 定价:52.00 元

张小贵著:《祆教史考论与述评》 定价:55.00 元

〔苏联〕K.A.阿奇舍夫、Г.A.库沙耶夫著,孙危译:

《伊犁河流域塞人和乌孙的古代文明》 定价:60.00 元

陈明著:《文本与语言——出土文献与早期佛经词汇研究》

定价:78.00 元

李映洲著:《敦煌壁画艺术论》 定价:148.00 元(上、下册)

杜斗城著:《杜撰集》 定价:108.00 元

芮传明著:《内陆欧亚风云录》 定价:48.00 元

徐文堪著:《欧亚大陆语言及其研究说略》 定价:54.00 元

刘迎胜著:《小儿锦研究》(一、二、三) 定价:300.00 元

郑炳林著:《敦煌占卜文献叙录》 定价:60.00 元

许全胜著:《黑鞑事略校注》 定价:66.00 元

段海蓉著:《萨都剌传》 定价:35.00 元

马曼丽著:《塞外文论——马曼丽内陆欧亚研究自选集》 定价:98.00 元

〔苏联〕И.Я.兹拉特金主编,М.И.戈利曼、Г.И.斯列萨尔丘克著,

马曼丽、胡尚哲译:《俄蒙关系历史档案文献集》(1607—1654)

定价:180.00 元(上、下册)

华喆著:《帝国的背影——公元 14 世纪以后的蒙古》 定价:55.00 元

П.К.柯兹洛夫著,丁淑琴、韩莉、齐哲译:《蒙古和喀木》 定价:75.00 元

杨建新著:《边疆民族论集》 定价:98.00 元

赵现海著:《明长城时代的开启

——长城社会史视野下榆林长城修筑研究》(上、下册) 定价:122.00 元

李鸣飞著:《横跨欧亚——中世纪旅行者眼中的世界》 定价:53.00 元

李鸣飞著:《金元散官制度研究》 定价:70.00 元

刘迎胜著:《蒙元史考论》 定价:150.00 元

王继光著:《中国西部文献题跋》 定价:100.00 元

李艳玲著:《田作畜牧

——公元前 2 世纪至公元 7 世纪前期西域绿洲农业研究》

定价:54.00 元

·欧·亚·历·史·文·化·文·库·

〔英〕马尔克·奥莱尔·斯坦因著，殷晴、张欣怡译：《沙埋和阗废墟记》

定价：100.00 元

梅维恒著，徐文堪编：《梅维恒内陆欧亚研究文选》　　　定价：92 元

杨林坤著：《西风万里交河道——时代西域丝路上的使者与商旅》

定价：65 元

王邦维著：《华梵问学集》　　　　　　　　　　　　　定价：75 元

芮传明著：《摩尼教敦煌吐鲁番文书译释与研究》　　　定价：88 元

陈晓露著：《楼兰考古》　　　　　　　　　　　　　　定价：92 元

石云涛著：《文明的互动

——汉唐间丝绸之路中的中外交流论稿》　　　定价：118 元

孙昊著：《辽代女真族群与社会研究》　　　　　　　　定价：48 元

尚永琪著：《鸠摩罗什及其时代》　　　　　　　　　　定价：70 元

薛宗正著：《西域史汇考》　　　　　　定价：136 元（上、下册）

张小贵编：

《三夷教研究——林悟殊先生古稀纪念论文集》　　定价：100 元

许全盛、刘震编：《内陆欧亚历史语言论集——徐文堪先生古稀纪念》

定价：90 元

李锦绣编：《20 世纪内陆欧亚历史文化研究论文选粹》（第二辑）

定价：100 元

石云涛著：《丝绸之路的起源》　　　　　　　　　　　定价：94 元

〔英〕尼古拉斯·辛姆斯－威廉姆斯著：

《阿富汗北部的巴克特里亚文献》　　　　定价：163 元（暂定）

余太山、李锦秀编：《古代内陆欧亚史纲》　定价：122 元（暂定）

王永兴著：《唐代土地制度研究——以敦煌吐鲁番田制文书为中心》

定价：70 元（暂定）

王永兴著：《敦煌吐鲁番出土唐代军事文书考释》　定价：84 元（暂定）

李锦绣编：《20 世纪内陆欧亚历史文化研究论文选粹》（第一辑）

定价：104 元（暂定）

李锦绣编：《20 世纪内陆欧亚历史文化研究论文选粹》（第三辑）

定价：97 元（暂定）

李锦绣编：《20 世纪内陆欧亚历史文化研究论文选粹》（第四辑）

定价：100 元（暂定）

馬小鶴著：《霞浦文書研究》　　　　　　　　定价：88 元（暂定）

林悟殊著：《摩尼教華化補說》　　　　　　　定价：109 元（暂定）

淘宝网邮购地址：http://lzup.taobao.com

470